# Entscheidungen in Kirchensachen

seit 1946

Begründet von
Prof. Dr. Dr. Carl Joseph Hering und Dr. Hubert Lentz

Fortgeführt von
Prof. Dr. Dr. Dietrich Pirson, Prof. Dr. Wolfgang Rüfner

Herausgegeben von
Prof. Dr. Manfred Baldus
Vorsitzender Richter am Landgericht Köln a. D.,
Prof. Dr. Dr. h.c. Stefan Muckel
Universitätsprofessor an der Universität zu Köln,
Norbert Diel
Rechtsanwalt in Köln

in Verbindung mit dem Institut für Religionsrecht
der Universität zu Köln

# Entscheidungen in Kirchensachen

seit 1946

## 80. Band

01.07.–31.12.2022

DE GRUYTER

ISBN 978-3-11-165076-0
e-ISBN (PDF) 978-3-11-165124-8
e-ISBN (EPUB) 978-3-11-165143-9

**Library of Congress Cataloging-in-Publication Data**
A CIP catalog record for this book has been applied for at the Library of Congress.

**Bibliografische Information der Deutschen Nationalbibliothek**
Die Deutsche Nationalbibliothek verzeichnet diese Publikation in der Deutschen Nationalbibliografie; detaillierte bibliografische Daten sind im Internet über http://dnb.dnb.de abrufbar.


Druck und Bindung: CPI books GmbH, Leck

www.degruyterbrill.com

Fragen zur allgemeinen Produktsicherheit:
productsafety@degruyterbrill.com

MIX
Papier | Fördert gute Waldnutzung
FSC® C083411

# Vorwort und Benutzungshinweise

Die „Entscheidungen in Kirchensachen seit 1946" (KirchE) wurden im Jahre 1963 von Carl Joseph Hering, damals Ordinarius für Kirchenrecht an der Rechtswissenschaftlichen Fakultät der Universität zu Köln, und seinem Assistenten Hubert Lentz gegründet.

Die Sammlung veröffentlicht vor allem Judikatur deutscher staatlicher Gerichte aus allen Zweigen der Rechtsprechung zum Verhältnis von Kirche und Staat und zu weiteren Problemkreisen, die durch die Relevanz religiöser Belange gekennzeichnet sind. Angesichts dieses breiten Themenkatalogs kann eine Vollständigkeit dieser Sammlung nur angestrebt werden, wenn man eine gewisse zeitliche Distanz in Kauf nimmt.

Die steigende Bedeutung religionsrechtlich relevanter Fragen in der Rechtsprechung des Europäischen Gerichtshofs für Menschenrechte (EGMR) und des Europäischen Gerichtshofs (EuGH), aber auch weiterer europäischer Einrichtungen wie etwa dem Amt der Europäischen Union für geistiges Eigentum (EUIPO) und seiner Beschwerdekammern macht es unerlässlich, auch deren Judikatur zu berücksichtigen. Dabei werden nicht nur Entscheidungen ausgewählt, die aus Verfahren in Deutschland hervorgegangen sind, sondern auch solche, die eine grundsätzliche Bedeutung für die Entwicklung des Religionsrechts in Europa und Deutschland entfalten könnten. Die Veröffentlichung erfolgt in einer Amtssprache oder (nach Möglichkeit) amtlichen Übersetzung, die der Gerichtshof für die amtliche Ausgabe der jeweiligen Entscheidung verwendet hat. Eine von der deutschen Praxis abweichende Form der Entscheidungen und der Abkürzungen bleibt gewahrt. Die in der Zeit von 1965 bis 2001 ergangenen Entscheidungen des EGMR und EuGH zu religionsrechtlichen Fragen sind in einem Sonderband 42 KirchE-EU (2007) dokumentiert.

In Fußnote 1 finden sich Angaben zu den Leitsätzen und Quellen in amtlichen Entscheidungssammlungen und Fachzeitschriften, ggf. auch Hinweise auf Parallelverfahren und weiterführende Aufsätze. Soweit die Fundstelle nur auf einen Leitsatz verweist, ist dies vermerkt. Eine digitale Zugriffsmöglichkeit wird für BeckRS, HUDOC, juris, RWR und, soweit eine andere Veröffentlichung nicht ermittelt werden konnte, für die Justizdatenbank des betreffenden Landes nachgewiesen. Soweit ein Verfahren mit der hier abgedruckten Entscheidung (nicht) zum Abschluss gelangt ist, erscheint in Fußnote 1 ein Hinweis auf den weiteren Verlauf. Etwaige weitere Entscheidungen aus dem Rechtsmittelzug etc., soweit sie wesentliche Ausführungen zu religionsrechtlichen Fragen enthalten, entnehme man späteren Bänden von KirchE. Kurzgefasste Rechtsmittelentscheidungen, die sich im Wesentlichen auf ergänzende Ausführungen beschränken, werden bei der Vorinstanz in Fußnote 1 referiert.

Entscheidungen zum Sonn- und Feiertagsrecht, in denen religiöse Aspekte relevant sind, werden aus Raumgründen in der Regel nur mit einem Urteil etc. im Volltext dokumentiert; weitere einschlägige Entscheidungen im Veröffentlichungszeitraum sind dort in der Fußnote 1 nachgewiesen. Dasselbe gilt für Entscheidungen aus dem Arbeitsrecht, die – wie beispielsweise auf dem Gebiet der Eingruppierung von Dienstkräften – nur am Rande kirchentypische Merkmale aufweisen. Entscheidungen zum Asylrecht werden berücksichtigt, soweit sie religionsrechtliche Verhältnisse in Deutschland oder der Europäischen Union betreffen, etwa den Nachweis des Übertritts zu einer christlichen Konfession als Nachfluchtgrund. Für Erkenntnisse über die religionspolitische Lage in den

https://doi.org/10.1515/9783111651248-202

Herkunftsländern, die in der Judikatur vielfach erörtert werden, stehen der Praxis anderweitige Zugänge offen.

Die Herausgeber haben die Sammlung als Judikatur-Archiv konzipiert. Für die Aufnahme einer Entscheidung ist maßgebend, ob der Verfahrensgegenstand und die religionsrechtlichen Erwägungen für Wissenschaft und Praxis von Interesse sind. Deshalb wurden zum Teil auch instanzgerichtliche Entscheidungen berücksichtigt, die im weiteren Verlauf des Verfahrens keinen Bestand hatten.

Soweit die als amtlich ersichtlichen Leitsätze der Gerichte verwendet wurden, ist dies vermerkt. Im Übrigen wurden die Leitsätze möglichst am religionsrechtlich relevanten Inhalt der Entscheidung orientiert. Dasselbe gilt für die Fassung des Sachverhalts und der Prozessgeschichte und eine eventuelle Kürzung der Entscheidungsgründe. Die in der Entscheidung einer Rechtsmittelinstanz referierten vorinstanzlichen Sachgründe werden nur berücksichtigt, soweit sie nicht – etwa in juris – allgemein zugänglich sind. Der z.T. unterschiedliche Zitier- und Abkürzungsmodus ist angeglichen, wo Verwechslungen in Betracht kommen. Eine in der amtlichen Fassung oder bei juris benutzte Randbezifferung ist in den Entscheidungsgründen (kursiv und in eckigen Klammern) berücksichtigt. Das Abkürzungsverzeichnis wurde im Wesentlichen auf Quellennachweise (Zeitschriften etc.) beschränkt. Zur Auflösung von weiteren juristischen Abkürzungen wird auf Kirchner, Abkürzungsverzeichnis der Rechtssprache, 9. Aufl., Berlin 2018, verwiesen. Soweit in den Urteilen etc. auf andere Entscheidungen Bezug genommen wird, ist ggf. eine Fundstelle in KirchE beim ersten Zitat nachgewiesen. Über die in den Bänden 1–25 erschienene Judikatur informiert zusätzlich ein im Jahr 1993 erschienener Registerband.

Zugänge zur Judikatur kirchlicher Gerichte, die in dieser Sammlung schon aus Raumgründen nicht berücksichtigt werden kann, eröffnen die Rechtsprechungsbeilage zum Amtsblatt der EKD (bis 2013 jeweils Beilage zu Heft 4 eines Jahrganges), danach das elektronische Fachinformationssystem FIS zum Kirchenrecht (unter www.kirchenrecht-ekd.de Rubrik „Rechtsprechung"), und die kirchenrechtlichen Fachzeitschriften, insbesondere das „Archiv für katholisches Kirchenrecht", „Kirche und Recht" und die „Zeitschrift für evangelisches Kirchenrecht". Im Bereich der Katholischen Kirche ist die Spruchpraxis arbeitsrechtlicher Schiedsstellen und Arbeitsgerichte, d.h. der Kirchlichen Arbeitsgerichte Erster Instanz, des Kirchlichen Arbeitsgerichtshofs und des Delegationsgerichts der Apostolischen Signatur (Tribunal Delegatum et a Supremo Signaturae Apostolicae Tribunali Constitutum), u.a. aus der Zeitschrift „Die Mitarbeitervertretung" und der „Zeitschrift für Arbeitsrecht und Tarifpolitik in kirchlichen Unternehmen" sowie über die Homepage der Deutschen Bischofskonferenz zu erschließen.

Seit seiner Gründung erscheint das Werk in Zusammenarbeit mit dem Institut für Kirchenrecht und rheinische Kirchenrechtsgeschichte, jetzt Institut für Religionsrecht der Universität zu Köln, und wird dort auch redaktionell betreut. Den Mitarbeiterinnen und Mitarbeitern schulden die Herausgeber für ihren Einsatz herzlichen Dank.

Den Benutzern der Sammlung sei versichert, dass die Herausgeber kritische Anmerkungen zur vorliegenden Dokumentation und Hinweise auf unveröffentlichte Entscheidungen sehr zu schätzen wissen.

Köln, im Winter 2025 Stefan Muckel Manfred Baldus Norbert Diel

# Inhaltsverzeichnis

# Abkürzungsverzeichnis

| | |
|---|---|
| ABl EU | Amtsblatt der Europäischen Union |
| AE | Arbeitsrechtliche Entscheidungen |
| AfkKR | Archiv für katholisches Kirchenrecht |
| AfP | Zeitschrift für das gesamte Medienrecht |
| AP | Arbeitsrechtliche Praxis |
| ArbuR | Arbeit und Recht |
| ArztR | Arztrecht |
| AS | Amtliche Sammlung von Entscheidungen |
| ASR | Anwalt/Anwältin im Sozialrecht |
| AuA | Arbeit und Arbeitsrecht |
| AuAS | Ausländer- und asylrechtlicher Rechtsprechungsdienst |
| AuR | Arbeit und Recht |
| BAGE | Entscheidungen des Bundesarbeitsgerichts |
| BauR | Baurecht |
| BayVBl | Bayerische Verwaltungsblätter |
| BayVGHE | s. VGHE BY |
| BB | Der Betriebs-Berater |
| BB | Brandenburg |
| BE | Berlin |
| BeckRS | Beck-Rechtsprechung - Datenbank |
| BFH/NV | Sammlung amtlich nicht veröffentlichter Entscheidungen des Bundesfinanzhofs |
| BFHE | Sammlung der Entscheidungen des Bundesfinanzhofs |
| BGBl I | Bundesgesetzblatt Teil 1 |
| BGHZ | Entscheidungen des Bundesgerichtshofs in Zivilsachen |
| BGleiG E | Entscheidungssammlung zum BGleiG |
| BRS | Baurechtssammlung |
| BSGE | Entscheidungen des Bundessozialgerichts |
| BStBl | Bundessteuerblatt |
| BStBl II | Bundessteuerblatt Teil II, Entscheidungen des Bundesfinanzhofs |
| BtPrax | Betreuungsrechtliche Praxis |
| BRAK-Mitt | BRAK-Mitteilungen |
| Buchholz | Sammel- und Nachschlagewerk der Rechtsprechung des Bundesverwaltungsgerichts |
| BVerfGE | Entscheidungen des Bundesverfassungsgerichts |
| BVerfGK | Kammerentscheidungen des Bundesverfassungsgerichts |
| BVerwGE | Entscheidungen des Bundesverwaltungsgerichts |
| BW | Baden-Württemberg |
| BY | Bayern |
| CR | Computer und Recht |

| | |
|---|---|
| DB | Der Betrieb |
| DNotZ | Deutsche Notar-Zeitschrift |
| DÖD | Der Öffentliche Dienst |
| DÖV | Die öffentliche Verwaltung |
| DRiZ | Deutsche Richterzeitung |
| DStR | Deutsches Steuerrecht |
| DStRE | Deutsches Steuerrecht-Entscheidungsdienst |
| DStRK | Deutsches Steuerrecht kurzgefasst |
| DStZ | Deutsche Steuer-Zeitung |
| DVBl | Deutsches Verwaltungsblatt |
| DWW | Deutsche Wohnungswirtschaft |
| EAS | Europäisches Arbeits- und Sozialrecht |
| EFG | Entscheidungen der Finanzgerichte |
| ErbbauZ | Zeitschrift für Erbbaurecht |
| ErbR | Zeitschrift für die gesamte erbrechtliche Praxis |
| ESVGH | Entscheidungssammlung des Hessischen Verwaltungsgerichtshofs und des Verwaltungsgerichtshofs Baden-Württemberg mit Entscheidungen der Staatsgerichtshöfe beider Länder |
| EuGRZ | Europäische Grundrechte-Zeitschrift |
| EuZA | Europäische Zeitschrift für Arbeitsrecht |
| EuZW | Europäische Zeitschrift für Wirtschaftsrecht |
| EWiR | Entscheidungen zum Wirtschaftsrecht |
| EzA | Entscheidungssammlung zum Arbeitsrecht |
| EzAR-NF | Entscheidungssammlung zum Zuwanderungs-, Asyl- und Freizügigkeitsrecht |
| EzA-SD | EZA Schnelldienst |
| EzTöD | Entscheidungssammlung zum Tarifrecht im öffentlichen Dienst |
| FA | Fachanwalt Arbeitsrecht |
| FamRB | Familien-Rechts-Berater |
| FamRZ | Zeitschrift für das gesamte Familienrecht |
| FD-ArbR | Fachdienst Arbeitsrecht |
| FF | Forum Familienrecht |
| FGPrax | Praxis der freiwilligen Gerichtsbarkeit |
| FS | ForumStrafvollzug |
| FuR | Familie und Recht |
| Gemeindehaushalt | Der Gemeindehaushalt |
| GesR | GesundheitsRecht |
| GewArch | Gewerbearchiv |
| GmbhR | GmbH-Rundschau |
| GRUR-Prax | Gewerblicher Rechtsschutz und Urheberrecht in der Praxis |
| GRUR-RR | Gewerblicher Rechtsschutz und Urheberrecht/Rechtsprechungs-Report |
| GRUR-RS | Gewerblicher Rechtsschutz und Urheberrecht/Rechtsprechungssammlung |

| | |
|---|---|
| HB | Bremen |
| HE | Hessen |
| HFR | Höchstrichterliche Finanzrechtsprechung |
| HH | Hamburg |
| HUDOC | Rechtsprechungsdatenbank des Europäischen Gerichtshofs für Menschenrechte |
| InfAuslR | Informationsbrief Ausländerrecht |
| InsbürO | Zeitschrift für Insolvenzsachbearbeitung und Entschuldungsverfahren |
| IPRax | Praxis des Internationalen Privat- und Verfahrensrechts |
| IPRspr | Die deutsche Rechtsprechung auf dem Gebiete des internationalen Privatrechts |
| IStR | Internationales Steuerrecht |
| IWRZ | Zeitschrift für Internationales Wirtschaftsrecht |
| JA | Juristische Arbeitsblätter |
| JAmt | Das Jugendamt – Zeitschrift für Jugendhilfe und Familienrecht |
| JR | Juristische Rundschau |
| juris | Juris Das Rechtsportal – Datenbank |
| JuS | Juristische Schulung |
| Justiz-online | Dachprojekt für die Webaktivitäten der Justiz Nordrhein-Westfalen |
| JZ | Juristenzeitung |
| KHE | Entscheidungen zum Krankenhausrecht |
| KirchE | Entscheidungen in Kirchensachen seit 1946 |
| KommJur | Kommunaljurist |
| Kommunal-Praxis BY | Zeitschrift für Verwaltung, Organisation und Recht Ausgabe Bayern |
| KRS | Krankenhaus-Rechtsprechung |
| KuR | Kirche und Recht |
| LAGE | Entscheidungen der Landesarbeitsgerichte |
| LKRZ | Zeitschrift für Landes- und Kommunalrecht Hessen, Rheinland-Pfalz, Saarland |
| LKV | Landes- und Kommunalverwaltung |
| LRE | Sammlung lebensmittelrechtlicher Entscheidungen |
| LS | nur Leitsatz |
| LSK | Leitsatzkartei des deutschen Rechts |
| LT-Drs. | Landtagsdrucksache |
| LVerfGE | Entscheidungen der Verfassungsgerichte der Länder |
| MDR | Monatsschrift für Deutsches Recht |
| MedR | Medizinrecht |
| MV | Mecklenburg-Vorpommern |
| mwN | mit weiteren Nachweisen |

| | |
|---|---|
| NdsRpfl | Niedersächsische Rechtspflege |
| NdsVBl | Niedersächsische Verwaltungsblätter |
| NI | Niedersachsen |
| NJ | Neue Justiz |
| NJOZ | Neue Juristische Online-Zeitschrift |
| NJW | Neue Juristische Wochenschrift |
| NJW-RR | NJW-Rechtsprechungs-Report Zivilrecht |
| NJW-spezial | NJW spezial: Die wichtigsten Informationen zu speziellen Rechtsgebieten |
| NLMR | Newsletter Menschenrechte |
| NordÖR | Zeitschrift für öffentliches Recht in Norddeutschland |
| npoR | Zeitschrift für das Recht der Non Profit Organisastionen |
| NRWE | Rechtsprechungsdatenbank Nordrhein-Westfalen |
| NStZ | Neue Zeitschrift für Strafrecht |
| NStZ-RR | Neue Zeitschrift für Strafrecht, Rechtsprechungs-Report |
| NW | Nordrhein-Westfalen |
| n.v. | nicht veröffentlicht in Entscheidungssammlungen und Zeitschriften |
| NVwZ | Neue Zeitschrift für Verwaltungsrecht |
| NVwZ-RR | Neue Zeitschrift für Verwaltungsrecht, Rechtsprechungsreport |
| NWVBl | Nordrhein-Westfälische Verwaltungsblätter |
| NZA | Neue Zeitschrift für Arbeitsrecht |
| NZA-RR | Neue Zeitschrift für Arbeitsrecht, Rechtsprechungs-Report |
| NZFam | Neue Zeitschrift für Familienrecht |
| NZG | Neue Zeitschrift für Gesellschaftsrecht |
| NZI | Neue Zeitschrift für Insolvenz- und Sanierungsrecht |
| NZM | Neue Zeitschrift für Miet- und Wohnungsrecht |
| NZS | Neue Zeitschrift für Sozialrecht |
| öAT | Zeitschrift für das öffentliche Arbeits- und Tarifrecht |
| OLGR (mit Ortszusatz) | OLG-Report: Zivilrechtsprechung der Oberlandesgerichte |
| OLGSt | Entscheidungen der Oberlandesgerichte in Straf-, Ordnungswidrigkeiten- und Ehrengerichtssachen |
| openJur | openJur – Die freie juristische Datenbank |
| OstEuR | Osteuropa-Recht |
| OVGE | Entscheidungen der Oberverwaltungsgerichte |
| OVGE BE | Entscheidungen des Oberverwaltungsgerichts Berlin |
| PersV | Die Personalvertretung |
| PflR | Pflegerecht. Zeitschrift für Rechtsfragen in der stationären und ambulanten Pflege |
| RdA | Recht der Arbeit |
| RDG | Rechtsdepesche für das Gesundheitswesen |
| RdJB | Recht der Jugend und des Bildungswesens |
| RdL | Recht der Landwirtschaft |
| RDV | Recht der Datenverarbeitung |
| RiA | Recht im Amt |

| | |
|---|---|
| RIW | Recht der internationalen Wirtschaft |
| RJD | Europäischer Gerichtshof für Menschenrechte, Reports of Judgements and Decisions |
| RNotZ | Rheinische Notar-Zeitschrift |
| RP | Rheinland-Pfalz |
| Rpfleger | Der Rechtspfleger |
| RÜ | RechtsprechungsÜbersicht |
| RWR | Religion – Weltanschauung – Recht |
| SAE | Sammlung arbeitsrechtlicher Entscheidungen |
| SächsVBl | Sächsische Verwaltungsblätter |
| SchlHA | Schleswig-Holsteinische Anzeigen |
| Schütz BeamtR | Schütz/Maiwald, Beamtenrecht des Bundes und der Länder |
| SH | Schleswig-Holstein |
| SL | Saarland |
| SN | Sachsen |
| SozR | Sozialrecht |
| ST (früher LSA) | Sachsen-Anhalt |
| StAZ | Das Standesamt |
| Städte- und Gemeinderat | Verbandsorgan des Städte- und Gemeindebundes Nordrhein-Westfalen |
| StE | Steuern der Energiewirtschaft |
| SteuK | Steuerrecht kurzgefaßt |
| StraFo | Strafverteidiger Forum |
| StuB | Steuern und Bilanzen |
| StV | Strafverteidiger |
| TH | Thüringen |
| ThürVBl | Thüringer Verwaltungsblätter |
| TVöD | Tarifvertrag für den öffentlichen Dienst |
| UPR | Umwelt- und Planungsrecht |
| UR | Umsatzsteuer-Rundschau |
| VBlBW | Verwaltungsblätter für Baden-Württemberg |
| VD | Verkehrsdienst |
| VersR | Versicherungsrecht |
| VGHE BY | Entscheidungen des Bayerischen Verwaltungsgerichtshofs mit Entscheidungen des Bayrischen Verfassungsgerichtshofs |
| VR | Verwaltungsrundschau |
| WissR | Wissenschaftsrecht |
| WM | Zeitschrift für Wirtschafts- und Bankrecht, Wertpapier-Mitteilungen, Teil IV |
| Wolterskluwer-online.de | Portal für die juristische Praxis – Datenbank |
| WuM | Wohnungswirtschaft und Mietrecht |

| | |
|---|---|
| ZAP | Zeitschrift für die Anwaltspraxis |
| ZAT | Zeitschrift für Arbeitsrecht und Tarifpolitik in Kirche und Caritas |
| ZBR | Zeitschrift für Beamtenrecht |
| ZBVR online | Rechtsprechungsdienst der Zeitschrift für Betriebsverfassungsrecht |
| ZD | Zeitschrift für Datenschutz |
| ZErb | Zeitschrift für die Steuer- und Erbrechtspraxis |
| ZESAR | Zeitschrift für europäisches Sozial- und Arbeitsrecht |
| ZEV | Zeitschrift für Erbrecht und Vermögensnachfolge |
| ZevKR | Zeitschrift für evangelisches Kirchenrecht |
| ZfBR | Zeitschrift für deutsches und internationales Bau- und Vergaberecht |
| ZFE | Zeitschrift für Familien- und Erbrecht |
| ZfIR | Zeitschrift für Immobilienrecht |
| ZfL | Zeitschrift für Lebensrecht |
| ZfSch | Zeitschrift für Schadensrecht |
| ZFSH/SGB 2021 | Zeitschrift für die sozialrechtliche Praxis |
| ZInsO | Zeitschrift für das gesamte Insolvenzrecht |
| ZIP | Zeitschrift für Wirtschaftsrecht |
| ZKF | Zeitschrift für Kommunalfinanzen |
| ZKJ | Zeitschrift für Kindschaftsrecht und Jugendhilfe |
| ZLR | Zeitschrift für das gesamte Lebensmittelrecht |
| ZMR | Zeitschrift für Miet- und Raumrecht |
| ZMV | Die Mitarbeitervertretung |
| Zsteu | Zeitschrift für Steuern und Recht |
| ZStV | Zeitschrift für Stiftungs- und Vereinswesen |
| ZTR | Zeitschrift für Tarifrecht |
| ZUM | Zeitschrift für Urheber- und Medienrecht |
| ZUM-RD | Zeitschrift für Urheber- und Medienrecht Rechtsprechungsdienst |
| ZVI | Zeitschrift für Verbraucher- und Privat-Insolvenzrecht |
| ZWE | Zeitschrift für Wohnungseigentumsrecht |

## 1

**1. Bei der Versorgungsordnung B der AVR Caritas, der ursprünglichen Selbsthilfe - Zusatzrentenkasse der Deutschen Caritas -, handelt es sich nicht um eine reine Beitragszusage, sondern um einen Betriebsrentenanspruch, für welchen die Einstandspflicht der Arbeitgeberin gemäß § 1 Abs. 1 Satz 3 BetrAVG gilt.**
**2. Zur Verteilung der Darlegungs- und Beweislast im Rahmen der Einstandspflicht gemäß § 1 Abs. 1 Satz 3 BetrAVG, wenn die Arbeitgeberin die Richtigkeit der von der Pensionskasse vorgenommenen Betriebsrentenberechnung bestreitet und deren Richtigkeit in Anwendung der Tarifbestimmungen der Pensionskasse sich nicht aufklären lässt.**

§ 1 Abs. 1 Satz 3 BetrAVG, §§ 133, 157, 613a Abs. 1 Satz 1 BGB, § 287 Abs. 2 ZPO
LAG Düsseldorf, Urteil vom 15. Juni 2022 -12 Sa 569/20-[1]

Die Parteien streiten über die Einstandspflicht der Beklagten für Leistungen der betrieblichen Altersversorgung.

Die am 5.10.1951 geborene Klägerin hatte zunächst einen Lehrvertrag für Arzthelferinnen mit dem Chefarzt des St. D. Hospital W.-E. (im Folgenden: D.) für zwei Jahre ab dem 1.4.1967 geschlossen. Nach erfolgreichem Abschluss der Ausbildung wurde die Klägerin vom D. übernommen, ohne dass zunächst ein Dienstvertrag geschlossen wurde. Unter dem 28.8.1974 erfolgte durch das D. mittels ausgefüllten Formulars die Anmeldung der Klägerin zur Selbsthilfe - Zusatzrentenkasse der Deutschen Caritas - (im Folgenden Selbsthilfe). Als Eintrittsmonat/Eintrittsjahr war „09/74" ausgefüllt. In dem Feld „Rentenanspruch" war der Betrag 873,30 angegeben. In dem Feld „Monatsbeitrag" war 149,28 eingetragen. Die Klägerin erhielt von der Anmeldung die 3. Ausfertigung.

In den am 28.8.1974 und bis zum 31.12.1974 geltenden AVR mit Stand 1.5.1972 (im Folgenden AVR 1972) hieß es in Anlage 1 u.a.:

> „XIII Zusätzliche Altersversorgung
> Der Dienstgeber ist verpflichtet, die Versorgung der Mitarbeiter für Alter und Invalidität gemäß den Bestimmungen der Anlage 8 zu den AVR (Versorgungsordnung) zu veranlassen."

---

1 Amtl. Leitsätze. BeckRS 2022, 35624; juris.
Das Urteil ist rechtskräftig.

https://doi.org/10.1515/9783111651248-001

In der Anlage 8 AVR 1972 - Versorgungsordnung (VersO) - (im Folgenden VersO 1972) hieß es u.a.:

„Die ‚Ständige arbeitsrechtliche Kommission' hat am 15. Oktober 1965 die nachstehende Versorgungsordnung für die Mitarbeiter im Geltungsbereich der Arbeitsvertragsrichtlinien beschlossen und mit Wirkung vom 1. April 1966 in Kraft gesetzt. Diese bezweckt eine Alters-, Invaliden- und Hinterbliebenenversorgung für Mitarbeiter durch Entrichtung von Versicherungsbeiträgen.

§ 1 Bestandteile der Versorgung
Die Versorgung der Mitarbeiter setzt sich zusammen aus:
a) einer Grundversorgung
b) einer Zusatzversorgung
Die Grundversorgung erfolgt durch Entrichtung von Beiträgen an die gesetzliche Rentenversicherung oder an eine Ersatzversicherung an deren Stelle. Die Zusatzversorgung erfolgt grundsätzlich durch Entrichtung von Beiträgen an die „Selbsthilfe" - Zusatzrentenkasse der Deutschen Caritas - Versicherungsverein a.G. Köln (Rhein) bzw. für Angehörige der Caritasschwesternschaft an die „Altenhilfe" - Zusatzrentenkasse der Caritasschwesternschaft - Freiburg (Breisgau) nach Maßgabe der folgenden Bestimmungen:

§ 2 Persönlicher Geltungsbereich
(a) Die Versorgungsordnung gilt für alle Mitarbeiter, auf welche Arbeitsvertragsrichtlinien Anwendung finden. ...

§ 3 Abschluß der Versicherung für die Grundversorgung
(a) Für die Grundversorgung der in der gesetzlichen Rentenversicherung Pflichtversicherten sind die Beiträge zur gesetzlichen Rentenversicherung nach Maßgabe der hierfür geltenden Bestimmungen zu entrichten.

...

§ 4 Abschluß der Versicherung für die Zusatzversorgung
(a) Die Zusatzversorgung erfolgt durch Abschluss einer Rentenversicherung nach Maßgabe dieser Versorgungsordnung bei der „Selbsthilfe" bzw. „Altershilfe". Voraussetzung für den Abschluss der Zusatzversorgung ist das Bestehen oder der Abschluss einer Grundversorgung gemäß § 3 VersO.

...

§ 5 Beginn und Ende der Versicherung
(a) Soweit kein Ausschließungstatbestand nach § 2 VersO gegeben ist, sind die Versicherungen zur Grund- und Zusatzversorgung gemäß § 3 Abs. (b) und (c) und § 4 VersO beim Vorliegen der Voraussetzungen am Ersten des Monats abzuschließen, an dem die Voraussetzungen erfüllt sind, und zwar nach den im Einzelfall geltenden Versicherungsbestimmungen. ...
Der Dienstgeber meldet den Mitarbeiter bei der „Selbsthilfe" bzw. „Altershilfe" an. Die Aufnahme des Mitarbeiters in die Versicherung wird diesem durch die Zustellung eines Mitgliedsausweises bestätigt.
(b) Die Beteiligungspflicht des Dienstgebers an den Beiträgen zu den Versicherungen für die Grund- und Zusatzversorgung (§§ 3 und 4 VersO) endet mit Ablauf des Monats, in dem der Mitarbeiter aus dem Dienstverhältnis ausscheidet. ...

§ 6 Höhe und Entrichtung der Beiträge
(a) Für jeden zu versichernden Mitarbeiter ist für dessen Grundversorgung und Zusatzversorgung jeweils ein vom Dienstgeber und Mitarbeiter anteilmäßig aufzubringender Beitrag zu entrichten. Die Höhe der Beiträge ergibt sich im Einzelnen aus § 6 Abs. (b) VersO.
...
(b) Dienstgeber und Mitarbeiter haben nach dieser Versorgungsordnung für die Grund- und Zusatzversorgung der Mitarbeiter folgende Beiträge zu entrichten:
Zur Grundversorgung gemäß § 3 Absatz (a) VersO ist der Beitrag zur gesetzlichen Rentenversicherung in der jeweils vorgeschriebenen Höhe zu entrichten. ...
Die Höhe der Beiträge zur Zusatzversorgung und ihre Aufteilung auf Dienstgeber und Mitarbeiter richtet sich unter Beachtung der Dienstbezüge des Mitarbeiters nach den aus der Anlage 1 zu dieser Versorgungsordnung ersichtlichen Beitragssätzen.
Der Beitrag zur Grund-und Zusatzversorgung ist durch den Dienstgeber für den Zeitraum, für den dem Mitarbeiter ein Anspruch auf Dienstbezüge nach den Arbeitsvertragsrichtlinien oder auf Sozialbezüge nach Anlage 1 zu den AVR zusteht, an die entsprechende Versicherung abzuführen. Der Beitragsanteil des Mitarbeiters wird von seinen Dienstbezügen bzw. Sozialbezügen einbehalten.
...
(d) Die Anmeldung des Mitarbeiters zur „Selbsthilfe“ bzw. „Altershilfe“ erfolgt durch den Dienstgeber gemäß Absatz (a) zweiter Unterabsatz dieser Versorgungsordnung.
(e) Dem Mitarbeiter steht es frei, eine höhere Zusatzversicherung abzuschließen. Hierfür entstehende Mehrkosten hat er allein zu tragen.“

Schließlich vereinbarten die Klägerin und das D. am 16.7.1975 einen schriftlichen Dienstvertrag als Arzthelferin mit einer in § 1 angegebenen Dienstzeit ab dem 1.4.1966. Dabei handelte es sich um einen Tippfehler. Zutreffend war der 1.4.1967. In dem Dienstvertrag vom 16.7.1975 hieß es u.a.:

„...
§ 2
Für das Arbeitsverhältnis gelten die „Richtlinien für Arbeitsverträge in den Einrichtungen des Deutschen Caritasverbandes“ (AVR) in der zur Zeit des Vertragsabschlusses in der „Caritas-Korrespondenz“ veröffentlichten und im Amtsblatt des Ortsbistums in Kraft gesetzten Fassung 1.
Die AVR sind Bestandteil des Dienstvertrages und haben dem Mitarbeiter zur Kenntnisnahme zur Verfügung gestanden.
Bei Änderungen der AVR gilt jeweils die in der „Caritas-Korrespondenz“ veröffentlichte und im Amtsblatt des Ortsbistums in Kraft gesetzte Fassung 1, ohne dass es einer weiteren Vereinbarung bedarf. Auch insoweit ist dem Mitarbeiter Gelegenheit zur Kenntnisnahme zu geben.
...
§ 5
*Der Mitarbeiter nimmt unter Beachtung der Bestimmungen der Anlage 8 gemäß § 1 zu den AVR an der Zusatzversorgung (VersO) ab 1.9.1974 teil/nicht teil, da er eine Verzichtserklärung gemäß Anlage A zu § 2 Abs. (a) VersO abgegeben hat.“

Im Zeitpunkt des Abschlusses des Dienstvertrags am 16.7.1995 galten die AVR in der ab dem 1.1.1975 geltenden Fassung (im Folgenden AVR 1975). Die oben zitierten Regelungen aus den AVR 1972 waren inhaltsgleich mit denjenigen der AVR 1975. Lediglich § 6 VersO 1972 hatte in § 6b UAbs. 3 VersO 1975 eine Abwandlung erfahren und lautete wie folgt:

„§ 6 Höhe und Entrichtung der Beiträge
(a) Für jeden zu versichernden Mitarbeiter ist für dessen Grundversorgung ein vom Dienstgeber und Mitarbeiter anteilmäßig aufzubringender Beitrag zu entrichten. Die Beiträge zur Zusatzversorgung trägt der Dienstgeber. Die Höhe der Beiträge ergibt sich im Einzelnen aus § 6 Abs. (b) VersO.
...
(b) Dienstgeber und Mitarbeiter haben nach dieser Versorgungsordnung für die Grund- und Zusatzversorgung der Mitarbeiter folgende Beiträge zu entrichten:
Zur Grundversorgung gemäß § 3 Absatz (a) VersO ist der Beitrag zur gesetzlichen Rentenversicherung in der jeweils vorgeschriebenen Höhe zu entrichten. ...
Die Höhe der Beiträge zur Zusatzversorgung richtet sich unter Beachtung der Dienstbezüge des Mitarbeiters nach den aus der Anlage 1 zu dieser Versorgungsordnung ersichtlichen Beitragssätzen.
Der Beitrag zur Grund-und Zusatzversorgung ist durch den Dienstgeber für den Zeitraum, für den dem Mitarbeiter ein Anspruch auf Dienstbezüge nach den Arbeitsvertragsrichtlinien oder auf Sozialbezüge nach Anlage 1 zu den AVR zusteht, an die entsprechende Versicherung abzuführen. Der Beitragsanteil des Mitarbeiters wird von seinen Dienstbezügen bzw. Sozialbezügen einbehalten.
...
(d) Die Anmeldung des Mitarbeiters zur „Selbsthilfe“ bzw. „Altershilfe“ erfolgt durch den Dienstgeber gemäß Absatz (a) zweiter Unterabsatz dieser Versorgungsordnung.
(e) Dem Mitarbeiter steht es frei, eine höhere Zusatzversicherung abzuschließen. Hierfür entstehende Mehrkosten hat er allein zu tragen.“

In der zwischen dem 28.8.1974 bis zum Dienstvertragsschluss geltenden Satzung der Selbsthilfe - Zusatzrentenkasse der Deutschen Caritas V.a.G - (im Folgenden Satzung Selbsthilfe) hieß es u.a.:

„I. Abschnitt
Name, Sitz, Zweck und Mitgliedschaft

§ 1
Der Versicherungsverein auf Gegenseitigkeit „Selbsthilfe“ Zusatzrentenkasse der Deutschen Caritas (im nachstehenden „Versicherungsverein“ genannt) hat seinen Sitz in Köln am Rhein. Er ist ein kleinerer Versicherungsverein im Sinne der §§ 15 und 53 des Versicherungsaufsichtsgesetzes. Geschäftsgebiet ist die Bundesrepublik Deutschland einschließlich West-Berlin.

§ 2
1. Zweck des „Versicherungsvereins" ist, den bei ihm versicherten Mitgliedern, nach den Tarifen FR 60 und MR 65 bei erfüllter Wartezeit folgende zusätzliche Leistungen zu ihren sonstigen Ruhegeld- und anderen Bezügen zu gewähren:
a) eine Alterszusatzrente nach Vollendung des rechnungsmäßigen 60. bzw. 65. Lebensjahres (§ 22),
b) eine Zusatzrente bei Berufs- bzw. Erwerbsunfähigkeit (§ 23),
c) Witwen- und Waisenrenten für die Hinterbliebenen eines versicherten männlichen Mitglieds (§ 24),
d) ein Sterbegeld (§ 25).
...
§ 3
1. Als Mitglieder kommen in Frage:
a) die nach der Versorgungsordnung der Arbeitsvertragsrichtlinien des Deutschen Caritasverbandes anzumeldenden Mitarbeiterinnen und Mitarbeiter (Pflichtmitglieder).
...
IV. Abschnitt
Leistungen und Beiträge
§ 22
1. Den Mitgliedern wird von der Vollendung des rechnungsmäßigen 60. (Tarif FR 60) bzw. rechnungsmäßigen 65. (Tarif MR 65) Lebensjahres ab eine lebenslängliche Altersrente gewährt Die Höhe der monatlichen Rente bestimmt sich nach den gezahlten Beiträgen.
2. Die Zahlung der Altersrente beginnt mit dem ersten Tag des auf die Vollendung des rechnungsmäßigen 60. bzw. 65. Lebensjahres folgenden Kalendermonats und erfolgt monatlich im Voraus bis zum Todesmonat einschließlich. Die Vollendung des rechnungsmäßigen 60. bzw, 65. Lebensjahres wird nicht durch das Geburtsdatum, sondern durch den im Aufnahmeantrag eingesetzten Tag und Monat des Beginns der Beitragszahlung bestimmt. Der Zeitpunkt des Beginns der Altersrente ist auf dem Mitgliedsausweis vermerkt.
3. Ergibt sich eine monatliche Altersrente von weniger als DM10,, so erhält das Mitglied an Stelle der Rente die auf seinen Versicherungsvertrag eingezahlten Beiträge unter Berücksichtigung des geschäftsplanmäßigen Zinsfußes zurück.
..."

Die Kirchliche Zusatzversorgungskasse (im Folgenden KZVK) existierte am 16.7.1975 noch nicht. Die KZVK wurde erst zum 1.1.1976 gegründet. Die in der Selbsthilfe Versicherten erhielten ein Wahlrecht, ob sie in der Selbsthilfe bleiben oder in die KZVK wechseln wollten. Mit von der Klägerin am 22.2.1977 unterzeichneten Formular zur Entscheidung gemäß § 50 VersO n.F. verlangte die Klägerin den Fortbestand ihrer Zusatzversicherung bei der Selbsthilfe über den 31.12.1975 hinaus.

Unter dem 2.9.1981 schlossen die Klägerin und das D. einen neuen Arbeitsvertrag ab dem 1.7.1981. In diesem hieß es bei unverändertem § 2 u.a.:

„...
§ 5
*Der Mitarbeiter nimmt unter Beachtung der Bestimmungen der Anlage 8 zu den AVR in der ab 1.1.1976 gültigen Fassung an der Zusatzversorgung (VersO) ab ..... teil/gemäß § 5 VersO nicht teil, da weiterhin in der Selbsthilfe Versicherungspflicht besteht.
...
§ 7
Zwischen den Vertragsschließenden sind noch folgende Sondervereinbarungen getroffen worden:
Der Mitarbeiter ist verpflichtet, am dienstplanmäßigen Bereitschaftsdienst teilzunehmen. Die bis zum 1.7.1981 verbrachte Beschäftigungs- und Dienstzeit wird durch diesen neuen Dienstvertrag nicht verändert.
...“

Mit Wirkung vom 1.1.1988 wurde die D. – inzwischen in der Rechtsform einer GmbH – von der Beklagte übernommen. Das Arbeitsverhältnis der Klägerin bestand aufgrund eines in diesem Zusammenhang gegebenen Betriebsübergangs mit der Beklagten fort. Ein neuer Arbeitsvertrag wurde zwischen den Parteien nicht geschlossen. Die Beklagte stellte es der Klägerin frei, die Versicherung weiter bei der Selbsthilfe zu belassen oder diese über die KZVK durchzuführen. Die Klägerin entschied sich für den Verbleib bei der Selbsthilfe.

Im Jahr 2001 erfolgte die Namensänderung der Selbsthilfe in die Pensionskasse der Caritas VVaG (im Folgenden PK-Caritas). Die ursprüngliche Versicherung bei der Selbsthilfe blieb bis in die aktuell geltende Anlage 8 AVR (im Internet abrufbar unter http://schiering.org/arhilfen/gesetz/avr/avr-anlage08.htm) als Versorgungsordnung B (VersO B) bestehen. In der aktuellen Anlage 8 AVR hieß es u.a.:

„Anlage 8: Zusätzliche Altersversorgung
Grundsatz der Versorgung für Alter und Invalidität
(1) Der Dienstgeber ist verpflichtet, die Versorgung der Mitarbeiter für Alter und Invalidität gemäß den Bestimmungen dieser Anlage (Versorgungsordnung A/Versorgungsordnung B) zu veranlassen. Grundsätzlich findet Versorgungsordnung A Anwendung. Versorgungsordnung C ist anzuwenden, sofern der Dienstgeber nicht Beteiligter einer öffentlich-rechtlichen Zusatzversorgungseinrichtung ist; für Versicherungsverhältnisse, die vor dem 31. Dezember 2018 begründet wurden, gilt die Versorgungsordnung B.
...
Versorgungsordnung A (VersO A)
§ 1 Versorgungszusage
(1) Mitarbeiter und die zu ihrer Ausbildung Beschäftigten (Anlage 7 zu den AVR), für die nach der Satzung der Kirchlichen Zusatzversorgungskasse des Verbandes der Diözesen Deutschlands (im folgenden Zusatzversorgungskasse genannt) Versicherungspflicht besteht, sind durch ihren Dienstgeber bei der Zusatzversorgungskasse zum Zwecke der Al-

ters-, Berufsunfähigkeits- und Erwerbsunfähigkeitsversorgung sowie der Versorgung ihrer Hinterbliebenen zu versichern.
(2) Der Versorgungsanspruch des Mitarbeiters und des zu seiner Ausbildung Beschäftigten sowie der Versorgungsanspruch eines ihrer Hinterbliebenen richten sich ausschließlich nach der Satzung der Zusatzversorgungskasse und ihrer Ausführungsbestimmungen und können nur gegenüber der Zusatzversorgungskasse geltend gemacht werden.
...

Versorgungsordnung B (VersO B)
Die „Ständige Arbeitsrechtliche Kommission" hat am 15. Oktober 1965 die nachstehende Versorgungsordnung für die Mitarbeiter im Geltungsbereich der AVR beschlossen und mit Wirkung vom 1. April 1966 in Kraft gesetzt. Diese bezweckt eine Alters-, Invaliden- und Hinterbliebenenversorgung für Mitarbeiter durch Entrichtung von Versicherungsbeiträgen.

§ 1 Geltungsbereich
(1) Der Versicherungspflicht unterliegt vom Beginn des Dienst- und Ausbildungsverhältnisses an der Mitarbeiter ...,
a) der das 17. Lebensjahr vollendet hat und
b) auf dessen Dienst- bzw. Ausbildungsverhältnis die AVR Anwendung finden (§ 2 AT).

§ 2 Versicherung
Die Zusatzversorgung erfolgt durch Abschluss einer Zusatzrentenversicherung bei der „Selbsthilfe Zusatzrentenkasse der Deutschen Caritas VVaG" (Selbsthilfe) nach Maßgabe dieser Versorgungsordnung.
Die Ansprüche der Versicherten bestimmen sich nach der Satzung der Selbsthilfe.

§ 3 Anmeldung und Abmeldung
(1) Der Dienstgeber meldet den Mitarbeiter mit Beginn des versicherungspflichtigen Dienst- bzw. Ausbildungsverhältnisses bei der Selbsthilfe an. Die Aufnahme des Mitarbeiters in die Selbsthilfe wird diesem durch Zustellung eines Mitgliedsausweises, dem Dienstgeber durch eine entsprechende Bestätigung nachgewiesen.
...

§ 4 Beiträge
(1) Die Beiträge zur Zusatzversicherung trägt der Dienstgeber. ...
(2) Der Beitrag der Zusatzversicherung (Pflichtversicherung) ist vom versicherungspflichtigen Beschäftigungsentgelt mit einem Beitragssatz in Höhe von 7,5 v. H. zu berechnen.
...

§ 10 Geltung der Versorgungordnung B
Abweichend von § 1 besteht eine Versicherungspflicht nur, wenn das Dienst- und Ausbildungsverhältnis des Mitarbeiters ... vor dem 20. September 2018 begonnen wurde und die Zusatzrentenversicherung des betreffenden Mitarbeiters bei der Pensionskasse der Caritas VVaG (§ 2) oder der Kölner Pensionskasse VVaG (§ 8a) vor dem 20. September 2018 wirksam abgeschlossen war."

Für die Klägerin existierten bei der PK-Caritas fünf Verträge zu den folgenden Vertragsnummern: 00064190-001 (Tarif 2 - RF 60); 00064190-002 (Tarif 2 - FR60); 00064190-003 (Tarif 12 - Sparer F); 00064190-004 (Tarif - 12 Sparer F) und 00064190-005n (Tarif - 12 Sparer F). Sämtliche auf diese Verträge eingezahlten Beiträge waren allein arbeitgeberfinanziert. Die Klägerin selbst leistete keine Zahlungen. Auf den Vertrag 001 wurden die Beitragszahlungen bis zum 31.12.2001 verbucht. Aufgrund steuerlicher Änderungen wurde zum 1.1.2002 ein technischer Untervertrag, der Vertrag 002 angelegt. Die Tarife 2 - FR 60 endeten mit dem 60. Lebensjahr, so dass danach darauf keine Beiträge mehr verbucht werden konnten. Um weiblichen Beschäftigten die Möglichkeit zu bieten, die Versicherung bis zum 65. Lebensjahr fortzusetzen, wurde bereits 1984 ein sog. Fortsetzungstarif 12 - Sparer F geschaffen, wobei „F" für „Frauen" stand.

Zum 30.9.2012 schied die Klägerin bei der Beklagten aus. Mit Schreiben vom 10.9.2012 teilte die PK-Caritas der Klägerin Folgendes mit:

> „Sehr geehrte Frau L.,
> aufgrund der gezahlten Beiträge erhalten Sie ab dem 01.10.2012 eine monatliche Altersrente in Höhe von Euro 1.270,01.
> Den vorgenannten Betrag werden wir ab dem 01.10.2012 auf das uns genannte Konto überweisen."

Eine weitere Erläuterung oder eine Berechnung des Betrages von 1.270,01 € waren dem Schreiben vom 10.9.2012 nicht beigefügt. Eine solche existierte bei der PK-Caritas auch nicht. Die PK-Caritas stellte der Klägerin nur Aufstellungen die Beiträge der einzelnen Verträge zur Verfügung. Diese wurden am Ende einer jeden Aufstellung addiert und wie folgt dargestellt:

| | |
|---|---|
| 1. Vertrag (00064190-001) | |
| „Sollgestellte Beträge | 40.841,93 Euro (01.12.2001) |
| Rentenanwartschaft | 958,03 Euro (01.08.2011) |
| Rentenleistungen (Brutto) | 103.944,76 Euro (01.11.2020)" |

| | |
|---|---|
| 2. Vertrag (00064190-002) | |
| „Sollgestellte Beträge | 21.934,51 Euro (01.08.2011) |
| Rentenanwartschaft | 181,31 Euro (01.08.2011) |
| Rentenleistungen (Brutto) | 19.252,99 Euro (01.11.2020)" |

| | |
|---|---|
| 3. Vertrag (00064190-003) | |
| „Sollgestellte Beträge | 12.454,39 Euro (01.09.2012) |
| Rentenanwartschaft | 96,53 Euro (01.09.2012) |
| Rentenleistungen (Brutto) | 9.217,94 Euro (01.11.2020)" |

| | |
|---|---|
| 4. Vertrag (00064190-004) | |
| „Sollgestellte Beträge | 2.306,85 Euro (01.09.2012) |
| Rentenanwartschaft | 17,88 Euro (01.09.2012) |
| Rentenleistungen (Brutto) | 1.707,47 Euro (01.11.2020)" |

| | |
|---|---|
| 5. Vertrag (00064190-005) | |
| „Sollgestellte Beträge | 2.954,74 Euro (01.09.2012) |
| Rentenanwartschaft | 20,11 Euro (01.09.2012) |
| Rentenleistungen (Brutto) | 1.920,40 Euro (01.11.2020)“ |

Ausweislich eines Schreibens der PK-Caritas vom 9.4.2020 wurden in der Zeit vom 1.9.1974 bis zum 30.9.2012 arbeitgeberseitig Beiträge in Höhe von insgesamt 65.371,18 Euro gezahlt. Wegen der weiteren Einzelheiten wird auf das Anlagenkonvolut B5 zum Schriftsatz der Klägerin vom 29.10.2020 Bezug genommen.

Die aktuelle Satzung der PK-Caritas (im Folgenden Satzung PK-Caritas) enthielt in § 19 Abs. 5 Satzung PK-Caritas folgende Bestimmung:

> „Weist die versicherungstechnische Bilanz einen Fehlbetrag aus, so ist dieser zu Lasten der Verlustrücklage und danach der Rückstellung für Beitragsrückerstattung (RfB) auszugleichen. Wenn die Verlustrücklage und die RfB hierfür nicht ausreichen, sind zur Deckung des verbliebenden Fehlbetrages durch Beschluss der Vertreterversammlung aufgrund von Vorschlägen des Verantwortlichen Aktuars die Beiträge der Mitglieder zu erhöhen oder die Beitragszahlungsdauer zu verlängern oder Versicherungsleistungen herabzusetzen oder Änderungen der genannten Art gleichzeitig vorzunehmen. Alle Maßnahmen zur Beseitigung von Fehlbeträgen haben auch für bestehende Versicherungsverhältnisse Wirkung und bedürfen für die von der Aufsichtsbehörde genehmigten Tarife der Genehmigung der Aufsichtsbehörde, für die nicht genehmigten Tarife der Zustimmung des nach § 142 VAG erforderlichen Treuhänders. Eine Erhebung von Nachschüssen ist ausgeschlossen.“

Mit einem Informationsschreiben und fünf weiteren Schreiben aus dem Monat September 2019 teilte die PK-Caritas der Klägerin mit, dass diese saniert werden müsse, weil zum 31.12.2017 die Verpflichtungen der Kasse das vorhandene Vermögen übersteigen würden. Mit der Versicherungsaufsicht (BaFin) habe die PK-Caritas ein tragfähiges Sanierungskonzept für die nächsten Jahre abgestimmt. Dies habe zur Folge, dass die Rente der Klägerin zum 1.1.2020 reduziert werden müsse. Die Pensionskasse reduzierte sodann zum 1.1.2020 die Rentenansprüche der Klägerin gemäß der Ankündigung wie folgt:

| | | | |
|---|---|---|---|
| 1. Vertrag (00064190-001) | von 958,03 Euro | auf 740,16 Euro, | d.h. um 217,87 Euro, |
| 2. Vertrag (00064190-002) | von 177,45 Euro | auf 137,09 Euro, | d.h. um 40,36 Euro, |
| 3. Vertrag (00064190-003) | von 96,53 Euro | auf 74,53 Euro, | d.h. um 22,00 Euro, |
| 4. Vertrag (00064190-004) | von 17,88 Euro | auf 13,81 Euro, | d.h. um 4,07 Euro, |
| 5. Vertrag (00064190-005) | von 20,11 Euro | auf 15,53 Euro, | d.h. um 4,58 Euro. |

Es ergab sich insgesamt eine Differenz zur Ausgangsrente der Klägerin von 288,88 Euro. Mit Schreiben vom 20.9.2019 machte die Klägerin Ausgleichsansprüche gegenüber der Beklagten geltend, welche diese mit Schreiben vom 19.11.2019 ablehnte.

Mit Schreiben vom 29.1.2021 übersandte die PK-Caritas den Technischen Geschäftsplan für die Tarife FR60, MR65, IR60, R60, R65, IR61-65, „Sparer" (reguliertes Geschäft bis 31.12.1993) in der Neufassung vom 23.4.1999 mit der letzten Änderung vom 13.3.2011 (im Folgenden TGP). Im TGP, der öffentlich bzw. für Dritte nicht einsehbar war, hieß es u.a.:

„...
II. Bestimmungen über Leistungen und Beiträge
Die für den Technischen Geschäftsplan maßgebenden Bestimmungen über Leistungen und Beiträge in den Tarifen FR 60 und MR 60 ergeben sich aus den §§ 22–25 und 31 der Satzung in der durch Verfügung des BAV genehmigten Fassung (Letzte Änderung genehmigt am 15.1.1992, Gesch.-Z.: II-2164-5/91). Daneben werden noch Altbestände nach den Tarifen IR 60, R 60, R 65, IR 61–65 geführt. Nach Erreichen des rechnungsmäßigen Endalters noch eingehende Beträge werden technisch separat im Teil „Sparer" verwendet.

1. Tarif FR60
Gewährt werden Renten bei Berufs- bzw. Erwerbsunfähigkeit sowie nach Erreichen der Altersgrenze von 60 Jahren. Die Höhe der Rente richtet sich nach den eingezahlten Beiträgen.
Beim Tode des Mitgliedes wird ein Sterbegeld in Höhe des Fünffachen einer versicherten Monatsrente (höchstens jedoch 10.000,- DM) gewährt.
...
Die Beiträge werden technisch als laufende Beiträge gestaltet. Beitragserhöhungen führen zu einer Erhöhung der versicherten beitragspflichtigen Rente. Beitragsherabsetzungen bewirken eine proportionale Kürzung der beitragspflichtigen Rente und das Entstehen einer beitragsfreien Rentenanwartschaft. Sonderzahlungen werden technisch als Einmalprämien für beitragsfreie Rentenanwartschaften angesehen.
...

III. Rechnungsgrundlagen und Formeln zur Errechnung von Beiträgen und Leistungen
1. Tarif FR 60
Rentenversicherung: Rechnungsgrundlagen für Pensionsversicherung von Meißner-Mewes (Hauptband)
Sterbegeld: Allgemeine Deutsche Sterbetafel 1924 - 26 Männer
Rechnungszins: 3,5 %
...
Netto-Monatsbeitrag
...
Brutto-Monatsbeitrag
...
Rentenberechnung nach Beitragserhöhung
...
Rentenberechnung nach Beitragsherabsetzung
...
Rentenberechnung aus Sonderzahlung

...
5. „Sparer"
Rechnungsgrundlagen
Rentenversicherung: Rechnungsgrundlagen für Pensionsversicherung von Meißner-Mewes Hauptwerk/ 1. Nachtrag
Sterbegeld: Allgemeine Deutsche Sterbetafel 1924 - 26 Männer
Rechnungszins: 3,5 %
Rentenberechnung bei Anruf der Rente
...

Wegen der weiteren Einzelheiten und insbesondere der Rechnungsformeln der einzelnen Tarife wird auf die zur Akte gereichte Ablichtung des TGP Bezug genommen.

Die Klägerin ist der Auffassung gewesen, dass § 1 Abs. 1 Satz 3 BetrAVG Anwendung finde. Diese Regelung habe lediglich eine auch schon zuvor bestehende Rechtsprechung des Bundesarbeitsgerichts bei externem Versorgungsweg aus Klarstellungsgründen kodifiziert. Es liege keine reine Beitragszusage vor. Meldet der Arbeitgeber einen Arbeitnehmer zu einer Pensionskasse an, sei üblicherweise davon auszugehen, dass er damit zu verstehen gebe, nicht nur die Beiträge zu übernehmen, sondern auch eine auf dieser Grundlage sich ergebene Versorgung gewähren wolle. Die von der Beklagten herangezogene VersO A sei nicht einschlägig. Die Beklagte sei ihr gegenüber in dem Umfang einstandspflichtig, in dem die PK-Caritas die Rente herabgesetzt habe.

Die Klägerin hat mit der am 10.12.2019 bei Gericht eingereichten Klage und der Beklagten am 12.12.2019 zugestellten Klage beantragt, die Beklagte zu verurteilen, an sie ab dem 1.1.2020 monatlich 288,88 € brutto zu zahlen.

Das Arbeitsgericht hat der Klage stattgegeben. Gegen das Urteil hat die Beklagte Berufung eingelegt.

Die Berufung blieb erfolglos.

**Aus den Gründen:**

*[218]* A. Die zulässige Berufung der Beklagten ist unbegründet, weil die zulässige Klage begründet ist.

*[219]* I. Die Klage ist, auch soweit sie sich auf die künftige Zahlung von monatlich 288,88 € brutto richtet, gemäß § 258 ZPO zulässig. Bei wiederkehrenden Leistungen, die – wie Betriebsrentenansprüche – von keiner Gegenleistung abhängen, können gemäß § 258 ZPO grundsätzlich auch künftig fällig werdende Teilbeträge eingeklagt werden. Im Gegensatz zu § 259 ZPO muss nicht die Besorgnis bestehen, dass der Schuldner sich der rechtzeitigen Leistung entziehen

wird (BAG 14.7.2005 -3 AZR 594/13-). Der Antrag ist auch hinreichend bestimmt, weil sich aus dem Anfangsdatum „ab dem 1.1.2020“ ergibt, dass eine monatlich im Voraus zu leistende Zahlung begehrt wird.

*[220]* II. Die Klage ist begründet. Die Klägerin kann von der Beklagten ab dem 1.1.2020 monatlich im Voraus (§ 22 Abs. 2 Satzung Selbsthilfe, wobei keine Anhaltspunkte für eine aktuell andere Regelung bestehen) die Zahlung weiterer 288,88 € brutto an Betriebsrente verlangen. Dieser Zahlungsanspruch begründet sich aus § 1 Abs. 1 Satz 3 BetrAVG i.V.m. der Anmeldung der Klägerin zur Selbsthilfe vom 28.8.1974, §§ 5 der Arbeitsverträge vom 16.7.1975 und 10.7.1981 i.V.m. Anlage 8 AVR in der jeweils gültigen Fassung, d.h. zuletzt der VersO B, i.V.m. §§ 2, 22 Abs. 1 Satzung Selbsthilfe i.V.m. den Tarifbestimmungen für die Tarife FR 60 und Sparer F im TGP i.V.m. § 613a Abs. 1 Satz 1 BGB. Der Anspruch ist der Höhe nach begründet. Er unterliegt keiner Anpassung gemäß § 313 BGB.

*[221]* 1. Entgegen der Ansicht der Beklagten findet § 1 Abs. 1 Satz 3 BetrAVG Anwendung, weil es sich bei der von der Rechtsvorgängerin der Klägerin erteilten Zusage nicht um eine reine Beitragszusage, sondern um eine Betriebsrentenzusage, auf welche § 1 Abs. 3 Satz 1 BetrAVG Anwendung findet, handelt.

*[222]* a) Das Bundesarbeitsgericht geht zur Abgrenzung von folgenden Grundsätzen aus:

*[223]* aa) Zwar ist eine reine Beitragszusage rechtlich ohne weiteres möglich. Sie unterfällt aber nicht dem Recht der betrieblichen Altersversorgung. Mit ihr werden keine künftigen Versorgungsleistungen versprochen, wie dies § 1 Abs. 1 Satz 1 BetrAVG verlangt, sondern nur zusätzliche Zahlungen während des aktiven Arbeitslebens, die vergleichbar vermögenswirksamen Leistungen zur Bildung von Vermögen oder von Versorgungsanwartschaften an Dritte oder den Arbeitnehmer auszuzahlen sind und bei denen der Arbeitnehmer das volle Anlage- und Insolvenzrisiko trägt. Auf solche Zusagen passt weder der gesetzliche Verschaffungsanspruch nach § 1 Abs. 1 Satz 3 BetrAVG noch das Unverfallbarkeitsrecht nach § 2 BetrAVG (BAG 15.3.2016 -3 AZR 827/14-).

*[224]* bb) Richtig ist, dass die Frage, ob eine Beitragszusage oder ein Betriebsrentenanspruch vereinbart ist, durch Auslegung in Anwendung der §§ 133, 157 BGB und Würdigung der Gesamtschau der Umstände (vgl. LAG Baden-Württemberg 4.6.2014 -13 Sa 7/14-) zu beantworten ist. Dabei liegt in der Anmeldung der Arbeitnehmer zu einer Pensionskasse nach der Rechtsprechung des Bundesarbeitsgerichts üblicherweise eine Betriebsrentenzusage. Die Arbeitnehmer dürfen die Anmeldung bei einer Pensionskasse dahin verstehen, dass ihnen damit konkludent eine Versorgung auf der Grundlage der von ihr zu zahlenden Beiträge durch die Pensionskasse versprochen wird und der Arbeitgeber damit eine beitragsorientierte Leistungszusage i.S.v. § 1 Abs. 2 Nr. 1

BetrAVG erteilen wollte. Nach § 1 Abs. 2 Nr. 1 BetrAVG liegt betriebliche Altersversorgung auch vor, wenn der Arbeitgeber sich verpflichtet, bestimmte Beiträge in eine Anwartschaft auf Alters-, Invaliditäts- oder Hinterbliebenenversorgung umzuwandeln (beitragsorientierte Leistungszusage). Nach § 1b Abs. 3 BetrAVG sind Pensionskassen ein im Gesetz vorgesehener Durchführungsweg der betrieblichen Altersversorgung. Er hat bereits vor dem Inkrafttreten des Gesetzes zur Verbesserung der betrieblichen Altersversorgung vom 19.12.1974 (BGBl. I S. 3610) im selben Jahr bestanden und wurde durch § 1 Abs. 3 BetrAVG in der damaligen Fassung gesetzlich anerkannt. Meldet der Arbeitgeber seine Arbeitnehmer bei einer Pensionskasse an, so dürfen diese, sofern keine anderweitigen Anhaltspunkte bestehen, üblicherweise davon ausgehen, dass der Arbeitgeber ihnen damit zu verstehen geben will, er wolle nicht nur für die Dauer des Arbeitsverhältnisses die Beiträge für die Pensionskasse übernehmen, sondern es solle ihnen damit auf der Grundlage der gezahlten Beiträge bei Eintritt eines Versorgungsfalls auch eine Versorgung von der Pensionskasse gewährt werden. Einer ausdrücklichen Verpflichtung des Arbeitgebers, die Beiträge zur Pensionskasse in eine Anwartschaft auf Alters-, Invaliditäts- oder Hinterbliebenenversorgung umzuwandeln, bedarf es nicht. Mit der einheitlichen Anmeldung der Arbeitnehmer bei einer Pensionskasse bringt der Arbeitgeber vielmehr schlüssig zum Ausdruck, den Arbeitnehmern solle bei Eintritt eines Versorgungsfalls eine Versorgungsleistung erbracht werden, die auf den Beitragsleistungen beruht. Die so bestehende Leistungspflicht ist damit Teil des Versorgungsversprechens und nicht lediglich von versicherungsrechtlicher Bedeutung (BAG 15.3.2016 -3 AZR 827/14-; BAG 3.6.2020 -3 AZR 166/19-). Für ein solches schlüssiges Betriebsrentenversprechen hat das Bundesarbeitsgericht es ausreichen lassen, wenn der Arbeitnehmer sich im Einstellungsschreiben zur Anmeldung verpflichtete und die Arbeitgeberin diesen dann zum Tarif A der Pensionskasse anmeldete (BAG 15.3.2016 aaO). Darin liegt dann die – konkludente – Abrede, dass für den Anspruch des Arbeitnehmers auf Leistungen der betrieblichen Altersversorgung die jeweils gültige Satzung und die für den Tarif A mit Endalter gültigen Leistungsbedingungen der Pensionskasse maßgeblich sein sollen (vgl. BAG 10.2.2015 -3 AZR 65/14-; BAG 19.6.2012 -3 AZR 408/10-). Es ist unschädlich, wenn in einem solchen Fall nicht die im Versorgungsfall geschuldete Leistung, sondern ein bestimmter Betrag bzw. Aufwand festgelegt wird, aus dem sich die versprochene Leistung errechnet. Werden z.B. Beiträge an eine Pensionskasse zugesagt, ergibt sich die zugesagte Versorgungsleistung in der Regel aus den für das Versicherungsverhältnis geltenden Versicherungs- bzw. Tarifbedingungen (BAG 10.2.2015 aaO). Der Umsetzung einer solchen Zusage entspricht es, wenn z.B. Aufrechnungsbescheinigungen erteilt werden, in denen die Beiträge und die unbefristet zugewiesenen Gewinnanteile – wie es der Regelung in § 1 Abs. 2 Nr. 1 BetrAVG entspricht – in eine Anwartschaft auf (laufende) Leistungen der betrieblichen Altersversorgung umgerechnet werden (BAG 10.2.2015 aaO). Es ist deshalb für die Annahme einer Betriebsrentenzusage unschädlich, wenn die Parteien im Arbeitsvertrag keine ausdrückliche Vereinbarung darüber getroffen haben, unter welchen Voraussetzungen, in welcher Höhe und zu welchem Zeitpunkt der Arbeitnehmer Leistungen der betrieblichen Altersversorgung beanspruchen kann. Es genügt z.B. die Vereinbarung, dass eine unverfallbare Anwartschaft gewährt und dass die betriebliche Altersversorgung über die Pensionskasse durchgeführt werden soll (BAG 19.6.2012 aaO).

*[225]* b) Maßgeblich für die Auslegung sind die Umstände im Zeitpunkt der Anmeldung der Klägerin bzw. bei Abschluss des Dienstvertrags (vgl. insoweit BAG 15.3.2016 aaO, das auf die Regelungen des Jahres 1968 abstellt). Entscheidend ist deshalb, welche satzungsrechtlichen Regelungen und AVR zu diesen Zeitpunkten galten. Der Umstand, dass es sich bei dem 28.8.1974 bzw. 16.7.1975 um Zeitpunkte vor In-Kraft-Treten des § 1 Abs. 1 Satz 3 BetrAVG handelte, ist unschädlich. Der Einstandspflicht eines Arbeitgebers nach § 1 Abs. 1 Satz 3 BetrAVG steht der Umstand nicht entgegen, dass es sich um Versorgungszusagen handelt, die vor dem 1.7.2002 erteilt wurden (BAG 15.3.2016 -3 AZR 827/14-; BAG 12.5.2020 -3 AZR 158/19-). § 1 Abs. 1 Satz 3 BetrAVG beruht auf der Erwägung, dass im Betriebsrentenrecht von jeher zwischen der arbeitsrechtlichen Grundverpflichtung und dem Durchführungsweg unterschieden wird. Der eingeschaltete externe Versorgungsträger ist nur ein Instrument des Arbeitgebers, mit dem dieser sein im arbeitsrechtlichen Grundverhältnis erteiltes Versorgungsversprechen erfüllt (BAG 12.5.2020 aaO Rn 37). Die Frage der Auslegung einer sog. Umfassungszusage stellt sich hier nicht, weil es allein um eine arbeitgeberfinanzierte Versorgung geht.

*[226]* c) In Anwendung dieser Auslegungsgrundsätze, von denen abzuweichen kein Anlass besteht, liegt zur Überzeugung der Kammer keine Beitragszusage, sondern eine Betriebsrentenzusage in Form einer beitragsorientierten Leistungszusage vor.

*[227]* aa) Dies ergibt sich bereits aus der Anmeldung der Klägerin durch das CVH unter dem 28.8.1974 bei der Selbsthilfe als externem Versorgungsträger. Bereits darin liegt nach den obigen Ausführungen üblicherweise eine beitragsorientierte Leistungszusage, für welche die Arbeitgeberin einzustehen hat. Abweichende Gesichtspunkte sind nicht ersichtlich. Das Gegenteil ist der Fall. Zunächst ergibt sich aus der von der D. unterzeichneten und für die Klägerin vorgesehenen dritten Ausfertigung nicht nur der Monatsbeitrag, sondern auch der Betrag eines damals zu erwartenden und so bezeichneten „Rentenan-

spruchs“. Damit wird aus der objektiven Sicht der Klägerin als Erklärungsempfängerin ersichtlich, dass es nicht nur um die Zahlung von Beiträgen, sondern zusätzlich um die Verschaffung eines Rentenanspruchs ging. Die zu zahlenden Beiträge werden, wie in § 1 Abs. 2 Nr. 1 BetrAVG vorgesehen, für die Klägerin erkennbar in eine Rentenanwartschaft umgewandelt. Dem entspricht die arbeitsvertragliche Vereinbarung in § 5 des Arbeitsvertrags vom 16.7.1975. Danach nimmt die Klägerin an der Zusatzversorgung unter Beachtung der Bestimmungen der Anlage 8 AVR teil. Entgegen der Ansicht der Beklagten führt der Begriff der „Zusatzversorgung“ nicht dazu, von einer Beitragszusage auszugehen (vgl. BAG 19.6.2012 -3 AZR 408/10- zur Formulierung: „zusätzliche, unverfallbare Altersversorgung“ als typische betriebsrentenrechtliche Versorgungszusage). Aus den vom Arbeitsvertrag vom 16.7.1975 in Bezug genommenen AVR ergibt sich nichts anderes, unabhängig davon, ob man auf die AVR 1972 oder 1975 abstellt. Zunächst ergibt sich aus Abschnitt XIII AVR 1972/1975 nichts Abweichendes. Das Wort „veranlassen“, spricht nicht für eine Beitragszusage. Die „Veranlassung“ bezieht sich nämlich auf eine Versorgung für Alter und Invalidität, d.h. es geht um die Absicherung typischer betriebsrentenrechtlicher Risiken. Noch deutlicher wird die beitragsorientierte Leistungszusage durch Präambel Satz 2 VersO 1972/1975. Die Entrichtung von Versicherungsbeiträgen hat danach einen ganz bestimmten Zweck. Dies ist die Alters- Invaliden- und Hinterbliebenenversorgung. Es geht mithin nicht allein um die Entrichtung von Versicherungsbeiträgen. Es geht vielmehr darum, dass diese Beiträge Teil einer Altersversorgung werden, mithin in eine entsprechende Anwartschaft umgewandelt werden. Dafür spricht – wie ausgeführt – dass eine solche Anwartschaft bereits in der Anmeldung aufgeführt war. Hinzu kommt die tatsächliche spätere Praxis auf der Grundlage der getroffenen Vereinbarung in Form der Übersendung von Jahresbescheinigungen, die ebenfalls – gerichtet an die Klägerin – die monatliche Rentenanwartschaft mitteilen. Dem steht nicht entgegen, dass im Übrigen geregelt ist, dass die Zusatzversorgung durch Entrichtung von Beiträgen erfolgt (§§ 1 Abs. 2 Satz 2, 6 Buchst. (a) VersO 1972/1975) bzw. durch Abschluss einer Versicherung bei der Selbsthilfe (§ 4 VersO 1972/1975). Dies ist nur der externe Durchführungsweg. Dessen Zwecksetzung wird auch in § 2 Abs. 1 Buchst. a) Satzung Selbsthilfe deutlich. Zweck des Versicherungsvereins ist es danach, den bei ihm versicherten Mitgliedern zusätzliche Leistungen zu ihren sonstigen Ruhegeldbezügen zu gewähren, wie eine Alterszusatzrente bei Frauen nach 60 Jahren. Die Beiträge werden in Betriebsrentenleistungen umgewandelt. Die Beitragsleistungen sind nur Mittel zu diesem Zweck. Es ist zudem ausdrücklich der maßgebliche Tarif FR60 genannt. Der Umstand, dass die Höhe der Betriebsrentenleistungen in den arbeitsvertraglichen Vereinbarungen nicht bestimmt ist, sondern sich allein aus § 22 Abs. 2 Satzung i.V.m. mit den Festlegungen des TGP zum Tarif FR 60 ergibt, ist nach den obigen Ausführungen unerheblich. Einer vertraglichen Vereinbarung zur Höhe der sich aus der Umwandlung der Beiträge ergebenden Rente oder Rentenanwartschaft bedarf es bei der leistungsorientierten Beitragszusage nicht. Immerhin war hier in § 22 Abs. 1 Satzung Selbsthilfe der genaue maßgebliche Tarif FR60 bezeichnet. Dies genügte.

*[228]* bb) An der der Klägerin mit der Anmeldung unter dem 28.8.1974 oder § 5 des Arbeitsvertrags vom 16.7.1975 versprochenen beitragsorientierten Leistungszusage hat sich nachfolgend nichts geändert. Allein der Umstand, dass die Klägerin sich dafür entschied, in der Selbsthilfe zu verbleiben und nicht zum 1.1.1976 in die KZVK zu wechseln, hat den Inhalt des ursprünglichen Versorgungsversprechens nicht geändert. Es besteht schlicht weiterhin – so wie bislang und inzwischen als VersO B – fort. Nichts anderes gilt für § 5 des Arbeitsvertrags vom 1.7.1981. Diese Vereinbarung hat keinen, die ursprüngliche Versorgungszusage abändernden Charakter. Es wird lediglich geregelt, dass die neue VersO A über die KZVK nicht zur Anwendung kommt, weil weiterhin in der Selbsthilfe Versicherungspflicht besteht. Dies ändert nicht den Inhalt des ursprünglichen Versorgungsversprechens, sondern lässt dessen Fortbestand unberührt. Nichts anderes ergibt sich daraus, dass die Klägerin diese Wahl des Verbleibens in der Selbsthilfe bei dem Übergang ihres Arbeitsverhältnisses auf die Beklagte noch einmal getroffen hat.

*[229]* d) Entgegen der Ansicht der Beklagten handelt es sich bei § 1 Abs. 1 Satz 3 BetrAVG nicht um einen bloß nachrangigen oder subsidiären Anspruch. Den Arbeitgeber trifft vielmehr eine Einstandspflicht, nach der er dem Arbeitnehmer im Versorgungsfall die zugesagten Leistungen gegebenenfalls zu verschaffen hat. Wird die geschuldete Versorgung auf dem vorgesehenen Durchführungsweg nicht erbracht, hat der Arbeitgeber dem Versorgungsberechtigten daher im Versorgungsfall erforderlichenfalls aus seinem eigenen Vermögen die Versorgungsleistungen zu verschaffen, die er dem Arbeitnehmer versprochen hat. Die Einstandspflicht des Arbeitgebers führt nicht lediglich zu verschuldensabhängigen Schadensersatz-, sondern zu verschuldensunabhängigen Erfüllungsansprüchen (BAG 15.3.2016 -3 AZR 827/14-). Dabei kommt es nicht darauf an, aus welchen Gründen der externe Versorgungsträger nicht leistet, ob den Arbeitgeber hieran ein Verschulden trifft und ob er das Nichtleisten hätte verhindern können (BAG 12.5.2020 -3 AZR 158/19-). Es bestehen auch keine Anhaltspunkte dafür, dass die Norm diejenigen Fälle nicht erfassen will, in denen die Ursache für die fehlende oder eingeschränkte Leistungsfähigkeit des Versorgungsträgers aus dessen Sphäre stammt (BAG 15.3.2016 aaO).

*[230]* e) In die durch die Anmeldung der Klägerin bei der Selbsthilfe und durch § 5 des Arbeitsvertrags vom 16.7.1975 begründete beitragsorientierte Leistungszusage ist die Beklagte aufgrund der Übernahme des CVH gemäß § 613a Abs. 1 Satz 1 BGB eingetreten. Sie haftet aus diesem Grund für die daraus folgenden Verpflichtungen gemäß § 1 Abs. 1 Satz 3 BetrAVG. Der Umstand, dass es sich bei der Beklagten nicht um einen kirchlichen Träger handelt, steht dem Verschaffungsanspruch nicht entgegen.

*[231]* aa) Arbeitgeber, die – wie die Beklagte – die betriebliche Altersversorgung über einen externen Versorgungsträger durchführen, werden hierdurch nicht unverhältnismäßig belastet. Der Arbeitgeber ist bei der von ihm finanzierten betrieblichen Altersversorgung nicht nur frei in der Entscheidung, ob er überhaupt Leistungen der betrieblichen Altersversorgung erbringen will, in welchem Umfang dies der Fall sein soll und welcher Personenkreis begünstigt werden soll; er bestimmt auch den Durchführungsweg, über den seine Versorgungszusage abgewickelt werden soll, und wählt innerhalb der mittelbaren Durchführungswege den Versorgungsträger aus. Er hat es deshalb in der Hand, einen Versorgungsträger zu wählen, der ihm hinreichende Einfluss- und Kontrollmöglichkeiten bietet. Dies gilt selbst in Fällen, in denen die Versorgungszusage aus einer Zeit vor dem Inkrafttreten des Betriebsrentengesetzes herrührt (BAG 12.5.2020 -3 AZR 158/19-).

*[232]* bb) Richtig ist, dass diese Grundsätze für die Beklagte als nicht kirchlicher Arbeitgeberin in Bezug auf die Selbsthilfe bzw. die PK-Caritas nicht uneingeschränkt gelten. Diese hat auf die genannten externen Versorgungsträger ebenso wie auf die Gestaltung der AVR keinen Einfluss. Am Ergebnis ändert dies nichts.

*[233]* (1) Die mit einem kirchlichen Arbeitgeber vereinbarte Inbezugnahme kirchlicher Arbeitsrechtsregelungen behält im Fall eines Betriebsübergangs als vertragliche Regelung gemäß § 613a Abs. 1 Satz 1 BGB gegenüber dem Betriebserwerber ihre Wirkung. Dies gilt selbst dann, wenn ein kirchlicher Betriebserwerber nicht mehr ein Anstellungsträger im Sinne der in Bezug genommenen Dienstvertragsordnung ist (BAG 23.11.2017 -6 AZR 683/16- KirchE 70, 248). Das Bundesarbeitsgericht hat dementsprechend bereits zu der Versorgungsordnung der AVR entschieden, dass die vertraglich übernommene Verpflichtung, dem Versorgungsberechtigten eine Zusatzversorgung nach Maßgabe der Regelungen für die betreffende Versorgungseinrichtung zu verschaffen, mit dem Verlassen des Geltungsbereichs der Zusatzversorgungseinrichtung nicht erlischt. Mit dem Erlöschen des Anspruchs auf Versicherungsleistungen erlischt nicht zugleich der Anspruch des Arbeitnehmers auf die vom Arbeitgeber versprochene betriebliche Altersversorgung. Für den Fall eines Betriebsübergangs mit gleichzeitigem

Verlassen des betrieblichen Geltungsbereichs einer allgemeinen Regelung tritt der Rechtsnachfolger in die Rechte und Pflichten des bisherigen Arbeitgebers ein. Zu diesen Rechten und Pflichten gehört auch das Versorgungsversprechen. Wenn der neue Arbeitgeber den übernommenen Arbeitnehmer nicht mehr entsprechend versichern und Beiträge entrichten kann, muss er gleichwertige Leistungen erbringen (BAG 18.9.2001 -3 AZR 689/00- KirchE 39, 294).

*[234]* (2) Die dynamische Weitergeltung von kirchlichen Regelungen zu Vergütungsansprüchen verletzt weder Unionsrecht noch die Religionsfreiheit des Betriebserwerbers noch dessen negative Koalitionsfreiheit, weil der Betriebserwerber ggfs. mit einer einvernehmlichen Vertragsänderung oder einer Änderungskündigung (vgl. BAG 23.11.2017 -6 AZR 683/16- KirchE 70, 248) reagieren kann, mithin eine Lösungsmöglichkeit besteht (LAG Sachsen 2.2.2017 -1 Sa 338/16- KirchE 69, 101; Klumpp, ZMV 2017, 239 [240 f.]). Das Bundesverfassungsgericht hat entsprechend einen Verstoß gegen die negative Koalitionsfreiheit durch die in § 4 Abs. 5 TVG enthaltene Anordnung der Nachwirkung von Tarifverträgen für den Arbeitgeber trotz Verbandsaustritts mit dem Hinweis als nicht verletzt angesehen, dass der Arbeitgeber die Möglichkeit habe, sich von dem Tarifvertrag zu lösen (BVerfG 3.7.2000 -1 BvR 945/00-).

*[235]* (3) Unabhängig davon ist Folgendes zu berücksichtigen: Die Beklagte hat das D. im Wege des Betriebsübergangs übernommen und das Arbeitsverhältnis mit der Klägerin unverändert auch betreffend die betriebliche Altersversorgung fortgeführt. Diese hat mithin von einer etwaigen Lösungsmöglichkeit keinen Gebrauch gemacht, sondern die Altersversorgung der Klägerin trotz geringer bis keiner Einflussmöglichkeiten auf die Selbsthilfe bzw. PK-Caritas und die AVR, so wie bei dem D. begründet, fortgeführt. Sie mag dies in der rechtlich falschen Vorstellung getan haben, dass es sich um eine reine Beitragszusage handelt. Dies entlastet sie indes nicht. Erst als die Einstandspflicht aktuell wurde, war die Beklagte mit der gewählten Form der Durchführung über die PK-Caritas nicht mehr zufrieden. Dadurch entfällt die Einstandspflicht aus § 1 Abs. 1 Satz 3 BetrAVG nicht. Im Übrigen gelten die Versorgungsbestimmungen zwar dynamisch. Hier geht es jedoch nicht um das daraus folgende Risiko. Es geht vielmehr darum, dass die dem Tarif FR 60 bereits von Beginn an im TGP hinterlegten völlig veralteten Berechnungsgrundlagen und Sterbetafeln dauerhaft unverändert geblieben sind und sich jetzt das daraus ergebende, aber im Zeitpunkt der Übernahme bereits bestehende Risiko verwirklicht.

*[236]* 2. Der Anspruch ist der Höhe nach begründet.

*[237]* a) Die Höhe des Betriebsrentenanspruchs, auf den sich die Einstandspflicht der Beklagten gemäß § 1 Abs. 1 Satz 3 BetrAVG bezieht, richtet sich gemäß § 22 Abs. 1 Satzung Selbsthilfe nach den gezahlten Beiträgen und auf dieser

Grundlage nach den Festlegungen im TGB für den Tarif FR 60 bzw. Sparer F. Der zweite Tarif ist dafür vorgesehen, Zahlungen zu verbuchen, welche nach Erreichen des rechnungsmäßigen Endalters des Tarifs anfallen. Dies war bei dem für die Klägerin zunächst maßgeblichen Tarif FR 60 das Alter 60, so dass die nachfolgende Verbuchung auf dem Tarif Sparer F im letzten Beschäftigungsjahr zutreffend war.

*[238]* b) Die Kammer hat ihrer Entscheidungsfindung sämtliche fünf von der Klägerin vorgetragene Verträge mit den Endziffern 001, 002, 003, 004 und 005 zugrunde gelegt. Sie hat dabei sämtliche am Ende in das Soll gestellte Beiträge berücksichtigt. Dies sind insgesamt 80.492,42 € (40.841,93 € + 21.934,51 € + 12.454,39 € + 2.306,85 € + 2.954,74 €).

*[239]* aa) Allerdings ergibt sich aus dem Schreiben der PK-Caritas vom 9.4.2020, dass die Beklagte bzw. ihre Rechtsvorgängerin insgesamt 65.371,18 € an Beiträgen auf die Verträge mit den Endziffern 001, 002 und 005 geleistet hat. Dies ist rechnerisch zutreffend, wenn man die in das Soll gestellten Beiträge der jeweiligen Verträge addiert. Richtig ist auch, dass sich in den von der PK-Caritas übersandten Einzelaufstellungen der Verträge mit den Endziffern 001, 002 und 005 in den Spalten zu den Bezeichnungen „Zahlungsarten" und „Beitrag" jeweils die Angaben Überweisung und der entsprechende Zahlbetrag, teilweise mit ergänzender Angabe bei „Sonderzahlung" findet. In den Aufstellungen der beiden Verträge mit den Endziffern 003 und 004 findet sich dies nicht. Vielmehr ist dort bei „Zahlungsarten" jeweils keine Angabe gemacht und bei den Spalten „Beitrag" und „Sonderzahlung" ist jeweils „0,00 €" angegeben. Gleichwohl sind auch unter den Einzelaufstellungen der Verträge mit den Endziffern 003 und 004 die Angaben zu den ins Soll gestellten Beiträgen, der Rentenanwartschaft und den Rentenleistungen gemacht. Die PK-Caritas hat der Klägerin die entsprechenden Rentenleistungen aus den Verträgen mit den Endziffern 003 und 004 in Höhe von monatlich 96,53 € brutto und 17,88 € brutto vor der Sanierung in vollem Umfang tatsächlich geleistet. Sie hat diese Verträge außerdem ganz konkret in den Einzelaufstellungen ihrer Betriebsrentenkürzung mit diesen Ausgangsbeträgen angegeben. Auf die Abweichung in dem Schreiben der PK-Caritas vom 9.4.2020 und die Einzelaufstellungen kommt es im Ergebnis nicht an. Dies ergibt sich aus Folgendem:

*[240]* bb) Die Frage der Beitragsleistungen ist zunächst unter dem Aspekt der Frage, ob diese von der Klägerin oder Beklagten geleistet worden sind, Gegenstand des Verfahrens gewesen, weil die Beklagte ursprünglich bestritten hatte, dass die Leistungen der PK-Caritas vollumfänglich auf von ihr bzw. ihrer Rechtsvorgängerin finanzierten Beiträgen beruhte. Dazu hatte die Klägerin zunächst bereits in erster Instanz das Schreiben der PK-Caritas vom 9.4.2020 mit

Schriftsatz vom 15.4.2020 zur Akte gereicht und vorgetragen, dass es sich in vollem Umfang um arbeitgeberfinanzierte Beiträge handelte. Nachdem die Beklagte für einen anderen Arbeitnehmer – nicht die Klägerin – mit der Berufungsbegründung eine Aufstellung der PK-Caritas vorgelegt hatte, aus der sich eine Aufteilung in Privatrente und Betriebsrente ergab, hat das Gericht mit Beschluss vom 26.8.2020 darauf hingewiesen, dass die Klägerin konkret unter Vorlage einer Bescheinigung der Pensionskasse vorgetragen habe, dass ihre Versorgung rein arbeitgeberfinanziert war. Die Klägerin möge dazu ergänzend Stellung nehmen. Die Beklagte möge anschließend konkret vortragen, ob und wenn ja welche Beiträge die Klägerin selbst geleistet hat und welcher Anteil ihrer Versorgung darauf beruht. In der Berufungsbeantwortung vom 10.9.2020 ist die Klägerin dabei geblieben, dass es sich um eine – so die Klägerin – zwingend arbeitgeberfinanzierte Versorgung gehandelt habe. Die Beklagte hat danach keinerlei konkreten Sachvortrag zu den tatsächlich geleisteten Beiträgen, und zwar weder den eigenen noch den angeblichen von der Klägerin entrichteten, gehalten. Da die Beklagte bzw. deren Rechtsvorgängerin die Beiträge abgeführt hatte, wäre ein konkreter Sachvortrag ohne weiteres möglich gewesen. Die Beklagte ist durchgängig der unzutreffenden Ansicht gewesen, dass es sich um eine reine Beitragszusage gehandelt habe und ihre Pflicht sich auf deren Zahlung beschränkt habe. Anhaltspunkte für Eigenbeiträge der Klägerin bestehen nicht. Sämtliche Verträge waren rein arbeitgeberfinanziert.

*[241]* cc) Eine andere und davon zu trennende Frage ist diejenige, in welcher Höhe auf die fünf Verträge tatsächlich Beiträge geleistet wurden. Die Kammer geht – wie ausgeführt – davon aus, dass sämtliche fünf Verträge tatsächlich mit den ins Soll gestellten Beiträgen hinterlegt sind. Dafür spricht bereits, dass die PK-Caritas aus sämtlichen fünf Verträgen die Rentenleistung der Klägerin berechnet und auch tatsächlich gezahlt hat. Dies setzt die Leistung von Beiträgen voraus. Nachdem die Klägerin mit Schriftsatz vom 29.10.2020 vorgetragen hat, dass sie die PK-Caritas lediglich „angegangenen Zahlungen" (gemeint wohl „eingegangenen") auf die Verträge übermittelt hat, ist das Gericht davon ausgegangen, dass die Klägerin damit vorgetragen hat, dass sämtliche Verträge tatsächlich mit den in das Soll gestellten Beiträgen hinterlegt waren. Nichts anderes ergibt aus den konkreten Einlassungen der Parteien. Keine der Parteien hat konkret vorgetragen oder eingewandt, dass die Zahlungen auf die Verträge 003 und 004 nicht erfolgt wären. Die Beklagte ist pauschal dabei geblieben, die Richtigkeit der Höhe des Anspruchs zu bestreiten. Nachdem die PK-Caritas den mit Schreiben vom 18.1.2021 den TGP übermittelt hatte, hat das Gericht den Parteien mit Beschluss vom 1.2.2021 aufgegeben, dazu Stellung zu nehmen, ob die Rentenleistung zutreffend berechnet war. Welche Parameter

seien zutreffend oder unzutreffend angewandt? Keine der Parteien hat in diesem Zusammenhang mitgeteilt, dass die Verträge 003 und 004 gar nicht mit Beiträgen hinterlegt gewesen seien. Eine konkrete Einlassung hätte – wie ausgeführt – der Beklagten oblegen, die ja die Beiträge abgeführt hatte, zumal sich die Verträge 003 und 004 auf einen recht jungen Zeitraum vom 1.9.2011 bis 1.9.2012 bezogen. Und auch als das Gericht in dem Beweisbeschluss vom 21.4.2021 zum versicherungsmathematischen Gutachten und im Anschreiben an den Gutachter vom 6.5.2021 ausdrücklich auf alle fünf Verträge abgestellt hat, hat die Beklagte nicht gerügt, dass trotz der aus den Verträgen 003 und 004 tatsächlich gezahlten Betriebsrente dieser keine Beiträge hinterlegt gewesen seien. Nichts anderes ergibt sich, nachdem der Gutachter im Gutachten vom 10.2.2020 ausgeführt hat, dass die „geleisteten" monatlichen Beiträge in fünf verschiedenen Verträgen verwaltet worden seien. Die Beklagte führt insoweit auf Seite 2 unten des Schriftsatzes aus, dass einiges dafür spreche, dass „die Beiträge, welche sie zur Verfügung gestellt hatte", nicht zu der jetzt geltend gemachten Gesamtrente geführt hätten. Die versicherungsmathematische Berechnung der Rentenleistung wird damit in Zweifel gezogen. Die Hinterlegung sämtlicher Verträge, die ja zu tatsächlichen Zahlungen an die Klägerin führten, mit den ins Soll gestellten Beiträgen stellt die Beklagte damit nicht in Abrede. Aufgrund des gesamten Prozessverlaufs ist die erkennende Kammer davon ausgegangen, dass sämtliche fünf Verträge mit den in das Soll gestellten Beiträgen hinterlegt waren und aus diesen an sich zutreffend der Klägerin eine Rentenleistung gezahlt wurde.

*[242]* dd) Unabhängig von Vorstehendem ändert sich im Übrigen nichts, wenn die Verträge 003 und 004 nicht mit Beiträgen hinterlegt gewesen und diese nur in das Soll gestellt worden sind. Die Beklagte, welche ja ihre eigene Beitragspflicht kennt, hat zu keinem Zeitpunkt konkret gerügt, dass die insgesamt in das Soll gestellten Beiträge als solche falsch oder unzutreffend gewesen seien. Da keine Anhaltspunkte für eine Arbeitnehmerfinanzierung bestehen, hätte sie ggfs. diese Beiträge zu Unrecht nicht entrichtet, was an ihrer Einstandspflicht nichts ändern würde.

*[243]* c) Die Kammer konnte die sich aus den tatsächlich geleisteten Beiträgen der Klägerin gemäß § 22 Nr. 1 Satzung Selbsthilfe i.V.m. dem TGP ergebende Rentenleistung auf der Grundlage des zuletzt erreichten Sach- und Streitstands nicht gemäß § 287 Abs. 2 ZPO schätzen.

*[244]* aa) Die Voraussetzungen des § 287 Abs. 2 ZPO sind zwar an sich gegeben, weil zwischen den Parteien die Höhe der der Klägerin ursprünglich zustehenden Rentenleistung, auf welche sich die Einstandspflicht der Beklagten bezieht, streitig ist. Die vollständige Aufklärung aller hierfür maßgebenden

Umstände ist mit Schwierigkeiten verbunden, die zu der Bedeutung des streitigen Teiles der Forderung in keinem Verhältnis stehen.

*[245]* bb) Die übrigen Voraussetzungen für eine Schätzung sind indes nicht gegeben, weil es an einer ausreichenden Schätzgrundlage fehlt.

*[246]* (1) § 287 ZPO dehnt das richterliche Ermessen für die Feststellung der Forderungshöhe über die Schranken des § 286 ZPO aus. Zudem reicht bei der Entscheidung über die Höhe einer Forderung – im Unterschied zu den strengen Anforderungen des § 286 Abs. 1 ZPO – eine erhebliche, auf gesicherter Grundlage beruhende Wahrscheinlichkeit für die richterliche Überzeugungsbildung aus. Eine Schätzung hat nur zu unterbleiben, wenn sie mangels jeglicher konkreten Anhaltspunkte vollkommen „in der Luft hinge" und daher willkürlich wäre (BAG 13.10.2021 -5 AZR 270/20-). Unbewiesene Anknüpfungstatsachen dürfen nicht zugrunde gelegt werden (BAG 13.10.2021 aaO).

*[247]* (2) Es fehlt zur Überzeugung der erkennenden Kammer auf der Grundlage des ihr unterbreiteten Tatsachenstoffs und der schriftlichen und mündlichen Ausführungen des Sachverständigen vorliegend an hinreichend konkreten Anhaltspunkten im o.g. Sinne für eine Schätzung. Dies ergibt sich insbesondere aus Folgendem:

*[248]* Zunächst lässt sich die Höhe der der Klägerin zustehenden Rentenleistung nicht aus den von der PK-Caritas zur Verfügung gestellten Aufstellungen der Beiträge entnehmen. Diese werden lediglich addiert und es wird ohne jede Erläuterung angegeben, welche Rentenleistung sich daraus ergibt. Ein Berechnungsweg wird nicht aufgezeigt. Die Angaben zur Höhe der Rentenleistung in den Mitteilungen der PK-Caritas können stimmen oder auch nicht. Die Höhe der jeweiligen Rentenleistungen lässt sich zwar tatsächlich mit Hilfe der im TGP hinterlegten Berechnungsgrundlagen und Formeln für die Tarife FR 60 und Sparer F errechnen. Dies ist auf der Grundlage der dem Gericht und auch dem Sachverständigen unterbreiteten Unterlagen nicht möglich bzw. der Aufwand dafür ist im Verhältnis zur Forderungshöhe unverhältnismäßig hoch. Der Sachverständige hat in seinem Gutachten vom 10.2.2022 zutreffend ausgeführt, dass zunächst der von der PK-Caritas zur Verfügung gestellten Aufstellung zum Vertrag mit der Endziffer 001 die Einzahlungen vor dem 1.12.1993 nur als Gesamtsumme zu entnehmen sind. Dies trifft zu. Die Einzelbeiträge lagen nicht vor und konnten dem Sachverständigen auch von der Kasse nicht zur Verfügung gestellt werden. Eine exakte Prüfung der Rentenleistung der Klägerin ist damit schon aus diesem Grunde nicht möglich. Dies ergibt sich auch daraus, dass für den Tarif FR 60, der den gesamten Versicherungsverlauf – ausgenommen das letzte Jahr – betrifft, bei jeder Beitragsänderung Iterationen gemäß Seite 6 des TGP durchzuführen sind. Hinzu kommt, dass die Überschussbeteiligungen vorliegen

müssen und diese müsste – so der Sachverständige im Gutachten vom 3.6.2022 – auf die jeweils am Stichtag erworbenen Anwartschaften angewandt werden. Eine Nachrechnung ist damit nur – so der Sachverständige – zu unverhältnismäßigen Kosten eines fünf- wenn nicht sechsstelligen Betrags durch Nachprogrammierung des komplexen Versicherungssystems der Selbsthilfe bzw. PK-Caritas möglich. Dies haben die Parteien aus Kostengründen im Termin am 15.6.2022 übereinstimmend abgelehnt.

*[249]* Richtig ist, dass dies alles einer Schätzung noch nicht entgegensteht. Es fehlt indes an hinreichenden Anknüpfungstatsachen, zumal unbewiesene Anknüpfungstatsachen nicht zugrunde gelegt werden dürfen. Der Sachverständige hat zwar ausgehend von einem geschätzten anfänglichen monatlichen Durchschnittsbeitrag von 300,00 DM eine Rechnung auch auf der Grundlage der Rechnungsgrundlagen von Meißner-Meewes durchgeführt und ist so – ohne Überschussbeteiligung – zu einer Gesamtausgangsrente von 900,14 € gekommen. Allerdings kann dieser Wert nicht zugrunde gelegt werden. Die Rechnungsgrundlagen von Meißner-Meewes konnten weder vom Sachverständigen noch vom Gericht ermittelt werden. Diese stammen – so der Gutachter – wohl noch aus der Zeit vor dem letzten Weltkrieg und lagen bei der Kasse nicht mehr vor. Eine Antwort auf die Anfrage bei der Kasse hat er nicht erhalten. Dem Gericht sind auf Anfrage bei der BaFin lediglich die Allgemeinen Sterbetafeln für Männer 1924 bis 1926 übersandt worden. Es fehlten nach wie vor die biometrischen Rechnungsgrundlagen für die Altersversorgung von Meißner-Meewes. Seine Berechnung hat der Sachverständige ausweislich des Gutachtens vom 10.2.2022 unter Anwendung der von der PK-Caritas insoweit zur Verfügung gestellten elektronischen Rechnungsrundlagen vorgenommen. Dies genügt nicht für eine Schätzung, weil genau diese Berechnungsgrundlage streitig ist. Die insoweit von der PK-Caritas zur Verfügung gestellte elektronische Berechnungsgrundlage bleibt unbewiesen und ist damit keine Anknüpfungstatsache. Aus den nachfolgend verwandten Richttafeln von Heubeck der Jahre 1983, 1998, 2005 G und 2018 G und den daraus sich ergebenden geschätzten Renten kann nicht mit der notwendigen Sicherheit des § 287 Abs. 1 ZPO auf die Rentenhöhe bei der verwandten Grundlage nach Meißner-Meewes geschlossen werden. Es ist lediglich davon auszugehen, dass die Rentenleistung höher ist, ohne dass sich eine hinreichend sicher geschätzte Aussage zum Abstand treffen lässt. Die Rechnungsrundlagen für die ermittelten 900,14 € brutto sind – wie ausgeführt – nicht bewiesen.

*[250]* Unabhängig davon ergibt sich so ohnehin nur eine Rente von monatlich 900,14 € brutto und nicht der gezahlten 1.270,01 € brutto. Eine hinreichend sichere Schätzgrundlage für die Überschussanteile ergibt sich nicht. In dem

Gutachten vom 10.2.2022 geht der Gutachter unter der Annahme, dass die Kasse in den 80er und 90er Jahren deutliche Überschüsse erwirtschaftet habe, davon aus, dass eine Ausgangsrente von 1.270,01 € brutto plausibel sein könne. Eine hinreichend sichere Schätzgrundlage ergibt sich daraus nicht. Aus diesem Grunde ist der Sachverständige um Ergänzung des Gutachtens gebeten worden, nachdem insbesondere die Klägerin teilweise Jahresbescheinigungen der Selbsthilfe vorgelegt hatte. Der Gutachter hatte von der PK-Caritas immerhin die Prozentsätze der Gewinnzuweisungen der Jahre 1984 bis 2010 erhalten. Er hat in dem Gutachten vom 3.6.2022 angegeben, dass sich bei Anwendung auf den Betrag von 900,14 € brutto sogar eine Ausgangsrente von 1.610,76 € brutto ergebe. Er hat dies allerdings gleich relativiert, weil ja nicht die gesamte Rente zu erhöhen sei, sondern nur die jeweils am Stichtag erworbene Anwartschaft. Er hatte dabei aber noch nicht die Jahresbescheinigungen der Klägerin berücksichtigt. Er hat dazu in seiner mündlichen Anhörung ausgeführt, dass die tatsächlich aus der ihm von der PK-Caritas übermittelten Tabelle ersichtlichen Prozentsätze nicht mit den Erhöhungen übereinstimmen, die sich aus den Jahresbescheinigungen der Klägerin ergeben. Er hat dies ganz konkret am Beispiel des Jahres 1997 erläutert. Der angegebene Erhöhungsprozentsatz von 7,81 % ergebe angewandt auf die Anwartschaft von 1.769,00 DM nicht 143,99 €. Dies trifft zu. Es sind rechnerisch 138,56 €. Es ergäben sich – so der Sachverständige – Abweichungen nach oben und nach unten. Da könne etwas nicht stimmen. Er habe deshalb erhebliche Zweifel an der Berechnung der Gewinnanteile. Er hat dann erläutert, dass es sein könne, dass die Ausgangsrente 1.270,00 € betrage. Es könne aber auch nicht sein. Daran ändert sich nichts dadurch, wenn er später ausführt, dass 1.270,00 € durchaus plausibel erscheinen. Hinzu kommt, dass die Jahresbescheinigung mit Stand 31.12.1998 einschließlich Gewinnrenten bereits eine Rentenanwartschaft im Tarif FR 60 von monatlich 1.963,82 DM ausweist. Dies sind 1.004,09 € brutto. Die der Klägerin von der PK-Caritas zur Verfügung gestellte Aufstellung zum Vertrag mit der Endziffer 001, die den Tarif FR 60 bis zum 1.12.2001 mit weiteren Einzahlungen betrifft, weist hingegen nur eine Rentenanwartschaft von 958,03 € aus. Auf einer solch unsicheren Tatsachengrundlage ist dem Gericht eine auch nur annähernde Schätzung gemäß § 287 Abs. 2 ZPO nicht möglich.

*[251]* d) Nachdem beide Parteien im Hinblick auf die erheblichen Kosten einer weiteren Sachverhaltsaufklärung nach dem Hinweis, dass entweder eine Schätzung zu erfolgen habe oder aber die Frage der Last einer Unaufklärbarkeit zu klären sei, auf eine weitere Begutachtung verzichtet haben, hatte das Gericht zu entscheiden, welche Partei das Risiko trägt, dass sich die Richtigkeit der von

der PK-Caritas ermittelten Betriebsrente nicht feststellen lässt. Die erkennende Kammer geht dabei davon aus, dass dies in diesem Fall die Beklagte ist.

*[252]* aa) Die Klägerin trägt allerdings grundsätzlich die Darlegungslast für die Voraussetzungen ihres Betriebsrentenanspruchs. Ihr Vortrag ist schlüssig, wenn sie Tatsachen vorträgt, die ihr Klagebegehren rechtfertigen. Die Angabe von Einzelheiten ist nur erforderlich, wenn dies für die Rechtsverfolgung von Bedeutung ist. Dabei ist zu berücksichtigen, dass die Versorgungsempfängerin nach den allgemeinen Rechtsgrundsätzen der §§ 241, 242 BGB von ihrer Arbeitgeberin eine nachprüfbare Rentenberechnung verlangen kann (BAG 27.1.1998 -3 AZR 415/96; BAG 27.6.2006 -3 AZR 85/05-). Dies führt dazu, dass der Versorgungsempfänger seiner Darlegungspflicht nachgekommen ist, wenn er vorträgt, dass er lediglich die vom Arbeitgeber selbst ermittelte Versorgung verlangt. Bestreitet der Arbeitgeber die Richtigkeit seiner eigenen Berechnungen, muss er darlegen, welche konkreten Fehler ihm unterlaufen seien (BAG 27.6.2006 aaO). Dabei spielt es keine Rolle, ob die Arbeitgeberin öffentlich-rechtlich oder privatrechtlich organisiert ist. Wenn feststeht, für welche Beschäftigungszeiten eine Zusatzversorgung zu gewähren ist, kann die Klägerin verlangen, dass zunächst die Beklagte anhand der komplizierten, mehrfach geänderten Versorgungsregelungen eine nachprüfbare Rentenberechnung vornimmt oder vornehmen lässt (BAG 27.6.2006 aaO).

*[253]* bb) Geht man von diesen Grundsätzen aus, so trägt hier die Beklagte das Risiko der Unaufklärbarkeit der Richtigkeit der Höhe der von der PK-Caritas der Klägerin mitgeteilten Betriebsrentenleistungen. Richtig ist zwar, dass diese Betriebsrentenleistung nicht von der Beklagten berechnet wurde. Bei der hier gegebenen beitragsorientierten Zusage über einen externen Versorgungsträger bedient die Beklagte als Arbeitgeberin sich der PK-Caritas, um die von ihr bzw. ihrer Rechtsvorgängerin der Klägerin im betriebsrentenrechtlichen Grundverhältnis zugesagte Leistung zu verschaffen. Der eingeschaltete externe Versorgungsträger ist nur ein Instrument der Arbeitgeberin zur Erfüllung ihrer arbeitsrechtlichen Versorgungsverpflichtungen (BAG 15.3.2016 -3 AZR 827/14-). Wenn die Beklagte sich hier der PK-Caritas bedient, um die von ihr zugesagte beitragsorientierte Betriebsrentenleistung zu berechnen, muss sie sich daran zunächst festhalten lassen. Es geht hier auch nicht darum, dass die Versicherungsnachweise einer Zusatzversorgungskasse vor Rentenbeginn, d.h. die Rentenauskünfte, weder ein Verwaltungsakt noch ein Anerkenntnis sind (vgl. dazu z.B. OLG Karlsruhe 6.5.2021 -9 U 30/18-). Es geht vielmehr um die versicherungsmathematisch zutreffende Berechnung der Betriebsrente auf der Grundlage der Tarifbestimmungen der PK-Caritas, d.h. hier den Bestimmungen des TGP, und die Frage, wer das Risiko der Unaufklärbarkeit bei bereits berechneter Be-

triebsrente trägt, d.h. dafür, dass diese fehlerhaft – hier zu hoch – berechnet worden ist. Es handelt sich dann letztlich um eine komplexe Tatsachenermittlung, wenn die gezahlten Beiträge feststehen und diese nach den versicherungsmathematischen Grundlagen des TGP in eine Betriebsrente umzurechnen sind. Dies ist hier indes – wie oben ausgeführt – deshalb unterblieben, weil u.a. bereits die zu Beginn eingezahlten Beiträge nur kumuliert in einer Summe vorliegen und unabhängig davon die exakten Beträge nach dem TGP für jedes Jahr mit Beitragsänderungen neu zu berechnen wären. Die Parteien haben deshalb im Hinblick auf die dadurch entstehenden Kosten auf eine weitere Begutachtung verzichtet. In einer solchen Situation „fällt" die Rechtsanwendung wieder darauf zurück, dass der Arbeitgeber als derjenige, für den der Versorgungsträger die Versorgung bereits einmal berechnet hat, die Betriebsrente neu berechnen und darstellen müsste (vgl. z.B. ArbG Oldenburg 18.11.2016 -6 Ca 15/15 B-). Gelingt ihm dies – wie hier – nicht, verbleibt es bei dem mitgeteilten Betrag. Anders läge der Fall, wenn die Beklagte oder aber der Versorgungsträger überhaupt noch keine Betriebsrentenberechnung veranlasst hat. Dieses Ergebnis entspricht auch der Verteilung der Darlegungs- und Beweislast bei einer korrigierenden Rückgruppierung. Verrichtet ein Arbeitnehmer eine bestimmte Tätigkeit und hält der Arbeitgeber, der ihn nach einer – zunächst – für zutreffend gehaltenen Eingruppierung vergütet hat, aufgrund einer Überprüfung diese Entgeltgruppe für fehlerhaft zu hoch, kann er eine korrigierende Rückgruppierung vornehmen. Für die objektive Fehlerhaftigkeit der bisherigen und die tatsächlichen Voraussetzungen der Richtigkeit der „neuen" niedrigeren Eingruppierung bei unveränderter Tätigkeit ist dann der Arbeitgeber darlegungsbelastet (BAG 11.7.2018 -4 AZR 488/17-). Dieser Gedanke trägt auch hier mit der Modifikation, dass die Beklagte sich aus den o.g. Gründen die Berechnung der Rentenleistung der Klägerin durch die PK-Caritas zurechnen lassen muss.

*[254]* 3. Der Anspruch unterliegt keiner Anpassung gemäß § 313 BGB.

*[255]* a) Grundsätzlich kommt auch im Hinblick auf die Einstandspflicht aus § 1 Abs. 3 Satz 1 BetrAVG die Berufung auf den Wegfall der Geschäftsgrundlage gemäß § 313 BGB in Betracht. Dies hat das Bundesarbeitsgericht z.B. bei einer dynamischen Verweisung auf die Tarifbestimmungen einer Pensionskasse geprüft. Auch eine dynamische Verweisung auf die Satzung und die Leistungsbedingungen einer Pensionskasse berechtigt den Arbeitgeber jedoch nicht zu beliebigen Eingriffen in die Besitzstände der Arbeitnehmer. Die Abänderung der Versorgungszusage zu Lasten des Arbeitnehmers setzt daher voraus, dass dem Arbeitgeber hierfür hinreichend gewichtige Gründe zur Seite stehen. Nicht maßgeblich ist dabei, wie sich die wirtschaftliche Lage der Pensionskasse darstellt und ob diese wegen ihrer wirtschaftlichen Lage die Leistungen herabset-

zen darf. Der Arbeitgeber kann die Abänderungsmöglichkeit deshalb nicht davon abhängig machen, dass bei der Pensionskasse ein Grund für eine Herabsetzung der Leistungen vorliegt. Da davon auszugehen ist, dass sich der Arbeitgeber mit einer dynamischen Verweisung auf die Satzung und die Richtlinien einer Pensionskasse nur solche Änderungen vorbehalten will, die den von der Rechtsprechung entwickelten Grundsätzen entsprechen, ist – sofern keine Anhaltspunkte für eine gegenteilige Auslegung bestehen – die dynamische Verweisung so zu verstehen, dass sich der Arbeitgeber lediglich die in diesem Rahmen zulässigen Änderungen vorbehält. Eine Ablösung von Versorgungsregelungen bei einer Pensionskasse ist mit Wirkung für den Arbeitgeber deshalb nur dann möglich, wenn bei diesem auch eine Direktzusage hätte abgelöst werden können. Dies setzt einen Vergleich von zugesagten und von der Pensionskasse tatsächlich erbrachten Leistungen voraus. Das kann erst bei Eintritt des Versorgungsfalls erfolgen. Zu diesem Zeitpunkt kann sich der Arbeitgeber auch noch darauf berufen, dass hinsichtlich seiner ursprünglich erteilten Versorgungszusage wegen der Höhe der Versorgung, für die er einzustehen hat, eine Störung der Geschäftsgrundlage (§ 313 BGB) eingetreten ist (BAG 12.5.2020 -3 AZR 158/19-).

*[256]* b) Darum geht es hier jedoch nicht. Es geht nicht um eine Änderung des Leistungsplans. Vielmehr verwirklicht sich hier – wie ausgeführt – das Risiko der in dem zugesagten Tarif FR 60 in dem TGP enthaltenen völlig veralteten Sterbetafeln und Berechnungsgrundlagen. Dieses Risiko hat sich nunmehr aufgrund der gestiegenen Lebenserwartung verwirklicht. Dies ist kein Fall des § 313 BGB, sondern die Verwirklichung eines vertraglich übernommenen Risikos. Selbst unvorhergesehene wirtschaftliche Belastungen, die erkennbar werden, können aber dann nicht einen Widerruf bzw. eine Änderung einer Versorgungszusage wegen Störung der Geschäftsgrundlage rechtfertigen, wenn sie schon in der ursprünglichen Zusage angelegt waren (BAG 8.12.2020 -3 AZR 65/19-). Die Kammer hat der Beklagten mit Beschluss vom 2.11.2020 aufgegeben, mitzuteilen, welche Leistungen die Klägerin nach einem ursprünglichen Leistungsplan erhalten hätte und welche es nunmehr sind. Eine Änderung des Leistungsplans, der zur Verwirklichung der Einstandspflicht geführt hat, hat die Beklagte nicht vorgetragen. Er ist auch nicht ersichtlich. Es verwirklicht sich – wie gesagt – das Risiko aus dem zugesagten Tarif MR 60 i.V.m. dem TGP.

## 2

**1. Bereits aufgrund der Höhe von 7 m des im Sondernutzungsbereich des Gartens errichteten Kreuzes mit Fundament von 75 cm x 1,17 m und umrandender Beleuchtung ergibt sich objektiv eine optisch nachteilige Veränderung der Wohnanlage, weil zum einen der Garten sein Erscheinungsbild als Garten in weiten Teilen verliert und stärker die Züge einer Gedenkstätte bekommt.**
**2. Aus der Sicht eines vernünftigen Wohnungseigentümers wirkt ein solches Kreuz wie ein störender Fremdkörper. Denn ähnlich wie bei der Anbringung eines Fahnenmastes wird dadurch der freie Blick in den hinteren Bereich des Grundstücks beeinträchtigt.**

§§ 9b, 14 WoEigG, 20 Abs. 3 und 4 WoEigG, § 371 ZPO
LG Düsseldorf, Urteil vom 22. Juni 2022 -25 S 56/21-[1]

I. Die Parteien bilden die Wohnungseigentümergemeinschaft D., die lediglich aus zwei Parteien besteht.

Die Klägerin – ehemalige Eigentümerin der Sondereigentumseinheit Nummer 2 – nimmt die Beklagte als Sondereigentümerin der Einheit Nummer 1 der Wohnungseigentümeranlage auf Beseitigung eines im Garten der Anlage durch die Beklagte errichteten Kreuzes mit Betonfundament in Anspruch. Das Kreuz hat eine Höhe von etwa sieben Metern und ist mit einer Leuchtkette umrandet. An dem Gartenteil besteht ein Sondernutzungsrecht zugunsten der Einheit der Beklagten. Zur Veranschaulichung der Lage des Kreuzes wird auf den zur Akte gereichten Lageplan sowie hinsichtlich seines Erscheinungsbildes auf die zur Akte gereichten Fotografien Bezug genommen.

Die Beklagte wurde zunächst mit klägerischem Schreiben vom 8.8.2020 und sodann mit anwaltlichem Schreiben der Klägerin vom 9.10.2020 zur Entfernung des Kreuzes erfolglos aufgefordert. Mit der daraufhin erhobenen Klage verfolgte die Klägerin ihr Begehren vor dem Amtsgericht Düsseldorf weiter.

Das Gericht hat der Klage stattgegeben. Hierzu hat es im Wesentlichen ausgeführt, dass das Kreuz eine rechtswidrige Eigentumsbeeinträchtigung der Klägerin darstelle, die nicht von ihr zu dulden sei. Es begründe einen Nachteil, der über das bei einem geordneten Zusammenleben unvermeidliche Maß hinausgehe. Insbesondere könne sich die Beklagte insoweit nicht auf ihr Sondernutzungsrecht am Garten berufen, da Kreuze nicht zu einer üblichen Gar-

1 Amtl. Leitsätze. juris; ZMR 2022, 911.
Das Urteil ist rechtskräftig.

https://doi.org/10.1515/9783111651248-002

tengestaltung gehören würden – jedenfalls nicht in dieser Größe und Beleuchtungsintensität.

Mit ihrer Berufung wendet sich die Beklagte gegen das erstinstanzliche Urteil.

Das Gericht hat die Berufung zurückgewiesen.

**Aus den Gründen:**

*[12]* II. Die Berufung ist zulässig, insbesondere form- und fristgerecht eingelegt, §§ 513 Abs. 1, 520 Abs. 3 Satz 2 ZPO.

*[13]* In der Sache bleibt sie jedoch ohne Erfolg.

*[14]* 1. Auch nach dem Inkrafttreten des WEG in seiner ab dem 1.12.2020 geltenden Fassung besteht die Prozessführungsbefugnis der Klägerin gemäß § 48 Abs. 5 WEG n.F. fort, da das vorliegende Klageverfahren am 30.11.2020 anhängig geworden ist (vgl.: BGH, Urteil vom 7.5.2021 -V ZR 299/19-).

*[15]* Dass die Beklagte dem Verfahren widerspricht, ist unerheblich, da sie allein die Wohnungseigentümergemeinschaft nicht nach § 9 b WEG n.F. vertreten kann.

*[16]* 2. Auch die Veräußerung des Wohnungseigentums der Klägerin steht dem Klageanspruch und der Fortführung des Verfahrens nicht entgegen (§ 265 Abs. 2 ZPO).

*[17]* 3. Das Amtsgericht hat die Beklagte zu Recht zur Beseitigung des Kreuzes verpflichtet.

*[18]* Bei dem Kreuz handelt es sich um eine nachteilige bauliche Veränderung im Sinne von § 20 Abs. 3 und Abs. 4 WEG n.F.

*[19]* Eine Bauliche Veränderung ist jede auf Dauer angelegte, umgestaltende Maßnahme, die auf Veränderung desjenigen Zustandes gerichtet ist, der entweder beim Entstehen der werdenden Wohnungseigentümergemeinschaft oder nach späterer Vornahme zulässiger baulicher Veränderungen oder nach späterer Vornahme unzulässiger baulicher Veränderungen, deren Beseitigung aber nicht mehr verlangt werden kann, vorhanden ist (OLG Düsseldorf, Beschluss vom 26.6.2008 -I-3 Wx 217/07-).

*[20]* Die Beklagte als Handlungs- und Zustandsstörerin beeinträchtigt das Sondereigentum der Klägerin in einer Weise, wie diese es im Rahmen des § 14 Abs. 2 Nr. 1, Abs. 1 Nr. 2 WEG n.F. nicht hinzunehmen hat. Der Klägerin erwächst daraus ein über das bei einem geordneten Zusammenleben unvermeidliche Maß hinausgehender Nachteil. Demgemäß steht der Beklagten auch kein Anspruch gegen die Gemeinschaft der Wohnungseigentümer auf (nachträgli-

che) Gestattung der Maßnahmen nach § 20 Abs. 3 WEG n.F. zu, den sie dem Beseitigungsanspruch der Klägerin nach § 242 BGB entgegenhalten könnte (so BGH, ZMR 2019, 47).

*[21]* Ein „Nachteil" im Sinne des § 14 Abs. 1 Nr. 2 WEG n.F. ist – im Einklang mit der Reichweite des § 14 Ziff. 1 WEG a.F. (vgl. BT-Drs. 19/18791, S. 52) – bei jeder nicht ganz unerheblichen Beeinträchtigung, die konkret und objektiv sein muss, gegeben; entscheidend ist, ob sich nach der Verkehrsanschauung ein Wohnungseigentümer in der entsprechenden Lage verständlicherweise beeinträchtigt fühlen kann (vgl. nur BGH, NZM 2014, 245, 246, Rn 11). Die Schwelle für die Annahme einer Beeinträchtigung ist niedrig anzusetzen (BVerfG, NZM 2005, 182, 183 f.); nur ganz geringfügige Beeinträchtigungen bleiben daher außer Betracht (BGH, NZM 2014, 201, Rn 8).

*[22]* Der Sondernutzungsberechtigte hat insbesondere bei der Gestaltung einer sondergenutzten Gartenfläche den Charakter und das Erscheinungsbild der gesamten Gartenanlage zu berücksichtigen (vgl. BayObLG, WE 1997, 275).

*[23]* Gemessen an diesen Anforderungen ergibt sich bereits aufgrund der Höhe des von der Beklagten errichteten Kreuzes von 7 m mit umrandender Beleuchtung objektiv eine optisch nachteilige Veränderung der Wohnanlage, weil zum einen der Garten sein Erscheinungsbild als Garten in weiten Teilen verliert und stärker die Züge einer Gedenkstätte bekommt. Darüber hinaus verstärkt sich aufgrund der Höhe des errichteten Kreuzes – sowie des damit im Zusammenhang stehenden Ausmaßes – der Eindruck eines „zugebauten Gartens", da es sich bei dem Kreuz aufgrund des einnehmenden Volumens um einen vergleichsweise massiven und im Verhältnis zur Gesamtfläche des Sondernutzungsrechts großen Gegenstand handelt.

*[24]* Nach den Angaben der Beklagten im Rahmen der Klageerwiderung vom 23.2.2021 ist das Kreuz 7 m hoch und verfügt über ein Fundament von 75 cm x 1,17 m. Aus dem Übersichtsplan wird deutlich, dass der streitgegenständliche Gartenabschnitt insgesamt ca. eine Fläche von ca. 10 m x 9 m aufweist.

*[25]* Zum anderen ist auch der Anblick des Kreuzes aus der Sondereigentumseinheit der Klägerin nicht verdeckt und für diese deutlich sichtbar. Dieser Eindruck wird insbesondere durch die von der Klägerin eingereichten Lichtbilder bestätigt. Hieraus ergibt sich, dass die Installation unzweifelhaft zumindest von dem in der 1. Etage befindlichen Schlafraum der klägerischen Einheit mit einer aus drei Fenstern bestehenden Front aus wahrgenommen werden kann – möglicherweise auch noch von weiteren Bereichen der klägerischen Sondereigentumseinheit, was jedoch zwischen den Parteien streitig ist. Grund hierfür ist, dass eine dichte Bepflanzung – beispielsweise durch hoch gewachsene Bäume – erst hinter dem errichteten Kreuz beginnt. Unerheblich ist es insoweit, dass

der in der klägerischen 1. Etage befindliche Schlafraum von dem volljährigen Kind der Klägerin genutzt wird bzw. wurde und dass ausweislich der zur Gerichtsakte gereichten Fotografien dessen Bett sich nicht direkt unter den Fenstern, sondern unter der Dachschräge befindet/befunden hat. Denn es kommt maßgeblich darauf an, inwieweit das Sondereigentum der Klägerin durch die Errichtung des Kreuzes grundsätzlich beeinträchtigt wird. Die Beeinträchtigung ist unabhängig von der tatsächlichen Nutzung.

*[26]* Aus der Sicht eines vernünftigen Wohnungseigentümers in der Lage der Klägerin wirkt das Kreuz auch wie ein störender Fremdkörper. Denn ähnlich wie bei der Anbringung eines Fahnenmastes (vgl. dazu AG Bottrop, Urteil vom 22.4.2016 -20 C 57/15-) wird dadurch der freie Blick in den hinteren Bereich des Grundstücks beeinträchtigt. Dieser Effekt wird noch dadurch verstärkt, dass das Kreuz von einem leuchtenden Rand umgeben ist und somit nicht nur tagsüber, sondern grundsätzlich auch in den Abend- und Nachtstunden als störender Fremdkörper wahrgenommen werden kann. Insbesondere die grundsätzliche Möglichkeit der Erhellung der Räumlichkeiten, welche mit Fenstern in Richtung des Kreuzes ausgerichtet sind, stellt einen weiteren störenden Nachteil dar. Dabei kommt es in diesem Zusammenhang nicht darauf an, welche Fenster der Klägerin über Rollläden verfügen, welche an sich geeignet sind, die Klägerin von den Auswirkungen der Beleuchtung des Kreuzes abzuschirmen. Denn jedenfalls kann der Klägerin nicht zugemutet werden – insbesondere in den Wintermonaten bei frühzeitig einbrechender Dunkelheit – ihre Rollläden stets geschlossen zu halten. Auch kommt es in diesem Zusammenhang nicht entscheidend darauf an, wie oft die Beklagte tatsächlich die Beleuchtung des Kreuzes anschaltet.

*[27]* Der Einwand der Beklagten, dass die Klägerin nicht das Recht habe, unentwegt am Fenster zu stehen, ist unbeachtlich. Dies folgt schon daraus, dass das Kreuz aus dem Zimmer auch dann ohne Weiteres zu sehen und nicht zu übersehen ist, wenn sich die in dem Zimmer befindliche Person gar nicht an das Fenster stellt, sondern nur in dem Raum aufhält.

*[28]* Entgegen der Auffassung der Beklagten können auch die von der Klägerin zur Akte gereichten Fotografien im Rahmen der rechtlichen Bewertung herangezogen werden. Unerheblich ist insoweit, dass die einzelnen Fotografien weder Ort und Datum enthalten, da sämtliche Bilder den Ist-Zustand abbilden. Auch unter Heranziehung des Übersichtsplanes, in welchem insbesondere die Maße des streitgegenständlichen Gartenabschnitts eingetragen sind, sowie der Angaben der Beklagten im Rahmen der Klageerwiderung vom 23.2.2021, dass das Kreuz 7 m hoch ist und über ein Fundament von 75 cm x 1,17 m verfügt, werden die konkreten Ausmaße des Kreuzes deutlich.

*[29]* Auch bedurfte es keiner Inaugenscheinnahme (vgl. §§ 371 ff. ZPO) der streitgegenständlichen Örtlichkeiten. Die vorgelegten Lichtbilder sind aussagekräftig.

*[30]* Von der Durchführung einer Ortsbesichtigung kann Abstand genommen werden, wenn die vorgelegten Fotografien den Gesamteindruck eindeutig vermitteln und die beweispflichtige Partei keine von den Fotografien abweichenden Merkmale behauptet. Da unstreitig alle baulichen Merkmale des Kreuzes von den Parteien vorgetragen worden sind und unter Heranziehung des Übersichtsplanes (Anlage B1, Bl. 21 Papierakte) die Größe des streitgegenständlichen Gartenabschnitts deutlich wurde, konnte das Amtsgericht ebenso wie die Kammer von der Durchführung einer Ortsbesichtigung absehen.

*[31]* Das Kreuz beeinträchtigt die Klägerin daher in einer Weise, die über das bei einem geordneten Zusammenleben unvermeidliche Maß hinausgeht, weil sie den optischen Gesamteindruck der Liegenschaft – insbesondere aufgrund der Höhe von 7 m und des Fundaments von 75 cm x 1,17 m – nachhaltig verändert.

*[32]* Es trifft zwar zu, dass auch die grundrechtlich u.a. über Art. 14 Abs. 1 GG geschützten Positionen der Beklagten in die Beurteilung des „Nachteils“ mit einzubeziehen sind (vgl. BVerfG, NZM 2005, 182, 183). Allerdings trägt die Beklagtenseite nicht vor, aus welchen Gründen diese die Rechte der Klägerin überlagern sollten. Dass die Beklagte zum Zwecke der Religionsausübung zwingend auf das Kreuz angewiesen wäre, trägt diese selbst nicht vor und ist auch ersichtlich nicht der Fall.

*[33]* Der Einwand der Beklagten, dass die Parteien untypisch für eine Wohnungseigentümergemeinschaft ohne Berührungspunkte und jeder ganz für sich allein leben, führt ebenfalls zu keiner anderen Bewertung. Daraus kann auch kein Anspruch auf Vornahme einer nachteiligen baulichen Veränderung folgen.

*[34]* 4. Die Klägerin hat das Aufstellen des Kreuzes auch nicht genehmigt.

*[35]* Nach dem Ergebnis der Beweisaufnahme kann gerade nicht festgestellt werden, dass die Klägerin vor oder nach der Errichtung des Kreuzes in dessen Aufstellung eingewilligt hat.

*[36]* Auf Antrag der Beklagten als Partei vernommen hat die Klägerin ausgesagt, zu keinem Zeitpunkt vor oder nach dem Aufstellen des Kreuzes von der Beklagten dahingehend angesprochen worden zu sein, ob sie damit einverstanden sei. Auch sei keine schriftliche Anfrage erfolgt. Zwischen ihr und der Beklagten habe ohnehin keine Kommunikation stattgefunden. Wenn überhaupt sei dies über den Verwalter erfolgt. Es gebe lediglich eine Reihe von handgeschriebenen Zetteln der Beklagten, wobei in diesen das Aufstellen des Kreuzes nicht erwähnt worden sei. Ergänzend gab die Klägerin an, dass auch der Ver-

walter angegeben hätte, von dem Aufstellen des Kreuzes nichts zu wissen. Auch auf nochmalige Nachfrage versicherte die Klägerin, dass sie auf keinen Fall dahingehend angesprochen worden sei, ob sie der Errichtung eines Kreuzes von dieser Größe und mit Fundament zustimme. Auch sei sie nicht gebeten worden, der Errichtung eines anderen, zum Beispiel kleineren Kreuzes zuzustimmen. Zudem habe sie auch keinerlei mündliche, schriftliche oder konkludente Erklärung in dieser Hinsicht abgegeben.

*[37]* Zwar verkennt die Kammer nicht, dass die Klägerin ein eigenes Interesse am Ausgang des Rechtsstreits hat. Ihre Angaben waren jedoch in sich schlüssig und glaubhaft.

*[38]* Insoweit ist die Kammer nach Parteivernehmung der Klägerin im Rahmen der mündlichen Verhandlung vom 16.5.2022 jedenfalls nicht davon überzeugt, dass die Klägerin ihr Einverständnis zur Errichtung des streitgegenständlichen Kreuzes gegenüber der Beklagten erteilt hat.

*[39]* Die Versicherung an Eides statt der Beklagten ist als Beweismittel bereits unzulässig. Denn nur, soweit das Gesetz die Glaubhaftmachung nach § 294 ZPO vorschreibt oder genügen lässt, ist auch die Versicherung an Eides statt zulässig. Grundsätzlich ist die Beweisführung aber nur mit den in der Zivilprozessordnung ausdrücklich vorgesehenen Beweismitteln und nur unter Beachtung der dafür vorgeschriebenen Förmlichkeiten zulässig (sogenannter Strengbeweis: Augenschein, Zeuge, Sachverständige, Urkunden, Parteivernehmung; vgl. §§ 371 ff. ZPO).

*[40]* Eine Parteivernehmung der Beklagten nach § 447 BGB konnte nicht erfolgen. Denn die Klägerin hat hierzu nicht ihr Einverständnis erteilt, sondern vielmehr ausdrücklich widersprochen.

*[41]* Auch die Voraussetzungen für eine Parteivernehmung von Amts wegen nach § 448 ZPO liegen nicht vor. Hierfür müsste bereits ein Anfangsbeweis erbracht sein und eine gewisse Wahrscheinlichkeit für die zu beweisende Tatsache sprechen (BGH, NJW-RR 1992, 920 [921]; 1991, 983 [984]; BAG, BeckRS 1981, 04526; OLG Köln, BeckRS 2017, 117104). An einem solchen Anfangsbeweis fehlt es vorliegend, insbesondere nach der Parteivernehmung der Klägerin auf Antrag der Beklagten, vollständig.

*[42]* Die Beklagte ist für ihre Behauptung, die Klägerin habe das Aufstellen des Kreuzes genehmigt, daher beweisfällig geblieben.

**3**

**1. Mangels ausreichend substanziierter Grundrechtsrügen unzulässige Popularklage gegen die Regelungen zur Einführung des Islamischen Unterrichts ab dem Schuljahr 2021/2022 (Art. 47 Abs. 1 und 3 BayEUG).**

**2. Annahmen über einen mutmaßlichen Verwaltungsvollzug, die weder im Gesetzeswortlaut noch in der Gesetzesbegründung eine Stütze finden, sind nicht geeignet, einen Grundrechtsverstoß durch die angegriffene Norm selbst darzulegen.**

Artt. 7 Abs. 3, 98 Satz 4, 107, 136 Abs. 2, Art 137 Abs 1 Verf BY,
Art. 55 Abs. 1 Satz 2 VGHG BY, § 47 Abs. 1 und 3 EUG BY 2000 vom 31.5.2000
Bay VerfGH, Entscheidung vom 28. Juni 2022 -Vf. 42-VII-21-[1]

I. Gegenstand der Popularklage ist Art. 47 Abs. 1 und 3 des Bayerischen Gesetzes über das Erziehungs- und Unterrichtswesen (BayEUG) in der Fassung der Bekanntmachung vom 31.5.2000 (GVBl S. 414, 632, BayRS 2230-1-1-K), das zuletzt durch Gesetz vom 23.7.2021 (GVBl S. 432, im Folgenden: Änderungsgesetz) und – ohne weitere sachliche Änderung – durch Art. 32a Abs. 16 des Gesetzes vom 10.5.2022 (GVBl S. 182) geändert worden ist.

1. Durch das am 1.8.2021 in Kraft getretene Änderungsgesetz wurde Schülerinnen und Schülern, die nicht am Religionsunterricht teilnehmen, ab dem Schuljahr 2021/2022 die Wahlmöglichkeit eröffnet, entweder den Ethikunterricht oder den Islamischen Unterricht zu besuchen. Nach der bis dahin geltenden alten Fassung des Art. 47 Abs. 1 BayEUG war für alle nicht am Religionsunterricht teilnehmenden Schülerinnen und Schüler der Ethikunterricht Pflichtfach.

Art. 47 BayEUG lautet in der mit der Popularklage angegriffenen neuen Fassung wie folgt:

> Art. 47
> Ethikunterricht, Islamischer Unterricht
> (1) Schülerinnen und Schüler, die nicht am Religionsunterricht teilnehmen, sind verpflichtet, am Ethikunterricht oder am Islamischen Unterricht teilzunehmen.
> (2) [1]Der Ethikunterricht dient der Erziehung der Schülerinnen und Schüler zu werteinsichtigem Urteilen und Handeln. [2]Sein Inhalt orientiert sich an den sittlichen Grundsätzen, wie sie in der Verfassung und im Grundgesetz niedergelegt sind. [3]Im Übrigen berücksichtigt er die Pluralität der Bekenntnisse und Weltanschauungen.

1 Amtl. Leitsätze. BeckRS 2022, 15307; juris; BayVBl 2022, 625.
Das Urteil ist rechtskräftig.

https://doi.org/10.1515/9783111651248-003

(3) [1]Abs. 2 gilt entsprechend für den Islamischen Unterricht. [2]Dieser vermittelt zugleich Wissen über die Weltreligion Islam und behandelt sie in interkultureller Sicht.

2. Seit 1987 war im Rahmen des Muttersprachlichen Ergänzungsunterrichts für muslimische türkische Schülerinnen und Schüler ein konfessionell ausgerichteter Unterricht über den Islam angeboten worden („Religiöse Unterweisung türkischer Schüler muslimischen Glaubens in türkischer Sprache – ISUT“), der seit 2001 auch auf Deutsch abgehalten wurde („Islamische Unterweisung in deutscher Sprache – ISUD“). Daneben gab es seit 2003 den – ebenfalls konfessionell konzipierten – „Islamunterricht nach dem Erlanger Modell“. Von 2009 bis 2019 wurde im Rahmen eines Modellversuchs ein neu konzipierter „Islamischer Unterricht“ erprobt (vgl. Bekanntmachung des Bayerischen Staatsministeriums für Unterricht und Kultus vom 15.1.2010, KWMBl S. 38), der an die Stelle der anderen Angebote trat. Nach einer Übergangszeit von zwei Schuljahren, um die der Modellversuch anschließend verlängert wurde, wurde er ab dem Schuljahr 2021/2022 in veränderter Form in ein reguläres Unterrichtsfach (Wahlpflichtfach) übergeleitet (vgl. zum Ganzen LT-Drs. 18/15059 S. 3; VerfGH vom 26.8.2021 -Vf. 43-VIII-21- auszugsweise abgedruckt in BayVBl 2022, 9).

II. Mit ihrer am 7.7.2021 eingegangenen, durch Schriftsätze vom 21.7., 1.9., 12. und 19.11.2021 sowie 12.5.2022 ergänzten Popularklage beantragen die Antragsteller die Feststellung der Verfassungswidrigkeit des Art. 47 Abs. 1 und 3 BayEUG. Hierzu machen sie im Wesentlichen geltend:

In der Begründung des Gesetzentwurfs des Änderungsgesetzes sei festgehalten (LT-Drs. 18/15059 S. 4), dass der Islamische Unterricht nicht als Religionsunterricht im verfassungsrechtlichen Sinn ausgestaltet und der vom Staat allein verantwortete Islamische Unterricht deshalb lediglich als Alternative zum Ethikunterricht konzipiert werden könne. Der Gesetzesbegründung sei aber auch zu entnehmen, dass das Gesetz der normativen Umsetzung und Verstetigung des Modellversuchs „Islamischer Unterricht“ diene. Aus den Ausführungen in dem Gesetzentwurf zu den Kosten (LT-Drs. 18/15059 S. 1) sei zu schließen, dass der Islamische Unterricht mit denselben Lehrkräften wie im Modellversuch fortgesetzt werden solle.

In dem Modellversuch seien Lehrpläne verwendet worden, die auf dem sog. „Erlanger Lehrplan“ fußten und zu großen Teilen aus der Vermittlung von Glaubenswahrheiten und der Wertebildung auf Basis dieser Glaubenswahrheiten bestünden. Die Modellversuchs-Lehrpläne stellten inhaltlich Lehrpläne für einen islamischen Religionsunterricht dar, es seien keine signifikanten Differenzen gegenüber konfessionellen christlichen Lehrplänen zu erkennen. Bei den neuen Lehrplänen für den Islamischen Unterricht verhalte es sich genauso wie beim früheren Modellversuch. Die Lehrpläne seien als nahezu identisches

Abbild der Lehrpläne für katholischen und evangelischen Religionsunterricht einzustufen – lediglich mit anderen Glaubenswahrheiten und Werten. Weder der Lehrplan Oktober 2020 noch der von diesem nur geringfügig abweichende Lehrplan September 2021 erfüllten die verfassungsrechtlichen Vorgaben, da sie inhaltlich einer Religionslehre und keiner Islamkunde entsprächen. Eine hochpolitische Gesetzesänderung wie die vorliegende zu beschließen, ergebe nur Sinn, wenn die Gesetzesänderung und die Vorgaben für die Umsetzung der Lehrpläne untrennbar miteinander verknüpft seien.

Schon bei der Erstellung der Modellversuchspläne habe der Staat in zweifacher Weise gegen die verfassungsrechtlichen Vorgaben verstoßen. Zum einen habe er von den konkurrierenden islamischen Verbänden, Vereinigungen und Vertretern diejenigen ausgewählt, die ihm am ehesten für die Auswahl der Inhalte des islamischen Unterrichts geeignet erschienen. Zum anderen habe der Staat anschließend durch Annahme und Ablehnung der vorgeschlagenen Glaubenswahrheiten maßgeblich die zu vermittelnden Inhalte bestimmt. Über die Inhalte ihres Glaubens hätten Muslime bzw. die verschiedenen islamischen Strömungen jedoch selbst zu befinden. Die Glaubensinhalte unterlägen dem Schutz der Religionsfreiheit im engen Sinn. Der Staat dürfe nicht seinerseits bestimmte Inhalte als glaubensgemäß deklarieren und präsentieren, insoweit handle es sich um den Kernbestandteil des religionsgemeinschaftlichen Selbstbestimmungsrechts.

Diese Einsicht werde durch die Begründung des Gesetzentwurfs bekräftigt. Danach müsse der neue, vom Staat verantwortete Unterricht entkonfessionalisiert sein und rein islamkundlich. Wie das entkonfessionalisierte Konzept angesichts der Einbettung in das Gesamtgeschehen bewerkstelligt worden sei und wie es künftig gewährleistet werden solle, bleibe jedoch eine unbeantwortete Frage. Es sei unplausibel, dass es sich tatsächlich um ein entkonfessionalisiertes Konzept handle. Diese Zweifel würden durch Formulierungen in der Gesetzesbegründung genährt, denn dort werde die Bruchlosigkeit zwischen dem Modellversuch und dem neuen Fach betont.

Sowohl nach seinem Konzept als auch faktisch handle es sich beim Islamischen Unterricht ersichtlich nur um einen mit einem anderen Namen versehenen bekenntnisorientierten islamischen Religionsunterricht. Der ersten Evaluation des Modellversuchs „Islamischer Unterricht" 2013/14 sei zu entnehmen, dass 90% der Lehrkräfte über das Zertifikat „Islamische Religionslehrer" verfügten. Der zweiten Evaluation zufolge hätten knapp die Hälfte der im Jahr 2019 unterrichtenden Lehrkräfte einen universitären Abschluss im Fach Islamischer Unterricht von der Friedrich-Alexander-Universität Erlangen-Nürnberg (FAU), 86% hätten an einem Lehrgang zum Islamischen Unterricht an der Akademie für Lehrerfortbildung und Personalführung in Dillingen teilgenommen. Beiden Evaluationen zufolge verwendeten die Lehrkräfte vor allem die Lehrbücher „Mein Islambuch“ (Jahrgangsstufen 1 bis 4) und „Saphir“ (Jahrgangsstufen 5 bis 8). Die Konzeption dieser beiden Bücher unterscheide sich nicht von den Büchern, die für diese Jahrgänge im katholischen und evangelischen Religionsunterricht eingesetzt würden. Die „Saphir“-Lehrbücher würden vom Verlag im Titelblatt als „Islamisches Religionsbuch für junge Musliminnen und Muslime“ bezeichnet.

Wenn der Modellversuch Islamischer Unterricht durch die Änderung des Bayerischen Erziehungs- und Unterrichtsgesetzes mit den Inhalten verstetigt werden solle, die dem Modellversuch entlehnt seien, sei dies ein klarer Verstoß gegen Art. 136 Abs. 2 BV. Der Anspruch der Gesetzesbegründung, es handle sich um ein entkonfessionalisiertes Konzept, welches islamkundliche Inhalte mit Wertebildung verbinde, sei nicht eingelöst worden. Vielmehr liege erkennbar ein „Etikettenschwindel“ und damit ein Verstoß gegen das Transparenzgebot und die Rechtsklarheit vor. Es sei nicht klargestellt worden, dass im Unterschied zu dem bekenntnisorientiert angelegten Modellversuch jetzt eindeutig lediglich reine Informationen über den Islam geboten würden und die Teile des Modellversuchs, die Glaubenswahrheiten vermittelten, tatsächlich aufgegeben oder zumindest zur bloßen Information über den Islam abgewandelt worden seien. Als neutrale Religionskunde müsse der Unterricht gegenüber dem früheren Modellversuch ein Aliud sein. Vordergründige oder rein sprachliche Anpassungen reichten nicht aus.

Weil der Staat den in Wirklichkeit konfessionellen Unterricht trage, verletze er das Grundrecht auf Religionsfreiheit von Musliminnen und Muslimen und missachte das Verfassungsprinzip der weltanschaulichen Neutralität des Staates. Der Staat dürfe Glaubenswahrheiten weder vorgeben noch übernehmen noch ablehnen. Diesbezügliche Verfassungsverstöße hätten das Potenzial, die Grundfesten eines demokratischen Staates zu erschüttern, der der weltanschaulichen Neutralität verpflichtet sei.

Es müsse rechtlich klargestellt werden und faktisch möglich sein, dass Unterricht gemäß Art. 47 Abs. 3 BayEUG auch von Lehrkräften mit nicht islamischer Religionszugehörigkeit sowie von Atheisten und Agnostikern erteilt werden dürfe. Dokumente und Belege ließen erkennen, dass von den Lehrkräften nach wie vor Zugehörigkeit zum Islam oder Bindung an ihn erwartet werde. Sollte dies der Fall sein, sei dies verfassungswidrig. Lehrkräfte, die Islamkunde unterrichten wollten, ohne selbst islamgläubig zu sein, hätten zwar ungeachtet derzeitiger Unklarheiten vielleicht theoretisch, keinesfalls aber praktisch eine Chance auf Anstellung. Es sei zu vermuten, dass die für die Anstellung Zuständigen berücksichtigten, dass islamgläubige Eltern ihre Kinder nicht durch „ungläubige" Lehrkräfte unterrichten lassen würden.

Es bestehe Prüfungsbedarf, ob Art. 47 Abs. 3 BayEUG mit Art. 137 Abs. 2 BV vereinbar sei. Es sei weder kultur- und rechtsgeschichtlich noch systematisch nachvollziehbar, inwiefern auf der Grundlage des Islam die allgemein anerkannten Grundsätze der Sittlichkeit im Sinn dieser Verfassungsbestimmung erläutert werden könnten.

Die Behauptung, der neue Islamische Unterricht sei eine Form von Ethikunterricht, scheitere schon allein aufgrund des Umfangs. Darüber hinaus werde im Ethikunterricht auf Gleichrangigkeit der Religionen Wert gelegt. Beim Unterricht für Schülerinnen und Schüler einer bestimmten Religion erhalte diese Religion einen Vorrang. Dies widerspreche der staatlichen Aufgabe einer konfessionsneutralen Erziehung.

Die Einschätzung, dass Art. 47 BayEUG verfassungswidrig sei, werde durch die Erste Lesung des Gesetzes im Bayerischen Landtag bestätigt. Als wesentliches Argument sei dort vorgetragen worden, durch die Verankerung des Islamischen Unterrichts könne den Lehrkräften eine größere vertragliche Sicherheit gewährt werden. Die beiden weiteren im Landtag vorgebrachten Gründe, Islamischer Unterricht fördere die Integration und wirke dem Besuch der Koranschulen entgegen, könnten durch die 2014 und 2019 durchgeführten Evaluationen nicht belegt werden.

III. 1. Der Bayerische Landtag hält die Popularklage (ohne nähere Ausführungen) für unzulässig, jedenfalls für unbegründet.

2. Nach Ansicht der Bayerischen Staatsregierung in deren Stellungnahme vom 23.8.2021 ist die Zulässigkeit der Popularklage zweifelhaft; jedenfalls sei sie unbegründet.

a) Die Antragsteller rügten keine Verletzung eines Grundrechts der Bayerischen Verfassung durch die angegriffene Norm. Im Antrag finde allein die Religionsfreiheit (Art. 107 BV) Erwähnung. Die hierzu vorgebrachten Rügen bezögen sich auf einen vermeintlichen Eingriff durch bestimmte Lehrpläne einerseits und durch eine unterstellte gesetzwidrige Vollzugspraxis andererseits. Alleiniger Streitgegenstand sei indes Art. 47 BayEUG in der Fassung des Änderungsgesetzes. Den in den Raum gestellten Lehrplänen komme nicht der Charakter von Rechtsvorschriften mit Außenwirkung zu, die der gerichtlichen Normenkontrolle in verwaltungs- oder verfassungsprozessualer Hinsicht zugänglich wären. Die Umsetzung im Lehrplan stelle lediglich den Verwaltungsvollzug der angegriffenen Norm dar.

Selbst ein fehlerhafter Verwaltungsvollzug würde nicht zur Verfassungswidrigkeit der Norm führen. Es müsste dementsprechend erwiesen sein, dass das intendierte Lehrfach unter jeder Art der Umsetzung verfassungswidrig sei. Dies sei jedoch nicht der Fall. Die verfassungskonforme Umsetzung von Art. 47 Abs. 3 BayEUG sei nicht nur im Gesetz grundgelegt und generell möglich, sondern auch konkret beabsichtigt.

Im Übrigen seien die Lehrpläne des Modellversuchs nicht die Lehrpläne des entkonfessionalisierten Islamischen Unterrichts. Auch seien die der Popularklage beigefügten Versionen der Lehrpläne keine genehmigten Lehrpläne. Diese befänden sich noch in der Genehmigungsphase und würden in ihrer finalen Version nicht der vom Oktober 2020 entsprechen.

b) Die Popularklage sei jedenfalls unbegründet, da das angegriffene Gesetz verfassungsgemäß sei.

aa) Der islamische Unterricht gemäß Art. 47 Abs. 3 BayEUG sei nach seinem klaren Gesetzeswortlaut kein staatlich veranstalteter und auch kein von einer Religionsgemeinschaft verantworteter Religionsunterricht, sondern wie der Ethikunterricht gemäß Art. 47 Abs. 2 BayEUG ein Unterricht über die allgemein anerkannten Grundsätze der Sittlichkeit gemäß Art. 137 Abs. 2 BV in der besonderen Form, dass die vorhandene religiös-kulturelle Prägung eines signifikanten Teils der Schülerschaft aufgenommen und von dieser Grundlage aus die allgemein anerkannten Grundsätze der Sittlichkeit erläutert würden. Dieser Ansatz verstoße weder gegen die verfassungsrechtlichen Vorgaben zum Religionsunterricht noch gegen die staatliche Neutralitätspflicht.

bb) Ein Verstoß gegen Art. 136 Abs. 2, Art. 137 Abs. 1 BV liege nicht vor. Religionsunterricht im Sinn dieser Vorschriften sei nur konfessionell gebundener Unterricht, der unter dem Bestimmungsrecht einer Religionsgemeinschaft im Sinn einer Glaubenslehre unterrichtet werde. Im Islamischen Unterricht würden im Gegensatz hierzu die religiösen Grundsätze und Glaubenssätze rein als Religionskunde vermittelt. Die gesamte Argumentation der Antragsteller fuße auf der Unterstellung, dass die – den Weisungen des Gesetzes und der Schulaufsicht unterworfenen – Lehrkräfte des neu konzipierten Islamischen Unterrichts sich nicht an die klare gesetzliche Vorgabe hielten, wonach der Unterricht konfessionsneutral zur Erziehung zu werteinsichtigem Urteilen und Handeln auf Grundlage der in der Bayerischen Verfassung und dem Grundgesetz niedergelegten sittlichen Grundsätze mit religionskundlichen Elementen zu gestalten sei.

Soweit die Antragsteller meinten, aus der Entstehungsgeschichte ableiten zu können, dass der Islamische Unterricht konfessionelle Inhalte habe, trügen sie dem Umstand nicht Rechnung, dass Modellversuche gerade dem Ziel dienten, die Maßgaben auszuloten, nach denen ein zukünftiger Unterricht funktionieren könne. Der vom Gesetzgeber gewählte Ansatz sei gerade eine aus den Erfahrungen aus dem Modellversuch gespeiste Neukonzeption des Unterrichts.

cc) Der Islamische Unterricht gemäß Art. 47 BayEUG stelle auch keine Verletzung des Neutralitätsgebots gemäß Art. 142 Abs. 1, 3 BV und Art. 107 Abs. 1 i.V.m. Art. 118 Abs. 1 BV dar.

Die religiös-weltanschauliche Neutralität des Staates bedeute keine vollkommene Indifferenz gegenüber religiösen Fragen und keine laizistische Trennung von Staat und Kirche. Der Staat dürfe sich religiös-weltanschauliche Inhalte lediglich nicht derart zu eigen machen, dass er sich mit einer bestimmten Religion oder Weltanschauung identifiziere. Die neutrale Vermittlung von Informationen über eine Religion sei vom staatlichen Erziehungsauftrag gemäß Art. 130 Abs. 1 BV umfasst und berühre nicht die Einrichtung von Religionsunterricht. Dies bedeute freilich keine eigenständige Definitionsmacht des Staates über diese Inhalte, stattdessen seien dem Unterricht die Erkenntnisse der betreffenden Religionswissenschaft zugrunde zu legen. Hierbei unterscheide sich der Islamische Unterricht als alternativer Ersatzunterricht nicht vom Ethikunterricht. Den neuen Lehrplänen des Islamischen Unterrichts werde durchwegs ein religionskundliches, entkonfessionalisiertes Konzept zugrunde gelegt.

dd) Ein Verstoß gegen die verfassungsrechtlichen Vorgaben zum Ethikunterricht sei ebenfalls zu verneinen. Art. 137 Abs. 2 BV lasse sich kein Gebot entnehmen, einen einzigen einheitlichen Ethikunterricht als Ersatzunterricht für alle Schülerinnen und Schüler anzubieten, die nicht am konfessionellen Unterricht teilnehmen.

ee) Art. 47 BayEUG verstoße auch nicht gegen Grundrechte.

(1) Es liege kein Verstoß gegen die kollektive Religionsfreiheit einzelner Gruppen vor. Die neutrale Information über die Religion des Islam könne islamische Verbände – selbst wenn diese die verfassungsrechtlichen Merkmale einer Religionsgemeinschaft erfüllen würden – nicht in ihren Grundrechten oder ihrem Selbstbestimmungsrecht verletzen. Durch sachliche Informationen über Religion werde in den Schutzbereich des Art. 107 Abs. 1 BV nicht eingegriffen.

(2) Selbst wenn man in der Einführung eines Unterrichtsfachs über die allgemein anerkannten Grundsätze der Sittlichkeit gemäß Art. 137 Abs. 2 BV mit explizit islambezogener Perspektive eine relevante Ungleichbehandlung annehmen wollte, wäre diese jedenfalls sachlich gerechtfertigt. Die Integration einer Bevölkerungsgruppe sei ein legitimes Ziel im Rahmen des staatlichen Erziehungs- und Bildungsauftrags. Es erfolgte keine Schlechterstellung derjenigen, die den Islamischen Unterricht nicht besuchten und weiterhin am Ethikun-

terricht teilnähmen. Es sei insgesamt angemessen, den kulturellen Hintergrund der Schülerschaft bei der Vermittlung der ethischen Werte zu berücksichtigen.

ff) Soweit die Antragsteller einen Verstoß gegen das Rechtsstaatsgebot in Gestalt der Transparenz und Rechtsklarheit mit der Behauptung begründen wollten, mit dem Islamischen Unterricht werde entgegen der gesetzlichen Grundlage ein konfessioneller Religionsunterricht angeboten, entbehre dies der rechtlichen wie tatsächlichen Grundlage.

Das Gericht hat den Antrag abgewiesen.

**Aus den Gründen:**

*[33]* IV. Die Popularklage ist unzulässig.

*[34]* 1. Nach Art. 98 Satz 4 BV hat der Verfassungsgerichtshof Gesetze und Verordnungen für nichtig zu erklären, die ein Grundrecht verfassungswidrig einschränken. Die Verfassungswidrigkeit kann jedermann durch Beschwerde (Popularklage) geltend machen (Art. 55 Abs. 1 Satz 1 VfGHG).

*[35]* a) Gesetze und Verordnungen i.S.d. Art. 98 Satz 4 BV sind alle Rechtsvorschriften des bayerischen Landesrechts. Zu diesen gehören die angegriffenen Regelungen in Art. 47 Abs. 1 und 3 BayEUG, nicht aber die von den Antragstellern umfangreich vorgelegten und wiedergegebenen Lehrpläne zum Islamischen Unterricht und dem vorangegangenen Modellversuch. Lehrpläne sind keine Rechtsvorschriften i.S.v. Art. 98 Satz 4 BV, Art. 55 Abs. 1 Satz 1 VfGHG, sondern interne Verwaltungsvorschriften, die der inneren Gestaltung des Unterrichts dienen und denen nicht der Charakter von Rechtsvorschriften mit Außenwirkung zukommt (vgl. VerfGH vom 17.5.2006 VerfGHE 59, 63 [68] vom 26.8.2021 -Vf. 43-VIII-21-).

*[36]* b) Die Lehrpläne betreffen allein den Bereich des Normvollzugs durch die Exekutive. Dieser kann selbst dann nicht mit der Popularklage angegriffen werden, wenn die Rechtsvorschrift die Möglichkeit fehlerhafter oder missbräuchlicher Anwendung bietet (ständige Rechtsprechung; vgl. VerfGH vom 28.1.2003 VerfGHE 56, 1 [4]; vom 19.4.2007 VerfGHE 60, 80 [95]; vom 24.8.2020 BayVBl 2020, 842 Rn 24; vom 26.8.2021 -Vf. 43-VIII-21-). Dahingestellt bleiben kann daher, inwieweit es sich bei den von den Antragstellern vorgelegten Lehrplänen zum Islamischen Unterricht und zum vorangegangenen Modellversuch um vorläufige oder endgültige Fassungen handelt und inwiefern sich hieraus überhaupt hinreichende Erkenntnisse über die konkrete Gestaltung des Unterrichts nach Art. 47 Abs. 3 BayEUG in der Schulpraxis ableiten lassen. Es ist auch

nicht Aufgabe des Verfassungsgerichtshofs zu überprüfen, ob die Lehrpläne in Einklang mit Art. 47 Abs. 3 i.V.m. Abs. 2 BayEUG stehen.

[ c]) Ebenso wenig sind die von den Antragstellern vorgelegten Lehrbücher, die ebenfalls allein den Normvollzug betreffen, im Rahmen der Popularklage von Relevanz. Gegenstand der verfassungsgerichtlichen Überprüfung gemäß Art. 98 Satz 4 BV ist nur das Gesetz als solches. Es bedarf daher keiner Feststellungen dazu, inwieweit diese Bücher im durch die angegriffenen Vorschriften neu konzipierten Islamischen Unterricht tatsächlich eingesetzt werden.

*[38]* 2. Dass durch die angegriffene gesetzliche Regelung des Art. 47 Abs. 1 und 3 BayEUG selbst, also nicht nur durch den Normvollzug, ein Grundrecht der Bayerischen Verfassung verfassungswidrig eingeschränkt würde, haben die Antragsteller nicht in zulässiger Weise gerügt.

*[39]* Zu den prozessualen Voraussetzungen einer Popularklage gehört gemäß Art. 55 Abs. 1 Satz 2 VfGHG, dass der Antragsteller mit einem Mindestmaß an Substanziierung nachvollziehbar darlegen muss, inwiefern die angegriffene Rechtsvorschrift seiner Meinung nach zu einer Grundrechtsnorm der Bayerischen Verfassung in Widerspruch steht. Unzulässig ist die Popularklage, wenn und soweit eine als verletzt bezeichnete Norm der Verfassung kein Grundrecht oder grundrechtsgleiches Recht gewährt. Sie ist weiter unzulässig, wenn zwar ein Grundrecht als verletzt gerügt wird, eine Verletzung der entsprechenden Norm nach Sachlage aber von vornherein nicht möglich ist, weil beispielsweise der Schutzbereich des angeblich verletzten Grundrechts durch die angefochtene Rechtsvorschrift nicht berührt wird. Dabei reicht es nicht aus, wenn ein Antragsteller lediglich behauptet, die angegriffene Rechtsvorschrift verstoße nach seiner Auffassung gegen Grundrechtsnormen der Bayerischen Verfassung. Er muss seinen Vortrag vielmehr so präzisieren, dass der Verfassungsgerichtshof beurteilen kann, ob der Schutzbereich der bezeichneten Grundrechtsnorm berührt ist und eine Grundrechtsverletzung möglich erscheint (stRspr.; vgl. VerfGH vom 21.2.1986 VerfGHE 39, 17 [21]; vom 28.9.2012 VerfGHE 65, 182 [185]; vom 14.3.2019 BayVBl 2019, 442 Rn 12; BayVBl 2020, 842 Rn 20 mwN).

*[40]* An diesen Zulässigkeitsvoraussetzungen scheitern sämtliche von den Antragstellern vorgebrachten Rügen.

*[41]* a) In der Popularklage wird mit der Religionsfreiheit (Art. 107 BV) zwar ein Grundrecht der Bayerischen Verfassung als verletzt bezeichnet. Es fehlt aber an der substanziierten und nachvollziehbaren Darlegung der Möglichkeit eines Verstoßes der angegriffenen gesetzlichen Regelung gegen dieses Grundrecht.

*[42]* aa) Die Antragsteller sehen eine Verletzung des Art. 107 BV darin, dass der Staat durch einen von ihm verantworteten Religionsunterricht Glaubens-

wahrheiten vorgebe bzw. übernehme und dadurch die Religionsfreiheit von Musliminnen und Muslimen missachte.

*[43]* Diese Rüge basiert auf der Annahme, bei dem durch Art. 47 Abs. 3 i.V.m. Abs. 2 BayEUG eingeführten Islamischen Unterricht handle es sich um einen bekenntnisorientierten islamischen Religionsunterricht. Diese Prämisse, auf der die Popularklage insgesamt maßgeblich beruht, findet jedoch weder im Gesetzestext noch in der Gesetzesbegründung eine Stütze und entspricht daher nicht dem konkreten Inhalt der angegriffenen Norm, der der verfassungsrechtlichen Prüfung zugrunde zu legen ist. Damit haben die Antragsteller bereits nicht in der erforderlichen Weise dargelegt, dass Art. 47 Abs. 3 i.V.m. Abs. 2 BayEUG den Schutzbereich der Religionsfreiheit berührt.

*[44]* bb) Sowohl nach dem Wortlaut der angegriffenen Regelung als auch nach ihrer systematischen Stellung im Gesetz sowie ihrem Sinn und Zweck ist der Islamische Unterricht kein konfessioneller Religionsunterricht i.S.d. Art. 136 Abs. 2 BV, sondern ein allgemeiner Werteunterricht in Kombination mit Islamkunde als Alternative zum Ethikunterricht gemäß Art. 47 Abs. 1 und 2 BayEUG (vgl. VerfGH vom 26.8.2021 -Vf. 43-VIII-21- KirchE 78, 134).

*[45]* Religionsunterricht i.S.v. Art. 7 Abs. 3 GG, Art. 136 Abs. 2, Art. 137 Abs. 1 BV ist ein konfessionell gebundener Unterricht, der unter dem Bestimmungsrecht einer Religionsgemeinschaft im Sinn einer Glaubenslehre unterrichtet wird (vgl. BVerfG vom 25.2.1987 BVerfGE 74, 244 [252 f.], KirchE 25, 39). Die Begründung des Gesetzentwurfs der Staatsregierung (LT-Drs. 18/15059 S. 4) geht davon aus, dass der Islamische Unterricht jedenfalls derzeit nicht als Religionsunterricht im verfassungsrechtlichen Sinn ausgestaltet werden kann (vgl. Holzner, Verfassung des Freistaats Bayern, 2014, Art. 136 Rn 12). Im Gegensatz zu den Kirchen bzw. Religionsgemeinschaften, die Partner des Staates für den katholischen, evangelischen oder jüdischen Religionsunterricht sind, erfüllt ausweislich der Gesetzesbegründung keine der in Bayern ansässigen islamischen Organisationen vollständig die Merkmale einer Religionsgemeinschaft im rechtlichen Sinn und gehört der Großteil der muslimischen Schülerinnen und Schüler in Bayern keiner solchen Organisation an (vgl. LT-Drs. 18/15059 S. 4). Aus diesem Grund sollen im Islamischen Unterricht die religiösen Grundsätze und Glaubenssätze des Islam als Religionskunde, nicht als Religionslehre vermittelt und durch einen allgemeinen Werteunterricht auf der Grundlage des Grundgesetzes und der Verfassung ergänzt werden, wie sie für den Ethikunterricht in Art. 47 Abs. 2 BayEUG niedergelegt sind (vgl. VerfGH vom 26.8.2021 -Vf. 43-VIII-21- juris Rn 78). Die Gesetzesbegründung hebt ausdrücklich hervor, dass es beim Islamischen Unterricht in Bezug auf den Islam um Wissensvermitt-

lung geht, nicht um eine Erziehung zum Glauben, für den der weltanschaulich-religiös neutrale Staat kein Mandat hat (vgl. LT-Drs. 18/15059 S. 5).

*[46]* cc) Dass der Staat von Verfassungs wegen nicht daran gehindert ist, im Schulunterricht neutrale, religionskundliche Informationen über den Islam zu vermitteln (vgl. de Wall in von der Decken/Günzel, Staat – Religion – Recht, Festschrift für Robbers, 2020, S. 637 [/641]; Kreß, Weltanschauungsrecht Aktuell Nr. 2 vom 28.6.2021, S. 1 [5]), stellt die Popularklage nicht infrage, sondern geht vielmehr selbst hiervon aus. Die Antragsteller bestreiten lediglich, dass sich der Islamische Unterricht in der Praxis tatsächlich auf solche Inhalte beschränkt, indem sie behaupten, bei der in Art. 47 Abs. 3 i.V.m. Abs. 2 BayEUG normierten entkonfessionalisierten Ausrichtung des Fachs handle es sich um einen „Etikettenschwindel", der verschleiere, dass es sich in Wahrheit um einen bekenntnisorientierten islamischen Religionsunterricht handle. Diese Behauptung lässt sich jedoch – wie bereits dargelegt – weder mit dem eindeutigen Gesetzeswortlaut noch mit der Gesetzesbegründung sowie dem Sinn und Zweck der Regelung in Einklang bringen und ist daher nicht geeignet, die Möglichkeit eines Eingriffs der Norm in den Schutzbereich der Religionsfreiheit in nachvollziehbarer Weise darzulegen.

*[47]* dd) Entgegen der Auffassung der Popularklage kann ein „Etikettenschwindel", also eine bewusste Täuschung durch den Gesetzgeber über den „wahren Inhalt" des Islamischen Unterrichts, insbesondere auch nicht daraus abgeleitet werden, dass in der Begründung des Gesetzesentwurfs der Staatsregierung ausgeführt wird, um die Kontinuität zum Modellversuch auszudrücken, solle das zum Ethikunterricht alternative Fach auch künftig „Islamischer Unterricht" heißen (LT-Drs. 18/15059 S. 3). Hierdurch wird – anknüpfend an die Entstehungsgeschichte des Gesetzes – nur zum Ausdruck gebracht, dass das neue Wahlpflichtfach aus den Erfahrungen des Modellversuchs hervorgegangen ist, nicht aber, dass es sich dabei um staatlichen Religionsunterricht handelt. Die Gesetzesbegründung betont vielmehr unmissverständlich, dass die Überführung in ein reguläres Unterrichtsfach in veränderter Form erfolgt, nämlich als entkonfessionalisiertes Konzept, welches islamkundliche Inhalte mit wertbildenden Lerninhalten verknüpft (vgl. LT-Drs. 18/15059 S. 3 und 4).

*[48]* ee) Ebenso wenig sind die Ausführungen in der Popularklage, die sich auf die für den Islamischen Unterricht eingesetzten Lehrkräfte beziehen und ebenfalls einen „Etikettenschwindel" belegen sollen, geeignet, einen Verfassungsverstoß des Art. 47 Abs. 1 und 3 BayEUG darzulegen.

*[49]* Allein aus der Tatsache, dass der Gesetzgeber davon ausgeht, dass der Islamische Unterricht (auch) durch Lehrkräfte unterrichtet wird, die bereits vor der Änderung des Bayerischen Gesetzes über das Erziehungs- und Unterrichts-

wesen im Rahmen des Modellversuchs eingesetzt waren, lässt sich nicht der Schluss ziehen, entgegen dem Gesetzeswortlaut und der Gesetzesbegründung habe „in Wahrheit“ ein bekenntnisorientierter islamischer Religionsunterricht eingeführt werden sollen. Es ist weder substanziiert vorgetragen noch sonst ersichtlich, weshalb Lehrkräfte, die bereits im Rahmen des Modellversuchs unterrichtet haben, nicht in der Lage sein sollten, den Unterricht entsprechend den neu geschaffenen gesetzlichen Vorgaben des Art. 47 Abs. 1 und 3 BayEUG zu gestalten, also als allgemeinen Werteunterricht, der mit Islamkunde kombiniert ist.

*[50]* Die bloße Mutmaßung der Antragsteller, es werde von Lehrkräften des Islamischen Unterrichts nach wie vor Zugehörigkeit zum Islam oder Bindung an ihn erwartet, die Anstellung nicht islamgläubiger Lehrkräfte sei in der Praxis ausgeschlossen, findet im Gesetz keine Stütze. Im Fach Islamischer Unterricht werden ausweislich der Gesetzesbegründung Lehrerinnen und Lehrer eingesetzt, die über die Befähigung zum Lehramt an öffentlichen Schulen oder eine vergleichbare pädagogische Ausbildung verfügen; der Einsatz von Imamen ist ausgeschlossen (vgl. LT-Drs. 18/15059 S. 5). Weshalb der Unterricht gemäß Art. 47 Abs. 1 und 3 BayEUG nicht auch von Atheisten oder Agnostikern erteilt werden dürfte, ist nicht ersichtlich.

*[51]* ff) Der Sache nach berufen sich die Antragsteller auch in diesem Zusammenhang nicht auf den Norminhalt, sondern allein auf den von ihnen unterstellten Normvollzug durch die Exekutive. Dieser kann aber, wie bereits (unter 1. b)) ausgeführt, nicht zur Verfassungswidrigkeit einer Rechtsvorschrift führen, selbst wenn sie die Möglichkeit fehlerhafter oder missbräuchlicher Anwendung bietet.

*[52]* b) Der Vortrag der Antragsteller, durch die Einführung des Islamischen Unterrichts als Form des Ethikunterrichts erhalte eine bestimmte Religion in Widerspruch zur staatlichen Aufgabe einer konfessionsneutralen Erziehung einen Vorrang gegenüber anderen Religionen, kann als Rüge eines Verstoßes gegen den Gleichheitssatz gemäß Art. 118 Abs. 1 i. V. m. Art. 107 BV ausgelegt werden. Die Möglichkeit einer Grundrechtsverletzung wird jedoch auch diesbezüglich nicht dargelegt.

*[53]* Der Gleichheitssatz verbietet, in willkürlicher Weise gleiche Sachverhalte ungleich und ungleiche Sachverhalte gleich zu behandeln (stRspr.; vgl. VerfGH vom 19.2.2015 VerfGHE 68, 55 Rn 30 mwN). Es fehlt aber bereits deshalb an der nachvollziehbaren Darlegung einer willkürlichen Ungleichbehandlung, weil nicht erkennbar ist, dass es sich bei den muslimischen bzw. den keiner oder einer anderen Religion oder Weltanschauung angehörenden Schülerinnen und Schülern um vergleichbare Gruppen bezogen auf die Regelungsmaterie

handelte. Schülergruppen, die sich anderen Konfessionen zugehörig fühlen, in denen Religionsunterricht nach Maßgabe des Art. 136 Abs. 2 BV angeboten wird, sind von vornherein nicht vergleichbar, weil ihnen dieser Religionsunterricht offensteht. Schülergruppen, die anderen religiös-kulturellen Hintergründen zuzuordnen sind, sind nicht vergleichbar, weil sie von ihrer jeweiligen Größe weit hinter der Gruppe aus dem islamischen Kulturraum zurückbleiben. Die Konfessionslosen gehören schon keiner einheitlichen Gruppe an, auch steht ihnen der allgemeine Ethikunterricht offen. Da es insoweit schon an der Vergleichbarkeit der Sachverhalte fehlt, kann hieraus kein Anspruch auf Gleichbehandlung anderer Schülergruppen hergeleitet werden (vgl. Lindner in Lindner/Möstl/Wolff, Verfassung des Freistaates Bayern, 2. Aufl. 2017, Art. 118 Rn 24). Zudem richtet sich der neu eingeführte Islamische Unterricht zwar primär an muslimische Schülerinnen und Schüler (vgl. LT-Drs. 18/15059 S. 3), sein Besuch knüpft aber gerade nicht an eine bestimmte Religionszugehörigkeit an, sondern steht allen Schülerinnen und Schülern offen (vgl. LT-Drs. 18/15059 S. 4), sodass auch insoweit keine gegen Art. 118 Abs. 1 i.V.m. Art. 107 BV verstoßende Ungleichbehandlung aufgrund der Religion bzw. Weltanschauung gesehen werden kann (vgl. zum Ganzen VerfGH vom 26.8.2021 -Vf. 43-VIII-21- KirchE 78, 134).

*[54]* c) Soweit die Antragsteller eine Verletzung des Art. 136 Abs. 2 BV rügen, kann dahingestellt bleiben, ob diese Norm ein Grundrecht i.S.d. Art. 98 Satz 4 BV verbürgt, auf dessen Verletzung die Popularklage gestützt werden kann (zweifelnd VerfGH vom 25.2.2002 -Vf. 5-VII-01-; vom 26.8.2021 -Vf. 43-VIII-21-; bejahend de Wall in Meder/Brechmann, Die Verfassung des Freistaates Bayern, 6. Aufl. 2020, Art. 136 Rn 24; Möstl in Lindner/Möstl/Wolff, Verfassung des Freistaates Bayern, Art. 135–137 Rn 7).

*[55]* Art. 136 Abs. 2 BV garantiert in Satz 1 den Religionsunterricht als ordentliches Lehrfach und regelt in Satz 2, dass dieser in Übereinstimmung mit den Grundsätzen der betreffenden Religionsgemeinschaft erteilt wird. Selbst wenn man darin neben der objektiven Garantie auch ein entsprechendes Grundrecht der Schülerinnen und Schüler, Eltern sowie Religionsgemeinschaften sehen würde, haben die Antragsteller die Möglichkeit eines Eingriffs in dessen Schutzbereich nicht substanziiert dargelegt. Ein solcher Eingriff kommt vielmehr schon deshalb nicht infrage, weil es sich – wie oben ausgeführt – bei dem Islamischen Unterricht gemäß Art. 47 Abs. 1 und 3 BayEUG nicht um Religionsunterricht i.S.d. Art. 136 Abs. 2 bis 5 BV handelt, sondern um die neutrale Vermittlung von Kenntnissen über den Islam im Rahmen eines Ethikunterrichts besonderer Prägung. Diese bedeutet keine Identifikation mit dem Islam und ist vom staatlichen Erziehungsauftrag gemäß Art. 130 Abs. 1 BV umfasst, der der

Vermittlung der Erziehungsziele des Art. 131 BV und damit auch der Achtung von religiösen Überzeugungen dient (vgl. VerfGH vom 26.8.2021 -Vf. 43-VIII-21- KirchE 78, 134; de Wall in von der Decken/Günzel, Staat – Religion – Recht, Festschrift für Robbers, S. 637 [641 f.]).

*[56]* d) Soweit die Antragsteller „Prüfungsbedarf" hinsichtlich der Vereinbarkeit des Art. 47 Abs. 3 BayEUG mit Art. 137 Abs. 2 BV sehen, ist der Grundrechtscharakter dieser Verfassungsnorm, die für nicht am Religionsunterricht teilnehmende Schüler einen Unterricht über allgemein anerkannte Grundsätze der Sittlichkeit vorsieht, ebenfalls fraglich (vgl. VerfGH vom 26.8.2021 -Vf. 43-VIII-21- KirchE 78, 134). Auch diese Frage braucht vorliegend jedoch nicht vertieft zu werden, denn die Popularklage legt schon die Möglichkeit eines Verstoßes des Art. 47 Abs. 3 BayEUG gegen Art. 137 Abs. 2 BV nicht in nachvollziehbarer Weise dar. Weshalb, wie die Antragsteller meinen, es von vornherein nicht möglich sein sollte, religiös und weltanschaulich neutralen Ethikunterricht i.S.v. Art. 137 Abs. 2 BV, Art. 47 Abs. 2 BayEUG mit der Wissensvermittlung über die Weltreligion Islam und deren Behandlung in interkultureller Sicht zu verbinden, ist weder substanziiert dargelegt noch sonst ersichtlich. Weder ist erkennbar, inwiefern der von den Antragstellern erwähnte Umfang des Fachs dies von vornherein ausschließen sollte, noch, weshalb es in diesem Rahmen unmöglich sein sollte, die Pluralität der Bekenntnisse und Weltanschauungen zu berücksichtigen.

*[57]* e) Hinsichtlich der sinngemäß erhobenen Rüge, die angegriffenen Vorschriften verletzten das Selbstbestimmungsrecht der Religions- und Weltanschauungsgemeinschaften gemäß Art. 142 Abs. 3 BV, kann ebenfalls offenbleiben, ob dieses Recht als Grundrecht i.S.v. Art. 98 Satz 4 BV zu qualifizieren ist, dessen Verletzung mit der Popularklage durch Dritte geltend gemacht werden kann (vgl. VerfGH vom 28.12.1984 VerfGHE 37, 184 [195]; de Wall in Meder/Brechmann, Die Verfassung des Freistaates Bayern, Art. 142 Rn 27). Denn auch diese Rüge fußt auf der unzutreffenden Annahme der Antragsteller, bei dem durch die angegriffenen Vorschriften eingeführten Islamischen Unterricht handle es sich entgegen dem Gesetzeswortlaut und der Gesetzesbegründung um konfessionsgebundenen Religionsunterricht, so dass die Möglichkeit eines Eingriffes in dieses Recht bzw. einer Verletzung des staatlichen Neutralitätsgebots gemäß Art. 142 Abs. 1 und 3 i.V.m. Art. 107 Abs. 1 und Art. 118 Abs. 1 BV nicht den Anforderungen des Art. 55 Abs. 1 Satz 2 VfGHG entsprechend dargelegt ist.

*[58]* f) Soweit die Antragsteller rügen, es sei nicht klargestellt worden, dass der durch die angegriffenen Vorschriften normierte Islamische Unterricht im Unterschied zu dem bekenntnisorientierten Modellversuch, aus dem er hervor-

gegangen ist, lediglich reine Informationen über den Islam und keine Glaubenswahrheiten vermitteln dürfe, und darüber hinaus eine rechtliche Klarstellung dahin fordern, dass der Unterricht auch von Lehrkräften ohne Zugehörigkeit oder Bindung zum Islam erteilt werden könne, streben sie in der Sache ein gesetzgeberisches Handeln an. Ebenso verhält es sich bei dem Vortrag der Antragsteller, die Gesetzesänderung hätte mit näheren Vorgaben für die Gestaltung der Lehrpläne verknüpft werden müssen. Bezüglich derartiger Rügen gelten besondere Anforderungen hinsichtlich der Substanziierungspflicht nach Art. 55 Abs. 1 Satz 2 VfGHG, denen die vorliegende Popularklage nicht genügt.

*[59]* aa) Zwar kann auch ein Unterlassen des Gesetzgebers Gegenstand einer Popularklage sein. Allerdings besteht nach bayerischem Verfassungsrecht grundsätzlich kein verfassungsgerichtlich verfolgbarer Anspruch auf ein bestimmtes Handeln des Gesetzgebers. Das Verlangen nach Erlass einer bestimmten Regelung kann nur ausnahmsweise im Weg einer Popularklage geltend gemacht werden. Hierzu muss der Antragsteller in substanziierter Weise darlegen, dass der Normgeber aufgrund einer Grundrechtsnorm der Bayerischen Verfassung zum Erlass einer bestimmten Regelung verpflichtet ist (VerfGH vom 25.9.2015 VerfGHE 68, 198 Rn 115; vom 9.10.2018 BayVBl 2019, 260 Rn 24; vom 7.12.2021 BayVBl 2022, 152 Rn 48; vom 5.4.2022 -Vf. 2-VII-22-).

*[60]* bb) An einem solchen substanziierten Vortrag fehlt es hier. Inwiefern sich aus Art. 107 BV oder – sofern es sich insoweit überhaupt um eine Grundrechtsnorm handelt – aus Art. 136 Abs. 2 bis 5 BV eine Verpflichtung des Gesetzgebers zu den von den Antragstellern für erforderlich gehaltenen Klarstellungen und Ergänzungen ergeben sollte, ist weder nachvollziehbar dargelegt noch sonst ersichtlich.

*[61]* (1) Dass es sich bei dem Islamischen Unterricht nicht um konfessionellen Religionsunterricht handelt, lässt sich – wie ausgeführt – sowohl dem Gesetzeswortlaut als auch der Gesetzesbegründung eindeutig und zweifelsfrei entnehmen.

*[62]* (2) Dafür, dass der Unterricht nur von Lehrkräften mit religiöser Bindung zum Islam erteilt werden dürfte, finden sich – wie ebenfalls bereits ausgeführt – in dem Gesetz keine Anhaltspunkte, sodass auch insoweit die verfassungsrechtliche Notwendigkeit einer zusätzlichen klarstellenden Regelung nicht erkennbar ist.

*[63]* (3) Schließlich legt die Popularklage auch nicht in nachvollziehbarer Weise dar, inwiefern eine Grundrechtsnorm der Bayerischen Verfassung den Gesetzgeber ausnahmsweise dazu verpflichten könnte, gleichzeitig mit den angegriffenen Regelungen weitere normative Vorgaben für den Gesetzesvollzug, insbesondere für die Ausgestaltung der Lehrpläne, zu schaffen.

*[64]* g) Eine mögliche Verletzung des Transparenzgebots bzw. des Gebots der Normenklarheit, das im Rechtsstaatsprinzip des Art. 3 Abs. 1 Satz 1 BV enthalten ist (vgl. VerfGH vom 24.2.1988 VerfGHE 41, 17 [24]; vom 13.3.2012 VerfGHE 65, 61 [69]; vom 23.3.2017 VerfGHE 70, 44 Rn 19), kann mit der Popularklage für sich allein nicht geltend gemacht werden, weil das Rechtsstaatsprinzip keine Grundrechte verbürgt (stRspr.; vgl. VerfGH vom 29.6.2004 VerfGHE 57, 62 [65]; vom 29.10.2020 -Vf. 22-VII-20- juris Rn 24; vom 17.5.2022 -Vf. 47-VII-21-). Darüber hinaus haben die Antragsteller die von ihnen behauptete fehlende Klarheit der angegriffenen Normen – wie ausgeführt – nicht in nachvollziehbarer Weise dargelegt.

## 4

**1. Ein Erstattungsüberhang i.S. des § 10 Abs. 4b Satz 3 EStG erfordert lediglich ein „Übersteigen" der erstatteten Aufwendungen über die im Erstattungsjahr geleisteten Aufwendungen, die auch 0 € betragen können. Ein Kirchensteuer-Erstattungsüberhang liegt damit auch dann vor, wenn der Steuerpflichtige im Veranlagungszeitraum der Kirchensteuererstattung keine Kirchensteuer gezahlt hat.**
**2. Die Hinzurechnung nach § 10 Abs. 4b Satz 3 EStG findet auch statt, wenn sich die erstattete Zahlung im Zahlungsjahr nicht steuermindernd ausgewirkt hat (Anschluss an BFH-Urteil vom 12.3.2019 -IX R 34/17- BFHE 264, 201, BStBl II 2019, 658, Rn 17)**

§ 175 Abs. 1 Satz 1 Nr. 2 AO, § 10 Abs. 1 Nr. 4 EStG 2009,
§ 10 Abs. 4b Satz 2 und 3 EStG 2009 vom 1.11.2011, EStG VZ 2009, EStG VZ 2012
BFH, Urteil vom 29. Juni 6.2022 -X R 1/20-[1]

I. Der Kläger und Revisionskläger (Kläger) war Gesellschafter der A-GmbH (nachfolgend GmbH). Am 26.10.2009 schloss er einen notariell beurkundeten Kaufvertrag, in dem er u.a. Geschäftsanteile auf die GmbH übertrug. Im Hinblick darauf beantragte er im November 2009 u.a. die Festsetzung einer Kirchensteuer-Vorauszahlung von 508.768 €, die der Beklagte und Revisionsbeklagte (Finanzamt -FA-) im Vorauszahlungsbescheid vom 3.12.2009 antragsgemäß festsetzte. Diese Vorauszahlung leistete der Kläger am 10.12.2009, ferner

1 Amtl. Leitsätze. BFHE 277, 354; juris; DStR 2022, 2423; DStRK 2023, 18.
Das Urteil ist rechtskräftig.

https://doi.org/10.1515/9783111651248-004

im Jahr 2010 eine nachträgliche Kirchensteuer-Vorauszahlung in Höhe von 357.052 € für den Veranlagungszeitraum 2009.

Im Jahr 2011 erklärte er den Rücktritt vom Kaufvertrag über die Geschäftsanteile.

Die Einkommensteuer-Veranlagung 2009 vom 11.4.2012 führte zur Erstattung der gesamten für 2009 geleisteten Kirchensteuer in Höhe von 865.820 €. Da der Gesamtbetrag der Einkünfte sich auf 2.728 € belief und damit unterhalb des Grundfreibetrags lag, wirkte sich die im Jahr 2009 insgesamt gezahlte Kirchensteuer von 622.637 € – in der auch die vom Kläger beantragte zusätzliche Vorauszahlung von 508.768 € enthalten war – im Rahmen des Sonderausgabenabzugs nicht steuermindernd aus. Demgegenüber konnte die im Veranlagungszeitraum 2010 nachträglich für 2009 gezahlte Kirchensteuer in Höhe von 357.052 € im Einkommensteuerbescheid 2010 vom 7.1.2014 – bei einem Gesamtbetrag der Einkünfte von 1.291.835 € – in voller Höhe als Sonderausgaben berücksichtigt werden.

Im Streitjahr 2012, dem Jahr der Erstattung der Kirchensteuer, leistete der Kläger keine Kirchensteuerzahlung. Im Einkommensteuerbescheid für 2012 vom 21.7.2014, geändert durch den Bescheid vom 31.7.2014, erfasste das FA deshalb die Kirchensteuererstattung in Höhe von 865.820 € als Erstattungsüberhang i.S.d. § 10 Abs. 4b Satz 3 des Einkommensteuergesetzes (EStG) und rechnete sie dem Gesamtbetrag der Einkünfte von ./. 307 € hinzu. Unter Berücksichtigung weiterer Sonderausgaben betrug das zu versteuernde Einkommen 857.608 €. Daneben erzielte der Kläger im Jahr 2012 nach § 32d Abs. 1 EStG besteuerte Einkünfte aus Kapitalvermögen in Höhe von 1.158.593 €. Vermehrt um die hierauf entfallende Steuer nach § 32d EStG betrug die festgesetzte Einkommensteuer 650.662 €.

Das Finanzgericht (FG) wies die nach erfolglosem Vorverfahren erhobene Klage, mit welcher sich der Kläger gegen die Annahme und damit die Hinzurechnung eines Erstattungsüberhangs i.S.d. § 10 Abs. 4b Satz 3 EStG wandte, mit dem in Entscheidungen der Finanzgerichte (EFG) 2020, 352 veröffentlichten Urteil ab.

Ein Erstattungsüberhang i.S.d. § 10 Abs. 4b Satz 3 EStG setze nicht zwingend die vorhergehende Verrechnung einer tatsächlichen Kirchensteuerzahlung mit einer Kirchensteuererstattung voraus. Dies ergebe eine Auslegung der Norm.

Die Betrachtung von Wortlaut und Systematik führe zu keinem eindeutigen Ergebnis. Zwar ergebe sich nach § 10 Abs. 4b Satz 2 EStG ein „Erstattungsüberhang“, wenn die erstatteten Aufwendungen die „geleisteten“ Aufwendungen überstiegen. Der Begriff des „Überhangs“ als solcher setze aber keine Verrechnung zwischen Zahlungen und Erstattungen voraus. Nach allgemeinem Verständnis könne sich der Überhang einer Erstattung auch bei fehlender Leistung ergeben.

Nach historischer und teleologischer Gesetzesauslegung anhand der Gesetzesbegründung liege ein Erstattungsüberhang i.S.d. § 10 Abs. 4b Satz 3 EStG auch in Fällen einer fehlenden Kirchensteuerzahlung im Erstattungsjahr vor. Während nach früherer Rechtslage ein Überhang von Kirchensteuer im Erstattungsjahr über § 175 Abs. 1 Satz 1 Nr. 2 der Abgabenordnung (AO) zu einer entsprechenden Korrektur des Sonderausgabenabzugs im Zahlungsjahr geführt habe, sei mit Wirkung ab dem 1.1.2012 die Behandlung von erstatteten Sonderausgaben erstmals gesetzlich geregelt worden. Mit der Neuregelung des § 10 Abs. 4b EStG habe der Gesetzgeber beabsichtigt, Änderungen von Steuerfestsetzungen der Vorjahre und deren Nachvollziehung durch den Steuerpflichtigen zu vermeiden. Diese gesetzgeberischen Zwecke griffen unabhängig davon ein, ob im Veranlagungszeitraum Kirchensteuer – z.B. in Höhe von 1 € – gezahlt worden sei oder nicht.

Mit der Revision wendet sich der Kläger gegen die vom FG vorgenommene Auslegung des § 10 Abs. 4b Sätze 2 und 3 EStG.

Der eindeutige Wortlaut der Legaldefinition in § 10 Abs. 4b Satz 2 EStG setze für einen Erstattungsüberhang u.a. „geleistete Aufwendungen" voraus. Mithin sei allein im Falle der Zahlung einer Kirchensteuer, und sei es nur in Höhe von 1 €, der Tatbestand des § 10 Abs. 4b Satz 3 EStG erfüllt. Eines Rückgriffs auf das allgemeine Verständnis des Begriffs „Überhang" bedürfe es daher nicht. Nach der Systematik des § 10 EStG sei allen Sonderausgaben gemein, dass diese tatsächlich geleistet worden seien und den Steuerpflichtigen wirtschaftlich belastet haben müssten. In der Gesetzesbegründung werde ebenfalls von einer Verrechnung ausgegangen. Aus dem Zweck des § 10 Abs. 4b Satz 3 EStG könne für den Streitfall nichts abgeleitet werden. Der Gesetzgeber habe den hier gegebenen Sachverhalt schlicht nicht bedacht. Die vom FG vorgenommene teleologische Erweiterung stelle einen Verstoß gegen das Prinzip der Tatbestandsmäßigkeit der Besteuerung gemäß § 38 AO dar.

Der Kläger beantragt sinngemäß, unter Aufhebung der Vorentscheidung und der Einspruchsentscheidung vom 25.9.2015 den Einkommensteuerbescheid für 2012 vom 31.7.2014 dahingehend zu ändern, dass die Hinzurechnung eines Kirchensteuer-Erstattungsüberhangs zum Gesamtbetrag der Einkünfte nach § 10 Abs. 4b Satz 3 EStG unterbleibt.

Das FA beantragt, die Revision zurückzuweisen. Es hält die vom FG getroffene Entscheidung und die hierfür gegebene Begründung für zutreffend.

Die Revision wurde zurückgewiesen.

**Aus den Gründen:**

*[14]* II. Die unbegründete Revision ist nach § 126 Abs. 2 der Finanzgerichtsordnung (FGO) zurückzuweisen.

*[15]* 1. Das FG hat zu Recht entschieden, dass sich im Streitjahr 2012 ein Kirchensteuer-Erstattungsüberhang i.S.d. § 10 Abs. 4b Satz 3 EStG in Höhe von 865.820 € ergibt, der dem Gesamtbetrag der Einkünfte hinzuzurechnen ist.

*[16]* a) Die durch das Steuervereinfachungsgesetz 2011 vom 1.11.2011 (BGBl I 2011, 2131) eingeführte Vorschrift ist am 1.1.2012 in Kraft getreten und im Streitfall anwendbar. Es kommt insofern auf den Zufluss (§ 11 EStG) der Erstattung an (vgl. Urteil des Bundesfinanzhofs -BFH- vom 12.3.2019 -IX R 34/17- BFHE 264, 201, BStBl II 2019, 658, Rn 14, KirchE 73, 138). Dem Kläger flossen die in Rede stehenden Kirchensteuererstattungen im Streitjahr 2012 zu.

*[17]* b) Ein Erstattungsüberhang liegt vor, wenn die im Veranlagungszeitraum erstatteten Aufwendungen die geleisteten Aufwendungen übersteigen (vgl. § 10 Abs. 4b Satz 2 EStG). Der Senat ist – wie die Vorinstanz – aufgrund der Auslegung der Gesetzesvorschrift der Auffassung, dass ein Erstattungsüberhang i.S.d. § 10 Abs. 4b Satz 3 EStG in Bezug auf Kirchensteuer nicht voraussetzt, dass der Steuerpflichtige im Veranlagungszeitraum der Kirchensteuererstattung zugleich eine Kirchensteuerzahlung erbracht hat. Ein „Erstattungsüberhang“ im Sinne dieser Vorschrift kann daher auch vorliegen, wenn im Erstattungsjahr keine Kirchensteuer gezahlt worden ist.

*[18]* aa) Maßgebend für die Interpretation eines Gesetzes ist der in ihm zum Ausdruck kommende objektivierte Wille des Gesetzgebers. Dessen Feststellung dienen die Auslegung aus dem Wortlaut der Norm (grammatikalische Auslegung), aus dem Zusammenhang (systematische Auslegung), aus ihrem Zweck (teleologische Auslegung) sowie aus den Gesetzesmaterialien und der Entstehungsgeschichte (historische Auslegung); zur Erfassung des Inhalts einer Norm darf sich der Richter dieser verschiedenen Auslegungsmethoden gleichzeitig und nebeneinander bedienen. Ziel jeder Auslegung ist die Feststellung des Inhalts einer Norm, wie er sich aus dem Wortlaut und dem Sinnzusammenhang ergibt, in den sie hineingestellt ist. Gegen seinen Wortlaut ist die Auslegung eines Gesetzes allerdings nur ausnahmsweise möglich, wenn die wortgetreue Auslegung zu einem sinnwidrigen Ergebnis führt, das vom Gesetzgeber nicht beabsichtigt sein kann, oder wenn sonst anerkannte Auslegungsmethoden dies verlangen (vgl. BFH-Urteil vom 20.11.2019 -XI R 46/17- BFHE 266, 241, BStBl II 2020, 195, Rn 25, mwN).

*[19]* bb) Unter Anwendung der benannten Auslegungsmethoden ist die Annahme eines Erstattungsüberhangs i.S.d. § 10 Abs. 4b Satz 3 EStG nicht

dadurch ausgeschlossen, dass im Erstattungsjahr keine Kirchensteuer gezahlt worden ist.

*[20]* (1) Entgegen der Ansicht des Klägers setzt der Wortlaut der Vorschrift das Vorliegen einer (verrechenbaren) Kirchensteuerzahlung nicht voraus.

*[21]* § 10 Abs. 4b Satz 3 EStG betrifft einen Erstattungsüberhang von Kirchensteuer als Aufwendungen nach § 10 Abs. 1 Nr. 4 EStG und verweist auf die in § 10 Abs. 4b Satz 2 EStG gegebene Legaldefinition des Erstattungsüberhangs. Gefordert wird insoweit – auch bezüglich gezahlter Kirchensteuer – lediglich ein „Übersteigen" der erstatteten Aufwendungen. Diese Erstattungen betrugen vorliegend – beruhend auf Zahlungen der Jahre 2009 und 2010 – insgesamt 865.820 €, die im Streitjahr geleisteten Aufwendungen 0 €. Der Überhang entspricht damit aufgrund des im Zahlungsbereich gegebenen Nullwerts exakt der Höhe der Erstattungen. Ein „Verrechnen" von gezahlter Kirchensteuer ist nicht Bestandteil der Legaldefinition des Erstattungsüberhangs.

*[22]* (2) Der Normzusammenhang führt zu keiner abweichenden Beurteilung. Auch soweit in § 10 Abs. 4b Satz 2 EStG im Zusammenhang mit dem Begriff des „Erstattungsüberhangs" von „geleisteten" Aufwendungen die Rede ist und Satz 3 der Norm hieran anknüpft, wird damit lediglich der häufig vorkommende Fall eines betragsmäßigen und damit auch verrechenbaren Aufwands beschrieben, ohne dass aber – wie vorstehend dargelegt – bei einer Nullzahlung ein Überhang der Erstattungen von vornherein ausscheiden würde.

*[23]* (3) Vor allem aber würde die vom Kläger vertretene Sichtweise zu einem vom Gesetzgeber nicht beabsichtigten sinnwidrigen Ergebnis führen.

*[24]* Der Senat geht in Übereinstimmung mit dem FG davon aus, dass eine anhand der Gesetzesbegründung vorgenommene historische und teleologische Gesetzesauslegung ein Verständnis des § 10 Abs. 4b Satz 3 EStG bedingt, dass ein Erstattungsüberhang im Sinne dieser Vorschrift auch im Fall einer fehlenden Kirchensteuerzahlung im Erstattungsjahr gegeben ist.

*[25]* (a) Zur Begründung der Neuregelung hat die Bundesregierung im Entwurf des Steuervereinfachungsgesetzes 2011 darauf hingewiesen, dass auch die Erhöhung der Rechtssicherheit im Besteuerungsverfahren einen Beitrag zur Vereinfachung darstelle und die vorgesehenen Maßnahmen daher dem Ziel dienten, das Besteuerungsverfahren vorhersehbarer, transparenter und nachvollziehbarer zu gestalten und so durch mehr Verlässlichkeit im Verfahren ebenfalls Aufwand für alle Beteiligten zurückzuführen. Diesem Anliegen trage der Gesetzentwurf u.a. durch den neu eingeführten § 10 Abs. 4b EStG Rechnung, indem Erstattungen von Sonderausgaben, insbesondere von Kirchensteuer, die die in dem entsprechenden Jahr geleisteten Zahlungen überstiegen (Erstattungsüberhang), künftig nur noch im Jahr der Erstattung berücksichtigt wür-

den. Damit könne ein Wiederaufrollen der Steuerfestsetzungen aus den Vorjahren vermieden werden und der Steuerpflichtige müsse keine Änderungen für zurückliegende Veranlagungszeiträume mehr nachvollziehen (vgl. BT-Drs. 17/5125, S. 21 und S. 37).

*[26]* (b) Danach sind die Regelungen des § 10 Abs. 4b Sätze 2 und 3 EStG getragen vom Ziel der Verfahrensvereinfachung. Bei Erstattungsüberhängen betreffend Kirchensteuer sollen nicht mehr die Bescheide der zurückliegenden Zahlungsjahre (hier 2009 und 2010) geändert werden. Vielmehr sollen die steuerlichen Konsequenzen veranlagungszeitraumübergreifend im Erstattungsjahr durch den Ansatz einer umgekehrten bzw. „negativen" Sonderausgabe gezogen werden (vgl. BFH-Urteil in BFHE 264, 201, BStBl II 2019, 658, Rn 16; Kulosa in Herrmann/Heuer/Raupach, § 10 EStG Rn 413).

*[27]* (c) Soweit in der Gesetzesbegründung – wie der Kläger hervorhebt – davon die Rede ist (vgl. BT-Drs. 17/5125, S. 37), dass, wenn die vom Steuerpflichtigen erhaltenen Erstattungen die entsprechenden geleisteten Aufwendungen überstiegen, die Aufwendungen insoweit mit Null anzusetzen seien und sich – seiner Auffassung nach nur unter diesen Voraussetzungen – ein Erstattungsüberhang ergebe, wird damit lediglich die übliche Verfahrensweise einer – wenn möglich – vorhergehenden Verrechnung beschrieben, aber keine Aussage oder Wertung dahingehend getroffen, dass der vorliegende Fall einer fehlenden Kirchensteuerzahlung abweichend zu behandeln wäre.

*[28]* (d) Vielmehr wäre es mit dem Vereinfachungszweck des Gesetzes nicht zu vereinbaren, die Erstattung in diesen Fällen (bei Aufwendungen von 0 €) durch rückwirkende Änderung der Steuerfestsetzung des Abflussjahres zu erfassen, obwohl andererseits bei einer Kirchensteuerzahlung in nur geringfügiger Höhe (im Extremfall: von 1 €) der Erstattungsüberhang ohne Weiteres nach § 10 Abs. 4b Satz 3 EStG dem Gesamtbetrag der Einkünfte hinzugerechnet werden müsste (vgl. BeckOK EStG/Fissenewert, 11. Ed. [1.10.2021], EStG § 10 EStG, Rn 546.2).

*[29]* Dass der Gesetzgeber – wie das FG zutreffend ausführt – beim Fehlen „geleisteter Aufwendungen" allein wegen der fehlenden vorherigen Verrechnung zwischen Erstattungen und tatsächlichen Leistungen einen verbleibenden Überhang von der gesetzlichen Neuregelung habe ausnehmen und es in diesen Fällen bei der Korrektur im Zahlungsjahr wie bei den nur begrenzt abziehbaren Sonderausgaben des § 10 Abs. 1 Nr. 2 und Nr. 3a EStG habe belassen wollen, ist nicht überzeugend zu begründen. Eine derartige Gesetzesauslegung würde Differenzierungen erforderlich machen, die wegen der vom Gesetzesgeber bezweckten Verwaltungsvereinfachung nicht zu rechtfertigen wären. Ein Erstattungsüberhang i.S.d. § 10 Abs. 4b Satz 3 EStG kann daher auch vorliegen, wenn

im Erstattungsjahr keine Sonderausgaben gemäß § 10 Abs. 1 Nrn. 3 und 4 gezahlt worden sind (vgl. FG Rheinland-Pfalz, Urteil vom 16.9.2021 -4 K 1565/19- EFG 2022, 25, Rn 47; Schmidt/Krüger, EStG, 41. Aufl., § 10 Rn 170; Bodden in Korn, § 2 EStG Rn 210.2, 134. Lieferung; a.A. Brandis/Heuermann/Vogel, § 10 EStG, Rn 317).

*[30]* c) Im Übrigen hat der Kläger im Streitjahr 2012 durchaus Kirchensteuer geleistet, jedoch lediglich als Zuschlag zur Kapitalertragsteuer bzw. auf die nach dem gesonderten Tarif des § 32d Abs. 1 EStG ermittelte Einkommensteuer. Sie wurde bereits durch die Einkommensteuerermäßigung nach § 32d Abs. 1 Satz 3 EStG berücksichtigt, so dass sie gemäß § 10 Abs. 1 Nr. 4 Halbsatz 2 EStG nicht als Sonderausgabe abziehbar ist (vgl. auch Senatsurteil vom 16.3.2021 -X R 23/19- BFHE 272, 415, in Bezug auf den Sonderausgabenabzug für Kirchensteuer bei nachträglicher Besteuerung von Kapitaleinkünften mit dem Abgeltungsteuertarif).

*[31]* 2. Der IX. Senat des BFH hat mit Urteil in BFHE 264, 201, BStBl II 2019, 658 bereits entschieden, dass die Hinzurechnung nach § 10 Abs. 4b Satz 3 EStG auch stattfindet, wenn sich die erstattete Zahlung im Zahlungsjahr nicht steuermindernd ausgewirkt hat (Rn 17). Der erkennende Senat schließt sich dieser Entscheidung an. Vor diesem Hintergrund bestehen gegen die Hinzurechnung im Streitjahr auch insoweit keine Bedenken, als die Kirchensteuer-Vorauszahlung in Höhe von 508.768 € im Zahlungsjahr 2009 keine steuermindernde Wirkung entfaltet hat. Dies war die Folge des zwischenzeitlich ausgeübten Rücktrittsrechts.

*[32]* 3. Der Senat hält es für angebracht, ohne Durchführung einer mündlichen Verhandlung durch Gerichtsbescheid zu entscheiden (§ 90a Abs. 1, § 121 Satz 1 FGO).

*[33]* 4. Der Antrag, die Zuziehung des Bevollmächtigten für das Vorverfahren für notwendig zu erklären (§ 139 Abs. 3 Satz 3 FGO), ist im Revisionsverfahren unzulässig. Die Entscheidung nach § 139 Abs. 3 Satz 3 FGO gehört sachlich zum Kostenfestsetzungsverfahren; zuständig ist deshalb das Gericht des ersten Rechtszuges, im Streitfall das FG (BFH-Urteil vom 15.2.2017 -VI R 30/16- BFHE 257, 96, BStBl II 2017, 644, Rn 28; Senatsurteil vom 10.10.2017 -X R 33/16- BFHE 259, 519, BStBl II 2018, 185, Rn 45).

5

**1. Ein mit einer Herausnahme des betroffenen Kindes aus dem elterlichen Haushalt verbundener Entzug der elterlichen Sorge ist jedenfalls dann nicht mehr verhältnismäßig i.S.d. §§ 1666, 1666a BGB, wenn der bei den Eltern aufgrund familiär bedingter emotionaler Einschränkungen drohenden latenten Kindeswohlgefährdung auch in einer Einrichtung der Jugendhilfe nicht wirksam begegnet werden kann.**
**2. Die Anweisung muslimischer Eltern an ihre zwölfjährige Tochter, ein Kopftuch zu tragen, rechtfertigt allein – ohne Hinzutreten darüber hinausgehender, dem Kindeswohl abträglicher Umstände – noch nicht die Annahme einer Kindeswohlgefährdung.**
**3. Kommt es zwischen Kind und Eltern zu primär entwicklungsbedingten Auseinandersetzungen, denen sich das Kind durch maladaptive Strategien (Vermeidung und Rückzug) mit der Folge emotionaler Vereinsamung entziehen will, kann zur Vermeidung einer damit u.U. einhergehenden Beeinträchtigung des Kindeswohls die Einrichtung einer Erziehungsbeistandschaft geboten sein.**

§§ 1666 Abs. 1, Abs. 3 Nr. 6, 1666a Abs. 1 Satz 1, Abs. 2, 1671 Abs. 2 Nr. 1 BGB
OLG Frankfurt, Beschluss vom 13. Juli 2022 -4 UF 207/21-[1]

I. Gegenstand der Beschwerde der Kindeseltern ist einerseits die Entziehung der elterlichen Sorge für die aus ihrer inzwischen geschiedenen Ehe stammende dreizehnjährige Tochter, andererseits der mit dem von ihm eingelegten Rechtsmittel verbundene Antrag des Vaters, ihm die elterliche Sorge für seine Tochter zur gemeinsamen Ausübung mit der Kindesmutter zu übertragen.

Neben der Tochter sind aus der Ehe ihrer Eltern zwei ältere Brüder hervorgegangen. Die Familie lebte zunächst in (...), wo sich die Kindeseltern 2001, als die Kindesmutter lediglich 15 Jahre alt war, nach islamischem Ritus trauen ließen; 2004 folgte die standesamtliche Hochzeit. 2013 floh die Kindesmutter mit den drei Kindern wegen – überwiegend unstreitiger – massiver psychischer und physischer Gewalt des Kindesvaters nach (...), wo ihr 2014 mit Beschluss des Amtsgerichts -Familiengericht- die elterliche Sorge für alle drei Kinder zur alleinigen Ausübung übertragen wurde. Danach unterzog sie sich vier Jahre lang einer von ihr als hilfreich beschriebenen Therapie zur Aufarbeitung ihrer Erlebnisse. Sie ist überzeugte Muslimin, die daher u.a. Wert auf das Tragen eines Kopftuchs legt.

1 Amtl. Leitsätze. juris; FamRZ 2023, 947.
Der Beschluss ist rechtskräftig.

https://doi.org/10.1515/9783111651248-005

Die beiden älteren Brüder der Tochter sind infolge pubertätsbedingter Schwierigkeiten mit ihrer Mutter wieder zum Kindesvater (...) zurückgekehrt, seit 2015 finden zwischen Tochter und Vater gut verlaufende Umgänge statt. Die Kindesmutter hat inzwischen aus ihrer Beziehung mit einem neuen Lebensgefährten drei weitere Kinder bekommen, auf die die Tochter in der Vergangenheit auch aufpassen musste. 2020 kam es auch in der neuen Beziehung der Kindesmutter zu einem Vorfall häuslicher Gewalt; das Jugendamt installierte im zeitlichen Zusammenhang damit eine hochfrequente Familienhilfe, die zu einer Stabilisierung der Situation führte und bis heute, wenn auch in geringerem zeitlichem Umfang, fortbesteht. Die Kindesmutter kooperiert gut mit dem Jugendamt.

Im Juni 2021 geriet die Kindesmutter mit ihrer Tochter in Streit, weil das damals erst zwölfjährige Mädchen eine altersunangemessene, den Usern offiziell erst ab 18 Jahren zugängliche Handy-Chat-App mit sexualisierten Inhalten nutzte. Nach dem Löschen der App installierte die Tochter diese wieder. Der Streit zwischen Mutter und Tochter – in dessen Verlauf auch ihre Abneigung gegen das von der Mutter gewünschte Tragen eines Kopftuchs und die aus ihrer Sicht übermäßige Inanspruchnahme für die Kinderbetreuung eine Rolle spielten – eskalierte schließlich mit der Folge, dass die Tochter vorgab, eine Freundin besuchen zu wollen, sich tatsächlich aber an das Jugendamt wandte und von diesem auf ihren Wunsch hin, zunächst mit Zustimmung der Kindesmutter, in Obhut genommen wurde.

Nach Widerruf der Zustimmung der Kindesmutter informierte das Jugendamt am 5.7.2021 das Familiengericht über die Inobhutnahme, auf die dieses dem Kind eine Verfahrensbeiständin bestellte und Anhörungs- und Erörterungstermin auf den 4. und auf den 10.8.2021 anberaumte. Im Termin zog sich die Kindesmutter auf den Standpunkt zurück, die Tochter sei noch nicht 14 Jahre alt und könne daher noch nicht selbst über ihren Glauben entscheiden. Das Mädchen sei ferner 24 Stunden am Tag am Handy und habe zu Beginn des Jahres 2021 auch begonnen, die Schule zu schwänzen. Die Verfahrensbeiständin berichtete von mehreren Konfliktpunkten zwischen Mutter und Tochter, sah aber vor allem ein grundlegendes kulturelles Problem. Bei ihrer richterlichen Anhörung in erster Instanz gab die Tochter an, es gehe ihr in der Inobhutnahme-Einrichtung gut und sie wolle keinen Kontakt mehr zu ihrer Mutter haben. Sie habe „viel mehr als normal" auf ihre kleinen Geschwister aufpassen müssen, die Kindesmutter habe ihr sogar einmal eine Ohrfeige gegeben. Sie wolle keine Religion.

Mit der angefochtenen Entscheidung vom 26.8.2021 entzog das Familiengericht der Mutter die elterliche Sorge für ihre Tochter und übertrug sie auf das

Jugendamt der Stadt (...) als Vormund. Zur Begründung führte es unter Bezugnahme auf § 1666 Abs. 1, 3 Nr. 6 BGB im Wesentlichen aus, das Kindeswohl sei bei der von der Kindesmutter gewünschten Rückkehr des Mädchens in ihren Haushalt gefährdet. Das Verhältnis zwischen Mutter und Tochter sei wegen mehrerer Konflikte (Handykonsum, Kopftuch, Kinderbetreuung) schwer belastet, die Bindung zwischen ihnen geschwächt. Bei einer Rückkehr der Tochter werde es mit hoher Wahrscheinlichkeit wieder zu Konflikten kommen, die das geistige und (wegen der Ohrfeige) möglicherweise auch körperliche Wohl des Kindes schädigen würden. Eine Übertragung der elterlichen Sorge auf den Kindesvater komme wegen der von diesem früher ausgeübten häuslichen Gewalt nicht in Betracht.

Mit der Beschwerde des Kindesvaters vom 16.9.2021 gegen den ihrer Bevollmächtigten am 27.8.2021 zugestellten Beschluss wenden sich beide Eltern jeweils gegen den Entzug der elterlichen Sorge der Kindesmutter.

Die Kindesmutter wendet sich gegen den Sorgerechtsentzug und betont, ihre Erziehung sei nicht kindeswohlgefährdend; sie habe die Nutzung einer sexualisierten App verboten und respektiere den Wunsch des Kindes, kein Kopftuch zu tragen. Sie befürwortet inzwischen eine gemeinsame Sorge mit dem Kindesvater. Dieser beantragte zunächst alleinige Sorge, erklärte dann aber ebenfalls seine Zustimmung zur gemeinsamen Ausübung mit Vollmachtserteilung an die Mutter. Die Tochter zog mit Zustimmung des Jugendamts zum Vater, verließ jedoch nach erneuten Konflikten dessen Haushalt und lebte zeitweise bei Tanten. Verfahrensbeiständin, Jugendamt und Vormund sprechen sich nunmehr für die Rückübertragung der Sorge auf die Mutter unter Beteiligung des Vaters aus.

Das Gericht hat das Urteil der Vorinstanz abgeändert und dem Kindesvater die elterliche Sorge für das betroffene Kind zur gemeinsamen Ausübung mit der Kindesmutter übertragen.

**Aus den Gründen:**

*[13]* II. Die beiden Rechtsmittel der Kindeseltern sind als solche statthaft, form- und fristgerecht eingelegt und auch sonst zulässig, §§ 58 ff. FamFG. Die Beschwerdeberechtigung des Kindesvaters ergibt sich aus dem Umstand, dass er als leiblicher Vater des betroffenen Kindes ebenfalls – d.h. anstelle des Vormunds – für die Ausübung der der Mutter entzogenen elterlichen Sorge für die Tochter in Betracht kommt, bei der familiengerichtlichen Entscheidung im Ergebnis jedoch keine Berücksichtigung gefunden hatte (vgl. Dürbeck in: Heil-

mann, Praxiskommentar Kindschaftsrecht, 2. Aufl. 2020, § 1779 BGB, Rn 19 mwN).

*[14]* Die beiden Rechtsmittel sind auch begründet. Trotz der im Verhältnis zwischen der Tochter und ihrer Mutter bestehenden Probleme war der Entzug der elterlichen Sorge nicht gerechtfertigt. § 1666 Abs. 3 Nr. 6 BGB sieht den teilweisen oder vollständigen Entzug des Sorgerechts nur dann vor, wenn eine gegenwärtige Gefahr für das Kindeswohl in einem solchen Maße vorliegt, dass sich bei weiterem Zeitablauf eine erhebliche Schädigung des geistigen oder leiblichen Wohls des Kindes mit ziemlicher Sicherheit voraussehen lässt (BGH FamRZ 2005, 344). Darüber hinaus statuiert § 1666a Abs. 1 S. 1 BGB, dass Maßnahmen, mit denen – wie hier – eine Trennung des Kindes von der elterlichen Familie verbunden ist, nur dann zulässig sind, wenn der Gefahr nicht auf andere Weise, auch nicht durch öffentliche Hilfen, begegnet werden kann. Nach Abs. 2 schließlich darf die gesamte Personensorge nur dann entzogen werden, wenn andere Maßnahmen erfolglos geblieben sind oder anzunehmen ist, dass sie zur Abwendung der Gefahr nicht ausreichen. Schließlich ist auch zu beachten, dass die ergriffene Maßnahme geeignet i.e.S. sein muss, d.h. eine objektive Verbesserung der Kindessituation zur Folge haben muss (vgl. OLG Naumburg FamRZ 2002, 1274; MüKoBGB/Lugani, 8. Aufl. 2020, BGB § 1666 Rn 160).

*[15]* Bereits die erste Voraussetzung, das Vorliegen einer erheblichen gegenwärtigen Gefahr für das Kindeswohl, ist hier fraglich: Der im vergangenen Jahr artikulierte Wunsch des betroffenen Kindes nach einem Wegzug aus dem mütterlichen Haushalt allein trägt sicherlich nicht die Annahme, ihm drohe dort Gefahr (allerdings war das Jugendamt auf dieser Grundlage zur Inobhutnahme verpflichtet, § 42 Abs. 1 Satz 1 Nr. 1 SGB VIII). Diese ergibt sich auch nicht mehr im Hinblick auf die 2020 gegen die Kindesmutter von ihrem Lebensgefährten ausgeübte häusliche Gewalt. Diese scheint innerfamiliär aufgearbeitet, die Tochter schildert ihr Verhältnis zum Lebensgefährten der Mutter als positiv. Im Übrigen sieht auch das Jugendamt im gemeinsamen Haushalt von Kindesmutter, Lebensgefährten und drei gemeinsamen Kindern keine Probleme und hatte daher ursprünglich sogar beabsichtigt, die 2020 – aus Sicht des Jugendamts wegen dieses Vorfalls – installierte Familienhilfe einzustellen. Im Übrigen wurde die Tochter bei ihrer Mutter körperlich, aber physisch ausreichend versorgt und geistig gefördert; sie ist bislang im Rahmen des der Kindesmutter erzieherisch Möglichen – d.h. äußerlich – gut geraten: Sie ist physisch gesund, zeigt sich integriert, war zumindest bis 2020 schulisch unauffällig und erzielt (immer noch) so gute Noten, dass sie realistisch sogar die Gymnasialreife anstreben kann. Soweit die Kindesmutter von ihrer Tochter gegen deren Willen das Tragen eines Kopftuchs verlangt hatte, hat sie von diesem Wunsch bereits

in erster Instanz wieder Abstand genommen. Außerdem würde sich in diesem Zusammenhang im Hinblick auf Art. 4 GG, § 5 S. 1 RelKErzG ohnehin die wohl zu verneinende Frage stellen, ob allein die Anweisung muslimischer Sorgeberechtigter an ihre Töchter, ein Kopftuch zu tragen, die Bejahung einer einen Eingriff des Staats erfordernden Kindeswohlgefährdung rechtfertigen kann. Die Frage des Umfangs der der Tochter von ihrer Mutter übertragenen Betreuung ihrer kleineren Halbgeschwister schließlich ist zwar ungewiss, scheint sich aber angesichts der Schilderung ihres Tagesablaufs im mütterlichen Haushalt, der geprägt ist von Schulbesuch, übermäßiger Handy-Nutzung und Kontakten zu Freundinnen, nicht im Rahmen des Unzumutbaren zu bewegen.

*[16]* Im Hinblick auf das Kindeswohl als problematisch anzusehen scheint allerdings die im emotionalen Bereich eingeschränkte Erziehungsfähigkeit beider Kindeseltern, die nach den überzeugenden Feststellungen des Sachverständigen M. Sc. Psych. C zu einer latenten Kindeswohlgefährdung führt: Bei künftigen Konflikten zwischen der Tochter und ihren Eltern wird den Ergebnissen seiner Ermittlungen zufolge prognostisch erneut keine Aufarbeitung des zugrundeliegenden Problems stattfinden, eine Wiederholung der bereits bei beiden Eltern eingetretenen Eskalation ist daher möglich.

*[17]* Zwar dürften die Ursachen der Schwierigkeiten vorliegend in den familiär und kulturell problematischen Strukturen liegen, in denen sowohl die Kindeseltern als auch die Tochter aufgewachsen und noch verhaftet sind (vgl. zu Konflikten in Familien mit abweichendem kulturellen Hintergrund ausführlich Staudinger/Coester (2020) BGB § 1666 Rn 160 ff.), wie der langjährige Besuch einer Moschee-Schule beider Kindeseltern, die von der Kindesmutter in ihrer Herkunftsfamilie erfahrene psychische und physische Gewalt, die Zwangsheirat der Kindeseltern, die von der Kindesmutter anschließend in beiden Partnerschaften erneut erlittene häusliche Gewalt auf der einen und der Wunsch der Tochter nach Selbstbestimmung und Autonomie im Kontext der deutschen Mehrheitsgesellschaft auf der anderen Seite zeigen. Dieser Konflikt hat bereits bei den älteren Brüdern der Tochter dazu geführt, dass sie jeweils in der Pubertät ihre Mutter verlassen und sich – trotz der dort erfahrenen Gewalt – wieder ihrem Vater zugewandt haben. Signifikant (und durchaus bewegend) war in diesem Zusammenhang die verzweifelt anmutende Äußerung der Tochter bei der Senatsanhörung, sie wünsche sich eine andere, nicht-türkische Herkunft.

*[18]* Die sich aus dieser familiären Prägung ergebende Belastung wirkt sich sowohl für die Eltern als auch für die Tochter selbst in Form ihrer jeweiligen Unfähigkeit zu einer emotionalen Aufarbeitung ihrer Probleme innerhalb der vorgegebenen Strukturen aus. Die Tochter kann sich mit ihren Anliegen, wie ihren wachsenden Autonomiebestrebungen, ihren kulturellen Schwierigkeiten

und ihrer beginnenden Sexualität, nicht an ihre Eltern wenden, weil diese aufgrund ihrer eigenen defizitären Erziehung nicht gelernt haben, sich diesen Fragen zu stellen, geschweige denn, von engen (unzureichenden) kulturellen Vorgaben abweichende Lösungsstrategien zu entwickeln. Während der Sachverständige beiden Eltern deshalb eine nur eingeschränkte, zu einer latenten Gefährdung des Kindeswohls führende Erziehungsfähigkeit attestiert hat, korrespondiert damit auf der anderen Seite die fehlende Fähigkeit der Tochter, ihre Schwierigkeiten zu artikulieren und sich Hilfe bei erwachsenen Bezugspersonen (Eltern, Lehrern, erwachsenen Verwandten) oder innerhalb einer Peer-Group zu suchen. Die einzige von ihr genannte Ansprechpartnerin, ihre siebzehnjährige Cousine, zählt zu keiner dieser beiden Gruppen und ist darüber hinaus nach übereinstimmenden Angaben beider Eltern ein schlechtes Vorbild für ihre Tochter. Stattdessen erweist sich die Tochter bei Problemen als wenig resilient und zeigt bei Schwierigkeiten konstant deutliche Vermeidungsstrategien (sich Entziehen, Weglaufen bei beiden Elternteilen, seit Anfang 2021 Schulabsentismus bei ansonsten guten Noten). Nach der vom Sachverständigen vorgenommenen sog. FEEL-KJ-Testung hat die Tochter unterdurchschnittliche bis weit unterdurchschnittliche adaptive Strategien (u.a. beim problemorientierten Handeln, beim Umbewerten und kognitiven Problemlösen), dagegen überdurchschnittliche maladaptive Strategien (wie Aufgeben, Rückzug etc.). Diese Angaben werden durch die Beobachtung der Inobhutnahme-Einrichtung bestätigt, die Tochter habe Schwierigkeiten, Freundschaften einzugehen, wirke misstrauisch und pessimistisch und könne Emotionen kaum zulassen und äußern. Auch nach der vom Sachverständigen referierten Stellungnahme des Jugendamts neigt das Mädchen zur Konfliktvermeidung, ihre Strategien sind Vermeidung, Weggehen, Aussitzen und „nicht darüber reden". Während der Sachverständige diese Defizite der Tochter als von ihren Eltern gelernt ansieht, sieht er den zwischen Eltern und Kind bestehenden Konflikt aber auch als Zeichen pubertärer Ablösung im Sinne altersangemessener Autonomiebestrebungen, mit denen beide Seiten jedoch nicht umgehen können.

*[19]* Der Sachverständige hat daraus die überzeugende Schlussfolgerung gezogen, die Erziehungsfähigkeit beider Kindeseltern sei wegen der angesprochenen Schwierigkeiten als eingeschränkt anzusehen. Der Mutter fehle die erforderliche Feinfühligkeit, weil sie sich mit ihrer Tochter nicht über deren (oder gemeinsame) Probleme austauschen könne. Sie biete ihrer Tochter wegen eigener Unterdrückungserfahrungen in ihrer Entwicklungsphase (Zwangsheirat) kein Rollenmodell im Sinne eines autonomieunterstützenden Umgangs mit ihren Bedürfnissen. Im Übrigen (d.h. hinsichtlich der Versorgung des Kindes, Förderkompetenz, Regel- und Grenzsetzung) bestünden allerdings keine Be-

denken. Bei der in einer Stresssituation versetzten Ohrfeige handele es sich um einen einmaligen Vorfall.

*[20]* Hinsichtlich der Erziehungsfähigkeit des Kindesvaters gelangt der Sachverständige allerdings mit fast identischer Begründung zu einem sehr ähnlichen Ergebnis: Diese sei auch bei ihm eingeschränkt. Auch der Vater habe Defizite im emotionalen Bereich, wobei allerdings – jedenfalls nach ursprünglicher Einschätzung des Sachverständigen – dessen neue Lebensgefährtin u.U. eine nutzbare Ressource darstellen könne, weil die Tochter mit dieser „weibliche Geheimnisse" besprechen könne. Im Übrigen seien beide Kindeseltern aber ausreichend bindungstolerant und kooperationsbereit mit Helfersystemen.

*[21]* Soweit der Sachverständige deshalb, vor allem im Hinblick auf den von der Tochter seinerzeit deutlich artikulierten Wunsch nach einem Aufenthalt im Haushalt des Vaters, aber auch auf die dort vorhandenen Ressourcen und dessen besondere Kooperationsfähigkeit zunächst einen Wechsel zum Vater befürwortet hatte, ist dieser Einschätzung durch die Ereignisse der letzten Monate die Tatsachengrundlage entzogen worden, sie muss als überholt angesehen werden: Die Tochter selbst schätzt – ungeachtet ihres fortbestehenden Wunsches nach einem Aufenthalt in (...) – ihr Verhältnis zu ihrer Mutter als (geringfügig) besser ein als das zu ihrem Vater; die Lebensgefährtin des Vaters scheint die Tochter eher abzulehnen als sie zu unterstützen, von einer Bindung zwischen ihr und der Tochter kann keine Rede sein. Schließlich wird die Kooperationsbereitschaft des Vaters mit den in (...) installierten Helfersystemen vom Jugendamt inzwischen als vordergründig eingeschätzt, denn er nutze sie „nicht wie gedacht". Die empfohlene Therapie war beim Vater in (...) trotz des auf Dauer geplanten Aufenthalts des Kindes bei ihm noch nicht einmal in Vorbereitung. Der Vater hat gegenüber seiner Tochter in Stresssituationen vielmehr cholerisch und laut reagiert. Konsequent hat die Tochter beim Vater am 12.5.2022 auf die dort aufgetretenen Probleme in gleicher Weise reagiert wie bei ihrer Mutter – durch Flucht.

*[22]* Daraus ergibt sich folgende Situation: Ein Aufenthalt der Tochter bei beiden Kindeseltern wird vom Sachverständigen zwar als latent gefährlich für das Kindeswohl eingeschätzt. Der Gefahr kann seinen Feststellungen zufolge allerdings durch geeignete Maßnahmen der Jugendhilfe und durch therapeutische Maßnahmen begegnet werden. Beide Eltern haben ihre Bereitschaft signalisiert, insoweit mit den Behörden zu kooperieren; faktisch dürften die Maßnahmen der Jugendhilfe vom Vater jedoch nicht in der vom Jugendamt intendierten Weise angenommen worden sein; auch wurde die erforderliche Therapie der Tochter während ihres Aufenthalts in (...) nicht eingeleitet. Es ist vielmehr zu Auseinandersetzungen auch zwischen Vater und Tochter gekom-

men, schließlich hat die Tochter auch in (...) (über 3 Wochen hinweg) die Schule geschwänzt. Der Kindesvater hat vor diesem Hintergrund im Rahmen seiner Anhörung vor dem Senat seinem Wunsch Ausdruck verliehen, dass seine Tochter wieder zu ihrer Mutter nach (...) zurückkehrt.

*[23]* Die Kindesmutter dagegen, die die Rückkehr ihrer Tochter zu ihr wünscht, hat nach Einschätzung des Jugendamts in der Vergangenheit stets erfolgreich mit der Behörde kooperiert; die im vergangenen Jahr eingeleiteten Jugendhilfemaßnahmen in (...) sollten wegen der bereits erzielten Erfolge nach dem Wechsel der Tochter nach (...) daher sogar eingestellt werden. Auch hat die Kindesmutter dem Senat im Erörterungstermin erneut glaubhaft ihre Kooperationsbereitschaft versichert, ferner deutlich gemacht, dass sie die Dringlichkeit einer therapeutischen Anbindung ihrer Tochter erkannt hat und diese – im Hinblick auf ihre eigenen positiven Therapie-Erfahrungen – auch zeitnah in Gang setzen wird, und schließlich erkennen lassen, dass sie im Ernstfall auch einem Aufenthalt der Tochter in einer stationären Einrichtung der Jugendhilfe zustimmen würde.

*[24]* Über die oben geschilderten emotionalen Probleme hinausgehende Schwierigkeiten oder der Ausübung der elterlichen Sorge entgegenstehende negative Gesichtspunkte vermag der Senat dagegen auf Seiten der Kindesmutter nicht zu erkennen. Sie hat die Tochter stets deutlich gemacht, dass ihre Tür ihr trotz aller Auseinandersetzungen offensteht und sie in (...) willkommen ist. Soweit die Kindesmutter ihrer damals zwölfjährigen Tochter die Nutzung einer Handy-App mit pornografischen Inhalten untersagt hat, bedarf es keiner weiteren Ausführungen dazu, dass sie damit im Rahmen der ihr obliegenden Erziehungsgewalt über ihre Tochter eine erzieherisch richtige Maßnahme ergriffen hat. Fraglich ist allerdings, ob sie dies ihrer Tochter in anderer, ihrem Alter und ihrer Entwicklung besser entsprechender Weise hätte vermitteln können als mit Vorwürfen und Negativ-Vergleichen mit von ihr generalisierend und abwertend als „Schlampen" bezeichneten deutschstämmigen Mädchen. Diese Ausdrucksweise trägt sicher nicht zum Abbau der kulturell bedingten Probleme der Tochter bei, die gerade mit ihrer türkischen Identität Probleme hat und sich offensichtlich die Freiheiten der von ihrer Mutter beschimpften deutschen Mädchen zu wünschen scheint. Von der der Tochter auferlegten Pflicht zum Kopftuchtragen schließlich hat die Kindesmutter – anders wohl als die Lebensgefährtin und die Mutter des Kindesvaters, die genau diese aktuell eingefordert haben – wieder Abstand genommen.

*[25]* Im Ergebnis zeigt sich damit, dass die Kindesmutter nicht nur bereit, sondern auch in der Lage ist, die gebotenen Maßnahmen zur Abwehr der latenten Kindeswohlgefährdung (Installation von SPFH und Erziehungsbeistand-

schaft, Beginn der Therapie) zu ergreifen und zeitnah umzusetzen, Bedenken gegen eine mit einem Aufenthalt der Tochter in ihrem Haushalt verbundene Ausübung der elterlichen Sorge dagegen nicht bestehen. Die Notwendigkeit eines Entzugs der elterlichen Sorge erschließt sich bereits vor diesem Hintergrund nicht (vgl. § 1666a Abs. 2 BGB).

*[26]* Hinzu kommt, dass der nach dem Scheitern des (...)-Aufenthalts infolge eines Sorgerechtsentzugs erforderliche dauerhafte Aufenthalt der Tochter in einer Einrichtung der Jugendhilfe perspektivisch auch nicht zu einer Lösung der in ihrer Person liegenden Probleme (maladaptive Strategien, emotionale Vereinsamung) führen dürfte. Vielmehr hatte sich die Tochter auch schon in der Inobhutnahme-Einrichtung Konflikten und Problemen im sozialen Bereich durch Vermeidung und Rückzug entzogen. Ein Entzug der elterlichen Sorge würde der Gefahr für das Kind daher prognostisch nicht entgegenwirken, wäre also auch unter diesem Aspekt nicht verhältnismäßig.

*[27]* Als geeignete Maßnahmen der Jugendhilfe kommen aus Sicht des Senats vielmehr – von den Kindeseltern ohnehin befürwortet – die Installation einer Erziehungsbeistandschaft und die Aufstockung der bereits bestehenden sozialpädagogischen Familienhilfe in Betracht. Vor allem bis zum Beginn der erforderlichen Therapie des Kindes bietet sich die Erziehungsbeistandschaft gem. § 30 SGB VIII in Gestalt eines professionellen außerfamiliären Ansprechpartners für die Probleme der Tochter und als professioneller Begleiter ihres Autonomieprozesses an. Nach dem vom Gesetz vorgegebenen Aufgabenzuschnitt sind Gegenstand der Betreuung dabei insbesondere die folgenden, gerade in der vorliegenden Konstellation wesentlichen Aspekte (vgl. Norbert Struck/Thomas Trenczek in Münder/Meysen/Trenczek, Frankfurter Kommentar SGB VIII, 8. Auflage 2019, Rn 4 ff.):

- Beziehungen zwischen Eltern und Kindern/Jugendlichen,
- Identitätsbildung und Handlungskompetenzen,
- Schwierigkeiten in Schule, Ausbildung und Arbeit,
- andere soziale Bezüge des Kindes/Jugendlichen (z.B. Freundeskreis, Freizeit).

*[32]* Im Hinblick auf den bei Rückkehr der Tochter nach (...) wohl anstehenden erneuten Schulwechsel und die gebotene therapeutische Anbindung einerseits, die Reintegration in die mütterliche Familie andererseits, scheint zur Unterstützung der Kindesmutter nach Einschätzung des Senats darüber hinaus die Intensivierung der bereits bestehenden sozialpädagogischen Familienhilfe sachdienlich.

*[33]* Damit bleibt es im Ergebnis dabei, dass bereits angesichts der der hinreichend kooperationswilligen und -fähigen Kindesmutter zur Abwehr einer

möglichen Kindeswohlgefährdung zur Verfügung stehenden Mittel (Jugendhilfe und Therapie) ein Entzug ihrer elterlichen Sorge nach §§ 1666, 1666a BGB nicht in Betracht kommt. Dies gilt aber auch im Hinblick auf die fehlende Verhältnismäßigkeit des mit dem Entzug der elterlichen Sorge verbundenen Herausnahme der Tochter aus dem mütterlichen Haushalt, der angesichts der auch in der Person des Kindes selbst zu verortenden Probleme nicht zu einer Verbesserung seiner Lage führen würde. Die angefochtene Entscheidung des Familiengerichts war daher aufzuheben.

*[34]* Darüber hinaus hat auch der in zweiter Instanz erstmals gestellte Antrag des Kindesvaters, ihm (in Abänderung der Ausgangsentscheidung des Amtsgerichts -Familiengericht- (...) aus dem Jahre 2014) die elterliche Sorge für die Tochter zur gemeinsamen Ausübung mit der Kindesmutter zurückzuübertragen, Erfolg. Angesichts der Einheitlichkeit des Verfahrensgegenstands in familiengerichtlichen Sorgerechtsverfahren begegnet die erstmalige Anbringung des Begehrens im Beschwerdeverfahren keinen verfahrensrechtlichen Bedenken (vgl. Kischkel NZFam 2022, 107).

*[35]* In der Sache gilt, dass sich die Abänderung einer ursprünglich nach § 1671 Abs. 1 und 2 BGB getroffenen gerichtlichen Sorgerechtsentscheidung nach § 1696 Abs. 2 BGB richtet. Im Interesse der Erziehungskontinuität kommt danach eine Änderung der bisherigen Regelung, d.h. der Übertragung der elterlichen Sorge für die Tochter zur alleinigen Ausübung auf die Kindesmutter, nur aus triftigen, das Kindeswohl nachhaltig berührenden Gründen in Betracht. Diese liegen in Form des zwischen den Kindeseltern inzwischen wieder erzielten Einvernehmens über die gemeinsame Ausübung der elterlichen Sorge vor. Zwar räumt der Wortlaut des § 1696 BGB den Eltern grundsätzlich kein Recht zur Bestimmung der elterlichen Sorge ein (vgl. Grüneberg/Götz, BGB, 81. Aufl., § 1696 Rn 3 ff., 10). Das Festhalten an diesem Wortlaut führt jedoch zu einem Wertungswiderspruch zu § 1671 Abs. 1 und 2 BGB. Denn bei einer Erstentscheidung nach § 1671 Abs. 1 und 2 BGB hat ein übereinstimmender Elternwille in der Regel Vorrang vor einer gerichtlichen Entscheidung (Grüneberg/Götz, aaO). Eine am Kindeswohl orientierte inhaltliche Überprüfung der Elternvereinbarung findet nur statt, wenn Anzeichen für eine Gefährdung des Kindeswohls durch Sorgerechtsmissbrauch oder Kindesvernachlässigung bestehen. Dieses im Rahmen des Kindschaftsrechtsreformgesetzes stärker verankerte Elternbestimmungsrecht muss sich konsequenterweise mit der Folge auf die Anwendung des § 1696 BGB auswirken, dass auch ein elterlicher Konsens zu Gunsten einer Änderung einer nach § 1671 Abs. 1 oder 2 BGB getroffenen (Erst-) Entscheidung zumindest nicht gänzlich unbeachtlich sein kann (so auch OLG Hamm NJOZ 2016, 1915 Rn 7; OLG Brandenburg NZFam 2017, 811 [zum Umgang]; OLG Dres-

den FamRZ 2002, 632; Staudinger/Coester, BGB (2019), § 1696 Rn 71; Grüneberg/Götz, aaO., Rn 10). Dies gilt jedenfalls dann, wenn es um die Wiederherstellung der gemeinsamen Sorge geht, weil die Änderung elterlicher Alleinsorge in ein gemeinsames Sorgerecht regelmäßig nicht die Lebens- und Erziehungskontinuität für das Kind und damit nicht die zentralen Schutzgüter des § 1696 Abs.1 Satz 1 BGB beeinträchtigt (so Staudinger/Coester, aaO, Rn 77).

*[36]* Maßstab für die Entscheidung des Senats ist daher nur die Frage, ob der Wiederherstellung der gemeinsamen elterlichen Sorge Kindeswohlaspekte, vor allem der Kindeswille, entgegenstehen (MüKoBGB/Lugani, 8. Aufl. 2020, BGB § 1696 Rn 38 mwN). Vorliegend bestehen keine durchgreifenden Bedenken gegen eine gemeinsame Ausübung der elterlichen Sorge durch Kindesmutter und -vater. Ein Anlass, der Kindesmutter die elterliche Sorge für ihre Tochter vorzuenthalten, besteht – wie oben ausführlich dargelegt – nicht. Der Kindesvater hat sich wegen der zuletzt vor 9 Jahren ausgeübten häuslichen Gewalt therapeutisch anbinden lassen; nach dem Dafürhalten des zuständigen (...) Jugendamts ist er nunmehr sogar zur Erziehung seiner Tochter in seinem Haushalt geeignet und damit erst recht zur gemeinsamen Ausübung der elterlichen Sorge mit der Kindesmutter. Dies ist ihm im Übrigen auch bei den beiden zu ihm zurückgekehrten älteren Brüdern seiner Tochter gelungen. Die Kindesmutter unterstützt ferner den – angesichts der damit entfallenden Möglichkeit der Tochter, ihre Eltern gegeneinander auszuspielen, als kindeswohlzuträglich anzusehenden – Wunsch des Vaters. Schließlich kooperieren die Eltern miteinander und stehen im regelmäßigen Austausch. Zur Erleichterung der praktischen Ausübung der gemeinsamen Sorge im Alltag beabsichtigt der Kindesvater zudem, der Mutter eine umfassende Vollmacht zu erteilen. Vor diesem Hintergrund vermag der Senat keine der Wiederherstellung der gemeinsamen elterlichen Sorge entgegenstehenden Gesichtspunkte zu erkennen.

*[37]* Insbesondere steht dem auch der Wille der Tochter nicht entgegen. Zwar wünscht sie sich einen weiteren Aufenthalt in (...), würde aber auch eine Rückkehr nach (...). hinnehmen. Vor allem aber bezeichnet sie ihr Verhältnis zu beiden Eltern – mit leichten Vorteilen auf Seiten der Mutter – als gut. Bedenken gegen eine weitere bzw. künftig gemeinsame Ausübung der Sorge für sie durch ihre Eltern lassen sich ihren Äußerungen nicht entnehmen.

6

**Im Hinblick auf den eindeutigen Wortlaut des § 46 Abs. 3 Satz 1 SchulG gehen gemeindeangehörige bekenntnisfremde Kinder gemeindefremden bekenntniszugehörigen Kindern in der Konkurrenzsituation der Schulplatzvergabe an einer Bekenntnisgrundschule vor.**

Art. 12 Abs. 3 Satz 2 Verf NW, § 1 Abs. 2 Satz 1 GrSchulAO NW 2005,
§§ 26 Abs. 3 Satz 1, 46 SchulG NW
VG Gelsenkirchen, Beschluss vom 28. Juli 2022 -4 L 747/22-[1]

Mit seinem Antrag möchte der katholisch getaufte Antragsteller die Schulleiterin verpflichten, dass dieser ihn zum Schuljahr 2022/2023 vorrangig vor bekenntnisfremden Kindern in die 1. Jahrgangsstufe an der Städtischen Katholischen Grundschule B. in F. aufnimmt.

Der Antrag hatte keinen Erfolg.

**Aus den Gründen:**

*[4]* Nach § 123 Abs. 1 Satz 2 Verwaltungsgerichtsordnung (VwGO) kann das Verwaltungsgericht zur Regelung eines vorläufigen Zustandes in Bezug auf ein streitiges Rechtsverhältnis eine einstweilige Anordnung treffen, wenn diese Regelung, um wesentliche Nachteile abzuwenden oder drohende Gewalt zu verhindern, oder aus anderen Gründen nötig erscheint. Gemäß § 123 Abs. 3 VwGO i.V.m. §§ 920 Abs. 2, 294 Zivilprozessordnung sind der Anordnungsanspruch und der Anordnungsgrund glaubhaft zu machen.

*[5]* Der Antragsteller hat nicht mit der für den Erlass einer einstweiligen Anordnung gemäß § 123 Abs. 1 Satz 2 VwGO erforderlichen Wahrscheinlichkeit glaubhaft gemacht, zum Schuljahr 2022/23 einen Anspruch auf Aufnahme in die katholische Grundschule B. zu haben.

*[6]* Nach § 46 Abs. 3 Satz 1 des Schulgesetzes für das Land Nordrhein-Westfalen (SchulG) hat jedes Kind einen Anspruch auf Aufnahme in die seiner Wohnung nächstgelegene Grundschule der gewünschten Schulart in seiner Gemeinde im Rahmen der vom Schulträger festgelegten Aufnahmekapazität, soweit der Schulträger keinen Schuleinzugsbereich gebildet hat. Über die Auf-

---

1 Amtl. Leitsatz. BeckRS 2022, 22140; juris.
Der Beschluss ist rechtskräftig. Das OVG NW hat die Beschwerde mit Beschluss vom 31.8.2022 -19 B 945/22- zurückgewiesen

https://doi.org/10.1515/9783111651248-006

nahme der Schülerin oder des Schülers in die Schule entscheidet die Schulleiterin oder der Schulleiter gemäß § 46 Abs. 1 Satz 1 SchulG innerhalb des vom Schulträger hierfür festgelegten Rahmens, insbesondere der Zahl der Parallelklassen pro Jahrgang. Die Aufnahme in eine Schule kann gemäß § 46 Abs. 2 SchulG unter anderem abgelehnt werden, wenn ihre Aufnahmekapazität erschöpft ist. Besondere Aufnahmevoraussetzungen und Aufnahmeverfahren für einzelne Schulstufen oder Schulformen sowie Aufnahmekriterien bei einem Anmeldeüberhang können in der jeweiligen Ausbildungs- und Prüfungsordnung geregelt werden. Solche besonderen Aufnahmevoraussetzungen, -verfahren und -kriterien regelt für die Grundschule insbesondere § 1 der Verordnung über den Bildungsgang in der Grundschule (AO-GS).

*[7]* Das unter Beachtung dieser gesetzlichen Vorgaben durchgeführte Auswahlverfahren der Schulleiterin der B. ist nicht zu beanstanden.

*[8]* Die Aufnahmekapazität der B. ist erschöpft. Zwar hat die Schulleiterin die Aufnahmekapazität der zweizügigen ersten Jahrgangsstufe auf insgesamt 58 Schülerinnen und Schüler festgesetzt. Dies ist in Anbetracht der einschlägigen Bestimmungen nicht zutreffend. Denn die Klassenbildung und Klassengröße bestimmt sich gemäß § 93 Abs. 2 Satz 1 Nr. 3 SchulG nach der Verordnung zur Ausführung des § 93 Abs. 2 Schulgesetz vom 18.3.2005 (VO). Bezüglich der Grundschulen setzt § 6a Abs. 1 Nr. 2 VO für die für die erste Jahrgangsstufe der B. maßgebliche Zweizügigkeit eine Zahl von 30 bis 56 Schülerinnen und Schülern fest. Die Schulleiterin konnte danach lediglich 56 Schülerinnen und Schülern einen Platz in der ersten Klasse der B. anbieten. Der Antragsteller kann indes aus diesem Umstand nichts für sich herleiten, da sich durch die zu hoch berechnete Kapazität auch seine Aufnahmechance erhöht hat.

*[9]* Die Schulleiterin hat die danach vorhandenen 56 Schulplätze in nicht zu beanstandender Weise vergeben.

*[10]* Die Schulleiterin war zunächst nicht gehalten, den in C. wohnhaften Antragsteller wegen seiner Zugehörigkeit zum katholischen Glauben vorrangig aufzunehmen. Zwar werden nach Art. 12 Abs. 3 Satz 2 LV NRW und § 26 Abs. 3 Satz 1 SchulG in Bekenntnisschulen Kinder des katholischen oder des evangelischen Glaubens oder einer anderen Religionsgemeinschaft nach den Grundsätzen des betreffenden Bekenntnisses unterrichtet und erzogen. Prägende Merkmale des landesverfassungsrechtlichen Begriffs der Bekenntnisschule in Art. 12 Abs. 3 Satz 2 LV NRW sind sowohl der bekenntnisgebundene Charakter der Schulerziehung (materielle Homogenität) als auch die weitgehend einheitliche formelle Zugehörigkeit der Lehrer- und Schülerschaft zur jeweiligen Religionsgemeinschaft (formelle Homogenität). Zur formellen Homogenität gehört, dass formell der Religionsgemeinschaft angehörende Kinder ihre Schulaufnahme

vorrangig vor bekenntnisfremden Kindern beanspruchen können. Jenen gewährt Art. 12 Abs. 3 Satz 2 LV NRW einen im Grundsatz vorbehaltlosen Zugang zu Schulen ihres Bekenntnisses, während Art. 13 LV NRW bekenntnisfremden Kindern einen Anspruch auf Zugang zu einer Bekenntnisschule nur ausnahmsweise dann einräumt, wenn sie in zumutbarer Entfernung weder eine Schule des eigenen Bekenntnisses noch eine Gemeinschaftsschule erreichen können (OVG NRW, Beschluss vom 21.3.2016 -19 B 996/15- mwN; VG Gelsenkirchen, Beschluss vom 27.4.2020 -4 L 425/20-).

*[12]* Von dem genannten Grundsatz, wonach bekenntniszugehörige Kinder vorrangig vor bekenntnisfremden Kindern Zugang zu Bekenntnisschulen beanspruchen können, ist jedoch im Hinblick auf den eindeutigen Wortlaut des § 46 Abs. 3 Satz 1 SchulG (gleichlautend § 1 Abs. 2 Satz 1 AO-GS) in derjenigen Konstellation, in der gemeindefremde bekenntniszugehörige Kinder mit gemeindeangehörigen bekenntnisfremden Kindern um einen Schulplatz konkurrieren, eine Ausnahme zu machen (ausdrücklich offengelassen in OVG NRW, Beschluss vom 21.3.2016 -19 B 996/15-).

*[14]* Nach § 46 Abs. 3 Satz 1 SchulG, § 1 Abs. 2 Satz 1 AO-GS hat jedes Kind einen Anspruch auf Aufnahme in die seiner Wohnung nächstgelegene Grundschule der gewünschten Schulart in seiner Gemeinde im Rahmen der vom Schulträger festgelegten Aufnahmekapazität (Abs. 3 Satz 1, gleichlautend § 1 Abs. 2 Satz 1 AO-GS). Diese Vorschrift konkretisiert einfachgesetzlich den verfassungsrechtlichen Zugangsanspruch zum öffentlichen Bildungswesen unter zumutbaren Bedingungen als einen solchen auf Aufnahme in „die seiner Wohnung nächstgelegene Grundschule der gewünschten Schulart in seiner Gemeinde“ (OVG NRW, Urteil vom 21.2.2013 -19 A 160/12-).

*[16]* Für andere Kinder als die in § 1 Abs. 2 AO-GS aufgeführten, also auch für Kinder mit Wohnung außerhalb der Schulträgergemeinde, bestimmt § 1 Abs. 3 AO-GS, dass die Grundschule sie „im Rahmen freier Kapazitäten“ aufnimmt (Satz 1), bei einem Anmeldeüberhang ein Aufnahmeverfahren unter diesen Kindern durchführt (Satz 2) und dabei Kinder mit Wohnsitz in der Gemeinde vorrangig berücksichtigt (Satz 3).

*[17]* Etwas anderes kann auch nicht aus der Bestimmung des Ziffer 1.2.3.a.E. der Verwaltungsvorschriften zur Verordnung über den Bildungsgang in der Grundschule (VVzAO-GS) folgen, wonach bei einem Anmeldeüberhang an einer Bekenntnisgrundschule Kinder, die dem Bekenntnis angehören, bei der Aufnahme einen Vorrang gegenüber anderen Kindern haben. Es handelt sich bei der genannten Bestimmung um eine Verwaltungsvorschrift zu § 1 der Ausbildungsordnung Grundschule – AO-GS, der in § 1 Abs. 2 Satz 1 eindeutig festlegt, dass jedes Kind einen Anspruch auf Aufnahme in die seiner Wohnung nächst-

gelegene Grundschule der gewünschten Schulart in seiner Gemeinde hat. Damit ist Ziffer 1.2.3 VVzAO-GS die Beschränkung auf die jeweilige Gemeinde, in der das Kind wohnt, immanent.

*[18]* Die Schulleiterin hat hier von den insgesamt 69 Schülerinnen und Schülern, die sich um eine Aufnahme in die B. beworben haben, zu Recht zunächst 47 Bewerberinnen und Bewerber aufgenommen, die formell dem katholischen Bekenntnis angehören und ihren Wohnsitz in F. haben. Das ist nach den obigen Ausführungen nicht zu beanstanden.

*[19]* Sodann hat die Schulleiterin die Kinder berücksichtigt, für die die B. die nächstgelegene Schule der gewünschten Schulart ihrer Gemeinde ist und auf diese, wegen des dann noch bestehenden Anmeldeüberhangs, die Kriterien des § 1 Abs. 3 Satz 4 AO-GS, und zwar zunächst dasjenige der „Geschwisterkinder" angewandt. Unter den drei Geschwisterkindern hat sie eine Rangfolge nach dem weiteren Kriterium Schulweglänge gebildet (Plätze 48 bis 50). Sodann sind die Plätze 51 bis 56 allein an Kinder mit Wohnsitz in F. nach dem Kriterium der Schulweglänge vergeben worden. Gleiches gilt für die (nicht relevanten) Plätze mit den Nummern 57 und 58.

*[20]* Freie Kapazitäten für nicht gemeindeangehörige Kinder sind danach nicht mehr zu verzeichnen. Ein Aufnahmeanspruch des nicht gemeindeangehörigen Antragstellers besteht hier folglich nicht.

*[21]* Die von dem Antragsteller weiter vorgetragenen Gründe für die Aufnahme an die Grundschule B. (Bruder bereits Schüler der Schule, gute Erfahrungen) sind nachvollziehbar, können aber auf Grund der Vorgaben des § 1 Abs. 3 Satz 3 AO-GS wegen des nicht innerhalb des Gemeindegebietes der Stadt F. befindlichen Wohnortes des Antragstellers ebenfalls keine Berücksichtigung finden.

## 7

**Nach § 25 Abs. 4 Satz 2 KAVO wird Krankengeldzuschuss nicht über den Zeitpunkt hinaus gezahlt, von dem an Mitarbeiterinnen und Mitarbeiter eine Rente oder vergleichbare Leistung aufgrund eigener Versicherung aus der gesetzlichen Rentenversicherung, aus einer zusätzlichen Alters- und Hinterbliebenenversorgung oder aus einer sonstigen Versorgungseinrichtung erhalten, die nicht allein aus Mitteln der Mitarbeiterinnen und Mitarbeiter finanziert ist.**

https://doi.org/10.1515/9783111651248-007

**§§ 22a, 23 Abs. 2 und 4, 25 Abs. 4 und 5 KAVO EKD**
**LAG Rheinland-Pfalz, Urteil vom 28. Juli 2022 -2 Sa 446/21-[1]**

Die Parteien streiten um ein pauschales Leistungsentgelt für das Jahr 2020 sowie über Ansprüche der Klägerin auf Krankengeldzuschuss für die Zeit vom 29.9.2020 bis zum 8.2.2021 und davon abhängige weitere Zahlungsansprüche (Arbeitgeberanteile zur Zukunftssicherung und restliche Sonderzahlung für das Jahr 2020).

Die Klägerin wurde mit Arbeitsvertrag vom 9.7.1982 von der C. zum 1.9.1982 eingestellt. Gemäß § 3 Abs. 1 dieses Arbeitsvertrages ist die Kirchliche Arbeits- und Vergütungsordnung für das Bistum Trier (KAVO) in ihrer jeweils gültigen Fassung Bestandteil des Arbeitsvertrages. Die maßgebliche KAVO (gleichlautend i.d.F. der 47. bis 51. Änderung, Stand: Januar bis Dezember 2020) enthält auszugsweise folgende Regelungen:

> „§ 22 Leistungsentgelt
> (nicht besetzt)
>
> Protokollerklärung zu § 22:
> 1 Die Einführung eines Leistungsentgeltes wird zum gegenwärtigen Zeitpunkt nicht beschlossen. 2 Die Auszahlung der für das Leistungsentgelt zur Verfügung stehenden Entgelte an die Mitarbeiterinnen und Mitarbeiter erfolgt nach Maßgabe des § 22a.
>
> § 22a Auszahlung der für das Leistungsentgelt vorgesehenen Entgelte
> 1 Das für das Leistungsentgelt zur Verfügung stehende Gesamtvolumen entspricht
> ab dem 1. Januar 2010 1,25 v.H.,
> ab dem 1. Januar 2011 1,50 v.H.,
> ab dem 1. Januar 2012 1,75 v.H. und
> ab dem 1. Januar 2013 2,00 v.H.
> der ständigen Monatsentgelte des Vorjahres aller unter den Geltungsbereich der KAVO inklusive ihrer Entgeltregelungen fallenden Mitarbeiterinnen und Mitarbeiter des jeweiligen Dienstgebers.
> 2 Die Mitarbeiterinnen und Mitarbeiter erhalten mit dem Tabellenentgelt bzw. der pauschalen Vergütung des Monats Dezember 15 v.H. des für den Monat September jeweils zustehenden Tabellenentgelts bzw. der für den Monat September jeweils zustehenden pauschalen Vergütung ausgezahlt, insgesamt jedoch nicht mehr als das für das jeweilige Kalenderjahr vorgesehene Gesamtvolumen gemäß Satz 1. 3 Der Vomhundertsatz nach Satz 2 erhöht sich im Kalenderjahr 2011 auf 18 v.H., im Kalenderjahr 2012 auf 21 v.H. und ab dem Kalenderjahr 2013 auf 24 v.H.

---

**1** Leitsatz der Redaktion BeckRS. BeckRS 2022, 43849; juris.
Das Urteil ist rechtskräftig.

Protokollerklärung zu § 22a:
1 Ständige Monatsentgelte sind insbesondere das Tabellenentgelt bzw. die pauschale Vergütung (ohne Sozialversicherungsbeiträge des Dienstgebers und dessen Kosten für die betriebliche Altersvorsorge), die in Monatsbeträgen festgelegten Zulagen einschließlich Besitzstandszulagen sowie Entgelt im Krankheitsfall (§ 25) und bei Urlaub, soweit diese Entgelte in dem betreffenden Kalenderjahr ausgezahlt worden sind; nicht einbezogen sind dagegen insbesondere Abfindungen, Aufwandsentschädigungen, Einmalzahlungen, Jahressonderzahlungen, Leistungsentgelte, Strukturausgleiche, unständige Entgeltbestandteile und Entgelte der außertariflichen Beschäftigten. 2 Unständige Entgeltbestandteile können betrieblich einbezogen werden.

§ 23 Jahressonderzahlung
(1) Mitarbeiterinnen und Mitarbeiter, die am 1. Dezember im Arbeitsverhältnis stehen, haben Anspruch auf eine Jahressonderzahlung.
(2) 1 Die Jahressonderzahlung beträgt bei Mitarbeiterinnen und Mitarbeitern
in den Entgeltgruppen 1 bis 8 90 v.H.,
in den Entgeltgruppen 9 bis 12 80 v.H. und
in den Entgeltgruppen 13 bis 15 60 v.H.
des der Mitarbeiterin oder dem Mitarbeiter in den Kalendermonaten Juli, August und September durchschnittlich gezahlten monatlichen Entgelts; unberücksichtigt bleiben hierbei das zusätzlich für Überstunden und Mehrarbeit gezahlte Entgelt (mit Ausnahme der im Dienstplan vorgesehenen Überstunden und Mehrarbeit), Leistungszulagen, Leistungs- und Erfolgsprämien. 2 Der Bemessungssatz bestimmt sich nach der Entgeltgruppe am 1. September. 3 Bei Mitarbeiterinnen und Mitarbeitern, deren Arbeitsverhältnis nach dem 30. September begonnen hat, tritt an die Stelle des Bemessungszeitraums der erste volle Kalendermonat des Arbeitsverhältnisses. 4 In den Fällen, in denen im Kalenderjahr der Geburt des Kindes während des Bemessungszeitraums eine elterngeldunschädliche Teilzeitbeschäftigung ausgeübt wird, bemisst sich die Jahressonderzahlung nach dem Beschäftigungsumfang am Tag vor dem Beginn der Elternzeit.

Protokollerklärung zu Absatz 2 Satz 1:
Auf die Mitarbeiterinnen und Mitarbeiter der Entgeltgruppe S 9 findet der für die Entgeltgruppen 1 bis 8 ausgewiesene Prozentsatz Anwendung.

Protokollerklärung zu Absatz 2:
1 Bei der Berechnung des durchschnittlich gezahlten monatlichen Entgelts werden die gezahlten Entgelte der drei Monate addiert und durch drei geteilt; dies gilt auch bei einer Änderung des Beschäftigungsumfangs. 2 Ist im Bemessungszeitraum nicht für alle Kalendertage Entgelt gezahlt worden, werden die gezahlten Entgelte der drei Monate addiert, durch die Zahl der Kalendertage mit Entgelt geteilt und sodann mit 30,67 multipliziert. 3 Zeiträume, für die Krankengeldzuschuss gezahlt worden ist, bleiben hierbei unberücksichtigt. 4 Besteht während des Bemessungszeitraums an weniger als 30 Kalendertagen Anspruch auf Entgelt, ist der letzte Kalendermonat, in dem für alle Kalendertage Anspruch auf Entgelt bestand, maßgeblich.
(3) ...

(4) 1 Der Anspruch nach den Absätzen 1 und 2 vermindert sich um ein Zwölftel für jeden Kalendermonat, in dem Mitarbeiterinnen und Mitarbeiter keinen Anspruch auf Entgelt oder Fortzahlung des Entgelts nach § 25 haben. 2 Die Verminderung unterbleibt für Kalendermonate,

1. für die Mitarbeiterinnen und Mitarbeiter kein Tabellenentgelt erhalten haben wegen
a. Ableistung von Grundwehrdienst oder Zivildienst, wenn sie diesen vor dem 1.Dezember beendet und die Beschäftigung unverzüglich wieder aufgenommen haben,
b. Beschäftigungsverboten nach dem Mutterschutzgesetz,
c. Inanspruchnahme der Elternzeit nach dem Bundeselterngeld- und Elternzeitgesetz bis zum Ende des Kalenderjahres, in dem das Kind geboren ist, wenn am Tag vor Antritt der Elternzeit Entgeltanspruch bestanden hat;
2. in denen Mitarbeiterinnen und Mitarbeitern Krankengeldzuschuss gezahlt wurde oder nur wegen der Höhe des zustehenden Krankengelds ein Krankengeldzuschuss nicht gezahlt worden ist.

(5) 1 Die Jahressonderzahlung wird mit dem Tabellenentgelt für November ausgezahlt. 2 Ein Teilbetrag der Jahressonderzahlung kann zu einem früheren Zeitpunkt ausgezahlt werden.

(6) ...

§ 24 Bemessungsgrundlage für die Entgeltfortzahlung

...

§ 25 Entgelt im Krankheitsfall

(1) 1 Werden Mitarbeiterinnen und Mitarbeiter durch Arbeitsunfähigkeit infolge Krankheit an der Arbeitsleistung verhindert, ohne dass sie ein Verschulden trifft, erhalten sie bis zur Dauer von sechs Wochen das Entgelt nach § 24. 2 Bei erneuter Arbeitsunfähigkeit infolge derselben Krankheit sowie bei Beendigung des Arbeitsverhältnisses gelten die gesetzlichen Bestimmungen. 3 Als unverschuldete Arbeitsunfähigkeit im Sinne der Sätze 1 und 2 gilt auch die Arbeitsverhinderung im Sinne von § 3a und 9 Entgeltfortzahlungsgesetz (EFZG).

Protokollerklärung zu Absatz 1 Satz 1:
Ein Verschulden liegt nur dann vor, wenn die Arbeitsunfähigkeit vorsätzlich oder grob fahrlässig herbeigeführt wurde.

(2) 1 Nach Ablauf des Zeitraums gemäß Absatz 1 erhalten die Mitarbeiterinnen und Mitarbeiter für die Zeit, für die ihnen Krankengeld oder entsprechende gesetzliche Leistungen gezahlt werden, einen Krankengeldzuschuss in Höhe des Unterschiedsbetrags zwischen den tatsächlichen Barleistungen des Sozialleistungsträgers und dem Nettoentgelt. 2 Nettoentgelt ist das um die gesetzlichen Abzüge verminderte Entgelt im Sinne des § 24 (mit Ausnahme der Leistungen nach § 28 Absatz 1); bei freiwillig in der gesetzlichen Krankenversicherung versicherten Beschäftigten ist dabei deren Gesamtkranken- und Pflegeversicherungsbeitrag abzüglich Arbeitgeberzuschuss zu berücksichtigen. 3 Für Mitarbeiterinnen und Mitarbeiter, die nicht der Versicherungspflicht in der gesetzlichen Krankenversicherung unterliegen und bei einem privaten Krankenversicherungsunternehmen versichert sind, ist bei der Berechnung des Krankengeldzuschusses der Krankengeldhöchstsatz, der bei Pflichtversicherung in der gesetzlichen Krankenversicherung zustünde, zugrunde zu legen. 4 Bei Teilzeitbeschäftigten ist das nach Satz 3 bestimmte fiktive Krankengeld entsprechend § 27 Absatz 2 zeitanteilig umzurechnen.

Protokollerklärung zu § 25 Absatz 2:
Im Falle der Arbeitsverhinderung nach § 3a EFZG stehen den tatsächlichen Barleistungen des Sozialversicherungsträgers das Krankengeld nach § 44a SGB V oder die tatsächlichen Leistungen des privaten Krankenversicherungsträgers oder des Beihilfeträgers gleich.

(3) 1 Der Krankengeldzuschuss wird bei einer Beschäftigungszeit (§ 40 Abs.3)
– von mehr als einem Jahr längstens bis zum Ende der 13. Woche und
– von mehr als drei Jahren längstens bis zum Ende der 39. Woche
seit dem Beginn der Arbeitsunfähigkeit infolge derselben Krankheit gezahlt. 2 Maßgeblich für die Berechnung der Fristen nach Satz 1 ist die Beschäftigungszeit, die im Laufe der krankheitsbedingten Arbeitsunfähigkeit vollendet wird.

(4) 1 Entgelt im Krankheitsfall wird nicht über das Ende des Arbeitsverhältnisses hinaus gezahlt; § 8 EFZG bleibt unberührt. 2 Krankengeldzuschuss wird zudem nicht über den Zeitpunkt hinaus gezahlt, von dem an Mitarbeiterinnen und Mitarbeiter eine Rente oder eine vergleichbare Leistung auf Grund eigener Versicherung aus der gesetzlichen Rentenversicherung, aus einer zusätzlichen Alters- und Hinterbliebenenversorgung oder aus einer sonstigen Versorgungseinrichtung erhalten, die nicht allein aus Mitteln der Mitarbeiterinnen und Mitarbeiter finanziert ist. 3 Innerhalb eines Kalenderjahres kann das Entgelt im Krankheitsfall nach Absatz 1 und 2 insgesamt längstens bis zum Ende der in Absatz 3 Satz 1 genannten Fristen bezogen werden; bei jeder neuen Arbeitsunfähigkeit besteht jedoch mindestens der sich aus Absatz 1 ergebende Anspruch. 4 Überzahlter Krankengeldzuschuss und sonstige Überzahlungen gelten als Vorschuss auf die in demselben Zeitraum zustehenden Leistungen nach Satz 2; soweit es sich nicht um öffentlich-rechtliche Sozialversicherungsansprüche auf Rente handelt, gehen die Ansprüche der Mitarbeiterinnen und Mitarbeiter insoweit auf den Arbeitgeber über. 5 Der Dienstgeber kann von der Rückforderung des Teils des überzahlten Betrags, der nicht durch die für den Zeitraum der Überzahlung zustehenden Bezüge im Sinne des Satzes 2 ausgeglichen worden ist, absehen, es sei denn, die Mitarbeiterin oder der Mitarbeiter hat dem Dienstgeber die Zustellung des Rentenbescheids schuldhaft verspätet mitgeteilt.

(5) 1 Bei Mitarbeiterinnen und Mitarbeitern, für die bis zum 31. Januar 2008 der § 29 KAVO in der bis zu diesem Zeitpunkt geltenden Fassung gegolten hat, wird anstelle des Krankengeldzuschusses nach Absatz 2 und Absatz 3 für die Dauer des über den 31. Januar 2008 hinaus fortbestehenden ununterbrochenen Arbeitsverhältnisses der Krankengeldzuschuss in Höhe des Unterschiedsbetrages zwischen dem Nettoentgelt und der um die gesetzlichen Beitragsanteile der Mitarbeiterin oder des Mitarbeiters zur Sozialversicherung verminderten Leistungen des Sozialleistungsträgers für die Dauer von

a. längstens bis zum Ende der 13. Woche bei einer Beschäftigung von mehr als einem Jahr und
b. längstens bis zum Ende der 26. Woche bei einer Beschäftigungszeit von mehr als drei Jahren

gezahlt. 2 Auf Antrag der Mitarbeiterin oder des Mitarbeiters im Sinne des Satzes 1 finden die Bestimmungen des § 25 mit Ausnahme dieses Absatzes Anwendung. 3 Der Antrag ist spätestens bis zum 30. Juni 2008 zu stellen.

(6) Die Regelungen des § 56 Nr. 2 der KAVO in der Fassung bis zum 31. Januar 2008 bleiben unberührt.“

Das Arbeitsverhältnis der Klägerin ging zum 1.1.2007 aufgrund eines Betriebsübergangs auf die Beklagte über.

Zuletzt war die Klägerin als Gruppenleiterin in Vollzeit zu einer regelmäßigen monatlichen Vergütung von 3.889,31 € brutto nebst einem Arbeitgeberanteil zur Vermögensbildung von monatlich 6,65 € brutto und Arbeitgeberbeiträgen zur Zukunftssicherung in Höhe von 5,6% des Bruttoentgelts (monatlich durchschnittlich 217,80 €) beschäftigt.

Die Klägerin war im Jahr 2020 vom 16. bis 17.1., vom 20. bis 22.1., vom 13. bis 14.2., vom 17.2. bis 9.5. sowie vom 29.6. bis 31.12.2020 (und darüber hinaus) arbeitsunfähig erkrankt. Zuletzt erhielt die Klägerin ab dem 10.8.2020 Krankengeld von der Krankenkasse. Die Beklagte zahlte ab dem 10.8.2020 bis zum 28.9.2020 Krankengeldzuschuss i.S.d § 25 KAVO.

Insgesamt leistete die Beklagte im Jahr 2020 für 182 Tage (26 Wochen) Zahlungen an die Klägerin aufgrund ihrer Arbeitsunfähigkeit (Entgeltfortzahlung und Krankengeldzuschuss).

Ferner zahlte die Beklagte mit der Novemberabrechnung 2020 eine Jahressonderzahlung (§ 23 KAVO) in Höhe von 2.597,37 € brutto aus. Hingegen erhielt die Klägerin kein Leistungsentgelt (§§ 22, 22 a KAVO) für das Jahr 2020.

Mit ihrer beim Arbeitsgericht Koblenz erhobenen Klage hat die Klägerin zuletzt die Zahlung eines Zuschusses zum Krankengeld in Höhe von 1.183,40 € für die Zeit vom 29.9.2020 bis zum 8.2.2021 nebst weiterer 1.044,55 € als Arbeitgeberbeiträge für die betriebliche Altersversorgung Zukunftssicherung für den vorgenannten Zeitraum sowie weiterer 865,78 € restliche Jahressonderzahlung für das Jahr 2020 begehrt und darüber hinaus einen Anspruch auf ein pauschales Leistungsentgelt für das Jahr 2020 in Höhe von 933,43 € geltend gemacht.

Mit Urteil vom 7.10.2021 -10 Ca 637/21- hat das Arbeitsgericht die Klage abgewiesen.

Mit Rentenbescheid vom 1.12.2021 wurde der Klägerin eine Rente wegen voller Erwerbsminderung beginnend ab dem 1.7.2020 bewilligt.

Gegen das ihr am 4.11.2021 zugestellte Urteil des Arbeitsgerichts hat die Klägerin mit Schriftsatz vom 2.12.2021, beim Landesarbeitsgericht Rheinland-Pfalz am gleichen Tag eingegangen, Berufung eingelegt.

Das Rechtmittel hatte teilweise Erfolg. Das Gericht hat die Beklagte verurteilt, an die Klägerin ein pauschales Leistungsentgelt für das Jahr 2020 in Höhe von 933,43 € brutto nebst Zinsen in Höhe von 5 Prozentpunkten über dem Basiszinssatz ab dem 1.2.2021 zu zahlen. Im Übrigen hat es die Berufung zurückgewiesen.

**Aus den Gründen:**

*[74]* Die gemäß § 64 Abs. 1 und 2 Buchst. b ArbGG statthafte Berufung der Klägerin ist zulässig. Sie ist insbesondere form- sowie fristgerecht eingelegt und begründet worden (§§ 66 Abs. 1, 64 Abs. 6 ArbGG i.V.m. §§ 519, 520 ZPO)

*[75]* Die Berufung der Klägerin hat in der Sache in Bezug auf den weiterverfolgten Klageantrag zu 4) Erfolg. Die Klägerin hat gemäß § 22a KAVO Anspruch auf das von ihr geltend gemachte (undifferenzierte) Leistungsentgelt für das Jahr 2020 in Höhe von 933,43 € brutto. Im Übrigen ist die Berufung unbegründet. Soweit die Klägerin die Klageanträge zu 1)–3) einseitig für erledigt erklärt und im Berufungsverfahren aufgrund des nach Verkündung des angefochtenen Urteils ergangenen Rentenbescheid vom 1.12.2021 (über die ihr ab dem 1.7.2020 bewilligte Rente wegen voller Erwerbsminderung) die Feststellung begehrt hat, dass der Rechtsstreit in der Hauptsache im Übrigen hinsichtlich der Klageanträge zu 1)–3) (in der Fassung aus dem Schriftsatz vom 27.9.2021) erledigt ist, handelt es sich um eine gemäß §§ 533, 264 Nr. 2 ZPO zulässige Klageänderung. Der Feststellungsantrag ist aber unbegründet, weil die Klage in Bezug auf die für erledigt erklärten Anträge zu 1)–3) gemäß den zutreffenden Ausführungen des Arbeitsgerichts, denen das Berufungsgericht folgt, von Anfang an unbegründet war.

*[76]* I. Der mit der Berufung weiterverfolgte Anspruch auf das mit dem Klageantrag zu 4) geltend gemachte (undifferenzierte) Leistungsentgelt für das Jahr 2020 in Höhe von 933,43 € brutto ist gemäß § 22 a KAVO begründet.

*[77]* 1. Die Auslegung kirchlicher Arbeitsrechtsregelungen erfolgt nach den gleichen Grundsätzen, wie sie für die Tarifauslegung maßgeblich sind (BAG 4.82016 -6 AZR 129/15- Rn 27). Die danach vorzunehmende Auslegung der in § 22a Satz 2 KAVO getroffenen Regelung ergibt, dass der geltend gemachte Anspruch auf das (undifferenzierte) Leistungsentgelt entsprechend der zur vergleichbaren Regelung in Satz 6 der Protokollerklärung Nr. 1 zu § 18 Abs. 4 TVÖD (VKA) ergangenen Entscheidung des BAG vom 23.9.2010 (-6 AZR 338/09-) weder von der Zahlung des Entgelts noch dem Bestehen eines Entgelt- bzw. Entgeltersatzanspruch für den Monat September 2020 abhängt.

*[78]* a) In § 22 a Satz 2 KAVO ist nicht ausdrücklich festgelegt, dass die Zahlung des Tabellenentgelts oder eines Entgeltersatzes im Monat September Anspruchsvoraussetzung für eine undifferenzierte Auszahlung des Leistungsentgelts für das betreffende Kalenderjahr sein soll. Der Umschreibung „jeweils zustehendes Tabellenentgelt“ ist dies nicht eindeutig zu entnehmen. Zwar bedeutet „zustehen“ gemäß den Ausführungen des Arbeitsgerichts nach dem allgemeinen Sprachgebrauch u.a. „einen rechtmäßigen Anspruch auf etwas

haben, etwas zu bekommen haben, ein Recht auf etwas haben". Vom Wortsinn her lässt der verwandte Begriff „zustehen" jedoch auch die Auslegung zu, dass es ausreicht, wenn der Beschäftigte im September des betreffenden Jahres im Arbeitsverhältnis stand und ihm damit grundsätzlich „für" diesen Monat ein Tabellenentgelt zustand. So ist dem Arbeitnehmer gemäß § 4 Abs. 1 EFZG das ihm bei der für ihn maßgebenden regelmäßigen Arbeitszeit „zustehende" Arbeitsentgelt fortzuzahlen, also das Entgelt, das er bei Arbeitsfähigkeit während seiner regelmäßigen Arbeitszeit erzielt hätte. § 4 Abs. 1 EFZG legt mit dem Verweis auf das dem Arbeitnehmer zustehende Arbeitsentgelt die Bemessungsgrundlage des fortzuzahlenden Arbeitsentgelts fest (§ 4 Abs. 4 Satz 1 EFZG). Der KAVO lässt sich ein einheitlicher Sprachgebrauch nicht entnehmen. In der KAVO wird auch der Begriff „gezahlt" (§ 23 Abs. 2 Satz 1 und § 25 Abs. 2 Satz 1 KAVO) verwandt bzw. auf das „erhaltene Tabellenentgelt" (§ 23 Abs. 4 Satz 2 Nr. 1 KAVO) abgestellt, wenn ein Anspruch an die tatsächliche Zahlung des Entgelts oder eines Entgeltbestandteils geknüpft werden soll. Sinn und Zweck der undifferenzierten Auszahlung des Leistungsentgelts für das betreffende Kalenderjahr verbieten ein Verständnis der in § 22a Satz 2 KAVO getroffenen Regelung als Stichtagsregelung. Wie die Klägerin zu Recht geltend gemacht hat, stünde eine derartige Stichtagsregelung in keinerlei Beziehung zum Zweck der Zahlung des undifferenzierten Leistungsentgelts, würde sich damit nicht am gegebenen Sachverhalt orientieren und würde deshalb den allgemeinen Gleichheitssatz des Art. 3 Abs. 1 GG verletzen. Vielmehr ist mit der Bezugnahme auf das „zustehende Tabellenentgelt" lediglich eine Bemessungsgrundlage des Anspruchs auf ein undifferenziertes Leistungsentgelt für die Beschäftigten festgelegt worden, die im September des betreffenden Jahres im Arbeitsverhältnis standen. Es wäre willkürlich, den Anspruch auf das undifferenzierte Leistungsentgelt an den Entgeltanspruch in einem einzigen Monat, nämlich im September des betreffenden Jahres, zu knüpfen. Anders als bei einer Besitzstandszulage für einen abgeschafften Entgeltbestandteil steht der Anspruch auf Entgeltzahlung in nur einem einzigen Monat des gesamten Jahres in keinerlei Beziehung zum Zweck dieser Zahlung, die Surrogat für das differenzierte Leistungsentgelt des gesamten Jahres sein soll und für die die Mittel im Vorjahr erwirtschaftet worden sind. Auch ließe sich nicht erklären, warum gerade die Verhältnisse im Monat September und nicht etwa die im Juli oder Dezember eines Jahres maßgeblich sein sollen. Das undifferenzierte Leistungsentgelt steht in keinem Zusammenhang mit der Arbeitsleistung im Monat September, sondern wird vielmehr für das gesamte Jahr gezahlt. Die in § 22a KAVO getroffene Regelung soll gewährleisten, dass im Hinblick auf die nach der Protokollerklärung zu § 22 KAVO noch nicht beschlossene Einführung eines Leistungsentgelts die hierfür zur Verfügung stehenden Entgelte gleichwohl an die Mitarbeiterinnen und Mitarbeiter ausgezahlt werden. Dieses Surrogat des noch nicht eingeführten differenzierten Leistungsentgelts ist grundsätzlich unabhängig vom Umfang der Arbeitsleistung im betreffenden Jahr ausgestaltet. Vielmehr ist der Anspruch lediglich an das Bestehen des Arbeitsverhältnisses im Monat September und möglicherweise – was hier offenbleiben kann – an das Bestehen des Arbeitsverhältnisses im Monat Dezember des betreffenden Jahres geknüpft. Von einer Zwölftelungsregelung, mit der die Höhe des Anteils an der undifferenzierten Ausschüttung des Leistungsentgelts vom Umfang der tatsächlichen Arbeitsleistung im betreffenden Jahr bzw. von der Dauer des Bestands des Arbeitsverhältnisses in dem betreffenden Zeitraum abhängig gemacht würde, ist abgesehen worden. Die als undifferenziertes Leistungsentgelt ausgeschütteten Mittel weisen keinen Bezug zum Jahr der Auszahlung auf, sondern sind vielmehr aus den ständigen Monatsentgelten des Vorjahres aller unter den Geltungsbereich der KAVO fallenden Mitarbeiterinnen und Mitarbeiter erwirtschaftet worden, wie sich aus § 22a Satz 1 KAVO ergibt. Danach beträgt das für das Leistungsentgelt zur Verfügung stehende Gesamtvolumen ab dem 1.1.2013 2 v.H. der ständigen Monatsentgelte des Vorjahres aller unter den Geltungsbereich der KAVO inklusive ihrer Entgeltregelungen fallenden Mitarbeiterinnen und Mitarbeiter des jeweiligen Dienstgebers. Das im Vorjahr erwirtschaftete Volumen soll also an die Beschäftigten, mit denen im September des betreffenden Jahres ein Arbeitsverhältnis bestand, nach dem „Gießkannenprinzip" ausgeschüttet werden. Darauf, ob ein Arbeitnehmer in einem oder mehreren Monaten des Auszahlungsjahres einen Entgeltanspruch hatte oder nicht, kommt es nach dem Zweck der Leistung nicht an. Falls der Anspruch auf das undifferenzierte Leistungsentgelt für das betreffende Jahr vom Bezug von Entgelt oder Entgeltersatzleistungen im September dieses Jahres hätte abhängig gemacht werden sollen, hätte dies eindeutig geregelt werden müssen, was aber gemäß den obigen Ausführungen willkürlich wäre. Die Bezugnahme auf das „zustehende Tabellenentgelt" in § 22 a Satz 2 KAVO lässt sich danach nur als Festlegung einer Bemessungsgrundlage verstehen. Eine solche Festlegung war erforderlich, weil sich die persönlichen Verhältnisse der Beschäftigten und damit die Höhe des Tabellenentgelts im Laufe eines Jahres ändern können, etwa durch Höhergruppierungen oder Änderungen der Arbeitszeit. Die tarifliche Systematik steht dieser Auslegung nicht entgegen. Zwar darf nach § 22a S. 2 KAVO das Gesamtvolumen gemäß Satz 1 nicht überschritten werden. In diesem sind nur die tatsächlich ausgezahlten ständigen Monatsentgelte enthalten, wie sie in der Protokollerklärung zu § 22a definiert sind. Maßgeblich sind aber nach § 22a Satz 1 KAVO die im Vorjahr ausgezahlten Beträge. Darum kann aus der Deckelung des Anspruchs nicht geschlossen werden, dass die Berücksichtigung von Arbeitnehmern, die im September des Auszahlungsjahres kein Entgelt bezogen haben, das zur Verfügung stehende Gesamtvolumen sprengen würde (vgl. BAG 23.9.2010 -6 AZR 338/09- Rn 13 ff. zum undifferenzierten Leistungsentgelt nach der in Satz 6 der Protokollerklärung Nr. 1 zu § 18 Abs. 4 TVÖD (VKA) getroffenen Regelung).

*[79]* b) Danach hängt der von der Klägerin geltend gemachte Anspruch auf das undifferenzierte Leistungsentgelt für das Jahr 2020 weder von der Zahlung des Entgelts noch dem Bestehen eines Entgelt- bzw. Entgeltersatzanspruchs für den Monat September 2020 ab.

*[80]* Das Arbeitsverhältnis der Klägerin hat im maßgeblichen Monat September 2020 und auch im Dezember 2020 noch bestanden. Zwar endet das Arbeitsverhältnis nach § 39 Absatz 2 Satz 1 KAVO, sofern der Mitarbeiterin bzw. dem Mitarbeiter der Bescheid eines Rentenversicherungsträgers (Rentenbescheid) zugestellt wird, wonach die Mitarbeiterin bzw. der Mitarbeiter eine Rente auf unbestimmte Dauer wegen voller oder teilweiser Erwerbsminderung erhält. Das Arbeitsverhältnis endet allerdings nach § 39 Abs. 2 Satz 3 KAVO – entsprechend der gesetzlichen Regelung (§ 15 Abs. 2 i.V.m. § 21 TzBfG) – frühestens zwei Wochen nach Zugang der schriftlichen Mitteilung des Dienstgebers über den Zeitpunkt des Eintritts der auflösenden Bedingung. Eine solche Mitteilung ist nach der Zustellung des Rentenbescheids vom 1.12.2021 frühestens im Monat Dezember 2021 erfolgt. Mithin hat das Arbeitsverhältnis der Parteien im Jahr 2020 noch bestanden.

*[81]* c) Der Anspruch ist auch der Höhe nach begründet.

*[82]* Der Anspruch für das Kalenderjahr 2020 beläuft sich gemäß § 22a Satz 2 und Satz 3 KAVO auf 24% des Tabellenentgelts für den Monat September 2020. Nach dem Vortrag der Klägerin hat ihr Tabellenentgelt im Monat September 2020 3.889,31 € betragen. Die von ihr vorgelegte Gehaltsabrechnung für den Monat Juni 2020 sieht ein Entgelt für die Entgeltgruppe „S8A" mit der „individuellen Zwischen-/Endstufe 6+" in Höhe von 3.889,31 € brutto vor. Soweit eine individuelle Endstufe als Bestandteil der Besitzstandssicherung im Rahmen der Überleitungs- und Besitzstandsbestimmungen (s. Anlage 12 zur KAVO) gebildet wird (vgl. hierzu auch BAG 3.7.2014 -6 AZR 753/12- Rn 32 und BAG 18.2.2021 -6 AZR 702/19- Rn 33), ist jeweils geregelt, dass das Entgelt aus der individuellen Endstufe als Tabellenentgelt i.S.d. § 19 KAVO gilt (s. § 4 Abs. 3 Satz 2 der Anlage 12 zur KAVO) bzw. das Vergleichsentgelt dem Tabellenentgelt i.S.d. § 19 Abs. 1 KAVO gleichsteht (s. § 14 Abs. 6 der Anlage 12 zur KAVO). Danach errechnet sich der geltend gemachte Anspruch in Höhe von 933,43 € brutto (3.889,31 € x 24%).

*[83]* II. Soweit die Klägerin die Klageanträge zu 1)–3) einseitig für erledigt erklärt hat, ist das von ihr im Berufungsverfahren verfolgte Feststellungsbegehren unbegründet, weil die Klageanträge zu 1)–3) von Anfang an unbegründet waren. Das Berufungsgericht folgt insoweit den in jeder Hinsicht zutreffenden Ausführungen des Arbeitsgerichts (Ziff. I. 1–3 der Entscheidungsgründe) und stellt dies hiermit ausdrücklich fest (§ 69 Abs. 2 ArbGG).

*[84]* 1. Der mit dem Klageantrag zu 1) geltend gemachte Anspruch der Klägerin auf Krankengeldzuschuss für die Zeit vom 29.9.2020 bis zum 8.2.2021 hat bereits deshalb nicht bestanden, weil die Beklagte in der Zeit vom 16.1. bis 28.9.2020 unstreitig für insgesamt 182 Tage (26 Wochen) Entgeltfortzahlung im Krankheitsfall und Krankengeldzuschuss gezahlt hat und damit die sich aus § 25 Abs. 5 Satz 1 i.V.m. Abs. 4 Satz 3 KAVO ergebende Höchstbezugsdauer von insgesamt 26 Wochen bereits erschöpft war.

*[85]* Nach § 25 Abs. 4 Satz 2 KAVO wird Krankengeldzuschuss nicht über den Zeitpunkt hinaus gezahlt, von dem an Mitarbeiterinnen und Mitarbeiter eine Rente oder vergleichbare Leistung aufgrund eigener Versicherung aus der gesetzlichen Rentenversicherung, aus einer zusätzlichen Alters- und Hinterbliebenenversorgung oder aus einer sonstigen Versorgungseinrichtung erhalten, die nicht allein aus Mitteln der Mitarbeiterinnen und Mitarbeiter finanziert ist. Im Hinblick darauf, dass der Klägerin mit Rentenbescheid vom 1.12.2021 eine Rente wegen voller Erwerbsminderung ab dem 1.7.2020 bewilligt worden ist, kommt der geltend gemachte Anspruch auf Krankengeldzuschuss für die Zeit ab dem 29.9.2020 nicht mehr in Betracht, wonach die Klägerin den Klageantrag zu 1) und die darauf aufbauenden Klageanträge zu 2) und 3) für erledigt erklärt hat. Entgegen der Ansicht der Klägerin war der Klageantrag zu 1) aber bereits deswegen von vornherein unbegründet, weil der Anspruch auf Krankengeldzuschuss gemäß der zutreffenden Annahme des Arbeitsgerichts bereits aufgrund der festgelegten Höchstbezugsgrenze am 28.9.2020 geendet hat.

*[86]* Nach § 25 Abs. 4 Satz 3 KAVO kann innerhalb eines Kalenderjahres das Entgelt im Krankheitsfall nach Abs. 1 (Entgeltfortzahlung) und Abs. 2 (Krankengeldzuschuss) insgesamt längstens bis zum Ende der in Abs. 3 Satz 1 genannten Fristen bezogen werden; bei jeder neuen Arbeitsunfähigkeit besteht jedoch mindestens der sich aus Abs. 1 ergebene Anspruch (auf Entgeltfortzahlung). Bei Mitarbeiterinnen und Mitarbeitern, für die bis zum 31.1.2008 der § 29 KAVO in der bis zu diesem Zeitpunkt geltenden Fassung gegolten hat, wird nach § 25 Abs. 5 Satz 1 KAVO anstelle des Krankengeldzuschusses nach Abs. 2 und Abs. 3 für die Dauer des über den 31.1.2008 hinaus fortbestehenden ununterbrochenen Arbeitsverhältnisses der Krankengeldzuschuss in Höhe des Unterschiedsbetrages zwischen dem Nettoentgelt und der um die gesetzliche Beitragsanteile der

Mitarbeiterin oder des Mitarbeiters zur Sozialversicherung verminderten Leistungen des Sozialversicherungsträgers für die Dauer von längstens bis zum Ende der 26. Woche bei einer Beschäftigungszeit von mehr als drei Jahren gezahlt. Gemäß § 25 Abs. 5 Satz 2 KAVO finden auf Antrag der Mitarbeiterin oder des Mitarbeiters i.S.d. Satzes 1 die Bestimmungen des § 25 mit Ausnahme dieses Absatzes Anwendung. Der Antrag ist nach § 25 Abs. 5 Satz 3 KAVO bis spätestens zum 30.6.2008 zu stellen. Die Klägerin hat einen solchen Antrag innerhalb der vorgenannten Frist nicht gestellt, so dass § 25 Abs. 5 Satz 1 KAVO Anwendung findet und der darin geregelte Krankengeldzuschuss an die Stelle des Krankengeldzuschusses nach Abs. 2 und 3 tritt. Daraus folgt, dass sich der Anspruch nach § 25 Abs. 5 Satz 1 KAVO auf Krankengeldzuschuss – anstelle des Krankengeldzuschusses nach Abs. 2 und 3 – nach § 25 Abs. 4 Satz 3 KAVO darauf beschränkt, dass innerhalb eines Kalenderjahres das Entgelt im Krankheitsfall nach Abs. 1 (Entgeltfortzahlung) und der – an die Stelle des Abs. 2 tretende – Anspruch auf Krankengeldzuschuss nach Abs. 5 insgesamt längstens bis zum Ende der in Abs. 5 Satz 1 – anstelle des Abs. 3 Satz 1 – genannten Fristen bezogen werden kann, ohne dass danach differenziert wird, ob den Arbeitsunfähigkeitszeiten dieselbe Krankheit zugrunde liegt oder nicht. Dieses Auslegungsergebnis wird gemäß den zutreffenden Ausführungen des Arbeitsgerichts dadurch bestätigt, dass es sich bei der in § 25 Abs. 5 KAVO getroffenen Regelung um eine Übergangsregelung für diejenigen Mitarbeiter handelt, für die bis zum 31.1.2008 der § 29 KAVO in der bis zu diesem Zeitpunkt geltenden Fassung gegolten hat, der ebenfalls eine entsprechende Höchstbezugsgrenze vorgesehen hat. Nach § 29 Abs. 4 Satz 1 KAVO a.F. wurde der Krankengeldzuschuss bei einer ununterbrochenen Beschäftigung von mehr als drei Jahren längstens bis zum Ende der 26. Woche seit dem Beginn der Arbeitsunfähigkeit gezahlt. § 29 Abs. 5 KAVO a.F. regelte ebenfalls eine Höchstbezugsdauer dergestalt, dass innerhalb eines Kalenderjahres die Krankenbezüge nach Absatz 2 Unterabsatz 1 oder 2 (Entgeltfortzahlung) und der Krankengeldzuschuss bei einer ununterbrochenen Beschäftigung von mehr als drei Jahren längstens für die Dauer von 26 Wochen bezogen werden können. Der Unterschied zwischen der alten und der neuen Regelung liegt insbesondere darin, dass die frühere Regelung in § 29 Abs. 8 KAVO a.F. eine andere Berechnung der Höhe des Krankengeldzuschusses vorsah, nach der die Differenz zwischen der Nettovergütung und der um die gesetzlichen Beitragsanteile des Mitarbeiters zur gesetzlichen Renten-, Arbeitslosen- und Pflegeversicherung verminderten Leistungen der Sozialleistungsträger ausgeglichen worden ist. § 25 Abs. 2 KAVO n.F. stellt hingegen auf den Differenzbetrag zwischen den „tatsächlichen Barleistungen des Sozialleistungsträgers“ und dem Nettoentgelt ab, wonach nur noch die Differenz zwischen dem sog. „Bruttokrankengeld“ und dem Nettoentgelt ausgeglichen wird (vgl. zum Begriff der „tatsächlichen Barleistung“ und zur Berechnung des Krankengeldzuschusses auf der Basis der Differenz zwischen sog. Bruttokrankengeld und Nettoentgelt nach § 22 Abs. 2 TVöD: BAG 29.4.2021 -6 AZR 215/20-). Deswegen ist in § 25 Abs. 5 Satz 2 und 3 KAVO n.F. den Mitarbeitern ein befristetes Wahlrecht eingeräumt worden, ob sie es bei der Altregelung – mit einem aufgrund der Berechnung ggf. höheren Krankengeldzuschuss bei einem allerdings kürzeren Anspruchszeitraum von bis zu 26 Wochen – belassen wollen oder aber aufgrund eines entsprechenden Antrags bis zum 30.6.2008 die Neuregelung des § 25 Abs. 2 und 3 KAVO – mit einer ggf. geringeren Anspruchshöhe bei einem allerdings längerem Anspruchszeitraum von bis zu 39 Wochen – für sie zur Anwendung kommen sollte. Die Höchstgrenze des Gesamtbezugszeitraums im Kalenderjahr (von Entgeltfortzahlung und Krankengeldzuschuss insgesamt) ist hingegen gemäß den zutreffenden Ausführungen des Arbeitsgerichts sowohl der Alt- als auch der Neuregelung immanent. Nichts spricht dafür, dass mit § 25 Abs. 5 Satz 1 KAVO n.F. im Wege einer Übergangsregelung ein Anspruch auf Krankengeldzuschuss eingeräumt werden sollte, für den die sowohl in der Altregelung (§ 29 Abs. 5 KAVO n.F.) als auch in der Neuregelung (§ 25 Abs. 4 Satz 3 KAVO n.F.) festgelegte kalenderjahresbezogene Höchstgrenze für den (Gesamt-) Bezug von Entgelt im Krankheitsfall (Entgeltfortzahlung und Krankengeldzuschuss) nicht mehr gelten soll. Die Beklagte hat in der Zeit vom 16.1. bis 28.9.2020 unstreitig für insgesamt 182 Tage (26 Wochen) Entgeltfortzahlung und Krankengeldzuschuss gezahlt. Damit ist die sich aus § 25 Abs. 5 Satz 1 i.V.m. Abs. 4 Satz 3 KAVO ergebende Höchstbezugsdauer von insgesamt 26 Wochen erschöpft.

*[87]* 2. Danach war auch der auf dem Klageantrag zu 1) aufbauende Antrag zu 2) auf Zahlung der Arbeitgeberanteile zur Zukunftssicherung für den gleichen Zeitraum vom 29.9.2020 bis 8.2.2021 von Anfang an unbegründet.

*[88]* 3. Gleiches gilt für den ebenfalls vom Antrag zu 1) abhängigen Antrag zu 3) auf Zahlung weiterer 865,78 € als restliche Jahressonderzahlung für das Jahr 2020.

*[89]* Der Anspruch auf die volle Jahressonderzahlung beträgt gemäß § 23 Abs. 2 KAVO 90% des in den Kalendermonaten Juli, August, September durchschnittlich gezahlten monatlichen Entgelts. Danach ergibt sich gemäß der Berechnung der Klägerin unstreitig ein Betrag in Höhe von 3.463,11 € (3.847,90 € x 90%). Allerdings vermindert sich der Anspruch auf die Jahressonderzahlung nach § 23 Abs. 4 Satz 1 KAVO um ein Zwölftel für jeden Kalendermonat, in dem Mitarbeiterinnen und Mitarbeiter keinen Anspruch auf Entgelt oder Fortzahlung des Entgelts nach § 25 haben. Die Verminderung unterbleibt zwar für Kalender-

monate, in denen Mitarbeiterinnen und Mitarbeitern Krankengeldzuschuss gezahlt wurde oder nur wegen der Höhe des zustehenden Krankengelds ein Krankengeldzuschuss nicht gezahlt worden ist (§ 23 Abs. 4 Satz 2 Nr. 2 KAVO). Gemäß den obigen Ausführungen bestand aber kein Anspruch der Klägerin auf Krankengeldzuschuss für die Monate Oktober bis Dezember 2020, so dass sich der Anspruch auf die Jahressonderzahlung um drei Zwölftel vermindert. Der danach verbleibende Anspruch in Höhe von 2.597,33 € (3.463,11 € x 9/12) ist von der Beklagten ausweislich der vorgelegten Abrechnung für den Monat November 2020 unstreitig erfüllt worden.

## 8

**1. Ein kirchlicher Arbeitgeber hat ein offenkundiges Interesse daran, dass seine Mitarbeitenden sich an die kirchlichen Rechtsnormen, wie z.B. das Kirchengesetz zum Schutz vor sexualisierter Gewalt (KGSsG), halten.**
**2. Der Vorwurf, ein kirchlicher Mitarbeiter habe durch die im Rahmen des Ermittlungsverfahrens nachgewiesenen sexuellen Handlungen mit Minderjährigen sexualisierte Gewalt im Sinne des § 2 KGSsG ausgeübt, ist an sich geeignet, einen wichtigen Grund im Sinne des § 626 Abs. 1 BGB darzustellen.**
**3. Im KGSsG ist nicht geregelt, dass die Ausübung sexualisierter Gewalt gegenüber Minderjährigen zwangsläufig zu einer fristlosen Kündigung führen muss. § 5 Abs. 1 Nr. 2 KGSsG spricht lediglich von entsprechenden arbeits- bzw. dienstrechtlichen Maßnahmen. Eine solche Maßnahme könnte auch eine Abmahnung sein.**

§ 626 Abs 1 BGB
ArbG Düsseldorf, Urteil vom 3. August 2022 -8 Ca 1730/22-[1]

Die Parteien streiten über den Fortbestand ihres Arbeitsverhältnisses sowie einen Anspruch des Klägers auf Weiterbeschäftigung als Kirchenmusiker.

Der Kläger, der einen GdB von 50 hat, ist seit dem 1.12.1989 zunächst auf der Grundlage des Arbeitsvertrages vom 21.11.1989 als nebenberuflicher B-Kirchenmusiker und zuletzt auf der Grundlage des Arbeitsvertrages vom 1.1.2017 (Blatt 5 f., 105 f. der Gerichtsakte) als Kirchenmusiker mit einer monatlichen Bruttovergütung in Höhe von 5.871,32 EUR beschäftigt. Auf das Arbeitsverhältnis der Parteien finden der Bundesangestelltentarifvertrag in der kirchlichen

1 Leitsätze der Redaktion KirchE. BeckRS 2022, 26543; juris.
Das Urteil ist rechtskräftig.

https://doi.org/10.1515/9783111651248-008

Fassung (im Folgenden: BAT-KF) in der jeweils geltenden Fassung sowie die sonstigen für die Angestellten im Bereich der Y. beschlossenen arbeitsrechtlichen Bestimmungen, wie sie auf Grund des Kirchengesetzes über das Verfahren zur Regelung der Arbeitsverhältnisse der Mitarbeiter im kirchlichen Dienst (Arbeitsrechtsregelungsgesetz – ARRG) vom 11.1.2002 und seinen Änderungen geregelt sind, Anwendung. Aufgrund seines Lebensalters und seiner Beschäftigungsdauer ist das Arbeitsverhältnis des Klägers gemäß § 55 Abs. 1 und 2 BAT KF alte Fassung i.V.m. § 33 Abs. 3 Satz 2 BAT-KF i.V.m. §§ 55 Abs.1, 53 Abs. 4 BAT-KF alte Fassung nur noch aus wichtigem Grund kündbar.

Außerdem gilt für das Arbeitsverhältnis der Parteien die Dienstanweisung vom 20.9.2010, in der unter anderem Folgendes geregelt ist:

> „Präambel
> ...
> Nachdem das Presbyterium Sie durch Arbeitsvertrag vom 06.09.1990 als hauptamtlichen Kirchenmusiker eingestellt hat wird über Ihre Dienstobliegenheiten in Ergänzung der Ordnung für den Dienst der hauptamtlichen Kirchenmusiker in der Y. vom 10. Februar 1966 in der jeweils geltenden Fassung Folgendes bestimmt:
> § 1
> Sie unterstehen der allgemeinen Dienstaufsicht des Presbyteriums der J. Unmittelbar weisungsbefugt ist der/die Vorsitzende des Presbyteriums.
> Die gesamte kirchenmusikalische Arbeit wird von Ihnen in regelmäßigen Besprechungen zusammen mit dem/der Pfarrer/in geplant, koordiniert und festgelegt. ...
> Als Kirchenmusiker ist es Ihre Aufgabe, das Orgelspiel und den Gesang der Gemeinde zu pflegen und zu fördern. Für beide Bereiche ist ein angemessener und ausgewogener Teil ihrer Arbeitszeit gemäß § 2 Satz 1 als Vorbereitung und Übung vorgesehen (davon ca. 8–10 Stunden wöchentlich für die Vorbereitung des Orgelspiels).
> ...
> § 2
> 50% Ihrer Arbeitszeit erbringen Sie für die I.
> Mit 50% Ihrer Arbeitszeit werden Sie für die kirchenmusikalische Arbeit im B. abgestellt. Einzelheiten werden in einem Gestellungsvertrag geregelt.
> § 3
> ...
> Wenn Sie, bedingt durch die Arbeit im B. den Organistendienst nicht wahrnehmen können, sorgen Sie für adäquate Vertretung.
> Unbeschadet des bestehenden Anspruchs auf Urlaub und Dienstbefreiung soll die Anzahl der übertariflich gewährten vom Orgeldienst freigestellten Sonntage acht im Kalenderjahr für die Wahrnehmung der Dienste des B. nicht überschreiten. In begründeten Ausnahmefällen kann die Dienstbefreiung auch außerhalb der Schulferien genommen werden. Hierfür bedarf es der frühzeitigen Genehmigung durch den/die Vorsitzende/-n des Presbyteriums und des/r Kirchenmeister/-in (14 Tage vorher).

§ 5
Ihre Aufgaben (Chorleiter-, Kantoren- und Organistendienst) ergeben sich im Wesentlichen aus den folgenden Punkten:
- Sie verrichten den Organistendienst bei Gottesdiensten, Amtshandlungen und sonstigen Veranstaltungen in der U. bzw. im Gemeindehaus.
- Sie singen regelmäßig nach Absprache mit dem Pfarrer und der Leiterin des Kindergartens mit den Kindern des Kindergartens und fördern die Erzieherinnen bei ihrer Singarbeit.
- Sie leiten nach Absprache mit dem Rektorat der T. den Schulchor und fördern die Singarbeit. Hierfür wird Ihnen widerruflich die Kontaktstunde des Pfarrers zur Verfügung gestellt. Mit dem Schulchor singen Sie nach Absprache mit dem Pfarrer und dem Rektorat der Grundschulde in den sonntäglichen Hauptgottesdiensten (gewünscht ist am 1. Advent, an Heiligabend und zum Schluss der Kinderbibeltage).
- Sie singen nach Absprache mit den Gruppen der Gemeinde und beraten diese sowie das Presbyterium in musikalischen und liturgischen Angelegenheiten.
- Sie veranstalten einmal jährlich eine Chormusik, musikalische Seminare mit unterschiedlichen Themen und zwar abwechselnd in den Bereichen Chormusik, Instrumentalmusik oder Liturgie.“

§ 2 des Kirchengesetzes zum Schutz vor sexualisierter Gewalt der Y. (im Folgenden: KGSsG) lautet auszugsweise wie folgt:

„Begriffsbestimmung sexualisierte Gewalt
(1) Nach diesem Gesetz ist eine Verhaltensweise sexualisierte Gewalt, wenn ein unerwünschtes sexuell bestimmtes Verhalten bezweckt oder bewirkt, dass die Würde der betroffenen Person verletzt wird. Sexualisierte Gewalt kann verbal, nonverbal, durch Aufforderung oder durch Tätlichkeiten geschehen. Sie kann auch in Form des Unterlassens geschehen, wenn der Täter oder die Täterin für deren Abwendung einzustehen hat. Sexualisierte Gewalt ist immer bei Straftaten gegen die sexuelle Selbstbestimmung nach dem 13. Abschnitt des Strafgesetzbuches (StGB) und § 201a Absatz 3 oder §§ 232 bis 233a StGB in der jeweils geltenden Fassung gegeben.
(2) ... Gegenüber Minderjährigen ist sexuell bestimmtes Verhalten insbesondere dann unerwünscht im Sinne des Absatzes 1, wenn gegenüber der Täterin oder dem Täter eine körperliche, seelische, geistige, sprachliche oder strukturelle Unterlegenheit gegeben ist und damit in diesem Verhältnis die Fähigkeit zur sexuellen Selbstbestimmung fehlt.“

In § 5 Abs. 1 Nr. 2 KGSsG ist folgendes geregelt:

„(1) Für privatrechtliche und öffentlich-rechtliche Beschäftigungsverhältnisse gelten folgende Grundsätze:
2. Während der Dauer des Beschäftigungsverhältnisses stellt jede Ausübung von sexualisierter Gewalt im Sinne von § 2 oder ein Verstoß gegen das Abstinenzgebot eine Verletzung arbeits- bzw. dienstrechtlicher Pflichten dar. Die Ausübung von sexualisierter Gewalt oder der Verstoß gegen das Abstinenzgebot sowie der Verdacht darauf führen zu den jeweils entsprechenden arbeits- bzw. dienstrechtlichen Maßnahmen.“

Mit dem B. schloss die Beklagte unter dem 28.11.2010 einen Gestellungsvertrag, wegen dessen genauen Inhalts auf Blatt 112 bis 115 verwiesen wird, sowie eine Änderungsvereinbarung vom 24.1.2013 (Blatt 111 der Gerichtsakte) ab.

Die Beklagte verwendet seit dem 1.1.2018 das Zeiterfassungssystem AIDA. Über dieses werden Fehlzeiten (Urlaub, Dienstreise etc.) erfasst. Schon beim Vorgänger des Pfarrers A. und noch vor Einführung von AIDA war es üblich, dass Chorfahrten mit dem Knabenchor als Dienstfahrten genehmigt werden mussten. Zunächst geschah dies über Dienstreiseanträge auf Papier, später dann durch Erfassung der Abwesenheitszeit als Dienstreise per AIDA nach vorangegangener Genehmigung der Dienstreise. Da der Kläger mitteilte, er selbst könne das Zeiterfassungssystem AIDA nicht bedienen, erklärte sich Herr A. bereit, für den Kläger auf entsprechende Mail des Klägers hin bei Einverständnis mit dieser Reise diese in das Zeiterfassungssystem einzutragen.

Am 11.3.2021 teilte der Kläger dem Vorsitzenden des Presbyteriums der Beklagten, Herrn Pfarrer A., sowie anschließend dem Superintendenten des D. Herrn Pfarrer V. mit, dass gegen ihn strafrechtliche Ermittlungen wegen des Vorwurfs des sexuellen Missbrauchs von Minderjährigen (§ 182 StGB) eingeleitet worden seien und dass er deshalb für den 18.3.2021 eine Vorladung zur Polizei erhalten habe. Er lasse sich anwaltlich vertreten und habe über seinen Anwalt Verfahrenseinstellung beantragen lassen. Der genaue Inhalt der Aussagen des Klägers in diesem Gespräch ist zwischen den Parteien streitig. Herr Pfarrer A. berichtete dem Presbyterium von dem Gespräch, das sich entschloss, den Ausgang des Strafverfahrens abzuwarten. Mit Schreiben vom 12.3.2021 wurde der Kläger durch die Beklagte unter Fortzahlung der vertragsgemäßen Bezüge von der Arbeitsleistung bis auf Weiteres freigestellt.

Das Ermittlungsverfahren mit dem Tatvorwurf sexueller Missbrauch von Jugendlichen gegen den Kläger stellte die Staatsanwaltschaft Düsseldorf am 14.12.2021 gemäß § 153a Abs. 1 STPO nach vollständiger Erfüllung der Auflage/Weisung endgültig ein. Die Einstellungsverfügung der Staatsanwaltschaft Düsseldorf legte der Kläger bei der Beklagten vor, woraufhin das Presbyterium der Beklagten die Freistellung zurück- und der Kläger seinen Dienst wieder aufnahm.

Auf Anregung des Landeskirchenamtes ließ die Beklagte über ihre Prozessbevollmächtigten bei der Staatsanwaltschaft Düsseldorf Akteneinsicht in die Strafakten nehmen. Diese wurde dann auf mehrfache Nachfrage am 22.2.2022 gewährt.

Am 7.3.2022 fand ein Gespräch mit dem Kläger statt, an dem der Superintendent V. und der Pfarrer A. teilnahmen. Der Kläger ließ sich auf den Vorhalt, im Hinblick auf Einleitung und Einstellung des Strafverfahrens die Unwahrheit gesagt zu haben, wie folgt ein: Er weise die Vorwürfe von sich. Er habe sich bereits gegenüber der Staatsanwaltschaft nicht zu den Vorgängen inhaltlich geäußert und tue dies weiterhin nicht. So, wie von den Zeugen dargestellt, sei es jedoch nicht. Der Kläger betonte, es gebe keine Beweise und das Verfahren sei überdies eingestellt worden. Es handle sich um Lügen und Nachstellungen zu seinem Nachteil. Die Verfahrenseinstellung, so der Kläger, beruhe darauf, dass die Staatsanwaltschaft die Zeugen für nicht glaubwürdig halte. Der Kläger betonte, dass es keine formale Anklageerhebung gegeben habe und sein aktuelles erweitertes Führungszeugnis überdies keinen Eintrag aufweise. Nach der Verfahrenseinstellung gemäß § 153a StPO habe für ihn weiterhin die Unschuldsvermutung zu gelten, und es sei kein Schuldeingeständnis.

Mit E-Mail vom 10.3.2022 beantragte der Kläger eine Dienstreise für eine Konzertreise mit dem B. vom 11.3.2022 bis zum 14.3.2022 zum internationalen Chorwettbewerb nach Danzig bei Herrn A. und teilte mit, wer seine Vertretung am Sonntag, den 13.3. übernimmt. Ob diese Dienstreise genehmigt wurde oder nicht ist, zwischen den Parteien streitig. In der Zeit vom 11.3.2022 bis zum 14.3.2022 unternahm der Kläger eine Konzertreise mit dem B. nach Danzig.

Mit Beschluss vom 15.3.2022 beschloss das Presbyterium der Beklagten aufgrund einer Sondersitzung vom 15.3.2022 einstimmig die fristlose Kündigung des Klägers.

Mit Schreiben vom 16.3.2022 stellte die Beklagte den Kläger mit sofortiger Wirkung bis auf Weiteres zunächst widerruflich von der Arbeitsleistung frei und untersagte ihm für die Dauer der Freistellung, die kirchlichen Räume bzw. das Gelände der Kirchengemeinde zu betreten.

Mit einem weiteren Schreiben vom 16.3.2022 kündigte die Beklagte den Gestellungsvertrag mit dem B. vom 28.11.2010 fristlos, hilfsweise fristgerecht zu 31.12.2023. In diesem Schreiben heißt es darüber hinaus unter anderem:

> „Das Presbyterium distanziert sich klar vom B., sofern dieser weiterhin von Herrn E. geleitet werden sollte.
> Das Presbyterium hat dazu beschlossen, dass der B., sofern er weiter von Herrn E. geleitet wird, mit sofortiger Wirkung bis auf weiteres nicht mehr in unseren kirchlichen Räumen auftreten kann.
> Herr E. erhält mit der Freistellung ein sofortiges Hausverbot."

Mit Schreiben vom 16.3.2022 hörte die Beklagte die bei ihr existierende Mitarbeitervertretung zu der beabsichtigten fristlosen Kündigung des Arbeitsverhältnisses des Klägers an. Die Mitarbeitervertretung teilte Herrn Pfarrer A. unter dem 17.3.2022 ihre Zustimmung mit.

Mit Schreiben vom 15.3.2017 beantragte die Beklagte bei dem Inklusionsamt bei dem Landschaftsverband Rheinland die Zustimmung zu einer außerordentlichen Kündigung des Klägers und begründete diesen Antrag mit Schriftsatz vom 17.3.2022 ihrer Prozessbevollmächtigten. Mit Bescheid vom 1.4.2022 bestätigte der LVR den Eintritt der Zustimmungsfiktion gemäß § 174 SGB IX. Hiergegen legte der Kläger mit Schreiben vom 14.4.2022 mit der Begründung, der Antrag auf Zustimmung sei verspätet gestellt worden, Widerspruch ein. Über diesen Widerspruch war zum Zeitpunkt des Schlusses der letzten mündlichen Verhandlung beim Arbeitsgericht Düsseldorf noch nicht entschieden worden.

Mit Schreiben vom 1.4.2022, das dem Kläger an demselben Tage zuging, kündigte die Beklagte das Arbeitsverhältnis der Parteien fristlos. Gegen diese Kündigung wendet sich der Kläger mit seiner am 14.4.2022 beim Arbeitsgericht Düsseldorf eingegangenen Klage.

Der Kläger ist der Auffassung, die außerordentliche Kündigung sei formal und materiell rechtswidrig und unwirksam und habe das Arbeitsverhältnis der Parteien nicht beendet. Es bestehe auch kein Grund für diese Kündigung. Wie aus dem Zustimmungsantrag hervorgehe, solle ein strafrechtliches Ermittlungsverfahren den Kündigungsgrund darstellen. Dieses sei aber unstreitig gemäß § 153a StPO eingestellt worden, so dass zu seinen Gunsten zum einen die Unschuldsvermutung gelte und zum anderen eine Außenwirkung dieses Verfahrens, die ggf. eine eigenständige Belastung des Arbeitsverhältnisses hätte verursachen können, nicht eingetreten sei. Ein Fehlverhalten am Arbeitsplatz stehe nicht im Raume.

Im Übrigen könne sich die Beklagte nicht auf die ihrer Ansicht nach gegebenen Kündigungsgründe berufen, da sie sich insoweit widersprüchlich verhalte. Der Kläger behauptet, die habe ihm im März 2022, nach gehabter Akteneinsicht, eine Dienstreise mit dem B. vom 11. bis zum 14. März nach Danzig bewilligt. Er meint, das sei ein Fall des venire contra factum propium. Die Mitglieder des B. seien überwiegend minderjährige Jugendliche. Es widerspreche Treu und Glauben, wenn die Beklagte aus einem Verdacht „unsittlichen" Verhaltens seinerseits erst Akteneinsicht beantragt, dann glaubt, den Verdacht bestätigt zu sehen, und ihm daraufhin eine Dienstfahrt mit Minderjährigen ermöglicht. Dadurch habe die Beklagte jedenfalls einen etwaigen Kündigungsgrund verwirkt. Der Kläger behauptet, die Beklagte habe zu der Fahrt nach Danzig ihre Zustimmung erteilen müssen, weil davon seine Arbeitszeit betroffen gewesen sei. Im Übrigen sei sie seinerzeit im Vorstand des B. vertreten gewesen. Außerdem habe die Beklagte für die Fahrt einen Zuschuss in Höhe von 4.500,00 € gewährt Die Beklagte habe demnach aktiv an seiner Fahrt nach Danzig mitgewirkt.

Der Kläger beantragt festzustellen, dass das zwischen den Parteien seit dem 1.8.1990 bestehende Arbeitsverhältnis nicht mit der außerordentlichen (fristlosen) Kündigung der Beklagten vom 1.4.2022 beendet worden ist; festzustellen, dass das Arbeitsverhältnis auch nicht durch andere Kündigungen oder Beendigungstatbestände beendet wurde, sondern zu unveränderten Bedingungen über den 1.4.2022 hinaus fortbesteht; die Beklagte zu verurteilen, den Kläger bis zur rechtskräftigen Beendigung des vorliegenden Rechtsstreites als Kirchenmusiker weiterzubeschäftigen.

Die Beklagte beantragt, die Klage abzuweisen. Sie ist der Ansicht, die ausgesprochene Kündigung sei rechtswirksam und habe das Arbeitsverhältnis der Parteien beendet. Der Kläger habe einen wichtigen Grund im Sinne des § 626 Abs. 1 BGB gesetzt, der ihr die Fortsetzung des Arbeitsverhältnisses – und sei es auch nur bis zum Ablauf einer sozialen Auslauffrist – unzumutbar mache.

Die Beklagte behauptet, der Kläger habe entgegen seinen Bekundungen mehrfach Geschlechtsverkehr mit unter 15-jährigen Minderjährigen gegen Entgelt gehabt. Die Anzeige gegen den Kläger beruhe allein auf deren Aussagen. Sie meint, abgesehen davon, dass es sich hier um Straftaten handele, stelle dies während der Dauer des Beschäftigungsverhältnisses gemäß § 5 Abs. 1 Nr. 2 KGSsG eine Verletzung arbeitsrechtlicher Pflichten im Sinne von § 2 KGSsG dar, da durch den Kläger ein unerwünschtes sexuell bestimmtes Verhalten bezweckt oder bewirkt worden sei, das die Würde der betroffenen Person verletzt habe. Die Ausübung des Geschlechtsverkehrs mit unter 15-jährigen Minderjährigen gegen Entgelt durch einen Kirchenmusiker, der zudem einen Knabenchor leite, stelle ein unerwünschtes sexuell bestimmtes Verhalten dar. Die Ausbeutung von Minderjährigen durch Gewährung von Entgelt gegen die Erbringung sexueller Dienstleistungen verletze zudem die Würde der betroffenen Personen.

Das Gericht hat festgestellt, dass das zwischen den Parteien bestehende Arbeitsverhältnis nicht mit der außerordentlichen (fristlosen) Kündigung der Beklagten vom 1.4.2022 beendet worden ist. Darüber hinaus hat es die Beklagte verurteilt, den Kläger bis zur rechtskräftigen Entscheidung des vorliegenden Rechtsstreits als Kirchenmusiker weiterzubeschäftigen, und die Klage im Übrigen abgewiesen.

**Aus den Gründen:**

*[59]* Die Klage ist überwiegend zulässig und begründet.

*[60]* I. Der Feststellungsantrag zu 1) ist zulässig und begründet. Das Arbeitsverhältnis der Parteien ist nicht durch die außerordentliche, fristlose Kündigung der Beklagten vom 1.4.2022 beendet worden.

*[61]* 1. Die Kündigung der Beklagten vom 1.4.2022 gilt nicht bereits gemäß §§ 4 Satz 1, 7, 13 Abs. 1 Satz 2 KSchG als wirksam, denn der Kläger hat diese Kündigung rechtzeitig innerhalb der Dreiwochenfrist des § 4 KSchG angegriffen. Die Klage gegen die dem Kläger am 1.4.2022 zugegangene Kündigung ging am 14.4.2022 beim Arbeitsgericht Düsseldorf ein und wurde der Beklagten alsbald zugestellt. Auch wenn die Beklagte das Empfangsbekenntnis betreffend die Zustellung der Klageschrift und der Ladung zum Gütetermin am 11.5.2022 nicht zur Akte zurückgereicht hat, ergibt sich der alsbaldige Zugang von Klage und Ladung daraus, dass die Beklagtenvertreterin sich bereits mit Schriftsatz vom 27.4.2022 für die Beklagte bestellt und um Verlegung des Gütetermins gebeten hat.

*[62]* 2. Die Kündigung der Beklagten ist nicht gemäß § 33 Abs. 3 Satz 2 BAT-KF i.V.m. §§ 55 Abs.1, 53 Abs. 4 BAT-KF alte Fassung, § 626 Abs. 1 BGB als fristlose Kündigung aus wichtigem Grund wirksam, denn es liegen keine Tatsachen vor, aufgrund derer der Beklagten unter Berücksichtigung aller Umstände des Einzelfalles und unter Abwägung der Interessen beider Vertragsteile die Fortsetzung des Arbeitsverhältnisses bis zum Ablauf der Kündigungsfrist nicht zugemutet werden kann.

*[63]* a. Nach § 33 Abs. 3 Satz 2 BAT-KF bestimmt sich bei Mitarbeitenden, die nach dem bis zum 30.6.2007 geltenden Arbeitsrecht unkündbar waren, die Kündbarkeit nach den Bestimmungen des bis dahin geltenden § 55 Abs. 1 und 2 BAT-KF. Gemäß § 55 Abs. 1 BAT-KF alte Fassung kann einem nach § 53 Abs. 4 BAT-KF alte Fassung unkündbaren Angestellten aus in seiner Person oder in seinem Verhalten liegenden wichtigen Gründen fristlos gekündigt werden. § 53 Abs. 4 BAT-KF alte Fassung sieht vor, dass Angestellte nach einer Beschäftigungszeit von 15 Jahren, frühestens jedoch nach Vollendung des 40. Lebensjahres unkündbar sind.

*[64]* Die Beklagte konnte daher das Arbeitsverhältnis des Klägers, der am 30.6.2007 das 40. Lebensjahr vollendet hatte und länger als 15 Jahre bei ihr beschäftigt war, gemäß §§ 55 Abs. 1, 53 Abs. 4 BAT-KF alte Fassung i.V.m. § 33 Abs. 3 Satz 2 BAT-KF nur aus einem wichtigen Grund kündigen. Der am 29.1.1966 geborene Kläger vollendete das 40. Lebensjahr am 29.1.2006 und war am 30.6.2007 seit 17 Jahren bei der Beklagten beschäftigt.

*[65]* b. Mit dem Begriff des „wichtigen Grundes" knüpft die tarifvertragliche Bestimmung an die gesetzliche Regelung des § 626 Abs. 1 BGB an (vgl. BAG, Urteil vom 27.11.2003 -2 AZR 601/02-; BAG, Urteil vom 26.11.2009 -2 AZR 272/08-). Bei einer derartigen Bezugnahme gilt zugleich § 626 Abs. 2 BGB, wonach die außerordentliche Kündigung nur innerhalb einer Ausschlussfrist von zwei Wochen erklärt werden kann (vgl. BAG, Urteil vom 28.10.2010 -2 AZR 688/09-).

*[66]* c. Nach ständiger Rechtsprechung des Bundesarbeitsgerichts (vgl. BAG, Urteil vom 27.4.2006 -2 AZR 386/05-; BAG Urteil vom 26.11.2009 -2 AZR 272/08-; BAG, Urteil vom 10.6.2010 -2 AZR 541/09-; BAG, Urteil vom 16.7.2015 -2 AZR 85/15-; BAG, Urteil vom 17.3.2016 -2 AZR 110/15-; BAG, Urteil vom 27.6.2019 -2 AZR 50/19-) ist mittels der sogenannten zweistufigen Prüfung im Rahmen des § 626 Abs. 1 BGB zunächst zu prüfen, ob ein bestimmter Sachverhalt ohne die besonderen Umstände des Einzelfalles an sich geeignet ist, einen wichtigen Grund abzugeben. Liegt ein solcher Sachverhalt vor, so bedarf es der weiteren Prüfung, ob die Fortsetzung des Arbeitsverhältnisses unter Berücksichtigung der konkreten Umstände des Einzelfalles und unter Abwägung der Interessen beider Vertragsteile zumutbar ist oder nicht. Das Gesetz kennt folglich keine „absoluten" Kündigungsgründe (vgl. BAG, Urteil vom 10.6.2010 -2 AZR 541/09-). Vielmehr ist jeder Einzelfall gesondert zu beurteilen.

*[67]* aa. Die von der Beklagten geltend gemachten Gründe für den Ausspruch der außerordentlichen Kündigung vom 1.4.2022 sind nur teilweise an sich geeignet, eine außerordentliche Kündigung zu rechtfertigen.

*[68]* (1). Um festzustellen, ob ein Vorwurf an sich geeignet ist, einen wichtigen Grund für eine Kündigung abzugeben, genügt noch nicht die „abstrakte Erheblichkeit" eines Kündigungssachverhaltes zur Begründung der Unzumutbarkeit der Fortsetzung des Arbeitsverhältnisses. Es muss vielmehr bereits in der ersten Stufe festgestellt werden, ob der an sich zur außerordentlichen Kündigung geeignete Sachverhalt im Streitfall zu einer konkreten Beeinträchtigung des Arbeitsverhältnisses geführt hat (vgl. BAG, Urteil vom 27.11.2008 -2 AZR 193/07-).

*[69]* Begeht der Arbeitnehmer bei oder im Zusammenhang mit seiner Arbeit rechtswidrige und vorsätzliche – ggf. strafbare – Handlungen, verletzt er zugleich in schwerwiegender Weise seine schuldrechtliche Pflicht zur Rücksichtnahme (§ 241 Abs. 2 BGB) und missbraucht das in ihn gesetzte Vertrauen (vgl. BAG, Urteil vom 10.6.2010 -2 AZR 541/09-).

*[70]* Im Fall eines tariflich unkündbaren Arbeitnehmers ist zu berücksichtigen, dass der Verpflichtung des Arbeitgebers, die Kündigung wenn möglich durch andere Maßnahmen abzuwenden, eine besondere Bedeutung zukommt. Der Arbeitgeber hat zur Vermeidung einer Kündigung alle in Betracht kommenden Beschäftigungs- und Einsatzmöglichkeiten von sich aus umfassend zu prüfen und eingehend zu sondieren (vgl. BAG, Urteil vom 26.11.2009 -2 AZR 272/08-).

*[71]* Für den Arbeitnehmer besteht unabhängig von konkret erteilten Anordnungen die vertragliche Nebenpflicht, auf die Belange des Arbeitgebers Rücksicht zu nehmen (§ 241 Abs. 2 BGB). Welche Pflichten damit im Einzelnen verbunden sind und welches Gewicht ihnen zukommt, bestimmt sich letztlich

nach dem konkreten Inhalt des jeweiligen Arbeitsverhältnisses (vgl. BAG, Urteil vom 27.11.2008 -2 AZR 193/07-; BAG, Urteil vom 26.11.2009 -2 AZR 272/08-). Die Möglichkeit und Zumutbarkeit der Weiterbeschäftigung betrifft die Verhältnismäßigkeit der Kündigung. Hat die Kündigung ihre Ursache in der Sphäre des Arbeitnehmers, ist sowohl bei der Prüfung von Beschäftigungsmöglichkeiten als auch im Rahmen der Interessenabwägung zu berücksichtigen, inwieweit den Arbeitnehmer an der Unmöglichkeit, ihn mit seinen bisherigen Aufgaben weiter zu betrauen, ein Verschulden trifft (vgl. BAG, Urteil vom 26.11.2009 -2 AZR 272/08-). Nicht jede in einer Vertragspflichtverletzung deutlich werdende Unzuverlässigkeit rechtfertigt aber den Schluss, der Arbeitnehmer sei generell und ohne Bezug zur konkreten Tätigkeit nicht zu vertragsgemäßem und regelgerechtem Verhalten bereit. Hierfür bedarf es besonderer Anhaltspunkte, die sich etwa aus einer besonders gewichtigen, vorsätzlichen Pflichtverletzung ergeben können (BAG, Urteil vom 26.11.2009 -2 AZR 272/08-).

*[72]* (2). Unter Zugrundelegung der vorstehenden Grundsätze sind die von der Beklagten erhobenen Kündigungsvorwürfe nur zum Teil geeignet, einen wichtigen Grund im Sinne des § 626 Abs. 1 BGB dazustellen.

*[73]* (a). Allein die von der Beklagten behauptete wahrheitswidrige Aussage des Klägers, er sei unschuldig Opfer eines Komplotts geworden, ist nach Ansicht der erkennenden Kammer nicht „an sich" geeignet, einen wichtigen Grund für eine außerordentliche Kündigung zu begründen.

*[74]* (aa). Der Kläger hat die Beklagte unstreitig bereits im März 2021 über den Umstand informiert, dass gegen ihn ein Strafverfahren anhängig ist, und er hat seinen Vorgesetzten, Herrn Pfarrer A., auch über den Vorwurf des sexuellen Missbrauchs von Minderjährigen unterrichtet. Dass der Kläger in einem schwebenden Ermittlungsverfahren, in dem sein Rechtsanwalt ihn auf sein Schweigerecht hingewiesen und den Kläger veranlasst hat, keine Angaben zur Sache zu machen, gegenüber dem Vertreter der Beklagten den Tatvorwurf nicht einräumt, erscheint nachvollziehbar. Hinzukommt, dass es sich um Vorwürfe handelte, die nicht im unmittelbaren Zusammenhang mit dem Arbeitsverhältnis der Parteien standen, sondern auf Handlungen und Verhaltensweisen des Klägers in seiner Privatsphäre beruhen.

*[75]* (bb). Unterstellt, der Kläger habe in dieser Situation die Schutzbehauptungen aufgestellt, die die Beklagte schildert, nämlich, dass er, der Kläger, nichts mit den minderjährigen männlichen Prostituierten zu tun gehabt habe und dass die Einleitung des Verfahrens auf dem Komplott des Vaters des verstorbenen Jugendlichen W. beruhe, der bereits zuvor mehrfach versucht habe, ihm zu schaden oder ihn gar ermorden zu lassen, so ist dies nach Ansicht der erkennenden Kammer keine Pflichtverletzung, die geeignet ist, ohne vorherige

Abmahnung eine außerordentliche Kündigung zu rechtfertigen. Der Kläger handelte, wie sich aus seinen Einlassungen in dem vorliegenden Verfahren ergibt, vor allem mit Blick auf das Strafverfahren, in dem er auf jeden Fall eine Verurteilung verhindern wollte. Wenn er in einer solchen Situation Vermutungen so äußerte, dass Herr Pfarrer A. sie als Behauptungen des Klägers verstand, oder tatsächlich derartige Behauptungen aufstellte, ist zu berücksichtigen, dass sich der Kläger in einer Zwickmühle zwischen dem Strafverfahren und seinen arbeitsrechtlichen Nebenpflichten befand und bestrebt war, seine Interessen so gut wie möglich wahrzunehmen.

*[76]* (cc). Wenn die Beklagte in diesem Zusammenhang noch darauf hinweist, dass der Kläger sehr sicher und selbstbewusst aufgetreten sei und im Brustton der Überzeugung erklärt habe, er sei unschuldig, führt dies auch nicht zu einer anderen Bewertung. Aus den Einlassungen des Klägers in dem vorliegenden Verfahren ergibt sich, dass sein Rechtsanwalt ihn nachdrücklich auf die strafprozessuale Unschuldsvermutung hingewiesen hat. Wenn der Kläger dann auch gegenüber seinem Arbeitgeber den Standpunkt vertritt, er sei unschuldig, und nicht den feinen Unterschied in der Formulierung macht und erklärt, dass er als unschuldig gelte, so ist das einem Nichtjuristen aus Sicht der erkennenden Kammer nicht vorzuwerfen. Nachvollziehbar erscheint ebenfalls, dass der Kläger Herrn Pfarrer A. gegenüber kein „Geständnis" im Hinblick auf die Vorwürfe aus dem Strafverfahren abgelegt hat, wenn sein Rechtsanwalt, der ihn auch in dem Ermittlungsverfahren vertrat, der Ansicht ist, bei Fortgang der Ermittlungen hätten die Kirchenmitarbeiter als Zeugen vernommen werden können und er selbst würde die Gefahr begründen, sein Schweigerecht zu untergraben, wenn er sich gegenüber Herrn Pfarrer A. ausführlich einlassen würde. Die Kammer ist davon überzeugt, dass die dem Kläger vorgeworfene Lüge nicht dazu dienen sollte, die Beklagte zu täuschen, sondern allein den Zweck hatte, „den Kopf des Klägers im Verfahren der Staatsanwaltschaft Düsseldorf zu retten". Diese Intention wirkt sich nicht so erheblich auf das Vertrauensverhältnis der Parteien aus, dass sich daraus ein wichtiger Grund für die Kündigung herleiten ließe.

*[77]* (b). Soweit die Beklagte dem Kläger vorwirft, er habe den Vorsitzenden des Presbyteriums, Herrn Pfarrer A., über seine Unschuld im Hinblick auf die Vorwürfe aus dem Ermittlungsverfahren getäuscht, um sich so eine bezahlte Freistellung zu erschleichen, und damit eine eigenständige, schwere Straftat ihr gegenüber begangen, konnte die Kammer aus dem Sachvortrag der Beklagten eine solche Pflichtverletzung nicht entnehmen. Das dargelegte Verhalten des Klägers ist nicht „an sich" geeignet, einen wichtigen Grund i.S.v. § 626 Abs. 1 BGB zu bilden.

*[78]* (aa). Verschafft sich ein Arbeitnehmer vorsätzlich auf Kosten des Arbeitgebers einen ihm nicht zustehenden Vermögensvorteil, verletzt er erheblich seine Pflicht zur Rücksichtnahme (§ 241 Abs. 2 BGB). Eine solche Pflichtverletzung kommt typischerweise als Grund für eine außerordentliche Kündigung in Betracht. Das gilt unabhängig von der strafrechtlichen Bewertung und der Höhe eines dem Arbeitgeber durch die Pflichtverletzung entstandenen Schadens. Maßgebend ist vielmehr der mit der Pflichtverletzung verbundene Vertrauensbruch (vgl. BAG, Urteil vom 22.9.2016 -2 AZR 848/15-; BAG, Urteil vom 31.1.2019 -2 AZR 426/18-).

*[79]* (bb). Im vorliegenden Fall konnte die Kammer nicht feststellen, dass der Kläger sich vorsätzlich auf Kosten der Beklagten einen ihm nicht zustehenden Vermögensvorteil verschafft hat bzw. verschaffen wollte. Die Beklagte trägt zwar detailliert vor, wie und worüber der Kläger Herrn Pfarrer A. belogen und getäuscht haben soll. Zu der behaupteten betrügerischen Absicht die Gehaltszahlungen während seiner Freistellung zu erschleichen, fehlt es jedoch an einem konkreten Sachvortrag. Hier beschränkt sich die Beklagte auf die bloße Verwendung dieses Rechtsbegriffes, ohne die Tatsachen im Einzelnen vorzutragen, die den Schluss auf die betrügerische Absicht des Klägers zulassen würden. Für den Willen des Klägers, sich so eine bezahlte Freistellung zu erschleichen, fehlt jeglicher konkreter Tatsachenvortrag, der diesen Schluss zulassen könnte. Es ist nicht einmal ersichtlich, woher der Kläger bei seinem Gespräch mit Pfarrer A. am 11.3.2021 hätte wissen sollen, dass die Beklagte ihn bezahlt freistellen und nicht normal weiterbeschäftigen würde. Das konnte zu diesem Zeitpunkt ja nicht einmal Herr Pfarrer A. wissen, denn das Presbyterium hatte zu diesem Zeitpunkt weder eine Meinung geäußert noch entschieden, wie mit dem Fall des Klägers umgegangen werden sollte.

*[80]* (c). Der weitere Vorwurf der Beklagten, der Kläger habe durch die im Rahmen des Ermittlungsverfahrens nachgewiesenen sexuellen Handlungen mit Minderjährigen sexualisierte Gewalt im Sinne des § 2 KGSsG ausgeübt, ist an sich geeignet, einen wichtigen Grund im Sinne des § 626 Abs. 1 BGB darzustellen. Ein kirchlicher Arbeitgeber hat ein offenkundiges Interesse daran, dass seine Mitarbeitenden sich an die kirchlichen Rechtsnormen, wie z.B. das KGSsG, halten.

*[81]* (aa). Nach § 5 Abs. 1 Nr. 2 KGSsG stellt jede Ausübung von sexualisierter Gewalt im Sinne von § 2 KGSsG während der Dauer des Beschäftigungsverhältnisses eine Verletzung arbeits- bzw. dienstrechtlicher Pflichten dar. Gemäß § 2 Abs. 1 KGSsG ist eine Verhaltensweise sexualisierte Gewalt, wenn ein unerwünschtes sexuell bestimmtes Verhalten bezweckt oder bewirkt, dass die Würde der betroffenen Person verletzt wird. Gegenüber Minderjährigen ist sexuell

bestimmtes Verhalten laut § 2 Abs. 2 Satz 2 KGSsG insbesondere dann unerwünscht im Sinne des § 2 Abs. 1 KGSsG, wenn gegenüber dem Täter eine körperliche, seelische, geistige, sprachliche oder strukturelle Unterlegenheit gegeben ist und damit in diesem Verhältnis die Fähigkeit zur sexuellen Selbstbestimmung fehlt.

*[82]* (bb). Die Behauptung der Beklagten, der Kläger habe durch die im Rahmen des Ermittlungsverfahrens nachgewiesenen sexuellen Handlungen mit Minderjährigen sexuelle Gewalt im Sinne des § 2 KGSsG ausgeübt, gilt gemäß §§ 46 Abs. 2 ArbGG, 138 Abs. 3 ZPO als zugestanden. Der Kläger hat in diesem Verfahren nicht bestritten, sexuelle Kontakte mit den minderjährigen Zeugen des Ermittlungsverfahrens gehabt zu haben. Er hat sich lediglich auf die strafrechtliche Unschuldsvermutung berufen, da es weder zu einer Anklage noch zu einer Verurteilung gekommen sei und da das Verfahren gemäß § 153a StPO nach Erfüllung der Auflage endgültig eingestellt worden sei.

*[83]* (cc). Auch wenn die sexuellen Handlungen mit minderjährigen Prostituierten stattfanden, ist im Hinblick auf die Regelung des § 2 Abs. 2 Satz 2 KGSsG von einem unerwünschten sexuellen Verhalten auszugehen, da auch bei diesen Jugendlichen von einer seelischen, geistigen, sprachlichen oder strukturellen Unterlegenheit gegenüber dem Kläger als erwachsenem Menschen auszugehen ist. Bei den Sexualpartnern des Klägers, die in dem Ermittlungsverfahren vernommen wurden, handelte es sich um 14- bzw. 15-jährige Jugendliche. Auch wenn in der Ermittlungsakte die Rede davon ist, dass es sich um Intensivtäter handelt, so kann nicht unterstellt werden, dass diese die geistige Reife eines Erwachsenen hatten und dass das sexuell bestimmte Verhalten von ihnen erwünscht war. Den Jugendlichen ging es darum, Geld zu erhalten, den Sex mit dem Kläger nahmen sie dafür in Kauf. Ob außerdem eine körperliche Überlegenheit des Klägers anzunehmen ist, konnte die Kammer nicht beurteilen.

*[84]* (d). Ob die dem Kläger im Rahmen des Ermittlungsverfahrens der Staatsanwaltschaft Düsseldorf vorgeworfenen strafbaren Handlungen im Sinne des § 182 StGB – sexueller Missbrauch von Jugendlichen – an sich geeignet gewesen wären, um einen wichtigen Grund im Sinne des § 626 Abs. 1 BGB darzustellen, war vorliegend nicht zu prüfen, da die Beklagte sich darauf zur Begründung der streitgegenständlichen Kündigung ausdrücklich nicht berufen hat.

*[85]* bb. Die fristlose Kündigung ist bei Beachtung aller Umstände des vorliegenden Falles und nach Abwägung der widerstreitenden Interessen gleichwohl nicht gerechtfertigt.

*[86]* (1). Bei der Prüfung, ob dem Arbeitgeber eine Weiterbeschäftigung des Arbeitnehmers trotz Vorliegens einer erheblichen Pflichtverletzung jedenfalls bis zum Ablauf der Kündigungsfrist zumutbar ist, ist in einer Gesamtwürdigung

das Interesse des Arbeitgebers an der sofortigen Beendigung des Arbeitsverhältnisses gegen das Interesse des Arbeitnehmers an dessen Fortbestand abzuwägen. Es hat eine Bewertung des Einzelfalls unter Beachtung des Verhältnismäßigkeitsgrundsatzes zu erfolgen. Die Umstände, anhand derer zu beurteilen ist, ob dem Arbeitgeber die Weiterbeschäftigung zumutbar ist oder nicht, lassen sich nicht abschließend festlegen. Zu berücksichtigen sind aber regelmäßig das Gewicht und die Auswirkungen einer Vertragspflichtverletzung – etwa im Hinblick auf das Maß eines durch sie bewirkten Vertrauensverlusts und ihre wirtschaftlichen Folgen –, der Grad des Verschuldens des Arbeitnehmers, eine mögliche Wiederholungsgefahr sowie die Dauer des Arbeitsverhältnisses und dessen störungsfreier Verlauf (vgl. BAG, Urteil vom 10.11.2005 -2 AZR 623/04-; BAG, Urteil vom 28.1.2010 -2 AZR 1008/08-; BAG, Urteil vom 10.6.2010 -2 AZR 541/09-). Eine außerordentliche Kündigung kommt nur in Betracht, wenn es keinen angemessenen Weg gibt, das Arbeitsverhältnis fortzusetzen, weil dem Arbeitgeber sämtliche milderen Reaktionsmöglichkeiten unzumutbar sind (stRspr., BAG, Urteil vom 10.6.2010 -2 AZR 541/09-). Als mildere Reaktionen sind insbesondere Abmahnung und ordentliche Kündigung anzusehen. Sie sind dann alternative Gestaltungsmittel, wenn schon sie geeignet sind, den mit der außerordentlichen Kündigung verfolgten Zweck – die Vermeidung des Risikos künftiger Störungen – zu erreichen (vgl. BAG, Urteil vom 10.6.2010 -2 AZR 541/09-).

*[87]* Die Notwendigkeit der Prüfung, ob eine fristgerechte Kündigung als Reaktion ausgereicht hätte, folgt schon aus dem Wortlaut des § 626 Abs. 1 BGB. Das Erfordernis weitergehend zu prüfen, ob nicht schon eine Abmahnung ausreichend gewesen wäre, folgt aus dem Verhältnismäßigkeitsgrundsatz (die Kündigung als „ultima ratio“) und trägt zugleich dem Prognoseprinzip bei der verhaltensbedingten Kündigung Rechnung (vgl. BAG, Urteil vom 10.6.2010 -2 AZR 541/09-). Das Erfordernis gilt auch bei Störungen im Vertrauensbereich. Es ist nicht stets und von vorneherein ausgeschlossen, verlorenes Vertrauen durch künftige Vertragstreue zurückzugewinnen (vgl. BAG, Urteil vom 10.6.2010 -2 AZR 541/09-).

*[88]* Beruht die Vertragspflichtverletzung auf steuerbarem Verhalten des Arbeitnehmers, ist grundsätzlich davon auszugehen, dass sein künftiges Verhalten schon durch die Androhung von Folgen für den Bestand des Arbeitsverhältnisses positiv beeinflusst werden kann (Schlachter, NZA 2005, 433 [436]). Die ordentliche wie die außerordentliche Kündigung wegen einer Vertragspflichtverletzung setzen deshalb regelmäßig eine Abmahnung voraus. Sie dient der Objektivierung der negativen Prognose (vgl. BAG, Urteil vom 10.6.2010 -2 AZR 541/09-). Ist der Arbeitnehmer ordnungsgemäß abgemahnt worden und

verletzt er dennoch seine arbeitsvertraglichen Pflichten erneut, kann regelmäßig davon ausgegangen werden, es werde auch zukünftig zu weiteren Vertragsstörungen kommen (vgl. BAG, Urteil vom 10.6.2010 -2 AZR 541/09-).

*[89]* Nach dem Verhältnismäßigkeitsgrundsatz ist eine Kündigung nicht gerechtfertigt, wenn es mildere Mittel gibt, eine Vertragsstörung zukünftig zu beseitigen. Dieser Aspekt hat durch die Regelung des § 314 Abs. 2 BGB i.V.m. § 323 Abs. 2 BGB eine gesetzgeberische Bestätigung erfahren (vgl. BAG, Urteil vom 10.6.2010 -2 AZR 541/09-). Einer Abmahnung bedarf es in Ansehung des Verhältnismäßigkeitsgrundsatzes deshalb nur dann nicht, wenn eine Verhaltensänderung in Zukunft selbst nach Abmahnung nicht zu erwarten steht oder es sich um eine so schwere Pflichtverletzung handelt, dass eine Hinnahme durch den Arbeitgeber offensichtlich – auch für den Arbeitnehmer erkennbar – ausgeschlossen ist (vgl. BAG, Urteil vom 10.6.2010 -2 AZR 541/09-).

*[90]* Diese Grundsätze gelten uneingeschränkt selbst bei Störungen des Vertrauensbereichs durch Straftaten (vgl. BAG, Urteil vom 10.6.2010 -2 AZR 541/09-). Es gibt es keine „absoluten“ Kündigungsgründe. Stets ist konkret zu prüfen, ob nicht objektiv die Prognose berechtigt ist, der Arbeitnehmer werde sich jedenfalls nach einer Abmahnung künftig wieder vertragstreu verhalten (vgl. BAG, Urteil vom 10.6.2010 -2 AZR 541/09-).

*[91]* Für die Zumutbarkeit der Weiterbeschäftigung kann es von erheblicher Bedeutung sein, ob der Arbeitnehmer bereits geraume Zeit in einer Vertrauensstellung beschäftigt war, ohne vergleichbare Pflichtverletzungen begangen zu haben (vgl. BAG, Urteil vom 10.6.2010 -2 AZR 541/09-). Eine für lange Jahre ungestörte Vertrauensbeziehung zweier Vertragspartner wird nicht notwendig schon durch eine erstmalige Vertrauensenttäuschung vollständig und unwiederbringlich zerstört. Je länger eine Vertragsbeziehung ungestört bestanden hat, desto eher kann die Prognose berechtigt sein, dass der dadurch erarbeitete Vorrat an Vertrauen durch einen erstmaligen Vorfall nicht vollständig aufgezehrt wird. Dabei kommt es nicht auf die subjektive Befindlichkeit und Einschätzung des Arbeitgebers oder bestimmter für ihn handelnder Personen an. Entscheidend ist ein objektiver Maßstab. Maßgeblich ist nicht, ob der Arbeitgeber hinreichendes Vertrauen in den Arbeitnehmer tatsächlich noch hat. Maßgeblich ist, ob er es aus der Sicht eines objektiven Betrachters haben müsste. Im Arbeitsverhältnis geht es nicht um ein umfassendes wechselseitiges Vertrauen in die moralischen Qualitäten der je anderen Vertragspartei. Es geht allein um die von einem objektiven Standpunkt aus zu beantwortende Frage, ob mit einer korrekten Erfüllung der Vertragspflichten zu rechnen ist (vgl. BAG, Urteil vom 10.6.2010 -2 AZR 541/09-).

*[92]* (2). Unter Zugrundelegung der vorstehenden Grundsätze überwiegt das Interesse des Klägers an der Fortsetzung des Arbeitsverhältnisses gegenüber dem Interesse der Beklagten an dessen sofortiger Beendigung.

*[93]* (a). Zugunsten des Klägers war hier zunächst einmal zu berücksichtigen, dass dieser zum Zeitpunkt des Ausspruches der Kündigung am 1.4.2022 seit über 32 Jahren bei der Beklagten beschäftigt ist, ohne dass es zu Störungen im Arbeitsverhältnis der Parteien gekommen ist. Insbesondere wurden dem Kläger in dieser Zeit keinerlei Vorkommnisse sexueller Art mit Kindern oder Jugendlichen, mit denen er im Rahmen seiner Tätigkeit als Kirchenmusiker zu tun hatte, angelastet. Würde der Kläger tatsächlich eine „Gefahr" für diese Kinder und Jugendlichen darstellen, wie die Beklagte nun annimmt, erscheint es äußerst unwahrscheinlich, dass in mehr als 32 Jahren kein einziger Vorfall bekannt geworden sein soll, zumal der Kläger 50% seiner Arbeitszeit bei dem B. erfüllte, mit dem er auch Konzertreisen unternahm. Außerdem hat der Kläger zur Aufgabe, regelmäßig nach Absprache mit dem Pfarrer und der Leiterin des Kindergartens mit den Kindern des Kindergartens zu singen und die Erzieherinnen bei ihrer Singarbeit fördern sowie nach Absprache mit dem Rektorat der T. den Schulchor zu leiten und die Singarbeit fördern. Zum Aufgabenbereich des Klägers gehört also in erheblichem Umfang die Arbeit mit Minderjährigen. Dass es trotz dieses Aufgabenbereichs des Klägers in seinem mehr als 32 Jahre andauernden Arbeitsverhältnis mit der Beklagten weder zu Vorfällen noch zu Verdächtigungen gekommen ist, spricht aus Sicht der Kammer deutlich dafür, dass der Kläger keine Gefahr für Kinder und Jugendliche darstellt.

*[94]* (b). Hinzukommt, dass das Verhalten der Beklagten in Bezug auf die von ihr befürchtete Gefährdung dieser Minderjährigen widersprüchlich erscheint, was ebenfalls gegen die erhebliche Gefährdung von minderjährigen Gemeindemitgliedern durch den Kläger spricht. Einerseits führt die Beklagte in diesem Verfahren aus, dass sie sich bei Weiterbeschäftigung des Klägers nicht in der Lage sehe, Kinder und Jugendliche der Gemeinde und des B. entsprechend den Vorgaben des Schutzkonzeptes der Y. vor sexualisierter Gewalt zu schützen. Andererseits verhindert sie nicht, dass der Kläger, nachdem dem Vorsitzenden des Presbyteriums, Herrn Pfarrer A., die Gegenstände des staatsanwaltlichen Ermittlungsverfahrens bekannt waren, an einer viertägigen Konzertreise des B. nach Danzig teilnimmt.

*[95]* Die Kammer ist der Ansicht, dass die Beklagte sich in diesem Punkt nicht auf die fehlende Kenntnis des Presbyteriums von den Inhalten des Ermittlungsverfahrens zurückziehen kann. Wären die Gefahren für die Kinder tatsächlich so groß, wie die Beklagte nun ausführt, hätte Herr Pfarrer A. dafür Sorge tragen müssen, dass das Presbyterium in einer außerordentlichen Sitzung von

den Vorwürfen Kenntnis erlangt. Dies hielt er aber offensichtlich nicht für erforderlich, so dass auch deshalb Zweifel daran bestehen, dass von einer Gefährdung der minderjährigen Gemeindemitglieder durch den Kläger auszugehen ist. Hinzukommt, dass Herr A. – auch wenn es sich um eine Reise des B. handelte – die Teilnahme des Klägers ohne weiteres auch ohne eine Aktivität des Presbyteriums hätte verhindern können. Er hätte als Vorgesetzter des Klägers diesem und den Verantwortlichen des B. gegenüber nur nachdrücklich zum Ausdruck bringen müssen, dass dem Kläger die für die Konzertreise erforderliche Dienstbefreiung und Dienstreisegenehmigung seitens der Beklagten nicht erteilt wird. Dies wäre möglich gewesen, ohne die Inhalte des Ermittlungsverfahrens dem B. gegenüber publizieren zu müssen. Statt in dieser Weise aktiv zu werden, beschränkte sich Herr A. auf das nach dem Vortrag der Beklagten übliche Prozedere bei Dienstreisen, wonach eine solche nur genehmigt sei, wenn die Dienstreise im Zeiterfassungssystem AIDA eingetragen worden sei und der Antragsteller von diesem System eine Genehmigungsmail erhalten habe.

*[96]* (c). Ein überwiegendes Interesse der Beklagten an der sofortigen Beendigung des Arbeitsverhältnisses ergibt sich auch nicht aus deren Vortrag, dass der Kläger in Anbetracht der Ermittlungsergebnisse und der in diesem Zusammenhang gegen ihn erhobenen Vorwürfe nicht weiterhin glaubhaft den ihn als Kirchenmusiker adressierenden gemeindlichen Verkündigungsauftrag erfüllen könne, es schlechterdings unvorstellbar sei, dass eine Person an Gottesdiensten und sonstigen liturgischen Handlungen mitwirke, die ihr Vertrauen durch massive Lügen im Hinblick auf die Einleitung wie auch die Einstellung des gegen ihn gerichteten Strafverfahrens verwirkt und zudem gegenüber minderjährigen männlichen Jugendlichen Verhaltensweisen an den Tag gelegt habe, die nicht nur strafbar seien, sondern dem gesetzlich geregelten Selbstverständnis der evangelischen Kirche wie auch dem Moralempfinden der gesellschaftlichen Mehrheit krass zuwiderliefen, sie würde komplett unglaubwürdig, wenn sie eine Person wie den Kläger weiter beschäftige und in seiner Eigenschaft als Kirchenmusiker an ihrem Verkündigungsauftrag teilhaben lasse oder ihn weiterhin im Rahmen der Gestellung mit der Leitung des Knabenchores betraue.

*[97]* (aa). Zwar haben die Arbeitsgerichte nach der Entscheidung des Bundesverfassungsgerichts vom 4.6.1985 (-2 BvR 1703/83, 2 BvR 1718/83, 2 BvR 856/84-) die vorgegebenen kirchlichen Maßstäbe für die Bewertung vertraglicher Loyalitätspflichten zugrunde zu legen, soweit die Verfassung das Recht der Kirchen anerkennt, hierüber selbst zu befinden. Danach bleibt es grundsätzlich den verfassten Kirchen überlassen, verbindlich zu bestimmen, was „die Glaubwürdigkeit der Kirche und ihrer Verkündigung erfordert (vgl. BAG, Urteil vom 19.12.2019 -8 AZR 511/18-).

*[98]* Jedoch ist im KGSsG nicht geregelt, dass die Ausübung sexualisierter Gewalt gegenüber Minderjährigen zwangsläufig zu einer fristlosen Kündigung führen muss. § 5 Abs. 1 Nr. 2 KGSsG spricht lediglich von entsprechenden arbeits- bzw. dienstrechtlichen Maßnahmen. Eine solche Maßnahme könnte auch eine Abmahnung sein.

*[99]* (bb). Soweit die Beklagte des Weiteren auf das „massive Lügen im Hinblick auf die Einleitung wie auch die Einstellung des gegen ihn gerichteten Strafverfahrens" abstellt, ist zunächst einmal nicht ersichtlich, welche kirchenrechtlichen Regelungen bei einem solchen Verstoß zwangsläufig eine fristlose Kündigung verlangen würde. Wie bereits oben unter I. 2. c. aa. (2) (a) und (b) ausgeführt – sind die von der Beklagten behaupteten Lügen des Klägers – unterstellt sie seien wie vortragen erfolgt – im Zusammenhang mit der besonderen Situation des Klägers zu sehen, d.h. es ist ging dem Kläger nicht darum, seine Arbeitgeberin zu belügen, sondern sich vor der Strafverfolgung zu schützen. Zu berücksichtigten ist außerdem zugunsten des Klägers, dass er zumindest hinsichtlich des Gegenstandes des Ermittlungsverfahrens unstreitig die Wahrheit gesagt hat. Die „massive Lügen im Hinblick auf die Einleitung wie auch die Einstellung des gegen ihn gerichteten Strafverfahrens" sind daher nach Ansicht der Kammer objektiv nicht geeignet, das für die Fortsetzung des Arbeitsverhältnisses erforderliche Vertrauen in den Kläger zunichtezumachen. Dabei kommt es nicht auf die subjektive Befindlichkeit und Einschätzung der Beklagten oder bestimmter für sie handelnder Personen an, maßgeblich ist nicht, ob der Arbeitgeber hinreichendes Vertrauen in den Arbeitnehmer tatsächlich noch hat. Entscheidend ist vielmehr, ob sie es aus der Sicht eines objektiven Betrachters haben müsste. Im Arbeitsverhältnis geht es nicht um ein umfassendes wechselseitiges Vertrauen in die moralischen Qualitäten der je anderen Vertragspartei. Es geht allein um die von einem objektiven Standpunkt aus zu beantwortende Frage, ob mit einer korrekten Erfüllung der Vertragspflichten zu rechnen ist. Aus Sicht eines objektiven Betrachters ist sicherlich ein erhebliches Fehlverhalten des Klägers festzustellen, das allerdings nicht dazu führt, dass seine Weiterbeschäftigung für die Beklagte unzumutbar geworden ist. Die Reaktion auf das Fehlverhalten des Klägers, die außerordentliche Kündigung, ist auch unter Berücksichtigung der besonderen Stellung der Beklagten als kirchliche Arbeitgeberin unverhältnismäßig. Vorliegend hätte nach Ansicht der erkennenden Kammer eine Abmahnung zur Ahndung der von der Beklagten behaupteten, zwischen den Parteien streitigen Unehrlichkeiten ausgereicht. Hinzukommt, dass das Vergeben auch ein Teil der christlichen Glaubenslehre ist, so heißt es beispielsweise in dem Gebet „Vaterunser" „... und vergib uns unsere Schuld wie auch wir vergeben unseren Schuldigern". Wenn der Kläger sich nach 32 Jahren

unbeanstandeten Arbeitens aus welchem Grund auch immer zu unwahren Angaben gegenüber der Beklagten hinreißen ließ, so dürfe dies nach Auffassung der erkennenden Kammer nicht zu einer fristlosen Beendigung des Arbeitsverhältnisses führen, sondern wäre allenfalls mit einem milderen Mittel, der Abmahnung, zu ahnden. Eine Beeinträchtigung der Glaubwürdigkeit der Beklagten ist aus Sicht der Kammer nicht zu besorgen. Zum einen dürften die Vorwürfe gegen den Kläger der Gemeinde nicht bekannt sein, zum anderen wäre das Verzeihen eines Fehlers nicht verwerflich.

*[100]* (c). Als milderes Mittel kommt vorliegend weder die außerordentliche Kündigung mit sozialer Auslauffrist noch die ordentliche Kündigung, sondern allein die Abmahnung in Betracht.

*[101]* (aa). Die außerordentliche Kündigung mit sozialer Auslauffrist scheitert daran, dass die Beklagte bei dem Inklusionsamt mit Antrag vom 15.3.2022 lediglich die Zustimmung zu einer außerordentlichen Kündigung und trotz der auf dem Formular vorgesehenen Möglichkeit nicht auch zu einer außerordentlichen Kündigung mit sozialer Auslauffrist beantragt hat. Auch die Mitarbeitervertretung wurde ausschließlich zu einer außerordentlichen Kündigung angehört.

*[102]* (bb). Eine ordentliche Kündigung scheitert als milderes Mittel an der ordentlichen Unkündbarkeit des Klägers gemäß § 33 Abs. 3 Satz 2 BAT-KF i.V.m. §§ 55 Abs.1, 53 Abs. 4 BAT-KF alte Fassung.

*[103]* (d). Im Hinblick auf die vorstehenden Ausführungen unter I. 2. c. bb. (2). sowie aufgrund des fortgeschrittenen Lebensalters des Klägers von 56 Jahren war die erkennende Kammer der Ansicht, dass das Interesse des Klägers am Fortbestand seines Arbeitsverhältnisses in der Gesamtbetrachtung gegenüber dem Interesse der Beklagten an dessen Beendigung überwiegt.

*[104]* 3. Im Hinblick darauf, dass es – wie vorstehend ausgeführt – bereits an einem wichtigen Grund für die Kündigung vom 1.4.2022 fehlt, konnte dahinstehen, ob die Beklagte die Zwei-Wochen-Frist des § 626 Abs. 2 BGB gewahrt hat und ob die Beteiligung des Inklusionsamtes ordnungsgemäß erfolgte.

*[105]* II. Der Feststellungsantrag zu 2) ist unzulässig. Dem Kläger fehlt das für diesen allgemeinen Feststellungsantrag erforderliche Feststellungsinteresse.

*[106]* 1. Die allgemeine Feststellungsklage nach § 256 ZPO setzt auch im Kündigungsschutzprozess ein besonderes Feststellungsinteresse voraus. Dies besteht nicht schon deshalb, weil ein bestimmt bezeichneter Vorgang als Kündigung angesprochen worden und deswegen ein Kündigungsschutzrechtsstreit anhängig ist. Es ist vielmehr erforderlich, dass der Kläger durch Tatsachenvortrag weitere streitige Beendigungstatbestände in den Prozess einführt oder wenigstens deren Möglichkeit darstellt und damit belegt, warum dieser die Klage

nach § 4 KSchG erweiternde Antrag zulässig sein, d.h. warum an der – noch dazu alsbaldigen – Feststellung ein rechtliches Interesse bestehen soll (vgl. LAG Hamm (Westfalen), Urteil vom 13.3.2001 -11 Sa 2157/99-). Liefert der Kläger keine derartige Begründung, ist der Vortrag nicht schlüssig und die Klage insoweit als unzulässig abzuweisen (vgl. LAG Hamm (Westfalen), Urteil vom 13.3.2001 -11 Sa 2157/99-).

*[107]* 2. An einem derartigen Sachvortrag des Klägers fehlt es hier. Er hat neben dem Schreiben vom 1.4.2022 keine weiteren Beendigungstatbestände oder Möglichkeiten in den Prozess eingeführt, sondern hat sich darauf beschränkt, darzulegen, die Beklagte habe das Arbeitsverhältnis mit Schreiben vom 1.4.2022 gekündigt.

*[108]* III. Der Kläger hat gegen die Beklagte einen Anspruch auf Weiterbeschäftigung als Kirchenmusiker aus §§ 611a Abs. 1, 613 i.V.m. § 242 BGB.

*[109]* 1. Nach den Grundsätzen, die der Große Senat des Bundesarbeitsgerichts in dem Beschluss vom 27.2.1985 -GS 1/84- aufgestellt hat, konnte der Kläger auch seine Weiterbeschäftigung während der Dauer des Rechtsstreits verlangen.

*[110]* In einem unangefochten bestehenden Arbeitsverhältnis hat der Arbeitnehmer grundsätzlich einen Anspruch auf tatsächliche Beschäftigung. Dieser Anspruch ergibt sich aus §§ 611 Abs. 1 (nunmehr § 611a Abs. 1 BGB), 613 i.V.m. § 242 BGB, bei dessen Auslegung die Wertentscheidungen des Grundgesetzes zu berücksichtigen sind. Zu diesen gehört der Schutz der Persönlichkeit des Arbeitnehmers (vgl. BAG, Beschluss vom 27.2.1985 -GS 1/84-). Dagegen verstößt es, wenn dem Arbeitnehmer gegen seinen Willen für längere Zeit ohne besondere schutzwürdige Interessen des Arbeitgebers an der Freistellung zugemutet wird, im Arbeitsverhältnis nur seine Vergütung entgegenzunehmen, ohne sich in seinem Beruf betätigen zu können. Das Bundesarbeitsgericht hat diesen Anspruch in diesem Umfang in ständiger Rechtsprechung anerkannt (vgl. z.B. BAG, Urteil vom 17.12.2000). Für das gekündigte Arbeitsverhältnis nach Ablauf der Kündigungsfrist hat der Große Senat mit Beschluss vom 27.2.1985 -GS 1/84- für den Fall der nicht offensichtlich unwirksamen Kündigung einen Weiterbeschäftigungsanspruch über den Ablauf der Kündigungsfrist oder bei der fristlosen Kündigung über deren Zugang hinaus bis zum rechtskräftigen Abschluss des Kündigungsschutzprozesses anerkannt, wenn nicht überwiegende schutzwerte Interessen des Arbeitgebers entgegenstehen. Das trifft bei einem streitigen Ende des Arbeitsverhältnisses jedenfalls so lange zu, wie der Ausgang des Streits über den Bestand des Arbeitsverhältnisses ungewiss ist. Die Beschäftigung wie die Nichtbeschäftigung haben irreversible Folgen. Bei der gebotenen Interessenabwägung ist das Risiko des ungewissen

Prozessausgangs zugunsten des Arbeitgebers zu berücksichtigen. Das Prozessrisiko ändert sich aber, wenn der Arbeitnehmer im Kündigungsprozess ein obsiegendes Urteil erstreitet. In diesem Fall kann die Ungewissheit über den endgültigen Prozessausgang für sich allein ein überwiegendes Interesse des Arbeitgebers an der Nichtbeschäftigung des Arbeitnehmers nicht mehr begründen. Vielmehr muss der Arbeitgeber für diesen Fall zusätzliche Umstände anführen, aus denen sich sein überwiegendes Interesse an der Nichtbeschäftigung ergibt (vgl. BAG, Beschluss vom 27.2.1985 -GS 1/84-; BAG, Urteil vom 13.6.1985 -2 AZR 410/84-).

*[111]* 2. Die Beklagte hat im vorliegenden Fall keine Tatsachen vorgetragen, aus denen sich ihr überwiegendes Interesse an der Nichtbeschäftigung des Klägers ergibt, so dass von einem überwiegenden Interesse des Klägers an seiner Weiterbeschäftigung auszugehen ist. Der Sachvortrag der Beklagten zur Frage der Unzumutbarkeit der Weiterbeschäftigung des Klägers war als Teil des Kündigungsgrundes anzusehen. Da die Kündigung nach Ansicht der erkennenden Kammer das Arbeitsverhältnis nicht beendet hat, steht auch der Weiterbeschäftigung des Klägers nichts mehr entgegen.

## 9

**Gründe, die sich aus der Person des Strafgefangenen oder seines Vollzugsverhaltens ergeben, können im Einzelfall eine Beschränkung des Grundrechtschutzes und damit die Ablehnung der Überlassung einer brennbaren Gebetskerze aus Wachs zum überwiegenden Schutz der Mitgefangenen und Anstaltsbediensteten rechtfertigen. Dies gilt auch für besondere Umstände, die zusammen mit einer brennbaren Kerze eine erhebliche Steigerung der Brandgefahr begründen würden und die von dem Gefangenen zu vertreten sind.**

Artt. 2 Abs. 2 Satz 1, 4 Abs 1 und 2 GG, §§ 4 Abs. 3 Satz 2, 58 Satz 1 JVollzG RP
OLG Koblenz, Beschluss vom 15. August 2022 -2 Ws 255/22 (Vollz)-[1]

I. Der Antragsteller befindet sich bei der Antragsgegnerin im Strafvollzug. Mit Beschluss vom 8.4.2022 hat die Strafvollstreckungskammer Diez des Landge-

**1** Amtl. Leitsatz. juris.
Der Beschluss ist rechtskräftig. Vgl. dazu auch: OLG Zweibrücken Beschluss vom 6.10.2020 -1 WS 191 und 291/19(Vollz)- KirchE 76, 213 (verneinend) und OLG Frankfurt, Beschluss vom 3.7.1986 -3 Ws 1078/85 (StVollz)- (bejahend) sowie den Beitrag von Roth, in NStZ 2023, 662 (666).

https://doi.org/10.1515/9783111651248-009

richts Koblenz auf die vom Antragsteller beantragte gerichtliche Entscheidung die Antragsgegnerin verpflichtet, diesem die beantragte brennbare Gebetskerze aus Wachs auszuhändigen. Gegen diesen Beschluss richtet sich die nach Zustellung am 12.4.2022 am 12.5.2022 bei der Strafvollstreckungskammer eingegangene und mit der Verletzung formellen und materiellen Rechts begründete Rechtsbeschwerde der Antragsgegnerin.

Die Beschwerde hatte Erfolg.

**Aus den Gründen:**

*[2]* II. Die gemäß § 118 StVollzG form- und fristgerecht eingelegte Rechtsbeschwerde ist zuzulassen und hat in der Sache den aus dem Tenor ersichtlichen Erfolg.

*[3]* 1. Die Nachprüfung der gerichtlichen Entscheidung ist jedenfalls zur Fortbildung des Rechts geboten, da es bislang an einer obergerichtlichen Entscheidung des Oberlandesgerichts Koblenz dazu fehlt, ob und in welchem Maße bei der Entscheidung über die Überlassung einer brennbaren Gebetskerze aus Wachs an einen Gefangenen gemäß § 58 Satz 1 LJVollzG besondere Umstände des Einzelfalls in der Abwägung zwischen den widerstreitenden Interessen der Freiheit der Religionsausübung gemäß Artikel 4 GG und den Sicherheitsinteressen der Anstalt gemäß § 4 Abs. 3 LJVollzG eine Ablehnung des Begehrens möglich ist.

*[4]* 2. Die Rechtsbeschwerde der Antragsgegnerin ist begründet und führt im Hinblick auf die erhobene Sachrüge zur Aufhebung der angegriffenen Entscheidung der Strafvollstreckungskammer und zur Ablehnung des Antrags auf gerichtliche Entscheidung.

*[5]* a) Ungeachtet der Richtigkeit ist dem Senat eine Überprüfung der von der Strafvollstreckungskammer gewährten Wiedereinsetzung in den vorigen Stand nicht möglich (§§ 120 Abs. 1 Satz 2 StVollzG, 46 Abs. 2 StPO). Zwar ist die Entscheidung über die Wiedereinsetzung nicht ausdrücklich erfolgt. Da die Kammer jedoch erkannt hat, dass der Antrag auf gerichtliche Entscheidung vom 6.10.2021 am 28.2.2022 mit dem gleichzeitig gestellten Wiedereinsetzungsantrag verspätet bei Gericht einging, und da die Kammer festgestellt hat, dass dies letztlich vom Antragsteller nicht zu vertreten gewesen sei, hat sie die Wiedereinsetzung in die Antragsfrist gemäß § 112 Abs. 1 StVollzG konkludent gewährt.

*[6]* Der Umstand, dass sich die Kammer hierbei nicht erkennbar umfassend mit den formellen Anforderungen eines Wiedereinsetzungsantrages, insbesondere den tatsächlichen Darlegungserfordernissen hinsichtlich des Wiederein-

setzungsgrundes, auseinandergesetzt hat, kann durch den Senat aufgrund des gesetzlichen Anfechtungsverbotes gemäß §§ 120 Abs. 1 Satz 2 StVollzG, 46 Abs. 2 StPO ebenso wenig überprüft werden wie die im Hinblick auf die ständige Rechtsprechung (vgl. BGH -2 StR 82/16- vom 9.6.2016, BeckRs 2016, 12089 Rn 4; bzgl. anderer Rechtsgebiete vgl.: OVG Hamburg -Bf VI 24/94- NJW 1995, 3137, 3139; Schmidt-Bleibtreu/Klein/Bethge/Hömig, 61. EL, BVerfGG § 93 Rn 56 mwN) zweifelhafte Annahme, dass eine unzureichende Frankierung einen verspäteten Rechtsmitteleingang entschuldige.

*[7]* b) Die Strafvollstreckungskammer hat dem Antrag auf gerichtliche Entscheidung zu Unrecht entsprochen. Die Verpflichtung der Antragsgegnerin, dem Antragsteller die beantragte brennbare Gebetskerze aus Wachs auszuhändigen, beruhte auf einer rechtsfehlerhaften Anwendung des § 58 Satz 1 LJVollzG im vorliegenden Einzelfall. Ein solcher Anspruch steht ihm vorliegend nicht zu.

*[8]* aa) Gemäß § 58 Satz 1 LJVollzG dürfen Gefangene grundlegende religiöse Schriften sowie in angemessenem Umfang Gegenstände des religiösen Gebrauchs besitzen. Dies dient der Ausübung des Grundrechts der Glaubens- und Gewissensfreiheit (Art. 4 Abs. 1 GG) und der ungestörten Religionsausübung (Art. 4 Abs. 2 GG) im Vollzug (vgl. BeckOK Strafvollzug RhPf/Hettenbach, 17. Ed., RhPfLJVollzG § 58 Rn 1).

*[9]* Bei der beantragten brennbaren Gebetskerze aus Wachs handelt es sich nach einhelliger Ansicht in Rechtsprechung und Literatur um einen Gegenstand des religiösen Gebrauchs i.S.d. § 58 Satz 1 LJVollzG (vgl. OLG Zweibrücken -1 Ws 191 + 291/19 (Vollz)- vom 6.10.2020, KirchE 76, 213; OLG Frankfurt -3 Ws 1078/85 (StVollz)- vom 3.7.1986, BeckRS 2016, 3466; SBJL-Schäfer, StVollzG, 7. Auflage 2020, 8. Religionsausübung Rn 23).

*[109* bb) Die Grundrechte der Glaubens- und Gewissensfreiheit (Art. 4 Abs. 1 GG) und der ungestörten Religionsausübung (Art. 4 Abs. 2 GG) sind auch den in Justizvollzugsanstalten untergebrachten Personen grundsätzlich ohne Vorbehalte garantiert. Einschränkungen von Artikel 4 Abs. 1 und 2 GG müssen sich aus der Verfassung selbst ergeben, weil dieses Grundrecht keinen Gesetzesvorbehalt enthält. Zu solchen verfassungsimmanenten Schranken zählen die Grundrechte Dritter sowie Gemeinschaftswerte von Verfassungsrang. Die Einschränkung bedarf überdies einer hinreichend bestimmten gesetzlichen Grundlage (BVerfG -2 BvR 1333/17- vom 14.1.2020, KirchE 75, 5). Eine solche gesetzliche Grundlage, nach der Einschränkungen von Artikel 4 GG im Einzelfall rechtmäßig sein können, enthält für den Strafvollzug in Rheinland-Pfalz § 4 Abs. 3 LJVollzG.

*[11]* cc) Gemäß § 4 Abs. 3 Satz 2 LJVollzG dürfen Strafgefangenen, soweit das Gesetz eine besondere Regelung nicht enthält, nur die Beschränkungen aufer-

legt werden, die zur Aufrechterhaltung der Sicherheit oder zur Abwendung einer schwerwiegenden Störung der Ordnung der Anstalt unerlässlich sind. Gemäß § 4 Abs. 3 Satz 3 LJVollzG müssen die Beschränkungen in einem angemessenen Verhältnis zum Zweck der Anordnung stehen und dürfen die Gefangenen nicht mehr und nicht länger als notwendig beeinträchtigen.

*[12]* Als legitimer Zweck, welcher im Einzelfall im Weg der praktischen Konkordanz eine Beschränkung des Grundrechtschutzes aus Artikel 4 GG zulässt, ist insbesondere der Schutz des Grundrechts der Mitgefangenen und des Anstaltspersonals auf körperliche Unversehrtheit aus Artikel 2 GG anerkannt (vgl. OLG Zweibrücken, aaO Rn 20, 23 ff.; OLG Frankfurt aaO).

*[13]* Ob die von einer brennbaren Wachskerze als Dauerbrennstelle gegenüber Streichhölzern, Feuerzeugen und Zigaretten ausgehende erhöhte Brandgefahr – zumal häufig zweckentfremdet als Feuerstelle zum Erhitzen von Speisen und Getränken genutzt – eine generelle Versagung erlaubt, wird in der Rechtsprechung unterschiedlich beurteilt (verneinend: OLG Zweibrücken, aaO Rn 26; bejahend: OLG Frankfurt, aaO). Vorliegend kann eine Entscheidung dieser Frage offenbleiben, da die besonderen Umstände des zu beurteilenden Einzelfalls die Rechtmäßigkeit der Versagung einer Gebetskerze gegenüber dem Antragsteller begründen.

*[14]* Denn es ist anerkannt, dass jedenfalls Gründe, welche sich aus der Person des Antragsstellers oder seines Vollzugsverhaltens ergeben, im Einzelfall eine Beschränkung des Grundrechtschutzes und damit die Ablehnung der Überlassung einer brennbaren Gebetskerze aus Wachs zum überwiegenden Schutz der Mitgefangenen und Anstaltsbediensteten rechtfertigen können (vgl. OLG Zweibrücken, aaO Rn 27). Dies gilt auch für besondere Umstände, welche zusammen mit einer brennbaren Kerze eine erhebliche Steigerung der Brandgefahr begründen würden und die von dem Gefangenen zu vertreten sind.

*[15]* Nach diesen Maßstäben hat die Antragsgegnerin dem Antragsteller aus den besonderen Gründen des vorliegenden Einzelfalls die Überlassung einer Gebetskerze aus Brandschutzgründen zum Schutz der körperlichen Unversehrtheit des Antragstellers, der Mitgefangenen und der Bediensteten zu Recht versagt.

*[16]* (1) Als offene Dauerbrennquelle stellt eine Kerze eine Brandgefahr dar, die aufgrund der Brenndauer grundsätzlich höher einzuschätzen ist als die von Streichhölzern, Feuerzeugen oder Zigaretten ausgehende Gefahr.

*[17]* (2) Bei der Gefahrenquelle ist zwischen Eigen- und Fremdgefährdung sowie zwischen vorsätzlicher und fahrlässiger Inbrandsetzung zu unterscheiden. Der Strafvollstreckungskammer und dem Antragsteller ist zuzustimmen, dass sich aus der Vergangenheit keine konkreten Anhaltspunkte ergeben ha-

ben, dass für den Antragsteller bei Überlassung einer Kerze eine Eigengefahr aufgrund eines vorsätzlichen Missbrauchs besteht. Allerdings geht von Kerzen eine nicht unerhebliche Eigen- und Fremdgefahr infolge fahrlässiger Brandverursachung aus.

*[18]* (3) Die Anstalt ist in nicht zu beanstandender Weise in ihrem ablehnenden Bescheid vom 7.9.2021 zu dem Schluss gelangt, dass der Antragsteller auch unter Beachtung des Gebots aus Artikel 4 GG unter Berücksichtigung seiner persönlichen Umstände und der damit verbundenen Gefahr keine ausreichende Gewähr für einen sorgsamen Umgang mit einer brennenden Kerze bietet.

*[19]* Bei der Einschätzung der Person des Antragstellers steht der Antragsgegnerin ein Beurteilungsspielraum zu. Dafür, dass die Antragsgegnerin die zulässigen Grenzen dieses Beurteilungsspielraums überschritten hat, weil sie den Antragssteller als eine „schwer einschätzbare Persönlichkeit“ ansieht, die sich u.a. wegen Mordes, versuchter schwerer Brandstiftung mit Todesfolge und versuchter besonders schwerer Brandstiftung in zwei Fällen im Strafvollzug befindet, gibt es auch aus Sicht des Senats, dem der Antragssteller sich seit Jahren in zahlreichen Rechtsmitteln entsprechend präsentiert hat, keine Anhaltspunkte.

*[20]* Dass der Antragsteller über sieben Jahre hinweg ordnungsgemäß mit einer brennbaren Gebetskerze umgegangen sei, steht der Annahme eines vorsätzlichen Missbrauchs, nicht aber der einer fahrlässigen Verursachung eines Brandes entgegen. Hierbei kommt es auf die Zuverlässigkeit an, die Gefahrenquelle beherrschen und fahrlässige Brandverursachungen möglichst effektiv ausschließen zu können. Die Zweifel der Antragsgegnerin scheinen auch dem Senat begründet. So ist bei den seit Jahren vom Antragsteller erhobenen zahlreichen Rechtsmitteln zuletzt noch häufiger zu beobachten gewesen, dass Darstellungen unverständlich und zusammenhanglos erfolgten, was dafürsprechen könnte, dass es dem Antragsteller nicht mehr ohne weiteres gelingt, sich um alle seine Angelegenheiten in gebotenem Maße zu kümmern.

*[21]* Entscheidend und zutreffend hat die Antragsgegnerin im vorliegenden Fall in ihrem Ablehnungsbescheid vom 7.9.2021 auf den besonderen persönlichen Umstand des Antragstellers abgestellt, viel Papier in seinem Haftraum zu lagern. Papier ist bekanntermaßen sehr leicht entflammbar. Das Vorhandensein großer Papiermengen erhöht die konkrete Gefahr eines fahrlässig verursachten Brandes und seiner schnellen Ausbreitung innerhalb der Zelle, verbunden mit einer erheblichen Gesundheits- und Lebensgefahr für den Angeklagten und im Weiteren auch der Mitgefangenen und Bediensteten.

*[22]* c) Die aufgezeigten Rechtsfehler führen zur Aufhebung der angegriffenen Entscheidung (§ 119 Abs. 4 Satz 1 StVollzG). Die Sache ist spruchreif, da die im vorliegenden Einzelfall einzustellenden besonderen persönlichen Umstände einen Anspruch des Antragstellers auf Überlassung der beantragten brennbaren Gebetskerze aus Wachs ausschließen. Der Senat konnte daher in der erkannten Weise anstelle der Strafvollstreckungskammer entscheiden (§ 119 Abs. 4 Satz 2 StVollzG).

10

**1. Die Anbringung eines Kreuzes durch staatliche Stellen kann nur dann als Eingriff in das Grundrecht eines Einzelnen aus Art. 4 Abs. 1 GG und Art. 107 Abs. 1 BV gewertet werden, wenn der Einzelne durch eine vom Staat geschaffene Lage ohne Ausweichmöglichkeiten dem Einfluss eines bestimmten Glaubens oder seiner Symbole ausgesetzt wird. Hieraus ergibt sich zunächst, dass ein Eingriff in das Grundrecht des Art. 4 Abs. 1 GG nicht automatisch schon immer dann vorliegt, wenn der Staat gegen seine objektiv-rechtliche Pflicht zu weltanschaulich-religiöser Neutralität verstoßen sollte. Solange jemand nicht darlegt, dass er jeweils in einem konkreten Dienstgebäude verkehrt, in dem ein Kreuz angebracht ist, ist nicht erkennbar, inwieweit eine Konfrontation im vorgenannten Sinne und damit ein Eingriff in den Schutzbereich von Art. 4 GG in Betracht kommen könnte.**
**2. Eine relevante Wirkung zugunsten des Christentums durch ein Kreuz im Eingangs- und damit Durchgangsbereich eines Dienstgebäudes auf Passanten kann sich bei der naturgemäß nur flüchtigen Wahrnehmung nicht einstellen.**
**3. Die Pflicht des Staates zur weltanschaulich-religiösen Neutralität ist ein aus Art. 4 Abs. 1, Art. 3 Abs. 3 Satz 1, Art. 33 Abs. 3 GG sowie Art. 136 Abs. 1 und Art. 136 Abs. 4 und Art. 137 Abs. 1 WRV i.V.m. Art. 140 GG hergeleitetes objektiv-rechtliches Verfassungsprinzip, das als solches keine einklagbaren subjektiven Rechte begründet.**
**4. Ein Normenkontrollverfahren nach § 47 VwGO ist gegen die Verwaltungsvorschrift des § 28 AGO nicht zulässig.**

https://doi.org/10.1515/9783111651248-010

**Art. 107 Abs. 1 Verf BY, Artt. 3 Abs. 3 Satz 1, 4 Abs. 1 und 2, 33 Abs. 3, 140 GG, Artt. 136 Abs. 1 und 4, 137 Abs. 1 WRV, § 42 Abs. 2 VwGO**
**Bay VGH, Beschluss vom 23.8.2022 -5 ZB 20.2243-[1]**

I. Die Kläger wenden sich gegen den sogenannten „Kreuzerlass" der Bayerischen Staatsregierung vom 1.6.2018. Sie begehren die Verpflichtung des Beklagten, die im Eingangsbereich der Dienstgebäude angebrachten Kreuze zu entfernen und eine entsprechende Empfehlung an die Kommunen und sonstigen juristischen Personen des öffentlichen Rechts in Bayern auszusprechen.

Der Ministerrat beschloss am 24.4.2018, eine neue Regelung in § 28 der Allgemeinen Geschäftsordnung für die Behörden des Freistaats Bayern (AGO) vom 12.12.2000 (GVBl S. 873) mit folgendem Wortlaut einzufügen:

> „Im Eingangsbereich eines jeden Dienstgebäudes ist als Ausdruck der geschichtlichen und kulturellen Prägung Bayerns gut sichtbar ein Kreuz anzubringen".

Die Änderung zu § 28 AGO wurde im Gesetz- und Verordnungsblatt bekannt gemacht und trat zum 1.6.2018 in Kraft (GVBl 2018, 281).

Daneben bestimmt § 36 AGO:

> „Gemeinden, Landkreisen, Bezirken und sonstigen juristischen Personen des öffentlichen Rechts wird empfohlen, nach dieser Geschäftsordnung zu verfahren."

Mit Schreiben vom 5.10.2018 beantragten die Kläger sowie zwei Weltanschauungsgemeinschaften bei der Bayerischen Staatskanzlei die Entfernung der im Eingangsbereich der Dienstgebäude angebrachten Kreuze. Ferner beantragten sie, den Gemeinden, Landkreisen, Bezirken und sonstigen juristischen Personen des öffentlichen Rechts zu empfehlen, ebenso zu verfahren; dem Begehren gab die Bayerische Staatskanzlei nicht statt.

Am 8.10.2018 erhoben die Kläger zusammen mit den zwei vorgenannten Weltanschauungsgemeinschaften Klagen zum Verwaltungsgericht München (-M 30 K 18.4955-) mit dem Antrag, den Beklagten zu verpflichten, § 28 AGO aufzuheben (Klageantrag 1.) und den Gemeinden, Landkreisen, Bezirken und sonstigen juristischen Personen des öffentlichen Rechts zu empfehlen, die in Befolgung von § 36 AGO angebrachten Kreuze zu entfernen (Klageantrag 2.), hilfsweise, den Beklagten zu verpflichten, die in seinen Dienststellen im Sinne

1 Leitsätze der Redaktion BeckRS. BeckRS 2022, 23727; juris.
Der Beschluss ist rechtskräftig. Vgl. auch die Entscheidung des BayVGH, Urteil vom 1.6.2022 -5 B 22.674- KirchE 79, 318.

von § 28 AGO im Eingangsbereich des Dienstgebäudes angebrachten Kreuze zu entfernen (Klageantrag 3.).

Mit Beschluss vom 27.5.2020 trennte das Verwaltungsgericht das Verfahren betreffend die Klageanträge zu 2. und 3. ab und führte dieses Verfahren unter dem Aktenzeichen -M 30 K 20.2325- fort. Mit weiterem Beschluss vom selben Tage erklärte sich das Verwaltungsgericht hinsichtlich des verbleibenden Streitgegenstands (Klageantrag 1.) für sachlich unzuständig und verwies den Rechtsstreit an den Bayerischen Verwaltungsgerichtshof (-5 N 20.1331-).

Im Verfahren -M 30 K.20.2325- beantragten die Kläger, den Beklagten zu verpflichten, die in seinen Dienststellen im Sinne von § 28 AGO im Eingangsbereich des Dienstgebäudes angebrachten Kreuze zu entfernen und den Gemeinden, Landkreisen, Bezirken und sonstigen juristischen Personen des öffentlichen Rechts zu empfehlen, die in Befolgung vom § 36 AGO angebrachten Kreuze zu entfernen.

Das Verwaltungsgericht wies die Klagen mit Urteil vom 17.9.2020 als unzulässig ab. Für die Klagen auf Entfernung der in Befolgung von § 28 AGO angebrachten Kreuze fehle es an einer Klagebefugnis analog § 42 Abs. 2 VwGO, für die Klagen auf eine entsprechende, an die Kommunen und sonstigen juristischen Personen des öffentlichen Rechts gerichtete Empfehlung fehle den Klägern das Rechtsschutzbedürfnis.

Gegen dieses Urteil richten sich die Anträge der Kläger auf Zulassung der Berufung, denen der Beklagte entgegentritt.

Mit Beschluss vom 11.3.2022 hat der Verwaltungsgerichtshof das Verfahren hinsichtlich der ursprünglichen Kläger zu 1) und 2) (zwei Weltanschauungsgemeinschaften) abgetrennt und insoweit die Berufung zugelassen (-5 B 22.674-).

Die Berufung hatte keinen Erfolg.

**Aus den Gründen:**

*[14]* II. 1. Die Anträge der Kläger auf Zulassung der Berufung haben keinen Erfolg, da die geltend gemachten Zulassungsgründe nicht vorliegen.

*[15]* a) Es bestehen keine ernstlichen Zweifel an der Richtigkeit des verwaltungsgerichtlichen Urteils (§ 124 Abs. 2 Nr. 1 VwGO). Die Kläger haben keinen einzelnen tragenden Rechtssatz und keine erhebliche Tatsachenfeststellung des Verwaltungsgerichts mit schlüssigen Gegenargumenten in Frage gestellt (vgl. zu diesem Maßstab BVerfG, Beschluss vom 18.6.2019 -1 BvR 587/17- BVerfGE 151, 173).

*[16]* aa) Die Kläger stellen der Sache nach die rechtliche Prämisse des Verwaltungsgerichts in Frage, dass es für die Zulässigkeit der Klagen auf ihre konkrete subjektive Betroffenheit in eigenen Rechten ankommt (UA Rn 15, 19 f. und 21). Es handelt sich hierbei jedoch nicht bloß um eine Hypothese des Verwaltungsgerichts, sondern um eine Prozessvoraussetzung, die sich bereits unmittelbar aus der Vorschrift des § 42 Abs. 2 VwGO ergibt, welche im Falle der allgemeinen Leistungsklage nach ganz herrschender Auffassung analog anzuwenden ist. Sie entspricht der Systementscheidung des Verwaltungsprozessrechts für den subjektiv-rechtlich geprägten Rechtsschutz (vgl. Happ in Eyermann, VwGO, 16. Auflage 2022, § 42 Rn 71). Überindividuellen Rechtsschutz kennt dieses System nur ganz ausnahmsweise in ausdrücklich bestimmten Fällen gesetzlich normierter Verbandsklagen, wie etwa im Bereich des Umweltrechtsbehelfsgesetzes oder des Naturschutzrechts. Ein solcher normierter Ausnahmefall liegt hier nicht vor. Eine „generelle" allgemeine Leistungsklage ist in der Prozessordnung nicht vorgesehen. Die Kläger müssten somit geltend machen, durch ein bestimmtes Kreuz in einer konkreten Behörde in ihren Rechten beeinträchtigt zu werden. Das Verwaltungsgericht (UA Rn 19 f.) hat dementsprechend zutreffend darauf hingewiesen, dass die Kläger nicht substantiiert vorgetragen haben, durch welche Kreuze sie jeweils in ihren Rechten individuell betroffen seien. An einem substantiierten Vortrag hierzu fehlt es.

*[17]* (1) Eine entsprechende Konkretisierung ergibt sich insbesondere nicht aus dem Vorbringen der Kläger, das Verwaltungsgericht übersehe, dass sie jedenfalls die Staatskanzlei als Dienststelle mit dort angebrachtem Kreuz konkret benannt hätten. Mit Schreiben vom 5.10.2018 hätten sie die Entfernung der in den Dienstgebäuden angebrachten Kreuze und damit inzident auch die Entfernung des unstrittig demonstrativ und plakativ im Eingangsbereich der Staatskanzlei angebrachten Kreuzes verlangt. Dadurch hätten die Kläger inzident dargestellt, dass sie die Staatskanzlei (auch) aufsuchen wollten. Gemäß § 5 Abs. 1 AGO sollten die Behörden für die Bürger persönlich erreichbar sein. Das Besuchsrecht sei nicht davon abhängig, dass das Besuchsanliegen vorher schriftlich mitgeteilt werde. Die Staatskanzlei sei Behörde im Sinne von § 3 Abs. 3 AGO und allgemein auch für den Besuchsverkehr nach § 7 AGO zugänglich. Die Staatskanzlei sei nicht nur als politische Koordinierungsstelle angeschrieben worden. Hinsichtlich des Kreuzes in der Staatskanzlei sei daher die Klagebefugnis für jeden einzelnen Kläger zu bejahen.

*[18]* Dieser Vortrag ist nicht geeignet, ernstliche Zweifel an der Richtigkeit des Urteils des Verwaltungsgerichts zu begründen. Denn das Schreiben der Kläger an die Staatskanzlei vom 5.10.2018 enthält entgegen der Zulassungsbegründung keinen individuell auf das in der Staatskanzlei angebrachte Kreuz

zugespitzten Antrag. Wörtlich beantragten die Kläger, „die in den Behörden des Freistaats Bayern im Sinne von § 1 Abs. 1 Satz 2 AGO im Eingangsbereich des Dienstgebäudes angebrachten Kreuze zu entfernen und den Gemeinden, Landkreisen, Bezirken und sonstigen juristischen Personen des öffentlichen Rechts zu empfehlen, ebenso zu verfahren". Zur Begründung wurde (lediglich) ausgeführt, die Kläger sähen in dem sog. „Kreuzerlass" eine Verletzung des staatlichen Neutralitätsgebots im Hinblick auf ihre religiöse bzw. weltanschauliche Haltung/Gewissensentscheidung. Das Schreiben wurde offensichtlich deshalb an die Staatskanzlei gerichtet, weil diese u.a. die Bayerische Staatsregierung, die die AGO erlassen hat, in ihren verfassungsmäßigen Aufgaben unterstützt (vgl. § 1 Abs. 1 Satz 1 StGVV). Auch aus dem Vortrag der Kläger vor dem Verwaltungsgericht ergibt sich nichts Anderes. Zwar wurde das im Eingangsbereich der Staatskanzlei angebrachte Kreuz in der Klagebegründung vom 5.10.2018 erwähnt, aber im Folgenden nicht weiter thematisiert. Die Kläger haben im gesamten verwaltungsgerichtlichen Verfahren darauf abgestellt, dass sie deshalb Anspruch auf Entfernung der gemäß § 28 AGO angebrachten Kreuze hätten, weil deren Anbringung gegen das Neutralitätsgebot verstoße und die Kläger auch ohne unmittelbar bevorstehende Konfrontation mit einem solchen Kreuz in ihrer Religions- und Weltanschauungsfreiheit nach Art. 4 Abs. 1 und 2 GG verletzt seien. Von den Klägern könne nicht verlangt werden, jeweils vorsorglich die Entfernung der Kreuze vor Inanspruchnahme diverser staatlicher oder kommunaler Leistungen im jeweiligen Einzelfall in die Wege zu leiten.

*[19]* Das Verlangen, das Kreuz im Eingangsbereich der Staatskanzlei zu entfernen, liegt auch nicht als „Minus" in dem allgemein auf Entfernung aller im Eingangsbereich der staatlichen Dienststellen angebrachten Kreuze abzielenden Klageantrag. Das Verwaltungsgericht hat insoweit zu Recht darauf hingewiesen (UA S. 8), dass es dem Gericht mangels substantiiertem Klagevorbringen nicht möglich sei, ein einzelnes Kreuz auszuwählen, um zu prüfen, ob die Kläger Anspruch auf Entfernung gerade dieses Kreuzes hätten.

*[20]* (2) Soweit die Kläger meinen, ihre subjektive Betroffenheit ergebe sich aus einem Anspruch, jederzeit ohne Konfrontation mit einem Kreuz eine Behörde betreten zu können, begründet dies ihre Klagebefugnis aktuell nicht. Der Sache nach machen die Kläger mit diesem Vortrag lediglich geltend, sie könnten in Zukunft potentiell betroffen sein, weil ein Betreten jedes staatlichen Dienstgebäudes in Bayern denkbar sei.

*[21]* Damit beanspruchen sie der Sache nach vorbeugenden Rechtsschutz. Auch diesbezüglich gelten aber die Anforderungen des § 42 Abs. 2 VwGO analog, d.h. es bedarf einer zumindest möglichen künftigen Verletzung in eigenen Rechten und entsprechender Ausführungen der Kläger, um eine etwaige indivi-

duelle Betroffenheit prüfen zu können. Im Übrigen ergibt sich aus dem Vortrag der Kläger nicht und es ist auch sonst nicht ersichtlich, dass die Inanspruchnahme vorbeugenden Rechtsschutzes ausnahmsweise zum effektiven Schutz ihrer Rechte erforderlich wäre. Das Verwaltungsgericht (vgl. UA S. 9 f.) verweist zu Recht darauf, dass im Hinblick auf Art. 19 Abs. 4 GG vorbeugender Rechtsschutz zulässig ist, wenn ein besonders schützenswertes Interesse gerade hieran besteht, weil der Verweis auf nachgehenden Rechtsschutz mit für die Kläger unzumutbaren Nachteilen verbunden wäre.

*[22]* So liegt es hier aber nicht. Den Klägern wird durch die analoge Anwendung des § 42 Abs. 2 VwGO auch nicht effektiver Rechtsschutz (Art. 19 Abs. 4 GG) zur Wahrung ihrer Rechte aus Art. 4 GG verwehrt. Nach der ständigen Rechtsprechung des Bundesverfassungsgerichts (vgl. BVerfG, Urteil vom 14.1.2020 -2 BvR 1333/17- BVerfGE 153, 1, KirchE 75, 5; Beschluss vom 18.10.2016 -1 BvR 354/11- BayVBl 2017, 266, KirchE 68, 220; Beschluss vom 16.5.1995 -1 BvR 1087/91- BVerfGE 93, 1, KirchE 33, 191) und des Bayerischen Verfassungsgerichtshofs (vgl. z.B. Entscheidung vom 14.3.2019 -Vf. 3-VII-18- BayVBl 2019, 442, KirchE 73, 152) kann die Anbringung eines Kreuzes durch staatliche Stellen nur dann als Eingriff in das Grundrecht eines Einzelnen aus Art. 4 Abs. 1 GG und Art. 107 Abs. 1 BV gewertet werden, wenn der Einzelne durch eine vom Staat geschaffene Lage ohne Ausweichmöglichkeiten dem Einfluss eines bestimmten Glaubens oder seiner Symbole ausgesetzt wird. Hieraus ergibt sich zunächst, dass ein Eingriff in das Grundrecht des Art. 4 Abs. 1 GG nicht automatisch schon immer dann vorliegt, wenn der Staat gegen seine objektiv-rechtliche Pflicht zu weltanschaulich-religiöser Neutralität verstoßen sollte. Solange die Kläger bereits nicht plausibel aufzeigen, dass sie jeweils in einem konkreten Dienstgebäude verkehren, in dem ein Kreuz angebracht ist, ist nicht erkennbar, inwieweit eine Konfrontation im vorgenannten Sinne und damit ein Eingriff in den Schutzbereich von Art. 4 GG in Betracht kommen könnte.

*[23]* Eine vom Staat geschaffene Lage, in der die Kläger ohne Ausweichmöglichkeiten dem Einfluss eines bestimmten Glaubens oder seiner Symbole in grundrechtswidriger Weise ausgesetzt würden (vgl. für Verfahrensbeteiligte bei Teilnahme an einer mündlichen Gerichtsverhandlung BVerfG, Beschluss vom 14.1.2020 -2 BvR 1333/17- BVerfGE 153, 1, KirchE 75, 5), ist auch nicht gegeben, so dass unzumutbare Nachteile hierdurch schon deshalb ausscheiden. Dass den im Eingangsbereich staatlicher Dienststellen angebrachten Kreuzen keine den christlichen Glauben fördernde und damit die Weltanschauungsfreiheit der Kläger potentiell beeinträchtigende Wirkung zukommt, liegt zum einen daran, dass das Kreuz an der Wand ein im Wesentlichen passives Symbol ohne missionierende oder indoktrinierende Wirkung ist. Einen möglichen Einfluss auf Be-

sucher der Dienststellen (vgl. zu diesem Kriterium EGMR, Urteil vom 18.3.2011 -30814/06 [Lautsi u.a./Italien]- NVwZ 2011, 737, KirchE 57, 230) haben die Kläger nicht nachvollziehbar aufgezeigt. Davon ist zum anderen nach allgemeiner Lebenserfahrung auch nicht auszugehen. Denn der Eingangsbereich eines Dienstgebäudes stellt im Wesentlichen einen Durchgangsbereich dar, der nicht dem längeren Verweilen dient. Der Bürger durchquert ihn in der Regel lediglich auf dem Weg zum Mitarbeiter, der für sein Anliegen zuständig ist. Glaubenssymbole wie das dort angebrachte Kreuz finden sich im öffentlichen Raum sichtbar an zahlreichen Stellen und in vielerlei Gestalt sowohl im Nahbereich kirchlicher Einrichtungen wie auch sonst im Straßenbild. Zwar geht die Konfrontation mit dem Kreuz als christlichem Symbol hier vom Staat aus. Jedoch sind, der Differenzierung des Bundesverfassungsgerichts folgend, Behördenbesucher wie Passanten im öffentlichen Raum nur flüchtig damit konfrontiert und können Abstand halten; dies unterscheidet den vorliegenden Sachverhalt von Kreuzen in Unterrichtsräumen (vgl. BVerfG, Beschluss vom 16.5.1995 -1 BvR 1087/91- BVerfGE 93, 1, KirchE 33, 191). Es ist zwar davon auszugehen, dass jeder Bürger im Laufe seines Lebens in Einzelfällen Behörden besuchen muss, etwa, um Personaldokumente zu erlangen. In Ansehung der Flüchtigkeit der Wahrnehmung im Eingangsbereich reicht dies jedoch zur Begründung eines Grundrechtseingriffs nicht aus. Eine relevante Wirkung zugunsten des Christentums durch ein Kreuz im Eingangs- und damit Durchgangsbereich eines Dienstgebäudes auf Passanten kann sich bei der naturgemäß nur flüchtigen Wahrnehmung nicht einstellen.

*[24]* Die verfassungsrechtlich anerkannte (vgl. Beschluss 14.1.2020 -2 BvR 1333/17- BVerfGE 153, 1, KirchE 75, 5; Beschluss vom 16.5.1995 -1 BvR 1087/91- BVerfGE 93, 1, KirchE 33, 191) Pflicht des Staates zur weltanschaulich-religiösen Neutralität ist ein aus Art. 4 Abs. 1, Art. 3 Abs. 3 Satz 1, Art. 33 Abs. 3 GG sowie Art. 136 Abs. 1 und 4 und Art. 137 Abs. 1 WRV in Verbindung mit Art. 140 GG hergeleitetes objektiv-rechtliches Verfassungsprinzip, das als solches keine einklagbaren subjektiven Rechte der Kläger begründet. Das ist weit verbreitete Meinung in der Literatur (vgl. Di Fabio in Dürig/Herzog/Scholz, Art. 4 GG Rn 198; Stark in Klein/Starck/Starck, 7. Aufl. 2018 Art. 4 GG; Stern/Sachs/Dietlein in Stern, Staatsrecht: Die einzelnen Grundrechte, Bd. IV/2, 1. Auflage 2011, 4. Kapitel § 118 IV.3.; Streinz, BayVBl 2021, 577; Friedrich, NVwZ 2018, 1007; Herbolzheimer/Kukuszka, ZeKR 2018, 367) und lässt sich auch aus der höchstrichterlichen Rechtsprechung herleiten. Nach der Rechtsprechung des Bundesverfassungsgerichts (vgl. z.B. Beschluss vom 14.1.2020 -2 BvR 1333/17- KirchE 75, 5) ist der Grundsatz der weltanschaulich-religiösen Neutralität ein Verfassungsprinzip, das z.B. mit der Glaubensfreiheit in Widerstreit treten kann.

Neutralität ist danach als eine offene und übergreifende, die Glaubensfreiheit für alle Bekenntnisse gleichermaßen fördernde Haltung zu verstehen. Das Bundesverwaltungsgericht (Urteil vom 21.4.1999 -6 C 18.98- BVerwGE 109, 40, KirchE 37, 83) differenziert zwischen der distanzierenden Neutralität des Staates im Sinne der Gleichbehandlung aller Religionen und Weltanschauungen wie auch der sie tragenden Institutionen und der vorsorgenden Neutralität des Staates im Sinne der Sicherung eines Betätigungsraums zur Entfaltung auf religiös-weltanschaulichem Gebiet. Insoweit bezeichnet es ausdrücklich den objektiv-rechtlichen Charakter der staatlichen Neutralitätspflicht.

*[25]* Die angefochtene Entscheidung beruht im Übrigen nicht auf der unzutreffenden Annahme des Verwaltungsgerichts (UA Rn 18), die Kläger könnten betreffend die Verwaltungsvorschrift des § 28 AGO einen Normenkontrollantrag nach § 47 Abs. 1 Nr. 2 VwGO stellen (vgl. zum fehlenden Rechtsnormcharakter in Bezug auf die Voraussetzungen nach Art. 98 Satz 4 BV BayVerfGH, Entscheidung vom 3.4.2020 -Vf. 8-VII-18- BayVBl 2020, 412). Das Verwaltungsgericht hat unabhängig von der irrigen Annahme, ein Antrag gemäß § 47 Abs. 1 VwGO sei statthaft, nämlich zutreffend auf die fehlende Klagebefugnis analog § 42 Abs. 2 VwGO und die Unzulässigkeit der Klagen abgestellt (vgl. UA S. 6).

*[26]* bb) Ernstliche Zweifel an der Richtigkeit des Urteils des Verwaltungsgerichts sind auch hinsichtlich der Abweisung der Klageantrags Nr. 2 (Empfehlung an die Gemeinden, Landkreise, Bezirke und sonstige juristische Personen des öffentlichen Rechts, die in Befolgung vom § 36 AGO angebrachten Kreuze zu entfernen) nicht dargelegt, jedenfalls aber nicht gegeben.

*[27]* Hierzu tragen die Kläger vor, das Rechtsschutzbedürfnis könne ihnen nicht abgesprochen werden. Das Verwaltungsgericht bewege sich im Bereich der Spekulation, wenn es annehme, dass diese Körperschaften automatisch die ergangenen (gerichtlichen) Entscheidungen zu den in staatlichen Dienststellen angebrachten Kreuzen befolgen würden. Die in § 36 AGO angesprochenen kommunalen und sonstigen Körperschaften des öffentlichen Rechts, die infolge der staatlichen Empfehlung Kreuze angebracht hätten, würden diese nicht ohne weitere konträre Empfehlung wieder entfernen. Vielmehr bedürfe es als Akt der Schadenswiedergutmachung einer konträren Empfehlung.

*[28]* Ernstliche Zweifel an der Richtigkeit der Klageabweisung wegen fehlenden Rechtsschutzbedürfnisses ergeben sich hieraus nicht.

*[29]* Das Verwaltungsgericht hat zu Recht das Rechtsschutzbedürfnis der Kläger verneint, weil die Kommunen und sonstigen juristischen Personen des öffentlichen Rechts autonom, d.h. im Rahmen ihrer eigenen Organisationshoheit entscheiden, ob sie der staatlichen Empfehlung in § 36 AGO oder einer nunmehr gegenteiligen Empfehlung folgen. Eine solche Empfehlung hat, was

sich bereits aus der Terminologie ergibt, keine rechtliche Wirkung. Auch über die Frage, ob und ggf. in welcher Weise die Kommunen und sonstigen juristischen Personen des öffentlichen Rechts ein etwaiges in einem Einzelfall ergangenes Gerichtsurteil zu einem im Eingangsbereich einer Dienststelle des Beklagten angebrachten Kreuz auf ein in ihrem Fall etwaig angebrachtes Kreuz entsprechend anwenden oder insoweit eine etwaige gesonderte gerichtliche Klärung abwarten, entscheiden diese autonom.

*[30]* Auch unabhängig von den Gründen des Urteils des Verwaltungsgerichts hat dieses die Klagen insoweit zu Recht im Ergebnis als unzulässig abgewiesen. Denn die Unzulässigkeit dieses Klageantrags ergibt sich auch daraus, dass nicht ersichtlich ist, inwieweit die Kläger durch einzelne Kreuze in Dienstgebäuden anderer als unmittelbar staatlicher juristischer Personen des öffentlichen Rechts möglicherweise in ihrem Grundrecht auf Religions- und Weltanschauungsfreiheit aus Art. 4 Abs. 1 GG gemäß § 42 Abs. 2 VwGO analog betroffen sein könnten. Hierzu kann auf das oben unter 1.a) aa) Gesagte Bezug genommen werden.

*[31]* b) Besondere rechtliche oder tatsächliche Schwierigkeiten der Rechtssache liegen nicht vor, so dass die Berufung auch nicht nach § 124 Abs. 2 Nr. 2 VwGO zuzulassen ist.

*[32]* Die Kläger tragen hierzu vor, das Verwaltungsgericht meine zwar, eine „generelle" allgemeine Leistungsklage sei dem Individualrechtsschutzsystem der VwGO fremd und verweise auf ein Normenkontrollverfahren. Es sei jedoch höchst strittig, ob gegen den Kreuzerlass das Rechtsmittel des § 47 VwGO gegeben sei. Im Regelfall fehle einer Verwaltungsvorschrift die Außenwirkung, wie der Bayerische Verfassungsgerichtshof auch hier entschieden habe. Die Frage nach der zur Gewährung effektiven Rechtsschutzes statthaften Klageart weise besondere rechtliche Schwierigkeiten auf.

*[33]* Ungeachtet dessen, dass entgegen der Ansicht des Verwaltungsgerichts ein Normenkontrollverfahren nach § 47 VwGO gegen die Verwaltungsvorschrift des § 28 AGO nicht zulässig ist (vgl. Urteil vom 2.6.2022 -5 N 20.1331-), weist die Rechtssache auch insoweit keine besonderen rechtlichen Schwierigkeiten auf. Das Verwaltungsgericht hat die Klagebefugnis der Kläger nach § 42 Abs. 2 VwGO analog jedenfalls entscheidungserheblich nicht deshalb verneint, weil es einen Normenkontrollantrag nach § 47 VwGO für zulässig hielt, sondern wegen der fehlenden individuellen Betroffenheit der Kläger in eigenen Rechten. Soweit die Kläger einen Anspruch auf die Beseitigung aller Kreuze in Dienstgebäuden des Beklagten oder anderer juristischer Personen des öffentlichen Rechts geltend machen, fehlt es ebenfalls an einer besonderen Schwierigkeit der Rechtssache im Sinne von § 124 Abs. 2 Nr. 2 VwGO. Wie oben (1. a) ausgeführt, lässt

sich unter Anwendung der Prozessordnung und der Grundlagen des subjektiven Rechtsschutzsystems im Einklang mit der verfassungsrechtlichen Rechtsprechung klären, dass den Klägern für ihr Rechtsschutzziel keine Klagebefugnis zusteht.

*[34]* c) Auch der Zulassungsgrund der grundsätzlichen Bedeutung der Rechtssache (vgl. § 124 Abs. 2 Nr. 3 VwGO) liegt nicht vor.

*[35]* Der Zulassungsgrund der grundsätzlichen Bedeutung setzt voraus, dass eine konkrete, bisher höchstrichterlich oder obergerichtlich nicht beantwortete Rechts- oder Tatsachenfrage formuliert wird, die für die Entscheidung des Verwaltungsgerichts von Bedeutung (entscheidungserheblich) war, deren Klärung im Berufungsverfahren zu erwarten und zur Erhaltung der Einheitlichkeit der Rechtsprechung oder Weiterentwicklung des Rechts geboten ist und der eine über den Einzelfall hinausgehende Bedeutung zukommt (vgl. Happ in Eyermann, VwGO, 16. Aufl. 2022, § 124a Rn 72).

*[36]* Die von den Klägern für grundsätzlich bedeutsam gehaltene Frage, ob ein Atheist, Freidenker oder engagierter Christ die Entfernung eines in Befolgung von § 28 AGO angebrachten Kreuzes verlangen kann, weil er sich in seiner Glaubens-/Gewissensbetätigung beeinträchtigt bzw. benachteiligt sieht und in der Anbringung selbst einen Verstoß gegen die staatliche Neutralitätspflicht erkennt, ist, wie sich aus den Ausführungen unter Nr. 1 Buchst. a) ergibt, nicht klärungsbedürftig, sondern bereits durch die Systementscheidung des Verwaltungsprozessrechts für den Individualrechtsschutz geklärt. Die Zulässigkeit einer allgemeinen Leistungsklage setzt nach der höchstrichterlichen Rechtsprechung eine konkrete Betroffenheit in eigenen subjektiven Rechten voraus (vgl. BVerwG Urteil vom 15.6.2011 -9 C 4.10- NVwZ 2011, 1388; Urteil vom 28.10.1970 -6 C 48.68- BVerfGE 36, 192 f.). Aus den Ausführungen oben unter Nr. 1 Buchst. a) ergibt sich auch, dass die staatliche Neutralitätspflicht nach der Rechtsprechung des Bundesverfassungsgerichts ein objektiv-rechtliches Verfassungsprinzip ist. Dasselbe gilt für die auch in diesem Zusammenhang erörterte Frage zur Gewährung eines vorbeugenden Rechtsschutzes im Hinblick auf eine drohende Grundrechtsverletzung.

## 11

**1. Der Antrag auf vorzeitige Versetzung eines Kirchenbeamten in den Ruhestand betrifft eine statusrechtliche Frage und damit eine rein innerkirchliche Angelegenheit, über die infolge des den Kirchen verfassungsgemäß gewährleisteten Selbstverwaltungsrechts (Art. 140 GG i.V.m. Art. 137 Abs. 3 Satz 2 WRV) die staatlichen Gerichte nicht zu entscheiden haben.**

https://doi.org/10.1515/9783111651248-011

**2. Zwar gibt der verfassungsrechtlich garantierte Justizgewährleistungsanspruch aus Art. 19 Abs. 4 GG Geistlichen und Beamten einer Religionsgesellschaft das Recht zur Anrufung der staatlichen Gerichte, um dienstrechtliche Maßnahmen dieser Religionsgesellschaft ihnen gegenüber auf ihre Vereinbarkeit mit staatlichem Recht hin überprüfen zu lassen. Die Möglichkeit der Anrufung staatlicher Gerichte setzt jedoch voraus, dass der Betroffene den von einer Religionsgesellschaft eröffneten Rechtsweg erfolglos beschritten hat.**
**3. Staatliche Gerichte sind nicht befugt, dem Betroffenen unter Anwendung kirchlichen Rechts einen Anspruch zuzubilligen und den kirchlichen Dienstherrn zur Leistung zu verurteilen. Aufgrund des Vorbehaltes in Art. 137 Abs. 3 WRV beschränkt sich die staatliche Überprüfung insoweit darauf, ob ein für alle geltendes Gesetz bzw., wenn der Kernbereich der kirchlichen Selbstverwaltung betroffen ist, ob die verfassungsrechtlichen Essentialia i.S.d. Art. 79 Abs. 3 GG verletzt sind.**
**4. Das Rechtsschutzziel, vorläufig in den Ruhestand versetzt zu werden, ist unzulässig, da die Versetzung eines Kirchenbeamten in den Ruhestand als dienstrechtliche Angelegenheit dem Kernbereich des kirchlichen Selbstbestimmungsrechts nach Art. 140 GG i.V.m. Art. 137 Abs. 3 WRV unterliegt.**

Artt. 19 Abs. 4, 140 GG, Art. 137 Abs. 3 Satz 2 WRV
VG Ansbach, Beschluss vom 31. August 2022 -AN 1 E 22.1793-[1]

I. Der Antragsteller ist als Kirchenbeamter auf Lebenszeit bei der Antragsgegnerin als Dozent für Klassische Philologie an der (...) Hochschule in (...) beschäftigt. Er begehrt vor dem Bayerischen Verwaltungsgericht Ansbach die Anordnung der vorläufigen Versetzung in den Ruhestand.

Das Versorgungsamt hat bei dem Antragsteller einen Grad der Behinderung von 20 festgestellt.

Mittels Schreiben vom 3.12.2020 wandte sich der Antragsteller an die Rektorin der Hochschule, um sie über seine Absicht in Kenntnis zu setzen, in den vorzeitigen Ruhestand versetzt zu werden. Er teilte mit, seine Lehrtätigkeit zum (...) 2022 aus gesundheitlichen Gründen beenden zu wollen.

Am 22.12.2020 beantragte der Antragsteller schriftlich seine Versetzung in den vorzeitigen Ruhestand mit Wirkung zum (...) 2022.

1 Leitsätze der Redaktion BeckRS. BeckRS 2022, 31603.
Der Beschluss ist rechtskräftig. Der Bay VGH hat die Beschwerde des Antragstellers mit Beschluss vom 4.11.2022 (-3 CE 22.2027-) zurückgewiesen.

Nachdem die Antragsgegnerin zunächst untätig geblieben war, wiederholte der Bevollmächtigte des Antragsstellers das Begehren auf Versetzung in den vorzeitigen Ruhestand mit Schreiben vom 2.6.2021.

Am 17.6.2021 teilte der anwaltliche Bevollmächtigte des Antragstellers der Antragsgegnerin mit, dass der Antragsteller gegen den Bescheid des Versorgungsamtes, der dem Antragsteller einen Gesamtgrad der Behinderung von 20 zuerkannt hat, Widerspruch eingelegt habe.

Die Antragsgegnerin lehnte den Antrag des Antragstellers auf vorzeitige Versetzung in den Ruhestand mit Schreiben vom 30.11.2021 ab.

Hiergegen legte der Antragsteller durch seinen Bevollmächtigten am 5.12.2021 Widerspruch bei der Antragsgegnerin ein. Über den Widerspruch ist bisher nicht entschieden worden.

Am 10.5.2022 erhob der anwaltliche Bevollmächtigte des Antragstellers Untätigkeitsklage zum Verwaltungsgericht der Evangelisch-Lutherischen Kirche in B. mit dem Antrag, den Bescheid vom 30.11.2021 aufzuheben und die Antragsgegnerin zu verpflichten, den Antragsteller mit Wirkung zum (...) 2022 in den Ruhestand zu versetzen. Über die Klage ist bislang nicht entschieden worden.

Am 25.5.2022 stellte der Prozessbevollmächtigte des Antragstellers beim Verwaltungsgericht der Evangelisch-Lutherischen Kirche in B. einen Antrag auf Erlass einer einstweiligen Anordnung. Er beantragte, die Antragsgegnerin zu verpflichten, den Antragsteller mit Wirkung zum (...) 2022 in den vorzeitigen Ruhestand zu versetzen, solange das Verwaltungsgericht der Evangelisch-Lutherischen Kirche in B. in der Hauptsache nicht rechtskräftig entschieden hat.

Das Verwaltungsgericht der Evangelisch-Lutherischen Kirche in B. lehnte den Antrag mit Beschluss vom 21.7.2022 als unbegründet ab.

Das Gericht begründete seine Entscheidung im Wesentlichen damit, dass der Antragsteller in unzulässiger Weise die Vorwegnahme der Hauptsache begehre. Eine Vorwegnahme der Hauptsache komme nur in Ausnahmefällen aus Gründen eines sonst nicht effektiven Rechtsschutzes in Betracht. Die Versetzung in den Ruhestand erfülle diese Voraussetzungen nicht, da es sich um eine irreversible Entscheidung handle.

Darüber hinaus bestehe auch kein Anordnungsanspruch, da die kirchenrechtlichen Bestimmungen keine vorzeitige Ruhestandsversetzung mit Vollendung des 63. Lebensjahres vorsähen. Im Falle des Antragstellers sei der frühestmögliche Zeitpunkt für eine Vorruhestandsversetzung der (...) 2023 (Vollendung des 64. Lebensjahres).

Der Beschluss wurde nach § 57 Abs. 2 KVGG für unanfechtbar erklärt.

Mit Schriftsatz vom 5.8.2022 – eingegangen beim Bayerischen Verwaltungsgericht Ansbach am 8.8.2022 – stellte der Bevollmächtigte des Antragstellers einen Antrag auf Gewährung vorläufigen Rechtsschutzes, mit dem die Antragsgegnerin verpflichtet werden sollte, den Antragsteller entsprechend seinem Antrag vom 22.12.2020 mit Wirkung zum (...) 2022 in den vorzeitigen Ruhestand zu versetzen, solange das Verwaltungsgericht der Evangelisch-Lutherischen Kirche in B. nicht rechtskräftig entschieden hat.

Der Antrag hatte keinen Erfolg.

**Aus den Gründen:**

*[36]* II. Der Antrag ist mangels Rechtsschutzbedürfnis als unzulässig abzulehnen. Es fehlt an der Ausschöpfung des kirchlichen Rechtswegs und an der Verfolgung eines zulässigen Rechtsschutzziels.

*[37]* 1. Die Anrufung staatlicher Gerichte in statusrechtlichen Angelegenheiten der Kirchenbeamten der Evangelisch-Lutherischen Kirche in B. ist grundsätzlich ausgeschlossen. Jedenfalls setzt die Zulässigkeit des Rechtswegs zu den staatlichen Gerichten die vollständige Ausschöpfung des kirchlichen Rechtswegs voraus, wovon hier nicht ausgegangen werden kann.

*[38]* Der Antragsteller hat mit seinem Antrag auf vorzeitige Versetzung in den Ruhestand eine statusrechtliche Frage zum Gegenstand des Verfahrens gemacht. Auch wenn sich an die Ruhestandsversetzung unter Umständen vermögensrechtliche Fragen anschließen, bleibt die Frage nach der Beendigung des Amtes als Ausgangspunkt zentral. Es entspricht ständiger Rechtsprechung, dass derartige Statusfragen auch dann nicht nach § 135 Satz 2 BRRG i.V.m. § 126 BRRG, § 11 KVGG in die Kompetenz der staatlichen Gerichte fallen, wenn sie nur als Vorfrage bei einer den staatlichen Verwaltungsgerichten zugewiesenen vermögensrechtlichen Streitigkeit von Bedeutung sind (BVerfG, Beschluss vom 18.9.1998 -2 BvR 69/93- KirchE 36, 406; BVerfG, Beschluss vom 18.9.1998 -2 BvR 1476/94- KirchE 36, 409; BVerwG, Urteil vom 30.10.2002 -2 C 23/01- KirchE 41, 148; BVerwG, Urteil vom 28.4.1994 -2 C 23/92- KirchE 32, 148). Es handelt sich um rein innerkirchliche Angelegenheiten, über die infolge des den Kirchen verfassungsgemäß gewährleisteten Selbstverwaltungsrechts (Art. 140 GG i.V.m. Art. 137 Abs. 3 Satz 2 WRV) die staatlichen Gerichte nicht zu entscheiden haben.

*[39]* Zwar gibt der verfassungsrechtlich garantierte Justizgewährleistungsanspruch aus Art. 19 Abs. 4 GG Geistlichen und Beamten einer Religionsgesellschaft das Recht zur Anrufung der staatlichen Gerichte, um dienstrechtliche

Maßnahmen dieser Religionsgesellschaft ihnen gegenüber auf ihre Vereinbarkeit mit staatlichem Recht hin überprüfen zu lassen. Das verfassungsrechtlich geschützte Selbstbestimmungsrecht der Religionsgesellschaften gemäß Art. 140 GG i.V.m. Art. 137 Abs. 3 WRV schließt insoweit nicht bereits den Zugang zu den staatlichen Gerichten aus, sondern bestimmt Umfang und Intensität der Prüfung des Aktes der Religionsgesellschaft durch das staatliche Gericht (BVerwG, Urteil vom 27.2.2014 -2 C 19/12- KirchE 63, 161; VGH BW, Urteil vom 10.11.2015 -4 S 901/14- KirchE 66, 224).

*[40]* Die Möglichkeit der Anrufung staatlicher Gerichte setzt jedoch voraus, dass der Betroffene den von einer Religionsgesellschaft eröffneten Rechtsweg erfolglos beschritten hat. Die verfassungsrechtlich geschuldete Rücksichtnahme auf das Selbstbestimmungsrecht der Religionsgemeinschaften gebietet die Subsidiarität der staatlichen gegenüber der kirchlichen Gerichtsbarkeit (BVerwG, Urteil vom 27.2.2014 -2 C 19/12- KirchE 63, 161; BayVGH, Beschluss vom 7.8.2017 -3 ZB 14.536- KirchE 70, 56). Wird der kirchliche Rechtsweg nicht erschöpft, fehlt der Klage vor dem staatlichen Gericht das erforderliche Rechtsschutzbedürfnis (BGH, Urteil vom 28.3.2003 -V ZR 261/02- KirchE 43, 201; BAG, Beschluss vom 30.4.2014 -7 ABR 30/12-; BayVGH, Beschluss vom 7.8.2017 -3 ZB 14.536- KirchE 70, 56).

*[41]* Auch wenn der ablehnende Beschluss des Verwaltungsgerichts der Evangelisch-Lutherischen Kirche vom 21.7.2022 gemäß § 57 Abs. 2 KVGG unanfechtbar ist, geht die Kammer davon aus, dass der kirchliche Rechtsweg noch nicht erschöpft ist. Über die Klage des Antragstellers vor dem Verwaltungsgericht der Evangelisch-Lutherischen Kirche in B. ist bislang nicht entschieden worden. Ebenso steht die Entscheidung der Antragsgegnerin über den Widerspruch, den der Antragsteller gegen den ablehnenden Bescheid vom 30.11.2021 erhoben hat, noch aus. Auch das Widerspruchsverfahren gehört insoweit zum kirchlichen Rechtsweg, da dieser erst dann erschöpft ist, wenn alle gerichtlichen und behördlichen Rechtsschutzmöglichkeiten erfolglos geblieben sind. (vgl. hierzu: VGH BW, Urteil vom 10.11.2015 -4 S 901/14- KirchE 66, 224).

*[42]* 2. Unabhängig von der Frage nach der Erschöpfung des kirchlichen Rechtswegs ist der Antrag jedenfalls deshalb unzulässig, weil er ein unzulässiges Rechtsschutzziel verfolgt.

*[43]* a) Staatliche Gerichte sind nicht befugt, dem Betroffenen unter Anwendung kirchlichen Rechts einen Anspruch zuzubilligen und den kirchlichen Dienstherrn zur Leistung zu verurteilen. Aufgrund des Vorbehaltes in Art. 137 Abs. 3 WRV beschränkt sich die staatliche Überprüfung insoweit darauf, ob ein für alle geltendes Gesetz bzw., wenn der Kernbereich der kirchlichen Selbstverwaltung betroffen ist, ob die verfassungsrechtlichen Essentialia im Sinne des

Art. 79 Abs. 3 GG verletzt sind. Dem entspricht es, dass das staatliche Gericht in seinem Rechtsfolgenausspruch insoweit auch nur die Verletzung staatlichen Rechts bzw. fundamentaler verfassungsrechtlicher Grundsätze feststellen kann (vgl.: BVerwG, Urteil vom 27.2.2014 -2 C 19/12- KirchE 63, 161; VGH BW, Urteil vom 10.11.2015 -4 S 901/14- KirchE 66, 224).

*[44]* Das Rechtsschutzziel des Antragstellers, vorläufig in den Ruhestand versetzt zu werden, ist unzulässig, da die Versetzung eines Kirchenbeamten in den Ruhestand als dienstrechtliche Angelegenheit dem Kernbereich des kirchlichen Selbstbestimmungsrechts nach Art. 140 GG i.V.m. Art. 137 Abs. 3 WRV unterliegt (BVerwG, Urteil vom 27.2.2014 -2 C 19/12- KirchE 63, 161). Dem Gericht ist es daher nicht möglich, über einen Antrag des Antragstellers auf Versetzung in den Ruhestand unter Anwendung kirchlicher Rechtsvorschriften (§ 67 Abs. 1 Nr. 1 KBG.EKD i.V.m. § 19 Abs. 1 KBErgG) zu entscheiden.

*[45]* Als Unterfall des Selbstbestimmungsrechts und des Gebots der organisatorischen Trennung von Staat und Kirche gewährleistet Art. 137 Abs. 3 Satz 2 WRV den Religionsgemeinschaften das Recht, ihre Ämter ohne Mitwirkung des Staates oder der bürgerlichen Gemeinde zu verleihen. Unter Ämtern sind alle Personalstellen zu verstehen, die der Wahrnehmung des Selbstbestimmungsrechts dienen (Sachs/Ehlers, Grundgesetz, 9. Aufl., WRV Art. 137 Rn 9). Die Ämterhoheit umfasst daher alle geistlichen und kirchlichen Ämter, deren Errichtung und rechtliche Ausgestaltung, die Ausbildung und den Einsatz des Personals.

*[46]* Die Frage der Ruhestandsversetzung ist als statusrechtliche Angelegenheit und als Spiegelbild der Verleihung eines kirchlichen Amtes der kirchlichen Ämterhoheit zuzuordnen (vgl. auch: BVerfG, Beschluss vom 9.12.2008 -2 BvR 717/08- KirchE 52, 337; BVerwG, Urteil vom 27.2.2014 -2 C 19/12- KirchE 63, 161; BayVGH, Beschluss vom 7.8.2017 -3 ZB 14.536- KirchE 70, 56). Das Amt des Antragstellers dient der Wahrnehmung des kirchlichen Selbstbestimmungsrechts. Der Antragsteller ist als Dozent an einer Theologischen Hochschule für die Ausbildung angehender Theologen und damit für die Vermittlung des kirchlichen Auftrags verantwortlich. Theologie ist ein „bekenntnisgebundener Studiengang“; die Weitergabe und Verbreitung theologischer Lehren und des christlichen Glaubens ist eine zentrale kirchliche Aktivität (Dürig/Herzog/Scholz/Korioth, Grundgesetz-Kommentar, Stand: Januar 2022, WRV Art. 137 Rn 32). Irrelevant ist, welches Fach der Antragsteller an der Theologischen Hochschule konkret unterrichtet.

*[47]* Aufgrund der Anwendbarkeit von Art. 140 GG i.V.m. Art. 137 Abs. 3 WRV ist das Gericht nicht dazu befugt, über einen etwaigen Anspruch des Antragstellers auf eine vorläufige Versetzung in den Ruhestand zu befinden, da

staatliche Gerichte im Rahmen des Selbstverwaltungsrechts den kirchlichen Dienstherrn nicht zu einer Leistung verpflichten können.

*[48]* b) Überdies wäre das Gericht selbst dann nicht in der Lage über eine vorläufige Versetzung in den Ruhestand zu entscheiden, wenn das kirchliche Selbstbestimmungsrecht keine Anwendung fände.

*[49]* Der Inhalt einer einstweiligen Anordnung kann nur auf einen rechtlichen Erfolg gerichtet werden, der auch im Rahmen einer Verpflichtungsklage erreicht werden könnte (VG Bayreuth, Beschluss vom 15.12.2016 -B 5 E 16.857-). Der Antrag richtet sich hier auf die Verpflichtung der Antragsgegnerin, den Antragsteller in den vorzeitigen Ruhestand zu versetzen, solange das Verwaltungsgericht der Evangelisch-Lutherischen Kirche in der Hauptsache nicht rechtskräftig entschieden hat. Das Antragsbegehren muss aufgrund der ausdrücklichen zeitlichen Einschränkung als vorläufige Ruhestandsversetzung verstanden werden (§§ 122 Abs. 1, 88 VwGO). Das Dienstrecht der Evangelisch-Lutherischen Kirche in B. (§ 67 Abs. 1 und 3 KBG.EKD i.V.m. § 19 Abs. 1 KBErgG) sieht eine vorläufige Versetzung in den Ruhestand jedoch nicht vor. Eine § 55 BBG vergleichbare Regelung, die die Versetzung in den einstweiligen Ruhestand ermöglichen würde, enthalten die §§ 66 bis 74 KBG.EKD nicht. Stattdessen kann die Versetzung in den Ruhestand gemäß § 77 Abs. 2 Satz 1 KBG.EKD mit Beginn des Ruhestands nicht mehr zurückgenommen werden. Die Bestimmung dient nicht nur dem Vertrauensschutz des in den Ruhestand versetzten Beamten, sondern auch dem allgemeinen Interesse der Rechtsbeständigkeit der Statusentscheidung und der Rechtsklarheit. Damit erweist sie sich als das Gegenstück der Ämterstabilität. Die Versetzung in den Ruhestand ist – wie die Ernennung des Beamten – ein statusverändernder Verwaltungsakt. Sie ist nach dem Ruhestandsbeginn nicht mehr korrigierbar (vgl. dazu: VG München, Beschluss vom 22.12.2017 -M 21 E 17.5665-; VG Bayreuth, Beschluss vom 15.12.2016 -B 5 E 16.857-). Eine vorläufige Versetzung in den Ruhestand ist aufgrund der Irreversibilität nicht denkbar und kann daher im einstweiligen Rechtsschutz auch nicht beantragt werden.

*[50]* c) Selbst, wenn man das Antragsbegehren als uneingeschränkte Versetzung in den Ruhestand nach § 67 Abs. 1 Nr. 1 KBG.EKD auslegen könnte, würde der Antrag immer noch ein unzulässiges Rechtsschutzziel verfolgen, da das Gericht aufgrund von Art. 140 GG i.V.m. Art. 137 Abs. 3 WRV keine Verpflichtung zur Versetzung in den Ruhestand aussprechen könnte (dazu bereits oben). Der Ausspruch einer solchen Verpflichtung würde eine Subsumtion unter kirchliche Rechtsvorschriften erfordern, wozu das Gericht hier nicht befugt ist.

*[51]* Ein solcher Eilantrag würde zudem zu einer „echten" Vorwegnahme der Hauptsache führen. In der Hauptsache ist jedoch der Rechtsweg zu den kirchlichen Gerichten noch nicht erschöpft, da das Verwaltungsgericht der Evangelisch-Lutherischen Kirche in B. noch nicht über die Klage des Antragstellers entschieden hat. Insoweit steht der aus dem kirchlichen Selbstbestimmungsrecht abzuleitende Grundsatz der Subsidiarität der staatlichen gegenüber der kirchlichen Gerichtsbarkeit einer Entscheidung im Eilrechtsschutz entgegen. Die staatliche Rücksichtnahmepflicht auf das kirchliche Selbstbestimmungsrecht würde unterlaufen, wenn staatliche Gerichte durch die Vorwegnahme der Hauptsache im Eilrechtsschutz die Bindung des Kirchengerichts in der Hauptsache erreichen könnten.

## 12

**1. Es besteht kein Grund, die Mutter eines Kindes alleine wegen ihrer Zugehörigkeit zu der Religionsgemeinschaft der Zeugen Jehovas und ihrer daraus resultierenden Ablehnung von Bluttransfusionen aus religiösen Gründen von der Entscheidung auszuschließen, bei schwerwiegenden Erkrankungen und Verletzungen des Kindes in eigener Verantwortung, unter Berücksichtigung des Kindeswillens und im gegenseitigen Einvernehmen mit dem Vater zum Wohl des Kindes die beste medizinische Behandlung auszuwählen.**

**2. Es kann auch nicht abstrakt im Vorfeld beurteilt werden, welche konkrete Behandlungsmethode zwingend für den Erhalt der Gesundheit oder des Lebens des Kindes wäre, wie die Vorgaben der Glaubensgemeinschaft dazu sind und wie die Gewissensentscheidung der Mutter im konkreten Fall unter Berücksichtigung des Willens des in seiner Entscheidungsfähigkeit heranreifenden Sohnes aussehen würde.**

**3. Sollte sich zwischen den Eltern nach fachkundiger Beratung durch das ärztliche Personal bezogen auf den konkreten Fall unter Berücksichtigung des Kindeswillens und unter Abwägung möglicher Behandlungsalternativen kein Konsens über den Einsatz von Blut oder Blutprodukten herstellen lassen, wäre das Familiengericht anzurufen, um eine gerichtliche Entscheidung gemäß § 1628 BGB zu erwirken.**

https://doi.org/10.1515/9783111651248-012

**§§ 1628, 1671 BGB, §§ 68 Abs. 3 Satz 2, 159 FamFG**
**KG Berlin, Beschluss vom 5. September 2022 -16 UF 64/22-[1]**

I. Die Mutter wendet sich gegen den Beschluss des Amtsgerichts Pankow, soweit ihr mit diesem die Entscheidungsbefugnis über die Vornahme einer Bluttransfusion und zu Operationen, für die eine Bluttransfusion erforderlich ist, bezüglich des gemeinsamen Sohnes, geboren 2009, entzogen und auf den damit allein entscheidungsbefugten Vater übertragen wurde.

Die Eltern leben seit 2012 getrennt. Zwischen den Eltern waren zahlreiche familiengerichtliche Verfahren zum Umgang und zum Sorgerecht rechtshängig. Der Mutter wurde mit Beschluss des Amtsgerichts Tempelhof-Kreuzberg das Aufenthaltsbestimmungsrecht entzogen und auf den Vater zur alleinigen Ausübung übertragen. Im Übrigen bestand das gemeinsame Sorgerecht fort.

Der Vater hat ein sorgerechtliches Verfahren eingeleitet, in dem er zuletzt nur noch die alleinige Entscheidungsbefugnis über die Vornahme einer Bluttransfusion bzw. über Operationen, für die eine Bluttransfusion erforderlich ist, begehrt hat.

Die Mutter hat beantragt, diesen Antrag zurückzuweisen, was sie mit ihrer Religionszugehörigkeit zu den Zeugen Jehovas begründet und darauf verwiesen hat, dass die Bibel ein Verbot von Bluttransfusionen beinhalte.

Der Sohn ist am 22.2.2022 angehört worden. Auf die Frage, welche Auffassung er zu einer erforderlichen Bluttransfusion in dem hypothetischen Fall eines Unfalls oder einer Operation vertrete, hat er mitgeteilt, dass seine Mutter wegen ihrer Religion gegen eine Bluttransfusion sei, sein Vater aber eine solche befürworten würde. Er selbst wolle eine Bluttransfusion haben, sollte eine solche erforderlich sein. Auf den Anhörungsvermerk vom 22.2.2022 wird Bezug genommen.

Das Amtsgericht hat mit Beschluss vom 23.3.2022 dem Vater die alleinige Entscheidungsbefugnis über die Vornahme einer Bluttransfusion und zu Operationen, für die eine Bluttransfusion erforderlich sein könnte, bezüglich des Sohnes übertragen. Seine Entscheidung hat es auf §§ 1628 Satz 1, 1697a BGB gestützt.

Gegen diese Entscheidung im Beschluss des Amtsgerichts hat die Mutter am 25.4.2022 Beschwerde eingelegt. Eine Bluttransfusion oder eine Operation, die eine Bluttransfusion gegebenenfalls erforderlich machen könnte, stehe nicht an. Ein Beratungsprozess durch ärztliche Fachkräfte habe nicht stattgefunden.

---

1 Leitsätze der Redaktion KirchE. juris; FamRZ 2023, 698.
Der Beschluss ist rechtskräftig.

Bei der Entscheidung handele es sich um eine unzulässige Vorratsentscheidung, die modifizierte Positionen innerhalb der Glaubensgemeinschaft nicht berücksichtige. Zudem sei ihr Sohn bereits im 13. Lebensjahr; seine eigene Meinung gewinne zunehmend an Bedeutung, sei aber noch nicht gefestigt, so dass eine Entscheidung unter Berücksichtigung des Kindeswillens nur anhand des konkreten Vorfalls getroffen werden könne.

Der Vater tritt dem entgegen und verteidigt die amtsgerichtliche Entscheidung. Zwar stehe keine konkrete Behandlungsentscheidung für den gemeinsamen Sohn an. Ein Unfall oder eine Sportverletzung, bei der eine Operation nötig sei, könne aber jederzeit passieren. Zeit für eine gerichtliche Klärung sei dann gegebenenfalls nicht vorhanden. Auch in einem Notfall dürften sich die Ärzte nicht über einen erklärten Willen der Mutter hinwegsetzen. Die Ablehnung von Bluttransfusionen sei bei den Zeugen Jehovas ein zentrales Thema, so dass davon auszugehen sei, dass die Mutter sich dazu eine abschließende Meinung gebildet habe. Diese weiche von der Haltung des Vaters ab. Der Sohn lehne die Religion der Zeugen Jehovas ab, so dass nicht anzunehmen sei, dass sich seine Haltung zu Bluttransfusionen in den nächsten Jahren ändern werde.

Die Beschwerde hatte Erfolg.

**Aus den Gründen:**

*[11]* II. Die Beschwerde der Mutter ist zulässig (§§ 58 ff. FamFG) und erweist sich auch als begründet.

*[12]* 1. Zur Begründung kann zunächst auf den Hinweis des Senats vom 13.7.2022 Bezug genommen werden. Dieser lautet wie folgt:

> *[13]* „Das Amtsgericht hat dem Vater zu Unrecht die alleinige Entscheidungsbefugnis über die Vornahme einer Bluttransfusion und Operation, für die eine Bluttransfusion erforderlich werden könnte, bezüglich des gemeinsamen Sohnes gemäß §§ 1628 Satz 1, 1697a BGB übertragen.
>
> *[14]* Die Voraussetzungen für eine Entscheidungsübertragung gemäß § 1628 Satz 1 BGB liegen nicht vor. Bei der vom Vater beantragten Entscheidung handelt es sich nicht um eine einzelne Angelegenheit oder bestimmte Angelegenheit der elterlichen Sorge im Sinne des § 1628 Satz 1 BGB. § 1628 BGB ist restriktiv auszulegen und beschränkt sich auf Einzelfallentscheidungen, um nicht die tatbestandlichen Hindernisse der §§ 1666, 1666a und 1671 BGB zu unterlaufen (Grüneberg/Götz, BGB, 81. Aufl. § 1628 Rn 5). § 1628 BGB ist nur einschlägig, wenn es sich um eine auf die konkrete Situation bezogene Übertragung der Entscheidungsbefugnis, also um eine situative Entscheidung, handelt (vgl. OLG Köln, Beschluss vom 4.6.2004 -4 W 4/05-). Dies ist vorliegend nicht der Fall. Die begehrte Regelung ist nicht auf eine situative Entscheidung beschränkt. Dies wäre nur dann der Fall, wenn eine konkrete Behandlungsentscheidung anstünde und sich die Eltern für diesen

konkreten Fall nicht auf die Behandlungsweise einigen könnten. Hier hingegen begehrt der Vater die Entscheidungsbefugnis für alle denkbaren Entscheidungen in der hypothetischen Situation einer in Frage stehenden Bluttransfusion; dies betrifft folglich keinen Einzelfall, in dem die Eltern konkrete Meinungsverschiedenheiten nicht allein zu überwinden vermögen, sondern einen Teilbereich der elterlichen Sorge, welcher aus dem gemeinsamen Sorgerecht der Eltern insgesamt herauszulösen wäre. Sind die Eltern in einer generellen gesundheitlichen Frage uneins, kommt nach § 1671 BGB auch eine teilweise Übertragung des Sorgerechts in Betracht. Lässt sich nicht abschließend klären, welcher der beiden Normen die Angelegenheit zuzuordnen ist, ist § 1671 BGB anzuwenden, dessen differenzierte Ausgestaltung dem Elternrecht am ehesten gerecht wird (vgl. auch OLG Zweibrücken, Beschluss vom 29.6.2000 -6 UF 73/99-; Schilling, Rechtliche Probleme bei gemeinsamer Sorge nach Trennung bzw. Scheidung, NJW 2007, S. 3233 ff. [3235]).

*[15]* Die Übertragung des Teilbereichs der elterlichen Sorge – die Entscheidungsbefugnis für Bluttransfusionen – ist indes auch nicht nach § 1671 BGB gerechtfertigt. Es ist nicht zu erwarten, dass die Aufhebung der gemeinsamen Sorge in diesem Teilbereich und die Übertragung auf den Vater dem Wohl des Kindes am besten entspricht (1671 Satz 2 Nr. 2 BGB).

*[16]* Die Sorgerechtsentziehung stellt – auch wenn sie nur einen Teilbereich der elterlichen Sorge betrifft – einen Eingriff in das Elternrecht der Mutter dar, der den Anforderungen des Art. 6 Abs. 2 Satz 1 GG gerecht werden muss. Die Sorgerechtsentziehung für den Teilbereich der elterlichen Sorge muss geeignet und erforderlich sein, um eine Kindeswohlgefährdung abzuwehren. Hiervon kann nicht ausgegangen werden.

*[17]* Die von Amtsgericht getroffene Regelung schließt die Antragstellerin aufgrund ihrer Zugehörigkeit zu der Religionsgemeinschaft der Zeugen Jehovas und ihrer daraus resultierenden Ablehnung von Bluttransfusionen aus religiösen Gründen davon aus, bei schwerwiegenden Erkrankungen und Verletzungen des Kindes in eigener Verantwortung, unter Berücksichtigung des Kindeswillens und im gegenseitigen Einvernehmen mit dem Vater zum Wohl des Kindes die beste medizinische Behandlung auszuwählen. Hierfür besteht kein zureichender Grund.

*[18]* Dabei wird berücksichtigt, dass die Mutter Bluttransfusionen ablehnend gegenübersteht; bei ihrer Anhörung hat sie insoweit auf ein biblisches Gebot verwiesen. Auch ihr Sohn hat berichtet, dass seine Mutter aus religiösen Gründen gegen eine Bluttransfusion sei. Im Gespräch mit dem Jugendamt hat die Mutter darauf hingewiesen, dass es alternative Methoden zur Bluttransfusion gebe. Eine fachärztliche Aufklärung der Mutter über die Möglichkeiten und Grenzen dieser alternativen Methoden hat es unstreitig noch nicht gegeben.

*[19]* Der Sohn befindet sich in seinem dreizehnten Lebensjahr. Das behandelnde ärztliche Personal wird bei dem Erfordernis einer ärztlichen Behandlung oder eines ärztlichen Eingriffs über seine Einwilligungsfähigkeit zu entscheiden haben. Da die dafür erforderliche Einsichtsfähigkeit in aller Regel erst bei Jugendlichen ab dem 14. Geburtstag angenommen wird, wäre eine Entscheidung der sorgeberechtigten Eltern einzuholen.

*[20]* Die in die Entscheidungsfindung einfließende grundsätzlich Bluttransfusionen ablehnende und alternative Behandlungsmethoden befürwortende Haltung der Mutter steht dem Kindeswohl nicht von vorneherein entgegen. Allein aus der grundsätzlich ablehnenden Haltung der Mutter gegenüber Bluttransfusionen kann nicht geschlossen werden, dass sie sich, sollte der Rückgriff auf alternative Behandlungsmethoden nach Auskunft des im konkreten Fall behandelnden ärztlichen Personals nicht möglich oder nicht hinrei-

chend erfolgversprechend sein, auf Kosten der Gesundheit oder des Lebens ihres Kindes gegen eine Bluttransfusion entscheiden würde. Dabei ist zu berücksichtigen, dass der Sohn selbst der Glaubensgemeinschaft nicht angehört und deren strenge Regeln für ihn nicht gelten. Hinzu kommt, dass die Frage, welche Blutbestandteile für Jehovas Zeugen erlaubt sind und welche nicht, ebenso komplex ist wie die Spannbreite medizinischer Therapieoptionen. Während die Gabe von Vollblut und den daraus abgetrennten Bestandteilen in jedem Fall abgelehnt wird, ist die Gabe von sogenannten „Blutfraktionen" als Gewissensentscheidung den einzelnen Zeugen Jehovas überlassen. In der deutschsprachigen Ausgabe des „Wachturm" von Juni 2009 findet sich folgende Aussage: „Darf ein Christ diese Fraktionen bei einer medizinischen Behandlung akzeptieren? Das können wir nicht beantworten. Da die Bibel keine weiteren Einzelheiten enthält, muss ein Christ seine eigene Gewissensentscheidung vor Gott treffen." (Wachturm 2009, http://wol.jw.org/de/wol/d/r10/lp-x/2000447). Welche konkrete Behandlungsmethode zwingend für den Erhalt der Gesundheit oder des Lebens des Sohnes wäre, wie die Vorgaben der Glaubensgemeinschaft dazu sind und wie die Gewissensentscheidung der Mutter im konkreten Fall unter Berücksichtigung des Willens des in seiner Entscheidungsfähigkeit heranreifenden Sohnes aussehen würde, kann nicht abstrakt im Vorfeld beurteilt werden.

*[21]* Sollte sich zwischen den Eltern nach fachkundiger Beratung durch das ärztliche Personal bezogen auf den konkreten Fall unter Berücksichtigung des Kindeswillens und unter Abwägung möglicher Behandlungsalternativen kein Konsens über den Einsatz von Blut oder Blutprodukten herstellen lassen, wäre das Familiengericht anzurufen, um eine gerichtliche Entscheidung gemäß § 1628 BGB zu erwirken.

*[22]* Im Notfall, also einem akuten und unaufschiebbaren Eingriff wird sich das behandelnde ärztliche Personal am mutmaßlichen Willen des Patienten bzw. seiner Eltern orientieren. Ist der mutmaßliche Wille nicht zweifelsfrei zu ermitteln, ist, wie bei allen anderen Patienten auch, zu vermuten, dass eine erforderliche Bluttransfusion oder die Verabreichung anderer Blutprodukte im wohlverstandenen Interesse des Patienten liegt, so dass angenommen werden kann, dass die Einwilligung erteilt worden wäre.

*[23]* Wäre nur die Mutter als im Notfall allein vertretungsberechtigte Person zugegen und würde die Einwilligung in die zwingend erforderliche Transfusion verweigern, wäre das Familiengericht gemäß § 1666 Abs. 1, 3 BGB anzurufen, da eine missbräuchliche Ausübung der elterlichen Sorge im Raum stünde (vgl. OLG Celle, Beschluss vom 21.2.1994 -17 W 8/94-, entsprechend beispielsweise die Handlungsanweisung in den Leitlinien der DRK Kliniken Berlin, Stand: Juli 2017, S. 15). Die Ersetzung einer akut erforderlichen Erklärung des Inhabers der elterlichen Sorge kann im Eilverfahren sehr kurzfristig erwirkt werden. Sollte im Ausnahmefall die gesundheitliche Situation des Patienten nicht ausreichend Zeit für einen gerichtlichen Eingriff in die elterliche Sorge zulassen, läge ein Notfall vor; in diesem ist der Arzt verpflichtet, das Leben und die Gesundheit des Kindes durch medizinisch notwendige Maßnahmen zu schützen, auch wenn kein gerichtlicher Ersatz der elterlichen Einwilligung vorhanden ist (so auch beispielsweise Leitlinie Transfusionsmedizin, Bluttransfusion bei minderjährigen Zeugen Jehovas, Asklepios Klinik Sankt Augustin, S. 5)."

*[24]* 2. An der in diesem Hinweis zum Ausdruck gekommenen rechtlichen Auffassung hält der Senat auch unter Berücksichtigung des Schriftsatzes des Vaters vom 4.8.2022 fest. Mit diesem weist der Vater darauf hin, dass es sich bei Ange-

legenheiten im Sinne des § 1628 Satz 1 BGB nicht nur um einzelne Ereignisse handele, sondern damit auch eine Vielzahl von Ereignissen gemeint sein könne, wie beispielsweise im Rahmen der Entscheidungsbefugnis über die religiöse Erziehung des Kindes. Angesichts der Vielzahl der zwischen den Parteien geführten Verfahren sei eine Einigung der Eltern über die Frage der Bluttransfusion nicht zu erwarten. Da nach der Argumentation des Senats ohnedies nur die Alternativen bestünden, dass die Mutter im Notfall die Einwilligung zur Bluttransfusion erteile oder ihre Einwilligung durch Entscheidung des Familiengerichts oder des Klinikpersonals ersetzt werde, sei nicht ersichtlich, dass die Entscheidung des Amtsgerichts in die Rechte der Mutter eingreife. Die Auffassung des Senats berücksichtige nicht in ausreichendem Maße den Schutz des Lebens und der körperlichen Unversehrtheit des Sohnes und dessen ausdrücklichen Willen.

*[25]* Der Senat nimmt diesen Standpunkt des Vaters sehr ernst, hat sich mit ihm umfänglich auseinandergesetzt und ihn noch einmal ausführlich beraten. Letztlich vermag er aber an der bereits mit Hinweis vom 13.7.2022 mitgeteilten Rechtsauffassung nichts zu ändern. Die Anwendbarkeit des § 1628 Satz 1 BGB scheitert nicht daran, dass eine Vielzahl von Angelegenheiten in Betracht kommt, sondern daran, dass es an deren Konkretheit fehlt. Die begehrte Regelung bezieht sich nicht auf eine situativ anstehende Entscheidung, sondern auf eine große Bandbreite von Situationen, die auch in der Beurteilung durch die Mutter und das ärztliche Personal sehr unterschiedlich sein können und deren Eintritt insgesamt ungewiss und sogar eher unwahrscheinlich ist. Dies ist bei der beispielhaft angeführten Entscheidungsbefugnis über die religiöse Erziehung des Kindes anders, weil diese Entscheidung konkret ansteht und die weiteren Entscheidungen – wie beispielsweise über den Besuch des Religionsunterrichts in der Schule, Kirchenbesuch, Teilnahme an religiösen Feiern usw. – unmittelbar daraus folgen. Es wird auch daran festgehalten, dass die Übertragung der Entscheidungsbefugnis für Bluttransfusionen nicht nach § 1671 BGB gerechtfertigt ist. Nach der Auffassung des Senats kann eine sichere Prognose über die Entscheidung der Mutter außerhalb der konkreten Situation nicht getroffen werden. In ihre Rechte würde allein dadurch eingegriffen, dass ihr ein Teilbereich der elterlichen Sorge entzogen würde, indem ihr unterstellt wird, in der konkreten Situation eine Werteabwägung zu Lasten ihres Sohnes zu treffen. Die Grundrechte des Sohnes und sein Wille wird in der konkreten Situation zu berücksichtigen sein.

*[26]* 3. Der Senat sieht – wie mit Hinweis vom 13.7.2022 bereits angekündigt – von der Durchführung eines Anhörungs- und Erörterungstermins ab, da die Beteiligten bereits im ersten Rechtszug persönlich angehört worden sind und

angesichts der gefestigten Positionen von einer erneuten Vornahme keine zusätzlichen Erkenntnisse zu erwarten sind, § 68 Abs. 3 Satz 2 FamFG. Dies gilt auch in Bezug auf eine erneute Anhörung des Sohnes. Eine solche ist nicht angezeigt (§ 159 Abs. 1 Satz 1 Nr. 3 FamFG), weil im Beschwerderechtszug keine neuen Gesichtspunkte aufgezeigt wurden, die nicht schon im familiengerichtlichen Verfahren bekannt waren. Vielmehr geht es allein um die Überprüfung der familiengerichtlichen Entscheidung in rechtlicher Hinsicht. Zudem wurde … nicht nur in diesem Verfahren ausführlich angehört, sondern musste auch in anderen Zusammenhängen häufig vor Gericht erscheinen und ist nach Einschätzung des Jugendamtes verhandlungsmüde. Eine weitere Anhörung und Konfrontation mit dem elterlichen Konflikt erscheint daher nicht kindeswohldienlich.

*[27]* 4. Die getroffene Kostenentscheidung beruht auf § 81 Abs. 1 FamFG. Es entspricht der Billigkeit, die Kosten der ersten und zweiten Instanz gegeneinander aufzuheben. Gründe, lediglich einem Beteiligten die gesamten Kosten der ersten und/oder zweiten Instanz aufzuerlegen, sind nicht ersichtlich. Der Entscheidung liegt eine umfangreiche Abwägung zugrunde, die einer Kostenentscheidung, die sich lediglich am Verhältnis von Obsiegen und Verlieren orientieren würde, entgegensteht.

## 13

**§ 37 KVersG umfasst gerade Renten oder Rententeile, die nicht gemäß § 34 KVersG anrechenbar sind. Insbesondere kann § 34 KVersG nicht als eine die Anwendbarkeit des § 37 KVersG ausschließende Spezialregelung für die Anrechnung von Renten auf die Versorgung angesehen werden.**

Artt. 55, 85 BeamtVG BY, §§ 34 Abs. 8, 37 EvKiBeamtBesG BY
BVerwG, Beschluss vom 6. September 2022 -2 B 44/21-[1]

1. Der Rechtsstreit betrifft die Anrechnung von Leistungen aus der gesetzlichen Rentenversicherung auf die Versorgung und Besoldung einer Kirchenbeamtin.

Die im August 1950 geborene Klägerin stand seit 1.9.1984 – zuletzt im Amt einer Oberstudienrätin – im Dienst der beklagten evangelischen Landeskirche in Bayern; seit dem 13.2.2016 ist sie im Ruhestand. Ihre Versorgungsbezüge wurden auf den Höchstruhegehaltssatz von 71,75% festgesetzt. Mit den von der

1 Amtl. Leitsatz. BeckRS 2022, 29174; juris.
Der Beschluss ist rechtskräftig.

https://doi.org/10.1515/9783111651248-013

Klägerin angefochtenen Bescheiden nahm die Beklagte eine Anrechnung der der Klägerin seit dem 1.1.2016 gewährten Leistungen aus der gesetzlichen Rentenversicherung vor. Diese beruhen darauf, dass die Klägerin vor ihrer Tätigkeit bei der Beklagten als verbeamtete Lehrerin im Dienst des Freistaats Bayern stand; für den Zeitraum vom 19.9.1979 bis 31.8.1984 wurde sie nach ihrem Ausscheiden in der gesetzlichen Rentenversicherung nachversichert. Die beim Freistaat Bayern geleisteten Dienstjahre sind bei der Festsetzung der Versorgungsbezüge als ruhegehaltfähige Dienstzeit berücksichtigt worden.

Die gegen die Anrechnung erhobene Klage ist in den Vorinstanzen erfolglos geblieben. Der Verwaltungsgerichtshof hat im Wesentlichen darauf abgestellt, dass nach den maßgeblichen kirchenrechtlichen Bestimmungen Versorgungsbezüge nur bis zum Erreichen der für Beamte geltenden Höchstgrenzen gezahlt würden. Da die Klägerin diesen Betrag erreicht habe, sei die gesetzliche Rente voll anzurechnen. Nur so könne eine Überversorgung im Vergleich zu Beamten, die ihre gesamte Berufstätigkeit bei der Beklagten verbracht haben, vermieden werden. Eine Benachteiligung der Klägerin liege hierin nicht, weil die Vordienstzeiten als ruhegehaltfähige Dienstzeit angerechnet würden. Im Fall der Klägerin beruhe die Rentenleistung im Übrigen ausschließlich auf Zahlungen ihres ehemaligen Dienstherrn. Verfassungsrechtliche Bedenken hiergegen bestünden nicht. Nach den kirchenrechtlichen Bestimmungen finde die Anrechnung von Rentenleistungen bei der Besoldung in gleicher Weise wie bei der Versorgung statt, sodass auch die Anrechnung auf die Besoldung der Klägerin vom 1.1.bis 12.2.2016 nicht zu beanstanden sei.

Auch die Nichtzulassungsbeschwerde der Klägerin blieb ohne Erfolg.

**Aus den Gründen:**

*[4]* 2. Die gegen die Nichtzulassung der Revision gerichtete Beschwerde hat den allein in Anspruch genommenen Zulassungsgrund der grundsätzlichen Bedeutung nicht dargelegt.

*[5]* Eine Rechtssache hat grundsätzliche Bedeutung im Sinne von § 132 Abs. 2 Nr. 1 VwGO, wenn sie eine Frage des revisiblen Rechts von allgemeiner, über den Einzelfall hinausreichender Bedeutung aufwirft, die im konkreten Fall entscheidungserheblich ist. Ein derartiger Klärungsbedarf besteht nicht, wenn die Rechtsfrage bereits geklärt ist oder auf Grundlage der bestehenden höchstrichterlichen Rechtsprechung mit Hilfe der anerkannten Auslegungsregeln auch ohne Durchführung eines Revisionsverfahrens eindeutig beantwortet werden kann (stRspr., vgl. etwa BVerwG, Beschluss vom 9.4.2014 -2 B 107.13- Buchholz

310 § 132 Abs. 2 Ziff. 2 VwGO Nr. 20 Rn 9). Die Prüfung des Bundesverwaltungsgerichts ist dabei auf die mit der Beschwerde dargelegten Rechtsfragen beschränkt (§ 133 Abs. 3 Satz 3 VwGO).

*[6]* a) Die mit der Beschwerde aufgeworfene Frage, ob eine Anrechnung nach § 34 Abs. 8 des Kirchengesetzes über die Versorgung der in einem öffentlich-rechtlichen Dienstverhältnis stehenden Beschäftigten in der bis zum 30.6.2021 gültigen Fassung – KVersG a.F. – unabhängig von den weiteren Tatbestandsvoraussetzungen der Vorschrift stattzufinden hat, wenn die der Rentenleistung zugrundeliegenden Zeiten als ruhegehaltfähige Dienstzeit anerkannt worden sind, rechtfertigt die Zulassung der Revision nicht.

*[7]* Die Beschwerde hat bereits nicht dargelegt, dass der Auslegung der zum 1.7.2021 außer Kraft getretenen Bestimmung noch grundsätzliche Bedeutung zukommen könnte. Regelmäßig haben Rechtsfragen, die die Auslegung außer Kraft getretener Rechtsvorschriften betreffen, aber keine grundsätzliche Bedeutung im Sinne des § 132 Abs. 2 Nr. 1 VwGO, weil eine für die Zukunft richtungsweisende Klärung der Rechtslage nicht mehr erforderlich ist. Anderes gilt nur, wenn die Beantwortung für einen nicht überschaubaren Personenkreis in nicht absehbarer Zukunft weiterhin von Bedeutung ist oder die Nachfolgeregelung dieselben Rechtsfragen aufwirft (BVerwG, Beschluss vom 31.3.2021 -2 B 64.20-). Ausführungen hierzu enthält die Beschwerde nicht, ein fortbestehender Klärungsbedarf kann auch dem Akteninhalt nicht entnommen werden. Angesichts des geänderten Wortlauts des § 34 Abs. 8 KVersG n.F. stellen sich die Fragen künftig aber nicht in gleicher Weise.

*[8]* Unabhängig hiervon ist die Auslegung von § 34 Abs. 8 KVersG a.F. für den Ausgang der Klage nicht entscheidungserheblich. Zuzugeben ist der Beschwerde allerdings, dass die Bestimmung in § 34 Abs. 8 KVersG a.F., auf die das Berufungsgericht die Anrechnung primär gestützt hat, nur eine Ausschlussregelung enthält. Die Zulässigkeit einer Anrechnung, die in § 34 Abs. 1 bis 6 KVersG a.F. keine Grundlage findet, kann hierauf daher nicht gestützt werden. Auf diesem Mangel beruht die Entscheidung aber nicht, weil das Berufungsgericht – wie zuvor bereits ausführlich das Verwaltungsgericht – zur Begründung auch auf § 37 KVersG i.V.m. Art. 85 BayBeamtVG verwiesen hat.

*[9 ]*Ist eine Berufungsentscheidung selbständig tragend auf mehrere Gründe gestützt, kann die Revision aber nur zugelassen werden, wenn gegenüber jeder der Begründungen ein Revisionszulassungsgrund geltend gemacht wird und vorliegt (stRspr., vgl. etwa BVerwG, Beschluss vom 18.2.2016 -3 B 10.15- juris Rn 9). Ist nur hinsichtlich einer Begründung ein Zulassungsgrund gegeben, kann diese Erwägung hinweggedacht werden, ohne dass sich der Ausgang des Ver-

fahrens ändert (BVerwG, Beschluss vom 2.3.2016 -2 B 66.15- Buchholz 310 § 132 Abs. 2 Ziff. 1 VwGO Nr. 62 Rn 6 mwN).

*[10]* b) Hinsichtlich der Anwendung des § 37 KVersG hat die Beschwerde die in Anspruch genommene grundsätzliche Bedeutung aber nicht dargelegt (§ 133 Abs. 3 VwGO).

*[11]* Soweit die Beschwerde die Auffassung vertritt, § 37 KVersG erfasse nicht Fälle, in denen die Rentenzahlung auf Leistungen beruhe, zu denen die Beklagte keine Beiträge geleistet habe, widerspricht dies bereits dem klaren Wortlaut der Regelung. § 37 KVersG umfasst gerade Renten oder Rententeile, die nicht gemäß § 34 KVersG anrechenbar sind. Insbesondere kann § 34 KVersG nicht als eine die Anwendbarkeit des § 37 KVersG ausschließende Spezialregelung für die Anrechnung von Renten auf die Versorgung angesehen werden. Zum einen gilt § 37 KVersG nach seinem Wortlaut ohne Einschränkung für „Renten", also auch für solche der gesetzlichen Rentenversicherung, deren Anrechnung in § 34 KVersG geregelt ist. Zum anderen bezieht sich § 37 KVersG ausdrücklich auf „Renten oder Rententeile, die nicht nach § 34 anrechenbar sind" und damit auf Renten der gesetzlichen Rentenversicherung. Die gesetzliche Systematik sieht eine gestufte Anrechnung von Renten aus der gesetzlichen Rentenversicherung vor. Sie sind entweder bereits nach den speziellen kirchlichen Regelungen des § 34 Abs. 1 bis 6 KVersG in dem dort bestimmten Umfang anzurechnen. Oder – soweit die Spezialregelung des § 34 KVersG nicht anwendbar ist – eine Anrechnung erfolgt nach der allgemeinen Bestimmung des § 37 KVersG mit dem Verweis auf das staatliche Beamtenversorgungsrecht in Art. 85 BayBeamtVG in dem dort bestimmten Umfang. Danach hat bei einem Kirchenbeamten, bei dem – wie hier – der Höchstruhegehaltssatz von 71,75% festgesetzt worden ist, eine Anrechnung zu erfolgen.

*[12]* Die Beschwerde hat auch keine tragenden Einwände gegen die Gültigkeit der Vorschrift dargetan. Ebenso wie bei der Vorbildvorschrift des § 55 Abs. 1 Satz 1 BeamtVG ist auch für die Anwendung des § 37 KVersG nicht maßgeblich, ob der Rentenanspruch durch eigene Beiträge des die Versorgungsbezüge zahlenden Dienstherrn finanziert worden ist. Grundgedanke ist vielmehr die „Einheit der öffentlichen Kassen"; der Beamte soll insgesamt von der öffentlichen Hand eine angemessene Versorgung erhalten (BVerwG, Urteil vom 15.11.2016 -2 C 9.15- Buchholz 239.1 § 55 BeamtVG Nr. 30 Rn 17; zur Verfassungsmäßigkeit BVerfG, Beschluss vom 30.9.1987 -2 BvR 933/82- BVerfGE 76, 256 [297 f.]; Kammerbeschluss vom 16.3.2009 -2 BvR 1003/08- NVwZ-RR 2010, 118). „Öffentliche Mittel" in diesem Sinne sind auch kirchliche Alimentationsleistungen (BVerwG, Urteil vom 15.12.1967 -VI C 68.67- BVerwGE 28, 345 Rn 46 mwN). Nur dann,

wenn die Rente überwiegend auf einer Eigenleistung des Beamten beruht, scheidet eine Anrechnung aus.

*[13]* Bezüglich der Anrechnungsregelungen ist auch nichts für die von der Beschwerde angenommene Verletzung des Willkürverbots ersichtlich. Jedenfalls beim Erreichen des gesetzlich geregelten Höchstversorgungsniveaus rechtfertigt der Gesichtspunkt der Vermeidung einer Überversorgung des zusätzlich eine Rente aus der gesetzlichen Rentenversicherung beziehenden Beamten, dem die außerhalb des Beamtenverhältnisses verbrachte Zeit als ruhegehaltfähige Dienstzeit bei seiner Beamtenversorgung zugutekommt, die Anrechnung der Leistungen aus der gesetzlichen Rentenversicherung.

*[14]* c) Schließlich hat die Klägerin auch hinsichtlich der Anrechnung ihrer Rentenleistung auf die bis 12.2.2016 noch gezahlten Besoldungsbezüge keine grundsätzliche Bedeutung dargelegt.

*[15]* Nach § 6 Satz 1 des Kirchengesetzes über die Besoldung der Kirchenbeamten, Kirchenbeamtinnen, Religionspädagogen, Religionspädagoginnen, Diakone und Diakoninnen vom 3.12.2013 (KABl. 2014 S. 10, 12) – KBBesG – erfolgt eine Anrechnung von Renten der gesetzlichen Rentenversicherung auf die Besoldung entsprechend den im Bereich der beklagten Landeskirche geltenden versorgungsrechtlichen Bestimmungen. Die Anrechnung findet ihre Grundlage damit in einer kirchenrechtlichen Rechtsgrundlage. Sie kommt hier zur Anwendung, weil die Klägerin erst zum Schulhalbjahr in den Ruhestand getreten ist und damit für den Zeitraum vom 1.1. bis 12.2.2016 neben der gesetzlichen Altersrente auch Bezüge aus ihrem aktiven Dienstverhältnis bezogen hat.

*[16]* Grundlegende Zweifel an der Gültigkeit dieser Norm hat die Beschwerde nicht aufgezeigt. Insbesondere ist nicht dargelegt, warum die Anrechnung im Fall der Klägerin zu einer Verletzung des Alimentationsprinzips führen sollte. Denn sie erhält die ihrem Amt angemessene Alimentation auch im Zeitraum vom 1.1. bis 12.2.2016 in ungeschmälerter Höhe. Dass hierfür auch die Zahlungen der gesetzlichen Rentenversicherung in Ansatz gebracht werden, ändert an dem Betrag der ihr aus öffentlichen Kassen gewährten Gesamtalimentation nichts.

*[17]* Die Beschwerde hat auch nicht dargelegt, warum die Anrechnung gegen das Willkürverbot verstoßen sollte. Sie beruht auf der Besonderheit, dass die Klägerin erst nach Eintritt der gesetzlichen Regelaltersgrenze in den Ruhestand getreten ist und daher neben der Rentenleistung auch Bezüge aus einem aktiven Dienstverhältnis bezogen hat. Die Anrechnung beruht daher auf einem sachlichen Grund.

*[18]* Soweit die Klägerin darauf verwiesen hat, dass die Beklagte keine eigenen Mittel für die Finanzierung der gesetzlichen Rente aufgebracht hat, ver-

kennt sie den Begriff der öffentlichen Kassen. Im Übrigen hat auch die Klägerin selbst keine eigenen Mittel für die streitige Rentenleistung aufgewendet, die auf einer Nachversicherung ihres ehemaligen Dienstherrn beruht. Von dem geltend gemachten Missverhältnis kann daher keine Rede sein.

14

**1. Bei der Überprüfung von Maßnahmen von Religionsgemeinschaften hat sich die verwaltungsgerichtliche Prüfung auf die Frage zu beschränken, ob der Antragsteller durch eine Maßnahme seiner Religionsgesellschaft in einer subjektiven Rechtsposition verletzt ist, die ihm das staatliche Recht verleiht.**
**2. Die Beschränkung der verwaltungsgerichtlichen Kontrolle ergibt sich daraus, dass das Dienstrecht einschließlich des Disziplinarrechts dem Kern des Selbstbestimmungsrechts der Religionsgemeinschaften zuzurechnen ist. Die Ausgestaltung des Dienst- und Amtsrechts der Religionsgesellschaft ist – sofern diese es nicht selbst dem staatlichen Recht unterstellt (vgl. § 135 Satz 2 BRRG) – der staatlichen Gerichtsbarkeit entzogen.**
**3. Wenn und soweit die Kirche die Möglichkeit geschaffen hat, dienstrechtliche Streitigkeiten von einem kirchlichen Gericht beurteilen zu lassen, und somit Gelegenheit besteht, die Streitigkeit innerkirchlich beizulegen, gebietet es die verfassungsrechtlich geschuldete Rücksichtnahme gegenüber dem kirchlichen Selbstbestimmungsrecht den staatlichen Gerichten, über Fragen des kirchlichen Dienst- und Amtsrechts nach Maßgabe der allgemeinen Gesetze in Erfüllung des Justizgewährungsanspruchs (Art. 2 Abs. 1 i.V.m. Art. 20 Abs. 3 GG) jedenfalls nicht vor der Erschöpfung des hierfür eröffneten kirchlichen Rechtswegs zu entscheiden. Der Klage bzw. dem einstweiligen Rechtsschutzantrag fehlt andernfalls das erforderliche Rechtsschutzbedürfnis. Die ggf. nachfolgende Kontrolle durch staatliche Gerichte ist auf die Prüfung der Einhaltung elementarer Verfassungsgrundsätze beschränkt.**
**4. Es würde zu systemwidrigen Ergebnissen führen, wenn die kirchlichen Dienststrafgerichte über sämtliche Amtsvergehen der Beamten des Antragsgegners und deren disziplinarrechtliche Einordnung zu befinden hätten, allein bei schweren Amtsvergehen von Probebeamten jedoch die staatlichen Verwaltungsgerichte dazu berufen wären, den Rechtsstandpunkt der Kirche, ob es sich bei dem zur Last gelegten Verhalten des Beamten um ein (schweres) Amtsvergehen handelt, ggf. zu korrigieren.**

https://doi.org/10.1515/9783111651248-014

**5. Wenn der kirchliche Gesetzgeber von der verfassungsmäßig gewährleisteten Ämterautonomie auch dadurch Gebrauch gemacht hat, dass er Streitigkeiten über Disziplinarangelegenheiten dem Kirchengericht zugewiesen und ausdrücklich nicht der staatlichen Gerichtsbarkeit unterworfen hat, spricht dies gegen die Annahme, er habe diese alleinige kirchengerichtliche Zuständigkeit durch eine Befugnis des staatlichen Verwaltungsgerichts, über die disziplinarische Einordnung eines Vorgangs als Vorfrage einer statusrechtlichen Streitigkeit zu entscheiden, wieder einschränken wollen.**
**6. Wenn der kirchliche Dienstherr die „fristlose Kündigung" eines Kirchenbeamten auf Probe „gemäß § 34 Dienststrafordnung wegen eines schweren Amtsvergehens" und damit auf – jedenfalls im Schwerpunkt – disziplinarrechtlicher Grundlage verfügt, ist er nicht ermächtigt, in diesem Zusammenhang von der Vorschrift des § 80 Abs. 2 Satz 1 Nr. 4 VwGO Gebrauch zu machen.**

Artt. 2 Abs. 1, 20 Abs. 3, 140 GG, Art. 137 Abs 3 WRV,
§ 23 Abs. 3 Satz 1 BeamtStG, § 135 Satz 2 BRRG,
§§ 4 Abs 1, 34 Abs. 2 KathKiHHOsnDienstStrO,
§ 80 Abs. 2 Satz 1 Nr. 4, 80 Abs. 5 Satz 1 Alt. 2 VwGO
Hamburgisches OVG, Beschluss vom 7. September 2022 -5 Bs 63/22-[1]

I. Der Antragsteller wendet sich im Wege des vorläufigen Rechtsschutzes gegen die „Kündigung" seines Kirchenbeamtenverhältnisses auf Probe.

Der Antragsteller ist seit dem 25.8.2008 Lehrer für die Fächer Sport, Geschichte und Politik/Gesellschaft/Wirtschaft an der xxx-Schule, einem privaten katholischen Gymnasium in Hamburg-R., dessen Träger der Antragsgegner ist. Der Antragsteller wurde vom Katholischen Schulverband Hamburg zunächst als Lehrer im Angestelltenverhältnis beschäftigt und am 30.7.2015 mit Wirkung zum 1.8.2015 unter Ernennung zum Studienrat zum Beamten auf Probe im kirchlichen Dienst ernannt. Rechtsnachfolger des Katholischen Schulverbandes ist seit dessen Auflösung zum 1.1.2017 der Antragsgegner.

Nachdem der Antragsgegner den Antragsteller wegen verschiedener Vorwürfe – u.a. Aufsichtsversäumnissen bei der Durchführung der Notbetreuung, eines Vorfalls in der Jungen-Umkleidekabine, der Nichteinhaltung von Corona-Richtlinien, des Aufenthalts im Schulgebäude außerhalb der Dienstzeiten, der Verabredung zu Computerspielen, wegen aus Sicht des Antragsgegners unan-

1 Amtl. Leitsätze. juris.
Der Beschluss ist rechtskräftig.

gemessener Wohnverhältnisse sowie als diskriminierend eingestufter Äußerungen gegenüber Schülerinnen und Schülern – mit Schreiben vom 29.7.2021 mit Wirkung zum 1.8.2021 von seinen Dienstgeschäften suspendiert hatte, hörte er ihn mit Schreiben vom 12.8.2021 zu der beabsichtigten fristlosen Kündigung an. Zudem teilte er dem Antragsteller mit, dass er „neben der beabsichtigten Kündigung vorsorglich ein förmliches Dienststrafverfahren gemäß §§ 21 ff. Dienststrafordnung" gegen ihn eingeleitet habe.

Unter dem 10.2.2022 erließ der Antragsgegner wegen der o.g. Vorwürfe einen „Bescheid über eine fristlose Kündigung mit Befristung von einem Monat gemäß § 34 Abs. 3 Dienststrafordnung" und ordnete unter Berufung auf die Vorschrift des § 80 Abs. 2 Satz 1 Nr. 4 VwGO, die „aufgrund der kirchenbeamtenrechtlichen Vorschriften des Erzbistums Hamburg entsprechende Anwendung" finde, die sofortige Vollziehung des Kündigungsbescheids an. In der Rechtsbehelfsbelehrung verwies der Antragsgegner den Antragsteller bezüglich des Bescheids auf die Möglichkeit, Widerspruch zu erheben, im Hinblick auf die Anordnung der sofortigen Vollziehung auf einen Antrag nach § 80 Abs. 5 VwGO beim Verwaltungsgericht Hamburg.

Aufgrund eines am 24.2.2022 gestellten Antrags des Antragstellers hat das Verwaltungsgericht Hamburg mit Beschluss vom 19.4.2022 die aufschiebende Wirkung des am 8.3.2022 gegen den Kündigungsbescheid erhobenen Widerspruchs des Antragstellers wiederhergestellt. Zur Begründung hat das Verwaltungsgericht ausgeführt, dass der Verwaltungsrechtsweg eröffnet und der Antrag zulässig sei, obwohl der Antragsteller Rechtsschutz gegen eine innerkirchliche Maßnahme begehre, da er sich auf die Verletzung staatlichen Rechts, namentlich seiner Berufsfreiheit gemäß Art. 12 Abs. 1 GG, berufen könne. Der Antrag sei auch begründet, da der Kündigungsbescheid gegen staatliches Recht verstoße, das vorliegend verwaltungsgerichtlich zu kontrollieren sei. Mangels dargelegter kirchlicher Glaubenssätze, die das Verhalten des Antragstellers im Hinblick auf die ihm vorgeworfenen Handlungen spezifisch bestimmten, sei nicht ersichtlich, dass dem Antragsgegner ein gerichtlich nur eingeschränkt zu überprüfender Abwägungsspielraum eröffnet sein könnte. In Anlehnung an die im Wesentlichen inhaltsgleichen gesetzlichen Vorschriften des Bundes (§ 13 BDG) und aller Länder komme es daher darauf an, in welchem Umfang der Beamte unter Berücksichtigung seines Persönlichkeitsbilds das Vertrauen des Dienstherrn oder der Allgemeinheit beeinträchtigt habe. Hieran gemessen vermöge die Kammer nach dem Erkenntnisstand des Eilverfahrens kein schweres, die disziplinarrechtliche Höchstmaßnahme rechtfertigendes Amtsvergehen des Antragstellers zu erkennen. Die Vorwürfe basierten zum Teil auf einer nicht hinreichenden aufgeklärten Tatsachengrundlage oder seien nicht hinreichend substantiiert bzw. ließen keine Amtspflichtverletzung erkennen oder wiesen nicht den für eine Entlassung erforderlichen Schweregrad auf und lägen bereits erhebliche Zeit zurück.

Hiergegen wendet sich der Antragsgegner mit seiner am 29.4.2022 erhobenen und unter dem 20.5.2022 begründeten Beschwerde.

Das Gericht hat die Beschwerde zurückgewiesen.

**Aus den Gründen:**

*[9]* Die gemäß §§ 146 Abs. 4, 147 VwGO zulässige Beschwerde des Antragsgegners bleibt in der Sache ohne Erfolg. Dabei geht das Beschwerdegericht zugunsten des Antragsgegners davon aus, dass sein Beschwerdevorbringen die Richtigkeit des angefochtenen Beschlusses in der Weise erschüttert, dass dieser mit der dort gegebenen Begründung keinen Bestand haben kann und das Beschwerdegericht somit zu einer nicht mehr nach § 146 Abs. 4 Satz 6 VwGO beschränkten Prüfung veranlasst ist.

*[10]* Allerdings führt auch diese unbeschränkte Prüfung zu dem Ergebnis, dass das Verwaltungsgericht im Ergebnis zu Recht gemäß § 80 Abs. 5 Satz 1 Alt. 2 VwGO die aufschiebende Wirkung des gegen den Kündigungsbescheid gerichteten Widerspruchs des Antragstellers wiederhergestellt hat.

*[11]* Dabei hat das Beschwerdegericht zwar Bedenken, ob das Verwaltungsgericht, das eine materielle Prüfung des Kündigungsbescheids vorgenommen hat, insofern zu Recht von einer – unmittelbaren – Eröffnung des Verwaltungsrechtswegs ausgegangen ist. Hiergegen könnte sprechen, dass in der Sache die Frage in Rede steht, ob der Antragsteller ein schweres Amtsvergehen i.S.d. § 34 Abs. 2 des Gesetzes zur Ausführung des § 2 des Gesetzes zur Regelung der Rechtsverhältnisse der Beamten des Verbandes der Röm.-kath. Kirchengemeinden in der Freien und Hansestadt Hamburg (Osnabrücker Anteil) – Dienststrafordnung – vom 19.2.1965 (Kirchliches Amtsblatt für die Diözese Osnabrück, 81. Jg., Nr. 17, Bd. 35, Nr. 46, Art. 421, S. 385 ff., vom 9.8.1965, im Folgenden: Dienststrafordnung) begangen hat, über die als – rein innerkirchliche disziplinarrechtliche – (Vor-)Frage möglicherweise vor Anrufung der Verwaltungsgerichte zunächst die hierfür zuständigen kirchlichen Dienststrafgerichte (die in der Dienststrafordnung benannte Dienststrafkammer sowie ggf. der Dienststrafhof) zu befinden haben könnten.

*[12]* Der Antragsgegner dürfte in seiner Beschwerdebegründung insoweit zu Recht moniert haben, dass die verwaltungsgerichtliche Prüfung sich auf die Frage zu beschränken hat, ob der Antragsteller durch eine Maßnahme seiner

Religionsgesellschaft in einer subjektiven Rechtsposition verletzt ist, die ihm das staatliche Recht verleiht (vgl. BVerwG, Urteil vom 27.2.2014 -2 C 19/12- BVerwGE 149, 139, KirchE 63, 161). Der streitgegenständliche „Bescheid über eine solche fristlose Kündigung mit Befristung von einem Monat" vom 10.2.2022 ist ausweislich seiner Begründung jedoch „gemäß § 34 Dienststrafordnung wegen eines schweren Amtsvergehens" – und nicht etwa auf Grundlage der gemäß § 1 des Gesetzes zur Regelung der Rechtsverhältnisse der Beamten des Verbandes der Röm.-kath. Kirchengemeinden in der Freien und Hansestadt Hamburg (Osnabrücker Anteil) – Beamtengesetz – vom 18.2.1965 (Kirchliches Amtsblatt für die Diözese Osnabrück, 81. Jg., Nr. 17, Bd. 35, Nr. 46, Art. 420, S. 385, vom 9.8.1965, in der ab dem 1.1.2017 gültigen Fassung vom 15.11.2016, Kirchliches Amtsblatt Erzbistum Hamburg, 22. Jg., Nr. 10, Art. 140, S. 160 f., vom 15.11.2016) für anwendbar erklärten Vorschriften des § 23 Abs. 3 Satz 1 Nrn. 1 und 2 BeamtStG – ergangen. Bei der Dienststrafordnung des Antragsgegners handelt es sich, wovon auch das Verwaltungsgericht ausgegangen ist, jedoch um rein innerkirchliches und nicht um staatliches Recht. Der Antragsteller unterlag als Kirchenbeamter auf Probe gemäß § 1 Abs. 1 und 2 der Dienststrafordnung dem kirchlichen Disziplinarrecht und war insbesondere an die sich aus § 2 der Dienststrafordnung ergebenden Pflichten gebunden.

*[13]* Der „Kündigung" des Antragstellers liegen damit ausschließlich kirchliche Regelungen zugrunde. Diese beruhen auf der Befugnis zur Rechtsetzung der Kirchen im Bereich des Dienstrechts einschließlich des Disziplinarrechts, Besoldungsrechts und Versorgungsrechts, die unmittelbar aus der verfassungsrechtlich garantierten Autonomie der Religionsgemeinschaften (Art. 140 GG, 137 Abs. 3 WRV) folgt (vgl. BVerfG, Beschluss vom 4.6.1985 -2 BvR 1703/83, 2 BvR 1718/83, 2 BvR 856/84- BVerfGE 70, 183, KirchE 23, 105; BVerwG, Urteil vom 30.10.2002 -2 C 23/01- BVerwGE 117, 145, KirchE 41, 148; VGH Mannheim, Beschluss vom 10.11.2015 -4 S 901/14- KirchE 66, 224). Die Beschränkung der verwaltungsgerichtlichen Kontrolle ergibt sich dabei daraus, dass das Dienstrecht einschließlich des Disziplinarrechts dem Kern dieses Selbstbestimmungsrechts zuzurechnen ist. Die Ausgestaltung des Dienst- und Amtsrechts der Religionsgesellschaft ist – sofern diese es nicht selbst dem staatlichen Recht unterstellt (vgl. § 135 Satz 2 BRRG) – der staatlichen Gerichtsbarkeit entzogen (BVerfG, Nichtannahmebeschluss vom 9.12.2008 -2 BvR 717/08- KirchE 52, 337). Wenn und soweit die Kirche die Möglichkeit geschaffen hat, dienstrechtliche Streitigkeiten von einem kirchlichen Gericht beurteilen zu lassen, und somit Gelegenheit besteht, die Streitigkeit innerkirchlich beizulegen, gebietet es daher die verfassungsrechtlich geschuldete Rücksichtnahme gegenüber dem kirchlichen Selbstbestimmungsrecht den staatlichen Gerichten, über Fragen des kirchlichen

Dienst- und Amtsrechts nach Maßgabe der allgemeinen Gesetze in Erfüllung des Justizgewährungsanspruchs (Art. 2 Abs. 1 i.V.m. Art. 20 Abs. 3 GG) jedenfalls nicht vor der Erschöpfung des hierfür eröffneten kirchlichen Rechtswegs zu entscheiden (BVerwG, Beschluss vom 4.1.2017 -2 B 23/16- NVwZ-RR 2017, 399, KirchE 69, 6; Urteil vom 27.2.2014 -2 C 19/12- BVerwGE 149, 139, KirchE 63, 161). Der Klage bzw. dem einstweiligen Rechtsschutzantrag fehlt andernfalls das erforderliche Rechtsschutzbedürfnis. Die ggf. nachfolgende Kontrolle durch staatliche Gerichte ist auf die Prüfung der Einhaltung elementarer Verfassungsgrundsätze beschränkt (BVerfG, Beschluss vom 27.1.2004 -2 BvR 1978/00- und -2 BvR 496/01- KirchE 45, 69; BVerwG, Beschluss vom 4.1.2017, a.a.O.).

*[14]* Anders als für beamtenrechtliche Streitigkeiten (vgl. § 1 des Gesetzes zur Regelung der Rechtsverhältnisse der Beamten des Verbandes der Röm.-kath. Kirchengemeinden in der Freien und Hansestadt Hamburg) hat der Antragsgegner den Bereich des Disziplinarrechts indes gerade nicht gemäß § 135 Satz 2 BRRG dem staatlichen Recht unterstellt. Denn gemäß § 2 des Gesetzes zur Regelung der Rechtsverhältnisse der Beamten des Verbandes der Röm.-kath. Kirchengemeinden in der Freien und Hansestadt Hamburg gilt „in Disziplinarangelegenheiten" (ausschließlich) die Dienststrafordnung des Verbandes. Auch die Dienststrafordnung selbst enthält keinen Hinweis auf die entsprechende Anwendbarkeit anderer Vorschriften oder eine Unterwerfung unter die staatliche Gerichtsbarkeit.

*[15]* Selbst wenn es sich bei der hier in Rede stehenden Maßnahme nicht um eine „klassische" Disziplinarstrafe i.S.d. § 4 Abs. 1 der Dienststrafordnung handeln sollte, sondern um eine kirchendienstrechtliche Maßnahme sui generis, dürfte es sich bei ihr um eine dienstrechtliche, an einen Pflichtenverstoß des Antragstellers anknüpfende disziplinarische Maßnahme handeln. Jedenfalls hängt ihre Rechtmäßigkeit allein bzw. jedenfalls maßgeblich davon ab, ob das dem Antragsteller zur Last gelegte Verhalten als schweres Amtsvergehen einzuordnen ist oder nicht.

*[16]* Aus Sicht des Beschwerdegerichts würde es aber zu systemwidrigen Ergebnissen führen, wenn die kirchlichen Dienststrafgerichte über sämtliche Amtsvergehen der Beamten des Antragsgegners und deren disziplinarrechtliche Einordnung zu befinden hätten, allein bei schweren Amtsvergehen von Probebeamten jedoch die staatlichen Verwaltungsgerichte dazu berufen wären, den Rechtsstandpunkt der Kirche, ob es sich bei dem zur Last gelegten Verhalten des Beamten um ein (schweres) Amtsvergehen handelt, ggf. zu korrigieren. Gerade weil der Antragsgegner vertritt, dass es sich bei der Bewertung, ob ein schweres Amtsvergehen vorliegt, um eine innerkirchliche Angelegenheit handelt, müsste diese Frage aus Sicht des Beschwerdegerichts (zunächst) durch die

(nach der Dienststrafordnung) hierfür zuständigen kirchlichen Gerichte zu klären sein. Zudem spricht viel dafür, dass über die Frage, ob ein leichtes oder schweres Amtsvergehen anzunehmen ist, unter Zugrundelegung einheitlicher – vom kirchlichen Dienststrafgericht unter besonderer Berücksichtigung der kirchenrechtlichen Vorgaben anzulegender – Maßstäbe, d.h. durch die gleiche Gerichtsbarkeit, zu befinden sein muss.

*[17]* Wie bei der sog. „verkappten Statusklage" (vgl. hierzu VGH München, Beschluss vom 7.8.2017 -3 ZB 14.536- KirchE 70, 56) spricht, wenn der kirchliche Gesetzgeber – wie hier der Antragsgegner – von der verfassungsmäßig gewährleisteten Ämterautonomie auch dadurch Gebrauch gemacht hat, dass er Streitigkeiten über Disziplinarangelegenheiten dem Kirchengericht zugewiesen und ausdrücklich nicht der staatlichen Gerichtsbarkeit unterworfen hat, dies gegen die Annahme, er habe diese alleinige kirchengerichtliche Zuständigkeit durch eine Befugnis des staatlichen Verwaltungsgerichts, über die disziplinarische Einordnung eines Vorgangs als Vorfrage einer statusrechtlichen Streitigkeit zu entscheiden, wieder einschränken wollen.

*[18]* Würde demgegenüber davon ausgegangen, dass weder ein innerkirchlicher Rechtsbehelf gegen die „Kündigung" gegeben noch die Vorfrage, ob ein (schweres) Amtsvergehen i.S.d. § 34 Abs. 2 Dienststrafordnung vorliegt, zuvor durch die kirchlichen Dienststrafgerichte zu klären ist, dürfte dies zu dem – unter Rechtsschutzgesichtspunkten kaum hinnehmbaren – Ergebnis führen, dass zwar die staatlichen Verwaltungsgerichte (wegen des allgemeinen Justizgewährungsanspruchs, BVerwG, Urteil vom 27.2.2014 -2 C 19/12- BVerwGE 149, 139, KirchE 63, 161) zuständig wären und der Zulässigkeit des Rechtsschutzantrags des Antragstellers nicht die fehlende Erschöpfung des innerkirchlichen Rechtswegs entgegenstünde, die verwaltungsgerichtliche Kontrolle jedoch – da die Auslegung innerkirchlichen Rechts im Raum stünde – auf die Prüfung beschränkt wäre, ob die in Rede stehende Maßnahme mit den in Art. 79 Abs. 3 GG umschriebenen fundamentalen Verfassungsprinzipien in Einklang steht (BVerfG, Beschluss vom 27.1.2004 -2 BvR 1978/00- und -2 BvR 496/01- KirchE 45, 69; BVerwG, Beschluss vom 4.1.2017 -2 B 23/16- NVwZ-RR 2017, 399, KirchE 69, 6). Ob dem Antragsteller bei einer solchen Auslegung der Bestimmungen hinreichender Rechtsschutz zukäme, dürfte zweifelhaft sein. Der Antragsteller könnte weder kirchengerichtlichen Rechtsschutz noch – unbeschränkten – verwaltungsgerichtlichen Rechtsschutz in Anspruch nehmen. Möglicherweise würde sich bei einer solchen Auslegung der streitgegenständlichen Bestimmungen die Frage stellen, ob die Vorschrift des § 34 Abs. 2 der Dienststrafordnung überhaupt säkulare Geltung beanspruchen kann (vgl. Janssen, Aspekte des Status von Religionsgemeinschaften als Körperschaften des öffentlichen

Rechts, Diss. Berlin, 2. Aufl. 2017, S. 191). Denn der Antragsgegner wäre mit hoheitlichen – intensiv in die Grundrechte seiner Bediensteten eingreifenden – Befugnissen ausgestattet, ohne dass dieser Eingriffsermächtigung eine hinreichende Rechtsschutzmöglichkeit seiner Bediensteten gegenüberstünde. Dies könnte unter Umständen gegen fundamentale Verfassungsprinzipien (in Form des zum Rechtsstaatsprinzip gehörenden Gerichtsschutzes, vgl. Dietlein, in BeckOK Grundgesetz, Epping/Hillgruber, 51. Aufl. 2022, Art. 79 GG, Rn 49 mwN) verstoßen. Dann müsste der Antrag des Antragstellers möglicherweise aber allein deshalb Erfolg haben, weil dem Antragsgegner für die Kündigung keine (von den staatlichen Gerichten anzuerkennende) Ermächtigungsgrundlage zur Verfügung gestanden hätte.

*[19]* Diese Fragen müssen hier jedoch nicht abschließend beantwortet werden, weil vorliegend nicht (nur) die Überprüfung kirchlichen Rechts im Raum steht. Denn der Antragsgegner hat die sofortige Vollziehung des Kündigungsbescheids angeordnet und sich hierfür auf die Vorschrift des § 80 Abs. 2 Satz 1 Nr. 4 VwGO, deren entsprechende Anwendbarkeit er in Ermangelung eigener kirchenrechtlicher Bestimmungen für möglich hält, gestützt. Hierbei handelt es sich jedoch ersichtlich nicht um innerkirchliches Recht, bei dessen Auslegung sich die staatlichen Gerichte weitgehend zurückhalten müssen (vgl. oben), sondern um genuin staatliches Recht, für dessen Auslegung die Verwaltungsgerichte uneingeschränkt zuständig sind.

*[20]* Der Antragsgegner war nach Auffassung des Beschwerdegerichts im vorliegenden Fall jedoch nicht ermächtigt, von der Vorschrift des § 80 Abs. 2 Satz 1 Nr. 4 VwGO Gebrauch zu machen. Die Auffassung des Antragsgegners, die Vorschrift deshalb „sinngemäß" anwenden zu können, weil eigene kirchenrechtliche Vorschriften nicht bestehen, überzeugt nicht. Der Antragsgegner ist als Religionsgesellschaft keine Behörde i.S.d. § 80 Abs. 2 Satz 1 Nr. 4 VwGO und übt als solche keine staatliche Gewalt aus (vgl. hierzu und zu Nachstehendem: BVerwG, Urteil vom 27.2.2014 -2 C 19/12- aaO). Die Zuerkennung des Status einer öffentlich-rechtlichen Körperschaft nach Art. 140 GG i.V.m. Art. 137 Abs. 5 WRV ändert nichts daran, dass es sich bei kirchlichen Maßnahmen nicht um Akte staatlicher Gewalt handelt, und bedeutet keine Gleichstellung mit anderen öffentlich-rechtlichen Körperschaften, die in den Staat eingegliedert sind.

*[21]* Dabei dürfte sich eine Anwendbarkeit des § 80 Abs. 2 Satz 1 Nr. 4 VwGO zwar möglicherweise dann annehmen lassen, wenn der Antragsgegner die Entlassung des Antragstellers aus dem Dienst als Probebeamter auf beamtenstatusrechtlicher Grundlage gemäß § 1 des Gesetzes zur Regelung der Rechtsverhältnisse der Beamten des Verbandes der Röm.-kath. Kirchengemeinden in der Freien und Hansestadt Hamburg i.V.m. § 23 Abs. 3 Satz 1 BeamtStG verfügt hät-

te. Dann dürfte über § 135 Satz 2 BRRG und § 54 Abs. 1 BeamtStG der Verwaltungsrechtsweg unmittelbar eröffnet sein und dürften die Vorschriften der Verwaltungsgerichtsordnung gelten. Der Antragsgegner hat die Entlassung jedoch ausdrücklich „gemäß § 34 Dienststrafordnung wegen eines schweren Amtsvergehens“ und damit, wie ausgeführt, auf – jedenfalls im Schwerpunkt – disziplinarrechtlicher Grundlage verfügt.

*[22]* Die Dienststrafordnung sieht indes keine Anwendbarkeit des § 80 Abs. 2 Satz 1 Nr. 4 VwGO vor, und im Übrigen auch nicht, dass die Kündigung von Probebeamten überhaupt durch einen Verwaltungsakt zu erfolgen hat bzw. erfolgen kann. Dabei stellt sich auch die Frage, aus welchen Gründen der kirchliche Gesetzgeber an dieser Stelle den zivil- bzw. arbeitsrechtlichen Begriff der „Kündigung“ und nicht den verwaltungsrechtlichen Begriff der „Entlassung“ verwendet und die Kündigung nur in ihren Rechtsfolgen der Entlassung gleichgestellt hat (vgl. § 34 Abs. 2 Satz 1 und 2 Dienststrafordnung). Jedenfalls gilt gemäß § 2 Abs. 1 (Hmb)VwVfG das (hamburgische) Verwaltungsverfahrensgesetz mit seinen Bestimmungen insbesondere über Verwaltungsakte [vgl. § 35 Satz 1 (Hmb)VwVfG], die in § 80 VwGO vorausgesetzt werden, nicht für die Tätigkeit der Kirchen, der Religionsgesellschaften und Weltanschauungsgemeinschaften sowie ihrer Verbände und Einrichtungen und lässt sich auch über § 1 des Gesetzes zur Regelung der Rechtsverhältnisse der Beamten des Verbandes der Röm.-kath. Kirchengemeinden in der Freien und Hansestadt Hamburg eine Anwendbarkeit von § 80 Abs. 2 Satz 1 Nr. 4 VwGO nicht herleiten. Denn anders als für (sonstige) beamtenrechtliche Angelegenheiten hat der Antragsgegner den Bereich der Disziplinarangelegenheiten ausdrücklich nicht der Geltung staatlichen Rechts und der (unmittelbaren) Überprüfung durch die Verwaltungsgerichte (auf Grundlage der Verwaltungsgerichtsordnung) unterworfen, sondern gemäß § 2 des Gesetzes zur Regelung der Rechtsverhältnisse der Beamten des Verbandes der Röm.-kath. Kirchengemeinden in der Freien und Hansestadt Hamburg allein und ausschließlich die Geltung der Dienststrafordnung angeordnet, bei der es sich, wie der Antragsgegner in der Beschwerdebegründung insoweit selbst wiederholt betont hat, um ein abschließendes und in sich geschlossenes Regelungssystem handelt. Die Anwendbarkeit anderer Rechtsvorschriften, die nach der Vorschrift des § 135 Satz 2 BRRG bzw. § 146 Satz 2 BBG ausdrücklich erklärt werden müsste, hat der Antragsgegner für den Bereich von Disziplinarangelegenheiten damit – anders als für beamtenrechtliche Angelegenheiten – gerade nicht angeordnet. Auch die Dienststrafordnung selbst enthält für schwere Amtsvergehen von Beamten auf Probe keinen Verweis auf entsprechend anzuwendende Vorschriften aus anderen Regelungsregimen, insbesondere nicht der Vorschrift des § 80 Abs. 2 Satz 1 Nr. 4 VwGO.

*[23]* Da der Antragsgegner nach alledem nicht ermächtigt war, die sofortige Vollziehung des Kündigungsbescheids anzuordnen, hat das Verwaltungsgericht im Ergebnis zu Recht die aufschiebende Wirkung des Widerspruchs des Antragstellers wiederhergestellt.

*[24]* Dies gilt ungeachtet dessen, dass der Antragsgegner voraussichtlich auch nicht ermächtigt war, die disziplinarische Kündigung in Form eines Verwaltungsakts auszusprechen, so dass, formal betrachtet, der hiergegen gerichtete Widerspruch auch nicht die in § 80 Abs. 1 VwGO vorgesehene aufschiebende Wirkung haben kann. Denn wie bei einem sog. „Schein-Verwaltungsakt" bzw. wie bei dem Erlass eines Verwaltungsakts trotz fehlender Ermächtigung kann ein solches rechtswidriges Verhalten des Antragsgegners nicht dazu führen, dass deshalb dem Antragsteller der begehrte Rechtsschutz zu versagen wäre (vgl. BVerwG, Beschluss vom 9.11.1984 -7 C 5/84- NVwZ 1985, 264). Der Einzelne soll als Empfänger einer nach ihrem objektiven Inhalt missverständlichen Willensäußerung der Verwaltung im Hinblick auf seine Rechtsschutzmöglichkeiten nicht benachteiligt werden (BVerwG, Urteil vom 12.1.1973 -VIII C 3.71- BVerwGE 41, 305; Urteil vom 21.4.1972 -VII C 80.70- NJW 1972, 1682). Ihm soll, wenn die Behörde trotz fehlender Befugnis einen Verwaltungsakt erlassen hat, insbesondere nicht das Risiko einer möglichen Bestandskraft des Verwaltungsakts aufgebürdet werden (vgl. die entsprechenden Überlegungen im Hinblick auf die Statthaftigkeit der Anfechtungsklage: Schmidt-Kötters, in BeckOK VwGO, Posser/Wolf, 62. Aufl. 2019, § 42 Rn 13 mwN). Dies gebietet es, im einstweiligen Rechtsschutzverfahren die Anordnung der sofortigen Vollziehung aufzuheben mit der Folge, dass der Antragsteller bis zu einer Klärung der Rechtsstreitigkeit in der Hauptsache, zu der, wie ausgeführt, aus Sicht des Beschwerdegerichts der Sache nach zunächst die kirchliche Dienststrafkammer berufen sein dürfte, so zu behandeln ist, als wäre die Kündigung nicht erfolgt.

## 15

**Bei der subjektiven Voraussetzung der „gleichwertigen Fähigkeiten und Erfahrungen" ist es zwar rechtlich möglich, aus der ausgeübten Tätigkeit eines Arbeitnehmers Rückschlüsse auf seine Fähigkeiten und Erfahrungen zu ziehen. Daraus kann jedoch weder der Rechtssatz noch der allgemeine Erfahrungssatz abgeleitet werden, immer dann, wenn ein „sonstiger Mitarbeiter" eine „entsprechende Tätigkeit" ausübe, verfüge dieser auch über „gleichwertige Fähigkeiten und Erfahrungen" im tariflichen Sinn. Vielmehr zeigt die Lebenserfahrung, dass „sonstige Mitarbeiter", selbst wenn sie im Einzelfall eine „entsprechende Tätigkeit" ausüben, gleichwohl – anders als ein Arbeitnehmer**

https://doi.org/10.1515/9783111651248-015

**mit der entsprechenden Ausbildung – häufig an anderen Stellen deswegen nicht eingesetzt werden können, weil ihnen für andere Tätigkeiten Kenntnisse und Erfahrungen fehlen. (Rn 108)**

Anl. 33 Anh. B Entgeltgr. S8 DCVArbVtrRL
LAG Rheinland-Pfalz, Urteil vom 21. September 2022 -7 Sa 2/22-[1]

Die Parteien streiten im Berufungsverfahren noch darüber, ob der Kläger in die Entgeltgruppe S 8a der Anlage 33 zu den AVR des Deutschen Caritasverbandes einzugruppieren ist.

Der 1974 geborene Kläger ist gelernter Tischler. Gemäß Bescheid vom 27.11.2018 ist er einem schwerbehinderten Menschen gleichgestellt.

Seit dem 16.4.2012 ist der Kläger bei der Beklagten, zunächst auf der Grundlage des Dienstvertrages vom 2.2.2012 als Produktionshelfer beschäftigt. Unter § 3 des Dienstvertrages wurde vereinbart, dass für das Dienstverhältnis die Richtlinien für Arbeitsverträge in den Einrichtungen des Deutschen Caritasverbandes (AVR) in ihrer jeweiligen Fassung (im Folgenden: AVR) gelten. Mit dem Nachtrag Nr. 3 zum Dienstvertrag vereinbarten die Parteien, dass der Kläger ab dem 1.1.2015 als berufspädagogischer Mitarbeiter tätig wird und hierbei in die Entgeltgruppe S 4 Ziffer 3 Stufe 2 der Anlage 33 zu den AVR eingruppiert wird. Er war sodann aufgrund seiner Ausbildung als Tischler im Holzzentrum der Beklagten im Bereich der berufsvorbereitenden Bildungsmaßnahmen tätig.

Die Beklagte betreibt eine anerkannte Behindertenwerkstatt im Sinne des § 219 SGB IX mit verschiedenen Betriebsstätten und wurde als solche unter der Reg.-Nr. 5/27 im „Verzeichnis anerkannter Werkstätten für behinderte Menschen" der Bundesagentur für Arbeit Nürnberg (Stand Mai 2021) unter anderem auch mit der Betriebsstätte „Förderzentrum E.-Haus in C-Stadt" gelistet.

Seit dem Jahr 2017 betreute der Kläger eine Gruppe in einer produktionsorientierten Werkstatt für behinderte Menschen („M.-Logistik"). Hierbei übernahm er ab dem Jahr 2018 auch die Unterstützung bei Toilettengängen.

Unter dem 23.11.2020 wurde dem Kläger ein Zwischenzeugnis erteilt.

Am 2.1.2021 begann der Kläger seine Tätigkeit am Standort „Förderzentrum X" in C-Stadt (kurz: Förderzentrum E.). Es handelt sich um einen förderorientierten Bereich, dessen Leistungsnehmer mehr Hilfe bei der Pflege benötigen als zum Beispiel in der produktionsorientierten W.-Logistik. Im Rahmen der übertragenen Tätigkeit kommt es zu Pflegemaßnahmen, die verpflichtend sind.

1 Amtl. Leitsatz. BeckRS 2022, 38187; juris.
Das Urteil ist rechtskräftig.

Die Beklagte ordnete auch diese Tätigkeit des Klägers der Entgeltgruppe S 4 der Anlage 33 Anhang B zu den AVR – Entgeltgruppen für Mitarbeiter im Sozial- und Erziehungsdienst – zu.

Der Kläger ist in der Mitarbeitervertretung tätig.

Nach Einschaltung des Klägervertreters überreichte die Beklagte unter dem 8.2.2021 eine undatierte Stellenbeschreibung (Bl. 22 d. A.) für die letzte Tätigkeit des Klägers im Förderzentrum E. Diese lautet unter anderem:

> „Ziele
> Unterstützung der Mitarbeiter im Gruppendienst (Pflegefachkräfte und päd. Fachkräfte) bei:
> - Erhalt/Aufbau der Selbstständigkeit und von lebenspraktischen Fähigkeiten von schwer- und mehrfachbehinderten Menschen
> - Erhalt/Aufbau sozialer und kommunikativer Fähigkeiten von schwer- und mehrfachbehinderten Menschen
> - Erhalt/Aufbau kognitiver Kompetenzen
> - Spezielle Angebote zur Förderung der Wahrnehmung durchführen
> - Reduzierung von Verhaltensauffälligkeiten der Klienten
> - Individuelle Förderung von schwer- und mehrfachbehinderten Menschen unter Einbeziehung ihrer Interessen und Wünsche
>
> Aktivitäten/Hauptaufgaben
> - Übernahme von Grundpflege
> - Betreuung und Begleitung von schwerbehinderten Menschen
> - Unterstützung bei Förderangeboten
> - Digitale Dokumentation der Tätigkeit
>
> (...)
> Zusammenarbeit
> Es gibt eine ständige Zusammenarbeit mit Pflegefachkräften und päd. Fachkräften in der Gruppe und/oder gruppenübergreifend.“

Mit anwaltlicher E-Mail vom 12.2.2021 ließ der Kläger die Beklagte zur Höhergruppierung von der bisherigen Entgeltgruppe S 4 in die Entgeltgruppe S 7 der Anlage 33 der AVR auffordern, was die Beklagte mit Schreiben vom 2.3.2021 unter Hinweis auf das Fehlen der „sonderpädagogischen Zusatzqualifikation“ ablehnte. Der Kläger wies sodann mit anwaltlicher E-Mail vom 12.3.2021 darauf hin, dass er neben seiner abgeschlossenen Ausbildung zusätzlich die Ausbildereignung nach der Ausbildereignungsverordnung (AEVO) besitze. Die Beklagte lehnte eine Höhergruppierung mit Schreiben vom 19.3.2021 erneut ab. Mit der am 18.6.2021 beim Arbeitsgericht eingegangenen, am 24.6.2021 zugestellten Klage fordert der Kläger die Eingruppierung in die Entgeltgruppe S 8a oder hilfsweise in die Entgeltgruppe S 7 für die Zeit ab dem 2.1.2021.

Das Arbeitsgericht hat die Klage durch Urteil vom 24.11.2021 abgewiesen. Gegen das Urteil hat der Kläger mit Schriftsatz vom 5.1.2022 beim Landesarbeitsgericht Berufung eingelegt

Das Gericht hat die Berufung zurückgewiesen.

**Aus den Gründen:**

*[69]* A. Die nach § 64 Abs. 1 und 2 ArbGG statthafte Berufung des Klägers ist gemäß §§ 66 Abs. 1, 64 Abs. 6 ArbGG in Verbindung mit §§ 519, 520 ZPO form- und fristgerecht eingelegt und begründet worden. Sie erweist sich auch sonst als zulässig.

*[70]* B. In der Sache hatte die Berufung des Klägers keinen Erfolg. Der als Eingruppierungsfeststellungsklage zulässige erstinstanzliche Feststellungsantrag ist unbegründet. Der Kläger übt nicht die Tätigkeit eines Erziehers, Heilerziehungspflegers, Heilerziehers mit staatlicher Anerkennung und entsprechender Tätigkeit oder sonstigen Mitarbeiters, der „aufgrund gleichwertiger Fähigkeiten und ihrer Erfahrungen entsprechende Tätigkeiten ausübt" aus, weil er nicht über gleichwertige Fähigkeiten verfügt. Die Beklagte ist daher nicht verpflichtet, ihn ab dem 2.1.2021 gemäß der Entgeltgruppe S 8a der Anlage 33 zu den AVR des Deutschen Caritasverbandes zu vergüten.

*[71]* I. 1. Auf das Arbeitsverhältnis der Parteien finden kraft arbeitsvertraglicher Bezugnahme die AVR des Deutschen Caritasverbands in ihrer jeweiligen Fassung Anwendung. *(wird ausgeführt)*

*[72]* 2. Die einschlägigen Bestimmungen der AVR lauten:

„Anlage 1 Vergütungsregelung

I Eingruppierung

(a) Die Eingruppierung des Mitarbeiters richtet sich nach den Tätigkeitsmerkmalen der Anlagen 2, 2d, [...] und 33 zu den AVR. Der Mitarbeiter erhält Vergütung nach der Vergütungs- bzw. Entgeltgruppe, in die er eingruppiert ist.

(b) Der Mitarbeiter ist in die Vergütungs- bzw. Entgeltgruppe eingruppiert, deren Tätigkeitsmerkmale der gesamten von ihm nicht nur vorübergehend auszuübenden Tätigkeit entspricht.

Die gesamte auszuübende Tätigkeit entspricht den Tätigkeitsmerkmalen einer Vergütungs- bzw. Entgeltgruppe, wenn zeitlich mindestens zur Hälfte Arbeitsvorgänge anfallen, die für sich genommen die Anforderungen eines Tätigkeitsmerkmals oder mehrerer Tätigkeitsmerkmale dieser Vergütungs- bzw. Entgeltgruppe erfüllen.

[...]

Ist in einem Tätigkeitsmerkmal als Anforderung eine Voraussetzung in der Person des Mitarbeiters bestimmt, muss auch diese Anforderung erfüllt sein."

„Anlage 2d Vergütungsgruppen für Mitarbeiter im Sozial- und Erziehungsdienst
Geltungsbereich
Diese Anlage findet mit Inkrafttreten* der Anlage 33 zu den AVR durch Beschluss der jeweiligen Regionalkommission in der jeweiligen Region keine Anwendung.

---

* Inkrafttreten: [...] RK Mitte gültig ab 1.4.2011, [...]"

„Anlage 33 Besondere Regelungen für Mitarbeiter im Sozial- und Erziehungsdienst
§ 1 Geltungsbereich
(1) Diese Anlage gilt für Mitarbeiter im Sozial- und Erziehungsdienst.
(2) Soweit für diese Mitarbeiter nachfolgend nichts anderes bestimmt ist, finden die Vorschriften des Allgemeinen Teils und der Anlagen der AVR Anwendung. [...]
[...]
§ 11 Eingruppierung und Entgelt der Mitarbeiter im Sozial- und Erziehungsdienst
(1) Die Eingruppierung der Mitarbeiter im Sozial- und Erziehungsdienst richtet sich nach den Tätigkeitsmerkmalen des Anhang B dieser Anlage."

„Anhang B Entgeltgruppen für Mitarbeiter im Sozial- und Erziehungsdienst
[...]
§ 8a
Erzieher, Heilerziehungspfleger, Heilerzieher mit staatlicher Anerkennung und entsprechender Tätigkeit sowie sonstige Mitarbeiter, die aufgrund gleichwertiger Fähigkeiten und ihrer Erfahrungen entsprechende Tätigkeiten ausüben 3, 5
[...]
Anmerkungen zu den Tätigkeitsmerkmalen der Entgeltgruppen S 2 bis S 18 (Anhang B zur Anlage 33)
[...]
3 Als entsprechende Tätigkeit von Erziehern gilt auch die Tätigkeit in Schulkindergärten, Vorklassen oder Vermittlungsgruppen für nicht schulpflichtige Kinder und die Betreuung von über 18jährigen Personen (z.B. in Einrichtungen für behinderte Menschen im Sinne des § 2 SGB IX oder in Einrichtungen der Gefährdetenhilfe).
[...]
5 Nach diesem Tätigkeitsmerkmal sind auch
a) Kindergärtner und Hortner mit staatlicher Anerkennung oder staatlicher Prüfung,
b) Kinderkrankenschwester/-pfleger, die in Kinderkrippen tätig sind,
c) Kinderkrankenschwestern/-pfleger, Kinderkrankenschwestern/-pfleger, Altenpfleger mit staatlicher Anerkennung in Einrichtungen der Behindertenhilfe,
d) Arbeitserzieher, sofern Ihnen die im Tätigkeitsmerkmal beschriebenen Aufgaben übertragen sind und keine speziellere Eingruppierungsziffer zutrifft,
eingruppiert."

*[104]* 3. a) Danach richtet sich die Eingruppierung des Klägers nach den Tätigkeitsmerkmalen der Anlagen 2, 2d, [...] und 33 zu den AVR. Er erhält die Vergütung nach der Entgeltgruppe, in der er eingruppiert ist. Ab dem 1.4.2011 fand die Anlage 2d im RK Mitte für Mitarbeiter im Sozial- und Erziehungsdienst keine Anwendung mehr. Die Eingruppierung der Mitarbeiter im Sozial- und Erziehungsdienst richtet sich nunmehr nach der Anlage 33, die besondere Regelun-

gen für Mitarbeiter im Sozial- und Erziehungsdienst enthält. Nach deren § 11 Abs. 1 richtet sich die Eingruppierung der Mitarbeiter im Sozial- und Erziehungsdienst nach den Tätigkeitsmerkmalen des Anhangs B dieser Anlage. Der Kläger erfüllt jedoch nicht die Voraussetzungen der Entgeltgruppe S 8a des Anhangs B.

*[105]* b) Der Kläger gehört als gelernter Tischler nicht einer der in der Entgeltgruppe S 8a genannten Personengruppen Erzieher, Heilerziehungspfleger oder Heilerzieher mit staatlicher Anerkennung an.

*[106]* c) Ebenfalls ist er kein sonstiger Mitarbeiter, der aufgrund gleichwertiger Fähigkeiten und ihrer Erfahrungen entsprechende Tätigkeiten ausübt.

*[107]* aa) Der Kläger müsste zunächst subjektiv über einem Erzieher, Heilerziehungspfleger oder Heilerzieher mit staatlicher Anerkennung gleichwertige Fähigkeiten und Erfahrungen verfügen. Dabei wird zwar nicht ein Wissen und Können verlangt, wie es durch die Ausbildung zum staatlich anerkannten Erzieher oder Heilerziehungspfleger vermittelt wird, wohl aber eine ähnlich gründliche Beherrschung eines entsprechenden umfangreichen Wissensgebietes, wobei Fähigkeiten und Erfahrungen auf einem eng begrenzten Teilgebiet erzieherischer bzw. heilerziehungspflegerischer Tätigkeit nicht ausreichend sind (vgl. BAG 13.11.1996 -4 AZR 292/95-). Außerdem muss der Mitarbeiter „entsprechende Tätigkeiten" auszuüben haben. Nur wenn diese beiden Erfordernisse kumulativ erfüllt sind, wird den Anforderungen an dieses Tätigkeitsmerkmal genügt.

*[108]* Bei der subjektiven Voraussetzung der „gleichwertigen Fähigkeiten und Erfahrungen" ist es zwar rechtlich möglich, aus der ausgeübten Tätigkeit eines Arbeitnehmers Rückschlüsse auf seine Fähigkeiten und Erfahrungen zu ziehen (vgl. BAG 13.11.1996 -4 AZR 292/95-). Daraus kann jedoch weder der Rechtssatz noch der allgemeine Erfahrungssatz abgeleitet werden, immer dann wenn ein „sonstiger Mitarbeiter" eine „entsprechende Tätigkeit" ausübe, verfüge dieser auch über „gleichwertige Fähigkeiten und Erfahrungen" im tariflichen Sinn. Vielmehr zeigt die Lebenserfahrung, dass „sonstige Mitarbeiter", selbst wenn sie im Einzelfall eine „entsprechende Tätigkeit" ausüben, gleichwohl – anders als ein Arbeitnehmer mit der entsprechenden Ausbildung – häufig an anderen Stellen deswegen nicht eingesetzt werden können, weil ihnen für andere Tätigkeiten Kenntnisse und Erfahrungen fehlen (vgl. BAG 13.11.1996 -4 AZR 292/95-). Es muss vielmehr geprüft werden, ob der eine entsprechende Tätigkeit ausübende Mitarbeiter das Wissensgebiet eines Erziehers, Heilerziehungspflegers oder Heilerziehers mit staatlicher Anerkennung mit ähnlicher Gründlichkeit beherrscht (vgl. BAG 13.11.1996 -4 AZR 292/95-), wobei Fach-

kenntnisse auf einem eng begrenzten Teil der Ausbildung nicht ausreichen (vgl. BAG 11.3.1987 -4 AZR 385/86- zu Fallgruppe 28 der VergGr. VI b BAT).

*[109]* Das ergibt die Auslegung der Entgeltgruppe S 8a des Anhangs B zu der Anlage 33 AVR. Kirchliche Arbeitsrechtsregelungen sind, obwohl sie nicht als Tarifverträge anzusehen sind, nach ständiger Rechtsprechung des BAG nach den Grundsätzen, die für die Tarifauslegung gelten, auszulegen. Danach ist vom Wortlaut der kirchlichen Arbeitsrechtsregelungen auszugehen und dabei deren maßgeblicher Sinn zu erforschen, ohne am Wortlaut zu haften. Der wirkliche Wille der kirchlichen Normgeber und damit der von ihnen beabsichtigte Sinn und Zweck der Bestimmungen ist mit zu berücksichtigen, soweit sie in den kirchlichen Vorschriften Niederschlag gefunden haben. Schließlich ist auch auf den systematischen Zusammenhang abzustellen (BAG 16.2.2012 -6 AZR 573/10- Rn 21 mwN, KirchE 59, 109).

*[110]* Der Anhang B zu der Anlage 33 macht hinsichtlich der Entgeltgruppe S 8a durch die Formulierung „aufgrund [...] entsprechende Tätigkeiten ausüben" deutlich, dass die reine Tätigkeitsausübung nicht zur Vergütung nach Entgeltgruppe S 8a führen soll. Dies wird auch deutlich, wenn in Abweichung hierzu beispielsweise in der Entgeltgruppe S 2 oder S 4 Ziff. 2 formuliert ist: „Mitarbeiter in der Tätigkeit von Erziehern, Heilerziehungspflegern, Heilerziehern mit staatlicher Anerkennung". Auch an anderer Stelle des Anhangs B zur Anlage 33, so beispielsweise in der Entgeltgruppe S 3 im Verhältnis zu S 2 wird deutlich, dass dieselbe Tätigkeit beim Vorliegen bestimmter subjektiver Voraussetzungen höher vergütet werden soll.

*[111]* Eine Weiterbildung muss dem Mitarbeiter zwar keine Qualifikation verschaffen, die der eines Erziehers, Heilerziehungspflegers oder Heilerziehers mit staatlicher Anerkennung entspricht, wohl aber eine ähnlich gründliche Beherrschung eines entsprechend umfangreichen Wissensgebietes in einer dieser Ausbildungen, wobei allerdings Fähigkeiten und Erfahrungen auf einem eng begrenzten Teilgebiet dieser beruflichen Tätigkeiten nicht ausreichend sind (vgl. BAG 13.11.1996 -4 AZR 292/95- zu „gleichwertigen Fähigkeiten und Erfahrungen wie eine Heilerziehungspflegerin oder Erzieherin mit staatlicher Anerkennung" nach VergGr. V c Fallgruppe 8 EGP 25 – AVR-Diakonie).

*[112]* Daraus, dass der Kläger nach seinem Vortrag dieselben Tätigkeiten verrichtet hat wie seine Kollegen, die Heilerziehungspfleger oder Erzieher sind, folgt daher – entgegen der Ansicht des Klägers – nicht bereits, dass auch er über entsprechende Fähigkeiten verfügt.

*[113]* bb) Der Kläger hat auch nicht vorgetragen, inwiefern ihn seine abgeschlossene Ausbildung als Tischler oder der Besitz der Ausbildereignung nach der Ausbildereignungsverordnung (AEVO) über seine bei der Beklagten ausge-

übte Tätigkeit so qualifiziert haben sollen, dass er das Wissensgebiet eines Mitarbeiters mit der Ausbildung als Erzieher, Heilerziehungspfleger oder Heilerzieher mit staatlicher Anerkennung ausüben kann.

*[114]* cc) Dem steht nicht – wie vom Kläger behauptet – ein abweichendes Ansinnen der arbeitsrechtlichen Kommission entgegen. Die Vergütungsregelungen sind gerade so aufgebaut, dass bei höherer Qualifizierung eine höhere Eingruppierung, so zum Beispiel bei den Entgeltgruppen S 2 und S 3, vorgesehen ist. Darüber hinaus hat die arbeitsrechtliche Kommission in Wortwahl und Systematik gerade deutlich gemacht, dass nicht allein die ausgeübte Tätigkeit, sondern auch die subjektive Qualifikation der Mitarbeiter vergütungsrelevant ist.

*[115]* II. Ein Anspruch des Klägers auf Vergütung gemäß der Entgeltgruppe S 8a der Anlage 33 zu den AVR folgt auch nicht aus dem arbeitsrechtlichen Gleichbehandlungsgrundsatz.

*[116]* 1. Der arbeitsrechtliche Gleichbehandlungsgrundsatz gebietet als privatrechtliche Ausprägung des Gleichheitssatzes aus Art. 3 Abs. 1 GG dem Arbeitgeber, seine Arbeitnehmer oder Gruppen von Arbeitnehmern bei Anwendung einer selbst gesetzten Regel gleich zu behandeln, soweit sie sich in gleicher oder vergleichbarer Lage befinden (stRspr., BAG 3.9.2014 -5 AZR 6/13-). Er verbietet sowohl die sachfremde Schlechterstellung einzelner Arbeitnehmer innerhalb einer Gruppe als auch die sachfremde Gruppenbildung. Sachfremd ist eine Differenzierung, wenn es für die unterschiedliche Behandlung keine billigenswerten Gründe gibt. Liegt ein sachlicher Grund für eine Ungleichbehandlung nicht vor, kann der übergangene Arbeitnehmer verlangen, nach Maßgabe der allgemeinen Regelung behandelt zu werden. Er hat Anspruch auf die vorenthaltene Leistung (BAG 3.9.2014 -5 AZR 6/13-). Im Bereich der Arbeitsvergütung ist der Gleichbehandlungsgrundsatz unter Beachtung des Grundsatzes der Vertragsfreiheit bei individuellen Entgeltvereinbarungen anwendbar, wenn Arbeitsentgelte durch eine betriebliche Einheitsregelung generell angehoben werden und der Arbeitgeber die Leistungen nach einem bestimmten erkennbaren und generalisierenden Prinzip gewährt, indem er bestimmte Voraussetzungen oder Zwecke festlegt (stRspr., BAG 3.9.2014 -5 AZR 6/13-).

*[117]* Allerdings greift der arbeitsrechtliche Gleichbehandlungsgrundsatz wegen seines Schutzcharakters gegenüber der Gestaltungsmacht des Arbeitgebers nur dort ein, wo dieser auch durch eigenes gestaltendes Verhalten ein eigenes Regelwerk oder eine eigene Ordnung schafft, nicht hingegen bei bloßem – auch vermeintlichem – Normenvollzug.

*[118]* 2. Der Kläger hätte daher darlegen müssen, dass die Eingruppierung der Mitarbeiter durch die Beklagte nicht nur objektiv fehlerhaft ist, sondern

dass die gewährte Vergütung auf einer bewusst nicht an der Eingruppierungsautomatik der AVR orientierten und auf einer sachfremden Gruppenbildung beruhenden Regelentscheidung der Beklagten beruht. Eine solche bewusste Entscheidung der Beklagten unter Ausgrenzung des Klägers nach sachfremden Kriterien legt dieser jedoch nicht dar.

*[119]* 3. Außerdem liegt im Streitfall keine sachfremde Gruppenbildung vor. Anders als seine Kollegen und Kolleginnen, die nach der Entgeltgruppe S 8a der Anlage 33 zu den AVR vergütet werden, verfügt der Kläger nicht über eine Ausbildung als Erzieher, Heilerziehungspfleger oder über eine sonderpädagogische Zusatzqualifikation bzw. ist keine geprüfte Fachkraft für Arbeits- und Berufsförderung (GeFaB).

*[120]* Die Kollegin G. ist Erzieherin, der Kollege H. ist Heilerziehungspfleger und die Kollegin N. ist Heilerziehungspflegerin. Sie alle fallen unter die erste Alternative der Entgeltgruppe S 8a („Erzieher", „Heilerziehungspfleger", „Heilerzieher mit staatlicher Anerkennung").

*[121]* Mit M. ist der Kläger zum einen nicht vergleichbar, da Herr M. als Gruppenleiter tätig ist. Zum anderen verfügt Herr M. neben seiner Ausbildung als Industriemeister der Fachrichtung Metall über eine sonderpädagogische Zusatzqualifikation (SPZ). In der Entgeltgruppe S 8b Ziff. 3 ist ausdrücklich die Eingruppierung von Mitarbeitern mit Meisterprüfung und mit sonderpädagogischer Zusatzqualifikation vorgesehen.

*[122]* Der Kollege K. ist geprüfte Fachkraft für Arbeits- und Berufsförderung (GeFaB). Nach Anmerkung 14 zur Entgeltgruppe S 8b Ziff. 3 ist der Abschluss als geprüfte Fachkraft für Arbeits- und Berufsförderung in Werkstätten für behinderte Menschen der sonderpädagogischen Zusatzqualifikation gleichgestellt. Die sogenannte Weiterbildung zur GEFAB umfasst 800 Unterrichtsstunden, die sich über einen Zeitraum von 1,5 Jahren verteilen. Demgegenüber umfasst die vom Kläger absolvierte Ausbildereignungsprüfung nur wenige Weiterbildungsstunden.

*[123]* III. Der Anwendungsbereich des vom Kläger herangezogenen equal pay-Grundsatzes ist vorliegend nicht eröffnet. Nach § 8 Abs. 1 AÜG haben Leiharbeitnehmer grundsätzlich Anspruch, hinsichtlich der wesentlichen Arbeitsbedingungen mit den vergleichbaren Arbeitnehmern des Entleihers gleichgestellt zu werden (sog. Gleichstellungsgrundsatz oder Equal Pay-/Equal Treatment-Grundsatz). Der Kläger ist jedoch nicht als Leiharbeitnehmer tätig.

*[124]* IV. Auch für eine rechtsmissbräuchliche (§ 242 BGB) Eingruppierungspraxis der Beklagten liegen keine ausreichenden Anhaltspunkte vor. Insbesondere ergibt sich aus dem Vortrag des Klägers nicht, dass die Beklagte gezielt Erzieher durch „wesentlich günstigeres Personal" ersetzen würde.

**16**

**1. Kommt der Arbeitgeber (hier: katholische Kirchengemeinde) mit seiner Verpflichtung aus § 2 Abs. 1 Satz 1 NachwG in der bis zum 31.7.2022 geltenden Fassung (im Folgenden aF), dem Arbeitnehmer eine Ausschluss-/Verfallfrist nachzuweisen, in Verzug, hat er nach § 280 Abs. 1 und Abs. 2, § 286 BGB dem Arbeitnehmer den dadurch adäquat-kausal verursachten Schaden zu ersetzen. Der Schadensersatzanspruch besteht in Höhe des erloschenen (Vergütungs) Anspruchs, wenn dieser nur wegen der Versäumung der Ausschlussfrist erloschen ist und er bei gesetzmäßigem Nachweis seitens des Arbeitgebers nicht untergegangen wäre.**
**2. Die Ausschlussfrist ist – auch in kirchlichen Arbeitsrechtsregelungen – eine wesentliche Vertragsbedingung i.S.v. § 2 Abs 1 S 1 NachwG, die vom Arbeitgeber nachzuweisen ist. Weist der Arbeitgeber entgegen § 2 Abs. 1 Satz 1 NachwG aF eine Ausschluss-/Verfallfrist nicht nach, ist grundsätzlich zu vermuten, dass der Arbeitnehmer die Frist im Falle eines Hinweises beachtet hätte.**
**3. Die Vermutung aufklärungsgemäßen Verhaltens reicht allerdings nicht so weit, dass angenommen werden kann, der Geschädigte hätte ihm nicht bekannte Ansprüche rechtzeitig vor Ablauf der Ausschluss-/Verfallfrist geltend gemacht. Ansprüche, die dem Arbeitnehmer nicht bekannt sind, hätte dieser auch in Kenntnis der Ausschluss-/Verfallfrist nicht rechtzeitig geltend machen können.**

§§ 280 Abs. 1 und 2, 286, 823 Abs. 2 BGB, § 108 GewO,
§ 2 Abs. 1 Satz 1 NachwG, § 8 TVG, § 563 Abs. 1 und 2 ZPO
BAG, Urteil vom 22. September 2022 -8 AZR 4/21-[1]

Die Parteien streiten zuletzt noch über Schadensersatz für verfallene Ansprüche des Klägers auf Vergütung bzw. Entgelt nach einer höheren Vergütungs- bzw. Entgeltgruppe.

Der Kläger war in der Zeit vom 10.6.1996 bis zum 5.6.2016 bei der beklagten Kirchengemeinde als Küster beschäftigt. Er ist berechtigt, die Berufsbezeichnung „Staatlich geprüfter Techniker“ zu führen. Der schriftliche Arbeitsvertrag der Parteien vom 24.7.1996 nahm auf die „Kirchliche Arbeits- und Vergütungsordnung (KAVO) in ihrer jeweiligen Fassung einschließlich der Anlagen“ Bezug.

---

1 Amtl. Leitsätze. juris; NJW 2023, 708; NZA 2023, 151.
Das Urteil ist rechtskräftig.

https://doi.org/10.1515/9783111651248-016

Nachdem der Kläger die Küsterprüfung bestanden hatte, wurde er ab Mai 1998 nach der Vergütungsgruppe K VIII Fallgruppe 3.1.2 der Anlage 1 zur KAVO für die (Erz-)Bistümer Aachen, Essen, Köln, Münster (nordrhein-westfälischer Teil) und Paderborn (KAVO aF) als „Küster mit Küsterprüfung" vergütet. Nach zwei Jahren erfolgte eine weitere Höhergruppierung in die Vergütungsgruppe K VII Fallgruppe 3.1.6. Diese Vergütungsgruppe war Mitarbeitern mit abgeschlossener Berufsausbildung vorbehalten, die der Küstertätigkeit förderlich ist. Nach weiteren vier Jahren lagen die Voraussetzungen für einen Bewährungsaufstieg in die Vergütungsgruppe K VIb vor. Die Beklagte vergütete den Kläger jedoch weiterhin nach der Vergütungsgruppe K VII.

Das Vergütungssystem der KAVO wurde zum 1.10.2005 reformiert. Nach der neuen Fassung (KAVO nF) erfolgte die Vergütung nach Entgeltgruppen anstelle der alten Vergütungsgruppen. Der Kläger wurde aus der bisherigen Vergütungsgruppe K VII in die neue Entgeltgruppe 5 übergeleitet. Wenn sein Bewährungsaufstieg in die Vergütungsgruppe K VIb nachvollzogen worden wäre, wäre er in die höhere Entgeltgruppe 6 übergeleitet worden.

Nach seinem eigenen Vorbringen hatte der Kläger seine fehlerhafte Eingruppierung über viele Jahre hinweg nicht bemerkt und erst im November 2015 durch einen anderen bei der Beklagten beschäftigten Küster erfahren, dass er zu niedrig eingruppiert gewesen war. Nachdem der Kläger mündlich ein höheres Entgelt nach der Entgeltgruppe 6 KAVO nF gegenüber der Beklagten geltend gemacht hatte, vergütete diese den Kläger rückwirkend ab dem 1.5.2015 nach der höheren Entgeltgruppe.

Mit anwaltlichem Schreiben vom 30.12.2015 machte der Kläger rückwirkend ab dem 1.7.2002 Differenzentgeltansprüche wegen seiner fehlerhaften Eingruppierung geltend. Die Beklagte lehnte eine Nachzahlung ab und verwies auf die Ausschlussfrist des § 57 Abs. 1 KAVO. Diese Bestimmung lautet:

> „§ 57 Ausschlussfristen
> (1) Ansprüche aus dem Arbeitsverhältnis verfallen, wenn sie nicht innerhalb einer Ausschlussfrist von sechs Monaten nach Fälligkeit vom Mitarbeiter oder vom Arbeitgeber schriftlich geltend gemacht werden, soweit in dieser Ordnung nichts anderes bestimmt ist."

Der Kläger hat zuletzt die Ansicht vertreten, er habe ursprünglich Anspruch auf Differenzvergütung für die Zeit ab dem 1.5.2004 gehabt, weil er fehlerhaft nach einer zu niedrigen Vergütungs- bzw. Entgeltgruppe vergütet worden sei. Nachdem die Differenzvergütungsansprüche nach § 57 Abs. 1 KAVO verfallen seien, habe er nach § 280 Abs. 1 Satz 1 BGB einen Anspruch auf Schadensersatz in gleicher Höhe. Die Beklagte habe dadurch, dass sie die Ausschlussfrist des § 57

Abs. 1 KAVO nicht nachgewiesen habe, ihre Pflichten aus dem NachwG verletzt. Wäre er auf die Ausschlussfrist hingewiesen worden, hätte er seine Ansprüche innerhalb dieser Frist schriftlich geltend gemacht. Er hätte auch rechtzeitig Klage erhoben, um die Verjährung zu hemmen. Insoweit komme ihm die Vermutung aufklärungsgemäßen Verhaltens zugute. Weder der zugrunde liegende Primäranspruch auf höhere Vergütung noch der Anspruch auf Schadensersatz seien verjährt. Im Übrigen habe der Sechste Senat des Bundesarbeitsgerichts im vorliegenden Rechtsstreit mit Urteil vom 30.10.2019 (-6 AZR 465/18- BAGE 168, 254) mit bindender Wirkung für das weitere Verfahren entschieden, dass der primäre Entgeltanspruch nicht verjährt sei und der unterbliebene Nachweis der Ausschlussfrist für den Verfall der Differenzvergütungsansprüche kausal gewesen sei.

Der Kläger hat zuletzt beantragt, die Beklagte zu verurteilen, an ihn 14.292,59 € brutto nebst Zinsen in Höhe von fünf Prozentpunkten über dem jeweiligen Basiszinssatz hieraus seit dem 15.1.2016 zu zahlen. Die Beklagte hat beantragt, die Klage abzuweisen.

Das Arbeitsgericht hat die ursprünglich auf Zahlung rückständiger Vergütung gerichtete Klage abgewiesen. Das Landesarbeitsgericht hat die Berufung des Klägers mit Urteil vom 10.4.2018 (-3 Sa 144/17-) zurückgewiesen. Auf die Revision des Klägers hat der Sechste Senat des Bundesarbeitsgerichts mit Urteil vom 30.10.2019 (-6 AZR 465/18- BAGE 168, 254) das Urteil des Landesarbeitsgerichts aufgehoben und die Sache zur neuen Verhandlung und Entscheidung an das Landesarbeitsgericht zurückverwiesen. Mit dem nunmehr angefochtenen Urteil hat das Landesarbeitsgericht das Urteil des Arbeitsgerichts teilweise abgeändert und die Beklagte – unter Zurückweisung der Berufung im Übrigen – verurteilt, an den Kläger 1.594,27 € brutto nebst Zinsen zu zahlen. Es hat angenommen, der Kläger habe für den Zeitraum vom 1.1.2013 bis zum 30.4.2015 Anspruch auf Schadensersatz für die verfallenen, aber insoweit nicht verjährten Entgeltansprüche. Für den Zeitraum vor dem 1.1.2013 fehle es hingegen an einem adäquat-kausal auf die Verletzung der Nachweispflicht zurückzuführenden Schaden.

Mit der Revision begehrt der Kläger die Verurteilung der Beklagten, an ihn über die vom Landesarbeitsgericht zugesprochenen 1.594,27 € brutto hinaus weitere 12.698,32 € brutto zu zahlen.

Das Rechtsmittel hatte keinen Erfolg.

**Aus den Gründen:**

*[11]* Die zulässige Revision des Klägers ist unbegründet. Das Landesarbeitsgericht hat im Ergebnis zu Recht angenommen, dass dem Kläger wegen der verfallenen Differenzvergütungsansprüche für die Zeit vor dem 1.1.2013 kein Anspruch auf Schadensersatz zusteht.

*[12]* I. Der Kläger hat keinen Anspruch gegen die Beklagte auf Schadensersatz nach § 280 Abs. 1 und Abs. 2, § 286 BGB wegen Verletzung der Nachweispflicht aus § 2 Abs. 1 Satz 1 NachwG in der bis zum 31.7.2022 geltenden Fassung (NachwG aF). Zwar hat die Beklagte gegen ihre Pflicht aus § 2 Abs. 1 Satz 1 NachwG aF verstoßen, die Ausschlussfrist des § 57 Abs. 1 KAVO als wesentliche Vertragsbedingung spätestens einen Monat nach dem vereinbarten Beginn des Arbeitsverhältnisses schriftlich nachzuweisen. Der unterbliebene Nachweis war für den Verfall der Entgeltansprüche jedoch nicht kausal.

*[13]* 1. Das Landesarbeitsgericht ist zutreffend davon ausgegangen, dass der Kläger für die Zeit vom 1.5.2004 bis zum 30.4.2015 ursprünglich einen Anspruch auf höheres Entgelt hatte. Der Kläger hätte nach Vorliegen der Voraussetzungen für einen Bewährungsaufstieg in die Vergütungsgruppe K VIb der Anlage 1 zur KAVO aF und, nach Überleitung in das neue Entgeltsystem im Jahr 2005, nach der Entgeltgruppe 6 der Anlage 1 zur KAVO nF vergütet werden müssen. Darüber streiten die Parteien in der Revision nicht mehr.

*[14]* 2. Der Anspruch auf höheres Entgelt ist mangels rechtzeitiger Geltendmachung nach § 57 Abs. 1 KAVO verfallen. Das hat das Landesarbeitsgericht unter Bezugnahme auf die in seinem Urteil vom 10.4.2018 (-3 Sa 144/17-) getroffenen Feststellungen sowie unter Verweis auf die Ausführungen des Bundesarbeitsgerichts in seinem Urteil vom 30.10.2019 (-6 AZR 465/18- BAGE 168, 254) zutreffend angenommen. Wegen der Begründung im Einzelnen wird auf die Ausführungen des Bundesarbeitsgerichts in seinem Urteil vom 30.10.2019 (-6 AZR 465/18- Rn 31–45, aaO) Bezug genommen.

*[15]* 3. Die Beklagte hat auch gegen ihre Verpflichtung aus dem Nachweisgesetz verstoßen, indem sie den Kläger entgegen der in § 2 Abs. 1 Satz 1 NachwG aF getroffenen Bestimmung in keiner der ihm überlassenen Niederschriften bzw. Vertragsexemplare i.S.v. § 2 Abs. 1 bzw. Abs. 4 NachwG aF ausdrücklich auf die Ausschlussfrist des § 57 Abs. 1 KAVO hingewiesen hat. Die Ausschlussfrist ist eine wesentliche Vertragsbedingung i.S.v. § 2 Abs. 1 Satz 1 NachwG aF. Auch insoweit wird wegen der Begründung im Einzelnen auf die Ausführungen des Bundesarbeitsgerichts in seinem Urteil vom 30.10.2019 (-6 AZR 465/18- Rn 46 ff., BAGE 168, 254) Bezug genommen.

*[16]* 4. Der Kläger hat dennoch keinen Anspruch auf Schadensersatz für die verfallenen Differenzvergütungsansprüche für die Zeit vor dem 1.1.2013, weil die Verletzung der Nachweispflicht aus § 2 Abs. 1 Satz 1 NachwG aF den Verfall der Entgeltansprüche nicht adäquat-kausal verursacht hat.

*[17]* a) Kommt der Arbeitgeber mit seiner Verpflichtung aus § 2 Abs. 1 Satz 1 NachwG aF in Verzug, ist er nach § 280 Abs. 1 und Abs. 2, § 286 BGB verpflichtet, dem Arbeitnehmer den dadurch adäquat-kausal verursachten Schaden zu ersetzen. Der Schadensersatzanspruch ist in Höhe des erloschenen Vergütungsanspruchs begründet, wenn dieser nur wegen der Versäumung der Ausschlussfrist erloschen ist und bei gesetzmäßigem Nachweis seitens des Arbeitgebers nicht untergegangen wäre (BAG 30.10.2019 -6 AZR 465/18- Rn 47, BAGE 168, 254; 5.11.2003 -5 AZR 676/02- zu III 3 a der Gründe; 17.4.2002 -5 AZR 89/01- zu III 4 b der Gründe, BAGE 101, 75).

*[18]* Bei einem Verstoß des Arbeitgebers gegen § 2 Abs. 1 Satz 1 NachwG aF ist grundsätzlich zu vermuten, dass der Arbeitnehmer die Ausschlussfrist beachtet hätte, wenn er auf sie hingewiesen worden wäre (vgl. BAG 30.10.2019 -6 AZR 465/18- Rn 47, BAGE 168, 254; für einen Verstoß gegen § 2 Abs. 1 Satz 2 Nr. 10 NachwG aF vgl. auch: BAG 21.2.2012 -9 AZR 486/10- Rn 35; 17.4.2002 -5 AZR 89/01- zu III 4 b der Gründe, BAGE 101, 75). Diese Auslegung des Nachweisgesetzes ist geboten, um den Zweck der bis 31.7.2022 geltenden Nachweisrichtlinie 91/533/EWG vom 14.10.1991, den Arbeitnehmer vor Unkenntnis seiner Rechte zu schützen, wirksam zur Geltung zu bringen. Der Arbeitnehmer könnte im Regelfall kaum nachweisen, dass er bei ordnungsgemäßem Verhalten des Arbeitgebers die Ausschlussfrist beachtet hätte. Dem Arbeitgeber bleibt die Möglichkeit, diese tatsächliche Vermutung zu widerlegen (BAG 17.4.2002 -5 AZR 89/01- aaO).

*[19]* Dabei ersetzt die Vermutung aufklärungsgemäßen Verhaltens als Beweisregel allerdings nicht den Parteivortrag. Die Tatsachen für die Kausalität zwischen der Pflichtverletzung und dem eingetretenen Schaden hat der Arbeitnehmer darzutun (BAG 20.6.2018 -4 AZR 235/15- Rn 23; 20.4.2011 -5 AZR 171/10- Rn 27, BAGE 137, 375; 5.11.2003 -5 AZR 676/02- zu III 3 c der Gründe).

*[20]* b) Danach hat der Kläger die Tatsachen für die Kausalität zwischen der Pflichtverletzung der Beklagten in Form des unterlassenen Nachweises der Ausschlussfrist und dem Verfall seiner Differenzvergütungsansprüche nicht ausreichend dargelegt. Aus seinem Vortrag ergibt sich nicht, dass die Entgeltansprüche nur wegen der Versäumung der Ausschlussfrist erloschen sind und sie bei gesetzmäßigem Nachweis seitens der Beklagten nicht untergegangen wären. Vielmehr ist nach dem Vorbringen des Klägers davon auszugehen, dass die Differenzvergütungsansprüche auch untergegangen wären, wenn die Be-

klagte die Ausschlussfrist i.S.v. § 2 Abs. 1 Satz 1 NachwG aF ordnungsgemäß nachgewiesen hätte.

*[21]* aa) Der Kläger hat zwar einerseits behauptet, dass er die Differenzvergütungsansprüche rechtzeitig geltend gemacht hätte, wenn die Beklagte die Ausschlussfrist i.S.v. § 2 Abs. 1 Satz 1 NachwG aF nachgewiesen hätte. Andererseits hat er vorgetragen, seine fehlerhafte Eingruppierung über viele Jahre hinweg nicht bemerkt und erst im November 2015 durch einen anderen bei der Beklagten beschäftigten Küster erfahren zu haben, dass er zu niedrig eingruppiert gewesen sei. Nachdem der Kläger konkret vorgetragen hat, wann und unter welchen Umständen er von seiner fehlerhaften Eingruppierung erfahren habe, ist die pauschale Behauptung, dass er die Differenzentgeltansprüche rechtzeitig geltend gemacht hätte, nicht ausreichend. Wenn der Kläger seine Ansprüche erst im November 2015 erkannt hat, steht das seiner Behauptung entgegen, dass er sie Jahre vorher geltend gemacht hätte, wenn ihm die Ausschlussfrist nachgewiesen worden wäre. Die Vermutung aufklärungsgemäßen Verhaltens hilft dem Kläger über dieses Darlegungsdefizit nicht hinweg. Diese Vermutung reicht nicht so weit, dass unterstellt werden kann, der Geschädigte hätte ihm nicht bekannte Ansprüche rechtzeitig geltend gemacht (vgl. BAG 21.2.2017 -3 AZR 542/15- Rn 45; 21.2.2012 -9 AZR 486/10- Rn 36). Einen dem Geschädigten nicht bekannten Anspruch hätte dieser auch in Kenntnis der Ausschlussfrist nicht geltend machen können.

*[22]* bb) Dass die Entgeltansprüche auch bei ordnungsgemäßem Nachweis der Ausschlussfrist verfallen wären, wird im Übrigen durch das eigene Verhalten des Klägers bestätigt. Der Kläger hat die Differenzvergütungsansprüche für die Zeit vor dem 1.1.2013 auch nicht in unverjährter Zeit eingeklagt, sondern erst im Jahr 2016 klageweise geltend gemacht. Dies spricht dafür, dass er die Ansprüche auch in Kenntnis der Ausschlussfrist nicht rechtzeitig geltend gemacht hätte.

*[23]* c) Der Annahme, dass es an einem adäquat-kausalen Zusammenhang zwischen der Verletzung der Nachweispflicht durch die Beklagte und dem Verfall der Entgeltansprüche fehlt, steht – entgegen der Rechtsauffassung des Klägers – nicht die in § 72 Abs. 5 ArbGG i.V.m. § 563 Abs. 2 ZPO getroffene Regelung entgegen. Der erkennende Senat ist insoweit nicht durch das vorangegangene Urteil des Bundesarbeitsgerichts vom 30.10.2019 (-6 AZR 465/18- BAGE 168, 254) an dieser rechtlichen Beurteilung gehindert.

*[24]* aa) Nach § 72 Abs. 5 ArbGG i.V.m. § 563 Abs. 2 ZPO hat das Landesarbeitsgericht die rechtliche Beurteilung, die der Aufhebung seines früheren Berufungsurteils durch das Bundesarbeitsgericht zugrunde gelegen hat, seiner neuen Entscheidung zugrunde zu legen. Damit soll vermieden werden, die end-

gültige Entscheidung dadurch zu verzögern oder sogar zu verhindern, dass die Sache mehrfach zwischen Berufungs- und Revisionsgericht wechselt, weil keines der beiden Gerichte seine Rechtsauffassung ändert (BAG 8.2.2022 -1 AZR 233/21- Rn 21; GmS-OGB 6.2.1973 -GmS-OGB 1/72- zu 4 der Gründe, BGHZ 60, 392). Gelangt eine nach § 563 Abs. 1 ZPO zurückverwiesene Sache erneut vor das Revisionsgericht, so ist dieses in gleicher Weise gebunden wie nach § 563 Abs. 2 ZPO das Berufungsgericht (vgl. GmS-OGB 6.2.1973 -GmS-OGB 1/72- aaO; BGH 12.2.2009 -IX ZB 215/08- Rn 9; Musielak/Voit/Ball ZPO 19. Aufl. § 563 Rn 14).

*[25]* Die Bindungswirkung bei Zurückverweisungen ist auf die ratio decidendi – die tragende Begründung – des Revisionsurteils beschränkt. Das können nur Ausführungen sein, mit denen das Revisionsgericht die Rechtsauffassung der Vorinstanz verwirft (BAG 11.10.2016 -1 AZR 679/14- Rn 15; 23.2.2016 -3 AZR 960/13- Rn 20, BAGE 154, 144).

*[26]* bb) Danach hat das Bundesarbeitsgericht in seinem Urteil vom 30.10.2019 (-6 AZR 465/18- BAGE 168, 254) keine nach § 72 Abs. 5 ArbGG i.V.m. § 563 Abs. 2 ZPO bindende rechtliche Beurteilung in Bezug auf das Vorliegen bzw. Nichtvorliegen eines adäquat-kausalen Zusammenhangs zwischen der Pflichtverletzung der Beklagten und dem Schaden des Klägers vorgenommen. Das Bundesarbeitsgericht hat das Berufungsurteil vielmehr mit der Begründung aufgehoben, das Landesarbeitsgericht sei rechtsfehlerhaft davon ausgegangen, die Küsterprüfung sei eine der Küstertätigkeit förderliche Berufs- oder Fachausbildung i.S.d. Vergütungsgruppe K VIII Fallgruppe 3.1.6 der Anlage 1 zur KAVO aF. Ob der Kläger neben der Küsterprüfung über eine der Küstertätigkeit förderliche abgeschlossene Berufs- oder Fachausbildung verfüge, könne der Senat mangels Feststellungen zur Qualifikation des Klägers nicht beurteilen (BAG 30.10.2019 -6 AZR 465/18- Rn 26 f., aaO). Die Begründung, mit der das Bundesarbeitsgericht das Berufungsurteil aufgehoben hat, bezog sich demnach auf den inzwischen nicht mehr streitgegenständlichen primären Entgeltanspruch. Soweit das Bundesarbeitsgericht in seinem Urteil vom 30.10.2019 (-6 AZR 465/18- aaO) die Möglichkeit eines sekundären Schadensersatzanspruchs erörtert hat, handelt es sich nicht um Ausführungen, die die Aufhebung tragen und damit bindend sind i.S.v. § 72 Abs. 5 ArbGG i.V.m. § 563 Abs. 2 ZPO. Zur Frage eines adäquat-kausalen Zusammenhangs zwischen dem unterlassenen Nachweis der Ausschlussfrist durch die Beklagte und einem durch den Verfall der Entgeltansprüche entstandenen Schaden des Klägers enthält dieses Urteil des Bundesarbeitsgerichts keine bindende Aussage.

*[27]* II. Der Kläger hat auch keinen Schadensersatzanspruch gegen die Beklagte aus § 823 Abs. 2 BGB i.V.m. § 2 NachwG aF. Bei § 2 NachwG aF handelt es

sich nicht um ein Schutzgesetz i.S.v. § 823 Abs. 2 BGB (BAG 24.5.2017 -5 AZR 251/16 - Rn 69; 17.4.2002 -5 AZR 89/01- zu III 5 der Gründe, BAGE 101, 75).

*[28]* III. Soweit der Kläger ursprünglich Ansprüche auf Schadensersatz aus § 280 Abs. 1 Satz 1 BGB i.V.m. § 8 TVG bzw. § 823 Abs. 2 BGB i.V.m. § 8 TVG geltend gemacht hat, sind diese in der Revision nicht zur Entscheidung durch den Senat angefallen. Es kann deshalb offenbleiben, ob § 8 TVG, wonach der Arbeitgeber verpflichtet ist, die im Betrieb anwendbaren Tarifverträge im Betrieb bekanntzumachen, auf kirchliche Arbeitsrechtsregelungen analog angewendet werden kann (offenlassend BAG 30.10.2019 -6 AZR 465/18- Rn 41, BAGE 168, 254). Ebenso kann dahinstehen, ob § 8 TVG ein Schutzgesetz i.S.v. § 823 Abs. 2 BGB ist oder eine bloße Ordnungsvorschrift (offenlassend BAG 21.2.2007 -4 AZR 258/06- Rn 20).

*[29]* 1. Mögliche Ansprüche auf Schadensersatz aus § 280 Abs. 1 Satz 1 BGB i.V.m. § 8 TVG oder § 823 Abs. 2 BGB i.V.m. § 8 TVG bilden einen anderen Streitgegenstand als Schadensersatzansprüche nach § 280 Abs. 1 Satz 1 BGB wegen Verletzung der Nachweispflicht aus § 2 Abs. 1 Satz 1 NachwG aF. Das ergibt sich aus dem Umstand, dass einem möglichen Verstoß gegen § 8 TVG ein anderer Lebenssachverhalt zugrunde liegt als einer Verletzung der Nachweispflicht aus § 2 Abs. 1 Satz 1 NachwG aF. Wenn den unterschiedlichen Ansprüchen unterschiedliche Lebenssachverhalte zugrunde liegen, sind verschiedene Streitgegenstände gegeben (vgl. etwa BAG 20.7.2022 -10 AZR 220/20- Rn 12; 25.3.2021 -8 AZR 120/20- Rn 45).

*[30]* 2. Das Arbeitsgericht sowie das Landesarbeitsgericht in seinem (ersten) Urteil vom 10.4.2018 (-3 Sa 144/17-) haben Ansprüche aufgrund einer möglichen Verletzung von § 8 TVG aberkannt. Das Bundesarbeitsgericht hat in seinem Urteil vom 30.10.2019 (-6 AZR 465/18- BAGE 168, 254) mögliche Ansprüche wegen einer Verletzung von § 8 TVG nicht mehr geprüft, sondern diese Bestimmung lediglich im Zusammenhang mit der Prüfung der Rechtsmissbräuchlichkeit der Berufung auf die Ausschlussfrist erwähnt. Nach Zurückverweisung der Sache an das Landesarbeitsgericht hat dieses Schadensersatzansprüche wegen einer möglichen Verletzung von § 8 TVG in dem nunmehr angefochtenen Urteil nicht mehr geprüft. Der Kläger hat sich zuletzt auch nicht mehr auf eine Verletzung von § 8 TVG berufen. Damit ist dieser Streitgegenstand in der Revisionsinstanz nicht zur Entscheidung angefallen.

*[31]* IV. Ein möglicher Anspruch auf Schadensersatz aus § 280 Abs. 1 BGB i.V.m. § 108 GewO bzw. § 29 Abs. 7 KAVO ist aus diesen Gründen ebenfalls in der Revisionsinstanz nicht zur Entscheidung angefallen. Im Übrigen bezweckt § 108 GewO die Information über die erfolgte Zahlung (BAG 7.9.2021 -9 AZR 3/21 (A)- Rn 39; 16.12.2015 -5 AZR 567/14- Rn 35 f., BAGE 154, 8). Die Bestimmung dient

nicht der Vorbereitung eines Zahlungsanspruchs (BAG 7.9.2009 -3 AZB 19/09- Rn 17; 10.1.2007 -5 AZR 665/06- Rn 18, BAGE 120, 373).

*[32]* V. Ebenfalls in der Revisionsinstanz nicht zur Entscheidung angefallen ist ein möglicher Anspruch des Klägers auf Schadensersatz wegen unterlassener Aufklärung durch die Beklagte darüber, dass die Voraussetzungen des Bewährungsaufstiegs vorlagen. Für einen etwaigen Schadensersatzanspruch aus § 280 Abs. 1 i.V.m. § 241 Abs. 2 BGB wegen unterlassener Aufklärung über das Vorliegen der Voraussetzungen für einen Bewährungsaufstieg fehlt es im Übrigen an einer Pflicht der Beklagten, insoweit die Vermögensinteressen des Klägers wahrzunehmen (vgl. BAG 15.12.2016 -6 AZR 578/15- Rn 20; 21.5.2015 -6 AZR 349/14- Rn 26). Anhaltspunkte dafür, dass die Beklagte dem Kläger falsche oder unvollständige Angaben zu seiner Eingruppierung erteilt hat, sind nicht festgestellt.

## 17

**1. Aufgrund ihres Bezugs zur Evangelischen Kirche fällt die Trägerin diakonischer Krankenhäuser auch dann unter das Merkmal „Kirche" i.S.v. Art. 91 DS-GVO, wenn es sich bei ihr um eine selbständige und privatrechtlich als GmbH organisierte Einrichtung handelt.**
**2. Aus dem weit auszulegenden Anwendungsbereich des Art. 91 DS-GVO folgt, dass der Betrieb eines kirchlichen Krankenhauses dem Kernbereich der Kirche zuzuordnen ist und der Anwendungsbereich der DS-GVO nicht eröffnet ist. (Rn.16)**
**3. Zu berücksichtigen ist hierbei, ob nach kirchlichem Selbstverständnis durch den Betrieb des Krankenhauses eine dem religiösen Auftrag der Kirche entsprechende und dem Zweck kirchlicher Fürsorge gegenüber den Menschen dienende Aufgabe erfüllt werden soll.**
**4. Der Kernbereich kirchlicher Aufgaben ist nicht nur dann betroffen, wenn es um direkte Seelsorge geht. Entscheidend ist, ob die Kirche mit der Einrichtung ihren Aufgaben gerecht werden will. Hierzu gehören nach dem Selbstbild der Kirche insbesondere auch karitative und fürsorgliche Aufgaben, wozu nicht nur ehrenamtliche bzw. unentgeltliche Betreuungsaufgaben zählen, sondern auch der notwendigerweise wirtschaftliche Betrieb von Betreuungsangeboten für hilfsbedürftige Menschen, wie z.B. von Kindergärten, Alten- und Pflegeheimen und Krankenhäusern.**

https://doi.org/10.1515/9783111651248-017

**5. Macht ein Patient Auskunfts- und Schmerzensgeldansprüche gegen ein kirchliches Krankenhaus im Zusammenhang mit einem ärztlichen Behandlungsfehler bei einer Wirbelsäulenoperation geltend, stehen dem Patienten deshalb keine Ansprüche gemäß Art. 15, 82 DS-GVO zu.**

Artt. 15, 82, 91 EUV 2016/679, § 823 BGB, § 19 EvKiDSG
OLG Hamm, Beschluss vom 23. September 2022 -I-26 W 6/22, 26 W 6/22-[1]

I. Die Klägerin begehrt die Bewilligung von weiterer Prozesskostenhilfe für einen behaupteten Auskunfts- und Schmerzensgeldanspruch gegen die Beklagte aus der Europäischen Datenschutzgrundverordnung (VO (EU) 2016/679, „DS-GVO").

Die Parteien streiten über ärztliche Behandlungsfehler im Rahmen einer Wirbelsäulenoperation und deren Vor- und Nachsorge im Hause der Beklagten, dem D. J.-S. Krankenhaus in S., in den Jahren 2017 und 2018. Über diesen Sachverhalt ist bereits ein selbständiges Beweisverfahren vor dem Landgericht geführt worden (-2 OH 2/19-), in dessen Zuge die Beklagte die Behandlungsunterlagen der Klägerin zur Akte gereicht hat.

Des Weiteren begehrt die Klägerin eine vollständige Datenauskunft nach Art. 15 DS-GVO, welche sie erstmals am 18.1.2019 von der Beklagten eingefordert hat, sowie wegen bislang nicht erteilter Auskunft ein Schmerzensgeld auf Basis von Art. 83 Abs. 5b) DS-GVO.

Die Klägerin ist der Ansicht, die DS-GVO greife vorliegend ein, da es sich bei dem Betrieb des Krankenhauses um eine rein wirtschaftliche Betätigung der Beklagten handele, die sich nicht vom Betrieb anderer, nicht konfessioneller Krankenhäuser unterscheide.

Die Beklagte ist der Ansicht, in datenschutzrechtlicher Hinsicht sei nicht die DS-GVO, sondern das Kirchengesetz über den Datenschutz der Evangelischen Kirche in Deutschland („DSG-EKD") anwendbar, da sie gem. Art. 91 DS-GVO als kirchliche Einrichtung deren Anwendbarkeit nicht unterliege.

Das Landgericht hat mit Beschluss vom 26.11.2021 der Klägerin Prozesskostenhilfe für den Antrag zu 1 a) betreffend die behaupteten Behandlungsfehler bewilligt und den weitergehenden Antrag bezüglich der geltend gemachten Ansprüche aus der DS-GVO zurückgewiesen.

---

1 Amtl. Leitsätze. juris; MedR 2023, 484.
Der Beschluss ist rechtkräftig. Vgl. auch die Besprechung von Weiß, in: GRUR-Prax 2023, 141 sowie das Urteil des VG Berlin vom 7.4.2022 (-1 K 391/20-) zum Verhältnis von kirchlichem Datenschutzrecht zur DS-GVO.

Gegen diese Teilversagung wendet sich die Klägerin mit ihrer sofortigen Beschwerde vom 29.11.2021. Das Landgericht hat der sofortigen Beschwerde mit Beschluss vom 30.11.2021 nicht abgeholfen und die Sache dem Senat zur Entscheidung vorgelegt.

Die sofortige Beschwerde hatte keinen Erfolg.

**Aus den Gründen:**

*[9]* II. Die sofortige Beschwerde der Klägerin ist gemäß den §§ 127 Abs. 2, 567 ff. ZPO zulässig, hat aber in der Sache keinen Erfolg.

*[10]* Zu Recht hat das Landgericht die Anträge zu Ziffer 1 b) und c) auf Bewilligung von Prozesskostenhilfe zurückgewiesen. Die beabsichtigte Klage hat auch nach Auffassung des Senats insoweit keine hinreichende Aussicht auf Erfolg.

*[11]* 1) Soweit die Klägerin im Rahmen der Beschwerdebegründung die Auffassung vertritt, ihr sei allein deshalb Prozesskostenhilfe zu bewilligen, da die vorliegend entscheidungserhebliche Rechtsfrage deutlich zu komplex und kompliziert sei, als dass diese im PKH-Bewilligungsverfahren geklärt werden könnte, kann dem nicht gefolgt werden. Die rechtlichen Grundlagen für die beabsichtigte Rechtsverfolgung bzw. -verteidigung hat das Gericht grundsätzlich vollständig zu prüfen. Es darf sich nicht auf eine überschlägige Einschätzung der Rechtslage beschränken. Die Prüfungstiefe unterscheidet sich insoweit grundsätzlich nicht von der des Hauptsacheverfahrens (Schultzky in: Zöller, Zivilprozessordnung, 34. Aufl., § 114 Voraussetzungen, Rn 24). Insofern sind vorliegend die streitigen Rechtsfragen bereits im PKH-Bewilligungsverfahren abschließend zu klären.

*[12]* 2) Soweit die Klägerin ihre sofortige Beschwerde weiter darauf stützt, dass das Landgericht es unterlassen habe, zuvor per Vorab-Beschluss gem. § 17a GVG die Zulässigkeit des Rechtswegs zur ordentlichen Gerichtsbarkeit zu klären, worin eine Verletzung des Anspruchs auf rechtliches Gehör (Art. 103 Abs. 1 GG) und des Anspruchs auf den gesetzlichen Richter (Art. 101 Abs. 1 Satz 2 GG) liege, dringt sie auch hiermit nicht durch. Die Entscheidung über die Rüge der Beklagte war vor der Entscheidung über den Prozesskostenhilfeantrag nicht zwingend geboten. Vorabentscheidung bedeutet, dass isoliert von den Fragen der Zulässigkeit i.Ü. und den Fragen der Begründetheit und vor der Entscheidung in der Hauptsache entschieden wird. Auch der Beginn der Verhandlung zur Hauptsache sperrt die Vorabentscheidung nicht. Umgekehrt bedeutet „vorab" nicht notwendig eine Entscheidung vor Beginn der Verhandlung zur Haupt-

sache (Lückemann in: Zöller, Zivilprozessordnung, 34. Aufl., § 17a (Rechtswegentscheidung), Rn 6). Da vorliegend noch keine Entscheidung in der Hauptsache getroffen worden ist, ist auch noch nicht zu beanstanden, dass bislang kein Vorab-Beschluss ergangen ist.

*[13]* 3) In der Sache selbst hat das Landgericht mit zutreffender und ausführlicher Begründung – welcher sich der Senat anschließt – dargelegt, dass der Klägerin gegen die Beklagte keine Ansprüche gem. Art. 15, 82 DS-GVO zustehen, da die DS-GVO vorliegend nicht anwendbar ist. Auf die entsprechenden Ausführungen wird insoweit vorab Bezug genommen.

*[14]* Gem. Art. 91 DS-GVO dürfen, wenn eine Kirche oder eine religiöse Vereinigung oder Gemeinschaft in einem Mitgliedstaat zum Zeitpunkt des Inkrafttretens dieser Verordnung umfassende Regeln zum Schutz natürlicher Personen bei der Verarbeitung anwendet, diese Regeln weiter angewandt werden, sofern sie mit dieser Verordnung in Einklang gebracht werden.

*[[15]* Wie das Landgericht zu Recht ausgeführt hat, folgt hieraus, dass die kirchenrechtlichen Datenschutzregeln vorrangig anwendbar sind, wenn sie mit der DS-GVO in Einklang gebracht werden können und bereits vor Inkrafttreten der DS-GVO bestanden. Dies ist bei dem DSG-EKD der Fall (vgl. BeckOK DatenschutzR/Mundil, 41. Ed. 1.11.2021, DS-GVO Art. 91 Rn 18a; Gola DS-GVO/Gola, 2. Aufl. 2018, DS-GVO Art. 91 Rn 11). Die Beklagte als Trägerin von diakonischen Krankenhäusern fällt aufgrund ihres Bezugs zur Evangelischen Kirche unter das Merkmal „Kirche“, auch wenn es sich bei ihr um eine selbständige, privatrechtlich (nämlich als GmbH) organisierte Einrichtung der Kirche handelt.

*[16]* Der Senat schließt sich hierbei der Ansicht des Landgericht an, dass von den zahlreichen vertretenen Auffassungen (vgl. nur: Preuß ZD 2015, 217, 222) vorliegend mit der differenzierenden Ansicht darauf abzustellen ist, ob es sich bei der Tätigkeit der Beklagten um eine solche aus dem Kernbereich der Kirche handelt, was vorliegend zu bejahen ist. Hierfür spricht, dass sich zunächst aus Art. 91 DS-GVO selbst keine Einschränkung ableiten lässt. Der Anwendungsbereich ist entsprechend weit auszulegen (BeckOK DatenschutzR/Mundil, 41. Ed. 1.11.2021, DS-GVO Art. 91 Rn 15). Dementsprechend wird vertreten, dass auch Tätigkeiten von Religionsgemeinschaften von Art. 17 Abs. 1 AEUV umfasst sind, wenn auch nur in sehr restriktivem Maße. Eine typische Tätigkeit von Religionsgemeinschaften ist bspw. der Betrieb von karitativen Krankenhäusern. Träger dieser kirchlichen Krankenhäuser ist jedoch zumeist eine GmbH. Folglich handelt es sich um privatrechtliche Einrichtungen einer Religionsgemeinschaft. Es lässt sich demnach vertreten, dass auch privatrechtliche Einrichtungen von Religionsgemeinschaften in den Schutzbereich des Art. 17 AEUV fallen und damit auch nach Art. 91 vom Anwendungsbereich der

DS-GVO ausgenommen und dem kirchlichen Datenschutz unterstellt sind (vgl. Paal/Pauly/Pauly, 3. Aufl. 2021, DS-GVO Art. 91 Rn 10).

*[17]* Der vorliegende karitative Betrieb des Krankenhauses der Beklagten unterliegt nicht dem Anwendungsbereich der DS-GVO. Wie das Landgericht zutreffend ausgeführt hat, ist hierbei zu berücksichtigen, ob nach kirchlichem Selbstverständnis durch den Betrieb des Krankenhauses eine dem religiösen Auftrag der Kirche entsprechende und dem Zweck kirchlicher Fürsorge gegenüber den Menschen dienende Aufgabe erfüllt werden soll. Dabei ist nicht nur dann der Kernbereich kirchlicher Aufgaben betroffen, wenn es um direkte Seelsorge geht. Entscheidend ist, ob die Kirche mit der Einrichtung ihren Aufgaben gerecht werden will. Hierzu gehören nach dem Selbstbild der Kirche insbesondere auch karitative und fürsorgliche Aufgaben, wozu nicht nur ehrenamtliche bzw. unentgeltliche Betreuungsaufgaben zählen, sondern auch der notwendigerweise wirtschaftliche Betrieb von Betreuungsangeboten für hilfsbedürftige Menschen, wie z.B. von Kindergärten, Alten- und Pflegeheimen und Krankenhäusern. Dies ist vorliegend der Fall. Zutreffend hat das Landgericht insoweit auch darauf verwiesen, dass sich der karitative Aspekt der kirchlichen Trägerschaft auch aus den eigenen Ausführungen der Beklagten auf ihrer Krankenhaus-Homepage ergibt. Dort wird unter der Rubrik „über uns“ die persönliche Zuwendung als eine ihrer besonderen Stärken bezeichnet, wobei sich aus dem grundlegenden christlichen Selbstverständnis – dem Dienst am Menschen – die hohe Qualität von Pflege und Medizin ableite. Als evangelische Einrichtung sei das Unternehmen fest in einem christlichen Weltbild verankert.

*[18]* 4) Soweit die Klägerin unter Hinweis auf die Entscheidung des Bundesverfassungsgerichts (Beschluss von 14.1.2021 -1 BvR 2853/19- NJW 2021, 1005) der Ansicht ist, die vorliegende Rechtsfrage sei von grundsätzlicher Bedeutung für das vollvereinheitliche europäische Datenschutzrecht und bedürfe damit letztlich einer Klärung durch den Europäischen Gerichtshof, hält der Senat eine Vorabentscheidung nach Art. 267 Abs. 3 AEUV nicht für geboten. Im dortigen Fall ging es um die Auslegung des Schadensbegriffs aus Art. 82 I DS-GVO. Vorliegend ist die DS-GVO jedoch bereits aufgrund tatsächlicher Umstände nicht anwendbar.

*[19]* 5) Schließlich hat das Landgericht auch zutreffend ausgeführt, dass das Begehren der Klägerin auch nicht als ein Auskunftsbegehren nach § 19 DSG-EKD ausgelegt werden konnte. Zum einen steht dem bereits der Wortlaut der Anträge entgegen, in denen sie ihr Begehren nur auf die DS-GVO stützt, zum anderen hat die Klägerin deutlich gemacht, dass sie eine Auskunft nach dem DSG-EKD ausdrücklich nicht begehrt.

## 18

**1. § 10b Abs. 1 Satz 8 Nr. 2 EStG ist dahin auszulegen, dass Mitgliedsbeiträge an eine gemeinnützige Körperschaft, die kulturelle Betätigungen fördert, die in erster Linie der Freizeitgestaltung dienen, auch dann nicht als Sonderausgaben abziehbar sind, wenn die Körperschaft daneben noch einen weiteren Zweck fördert, der nicht in § 10b Abs. 1 Satz 8 EStG genannt ist.**
**2. Die Rechtmäßigkeit der – in Körperschaftsteuer-Freistellungsbescheiden für die unter § 5 Abs. 1 Nr. 9 KStG fallenden Körperschaften regelmäßig enthaltenen – Hinweise zur Ausstellung von Zuwendungsbestätigungen kann im Wege der Feststellungsklage überprüft werden.**
**3. Für die Beurteilung von Feststellungsklagen ist die Sach- und Rechtslage im Zeitpunkt der letzten mündlichen Verhandlung vor dem FG maßgeblich.**

Art. 3 Abs. 1 GG, §§ § 42 AO; §§ 52 Abs. 2 Satz 1 Nr. 5 und Nr. 7 AO,
§§ 10b Abs. 1 Satz 7 und Satz 8 Nr. 2 EStG 2009,
§ 48 Abs 2 und Abs 4 Satz 2, 48 Abs. 2 Anl. 1 EStDV 2000, EStG VZ 2017,
R 10b.1 Abs. 1 Satz 1 EStR 2012, § 41 Abs. 1 und 2 FGO
BFH, Urteil vom 28. September 2022 -X R 7/21-[1]

I. Der Kläger und Revisionsbeklagte (Kläger) ist ein gemäß § 5 Abs. 1 Nr. 9 des Körperschaftsteuergesetzes (KStG) wegen Verfolgung gemeinnütziger Zwecke steuerbefreiter Verein. Satzungsmäßiger Zweck des Klägers ist seit 2009 die Förderung der Volksbildung, der Erziehung und Ausbildung sowie der Kunst im Bereich der Bläsermusik (§ 2 Abs. 2 der Vereinssatzung). Gemäß § 2 Abs. 3 der Satzung wird der Satzungszweck insbesondere durch Unterhaltung und Betrieb eines sinfonischen Blasorchesters, die Förderung der musikalischen Bildung und Ausbildung von Jugendlichen und Erwachsenen in praktischer und theoretischer Hinsicht sowie die Aufführung von und Mitwirkung an Konzerten, Platzmusiken, kulturellen und kirchenmusikalischen Veranstaltungen, Musikfesten und -wettbewerben verwirklicht. Aktive Mitglieder mit einer mindestens fünfjährigen Mitgliedschaft sind berechtigt, bei besonderen persönlichen Anlässen das Orchester in vereinsüblichem Umfang in Anspruch zu nehmen (§ 7 Abs. 2 Satz 2 der Satzung).

1 Amtl. Leitsätze. BFHE 278, 254, juris; DStR 2022, 2664; NJW 2023, 315; npoR 2023, 254.
Einsender der Entscheidung: Prof. Dr. Felix Hammer, Rottenburg a.N.
Das Urteil ist rechtskräftig.

https://doi.org/10.1515/9783111651248-018

Ausweislich der vom Finanzgericht (FG) in Bezug genommenen Geschäftsberichte sowie Einnahmen-Überschuss-Rechnungen hatte der Kläger in den Jahren 2017 bis 2019 die folgenden Mitgliederzahlen bzw. Beitrags- und Spendeneinnahmen:

| Jahr | 2017 | 2018 | 2019 |
|---|---|---|---|
| **aktive Mitglieder** | 26 | 30 | 28 |
| **Fördermitglieder** | 6 | 4 | 7 |
| **Mitgliedsbeiträge** | 1.164,00 € | 1.466,00 € | 1.576,00 € |
| **Spenden** | 1.334,70 € | 340,00 € | 1.332,50 € |

Der jährliche Mitgliedsbeitrag für erwachsene, nicht in Ausbildung befindliche Mitglieder beläuft sich auf 36 €. Nach dem vom FG übernommenen, nicht mit konkreten Zahlenangaben unterlegten Sachvortrag des Klägers sind die Mitglieder des Klägers „überwiegend" musikalische Laien, „teilweise" Musikstudenten und „vereinzelt" Berufsmusiker.

Der Kläger unterhält ein Blasorchester, seit 2017 auch ein Vororchester (Juniororchester mit Kindern und Jugendlichen), seit 2019 zudem ein Zwischenorchester, das ausweislich des Geschäftsberichts 2019 der vertieften Ausbildung für fortgeschrittene Mitglieder des Vororchesters und zur ergänzenden Probenarbeit für Mitglieder des Orchesters dient. Orchesterproben finden grundsätzlich wöchentlich statt.

Ausweislich des Geschäftsberichts hat der Kläger im Jahr 2019 im ideellen Bereich (Veranstaltungen ohne Einnahmeerzielung) eine Kirchenmusik und eine Totenehrung musikalisch gestaltet; ferner ist er in Altenheimen und einem Blindenheim aufgetreten. Zur Einnahmeerzielung (Zweckbetriebe) hat er vier Konzerte durchgeführt sowie gegen Entgelt an vier Schützenfesten und drei Martinsumzügen die Marschmusik gespielt. Darüber hinaus hat er einen viertägigen Bigband-Workshop veranstaltet, für den ein Teilnehmerbeitrag von 115 € (für Mitglieder 65 €) erhoben wurde; Zielgruppe waren ausweislich der – vom Kläger für das Jahr 2017 vorgelegten – Werbebroschüre „junge und junggebliebene Musikerinnen und Musiker". Der Workshop wurde im Rahmen der Kulturförderung des zuständigen Landkreises bezuschusst.

Für Mitglieder, die Führungsaufgaben im Orchester innehaben (z.B. Dirigenten, Stimmführerschaft, Durchführung von Satzproben), übernimmt der Kläger die Kosten von Fortbildungen. Gelegentlich spielen Musikstudenten Solopartien oder dirigieren das Orchester.

Am 31.5.2017 erließ der Beklagte und Revisionskläger (Finanzamt – FA –) einen Freistellungsbescheid für 2014 bis 2016 zur Körperschaftsteuer und Gewerbesteuer. Darin wurden für den Kläger die folgenden gemeinnützigen Zwecke aufgeführt:

- Förderung von Kunst und Kultur (§ 52 Abs. 2 Satz 1 Nr. 5 der Abgabenordnung – AO –);
- Förderung der Erziehung (aus § 52 Abs. 2 Satz 1 Nr. 7 AO).

Unter der Überschrift „Hinweise zur Ausstellung von Zuwendungsbestätigungen" hieß es: „Die Körperschaft ist nicht berechtigt, für Mitgliedsbeiträge Zuwendungsbestätigungen nach amtlich vorgeschriebenem Vordruck (§ 50 Abs. 1 EStDV) auszustellen, weil Zwecke im Sinne des § 10b Abs. 1 Satz 8 EStG gefördert werden." In den Freistellungsbescheiden für die Vorjahre waren hingegen noch Hinweise dahingehend enthalten, dass der Kläger sowohl für Spenden als auch für Mitgliedsbeiträge Zuwendungsbestätigungen ausstellen dürfe.

Am 16.6.2017 erging ein nach § 129 AO berichtigter Freistellungsbescheid, in dem als zusätzlicher gemeinnütziger Zweck die Förderung der Volks- und Berufsbildung einschließlich der Studentenhilfe (aus § 52 Abs. 2 Satz 1 Nr. 7 AO) aufgeführt wurde.

Mit einem weiteren Bescheid vom 6.6.2017 stellte das FA gemäß § 60a Abs. 1 AO gegenüber dem Kläger die Einhaltung der satzungsmäßigen Voraussetzungen gesondert fest. Im Hinweisteil dieses Bescheids wurde hinsichtlich der Ausstellung von Zuwendungsbestätigungen auf den letzten Freistellungsbescheid verwiesen.

Der Kläger legte gegen alle genannten Bescheide Einspruch ein und wandte sich gegen den Hinweis, dass für Mitgliedsbeiträge keine Zuwendungsbestätigungen erteilt werden dürften.

Das FA entschied nur über den Einspruch gegen den Freistellungsbescheid, den es als unzulässig verwarf. Zur Begründung führte es aus, ein Einspruch sei nicht statthaft, da der Hinweis keinen Verwaltungsakt darstelle, sondern die unverbindliche Äußerung einer Rechtsauffassung des FA. In der Sache sei der Hinweis allerdings zutreffend. Gemäß § 10b Abs. 1 Satz 8 Nr. 2 des Einkommensteuergesetzes (EStG) seien Mitgliedsbeiträge bei Körperschaften, die kulturelle Betätigungen förderten, die in erster Linie der Freizeitgestaltung dienten, nicht abziehbar. Das Musizieren der Mitglieder des Klägers bei Auftritten und Proben sei eine Form der Freizeitgestaltung.

Der Kläger erhob Anfechtungsklage gegen den Freistellungsbescheid und Untätigkeitsklage wegen des nicht beschiedenen Einspruchs gegen den Feststellungsbescheid. Diese Begehren wurden im weiteren Verlauf des Klageverfahrens vom FG und den Beteiligten einvernehmlich als Feststellungsklage behandelt. Zur Begründung dieser Klage führte der Kläger aus, § 10b Abs. 1 Satz 8 Nr. 2 EStG enthalte eine gesetzliche Typisierung, die bei einem atypischen Fall nicht anwendbar sei. Der Kläger fördere nicht in erster Linie kulturelle Betätigungen, die der Freizeitgestaltung dienten. Vielmehr hätten zahlreiche Betätigungen des Klägers ausschließlich bildenden Charakter, insbesondere der Bigband-Workshop und das Vororchester. Letzteres sei Teil der Neustrukturierung der Nachwuchsarbeit des Vereins; hier seien Vereinsmitglieder mit erheblichem organisatorischen und musikpädagogischen Aufwand unterrichtend tätig. Auch bei der Gestaltung von Gottesdiensten spiele der Freizeitaspekt keine Rolle; diese Auftritte seien in erster Linie dem Umstand geschuldet, dass der Kläger kirchliche Räume für Proben nutzen könne. Die Auftritte in den Heimen seien durch eine soziale Komponente gekennzeichnet. Die Marschmusiken seien Zweckbetriebe zur Einnahmeerzielung; sie seien für die Vereinsmitglieder wegen des niedrigen musikalischen Niveaus und der erforderlichen Anreise unattraktiv. Soweit Musikstudenten und Berufsmusiker an den Orchesterproben und Konzerten teilnähmen, sei dies nicht Freizeitgestaltung, sondern Teil ihrer Ausbildung bzw. beruflichen Fortbildung. Die Aus- und Fortbildungsmaßnahmen seien im Interesse aller Mitglieder, weil sie für den Bestand und die Entwicklung des Orchesters unerlässlich seien. Die Ausgaben des Klägers seien zu mehr als 50% unmittelbar für Zwecke der Ausbildung verwendet worden. Aufgrund der gegenwärtigen Pandemielage könne das Orchester derzeit nicht proben, die Ausbildungstätigkeiten würden allerdings über Videokonferenzen fortgeführt.

Es verstoße gegen das Gebot der Folgerichtigkeit, wenn Mitgliedsbeiträge bei passiven Kulturvereinen (Fördervereine i.S.d. § 10b Abs. 1 Satz 7 EStG) abziehbar seien, bei aktiven Kulturvereinen (Freizeitgestaltung i.S.d. § 10b Abs. 1 Satz 8 Nr. 2 EStG) aber nicht. Große Vereine seien in der Lage, diese Beschränkung durch Aufspaltung in einen aktiven und einen passiven Teil zu umgehen, kleine Vereine hingegen nicht.

Das FA brachte demgegenüber vor, die Wendung „in erster Linie" stehe im Gesetzeswortlaut nicht vor dem Begriff „kulturelle Betätigungen", sondern vor dem Begriff „der Freizeitgestaltung". Daraus folge, dass ein Abzug von Mitgliedsbeiträgen schon dann ausgeschlossen sei, wenn – unabhängig davon, welche Tätigkeiten der Verein ansonsten ausübe – auch die in § 10b Abs. 1 Satz 8 Nr. 2 EStG genannten kulturellen Betätigungen gefördert würden. Dies sei hier der Fall. Zwar entfalte ein Laienorchester regelmäßig auch Nebenwirkungen wie die Jugendbildung. Im Wesentlichen handele es sich aber um Freizeitgestaltung, so dass in Bezug auf die Mitgliedsbeiträge der Gegenleistungsgedanke überwiege. Auch das Vor- und Zwischenorchester solle den Fortbestand des Vereins und seines Orchesters sichern; die Ausbildung der Mitglieder solle das kulturelle Niveau des Orchesters heben; daher seien diese Betätigungen ebenfalls als der Förderung von Kunst und Kultur dienend anzusehen. Aus den Bigband-Workshops habe der Kläger aufgrund von Einnahmen und Zuschüssen einen Überschuss erzielt, so dass hierfür keine Mitgliedsbeiträge verwendet worden sein könnten.

Das FG stellte mit dem angegriffenen Urteil fest, der Kläger sei berechtigt, auch für Mitgliedsbeiträge Zuwendungsbestätigungen nach amtlich vorgeschriebenem Vordruck (§ 50 Abs. 1 der Einkommensteuer-Durchführungsverordnung – StDV –) auszustellen (Entscheidungen der Finanzgerichte – EFG – 2021, 1167).

Die Feststellungsklage sei zulässig, da eine andere Klageart nicht zur Verfügung stehe und der Kläger ein berechtigtes Interesse an der begehrten Feststellung habe. Die Klage sei auch begründet, da § 10b Abs. 1 Satz 8 Nr. 2 EStG nicht anwendbar sei, wenn die Körperschaft unterschiedliche Zwecke verfolge und einer der – nicht untergeordneten – Zwecke nicht der Freizeitgestaltung diene. Dies zeige die Entstehungsgeschichte: In § 48 Abs. 4 Satz 2 EStDV in der von 2000 bis 2006 geltenden Fassung (EStDV 2000), der Vorläuferregelung des § 10b Abs. 1 Satz 8 EStG, sei ausdrücklich geregelt worden, dass Mitgliedsbeiträge an Körperschaften, die sowohl kulturelle als auch andere Zwecke förderten, nicht abziehbar seien. Diese Regelung sei indes nicht in das EStG übernommen worden. Dies müsse als bewusste Entscheidung des Gesetzgebers angesehen werden. Die vom Kläger betriebene musikalische Ausbildung und Anleitung junger Menschen erscheine in der heutigen Zeit überragend wichtig und förderungswürdig. Der Kläger beschränke sich nicht auf die Förderung von Kunst und Kultur, sondern fördere auch die Erziehung, Volks- und Berufsbildung. Exemplarisch seien die Bigband-Workshops und das Vororchester zu nennen. Insofern unterscheide sich der Kläger von einem klassischen Laienorchester, dessen Aktivitäten sich im Orchesterbetrieb erschöpften.

Mit seiner Revision hält das FA – insbesondere unter Verweis auf den Gesetzeswortlaut – an seiner Auffassung fest.

Das FA beantragt sinngemäß, das angefochtene Urteil aufzuheben und die Klage abzuweisen.

Der Kläger beantragt, die Revision zurückzuweisen.

Er hält die Revisionsbegründung des FA für unzureichend, da die erforderliche Auseinandersetzung mit den Entscheidungsgründen des angefochtenen Urteils fehle. Der Gesetzeswortlaut sei gerade nicht eindeutig, sondern lasse auch die vom FG vertretene Auslegung zu. § 10b Abs. 1 Satz 8 Nr. 2 EStG gelte nur für Einkommensteuersubjekte, jedoch nicht für Körperschaften wie den

Kläger. Die für den Kläger geltende Norm des § 50 Abs. 1 EStDV differenziere gerade nicht zwischen Spenden und Mitgliedsbeiträgen. Daher dürfe der Kläger für beide Arten der Zuwendungen Bestätigungen ausstellen.

Das Bundesministerium der Finanzen (BMF) ist dem Revisionsverfahren beigetreten. Es hat keinen Antrag gestellt, unterstützt in der Sache jedoch die Position des FA. Die hier vorliegenden gemischten Mitgliedsbeiträge seien nach dem eindeutigen Gesetzeswortlaut vom Abzugsverbot umfasst. Der vom FG vermissten ausdrücklichen Kollisionsregelung (zuvor § 48 Abs. 4 Satz 2 EStDV 2000) habe es wegen der geänderten Gesetzessystematik nicht mehr bedurft. Der Normzweck spreche ebenfalls für die von der Finanzverwaltung vertretene Gesetzesauslegung, da Mitgliedsbeiträge sich nicht einzelnen Teilzwecken einer steuerbegünstigten Körperschaft, die mehrere Förderzwecke – darunter einen in § 10b Abs. 1 Satz 8 EStG genannten – verfolge, zurechnen ließen, sondern stets die gesamte Körperschaft beträfen.

Die Revision hatte Erfolg.

**Aus den Gründen:**

*[23]* II. Die Revision ist zulässig. Insbesondere erfüllt die Revisionsbegründung trotz ihrer Kürze noch die Darlegungsanforderungen des § 120 Abs. 3 Nr. 2 Buchst. a der Finanzgerichtsordnung (FGO).

*[24]* 1. Die Revisionsbegründung muss die Gründe tatsächlicher oder rechtlicher Art enthalten, die das FG-Urteil als unrichtig erscheinen lassen, sowie angeben, welche Punkte des angefochtenen Urteils änderungsbedürftig sind. Erforderlich ist ferner eine – wenn auch kurze – Auseinandersetzung mit den Gründen des vorinstanzlichen Urteils (ständige höchstrichterliche Rechtsprechung; vgl. statt aller nur Entscheidungen des Bundesfinanzhofs – BFH – vom 16.3.2000 -III R 21/99- BFHE 192, 169, BStBl II 2000, 700, unter II.1.; vom 20.4.2010 -VI R 44/09- BFHE 228, 407, BStBl II 2010, 691, und vom 18.6.2015 -IV R 5/12- BFHE 250, 121, BStBl II 2015, 935, Rz 25). Die Revisionsbegründung muss erkennen lassen, dass der Revisionskläger sein eigenes bisheriges Vorbringen anhand der Begründung des FG-Urteils überprüft hat (BFH-Entscheidungen vom 8.3.1967 -I R 185/66- BFHE 88, 230, BStBl III 1967, 342; vom 1.6.2006 -I R 12/05- BFH/NV 2006, 2088, unter II.2., und vom 11.1.2017 -VI R 26/15- BFH/NV 2017, 473, Rz 20). Dabei ist allerdings keine vollständige und umfassende Auseinandersetzung mit dem FG-Urteil erforderlich; auch ist nicht geboten, dass die Revisionsbegründung die Argumentation des FG wider-

legt (BFH-Urteil vom 3.2.2010 -IV R 26/07- BFHE 228, 365, BStBl II 2010, 751, unter II.1.).

*[25]* 2. Diese Anforderungen sind vorliegend noch erfüllt. Die erforderliche Auseinandersetzung mit den Gründen des angefochtenen Urteils ist schon darin zu sehen, dass das FA auf den Gesetzeswortlaut verweist, den das FG bei seiner Auslegung gerade nicht berücksichtigt hat (vgl. dazu noch unten III.3.a). Außerdem hat das FA in der Revisionsbegründung erstmals eine Auswertung von Teilen der einschlägigen Literatur vorgenommen.

*[26]* III. Die Revision ist auch begründet. Sie führt zur Aufhebung des angefochtenen Urteils und zur Abweisung der Klage (§ 126 Abs. 3 Satz 1 Nr. 1 FGO).

*[27]* Zwar hat das FG die vom Kläger erhobene Feststellungsklage zu Recht als zulässig angesehen (dazu unten 1.) und seiner Beurteilung – wenn auch unausgesprochen – zutreffend die Sach- und Rechtslage im Zeitpunkt der tatrichterlichen mündlichen Verhandlung zugrunde gelegt (unten 2.). Die entscheidungserhebliche Norm des § 10b Abs. 1 Satz 8 Nr. 2 EStG ist aber gegenteilig zur Auffassung des FG auszulegen (unten 3.). Zudem dürfen Beträge, die keine Zuwendungen i.S. des § 10b EStG sind, entgegen der Ansicht des Klägers nicht in förmliche Zuwendungsbestätigungen nach § 50 EStDV aufgenommen werden (unten 4.). Da das FG alle maßgebenden Tatsachen festgestellt hat, kann der Senat selbst über die Klage entscheiden. Sie ist abzuweisen (unten 5.).

*[28]* 1. Die vom Kläger erhobene Feststellungsklage ist zulässig.

*[29]* Gemäß § 41 Abs. 1 FGO kann durch Klage u.a. die Feststellung des Bestehens oder Nichtbestehens eines Rechtsverhältnisses (dazu unten a) begehrt werden, wenn der Kläger ein berechtigtes Interesse an der baldigen Feststellung hat (unten b). Dies gilt jedoch nicht, soweit der Kläger seine Rechte durch Gestaltungs- oder Leistungsklage verfolgen kann oder hätte verfolgen können (§ 41 Abs. 2 Satz 1 FGO; unten c).

*[30]* a) „Rechtsverhältnis" i.S.d. § 41 Abs. 1 FGO ist jede auf eine bestimmte, aus einem konkreten Sachverhalt resultierende, aufgrund von Rechtsnormen geordnete rechtliche Beziehung zwischen Personen oder zwischen Personen und Sachen, sofern es sich um ein abgabenrechtliches Verhältnis handelt, für das der Finanzrechtsweg eröffnet ist (BFH-Urteile vom 29.7.2003 -VII R 39, 43/02- BFHE 202, 411, BStBl II 2003, 828, unter 2.b, und vom 30.3.2011 -XI R 12/08- BFHE 233, 304, BStBl II 2011, 819, Rz 18 f.).

*[31]* Ob der Kläger im Verhältnis zur Finanzverwaltung zur Ausstellung von Zuwendungsbestätigungen auch für Mitgliedsbeiträge berechtigt ist, ist eine Frage, die – schon wegen ihrer Normierung in § 10b Abs. 1 Satz 8 EstG – ein „Rechtsverhältnis" i.S.d. § 41 Abs. 1 FGO darstellt (ebenso für die Rechtslage vor Schaffung des § 10b Abs. 1 Satz 8 EStG in Bezug auf die Frage, ob die Befugnis

zur Ausstellung von Spendenbescheinigungen nach früherem Recht besteht, BFH-Urteil vom 23.9.1999 -XI R 66/98- BFHE 190, 278, BStBl II 2000, 533, unter II.1.).

*[32]* b) Für das erforderliche berechtigte Interesse an der baldigen Feststellung genügt nach ständiger höchstrichterlicher Rechtsprechung jedes konkrete, vernünftigerweise anzuerkennende schutzwürdige Interesse rechtlicher, wirtschaftlicher oder ideeller Art, sofern die begehrte Feststellung geeignet ist, in einem der genannten Bereiche zu einer Verbesserung der Position des Klägers zu führen (vgl. auch insoweit BFH-Urteil in BFHE 202, 411, BStBl II 2003, 828, unter 2.b, mwN).

*[33]* Dieses Interesse ergibt sich hier aus dem Umstand, dass der Kläger gemäß § 10b Abs. 4 Sätze 2 und 3 EStG für zumindest grob fahrlässig ausgestellte unrichtige Zuwendungsbestätigungen haftet. Darüber hinaus führt der Kläger zu Recht an, dass auch die Möglichkeit, mit der steuerlichen Abziehbarkeit von Mitgliedsbeiträgen werben – oder eben nicht werben – zu können, ein berechtigtes Interesse an der baldigen Feststellung begründet (vgl. auch BFH-Urteil in BFHE 190, 278, BStBl II 2000, 533, unter II.1.).

*[34]* c) Die Anforderungen der Subsidiaritätsklausel des § 41 Abs. 2 Satz 1 FGO sind ebenfalls gewahrt.

*[35]* aa) Eine Anfechtungsklage kommt vorliegend nicht in Betracht, da es sich bei dem im Freistellungsbescheid enthaltenen bloßen Hinweis auf die vom FA vorgenommene Subsumtion unter § 10b Abs. 1 Satz 8 Nr. 2 EStG nicht um einen Verwaltungsakt (§ 118 AO) handelt. Schon nach seinem objektiven Gehalt fehlt dem Hinweis der für die Annahme eines Verwaltungsakts erforderliche Regelungscharakter. Darüber hinaus hat das FA auch keinen Anschein eines Verwaltungsakts gesetzt, denn der Hinweis ist optisch deutlich vom Regelungsteil des Feststellungsbescheids getrennt und die Rechtsbehelfsbelehrung bezieht sich ausdrücklich nicht auf den Hinweis.

*[36]* bb) Die Verpflichtungsklage ist ebenfalls nicht eröffnet.

*[37]* Zwar dürfen mit einer (vorbeugenden) Feststellungsklage die gesetzlichen Regelungen über die Erteilung verbindlicher Auskünfte durch die Finanzbehörden (§ 89 Abs. 2 bis 7 AO) nicht unterlaufen werden (FG Münster, Urteil vom 27.7.2016 -10 K 584/16- Deutsches Steuerrecht/Entscheidungsdienst 2018, 312, unter 3.); ein Anspruch auf Erteilung einer verbindlichen Auskunft wäre im Wege der Verpflichtungsklage geltend zu machen (Söhn in Hübschmann/Hepp/Spitaler – HHSp – § 89 AO Rz 307, 308, mwN).

*[38]* Allerdings setzt die Erteilung einer verbindlichen Auskunft voraus, dass der maßgebliche Sachverhalt noch nicht verwirklicht worden ist (§ 89 Abs. 2 Satz 1 AO). Vorliegend geht es im Kern nicht um die Klärung des künfti-

gen gemeinnützigkeits- und zuwendungsrechtlichen Status des Klägers, sondern um dessen gegenwärtigen Status. Der Rechtsstreit beruht auf einer vergangenheitsbezogenen Überprüfung der Tätigkeiten des Klägers durch das FA in Bezug auf frühere Veranlagungszeiträume. Damit könnte der Kläger im Streitfall keine verbindliche Auskunft für die streitgegenständliche Frage erhalten, so dass kein Konkurrenzverhältnis zu § 89 Abs. 2 AO besteht und eine Verpflichtungsklage ausscheidet.

*[39]* cc) Auch im Wege einer allgemeinen Leistungsklage könnte vorliegend kein vorrangiger Rechtsschutz erlangt werden. Denn außerhalb des – hier nicht einschlägigen – § 89 Abs. 2 AO besteht kein Anspruch auf Leistungen der Finanzverwaltung in Gestalt der Erteilung unverbindlicher Hinweise oder Rechtsauskünfte. Etwas anderes folgt auch nicht daraus, dass die Finanzverwaltung in Freistellungsbescheide regelmäßig Hinweise hinsichtlich der Befugnis zur Ausstellung von Zuwendungsbestätigungen aufnimmt; die früher gegenteilige Auffassung des FG Köln (Urteil vom 23.8.1991 -13 K 3592/89- EFG 1992, 159, unter I., rkr.) ist jedenfalls durch die BFH-Urteile vom 10.6.1992 -I R 107/91- BFH/NV 1993, 13 und in BFHE 190, 278, BStBl II 2000, 533 überholt (wie hier im Ergebnis auch FG Berlin, Urteile vom 6.10.2003 -8 K 8844/99- EFG 2004, 316, rkr., und vom 23.3.2004 -7 K 7175/02- EFG 2004, 1338, rkr.; FG Münster, Urteil vom 16.2.2007 -9 K 4907/02- EFG 2007, 1434, unter II.1., rkr.).

*[40]* 2. Auch bei einer Feststellungsklage ist – wie bei Anfechtungsklagen (dazu BFH-Urteil vom 28.7.2005 -III R 68/04- BFHE 211, 107, BStBl II 2008, 350, unter II.2.) – die Sach- und Rechtslage im Zeitpunkt der letzten mündlichen Verhandlung vor dem FG maßgeblich. Es kommt damit weder auf die Sach- und Rechtslage zum Schluss des Zeitraums, auf den sich der Freistellungsbescheid bezieht, an (hier: Ende 2016) noch auf den Zeitpunkt des Ergehens des beanstandeten Hinweises des FA (hier: Juni 2017).

*[41]* a) Für das maßgebliche anwendbare Recht ist dies bereits entschieden (vgl. Urteil des Bundessozialgerichts vom 17.2.2009 -B 2 U 35/07 R- Neue Zeitschrift für Sozialrecht 2010, 49; Steinhauff in HHSp, § 41 FGO Rz 544). Hinsichtlich der Sachlage, die der Entscheidung zugrunde zu legen ist, kann indes nichts anderes gelten. Wäre auf einen früheren Zeitpunkt abzustellen und entschiede das FG auf dieser Tatsachengrundlage über den Feststellungsantrag, hätte sich die Sachlage aber bis zur Entscheidung des FG geändert, so bestünde sogleich ein Anspruch auf eine erneute – abweichende – Entscheidung über den Feststellungsantrag. Dies wäre mit dem Gebot prozessökonomischen Handelns nicht vereinbar.

*[42]* b) Das FG hat seiner Betrachtung daher zutreffend die vom Kläger in den Jahren 2017 bis 2019 entfalteten Aktivitäten zugrunde gelegt. Die gravieren-

den Einschränkungen der Tätigkeit des Klägers infolge der – insbesondere für Blasorchester geltenden – gesetzlichen Beschränkungen zur Eindämmung der Covid-19-Pandemie seit März 2020, die noch bis zum Zeitpunkt der mündlichen Verhandlung vor dem FG im Februar 2021 andauerten, hat es demgegenüber in vertretbarer Weise außer Betracht gelassen, weil diese temporären Beschränkungen für die Beurteilung der Tätigkeit des Klägers nicht typisch sind.

*[43]* 3. Zu Unrecht hat das FG die streitentscheidende Norm des § 10b Abs. 1 Satz 8 Nr. 2 EStG indes dahin ausgelegt, dass diese dann nicht anwendbar sein soll, wenn die Körperschaft unterschiedliche Zwecke verfolgt und einer der – nicht untergeordneten – Zwecke nicht der Freizeitgestaltung diene. Vielmehr tritt die Rechtsfolge der genannten Norm bereits dann ein, wenn die Körperschaft auch kulturelle Betätigungen fördert, die in erster Linie der Freizeitgestaltung dienen. Dies folgt sowohl aus dem klaren Wortlaut der Regelung (dazu unten a) als auch aus ihrer Entstehungsgeschichte (unten b) sowie aus dem Normzweck (unten c). Dieses Auslegungsergebnis ist nicht verfassungswidrig (unten d).

*[44]* a) Das FG hat eine Betrachtung des Gesetzeswortlauts unterlassen. Wie das FA und das BMF zu Recht vorbringen, ist der Wortlaut des § 10b Abs. 1 Satz 8 Nr. 2 EStG eindeutig in dem dort formulierten Sinne, dass Mitgliedsbeiträge an Körperschaften, die kulturelle Betätigungen fördern, die in erster Linie der Freizeitgestaltung dienen, nicht abziehbar sind. Dabei kommt es nicht darauf an, ob die Körperschaft neben den beschriebenen kulturellen Betätigungen auch andere Zwecke fördert, da die im Gesetzeswortlaut für die Versagung des Abzugs von Mitgliedsbeiträgen genannte Voraussetzung schon erfüllt ist, wenn überhaupt derartige kulturelle Betätigungen gefördert werden.

*[45]* Der Kläger und ihm folgend das FG lesen die Norm hingegen so, als ob darin formuliert wäre: „Mitgliedsbeiträge an Körperschaften, die in erster Linie kulturelle Betätigungen fördern, die der Freizeitgestaltung dienen." Auf dieser – vom tatsächlichen Gesetzeswortlaut abweichenden – Grundlage gelangen sie zu ihrer Auffassung, dass eine Abwägung zwischen dem Gewicht der kulturellen Freizeitbetätigungen und anderen Betätigungen vorzunehmen sei. Richtigerweise ist die Wendung „in erster Linie" aber kraft ihrer Stellung im Wortlaut des § 10b Abs. 1 Satz 8 Nr. 2 EStG – eindeutig – dahingehend zu verstehen, dass eine quantitative oder qualitative Gewichtung bzw. Abwägung nur insoweit zu erfolgen hat, als zu beurteilen ist, ob eine kulturelle Betätigung in erster Linie der Freizeitgestaltung (dann tritt die Rechtsfolge des § 10b Abs. 1 Satz 8 Nr. 2 EStG ein) oder in erster Linie Nicht-Freizeitzwecken dient (dann fällt die Körperschaft unter die Komplementärregelung des § 10b Abs. 1 Satz 7 EStG). Für eine Abwä-

gung mit weiteren Zwecken, die die Körperschaft neben den kulturellen Freizeitbetätigungen verfolgt, lässt der Wortlaut hingegen keinen Raum.

*[46]* Dies entspricht nicht nur der Auffassung der Finanzverwaltung (vgl. R 10b.1 Abs. 1 Satz 1 der Einkommensteuer-Richtlinien – EStR – 2005 in der Fassung der Einkommensteuer-Änderungsrichtlinien – EStÄR – 2008 [BStBl I 2008, 1017] und der EStÄR 2012 [BStBl I 2013, 276]), sondern auch des überwiegenden Teils der Literatur (vgl. Schauhoff/Kirchhain, Deutsches Steuerrecht – DStR – 2007, 1985 [1987]; Fritz, Betriebs-Berater 2007, 2546 [2547]; Brandl in Brandis/Heuermann, § 10b EStG Rz 25; KKB/Eckardt, § 10b EStG, 7. Aufl., Rz 17; Pust in Littmann/Bitz/Pust, Das Einkommensteuerrecht, Kommentar, § 10b Rz 169; offengelassen von Drüen/Liedtke, Finanz-Rundschau 2008, 1, 4; andeutungsweise wie das FG hingegen Hüttemann, Gemeinnützigkeits- und Spendenrecht, 5. Aufl. 2021, Rz 8.101; für eine Aufteilung in einen abziehbaren und einen nicht abziehbaren Anteil Strahl/Stahl/Demuth in Korn, § 10b EStG Rz 28.7; differenzierend BeckOK EStG/Unger, 13. Ed. [1.7.2022], EStG § 10b Rz 107). Ganz einhellig wird diese Ansicht zudem zur – wortlautidentischen – Parallelvorschrift des § 9 Abs. 1 Nr. 2 Satz 8 KStG vertreten, soweit sich in der Kommentarliteratur überhaupt Aussagen zu der vorliegend zu beurteilenden Problematik finden (vgl. Märtens in Gosch KStG, 4. Aufl., § 9 Rz 39; Kirchhain in Rödder/Herlinghaus/Neumann, KStG, 1. Aufl. 2015, § 9 Rz 225; Schulte in Erle/Sauter, KStG, 3. Aufl. 2010, § 9 Rz 53; Krämer in Dötsch/Pung/Möhlenbrock, Kommentar zum KStG, § 9 Rz 125).

*[47]* b) Das FG hat seine Gesetzesauslegung allein auf die Entstehungsgeschichte des § 10b Abs. 1 Satz 8 Nr. 2 EStG gestützt, diese jedoch nicht vollständig ausgewertet und ist so zu fehlerhaften Ergebnissen gelangt.

*[48]* aa) Die genannte Norm geht auf eine lange Tradition zunächst außer-, später untergesetzlicher Regelungen zurück.

*[49]* (1) Bis einschließlich des Veranlagungszeitraums 1999 mussten gemeinnützige Zwecke durch allgemeine Verwaltungsvorschrift der Bundesregierung, die der Zustimmung des Bundesrates bedurfte, allgemein als besonders förderungswürdig anerkannt sein (§ 48 Abs. 2 EStDV 1955/1990). Damit verwies die EStDV auf die Anlage 7 zu R 111 Abs. 1 EStR (zuletzt EStR 1999). Nach Anlage 7 Nr. 4 zu R 111 Abs. 1 EStR 1999 war u.a. die Förderung kultureller Zwecke als besonders förderungswürdig anerkannt; jedoch nur, wenn der Empfänger der Zuwendung eine juristische Person des öffentlichen Rechts oder eine öffentliche Dienststelle war. Das für derartige Zuwendungen damit angeordnete Durchlaufspendenverfahren schloss nach damaliger Verwaltungsauffassung Mitgliedsbeiträge aus (R 111 Abs. 3 Satz 1 EStR 1999), so dass die Mitglieder von Körperschaf-

ten, die kulturelle Zwecke förderten, ihre Pflichtbeiträge – anders als Spenden – nicht als Sonderausgaben abziehen konnten.

*[50]* In Bezug auf Körperschaften, die mehrere – rechtlich unterschiedlich zu behandelnde – Förderzwecke verfolgten, hatte der BFH seinerzeit die Auffassung vertreten, dass alle Zuwendungen einheitlich zu beurteilen seien und es nicht auf den tatsächlichen Verwendungszweck der einzelnen Zuwendung ankomme (BFH-Urteil vom 18.11.1966 -VI R 167/66- BFHE 88, 282, BStBl III 1967, 365: für Zuwendungen an eine kirchliche Körperschaft sollten stets die – geringeren – Abzugsmöglichkeiten gelten, auch wenn die Zuwendung im Einzelfall zur Förderung – steuerlich günstiger behandelter – wissenschaftlicher Zwecke gegeben und tatsächlich verwendet wurde; später als „Überlagerungs- und Abfärbetheorie“ bezeichnet).

*[51]* (2) Da die Delegation der Abgrenzung des Anwendungsbereichs des § 10b EStG an die Finanzverwaltung in Rechtsprechung und Literatur zudem zunehmend kritisch gesehen wurde (vgl. statt aller Senatsurteil vom 24.11.1993 -X R 5/91- BFHE 173, 519, BStBl II 1994, 683, unter IV.), wurde mit Wirkung ab dem Veranlagungszeitraum 2000 die Bestimmung der als besonders förderungswürdig geltenden Zwecke nicht mehr der Finanzverwaltung überlassen, sondern erstmals (unter)gesetzlich – § 48 Abs. 2 i.V.m. Anlage 1 EStDV 2000 – geregelt (Verordnung zur Änderung der EStDV vom 10.12.1999, BGBl I 1999, 2413). Für die in Anlage 1 Abschn. A zu § 48 Abs. 2 EStDV 2000 bezeichneten Zwecke waren sowohl Spenden als auch Mitgliedsbeiträge abziehbar; für die in Anlage 1 Abschn. B zu § 48 Abs. 2 EStDV 2000 bezeichneten Zwecke hingegen nur Spenden (§ 48 Abs. 4 Satz 1 EStDV 2000). Mitgliedsbeiträge an Körperschaften, die Zwecke förderten, die sowohl in Abschn. A als auch in Abschn. B der Anlage 1 bezeichnet waren, durften nach der ausdrücklichen Regelung des § 48 Abs. 4 Satz 2 EStDV 2000 nicht abgezogen werden.

*[52]* Hinsichtlich aller in Anlage 1 Abschn. B zu § 48 Abs. 2 EStDV 2000 genannten Zwecke (u.a. kulturelle Betätigungen, die in erster Linie der Freizeitgestaltung dienen, vgl. Nr. 2 des Abschn. B) war ein Abzug von Mitgliedsbeiträgen auch schon nach den früheren Regelungen der Anlage 7 zu R 111 Abs. 1 EStR ausgeschlossen gewesen. Für die Zuordnung zu den Abschn. A oder B war maßgeblich, ob die Mitgliedsbeiträge bei typisierender Betrachtung in der Regel aus altruistischen Motiven geleistet werden oder ob sie überwiegend der Finanzierung von Leistungen an Mitglieder dienen bzw. in erster Linie der eigenen Freizeitgestaltung förderlich sind (Begründung zum Entwurf der Verordnung zur Änderung der EStDV, BR-Drs. 418/99, S. 11, 15). Das in § 48 Abs. 4 Satz 2 EStDV 2000 angeordnete Aufteilungsverbot wurde damit begründet, dass Mit-

gliedsbeiträge den Gesamtverein beträfen und nicht seinen einzelnen Zwecken zugeordnet werden könnten (BR-Drs. 418/99, S. 15).

*[53]* Nahezu zeitgleich gab der BFH – in Entscheidungen, die noch zur Rechtslage vor der EStDV 2000 ergangen waren – die Rechtsprechung zur Überlagerungs- und Abfärbetheorie auf. Zuwendungen an Körperschaften, die mehrere Zwecke verfolgten, die hinsichtlich des Abzugs von Zuwendungen unterschiedlich behandelt wurden, waren nunmehr (außerhalb des zeitlichen Anwendungsbereichs des § 48 Abs. 4 Satz 2 EStDV 2000) nach Maßgabe derjenigen einkommensteuerrechtlichen Regelungen abziehbar, die für den Zweck galten, der durch die Verwendung der Spende tatsächlich gefördert wurde (BFH-Urteile in BFHE 190, 278, BStBl II 2000, 533, unter II.2.c, und vom 15.12.1999 -XI R 93/97- BFHE 190, 478, BStBl II 2000, 608, unter II.2.b).

*[54]* (3) Mit dem Gesetz zur weiteren Stärkung des bürgerschaftlichen Engagements (GSbE) vom 10.10.2007 (BGBl I 2007, 2332) wurden ab dem Veranlagungszeitraum 2007 die §§ 48, 49 EStDV 2000 sowie die Anlage 1 zu § 48 Abs. 2 EStDV 2000 aufgehoben. Die steuerbegünstigten Zwecke wurden fortan im Katalog des § 52 Abs. 2 AO – und damit in einem formellen Gesetz – abschließend aufgeführt. § 10b Abs. 1 EStG wurde neu gefasst und enthielt in Satz 2 die Regelung, die heute in § 10b Abs. 1 Satz 8 EStG zu finden ist. Eine Norm, die dem Aufteilungsverbot des früheren § 48 Abs. 4 Satz 2 EStDV 2000 entspricht, wurde hingegen nicht in das EStG aufgenommen.

*[55]* (4) Das Jahressteuergesetz (JStG) 2009 vom 19.12.2008 (BGBl I 2008, 2794) hat in § 10b Abs. 1 EStG den heutigen Satz 7 (damals Satz 2) eingefügt. Danach sind Mitgliedsbeiträge an Körperschaften, die Kunst und Kultur gemäß § 52 Abs. 2 Satz 1 Nr. 5 AO fördern, abziehbar, soweit es sich nicht um Mitgliedsbeiträge nach Satz 8 Nr. 2 handelt, auch wenn den Mitgliedern Vergünstigungen gewährt werden. Diese begünstigende Änderung sollte rückwirkend ab dem Veranlagungszeitraum 2007 – dem Inkrafttreten des GSbE – gelten (§ 52 Abs. 24b EStG idF des JStG 2009). Sie diente der „Klarstellung", dass aufgrund des Wegfalls des § 48 Abs. 4 Satz 2 EStDV 2000 Mitgliedsbeiträge an Kulturfördervereine selbst bei Gewährung von Vergünstigungen abziehbar sein sollten (Begründung zum Regierungsentwurf des JStG 2009 vom 02.09.2008, BT-Drs. 16/10189, S. 49).

*[56]* bb) Aus dieser Gesetzeshistorie kann – entgegen der Auffassung des FG – nicht abgeleitet werden, dass Mitgliedsbeiträge an Körperschaften, die neben kulturellen Betätigungen, die in erster Linie der Freizeitgestaltung dienen, noch einen anderen – nicht von § 10b Abs. 1 Satz 8 EStG erfassten – Zweck fördern, abziehbar sein sollen, obwohl aus dem Gesetzeswortlaut das gegenteilige Ergebnis folgt.

*[57]* (1) Das FG hat für seine abweichende Auffassung in erster Linie auf den Umstand hingewiesen, dass durch das GSbE die – für „Mehr-Zweck-Körperschaften“ geltende – Regelung des damaligen § 48 Abs. 4 Satz 2 EStDV 2000 aufgehoben worden ist, ohne zugleich eine identische Regelung in § 10b EStG zu schaffen. Es hat hierin eine „bewusste Entscheidung des Gesetzgebers“ gesehen.

*[58]* Damit lässt das FG jedoch außer Acht, dass sich die Regelungstechniken in § 48 Abs. 4 Satz 1 EStDV 2000 i.V.m. der Anlage 1 zu § 48 Abs. 2 EStDV 2000 einerseits und in § 10b Abs. 1 Sätze 7 und 8 EStG andererseits grundlegend voneinander unterscheiden. Für die bis 2006 geltende Rechtslage ergab sich allein aus der Anlage 1 zu § 48 Abs. 2 EStDV 2000 noch keine Antwort auf die Frage, wie Mitgliedsbeiträge an Körperschaften zu behandeln waren, die sowohl Zwecke nach Abschn. A als auch nach Abschn. B der Anlage 1 förderten. Beide Abschnitte waren gesetzestechnisch gleichrangig; ein Vorrang des Abschn. B konnte aus der Gesetzesfassung jedenfalls nicht herausgelesen werden. Es bedurfte daher – insbesondere nach der Aufgabe der Überlagerungs- und Abfärbetheorie durch den BFH – der ausdrücklichen Kollisionsregelung des § 48 Abs. 4 Satz 2 EStDV 2000, um das vom Normgeber gewünschte Ergebnis zu erreichen, dass bei „Mehr-Zweck-Körperschaften“ ein Abzug von Mitgliedsbeiträgen schon dann ausgeschlossen sein sollte, wenn die Körperschaft auch Zwecke nach Abschn. B der Anlage 1 förderte.

*[59]* Die ab 2007 geltenden Normen sind demgegenüber grundlegend anders formuliert. § 10b Abs. 1 Satz 8 Nr. 2 EStG schließt den Abzug von Mitgliedsbeiträgen an Körperschaften, die kulturelle Betätigungen fördern, die in erster Linie der Freizeitgestaltung dienen, generell aus (vgl. ausführlich oben a). Ein Konkurrenzverhältnis zu einer anderen Norm, die den Abzug von Mitgliedsbeiträgen zulässt, kann bei dieser Regelungstechnik – anders als beim Konkurrenzverhältnis zwischen den gleichrangigen Abschn. A und B der Anlage 1 zu § 48 Abs. 2 EStDV 2000 – von vornherein nicht entstehen, so dass es einer besonderen gesetzlichen Regelung, die ein solches Konkurrenzverhältnis auflöst (seinerzeit § 48 Abs. 4 Satz 2 EStDV 2000), nicht mehr bedurfte.

*[60]* Dies wird durch § 10b Abs. 1 Satz 7 EStG bestätigt, der für Körperschaften, die Kunst und Kultur fördern, ausdrücklich den Vorrang des § 10b Abs. 1 Satz 8 Nr. 2 EStG anordnet und seine begünstigende Rechtsfolge nur auf die nicht von der zuletzt genannten Norm erfassten Körperschaften beschränkt.

*[61]* (2) Darüber hinaus hat das FG sich entscheidend auf eine Passage in der Begründung des Gesetzentwurfs der Bundesregierung zum GSbE gestützt, in der es heißt, der Sonderausgabenabzug für Mitgliedsbeiträge an Vereine zur Förderung kultureller Einrichtungen solle verbessert werden (BT-Drs. 16/5200,

S. 12). Aus dieser – sehr allgemein gehaltenen – Formulierung hat es gefolgert, der heutige § 10b Abs. 1 Satz 8 Nr. 2 EStG sei in besonderer Weise zugunsten kulturfördernder Vereine auszulegen. Dabei übersieht das FG jedoch, dass diese Formulierung in den Gesetzesmaterialien sich nicht auf jede Körperschaft bezieht, die auch die Kultur fördert, sondern nur auf die – heute durch § 10b Abs. 1 Satz 7 EStG begünstigten – „passiven" Kulturfördervereine („Förderung kultureller Einrichtungen"), worauf in den Gesetzesmaterialien nur zwei Absätze nach der vom FG herangezogenen Formulierung hingewiesen wird. Darüber hinaus heißt es in der Begründung des Gesetzentwurfs ausdrücklich, Mitgliedsbeiträge an Körperschaften, die „insbesondere die aktiv ausgeführten eigenen kulturellen Betätigungen der Mitglieder (z.B. im Laientheater, Laienchor, Laienorchester)" fördern, seien weiterhin vom Abzug ausgeschlossen; demgegenüber seien Mitgliedsbeiträge an Körperschaften zur Förderung kultureller Einrichtungen künftig als Sonderausgaben abziehbar (BT-Drs. 16/5200, S. 16). Die vom FG vorgenommene Gleichsetzung der Förderung kultureller Einrichtungen mit der Förderung eigener kultureller Betätigungen der Mitglieder wird daher der vom Gesetzgeber gewollten und unmissverständlich in den Gesetzesmaterialien vorgenommenen Differenzierung zwischen diesen Betätigungen nicht gerecht.

*[62]* c) Auch der erkennbare Normzweck spricht gegen die vom FG vorgenommene Auslegung des § 10b Abs. 1 Satz 8 Nr. 2 EStG.

*[63]* aa) Die mit dieser Regelung für bestimmte Körperschaften angeordnete Differenzierung zwischen Spenden und Mitgliedsbeiträgen nimmt die erheblichen rechtlichen und tatsächlichen Unterschiede zwischen diesen beiden Unterfällen der „Zuwendung" (§ 10b Abs. 1 Satz 1 EStG) auf. Spenden sind begrifflich entscheidend durch ihre Freiwilligkeit und Unentgeltlichkeit – d.h. das Fehlen einer Gegenleistung – gekennzeichnet (Senatsurteil vom 15.1.2019 -X R 6/17- BFHE 263, 325, BStBl II 2019, 318, Rz 40, mwN). Demgegenüber fehlt es Mitgliedsbeiträgen infolge der rechtlichen Verpflichtung zu ihrer Zahlung zumindest an der Freiwilligkeit. Darüber hinaus wird in vielen Fällen ein Mitgliedsbeitrag auch in Erwartung einer Gegenleistung – zumindest im wirtschaftlichen Sinne – gezahlt werden (vgl. zu Mitgliedsbeiträgen an Sportvereine BFH-Urteil vom 28.4.1987 -IX R 7/83- BFHE 150, 406, BStBl II 1987, 814, mwN auf die Literatur; zur umsatzsteuerrechtlichen Beurteilung BFH-Urteil vom 9.8.2007 -V R 27/04- BFHE 217, 314, unter II.4.).

*[64]* Der Katalog des § 10b Abs. 1 Satz 8 EStG will erkennbar aus den zahlreichen in § 52 Abs. 2 AO genannten begünstigten Förderzwecken diejenigen herausgreifen, in denen bei typisierender Betrachtung die Wertung, Mitgliedsbeiträge seien zumindest im wirtschaftlichen Sinne als Gegenleistung anzuse-

hen, naheliegt. Dies wird – hinsichtlich der Vorläuferregelung – schon aus der Begründung der Verordnung zur Änderung der EStDV deutlich (vgl. ausführlich oben III.3.b aa (2); ebenso zur aktuellen Gesetzesfassung nochmals die Antwort der Bundesregierung vom 8.9.2021 auf eine Kleine Anfrage von Bundestagsabgeordneten, BT-Drs. 19/32370, S. 2).

*[65]* Die in § 10b Abs. 1 Satz 8 EStG getroffene Abgrenzung ist auch sachgerecht und bildet den Normzweck zutreffend ab. Alle dort genannten Förderzwecke zeichnen sich durch eine große Nähe zum Freizeit- bzw. Hobbybereich aus. Es wäre – auch verfassungsrechtlich – kaum zu rechtfertigen, wenn Steuerpflichtige ihre Aufwendungen für die Freizeitgestaltung nur deshalb einkommensteuerlich geltend machen könnten, weil die Freizeitgestaltung mittels Zusammenschlusses zu einer Körperschaft erfolgt, während alle anderen Steuerpflichtigen ihre Freizeitaufwendungen aus versteuertem Einkommen decken müssten.

*[66]* Der Abzug von (echten) Spenden bleibt demgegenüber auch im Anwendungsbereich des § 10b Abs. 1 Satz 8 EStG im Rahmen der allgemeinen Höchstbeträge möglich. Bei Spenden geht der Gesetzgeber, auch wenn diese an einen – im Übrigen Mitgliedsbeiträge erhebenden – Freizeitverein geleistet werden, in typisierender Weise davon aus, dass sie nicht in erster Linie für die eigene Freizeitgestaltung geleistet werden, deren Kosten schon durch die nicht abziehbaren Mitgliedsbeiträge abgedeckt sein sollten.

*[67]* bb) Vor diesem Hintergrund stützt der Normzweck die bereits aus dem Gesetzeswortlaut und der Entstehungsgeschichte folgende Auslegung, dass die Rechtsfolge des § 10b Abs. 1 Satz 8 Nr. 2 EStG bereits dann eintritt, wenn die Körperschaft neben einem der dort genannten Zwecke auch noch einen anderen Zweck verfolgt. Denn wenn der gegenteiligen Auffassung des FG zu folgen wäre, könnten Mitgliedsbeiträge, die der Finanzierung eigener Freizeitaktivitäten des Steuerpflichtigen dienen, allein deshalb abgezogen werden, weil die Körperschaft neben dem Freizeitzweck noch einen anderen Zweck verfolgt. Dies stünde dem erkennbaren Bestreben des Gesetzgebers, die Finanzierung eigener Freizeitaktivitäten von der einkommensteuerlichen Begünstigung auszuschließen, gerade entgegen.

*[68]* cc) Die gesetzliche Differenzierung zwischen den in § 10b Abs. 1 Satz 8 EStG genannten Körperschaften einerseits und den übrigen Körperschaften andererseits lässt damit eine klare Entscheidung des Gesetzgebers erkennen. Diese darf nicht – so aber das FG – mit der Erwägung überlagert werden, die vom Kläger betriebene musikalische Ausbildung und Anleitung junger Menschen erscheine „in der heutigen Zeit“ überragend wichtig und förderungswürdig.

*[69]* d) Entgegen der Auffassung des Klägers ist weder die gesetzliche Regelung als solche noch die vom Senat vorgenommene Gesetzesauslegung verfassungswidrig.

*[70]* aa) Der Kläger sieht – im Anschluss an Nacke, Deutsche Steuerzeitung 2008, 445 [447 f.] – einen Verstoß gegen das aus Art. 3 Abs. 1 des Grundgesetzes (GG) abzuleitende Gebot folgerichtiger Normausgestaltung darin, dass passive Kulturvereine Mitgliedsbeiträge abziehen können (§ 10b Abs. 1 Satz 7 EStG), aktive Kulturvereine aber nicht (§ 10b Abs. 1 Satz 8 Nr. 2 EStG).

*[71]* bb) Nach der Rechtsprechung des Bundesverfassungsgerichts (BVerfG; grundlegend zum Folgenden Urteil vom 9.12.2008 -2 BvL 1/07- BVerfGE 122, 210, unter C.I.2., mwN) wird der bei der Auswahl des Steuergegenstands und der Bestimmung des Steuersatzes grundsätzlich weitreichende Entscheidungsspielraum des Gesetzgebers im Bereich des EStG vor allem durch zwei eng miteinander verbundene Leitlinien begrenzt, nämlich das Gebot der Ausrichtung der Steuerlast am Prinzip der finanziellen Leistungsfähigkeit und das Gebot der Folgerichtigkeit. Letzteres bedeutet, dass die einmal getroffene Belastungsentscheidung bei der Ausgestaltung des steuerrechtlichen Ausgangstatbestands folgerichtig im Sinne der Belastungsgleichheit umgesetzt werden muss. Ausnahmen von einer solchen folgerichtigen Umsetzung bedürfen eines besonderen sachlichen Grundes; insoweit sind außerfiskalische Förderungs- und Lenkungszwecke sowie Typisierungs- und Vereinfachungserfordernisse anerkannt. Der Gesetzgeber darf grundsätzlich generalisierende, typisierende und pauschalierende Regelungen treffen, ohne allein schon wegen der damit unvermeidlich verbundenen Härten gegen den allgemeinen Gleichheitssatz zu verstoßen. Er darf sich grundsätzlich am Regelfall orientieren und ist nicht gehalten, allen Besonderheiten jeweils durch Sonderregelungen Rechnung zu tragen. Die gesetzlichen Verallgemeinerungen müssen allerdings auf eine möglichst breite, alle betroffenen Gruppen und Regelungsgegenstände einschließende Beobachtung aufbauen. Insbesondere darf der Gesetzgeber für eine gesetzliche Typisierung keinen atypischen Fall als Leitbild wählen, sondern muss realitätsgerecht den typischen Fall als Maßstab zugrunde legen.

*[72]* Im Übrigen geht das Gebot folgerichtiger Ausgestaltung der Normen über die allgemeinen Anforderungen aus Art. 3 Abs. 1 GG nicht hinaus (BVerfG-Beschluss vom 6.6.2018 -1 BvL 7/14, 1 BvR 1375/14- BVerfGE 149, 126, Rz 70).

*[73]* cc) Nach diesen Maßstäben ist Art. 3 Abs. 1 GG in Gestalt des Gebots folgerichtiger Normausgestaltung vorliegend nicht verletzt, da die Grenzen zulässiger Typisierung gewahrt sind. Es ist nicht sachwidrig, dass der Gesetzgeber davon ausgeht, durch die aktive Mitwirkung in Laienorchestern usw. werde auch ein Freizeitbedürfnis des Mitglieds verfolgt, so dass gezahlte Mitgliedsbei-

träge bei typisierender Betrachtung auch der Finanzierung eigener Freizeitaktivitäten dienten. Umgekehrt ist es noch vertretbar, in den Fällen des § 10b Abs. 1 Satz 7 EStG einen Abzug von Mitgliedsbeiträgen zuzulassen, wenn zwar ein kultureller Zweck gefördert wird, aber eben keine selbst ausgeübte laienkulturelle Freizeittätigkeit. Der Gesetzgeber ist hier in typisierender Weise davon ausgegangen, dass das altruistische Handeln einen eventuellen eigenen Vorteil des Mitglieds aus der kulturfördernden Tätigkeit der Einrichtung überwiegt. Es kann dahinstehen, ob die vorgenommene Differenzierung zwingend ist, sie stellt sich aber nicht als evident sachwidrig dar (kritisch aber wesentliche Teile der Literatur; vgl. Hüttemann, Der Betrieb 2007, 2053 [2058]: „rechtspolitisch wenig einleuchtend"; Hüttemann, Gemeinnützigkeits- und Spendenrecht, 5. Aufl. 2021, Rz 8.99: „inhaltlich nicht befriedigende Regelung"; Schauhoff/Kirchhain, DStR 2007, 1985 [1987]: „Wertungsentscheidung des Gesetzgebers bleibt ungewiss"; Strahl/Stahl/Demuth in Korn, § 10b EStG Rz 28.6: „kein vernünftiger Grund ersichtlich").

*[74]* dd) Auch ist darauf hinzuweisen, dass die „Eingriffsintensität" des § 10b Abs. 1 Satz 8 Nr. 2 EStG – tatsächlich bewegt sich diese Norm im Bereich der Einschränkung einer Begünstigung und ist daher für die verfassungsrechtliche Betrachtung eher dem Subventions- als dem Eingriffsrecht zuzuordnen – sich als vergleichsweise gering darstellt. Zum einen betrifft die Regelung nur den Abzug von Mitgliedsbeiträgen; demgegenüber können Spenden – also freiwillige und unentgeltliche Zuwendungen – auch bei aktiven Kulturvereinen in dem für alle steuerbegünstigten Körperschaften geltenden Umfang abgezogen werden. Zum anderen sind gerade im Fall des Klägers die vom Abzug ausgeschlossenen Mitgliedsbeiträge sowohl aus Sicht der Mitglieder des Klägers (36 € jährlich) als auch aus Sicht des Klägers absolut und relativ geringfügig. Beim Kläger belaufen sich die Mitgliedsbeiträge in den drei Jahren, zu denen das FG Feststellungen getroffen hat (2017 bis 2019), auf durchschnittlich weniger als 1.400 € jährlich und deutlich weniger als 10% seiner Gesamteinnahmen.

*[75]* ee) Einen weiteren Verstoß gegen den allgemeinen Gleichheitssatz sieht der Kläger darin, dass große Vereine die durch § 10b Abs. 1 Satz 8 Nr. 2 EStG angeordnete Beschränkung – seiner Auffassung nach – dadurch umgehen könnten, dass sie sich in einen aktiven und einen passiven Kulturverein aufspalten, während kleine Vereine – wie der Kläger – diese Möglichkeit nicht hätten.

*[76]* Jedoch würde es sich wertungsmäßig um einen mit dem Streitfall nicht vergleichbaren Sachverhalt handeln, wenn das Ergebnis einer solchen „Aufspaltung" wäre, dass die aktiven Mitglieder weiterhin unter § 10b Abs. 1 Satz 8 Nr. 2 EStG fallende Mitgliedsbeiträge zahlen, während andere – nicht aktiv im

Bereich der Laienmusik tätige – Personen dem Förderverein beitreten und ihre dortigen Mitgliedsbeiträge gemäß § 10b Abs. 1 Satz 7 EStG abziehen könnten. Denn diese Personen würden dann gerade nicht ihre eigene Freizeitgestaltung fördern, sondern die Freizeitgestaltung Dritter. Ein solches – im Kern altruistisches – Verhalten durfte der Gesetzgeber in auch verfassungsrechtlich vertretbarer Weise vom Anwendungsbereich des § 10b Abs. 1 Satz 8 Nr. 2 EStG ausnehmen.

*[77]* Sollte das – nicht näher erläuterte – Beispiel des Klägers hingegen dahingehend zu verstehen sein, dass ein bisher einheitlicher Verein in zwei Vereine aufgespalten wird, der aktive Kulturverein fortan auf die Erhebung von Mitgliedsbeiträgen verzichtet, die aktiv im Bereich der Freizeitmusik tätigen Mitglieder zugleich Mitglieder des Fördervereins werden und dort ihre bisherigen Mitgliedsbeiträge leisten, die der Förderverein verabredungsgemäß dem aktiv tätigen Kulturverein zur Verfügung stellt, könnte die Annahme eines Gestaltungsmissbrauchs (§ 42 AO) naheliegen. Mit der theoretischen Möglichkeit der Gesetzesumgehung durch eine missbräuchliche Gestaltung kann aber ein Verfassungsverstoß der allgemein geltenden gesetzlichen Regelung nicht begründet werden.

*[78]* 4. Der vom Kläger sowohl während des Klage- als auch während des Revisionsverfahrens – wohl hilfsweise – geäußerten Auffassung, § 50 EStDV enthalte keine Regelung, die die Ausstellung von Zuwendungsbestätigungen für Mitgliedsbeiträge untersage, vermag der Senat nicht zu folgen.

*[79]* Einer derartigen ausdrücklichen Regelung bedarf es angesichts der klaren Gesetzessystematik nicht. Zum einen nimmt § 50 Abs. 1 EStDV auf „Zuwendungen im Sinne der §§ 10b, 34g des Gesetzes“ Bezug und bezieht damit auch die Regelung des § 10b Abs. 1 Satz 8 EStG ein, wonach Mitgliedsbeiträge an bestimmte Körperschaften nicht nach § 10b EStG abziehbar sind. Hieraus ergibt sich denklogisch, dass derartige Beiträge in einer Zuwendungsbestätigung nicht als „Zuwendung i.S. des § 10b EStG“ bescheinigt werden dürfen. Entgegen der Auffassung des Klägers folgt aus dem Umstand, dass § 10b Abs. 1 Satz 8 EStG unmittelbar nur für Einkommensteuersubjekte gilt, nichts anderes, da diese Regelung durch § 50 Abs. 1 EStDV in Bezug genommen wird und die Vorschriften über die Ausstellung von Zuwendungsbestätigungen gerade für steuerbegünstigte Körperschaften wie den Kläger gelten.

*[80]* Zum anderen zeigt § 10b Abs. 4 Satz 2 EStG, dass der Gesetzgeber das mindestens grob fahrlässige Ausstellen einer unrichtigen Zuwendungsbestätigung durch eine Haftungsfolge sanktioniert.

*[81]* 5. Die Sache ist entscheidungsreif.

*[82]* Der Kläger fördert – was auch das FG im Ausgangspunkt nicht anders sieht – durch den Betrieb des Laienorchesters kulturelle Betätigungen, die in erster Linie der Freizeitgestaltung dienen. Denn die tatsächliche Geschäftsführung des Klägers wird ausweislich der vorgelegten und vom FG in Bezug genommenen – und damit i.S. des § 118 Abs. 2 FGO festgestellten – Unterlagen durch das Unterhalten von Laien-Blasorchestern, die gemeinsamen Proben der Mitglieder sowie die Auftritte der Blasorchester bei Konzerten und Marschmusiken geprägt. Damit erfüllt der Kläger die Voraussetzungen des § 10b Abs. 1 Satz 8 Nr. 2 EStG, so dass Mitgliedsbeiträge nicht als Sonderausgaben abziehbar sind.

*[83]* Hierfür kommt es nach den Rechtsausführungen unter 3. nicht darauf an, ob der Kläger zusätzlich auch noch andere Zwecke fördert, so dass es für die Entscheidung über die Klage und die Revision unerheblich ist, ob bzw. in welchem Umfang derartige Zweckverfolgungen beim Kläger überhaupt feststellbar sind. Damit steht der begehrte Feststellungsausspruch dem Kläger nicht zu, weil der von ihm beanstandete Hinweis des FA in den Freistellungsbescheiden für die Jahre 2014–2016 und 2017–2019 zutreffend ist; die Feststellungsklage ist abzuweisen.

*[84]* 6. Der Senat entscheidet mit Einverständnis des Klägers und des FA – auf das (hier nicht erklärte) Einverständnis des beigetretenen BMF soll es nicht ankommen (BFH-Urteile vom 6.10.2005 -V R 64/00- BFHE 212, 132, BStBl II 2006, 212, unter II.5., und vom 11.11.2010 -VI R 17/09- BFHE 232, 40, BStBl II 2011, 969, Rz 11) – ohne mündliche Verhandlung (§ 90 Abs. 2, § 121 Satz 1 FGO).

## 19

**1. Der Anspruch nach § 185 Abs. 3 Nr. 2a) SGB IX i.V.m. § 26 SchwbAV setzt voraus, dass mit der Leistung ein Arbeitsplatz i.S.d. § 156 Abs. 1 SGB IX eingerichtet wird.**

**2. Arbeitsplätze, auf denen Geistliche öffentlich-rechtlicher Religionsgemeinschaften beschäftigt werden, gelten nach § 156 Abs. 2 Nr. 2 SGB IX nicht als Arbeitsplatz, so dass dem Arbeitgeber kein Anspruch auf Geldleistung zur behinderungsgerechten Einrichtung von Arbeitsplätzen für schwerbehinderte Geistliche zusteht.**

https://doi.org/10.1515/9783111651248-019

**3. Der Regelung des § 156 Abs. 2 Nr. 2 SGB IX und damit der Freistellung der Kirchen von der Beschäftigungspflicht und der Ausgleichsabgabe für ihre geistlichen Ämter liegt der Gedanke zugrunde, dass die kirchliche Ämterautonomie die Ausgestaltung und Besetzung kirchlicher Ämter frei von staatlicher Einflussnahme gebietet (vgl. BVerwG, Urteil vom 14.11.2003 -5 C 13/02-BVerwGE 119, 200)**

§§ 26 SchwbAV 1988, §§ 156 Abs. 1 und 2 Nr. 2, 185 Abs 3 Nr. 2a SGB IX
OVG Rheinland-Pfalz, Urteil vom 6. Oktober 2022 -7 A 11104/21-[1]

Die Beteiligten streiten um die Gewährung von Leistungen nach § 185 Abs. 3 Nr. 2a) SGB IX für die behindertengerechte Einrichtung des Arbeitsplatzes eines schwerbehinderten Geistlichen.

Die Klägerin beantragte am 20.2.2019 beim Beklagten die Bewilligung von Geldleistungen für die behindertengerechte Einrichtung des Arbeitsplatzes des – aufgrund eines Augenleidens als schwerbehinderter Mensch mit einem Behinderungsgrad von 80 anerkannten – Pfarrers A. sowie die Bezuschussung einer Arbeitsassistenz für diesen. Zur Begründung führte sie aus, dass die Ausstattung des Arbeitsplatzes mit den vorgeschlagenen technischen Hilfsmitteln sowie eine Arbeitsassistenz in angemessenem Umfange erforderlich seien, um den Anspruch des Pfarrers auf Teilhabe am Arbeitsleben erfüllen und zukünftig sichern zu können. Pfarrer A. ist seit 1985 bei der Landeskirche beschäftigt, bis 2016 als Gemeindepfarrer und nunmehr wegen der Verschlechterung seines Augenleidens als Krankenhausseelsorger in Vollzeit. Die Kosten für die technische Umrüstung des Arbeitsplatzes als Krankenhausseelsorger beliefen sich nach einem Kostenvoranschlag auf 11.685,20 € brutto.

Mit Bescheid vom 20.5.2019 lehnte das Integrationsamt den Antrag ab, da Geldleistungen nach § 185 Abs. 3 Nr. 2a) SGB IX an die Klägerin als Arbeitgeberin des Betroffenen nur bewilligt werden dürften, wenn es sich hierbei um Hilfen für einen „Arbeitsplatz" im Sinne des § 156 Abs. 1 SGB IX handele. Dies sei nicht der Fall, denn nach § 156 Abs. 2 Nr. 2 SGB IX würden Stellen bei öffentlich-rechtlichen Religionsgemeinschaften, auf welchen Geistliche beschäftigt seien, nicht als Arbeitsplätze im Sinne des Absatzes 1 dieser Vorschrift gelten. Die Arbeitsplätze von Geistlichen seien daher nicht in das System der Beschäftigungspflicht von Arbeitgebern nach dem SGB IX („Pflichtarbeitsplätze") einbezogen. Daher kämen auch Leistungen an die Klägerin zur Förderung des Ar-

1 Amtl. Leitsätze. BeckRS 2022, 28775; juris.
Das Urteil ist rechtskräftig.

beitsplatzes des hier betroffenen schwerbehinderten Pfarrers nicht in Betracht. Für die beantragte Arbeitsassistenz sei nur der Betroffene selbst antragsberechtigt.

Gegen diesen Bescheid erhob die Klägerin mit der Begründung Widerspruch, die Rechtsauffassung des Beklagten widerspreche der Zielsetzung des Schwerbehindertenrechts, Menschen mit Behinderung die Teilhabe am Arbeitsleben zu erleichtern. Der Wortlaut des § 185 SGB IX setze das Vorliegen eines Arbeitsplatzes im Sinne des § 156 SGB IX gerade nicht voraus. Diese Vorschrift verwende nicht den Begriff des Arbeitsplatzes, sondern den weiteren Begriff der Teilhabe am Arbeitsleben. Nach der Rechtsprechung des Bundesverwaltungsgerichts -5 C 13/02- sei im Bereich der Teilhabe am Arbeitsleben wegen des sozialen Schutzzwecks des § 185 SGB IX vorrangig darauf abzustellen, dass die Tätigkeit einzelner Schwerbehinderter dem Arbeitsleben zuzurechnen sei. Dies sei hier bei der Tätigkeit als Krankenhausseelsorger unstreitig der Fall. Weiter führte die Klägerin aus, dass der Arbeitsplatzbegriff in § 156 Abs. 2 SGB IX nach dem teleologischen, systematischen und historischen Verständnis dieser Norm vor allem als Rechengröße bei der Ermittlung der maßgeblichen Beschäftigtenzahl auf Pflichtarbeitsplätzen zu verstehen sei. Der Anwendungsbereich der Norm sei hierauf zu beschränken. Davon unterscheide sich der Arbeitsplatzbegriff in § 164 Abs. 4 Nr. 5 SGB IX, der den Anspruch des Arbeitnehmers gegenüber seinem Arbeitgeber regele. Mit diesem Anspruch korrespondiere die Regelung des § 185 SGB IX. Der Arbeitsplatzbegriff sei hiernach in einem technischen Sinne gemeint als die räumliche Stelle, an der der Mitarbeiter seine Arbeit verrichte. Ein rechtfertigender Grund, die Teilhabe von schwerbehinderten Geistlichen am Arbeitsleben durch Zuwendungen an die kirchlichen Arbeitgeber nicht gewährleisten und nicht fördern zu dürfen, sei nicht ersichtlich. Insbesondere gebiete die Schwerbehinderten-Ausgleichabgabe keine gruppennützige Verwendung für Beschäftigte, die ausschließlich auf abgabepflichtigen Pflichtarbeitsplätzen eingesetzt würden.

Dem trat der Beklagte entgegen. Die Bundesarbeitsgemeinschaft der Integrationsämter vertrete im Anschluss an das Urteil des Bundesverwaltungsgerichts vom 8.3.1999 -5 C 5/98- mit bundesweiter Geltung die Rechtsauffassung, dass die Arbeitsplätze Geistlicher nicht in das System der Beschäftigungspflicht einbezogen seien, weshalb die Gewährung von finanziellen Hilfen an die Arbeitgeber von Geistlichen insgesamt nicht in Betracht komme. Die Bewilligung von Leistungen an den schwerbehinderten Geistlichen selbst (persönliche Hilfen) sei aber nicht ausgeschlossen.

Nach Zurückweisung des Widerspruchs unter Wiederholung der bereits angeführten Gründe hat die Klägerin Klage erhoben, mit der sie nur noch ihr Begehren auf Hilfe im Arbeitsleben in Form von Geldleistungen zur behindertengerechten Einrichtung des Arbeitsplatzes weiterverfolgt hat. Zur Begründung hat sie ihre bisherigen Ausführungen wiederholt und vertieft und ergänzend auf ein Rechtsgutachten des Prof. von Campenhausen vom 27.7.2004, welches ihre Rechtsauffassung stütze, verwiesen.

Mit Urteil vom 10.6.2021 hat das Verwaltungsgericht unter Aufhebung der Bescheide des Beklagten diesen verpflichtet, über den Antrag der Klägerin vom 20.4.2019 auf Bewilligung von Geldleistungen zur behindertengerechten Einrichtung des Arbeitsplatzes unter Beachtung der Rechtsauffassung des Gerichts erneut zu entscheiden. § 156 Abs. 2 Nr. 2 SGB IX schließe es nicht aus, finanzielle Zuwendungen aus § 185 Abs. 3 Nr. 2 SGB IX an öffentlich-rechtliche Religionsgemeinschaften und Kirchen in ihrer Eigenschaft als Arbeitgeber von schwerbehinderten Menschen zu erbringen.

Gegen dieses Urteil richtet sich die vom Verwaltungsgericht zugelassene Berufung des Beklagten. Zur Begründung stützt er sich auf seine bisherigen Ausführungen. Die zu fördernde Stelle müsse von einem Arbeitnehmer im arbeitsrechtlichen Sinn – der damit einen Arbeitsplatz im Sinne des § 156 Abs. 1 SGB IX innehabe – eingenommen werden. Dies sei bei einem Geistlichen einer öffentlich-rechtlichen Religionsgemeinschaft schon nicht der Fall.

Die Berufung hatte Erfolg.

**Aus den Gründen:**

*[16]* Die Berufung des Beklagten ist begründet.

*[17]* Das Verwaltungsgericht hätte die Klage abweisen müssen. Der Bescheid des Beklagten vom 20.5.2019, mit dem das Integrationsamt den Antrag mit der Begründung abgelehnt hatte, dass die Bewilligung nach § 185 Abs. 3 Nr. 2a) Sozialgesetzbuch Neuntes Buch – SGB IX – voraussetze, dass es sich um Hilfen für einen „Arbeitsplatz" i.S.d. § 156 Abs. 1 SGB IX handeln müsse und ein solcher im Fall des Geistlichen nach § 156 Abs. 2 Nr. 2 SBG IX nicht vorliege, sowie der hierzu ergangene Widerspruchsbescheid vom 27.4.2020 sind rechtmäßig und verletzen die Klägerin nicht in ihren Rechten. Die Klägerin hat keinen Anspruch auf die begehrte Leistung beziehungsweise Neubescheidung ihres Antrags (§ 113 Abs. 5 Satz 1 VwGO).

*[18]* I. Nach den für den geltend gemachten Anspruch in Betracht kommenden Rechtsgrundlagen § 185 Abs. 3 Nr. 2a) SGB IX i.V.m. § 26 Schwerbehinderten-Ausgleichsabgabeverordnung – SchwbAV – kann das Integrationsamt aus den ihm zur Verfügung stehenden Mitteln Geldleistungen für die begleitende

Hilfe im Arbeitsleben erbringen, insbesondere an Arbeitgeber zur behinderungsgerechten Einrichtung von Arbeits- und Ausbildungsplätzen für schwerbehinderte Menschen. Konkretisiert werden die Leistungsvoraussetzungen durch die Schwerbehinderten-Ausgleichsabgabeverordnung, die korrespondierend mit § 185 Abs. 3 SGB IX die tatbestandlichen Voraussetzungen für die einzelnen Leistungen regelt. Gemäß § 26 SchwbAV können Arbeitgeber Darlehen oder Zuschüsse bis zur vollen Höhe der entstehenden notwendigen Kosten erhalten, und zwar u.a. für die Ausstattung von Arbeits- oder Ausbildungsplätzen mit den notwendigen technischen Arbeitshilfen (§ 26 Abs. 1 Nr. 3 SchwbAV).

*[19]* Diese tatbestandlichen Anspruchsvoraussetzungen liegen im Fall der Klägerin jedoch nicht vor.

*[20]* 1. Zunächst handelt es sich bei dem hier betroffenen Beschäftigungsverhältnis unstreitig um das eines Schwerbehinderten, da der hier betroffene Pfarrer mit einem Grad der Behinderung von 80 als schwerbehinderter Mensch anerkannt worden ist (§ 2 Abs. 2 SGB IX). Ebenso ist die Klägerin als öffentlich-rechtliche Religionsgemeinschaft Dienstherrin des betroffenen Pfarrers, dessen Amtsausübung der Landeskirche zuzuordnen ist, die gemäß § 154 Abs. 2 Nr. 4 SGB IX als öffentlicher Arbeitgeber gilt.

*[21]* 2. Weitergehend setzt der Anspruch nach § 185 Abs. 3 Nr. 2a) SGB IX i.V.m. § 26 SchwbAV jedoch voraus, dass mit der Leistung ein Arbeitsplatz eingerichtet wird und mithin der Geistliche auf einem Arbeitsplatz beschäftigt wird. Ein solcher Arbeitsplatz ist vorliegend nicht gegeben, da – entgegen der Rechtsauffassung der Vorinstanz – § 156 im Rahmen des § 185 Abs. 3 Nr. 2a) SGB IX Anwendung findet (a.). Arbeitsplätze auf denen Geistliche öffentlich-rechtlicher Religionsgemeinschaften beschäftigt werden, gelten daher nicht als Arbeitsplatz (b.).

*[22]* a. Die beantragte Leistung ist nach § 185 Abs. 3 Nr. 2 a) SGB IX schon tatbestandlich ausgeschlossen.

*[23]* Bei den tatbestandlichen Voraussetzungen ist zu beachten, dass § 185 Abs. 3 SGB IX verschiedene Formen der begleitenden Hilfe im Arbeitsleben i.S.d. § 185 Abs. 1 Nr. 3 SGB IX vorsieht. Die hier beantragte Hilfeleistung an den Arbeitgeber nach § 185 Abs. 3 Nr. 2 SGB IX tritt neben die persönliche Hilfe aus den Mitteln der Schwerbehindertenausgleichsabgabe nach § 185 Abs. 3 Nr. 1 SGB IX, die an einen Schwerbehinderten erbracht wird. Diese darf nach der Rechtsprechung des Bundesverwaltungsgerichts auch an einen schwerbehinderten Geistlichen erbracht werden (BVerwG, Urteil vom 14.11.2003 -5 C 13/02-BVerwGE 119, 200, KirchE 44, 302), da Geldleistungen an Schwerbehinderte, die im Rahmen der begleitenden Hilfe im Arbeits- und Berufsleben erbracht werden, die Beschäftigung auf einem Arbeitsplatz i.S.d. § 7 Schwerbehindertenge-

setz – SchwbG a.F. – (jetzt § 156 SGB IX) nicht voraussetzen. Hier ist, so das Bundesverwaltungsgericht, vorrangig darauf abzustellen, dass die entsprechende Tätigkeit dem Arbeits- und Berufsleben zuzurechnen ist. Dies ergibt sich rechtlich daraus, dass § 156 Abs. 2 Nr. 2 SGB IX (früher § 7 Abs. 2 SchwbG a.F.) Geistliche nur für den Begriff des Arbeitsplatzes ausnimmt, nicht aber für die Einordnung ihrer Tätigkeit in das Berufs- und Arbeitsleben. Zudem setzt der Wortlaut des § 185 Abs. 3 Nr. 1 SGB IX eine Beschäftigung auf einem Arbeitsplatz nicht voraus. Auch den einzelnen Regelungen der Nr. 1 ist nicht zu entnehmen, dass das Vorliegen eines Arbeitsplatzes i.S.d. § 156 Abs. 1 SGB IX generell rechtliche Voraussetzung oder Ziel einer Hilfe durch Geldleistung ist (so ausdrücklich BVerwG, Urteil vom 14.11.2003 -5 C 13/02- BVerwGE 119, 200 zu § 7 Abs. 2 SchwbG und § 31 Abs. 3 Satz 1 Nr. 1 a) und f) SchwbG a.F.).

*[24]* Betreffend die Hilfeleistung nach § 185 Abs. 3 Nr. 2a) SGB IX liegt der Fall hingegen anders. Wie das Verwaltungsgericht zutreffend festgestellt hat, betrifft die genannte Entscheidung des Bundesverwaltungsgerichts vom 14.11.2003 nicht § 185 Abs. 3 Nr. 2 SGB IX. Geht man vom Wortlaut des hier einschlägigen § 185 Abs. 3 Nr. 2a) SGB IX aus, setzt dieser ausdrücklich voraus, dass mit der beantragten Leistung die behindertenregerechte Einrichtung eines Arbeitsplatzes für den schwerbehinderten Menschen gefördert wird, wobei es sich – und dies ist in der Rechtsprechung des Bundesverwaltungsgerichts zur Vorgängerregelung geklärt (so ausdrücklich BVerwG, Urteil vom 8.3.1999 -5 C 5/98)- um einen Arbeitsplatz i.S.d. § 156 Abs. 1 SGB IX handeln muss (so auch Pahlen, in: Neumann/Pahlen/Greiner/Winkler/Jabben, SGB IX, 14. Aufl. 2020, § 15 Rn 23).

*[25]* Offenbleiben kann daher, ob § 185 Abs. 3 Nr. 2 SGB IX betreffend die Leistungen an den Arbeitgeber generell die Beschäftigung auf einem Arbeitsplatz i.S.d. § 156 SGB IX voraussetzt, da eine Begrenzung der Leistungsgewährung sich zumindest insoweit ergibt, als der Gesetzgeber in § 185 Abs. 3 Nr. 2a) SGB IX nach seinem Wortlaut einen Arbeitsplatz ausdrücklich zur Voraussetzung gemacht hat (vgl. zu § 31 Abs. 3 Satz 1 Nr. 2a) SchwbG BVerwG, Urteil vom 8.3.1999 -5 C 5/98-; ebenso OVG Schleswig-Holstein, Urteil vom 25.4.2001 -2 L 35/01-).

*[26]* Der Begriff des Arbeitsplatzes wird in § 156 Abs. 1 SGB IX dahingehend legaldefiniert, dass Arbeitsplätze im Sinne dieses Teils alle Stellen sind, auf denen Arbeitnehmerinnen und Arbeitnehmer, Beamtinnen und Beamte, Richterinnen und Richter sowie Auszubildende und andere zu ihrer beruflichen Bildung Eingestellte beschäftigt werden. Mithin ist zwar der Begriff des Arbeitsplatzes in Teil 3, Kapitel 2 „Beschäftigungspflicht der Arbeitgeber" geregelt und § 185 SGB IX steht im Kapitel 6 „Durchführung der besonderen Regelungen zur

Teilhabe schwerbehinderter Menschen", jedoch stehen beide Normen in Teil 3 „Besondere Regelungen zur Teilhabe schwerbehinderter Menschen (Schwerbehindertenrecht)", wobei § 156 SGB IX ausdrücklich den Arbeitsplatz für den gesamten Teil 3 definiert. Aus dem Umstand, dass § 156 SGB IX in Kapitel 2 und § 185 SGB IX in Kapitel 6 geregelt ist, lässt sich folglich entgegen der Annahme des Verwaltungsgerichts kein anderes Verständnis herleiten, auch wenn § 156 SGB IX die maßgebliche Rechengröße bei der Bemessung der Pflichtarbeitsplätze liefert.

*[27]* Auch der Einwand, dass das SGB IX den Arbeitsplatzbegriff beispielhaft in § 164 SGB IX – so die Klägerin – unterschiedlich verwende und im Rahmen des § 185 SGB IX von einem anderen Arbeitsplatzbegriff als dem des § 156 SGB IX auszugehen wäre, verfängt daher ebenfalls nicht. Der Umstand, dass das Bundesverwaltungsgericht in seinem Urteil im Jahr 2003 im Rahmen seiner Ausführungen zu § 185 Abs. 3 Nr. 1 SGB IX von einem – so das Verwaltungsgericht – beschäftigungsrechtlichen Ansatz ausgegangen ist, ändert an diesem Verständnis nichts, da nicht erkennbar ist, dass das Bundesverwaltungsgericht von der älteren Rechtsprechung zu § 185 Abs. 3 Nr. 2a) SGB IX abweichen wollte. Vielmehr hat das Bundesverwaltungsgericht ausschließlich zu § 185 Abs. 3 Nr. 1 SGB IX ausgeführt, zur Umschreibung der Voraussetzungen der begehrten Hilfe verwende § 31 Abs. 1 Nr. 3, Abs. 3 Satz 1 Nr. 1 Buchst. a und f SchwbG nicht den Begriff des „Arbeitsplatzes", sondern – entsprechend den Worten „Arbeit, Beruf" in der Gesetzesüberschrift – den weiten Begriff des „Arbeits- und Berufslebens". Der Wortlaut der genannten Bestimmungen setze das Vorliegen eines „Arbeitsplatzes" im Sinne des § 7 Abs. 1 SchwbG nicht voraus; den Einzelregelungen sei nicht zu entnehmen, dass das Vorliegen eines Arbeitsplatzes i.S.d. § 7 Abs. 1 SchwbG generell rechtliche Voraussetzung oder Ziel einer Hilfe durch Geldleistungen wäre (BVerwG, Urteil vom 14.11.2003 -5 C 13/02- BVerwGE 119, 200). Damit ist das Bundesverwaltungsgericht vom Wortlaut des § 185 Abs. 2 Nr. 1 SGB IX ausgegangen, der – gerade anders als die Nummer 2a) des Absatzes 3 – den Begriff des Arbeitsplatzes tatbestandlich nicht vorsieht.

*[28]* Damit kann auch aus der übrigen Wortwahl des § 185 Abs. 3 Nr. 2a) SGB IX – so jedoch das Verwaltungsgericht –, der von der „behindertengerechten Einrichtung", und des § 26 SchwbG, der von „Ausstattung mit notwendigen technischen Hilfen" spricht, kein anderes Begriffsverständnis abgeleitet werden, da nicht der Begriff der Arbeitsstätte, sondern der des Arbeitsplatzes i.S.d. § 156 SGB IX gewählt wurde.

*[29]* Soweit das Verwaltungsgericht das Bundesverwaltungsgericht einschränkend dahingehend versteht, dass in dem der Entscheidung des Bundesverwaltungsgerichts aus dem Jahr 1999 zugrunde liegenden Sachverhalt es

nicht an einem Arbeitsplatz, sondern an einem Arbeitnehmer gefehlt habe, und – so wohl das Verwaltungsgericht – das Vorliegen eines Arbeitsplatzes nicht gefordert worden sei, so ist dem nicht zu folgen. Zum einen ist diese Einschränkung der Entscheidung des Bundesverwaltungsgerichts nicht zu entnehmen, da dieses, wie ausgeführt, ausdrücklich vom Vorliegen eines Arbeitsplatzes i.S.d. § 7 Abs. 1 SchwbG ausgegangen ist und im Anschluss daran die gesetzliche Definition des Arbeitsplatzes wiedergegeben hat (vgl. BVerwG, Urteil vom 8.3.1999 -5 C 5/98-) Zum anderen gehen diese beiden Begrifflichkeiten Hand in Hand. So hat das Bundesverwaltungsgericht dazu ausgeführt, Voraussetzung für einen Arbeitsplatz sei immer, dass dieser von einer Person eingenommen werde, die im Dienste eines anderen fremdbestimmte Dienstleistungen in persönlicher Abhängigkeit vom Dienstberechtigten erbringe, im arbeitsrechtlichen Sinne also als Arbeitnehmer (vgl. BVerwG, Urteil vom 8.3.1999 -5 C 5/98-). Jemand, der kein Arbeitnehmer ist, hat mithin auch keinen Arbeitsplatz inne. Soweit das Verwaltungsgericht zudem das Bundesverwaltungsgericht dahingehend zitiert, dass dieses in seiner Entscheidung aus dem Jahr 2003 betont habe, dass dem Urteil des Jahres 1999 nicht zu entnehmen sei, dass für alle Formen der begleitenden Hilfe im Arbeits- und Berufsleben vom Arbeitsplatzbegriff des § 7 SchwbG auszugehen wäre, so ist diese Wiedergabe unvollständig, weil das Bundesverwaltungsgericht dies lediglich „für alle in Abs. 3 unter Nr. 1 ausdrücklich genannten Formen der begleitenden Hilfe im Arbeits- und Berufsleben" geäußert hat (BVerwG, Urteil vom 14.11.2003 -5 C 13/02- BVerwGE 119, 200) und mithin auf Absatz 3 Nr. 1 beschränkt hat.

*[30]* b. Ein Arbeitsplatz i.S.d. § 156 SGB IX liegt nicht vor, da § 156 Abs. 2 SGB IX vorliegend Anwendung findet und danach als Arbeitsplätze nicht die Stellen gelten, auf denen Geistliche öffentlich-rechtlicher Religionsgemeinschaften beschäftigt werden. Damit gilt unabhängig von der umstrittenen Frage, ob die Stelle eines Geistlichen – und mithin auch die des Pfarrers als Seelsorger – den Arbeitsplatzbegriff des § 156 Abs. 1 SGB IX erfüllt (vgl. dazu v. Campenhausen, Kirchenfreiheit im Sozialstaat – zur Anwendung des Schwerbehindertengesetzes auf Geistliche, in: Festschrift für H. G. Scupin, S. 705 ff.), diese gemäß § 156 Abs. 2 Nr. 2 SGB IX nicht als Arbeitsplatz.

*[31]* Entgegen der Auffassung der Klägerin ist auch nicht aus teleologischen und systematischen Gründen § 156 Abs. 2 SGB IX als Ausnahmevorschrift bereichsspezifisch eng auszulegen, denn der Gesetzgeber hat das Vorliegen eines Arbeitsplatzes klar zur tatbestandlichen Voraussetzung erhoben. Unabhängig von der vom Verwaltungsgericht an dieser Stelle nicht näher nachgegangenen Frage, wie es sich bei den anderen Rückausnahmen des § 156 Abs. 2 SGB IX im Kontext des § 185 Abs. 3 Nr. 2a) SGB IX verhält, oder ob nur für den Fall des § 156

Abs. 2 Nr. 2 SGB IX eine Einschränkung vorgenommen werden soll, bestehen hier keine Anhaltspunkte dafür, dass der Gesetzgeber § 156 Abs. 2 SGB IX im Rahmen des § 185 SGB IX nicht angewandt wissen wollte. Die verfassungsrechtlichen Beweggründe, die dieser Regelung zugrunde liegen, fordern keine Rückausnahme. So liegt der Regelung des § 156 Abs. 2 Nr. 2 SGB IX und damit der Freistellung der Kirchen von der Beschäftigungspflicht und der Ausgleichsabgabe für ihre geistlichen Ämter der Gedanke zugrunde, dass die kirchliche Ämterautonomie die Ausgestaltung und Besetzung kirchlicher Ämter frei von staatlicher Einflussnahme gebietet (vgl. BVerwG, Urteil vom 14.11.2003 -5 C 13/02- BVerwGE 119, 200, KirchE 44, 302). Um dieses Ziel zu erreichen und die bestehende Unklarheit, ob Geistliche unter den Katalog des § 156 Abs.1 SGB IX fallen, zu beseitigen, sollte § 156 Abs. 2 Nr. 2 SGB IX klarstellen, dass selbst wenn man Geistliche unter den Abs. 1 fassen wollte, sie jedenfalls nach Abs. 2 Nr. 2 wieder ausgenommen würden (vgl. dazu das von der Klägerin vorgelegte Gutachten: v. Campenhausen, Göttinger Gutachten III, S. 326). Soweit das Verwaltungsgericht diesbezüglich ausführt, dass von der Intention der Regelung her nur klargestellt werden sollte, dass die geistlichen Ämter nicht als Arbeitsplätze i.S.d. Regelung über die Beschäftigungspflicht von Arbeitgebern zählen sollten, dass das Ämterprivileg es jedoch weitergehend nicht gebiete, bei der Besetzung eines solchen Amtes mit einem schwerbehinderten Menschen den Kirchen die staatliche Unterstützung zur behindertengerechten Beschäftigung eines Geistlichen zu versagen, so ist dies zutreffend. Jedoch ist vorliegend nicht die entscheidende Frage, ob der Grundsatz der Staatsfreiheit der Gewährung einer solchen Leistung entgegensteht, sondern vielmehr, ob § 156 Abs. 2 Nr. 2 SGB IX aus diesem Grund derart einschränkend ausgelegt werden muss, dass er im Fall des § 185 Abs. 3 Nr. 2a) SGB IX nicht anzuwenden ist. Davon geht der Senat jedoch mangels Anhaltspunkte im Gesetzeswortlaut nicht aus. Vielmehr zeigt die Regelung des § 185 Abs. 2 Satz 3 SGB IX, dass der Gesetzgeber im Anwendungsbereich des § 185 SGB IX dem Grunde nach vom Arbeitsplatzbegriff des § 156 Abs. 1 bis 3 SGB IX ausgeht, da er für die begleitende Hilfe dessen Definition durchaus modifiziert. So gelten, abweichend von § 156 Abs. 3 SGB IX, auch solche Stellen als Arbeitsplätze, auf denen Beschäftigte befristet oder als Teilzeitbeschäftigte in einem Umfang von mindestens 15 Stunden, in Inklusionsbetrieben mindestens 12 Stunden, wöchentlich beschäftigt werden. Eine solche Modifikation der Arbeitsplatzdefinition hat der Gesetzgeber für die Bereichsausnahmen des § 156 Abs. 2 SGB IX gerade nicht vorgenommen.

*[32]* Auch betreffend den Einwand, § 185 Abs. 3 SGB IX unterscheide in Bezug auf die Hilfeleistung nicht nach der Abgabenrelevanz und es gebe auch keinen Grundsatz, dass nur solche Arbeitsplätze gefördert werden sollten, für

die eine Ausgleichsabgabe gezahlt wird, ist diese Feststellung zwar zutreffend, aus ihr lässt sich jedoch nicht das vom Verwaltungsgericht gewonnene Ergebnis ableiten. Hinsichtlich der u.a. vorgesehenen Leistungen zur begleitenden Hilfe im Arbeits- und Berufsleben besteht keine Koppelung an die Beschäftigungs- und Abgabenpflicht. So können Geldleistungen zur behindertengerechten Einrichtung von Arbeitsplätzen für Schwerbehinderte auch an jene Arbeitgeber gewährt werden, wenn diese wegen der geringen Zahl an Arbeitsplätzen nach § 154 Abs. 1 SGB IX nicht der Pflicht zur Beschäftigung eines Mindestanteils an Schwerbehinderten unterliegen, mithin bei Nichtbeschäftigung auch nicht nach § 160 Abs. 1 SGB IX zur Ausgleichsabgabe herangezogen werden können (vgl. OVG Schleswig-Holstein, Urteil vom 25.4.2001 -2 L 35/01-). Eine Begrenzung der Verwendungsmöglichkeit der aus der Ausgleichsabgabe dem Integrationsamt zufließenden Mittel ergibt sich hier allerdings insoweit, als das Gesetz selbst die Einrichtung von Arbeitsplätzen zur Voraussetzung einer Gewährung macht (so auch OVG Schleswig-Holstein, Urteil vom 25.4.2001 -2 L 35/01- unter Verweis auf BVerwG, Urteil vom 8.3.1999 -5 C 5/98-. Durch diese begriffliche Verknüpfung ist die Abgabenrelevanz zwar keine tatbestandliche Voraussetzung. Faktisch laufen diese Normen jedoch im Anwendungsbereich des § 185 Abs. 3 Nr. 2a) SGB IX, und nur um diesen geht es hier, parallel. Wenn kein Arbeitsplatz gegeben ist, werden sie zum einen bei der Berechnung der Pflichtquote und spiegelbildlich bei der Ausgleichsabgabe nicht berücksichtigt, für diese (Nicht-)Arbeitsplätze erhält der Arbeitgeber sodann jedoch keine Leistungen nach § 185 Abs. 3 Nr. 2a) SGB IX.

*[33]* Zuletzt gebietet auch die Zielsetzung des Schwerbehindertenrechts, die Teilhabe am Arbeitsleben zu erleichtern, keine – ohnehin an der Wortlautgrenze scheiternde – einschränkende Auslegung des § 156 Abs. 2 SGB IX. Dem Geistlichen selbst verbleiben weiterhin die Ansprüche aus § 185 Abs. 3 Nr. 1 SGB IX und solche gegenüber seinem Arbeitgeber. Eine Absenkung des Schutzniveaus bis zur Ruhestandsversetzung des Schwerbehinderten ist in Anbetracht der anderweitigen Hilfeleistungsmöglichkeiten nicht zu befürchten, da es sich bei § 185 Abs. 3 Nr. 2a) SGB IX um die finanzielle Unterstützung bei der Erfüllung der Arbeitgeberpflichten bei der Ausstattung von Arbeitsplätzen nach § 164 Abs. 4 SGB IX (vgl. Spiolek, in: GK-SGB IX, Stand 1.7.2018, § 185 Rn 77) handelt, auch wenn hinter § 185 Abs. 3 Nr. 2 SGB IX der Ansatz steht, durch diese Regelung der eigentlichen Zielgruppe des Gesetzes, den schwerbehinderten Menschen, vermittelt über den Betrieb, die notwendige Unterstützung im Arbeitsleben zur Verfügung zu stellen (vgl. Gutzler, in: Hauck/Noftz, SGB IX, 2. Aufl. 2021, § 185 Rn 24).

*[34]* 3. Soweit in der Nichtgewährung der beantragten Leistung eine nicht gerechtfertigte Benachteiligung der beeinträchtigen Arbeitnehmer gesehen wird, liegt eine solche nicht vor.

*[35]* Eine – von der Klägerin gerügte – fehlerhafte Ermessensausübung des Beklagten aufgrund eines Verstoßes gegen Art. 3 Grundgesetz – GG – scheitert bereits daran, dass der Anspruch auf der Tatbestandsebene ausscheidet und mithin keine Ermessensentscheidung der Behörde eröffnet ist und vorliegt.

*[36]* Eine verfassungskonforme Auslegung des § 185 Abs. 3 Nr. 2a) SGB IX aufgrund des Gleichbehandlungsgrundsatzes ist nicht gleichfalls angezeigt. Hier käme nur eine Ungleichbehandlung der Arbeitgeber als Anspruchsberechtigte und mithin als maßgeblicher Normadressat und nicht der schwerbehinderte Arbeitnehmer in Betracht. Aber auch wenn eine unterschiedliche Behandlung von Arbeitgebern – solchen, die Beschäftigte, die unter § 156 Abs. 2 SGB fallen, und solchen, für die keine Rückausnahmen gelten – vorliegt, so dürfen auch bei einer verfassungskonformen Auslegung die Grenzen des Wortlauts nicht überschritten und die wesentlichen gesetzgeberischen Grundentscheidungen und Wertungen nicht angetastet werden (vgl. Walter, in: Dürig/Herzog/Scholz, 97. EL Januar 2022, GG Art. 93 Rn 113). Der Gesetzgeber hat hier jedoch gerade die Grundentscheidung getroffen, einen Arbeitsplatz zur Voraussetzung der Leistungsgewährung zu erheben.

*[37]* Im Übrigen verstößt die Regelung jedoch auch nicht gegen den Gleichheitssatz (Art. 3 GG). Dieses Grundrecht ist verletzt, wenn durch eine Norm eine Gruppe von Normadressaten im Vergleich zu anderen Normadressaten verschieden behandelt wird, obwohl zwischen beiden Gruppen keine Unterschiede von solcher Art und solchem Gewicht bestehen, dass sie die Ungleichbehandlung rechtfertigen können. Art. 3 Abs. 1 GG gebietet, dass hinsichtlich der Ungleichbehandlung an ein sachlich gerechtfertigtes Unterscheidungsmerkmal angeknüpft wird (vgl. etwa BVerfG, Beschluss vom 7.7.2009 -1 BvR 1164/07-BVerfGE 124, 199).

*[38]* Ein solch sachlicher Grund liegt hier darin, dass Arbeitsplätze, die unter § 156 Abs. 2 SGB IX fallen, für den Arbeitgeber keine Abgabepflicht und mithin für diesen auch keine Zahlungen in den Ausgleichsfonds auslösen können, aus dem die Leistungen nach § 185 Abs. 3 Nr. 2a) SGB IX erbracht werden. Diese Arbeitgeber beteiligen sich auch nicht mit eigenen Mitteln an der Realisierung der Ziele des Schwerbehindertengesetzes.

**20**
**1. Die Verurteilung einer feministischen Aktivistin, die im Rahmen einer Protestaktion gegen die Haltung der katholischen Kirche zur Abtreibung in einer Kirche ihre Brüste entblößt, zu einer Freiheitsstrafe auf Bewährung wegen sexueller Entblößung in einer Kirche verletzt diese in ihrem Recht auf freie Meinungsäußerung.**
**2. Bei der Urteilsfindung hätten die Strafgerichte die zugrunde liegende Botschaft ihres Auftritts und die Erklärungen über den Sinn der Protestaktion angemessen berücksichtigen müssen und nicht einseitig auf die Tatsache abstellen dürfen, dass sie ihre Brüste in einem Gotteshaus entblößt hat.**

Art. 10 EMRK
EGMR, Urteil vom 13. Oktober 2022 -22636/19-[1]

**VERFAHREN**
*[1]* In der Rechtssache geht es um die strafrechtliche Verurteilung der Klägerin, einer feministischen Aktivistin und Mitglied von Femen, wegen sexueller Entblößung *(exhibition sexuelle)* in einer Kirche gemäß Artikel 10 der Konvention.

**SACHVERHALT**
*[2]* Die Beschwerdeführerin wurde 1983 geboren und lebt in Bagnolet. Sie wurde von Rechtsanwalt T. Bouzenoune vertreten.

*[3]* Die Regierung wurde durch ihren Bevollmächtigten, Herrn F. Alabrune, Direktor für Rechtsangelegenheiten im Ministerium für europäische und auswärtige Angelegenheiten, vertreten.

*[4]* Der Sachverhalt, wie er von den Parteien dargelegt wurde, lässt sich wie folgt zusammenfassen.

**I. Die Proteste der Beschwerdeführerin und ihre Berichterstattung in den Medien**
*[5]* Die Beschwerdeführerin ist seit 2012 Mitglied der Femen-Bewegung, einer internationalen Frauenrechtsorganisation, die 2008 in der Ukraine gegründet wurde und die für die provokativen, mit entblößter Brust durchgeführten Protestaktionen ihrer Mitglieder bekannt ist, mit denen sie gegen das Bild der Frau als Sexualobjekt kämpfen. Am 20.12.2013 veranstaltete sie in der Kirche La Madeleine in Paris, jedoch nicht während eines Gottesdienstes, eine Protestaktion, bei der sie mit entblößten Brüsten, auf denen Slogans geschriebenen waren,

1 Leitsätze der Redaktion BeckRS. Übersetzung: Redaktion KirchE. BeckRS 2022, 27158; HUDOC.
Das Urteil ist rechtskräftig.

https://doi.org/10.1515/9783111651248-020

stand und mit roher Rinderleber als Requisite eine Abtreibung vortäuschte. Sie handelte im Rahmen einer von ihrer Bewegung organisierten internationalen Protestaktion, mit der die Haltung der katholischen Kirche zur Abtreibung verurteilt werden sollte. Ihre Aktion war kurz, und sie verließ die Kirche schweigend, als der Chorleiter sie dazu aufforderte. Da die Klägerin zuvor Journalisten informiert hatte, von denen etwa zehn anwesend waren, fand die Protestaktion Beachtung in den Medien. Die nationale Presse veröffentlichte auf ihren Websites Artikel mit Fotos der Klägerin vor dem Altar, auf denen sie mit einem Schleier bekleidet, mit nacktem Oberkörper und ausgestreckten Armen in Form eines Kreuzes oder mit zum Gebet gefalteten Händen zu sehen war. In einem Interview mit der Zeitschrift *Le Nouvel Observateur* vom 23.12.2013, das im Internet in Form eines Briefes an den Pfarrer veröffentlicht wurde, erklärte die Beschwerdeführerin die Bedeutung ihrer Tat: Sie habe „zwei Stücke Rinderleber in den Händen gehalten, die den abgetriebenen Jesus symbolisieren", und auf ihren Oberkörper und Rücken seien „die Slogans ‚344. Schlampe' ... in Anlehnung an das *Manifest der 343* von Abtreibungsbefürworterinnen 1971 ins Leben gerufenen Manifests und ‚Weihnachten ist abgesagt [sic]'" gemalt worden.

### *II. Gerichtsverfahren*

*[6]* Daraufhin erstattete der Pfarrer der Kirchengemeinde Strafanzeige und beantragte, als Zivilpartei dem Verfahren beizutreten. Am 7.1.2014 wurde die Beschwerdeführerin in Gewahrsam genommen. Sie erklärte, dass sie durch einen gemeinsamen Beschluss der Femen-Bewegung beauftragt worden sei, ihren Protest in Frankreich wie oben beschrieben durchzuführen, wobei gleichzeitig ähnliche Proteste in anderen Ländern von anderen Femen-Aktivistinnen geplant gewesen seien. Sie stellte klar, dass die Kirche La Madeleine in Frankreich aufgrund ihrer „internationalen Symbolik" ausgewählt worden sei. Die Ermittler legten eine Veröffentlichung auf der Website von Femen France als Beweismittel vor, die dieselben Fotos mit den Bildunterschriften enthielt:

> „Weihnachten ist vom Vatikan bis Paris abgesagt; auf dem Altar der Kirche La Madeleine hat die Heilige Mutter Eloise Jesus abgetrieben".

Zur Frage ihrer Nacktheit erklärte die Beschwerdeführerin den Ermittlern, dass es ihr darum gegangen sei, auf das Thema aufmerksam zu machen und nicht, sich wegen sexueller Entblößung strafbar zu machen. Sie fügte hinzu, dass dies gängige Praxis bei Femen sei, die bei allen öffentlichen Protestaktionen mit entblößter Brust aufträten, um das Bild der Frau als Sexobjekt zu untergraben, indem sie es zurückerobern und in eine politische Botschaft verwandeln.

*[7]* Die Beschwerdeführerin wurde von der Staatsanwaltschaft wegen sexueller Entblößung angeklagt. Im Februar 2014 verließ sie die Femen-Bewegung.

*[8]* Nach einer Anhörung am 15.10.2014 hat das Strafgericht Paris es vorab abgelehnt, dem Kassationsgerichtshof eine vorrangige Frage der Verfassungsmäßigkeit (*question prioritaire de constitutionnalité – QPC)* an den Kassationsgerichtshof zu verweisen, da sie die von der Beschwerdeführerin vorgebrachte Rüge, dass der Begriff der sexuellen Zurschaustellung in Artikel 222-32 des Strafgesetzbuchs im Hinblick auf den Grundsatz, dass nur das Gesetz eine Straftat definieren und eine Strafe vorsehen könne, unbestimmt sei, für nicht ernsthaft begründet hielt, wie der Kassationsgerichtshof bereits in einem Urteil vom 9.4.2014 festgestellt hatte (s. 18 unten). In der anschließenden Entscheidung in der Sache vom 17.12.2014 wies das Strafgericht die Rügen der Beschwerdeführerin zurück, mit denen sie einen Verstoß gegen das Gesetz zur Feststellung einer Straftat und eine Verletzung von Artikel 10 der Konvention geltend gemacht hatte. Insbesondere wies es das Vorbringen der Beschwerdeführerin zurück, ihre Handlung sei ausschließlich politischer Natur gewesen und falle unter die Meinungsfreiheit, und stellte Folgendes fest:

> „Eloise Bouton macht hilfsweise unter Berufung auf Artikel 10 der Europäischen Menschenrechtskonvention geltend, dass ihre Handlung ausschließlich politischer Natur gewesen sei und dass [ihre] Handlungen unter ihre Meinungsfreiheit fielen, die die Freiheit umfasse, ohne Einmischung öffentlicher Behörden, d.h. im vorliegenden Fall der Staatsanwaltschaft, eine Meinung zu haben und Informationen oder Ideen zu bilden und zu verbreiten.
> Es sei darauf hingewiesen, dass dieselben Bestimmungen auch vorsehen, dass diese Rechte eingeschränkt werden können, sofern dies gesetzlich bestimmt und in einer demokratischen Gesellschaft im Interesse der nationalen Sicherheit oder der öffentlichen Sicherheit, zur Verhinderung von Unruhen oder Straftaten, zum Schutz der Gesundheit oder der Moral oder zum Schutz der Rechte und Freiheiten anderer notwendig ist.
> Im vorliegenden Fall wurden die Rechte des Angeklagten durch das Bedürfnis eingeschränkt, andere vor dem Anblick einer halbnackten Handlung an einem Ort der Verehrung zu schützen, die manche als schockierend empfinden könnten. Das Strafverfahren der Staatsanwaltschaft war daher im Hinblick auf das angestrebte legitime Ziel verhältnismäßig.
> Dieses Argument wird daher im vorliegenden Fall als unbegründet zurückgewiesen. "

*[9]* Das Strafgericht verurteilte die Beschwerdeführerin wegen sexueller Entblößung zu einer Freiheitsstrafe von einem Monat auf Bewährung und verurteilte sie in zivilrechtlicher Hinsicht zur Zahlung von 2.000 € an den Gemeindevertreter als Ersatz für immateriellen Schaden und zur Beteiligung an den Kosten der Gegenpartei in Höhe von 1.500 €.

*[10]* Vor dem Berufungsgericht Paris hat die Beschwerdeführerin ihren Antrag auf Vorlage einer vorrangigen Frage zur Verfassungsmäßigkeit nicht wiederholt. Mit Urteil vom 15.2.2017 hat dieses Gericht das Urteil in vollem Umfang,

einschließlich der Strafe, bestätigt. Es stellte fest, dass die Tatbestandsmerkmale der sexuellen Entblößung, darunter „die tatsächliche Entblößung einer oder mehrerer Geschlechtsteile", erfüllt waren, und prüfte den Sachverhalt im Lichte dieser Tatbestandsmerkmale mit folgender Begründung:

> „Was den materiellen Tatbestand angeht, bestreitet die Angeklagte nicht, dass sie am 20.12.2013 kurz vor 10 Uhr morgens in Begleitung von Journalisten, die am Vortag zur Teilnahme an der Protestaktion eingeladen worden waren, die Kirche La Madeleine im 8. Arrondissement von Paris betreten hat, sich dem Altar genähert hat, sich ihrer Kleidung entledigt hat, ihre nackten Brüste entblößt hat und dabei die Worte ‚344. Schlampe' auf ihrer Brust und ‚Weihnachten ist abgesagt' auf ihrem Rücken geschrieben hatte und in entkleidetem Zustand vorgab, ‚den ungeborenen Jesus abzutreiben', indem sie ein blutiges Stück Kalbsleber, das angeblich einen Fötus darstellen sollte, auf den Altar legte.
> ...
> Die Taten wurden während einer Probe des Chors La Madeleine begangen, woraufhin der Chorleiter, Herr [M.], eingriff und Eloise Bouton und die sie begleitenden Journalisten aufforderte, den Ort zu verlassen. Sie begründete ihre Tat damit, dass sie die ‚Anti-Abtreibungskampagnen' der katholischen Kirche weltweit, insbesondere in Spanien und bestimmten osteuropäischen Ländern, verurteilen wollte, wie sie während der Verhandlung vor Gericht klarstellte. Die Angeklagte kann nicht ernsthaft bestreiten, dass sie durch das Entblößen ihrer Brüste vor anderen Personen sexuelle Körperteile entblößt hat, auch wenn sie die Einstufung ihrer Brüste als sexuelle Körperteile bestreitet, während sie vor Gericht dennoch geltend gemacht hat, dass das Berühren ihrer Brüste ohne ihre Zustimmung dennoch eine sexuelle Nötigung darstelle.
> ...
> Obwohl Eloise Bouton ihre Brüste ohne obszöne Begleitgesten entblößte, beging sie diese Tat in einem religiösen Gebäude, einem Ort des Gebets und der Besinnung, an dessen Eingang alle Betretenden – Gläubige, Atheisten und Agnostiker gleichermaßen – daran erinnert werden, dass sie sich angemessen zu kleiden haben.
> ...
> Als zusätzlicher Gesichtspunkt ist anzumerken, dass Eloise Bouton ohne jegliche Genehmigung des für diese Kirche zuständigen Pfarrers handelte. Schließlich können die von Eloise Bouton, die behauptet, ihre Brüste als Waffe eingesetzt zu haben, in einem religiösen Gebäude begangene Tat und die dabei eingenommenen Posen nicht mit einem Wandel der Sitten, Kunstauffassungen oder Anstandsvorstellungen gerechtfertigt werden. Darüber hinaus wurde das Schauspiel der Entblößung [ihrer Brüste] anderen aufgezwungen, an einem Ort, der den Blicken anderer zugänglich war, da die Kirche La Madeleine zu diesem Zeitpunkt für die Öffentlichkeit zugänglich war und die Tat ... während einer Probe des Chores von La Madeleine in der Nähe des Altars und in Anwesenheit des Chorleiters, Herrn [M.], begangen wurde, der entschlossen eingriff, um sie sofort zu beenden. Somit wurde der Anblick der Entblößung der Geschlechtsteile von Eloise Bouton auch einer nicht einwilligenden Person aufgezwungen. Was den Vorsatz betrifft, so war sich Eloise Bouton der Anwesenheit anderer Personen bewusst und hatte sogar den Wunsch geäußert, von etwa zehn Journalisten begleitet zu werden, um ihre Tat wirksam und effizient bekannt zu machen. Wie sie selbst einräumt und wie sowohl in den Plädoyers und Schriftsätzen des Anwalts der Zivilpartei als auch in den Ausführungen der Staatsanwalt-

schaft dargelegt wurde, zeigte sie ihre nackten Brüste als Waffe, mit der Absicht, die Sittlichkeit anderer zu verletzen, insbesondere die von Katholiken, die Abtreibung ablehnen und in bestimmten Ländern Kampagnen gegen Abtreibung führen."

*[11]* Zur Frage, ob die Meinungsfreiheit der Beschwerdeführerin während einer von der Femen-Bewegung organisierten feministischen Protestaktion, die ihr ermöglichen sollte, ihre politischen Ansichten zu verteidigen, beeinträchtigt worden war, führte das Berufungsgericht wie folgt aus:

„Während Artikel 10 Absatz 1 [der Konvention] vorsieht, dass ‚jeder Mensch das Recht auf freie Meinungsäußerung hat', wird festgestellt, dass dieses Recht die Freiheit umfasst, Meinungen zu haben und Informationen und Ideen ohne behördliche Eingriffe und ohne Rücksicht auf Staatsgrenzen zu empfangen oder weiterzugeben. Absatz 2 der vorgenannten Bestimmung sieht insbesondere vor, dass ‚die Ausübung dieser Freiheiten, da sie mit Pflichten und Verantwortlichkeiten verbunden ist, nur solchen formalen, materiellen, begrenzenden oder anderen Einschränkungen unterworfen werden darf, die in einer demokratischen Gesellschaft im Interesse der nationalen Sicherheit, der territorialen Unversehrtheit oder der öffentlichen Sicherheit, der Verteidigung oder des öffentlichen Ordnungs- oder Sozialfriedens, der Gesundheit oder die in einer demokratischen Gesellschaft im Interesse der nationalen Sicherheit, der territorialen Unversehrtheit oder der öffentlichen Sicherheit, zur Verhinderung von Unruhen oder Straftaten, zum Schutz der Gesundheit oder der Moral, zum Schutz der Ehre oder der Rechte anderer, zur Verhinderung der Weitergabe vertraulich erhaltener Informationen oder zur Wahrung der Autorität und Unparteilichkeit der Justiz erforderlich sind'.

...

Bei der Anwendung und Gewährleistung der Achtung des Artikels 10 [der Konvention] sind die Gerichte verpflichtet, die Meinungsfreiheit mit anderen gleichwertigen Freiheiten, wie der Religionsfreiheit, in Einklang zu bringen. Im vorliegenden Fall wurde die Aktion in der Kirche La Madeleine, die speziell für diesen Anlass ausgewählt worden war, von Eloise Bouton mit dem erklärten Ziel durchgeführt, die öffentliche Meinung und die katholischen Kirchgänger zu ‚schockieren', indem sie ihre Brüste entblößte und gewaltsam und unverblümt gegen die Abtreibungsposition der katholischen Kirche protestierte. Frau Bouton hatte es gewagt, Angehörigen der katholischen Konfession in einem zentralen Bereich einer ihrer Kirchen, nämlich dem Altar, der einen Stein mit der Reliquie eines Heiligen enthält, zu trotzen.

...

Das Strafverfahren der Staatsanwaltschaft gegen Eloise Bouton zielte daher in keiner Weise darauf ab, ihr die Meinungsfreiheit oder das Recht auf Verbreitung ihrer politischen Ansichten zu entziehen, sondern vielmehr darauf, eine in einer Kultstätte inakzeptable sexuelle Entblößung zu ahnden und die religiösen Gefühle der Gläubigen zu schützen, die von dieser Handlung unmittelbar betroffen waren. Was sie als Teil ihrer Meinungsfreiheit ansah, führte zu einer schwerwiegenden Beeinträchtigung der Gedanken- und Religionsfreiheit anderer. Folglich kann dieses Gericht die Rechtfertigung auf der Grundlage von Artikel 10 [der Konvention] und einer angeblichen Verletzung der Meinungsfreiheit von Frau Bouton nicht akzeptieren. Folglich wurden, wie das erstinstanzliche Gericht festgestellt hat, ‚die Rechte der Angeklagten durch das dringende soziale Bedürfnis einge-

schränkt, andere vor dem Anblick einer nackten Handlung an einem Ort der Verehrung zu schützen, die manche als schockierend empfinden könnten. Das Strafverfahren der Staatsanwaltschaft war daher im Hinblick auf das verfolgte legitime Ziel verhältnismäßig'.
...
Das Strafgericht hat daher unter Würdigung der erforderlichen rechtlichen Schlussfolgerungen zu Recht festgestellt, dass Eloise Bouton sich wegen sexueller Entblößung strafbar gemacht hat."

*[12]* In Bezug auf die Bewährungsstrafe von einem Monat Freiheitsentzug stellte das Berufungsgericht fest, dass die Beschwerdeführerin, eine freiberufliche Journalistin, eine Strafe erhalten hatte, die „unter Berücksichtigung sowohl der Umstände der Begehung der Straftat als auch der Persönlichkeit des Täters verhältnismäßig sei".

*[13]* Die Beschwerdeführerin legte gegen dieses Urteil Rechtsmittel ein. Am 9.1.2019 wies der Kassationsgerichtshof das Rechtsmittel mit folgenden Gründen zurück:

„Mit der Entscheidung ..., in der die Straftat der sexuellen Entblößung in allen ihren materiellen und ideellen Tatbestandsmerkmalen als von Frau Bouton begangen angesehen wurde – die vorsätzlich ihre Brüste in einer Kirche entblößt hatte, von der sie wusste, dass sie für die Öffentlichkeit zugänglich war –, unabhängig von den Gründen, die sie für ihre Tat angegeben hatte, hat das Berufungsgericht, das nicht auf das Vorbringen eines Rechtsirrtums aufgrund einer ministeriellen Antwort, die keine normative Wirkung hatte und die Meinungsfreiheit der Beschwerdeführerin nicht übermäßig beeinträchtigte, eingegangen war, da diese mit dem Recht anderer auf ungestörte Ausübung ihrer Religion gemäß Artikel 9 [der Konvention] in Einklang zu bringen ist, seine Entscheidung hinreichend begründet."

## RECHTLICHER RAHMEN

### Innerstaatliches Recht

#### I. Strafrecht

*[14]* Artikel 222-32 des Strafgesetzbuches ist in dem Teil des Gesetzbuches enthalten, der sich mit „sexuellen Übergriffen" befasst. In der zum maßgeblichen Zeitpunkt – vor Inkrafttreten des Gesetzes Nr. 21-478 vom 21.4.2021, mit dem der Straftatbestand der sexuellen Entblößung auf Fälle ausgeweitet wurde, in denen eine sexuelle Handlung ausdrücklich vor den Augen anderer begangen wird, auch ohne dass ein Körperteil entblößt wird – geltenden Fassung lautete er wie folgt:

„Sexuelle Entblößung vor den Augen anderer an einem Ort, der für die Öffentlichkeit gut einsehbar ist, wird mit einer Freiheitsstrafe von einem Jahr und einer Geldstrafe von 15.000 € bestraft."

## II. Bisherige Rechtsprechung

### *A. Strafbarkeit der sexuellen Entblößung*

*[15]* Der Begriff der sexuellen Entblößung ist in Artikel 222-32 des Strafgesetzbuches nicht definiert. Die Rechtsprechung des Kassationsgerichtshofs hat sich bemüht, die Tatbestandsmerkmale festzulegen. In Bezug auf entblößte Brüste war die Qualifizierung der Straftat der sexuellen Entblößung angesichts sich wandelnder Sitten und der Forderung nach einem Recht auf Nacktheit ohne sexuelle Konnotation in bestimmten Kontexten (künstlerische Aktdarstellungen, Nudismus) Gegenstand einiger Diskussionen. Aus der ständigen Rechtsprechung geht hervor, dass zum maßgeblichen Zeitpunkt die Straftat der sexuellen Entblößung Handlungen unter Strafe stellte, die die Zurschaustellung eines Geschlechtsteils mit einer gewissen Öffentlichkeitswirkung beinhalteten. Über den objektiven Tatbestand hinaus musste die Handlung „vor den Augen anderer" (*imposé à la vue d'autrui)* an einem öffentlich zugänglichen Ort begangen werden. Dass diese Entblößung anderen unerwartet, sei es durch Überraschung oder durch Gewalt, auferlegt wurde, rechtfertigte, dass dieses Verhalten im Strafgesetzbuch als „sexuelle Nötigung" geregelt war und dass ein Zusammenhang zwischen der Qualifizierung der Straftat der sexuellen Entblößung und dem Ort ihrer Begehung bestehen musste. Schließlich bestand der subjektive Tatbestand der Straftat ausschließlich in der Kenntnis, dass die betreffende Entblößung unanständig war, und hing nicht von den Motiven des Täters ab. Die Strafkammer des Kassationsgerichtshofs hatte in ihrem Urteil vom 24.11.2021 (Rechtsmittel Nr. 21-81.412) daher bei der Zurückweisung eines Rechtsmittelverfahrens gegen ein Urteil, mit dem ein Mann wegen sexueller Entblößung zu einer Geldstrafe von 600 € verurteilt worden war, wie folgt entschieden:

> „Bei der Verurteilung des Angeklagten wegen sexueller Entblößung stellt das angefochtene Urteil fest, dass sich aus den Feststellungen der Gendarmen, die durch Fotos bestätigt wurden, ergibt, dass Herr [K] [B] nackt am gegenüberliegenden Ufer des Flusses, an dem sich Zeugen befanden, in einer Position gesessen hat, in der seine Genitalien zu sehen waren.
>
> Das erstinstanzliche Gericht fügte hinzu, dass der Abstand zwischen ihnen nicht ausreichte, um den Zeugen den Anblick seiner nackten Genitalien zu ersparen, und dass er sich zudem geweigert hatte, sich anzuziehen, obwohl er dazu aufgefordert worden war.
>
> Das erstinstanzliche Gericht stellte fest, dass der Angeklagte sich auch vor den Blicken von Personen auf Wasserfahrzeugen und Passanten vollständig entblößt habe.
>
> Das Gericht kam zu dem Schluss, dass die Absicht von Herrn [B], seine Nacktheit zu zeigen, obwohl er wusste, dass dies die Sittlichkeitsvorstellungen anderer verletzte, den Vorsatz für die Straftat begründete (...)".

### *B. Meinungsfreiheit der Femen-Mitglieder*

*[16]* In einem Urteil vom 23.1.2018 (Rechtsmittel Nr. 17-80.524) entschied der Kassationsgerichtshof über obszöne Gesten und schockierende Äußerungen von Femen-Aktivistinnen gegenüber der katholischen Kirche im Rahmen von Demonstrationen, die in Frankreich gegen den Gesetzentwurf zur Zulassung der gleichgeschlechtlichen Ehe stattgefunden hatten. In diesem Fall wies die Strafkammer die Rechtsmittel der Vereinigung „Allgemeine Allianz gegen Rassismus und für die Achtung der französischen und christlichen Identität" (*Association alliance générale contre le racisme et pour le respect de l'identité française et chrétienne* – „AGRIF") insbesondere aus Gründen der Meinungsfreiheit gegen die Abweisung ihrer Schadensersatzklagen gegen diese Aktivistinnen, die vom Strafgericht vom Vorwurf der öffentlichen Beleidigung von Personen aufgrund ihrer Religion (Artikel 33 des Gesetzes über die Pressefreiheit vom 29.7.1881) freigesprochen worden waren. Der Kassationsgerichtshof begründete dies wie folgt:

> „Aus dem angefochtenen Urteil, dem bestätigenden Urteil und den im Verfahren vorgelegten Beweisen geht hervor, dass während der Demonstration mehrerer Vereinigungen am 18.11.2012 gegen den Gesetzentwurf zur Ausweitung der Ehe auf gleichgeschlechtliche Paare junge Frauen, die Mitglieder der Femen-Bewegung waren, mit Nonnenhauben bekleidet, mit nacktem Rücken und Oberkörper, auf die Bühne stürmten, wo folgende Slogans geschrieben standen: ‚In Gay we trust', ‚Heiliger (engstirniger) Geist' (‚*saint esprit* étroit'), ‚Fuck Church' und ‚Mind your own ass'. Sie skandierten den Slogan ‚In Gay we trust' und schwenkten Sprühdosen mit den Aufschriften ‚Holy sperm' und ‚Jesus sperm'. Da aufgrund der unter anderem von AGRIF eingereichten Anzeige keine Anklage erhoben worden war, reichte der Verein Strafanzeige wegen öffentlicher Beleidigung von Personen aufgrund ihrer Religionszugehörigkeit ein und beantragte, als Zivilpartei dem Verfahren beizutreten. Diese Anklage wurde gegen sechs Mitglieder der Femen-Bewegung erhoben, die vom Strafgericht verurteilt und freigesprochen wurden. AGRIF legte gegen diese Entscheidung Berufung ein.
>
> Das Urteil stellt fest, dass auf der Grundlage und im Rahmen der Anschuldigungen, aufgrund derer die Strafverfolgung eingeleitet wurde, keine zivilrechtliche Haftung nachgewiesen wurde, da die meisten Slogans parodistisch waren und der härteste von ihnen, „fuck church", sich gegen eine Institution und nicht gegen eine oder mehrere bestimmte Personen richtete, zwar provokativ, aber nicht gewalttätig war. Das erstinstanzliche Gericht fügte hinzu, dass die Femen-Aktivistinnen damit ihre Ablehnung einer Demonstration zum Ausdruck gebracht hätten, die sie als intolerant gegenüber den von ihnen verteidigten Rechten empfanden, so dass es um konkurrierende Ansprüche auf freie Meinungsäußerung in einer demokratischen Gesellschaft tolerierbaren Form ging.
>
> In Anbetracht dieser Erwägungen hat das Berufungsgericht die in der Berufungsbegründung angeführte Rechtsvorschrift nicht außer Acht gelassen, da die Femen-Aktivistinnen zwar Andere in der Ausübung ihres Demonstrationsrechts gestört hatten und ihre Kleidung – die eine Nonnenkleidung parodierte, um sie zu verspotten –, ihre Parolen und ihre teilweise obszönen Gesten sich ausdrücklich gegen die Lehren der katholischen Kirche

> richteten, so dass sie geeignet waren, die religiösen Überzeugungen der Anwesenden zu verletzen, sie jedoch nicht diese Personen wegen ihrer Religionszugehörigkeit beleidigt hatten. …"

*[17]* Der Kassationsgerichtshof wurde aufgefordert zu prüfen, ob im Fall einer Femen-Aktivistin, die am 5.6.2014 die im Musée Grévin in Paris ausgestellte Wachsfigur von Wladimir Putin beschädigt hatte und wegen Sachbeschädigung angeklagt worden war, der Straftatbestand der sexuellen Entblößung vorlag. In einem ersten Urteil vom 10.1.2018 hatte die Strafkammer festgestellt, dass der Straftatbestand der sexuellen Entblößung durch das Zeigen der nackten Brüste unabhängig von „jeglicher sexuellen Konnotation" gegeben sei. Dementsprechend hob sie das Urteil des Berufungsgerichts auf, das aus diesem Grund das Urteil des Strafgerichts aufgehoben hatte, mit dem die Angeklagte wegen beider Straftaten zu einer Geldstrafe von jeweils 500 € verurteilt worden war. Der Kassationsgerichtshof begründete dies wie folgt:

> „… indem es das Urteil [des Berufungsgerichts] teilweise aufgehoben und Frau Z. vom Vorwurf der sexuellen Entblößung freigesprochen hatte, stellt das Urteil fest, dass die Handlung, einen nackten weiblichen Oberkörper für andere sichtbar zu entblößen, ohne dass eine sexuelle Absicht vorliegt, unter Berücksichtigung der Umstände, unter denen diese Handlung am 5.6.2014 stattfand, keine sexuelle Entblößung darstellt, da die Angeklagte ihre nackten Brüste, auf denen eine schriftliche Botschaft angebracht war, zu Ausdruckszwecken und ohne sexuelle Konnotation verwendet hat.
> Mit dieser Entscheidung hat das Berufungsgericht jedoch, obwohl es – unabhängig von den von der Beklagten angeführten Gründen, die für die Tatbestandsmerkmale der Straftat irrelevant waren – festgestellt hatte, dass die Beklagte ihre Brüste in einem Museum, also einem öffentlich zugänglichen Ort, absichtlich entblößt hatte, den Sinn und die Tragweite der oben genannten Bestimmung falsch ausgelegt hat. …"

In derselben Rechtssache, die nach Zurückverweisung an das Berufungsgericht mit einer anders zusammengesetzten Kammer durch ein zweites Urteil vom 26.2.2020 (Rechtsmittel Nr. 19-81.827, *Bulletin criminel* 2020 Nr. 2) an den Kassationsgerichtshof zurückverwiesen wurde, wies die Strafkammer die von der Staatsanwaltschaft gegen das Urteil des Berufungsgerichts, mit dem die Angeklagte vom Vorwurf der sexuellen Entblößung freigesprochen worden war, eingelegte Rechtsmittel zurück und bekräftigte, dass die Straftat der sexuellen Entblößung auch ohne eine sexuell konnotierte Absicht des Täters vorliege, und bestätigte den Freispruch der Angeklagten von dieser Straftat mit der Begründung, dass sie ihr Recht auf freie Meinungsäußerung ausgeübt habe. Die Urteilsbegründung lautet wie folgt:

„Mit dem Freispruch der Angeklagten vom Tatvorwurf der sexuellen Entblößung hat das Berufungsgericht festgestellt, dass die bloße Entblößung der Brüste einer Frau nicht unter die Tatbestandsmerkmale des Artikels 222-32 des Strafgesetzbuches fällt, sofern die vom Täter zum Ausdruck gebrachte Absicht keiner sexuellen Konnotation entbehrt und nicht darauf abzielt, die Sittlichkeit anderer zu verletzen, sondern den Ausdruck einer politischen Meinung darstellt, die durch Artikel 10 der [der Konvention] geschützt ist.
Das erstinstanzliche Gericht stellte fest, dass die Angeklagte erklärt hatte, sie sei Mitglied der Bewegung „Femen“, die einen „radikalen Feminismus“ fordere und deren Mitglieder ihre nackten Brüste entblößten, auf denen politische Botschaften zu lesen seien. Diese Form des Aktivismus stelle eine Ablehnung der Sexualisierung des weiblichen Körpers und dessen Wiederaneignung durch die Aktivistinnen durch dessen Entblößung dar.
Das Urteil fügt hinzu, dass sich die Sichtweise der Gesellschaft auf den weiblichen Körper im Laufe der Zeit gewandelt habe und dass die häufige Darstellung weiblicher Nacktheit in der Presse oder in der Werbung, selbst mit starker sexueller Konnotation, keine Reaktion im Namen der öffentlichen Moral auslöse.
Das Berufungsgericht betonte, dass zwar bestimmte Handlungen von Mitgliedern der „Femen"-Bewegung als unzulässige Angriffe auf die Gedanken- und Religionsfreiheit sanktioniert worden seien, das Verhalten der Beklagten im Musée Grévin jedoch keine solche Handlung darstelle und offenbar keine durch gesetzliche oder verordnungsrechtliche Vorschriften garantierten Rechte verletzt habe.
Das Berufungsgericht habe zu Unrecht festgestellt, dass das bloße Entblößen der Brüste einer Frau nicht unter die Strafbestimmungen des Artikels 222-32 des Strafgesetzbuches falle, sofern die vom Täter zum Ausdruck gebrachte Absicht frei von jeglicher sexuellen Konnotation sei.
Das Urteil sollte jedoch nicht aufgehoben werden, da aus den Feststellungen des Vorgerichts hervorgeht, dass das Verhalten der Angeklagten Teil einer politischen Protestaktion war und dass ihre Verurteilung unter Berücksichtigung der Art und des Kontexts der fraglichen Handlungen eine unverhältnismäßige Beeinträchtigung ihrer Meinungsfreiheit darstellen würde."

## *C. Fragen der Verfassungsmäßigkeit*

*[18]* In seinem Urteil vom 9.4.2014 (Rechtsmittel Nr. 14-80.867) entschied der Kassationsgerichtshof, dass es keinen Grund gab, die Frage an den Verfassungsrat zu verweisen, die von einem Mann gestellt worden war, der seine Überstellung an das Schwurgericht wegen Vergewaltigung, schwerer sexueller Nötigung und sexueller Entblößung angefochten hatte:

„Ist Artikel 222-32 des Strafgesetzbuches, wonach nur das Gesetz eine Straftat definieren und eine Strafe vorsehen kann, mit Artikel 8 der Erklärung der Menschen- und Bürgerrechte von 1789 und mit Artikel 34 der Verfassung vereinbar, wonach sexuelle Entblößung nur dann strafrechtlich geahndet werden kann, wenn die Tatbestandsmerkmale der Straftat nicht ausreichend gesetzlich definiert sind ...? "

Die Strafkammer begründete ihre Entscheidung wie folgt:

> „Die angefochtenen Bestimmungen sind auf das Verfahren anwendbar.
> Sie wurden bisher nicht in den Gründen und im Tenor einer Entscheidung des Verfassungsrats für verfassungsgemäß erklärt.
> Die Frage, die nicht die Auslegung einer Verfassungsnorm betrifft, zu deren Anwendung der Verfassungsrat bisher noch nicht Gelegenheit hatte, ist jedoch nicht neu.
> Darüber hinaus ist die aufgeworfene Frage eindeutig unbegründet, da Artikel 222-32 des Strafgesetzbuches so klar und präzise formuliert ist, dass er ohne Willkürgefahr durch die Strafgerichte ausgelegt werden kann“.

*[19]* In einem Urteil vom 16.2.2022 (Rechtsmittel Nr. 21-82.392) hatte der Kassationsgerichtshof erneut über dieselbe Frage zu entscheiden, nachdem drei Femen-Aktivistinnen, die wegen sexueller Entblößung angeklagt worden waren, weil sie 2018 während der Gedenkfeier zum Waffenstillstand vom 11.11.1918 auf den Champs Élysées mit entblößter Brust protestiert hatten, eine vorrangige Frage zur Verfassungsmäßigkeit vorgelegt hatten. Zwei von ihnen waren vom Berufungsgericht zu einer Freiheitsstrafe von einem Monat auf Bewährung verurteilt worden, die dritte – die auch wegen Urkundenfälschung und Verwendung gefälschter Dokumente in betrügerischer Absicht angeklagt war – zu einer Freiheitsstrafe von zwei Monaten auf Bewährung. In diesem Fall war die Frage auf die Diskriminierung wegen des Geschlechts der von der Nacktheit betroffenen Personen ausgeweitet worden. Die Strafkammer lehnte die Vorlage der Frage an den Verfassungsrat mit folgenden Gründen ab, die teilweise mit denen des oben genannten Urteils vom 9.4.2014 (s. o., Rn [18]) übereinstimmen:

> „1. Die vorrangige Frage der Verfassungsmäßigkeit lautet wie folgt:
> ‚Sind die Bestimmungen des Artikels 222-32 des Strafgesetzbuches mit den durch die Verfassung garantierten Rechten und Freiheiten unvereinbar, und zwar insbesondere:
> – mit den Artikeln 5, 8 und 16 der Erklärung der Menschen- und Bürgerrechte von 1789, 34 der Verfassung und mit dem Grundsatz, dass nur das Gesetz eine Straftat definieren und eine Strafe vorsehen kann, dem Grundsatz der klaren Gesetzgebung, dem Grundsatz der Rechtsvorhersehbarkeit und dem Grundsatz der Rechtssicherheit, da sie die Tatbestandsmerkmale der Straftat, insbesondere den Begriff der ‚sexuellen Entblößung‘, nicht definieren?
> – mit dem Grundsatz der Notwendigkeit und Verhältnismäßigkeit der Strafe, der durch Artikel 8 der Erklärung der Menschenrechte von 1789 garantiert ist, indem sie die bloße Nacktheit weiblicher Oberkörper an jedem für die Öffentlichkeit zugänglichen Ort unter Strafe stellen?
> – mit dem Gleichheitsgrundsatz, der sich aus den Artikeln 1, 6 und 13 der Erklärung der Menschen- und Bürgerrechte, aus dem in Absatz 3 der Präambel der Verfassung vom 4.10.1946 verankerten Grundsatz der Gleichstellung der Geschlechter und aus dem Grundsatz der Nichtdiskriminierung ergibt, indem sie die Nacktheit weiblicher Oberkörper unter Strafe stellen, nicht jedoch die Nacktheit männlicher Oberkörper?‘

2. Die angefochtene gesetzliche Bestimmung ist auf das Verfahren anwendbar und wurde in den Gründen und im Tenor einer Entscheidung des Verfassungsrats noch nicht für verfassungsgemäß erklärt.
3. Die Frage, die nicht die Auslegung einer Verfassungsnorm betrifft, zu deren Anwendung der Verfassungsrat bisher noch nicht Gelegenheit hatte, ist nicht neu.
4. Die aufgeworfene Frage ist aus folgenden Gründen nicht ernsthaft begründet.
5. Erstens ist Artikel 222-32 des Strafgesetzbuches so klar und präzise formuliert, dass er ohne Willkürgefahr ausgelegt werden kann, was Aufgabe der Strafgerichte ist, die der Kontrolle durch den Kassationsgerichtshof unterliegen.
6. Zweitens wurden die in der angefochtenen Bestimmung vorgesehenen Strafen, die die Gerichte je nach den ihnen vorliegenden Umständen anpassen können, vom Gesetzgeber als für die Aufrechterhaltung der öffentlichen Ordnung erforderlich angesehen und erscheinen nicht offensichtlich unverhältnismäßig im Hinblick auf das damit verfolgte Ziel.
7. Drittens steht der Gleichheitsgrundsatz einer unterschiedlichen Anwendung des Gesetzes in unterschiedlichen Situationen oder einer Abweichung von der Gleichheit aus Gründen des Allgemeininteresses nicht entgegen, und Artikel 222-32 des Strafgesetzbuches gilt sowohl für Männer als auch für Frauen, auch wenn ihre anatomischen Unterschiede und die damit verbundenen Vorstellungen dazu führen, dass der Begriff der Entblößung in jedem Fall einen anderen Inhalt hat."

### III. Nationale Beratungskommission für Menschenrechte

*[1].* Die Nationale Beratungskommission für Menschenrechte (*Commission nationale consultative des droits de l'Homme*) hat am 20.11.2018 eine Stellungnahme zum Thema „Sexueller Missbrauch: ein sozialer und gesundheitspolitischer Notstand, eine Frage der Grundrechte" (*Amtsblatt der Französischen Republik* vom 25.11.2018) veröffentlicht, in der sie unter der Überschrift „Klärung der Strafvorschriften zu Sexualdelikten" die Formulierung bestimmter Strafvorschriften in Frage stellte, die ihrer Ansicht nach einer Überarbeitung bedürfen, um den Anforderungen des Grundsatzes der Gesetzmäßigkeit der Strafbestimmungen ausreichend klar und verständlich zu entsprechen. Sie führte insbesondere den Fall der in Artikel 222-32 des Strafgesetzbuches bestimmten Straftat der sexuellen Zurschaustellung an und nannte als Beispiel die Strafverfolgung einer Femen-Aktivistin (s. Rn 41 der Stellungnahme).

## DAS RECHT

### I. Mögliche Verletzung von Artikel 10 der Konvention

*[21]* Die Beschwerdeführerin beanstandete ihre strafrechtliche Verurteilung wegen sexueller Entblößung in einer Kirche während einer Protestaktion, die sie als Mitglied der Organisation Femen durchgeführt hatte. Sie machte geltend, dass dies einen Verstoß gegen Artikel 10 der Konvention darstelle, der regelt:

> „1. Jeder hat das Recht auf freie Meinungsäußerung. Dieses Recht umfasst die Freiheit, Meinungen zu haben und Informationen und Ideen ohne behördliche Eingriffe und ohne Rücksicht auf Staatsgrenzen zu empfangen und zu verbreiten.

> …
> 2. Die Ausübung dieser Freiheiten, die mit einer Verantwortung verbunden ist, kann nur so eingeschränkt werden, wie es gesetzlich bestimmt und in einer demokratischen Gesellschaft … zur Aufrechterhaltung der öffentlichen Ordnung, zum Schutz vor Straftaten, zur Gesundheit oder Moral, zum Schutz der Ehre oder der Rechte anderer … notwendig ist."

### *A. Zulässigkeit*

*[22]* Der Gerichtshof stellt fest, dass diese Beschwerde weder offensichtlich unbegründet noch aus anderen in Artikel 35 der Konvention genannten Gründen unzulässig ist. Sie ist daher für zulässig zu erklären.

### *B. Begründetheit*

#### *1. Das Vorbringen der Parteien*

##### (a) Die Beschwerdeführerin

*[23]* Die Beschwerdeführerin machte zunächst geltend, dass der von der Regierung eingeräumte Eingriff in ihre Meinungsfreiheit mangels der erforderlichen Klarheit und Vorhersehbarkeit nicht „gesetzlich bestimmt" im Sinne von Artikel 10 Absatz 2 sei. Sodann machte sie geltend, dass ein solcher Eingriff zwar als „legitimem Ziel" verfolgt angesehen werden könne, nämlich der Bekämpfung möglicher Verstöße gegen die öffentliche Ordnung, die sich aus provokativer sexueller Nacktheit ergeben könnten, jedoch nicht als „in einer demokratischen Gesellschaft notwendig" oder zu diesem Ziel verhältnismäßig angesehen werden könne. In diesem Zusammenhang wies sie darauf hin, dass die nationalen Behörden die politische Dimension ihres Protests hätten berücksichtigen müssen, wie sie dies bei der Abweisung der Anklage wegen sexueller Entblößung im Fall der Femen-Aktivistin getan hatten, die im Musée Grévin ihre Brüste entblößt hatte (s.o., Rn [17).

*[24]* Die Beschwerdeführerin machte geltend, dass ihre Handlung keineswegs grundlos beleidigend gewesen sei oder darauf abgezielt habe, die in der Kirche anwesenden Personen in der Ausübung ihres Glaubens zu stören, sondern Teil einer öffentlichen Debatte über die Stellung der Frau in der Gesellschaft gewesen sei und eine Botschaft über die Haltung der katholischen Kirche zur Abtreibung vermitteln sollte. Sie wies darauf hin, dass der durch Artikel 10 gewährte Schutz auch Ideen umfasse, die einen Teil der Bevölkerung beleidigen oder schockieren. Außerdem bestritt sie, dass im vorliegenden Fall zwei durch Artikel 9 und 10 der Konvention garantierte Grundfreiheiten miteinander in Einklang gebracht werden müssten, da keinerlei Eingriff in die Religionsfreiheit vorliege. Sie fügte hinzu, dass angesichts der gegen sie verhängten Strafe, insbesondere da es sich um eine Bewährungsstrafe – also eine Freiheitsstrafe – handele, der Eingriff in ihre Meinungsfreiheit nicht als verhältnismäßig angesehen werden könne.

(b) Die Regierung

*[25]* Die Regierung bestritt nicht, dass die Verurteilung der Beschwerdeführerin einen Eingriff in ihr Recht auf freie Meinungsäußerung darstellte. Sie machte jedoch geltend, dass die drei Voraussetzungen für die Achtung dieses Rechts erfüllt seien. Erstens argumentierte sie, dass der Eingriff „gesetzlich bestimmt“ sei, da die Verurteilung der Beschwerdeführerin wegen sexueller Entblößung auf dem Gesetz und einer zugänglichen und vorhersehbaren Auslegung der einschlägigen Rechtsprechung beruhte. In diesem Zusammenhang machten sie geltend, dass der Wortlaut von Artikel 222-32 des Strafgesetzbuches die Entblößung eines Geschlechtsteils beinhalte, was den objektiven Tatbestand der beanstandeten Handlung darstelle, und dass die Straftat auch aufgrund des öffentlichen Charakters der fraglichen Handlung und ihres mentalen Tatbestandsmerkmals begründet worden sei, der gemäß einem allgemeinen Grundsatz des französischen Strafrechts vom Tatmotiv zu unterscheiden sei. Zur Nacktheit der Brüste einer Frau wies die Regierung darauf hin, dass diese in der Rechtsprechung stets als Nacktheit eines intimen Körperteils angesehen worden sei. Sie betonte ferner, dass der Kassationsgerichtshof wiederholt entschieden habe, dass der vorgenannte Artikel 222-32 hinreichend klar und präzise sei, und es abgelehnt habe, eine vorrangige Frage der Verfassungsmäßigkeit hinsichtlich der Vereinbarkeit dieser Bestimmung mit dem Grundsatz, dass nur das Gesetz eine Straftat definieren und eine Strafe vorsehen könne, an den Verfassungsrat zu verweisen (s.o., Rn [18). Die Regierung kam zu dem Schluss, dass die Auslegung dieser Bestimmung von den innerstaatlichen Gerichten ohne Gefahr der Willkür vorgenommen werden könne und dass dies tatsächlich in deren Zuständigkeit falle.

*[26]* Was das Vorliegen eines „legitimen Ziels” der Einschränkung der Meinungsfreiheit der Beschwerdeführerin angeht, machte die Regierung geltend, dass ein solches Ziel durch die Notwendigkeit des Schutzes der Moral, der öffentlichen Ordnung und der Rechte anderer gegeben sei.

*[27]* Schließlich argumentierte die Regierung hinsichtlich der „Notwendigkeit des Eingriffs in einer demokratischen Gesellschaft“, dass die Verurteilung der Beschwerdeführerin in keiner Weise mit der Natur der geäußerten Ideen zum Thema Abtreibung oder mit einer mangelnden Achtung der Überzeugungen anderer in Verbindung stehe: Im vorliegenden Fall sei lediglich die Form – und nicht der Inhalt – der geäußerten Botschaft bestraft worden. Unter besonderer Bezugnahme auf das Urteil Aydın Tatlav gegen Türkei (-50692/99-2.5.2006) betonten sie, dass das Recht auf freie Meinungsäußerung auch Pflichten und Verantwortlichkeiten mit sich bringe, darunter die Verpflichtung, im Falle religiöser Überzeugungen Äußerungen zu vermeiden, die andere grundlos

beleidigen oder profan sind, sowie die Pflicht, die Strafvorschriften des allgemeinen Rechts einzuhalten. Die Regierung argumentierte, dass Staaten in diesem Bereich auch einen Ermessensspielraum bei der Bestrafung bestimmter Verhaltensweisen hätten, die als mit der Achtung der Rechte anderer auf Gewissens- und Religionsfreiheit unvereinbar angesehen würden, wenn eine „dringende soziale Notwendigkeit" vorliege. Sie argumentierte, dass das Verhalten der Beschwerdeführerin im vorliegenden Fall bewusst darauf abgezielt habe, die religiösen Gefühle der in der Kirche Anwesenden zu verletzen, und leitete daraus einen Ermessensspielraum hinsichtlich der Mittel zur Bestrafung eines solchen Verhaltens ab.

*[28]* Darüber hinaus stellte die Regierung fest, dass die von den innerstaatlichen Gerichten angeführten Gründe relevant und ausreichend waren, da sie festgestellt hatten, dass die Handlung der Beschwerdeführerin über einen bloßen Beitrag zur Debatte über die Rechte der Frau hinausging und auch darauf abzielte, andere zu verletzen, insbesondere durch eine strafbare sexuelle Entblößung. Sie fügten hinzu, dass die Gerichte damit die gegen die Beschwerdeführerin verhängte Sanktion gerechtfertigt hätten, die angesichts der Umstände des Falles und der konkurrierenden Rechte sowohl hinsichtlich des Strafmaßes als auch der dem Vertreter der Kirche zugesprochenen zivilrechtlichen Entschädigung angemessen gewesen sei. Sie kamen zu dem Schluss, dass unter den besonderen Umständen des Falles ein gerechter Ausgleich zwischen dem Recht der Beschwerdeführerin auf freie Meinungsäußerung und dem Bedürfnis nach Schutz der Rechte anderer gefunden worden sei.

*2. Die Bewertung des Gerichtshofs*

*[29]* Zur Frage, ob eine Beeinträchtigung des Rechts der Beschwerdeführerin auf freie Meinungsäußerung vorliegt, stellt der Gerichtshof fest, dass die Regierung, ohne das Vorliegen einer solchen Beeinträchtigung zu bestreiten, geltend gemacht hat, dass die Beschwerdeführerin nicht wegen der von ihr vertretenen Ideen, sondern wegen der Begehung einer Sexualstraftat bestraft worden sei (s.o., Rn 27).

*[30]* Als vorläufige Erwägung bekräftigt der Gerichtshof, dass die Ideen oder Meinungen einer Person durch ihr Verhalten zum Ausdruck gebracht werden können (siehe beispielsweise Mătăsaru gegen die Republik Moldau -69714/16- und -71685/16- § 29, 15.1.2019; Ibrahimov und Mammadov gegen Aserbaidschan -63571/16- und 5 andere, §§ 166-67, 13.2.2020; und Handzhiyski gegen Bulgarien -10783/14- § 45, 6.4.2021) und dass es zuvor entschieden hat, dass Artikel 10 auf künstlerische Ausdrucksformen anwendbar sein kann, da Kunst und Schöpfung zum Austausch von Ideen und Meinungen beitragen (siehe insbesondere Müller u.a. gegen die Schweiz, 24.5.1988, §§ 27 und 33, Serie A Nr. 133, und Ulusoy und

andere gegen Türkei -34797/03- §§ 28-29, 3. Mai 2007). Der Gerichtshof hat damit festgestellt, dass „Darbietungen", die aus einer Mischung aus Verhalten und verbalem Ausdruck bestehen und eine Form des künstlerischen und politischen Ausdrucks darstellen, unter den durch Artikel 10 geschützten Bereich des künstlerischen Ausdrucks fallen (siehe insbesondere das Urteil Mariya Alekhina u.a. gegen Russland -38004/12- §§ 202-06, 17.7.2018, betreffend eine musikalische Darbietung der russischen feministischen Punkrock-Gruppe „Pussy Riot" in einer Kathedrale). In einem anderen Zusammenhang hat der Gerichtshof auch festgestellt, dass öffentliche Nacktheit als eine Form der Meinungsfreiheit angesehen werden kann (siehe Gough gegen Vereinigtes Königreich -49327/11- § 150, 28.12.2014). In dem oben genannten Urteil Mariya Alekhina u.a. hat der Gerichtshof jedoch darauf hingewiesen, dass ungeachtet der anerkannten Bedeutung der Meinungsfreiheit Artikel 10 keine Wahlfreiheit hinsichtlich des Ortes der Ausübung dieses Rechts gewährt, und stellte klar, dass die Durchführung einer künstlerischen Darbietung oder eine politische Rede in einer Art von Räumlichkeiten, zu denen die Öffentlichkeit freien Zugang hat, je nach Art und Funktion des Ortes die Einhaltung bestimmter vorgeschriebener Verhaltensregeln erfordern kann (siehe Mariya Alekhina u.a., aaO, § 213).

*[2]* Im vorliegenden Fall ist der Gerichtshof ebenso wie die Parteien der Ansicht, dass die angefochtene Verurteilung, die eine Folge der aktivistischen „Performance" der Beschwerdeführerin war, einen Eingriff in ihr Recht auf freie Meinungsäußerung gemäß Artikel 10 Absatz 1 der Konvention darstellte. Ein solcher Eingriff verstößt gegen Artikel 10, es sei denn, er ist „gesetzlich bestimmt" und verfolgt eines oder mehrere der in Absatz 2 dieser Bestimmung genannten legitimen Ziele und ist „in einer demokratischen Gesellschaft" zur Erreichung dieses Ziels oder dieser Ziele „notwendig".

### (a) Gesetzliche Bestimmtheit des Eingriffs

### (i) Allgemeine Grundsätze

*[32]* Der Gerichtshof verweist auf die allgemeinen Grundsätze hinsichtlich des Erfordernisses der Vorhersehbarkeit nach Artikel 10, wie sie in den Urteilen Perinçek gegen die Schweiz ([GC] -27510/08- §§ 131-36, ECHR 2015 [Auszüge]) und Selahattin Demirtaş gegen die Türkei (Nr. 2) ([GC] -14305/17- §§ 249-54, 22.12.2020)

*[33]* Der Gerichtshof betont insbesondere, dass eine Norm nur dann als „Gesetz" angesehen werden kann, wenn sie so präzise formuliert ist, dass eine Person ihr Verhalten danach ausrichten kann. Diese Person muss – gegebenenfalls mit angemessener Beratung – in der Lage sein, die Folgen, die sich aus einer bestimmten Handlung ergeben können, in einem unter den gegebenen Umständen zumutbaren Umfang vorhersehen zu können. Der Gerichtshof hat je-

doch klargestellt, dass diese Folgen nicht mit absoluter Sicherheit vorhersehbar sein müssen, da dies, wie die Erfahrung gezeigt hat, nicht erreichbar ist. Selbst in Fällen, in denen die Beeinträchtigung des Rechts der Beschwerdeführerin auf freie Meinungsäußerung in Form einer strafrechtlichen „Sanktion" erfolgte, hat der Gerichtshof anerkannt, dass es unmöglich ist, Gesetze absolut präzise zu formulieren, insbesondere in Bereichen, in denen sich die Situation entsprechend den vorherrschenden gesellschaftlichen Ansichten ändert, und hat akzeptiert, dass die Notwendigkeit, starre Regelungen zu vermeiden und mit den sich ändernden Umständen Schritt zu halten, dazu führt, dass viele Gesetze in gewisser Weise vage formuliert sind und ihre Auslegung und Anwendung Fragen der Praxis sind (siehe unter vielen anderen Rechtsquellen Müller u.a. gegen die Schweiz, aaO, § 29; Tammer gegen Estland -41205/98- § 37, ECHR 2001-I; und Chauvy u.a. gegen Frankreich -64915/01- § 43, ECHR 2004-VI).

*[34]* Der Gerichtshof bekräftigt ferner, dass mit dem Begriff „Recht" in Artikel 10 Absatz 2 dasselbe Konzept gemeint ist, auf das sich die Konvention an anderer Stelle bezieht, wenn sie diesen Begriff verwendet, beispielsweise in Artikel 7 (siehe Grigoriades gegen Griechenland, 25.11.1997, § 50, Sammlung der Urteile und Entscheidungen 1997-VII; Başkaya und Okçuoğlu gegen Türkei [GC] -23536/94 und 24408/94-, § 49, ECHR 1999-IV; und Erdoğdu und İnce gegen Türkei [GC] -25067/94 und 25068/94- § 59, ECHR 1999-IV). Im Zusammenhang mit Artikel 7 hat der Gerichtshof wiederholt festgestellt, dass das Erfordernis einer klaren gesetzlichen Definition von Straftaten erfüllt ist, wenn eine Person aus dem Wortlaut der einschlägigen Bestimmung – gegebenenfalls mit Hilfe ihrer Auslegung durch die Gerichte – erkennen kann, welche Handlungen und Unterlassungen sie strafrechtlich verantwortlich machen (siehe u.a. Kononov gegen Lettland [GC] -36376/04- § 185, EGMR 2010; Del Río Prada gegen Spanien [GC] -42750/09- § 79, EGMR 2013; Rohlena gegen Tschechische Republik [GC] -59552/08- § 50, EGMR 2015; und in einem Fall, der sowohl Artikel 7 als auch Artikel 10 der Konvention betrifft, Radio France u.a. gegen Frankreich -53984/00- § 20, EGMR 2004-II). Artikel 7 verbietet nicht die schrittweise Klärung der Strafmündigkeitsvorschriften durch gerichtliche Auslegung im Einzelfall, wenn die sich daraus ergebende Entwicklung mit dem Wesen der Straftat vereinbar ist und vernünftigerweise vorhersehbar ist (siehe Kononov, § 185; Del Río Prada, § 93; und Rohlena, § 50, alle oben zitiert).

*[35]* Es ist nicht Aufgabe des Gerichtshofs, sich zur Angemessenheit der von der Gesetzgebung eines beklagten Staates gewählten Methoden zur Regelung eines bestimmten Bereichs zu äußern (siehe Selahattin Demirtaş, aaO, § 251) oder das innerstaatliche Recht abstrakt zu überprüfen (siehe Magyar Kétfarkú Kutya Párt gegen Ungarn [GC] -201/17- § 96, 20.1.2020). Seine Aufgabe be-

schränkt sich darauf, zu prüfen, ob die gewählten Methoden und die sich daraus ergebenden Auswirkungen mit der Konvention vereinbar sind (siehe Magyar Helsinki Bizottság gegen Ungarn [GC] -18030/11- § 184, 8.11.2016).

(ii) Übertragung dieser Grundsätze auf den vorliegenden Fall

*[36]* Vorab stellt der Gerichtshof klar, dass sich aus den oben wiedergegebenen Grundsätzen ergibt, dass die entscheidende Frage in dieser Phase lautet, ob die Beschwerdeführerin bei ihrem Verhalten, für das sie verurteilt wurde, wusste oder hätte wissen müssen – ggf. nach Einholung eines geeigneten Rechtsrats –, dass ihre Handlungen sie nach Artikel 222-32 des Strafgesetzbuches strafrechtlich verantwortlich machen könnten (siehe, mutatis mutandis, Perinçek, aaO, Rn 137).

*[37]* Zunächst stellt der Gerichtshof fest, dass der Begriff der sexuellen Zurschaustellung in dem oben genannten Artikel 222-32 nicht definiert war und dass ein Wandel in der gesellschaftlichen Einstellung zu einer Debatte in den nationalen Gerichten über den sexuellen Charakter der nackten Brüste einer Frau und über das Vorliegen einer Diskriminierung zwischen Männern und Frauen aus diesem Grund geführt hatte (s.o., Rn 15 und 19). In diesem Zusammenhang stellt er fest, dass der Kassationsgerichtshof keine vorrangigen Fragen zur Verfassungsmäßigkeit der ausreichenden Klarheit des Straftatbestands der sexuellen Entblößung vorgelegt hat, sodass der Verfassungsrat keine Gelegenheit hatte, darüber zu entscheiden. Der Gerichtshof stellt ferner fest, dass die Nationale Beratungskommission für Menschenrechte empfohlen hat, den Tatbestand gesetzlich zu definieren (s.o., Rn 20). Nach Ansicht des Gerichtshofs können diese Erwägungen zwar Zweifel an der Qualität des Gesetzes im Sinne der Rechtsprechung des Gerichtshofs aufkommen lassen, diese Erwägungen jedoch nicht schwer genug wiegen, um die Vorhersehbarkeit des Strafverfahrens gegen die Beschwerdeführerin in Frage zu stellen, das die Staatsanwaltschaft nach ihrem Ermessen einleiten konnte, da die betreffende Straftat gemäß der zum maßgeblichen Zeitpunkt geltenden Rechtsprechung, wie im Strafgesetzbuch klar festgelegt, durch die Nacktheit der Brüste einer Frau in ihrem materiellen Tatbestand erfüllt war (s.o., Rn 14). Diese Auslegung habe sich auch nach der Anklage der Beschwerdeführerin nicht geändert, stellt der Gerichtshof fest, insbesondere weil der Kassationsgerichtshof es abgelehnt habe, zwei vorrangige Fragen der Verfassungsmäßigkeit an den Verfassungsrat zu verweisen (s.o., Rn 18 und 19). Die Kohärenz dieser Auslegung, die in der späteren Rechtsprechung bekräftigt und bestätigt wurde, stützt die Argumentation, dass die Beschwerdeführerin den Umfang der fraglichen Straftat und damit die strafrechtliche Verfolgung ihres Verhaltens vernünftigerweise vorhersehen konnte.

*[38]* Zweitens stellt der Gerichtshof fest, dass die Beschwerdeführerin zwar am fraglichen Tag allein handelte, ihre Aktion jedoch mit Unterstützung der Femen-Bewegung organisiert war, die aufgrund ihrer bewusst provokativen Form des Aktivismus mit Konfrontationen mit den nationalen Behörden vertraut war. Aufgrund ihrer Mitgliedschaft in dieser Bewegung und der Art und Weise, wie ihre Handlung vorbereitet wurde (wie auf der Website von Femen France dargelegt) – wie im Rahmen der strafrechtlichen Ermittlungen festgestellt wurde (s.o., Rn 6) –, muss davon ausgegangen werden, dass die Beschwerdeführerin, die bei Bedarf fachkundigen Rechtsbeistand hätte einholen können, die einschlägigen Rechtsvorschriften und die ständige Rechtsprechung in dieser Frage kannte.

*[39]* Der Gerichtshof kommt zu dem Schluss, dass die Beschwerdeführerin vernünftigerweise davon ausgehen konnte, dass ein solches Verhalten strafrechtliche Folgen für sie haben würde.

*[40]* Folglich kann der Eingriff in das Recht der Beschwerdeführerin auf freie Meinungsäußerung als hinreichend vorhersehbar und damit als „gesetzlich bestimmt“ im Sinne von Artikel 10 Absatz 2 der Konvention angesehen werden.

### (b) Legitimes Ziel des Eingriffs

*[41]* Der Gerichtshof stellt fest, ohne dass dies von den Parteien bestritten wird (s.o., Rn 23 und 26), dass der Eingriff in die Meinungsfreiheit der Beschwerdeführerin mehrere legitime Ziele im Sinne von Artikel 10 Absatz 2 verfolgte, nämlich den Schutz der Moral und der Rechte anderer sowie die Verhinderung von Unordnung und Verbrechen. Im vorliegenden Fall hat der Gerichtshof bei der Prüfung der Vorhersehbarkeit des Eingriffs in die Meinungsfreiheit der Beschwerdeführerin (s.o., Rn 37–39) anerkannt, dass die nationalen Gerichte vernünftigerweise davon ausgehen konnten, dass das Verhalten einer Person, die an einem öffentlichen Ort wie einer Kirche ein Geschlechtsteil im Sinne des innerstaatlichen Strafrechts entblößt, strafbar ist.

### (c) Notwendigkeit des Eingriffs in einer demokratischen Gesellschaft

#### (i) Allgemeine Grundsätze

*[42]* Der Gerichtshof bekräftigt die in seiner Rechtsprechung zu Artikel 10 entwickelten Grundsätze, wie sie in seinem Urteil Handyside gegen Vereinigtes Königreich (7.12.1976, Serie A Nr. 24) dargelegt und seitdem stets bekräftigt wurden (siehe unter vielen anderen Urteilen das Urteil Morice gegen Frankreich [GC] -29369/10- § 124, ECHR 2015; Delfi AS gegen Estland [GC] -64569/09- §§ 131-39, ECHR 2015; und Perinçek, oben zitiert, §§ 196-97, sowie die dort angeführten Entscheidungen): Die freie Meinungsäußerung ist eine der wesentlichen Grund-

lagen einer demokratischen Gesellschaft. Vorbehaltlich des Artikels 10 Absatz 2 gilt sie nicht nur für „Informationen" oder „Meinungen", die positiv aufgenommen oder als harmlos oder gleichgültig angesehen werden, sondern auch für solche, die anstößig sind, schockieren oder beunruhigen.

*[43]* Bei der Prüfung, ob Einschränkungen der durch die Konvention garantierten Rechte und Freiheiten als „in einer demokratischen Gesellschaft notwendig" angesehen werden können, wird der Gerichtshof unter Berücksichtigung der Umstände des Einzelfalls unter anderem prüfen, ob der Eingriff einem „dringenden sozialen Bedürfnis" entsprach (siehe Wingrove gegen Vereinigtes Königreich, 25.11.1996, § 57, Berichte über Urteile und Entscheidungen 1996-V, und Murphy gegen Irland -44179/98- § 68, ECHR 2003-IX).

*[44]* Die Aufgabe des Gerichtshofs besteht nicht darin, an die Stelle der zuständigen nationalen Behörden zu treten, sondern deren Entscheidungen im Lichte von Artikel 10 zu überprüfen. Dies bedeutet nicht, dass sich die Kontrolle des Gerichtshofs darauf beschränkt, festzustellen, ob diese Behörden ihr Ermessen vernünftig, sorgfältig und in gutem Glauben ausgeübt haben. Der Gerichtshof muss vielmehr den beanstandeten Eingriff im Lichte des gesamten Falles prüfen und feststellen, ob er im Hinblick auf das verfolgte legitime Ziel verhältnismäßig war und ob die von den nationalen Behörden zu seiner Rechtfertigung angeführten Gründe „einschlägig und ausreichend" waren.

*[45]* Bei der Beurteilung der Relevanz und Hinlänglichkeit der Feststellungen der nationalen Gerichte berücksichtigt der Gerichtshof gemäß dem Subsidiaritätsprinzip somit die Art und Weise, in der diese Gerichte die auf dem Spiel stehenden widerstreitenden Interessen im Lichte seiner ständigen Rechtsprechung in diesem Bereich abgewogen haben (siehe Erla Hlynsdottir gegen Island [Nr. 2] -54125/10- § 54, 21.10.2014, und Ergündoğan gegen die Türkei -48979/10- § 24, 17.4.2018). Der Gerichtshof bekräftigt, dass die Qualität der gerichtlichen Überprüfung der Notwendigkeit der Maßnahme bei der Beurteilung der Verhältnismäßigkeit nach Artikel 10 der Konvention von besonderer Bedeutung ist (siehe Animal Defenders International gegen Vereinigtes Königreich [GC] -48876/08- § 108, ECHR 2013 [Auszüge]). Das Fehlen einer wirksamen gerichtlichen Überprüfung der beanstandeten Maßnahme kann daher die Feststellung einer Verletzung von Artikel 10 rechtfertigen (siehe Matúz gegen Ungarn -73571/10- § 35, 21.10.2014, und Ergündoğan, oben zitiert, § 24).

*[46]* Schließlich weist der Gerichtshof darauf hin, dass die Art und Schwere der verhängten Strafen Faktoren sind, die bei der Beurteilung der Verhältnismäßigkeit des Eingriffs zu berücksichtigen sind. In diesem Zusammenhang hat es im Zusammenhang mit Fällen, die Artikel 10 der Konvention betreffen, wiederholt betont, dass die Verhängung einer strafrechtlichen Sanktion eine der

schwerwiegendsten Formen des Eingriffs in das Recht auf freie Meinungsäußerung darstellt (siehe u.a. Reichman gegen Frankreich -50147/11- § 73, 12.7.2016; Lacroix gegen Frankreich -41519/12- § 50, 7.9.2017; und Tête gegen Frankreich -59636/16- § 68, 26.3.2020). Der Gerichtshof bekräftigt, dass die nationalen Behörden bei der Einleitung eines Strafverfahrens Zurückhaltung üben müssen, insbesondere bei der Verhängung einer Freiheitsstrafe, die eine besonders starke abschreckende Wirkung auf die Ausübung der Meinungsfreiheit hat (siehe Cumpǎnǎ und Mazǎre gegen Rumänien [GC] -33348/96- § 116, ECHR 2004-XI; Morice, aaO, §§ 127 und 176; und Mariya Alekhina u.a. gegen Russland, aaO, § 227).

### (ii) Übertragung dieser Grundsätze auf den vorliegenden Fall

*[47]* Der Gerichtshof stellt fest, dass die Verurteilung der Beschwerdeführerin auf der Feststellung beruhte, dass eine Straftat der sexuellen Entblößung vorlag. Die Regierung machte geltend, dass sie nicht beabsichtigt habe, die Ideen oder Ansichten der Beschwerdeführerin zu bestrafen, die der Lehre der katholischen Kirche kritisch gegenüberstanden.

*[48]* Dennoch ist der Gerichtshof, wie oben erwähnt (s. Rn 31), der Ansicht, dass die Klage der Beschwerdeführerin, die darauf abzielte, ihre politischen Überzeugungen im Einklang mit den Positionen der Femen-Bewegung, in deren Namen sie handelte, zum Ausdruck zu bringen, angesichts ihres aktivistischen Charakters als „Darstellung" im Sinne von Artikel 10 anzusehen ist. Der Zweck der von der Femen-Bewegung beschlossenen Inszenierung der Darstellerin mit entblößter Brust bestand somit darin, an einem symbolträchtigen Ort der Verehrung eine Botschaft zu vermitteln, die sich auf eine öffentliche und gesellschaftliche Debatte über die Haltung der katholischen Kirche zu einem sensiblen und umstrittenen Thema bezog, nämlich das Recht der Frau auf körperliche Selbstbestimmung, einschließlich des Rechts auf Abtreibung.

*[49]* Vor diesem Hintergrund ist der Gerichtshof der Ansicht, dass, auch wenn die Meinungsfreiheit des Klägers im vorliegenden Fall in einer Weise ausgeübt wurde, die geeignet war, innige persönliche Überzeugungen im Bereich der Sittlichkeit oder insbesondere der Religion zu verletzen, angesichts des für die Aufführung gewählten Ortes, an dem sich naturgemäß viel mehr Gläubige aufhalten als an jedem anderen Ort (siehe Otto-Preminger-Institut gegen Österreich, 20.9.1994, § 50, Serie A Nr. 295-A; Wingrove, aaO, § 58; und Murphy, aaO, § 67), musste diese Freiheit ausreichend geschützt werden, und der Ermessensspielraum der nationalen Behörden war entsprechend enger, da der Inhalt ihrer Botschaft eine Frage von öffentlichem Interesse betraf (siehe Morice, aaO, § 125, und die dort angeführten Behörden, sowie Mariya Alekhina u.a., aaO, § 212).

*[50]* Der Gerichtshof weist darauf hin, dass er sich nicht zu den Tatbestandsmerkmalen der sexuellen Zurschaustellung äußern muss. Im vorliegenden Fall ist es entgegen dem Wunsch der Beschwerdeführerin nicht Aufgabe des Gerichtshofs, zu prüfen, ob die Motive des Angeklagten bei der Feststellung des Vorliegens der Straftat zu berücksichtigen sind. Es ist in erster Linie Sache der nationalen Behörden, insbesondere der Gerichte, das innerstaatliche Recht auszulegen und anzuwenden und – nach Prüfung des Sachverhalts und seines Kontextes sowie nach Feststellung, ob die Tatbestandsmerkmale der Straftat erfüllt sind – zu entscheiden, ob der Angeklagte für schuldig zu erklären ist oder nicht (siehe unter vielen anderen Lehideux und Isorni gegen Frankreich, 23.9.1998, § 50, Berichte über Urteile und Entscheidungen 1998-VII). Ebenso ist die Strafzumessung grundsätzlich Sache der nationalen Gerichte (siehe Cumpănă und Mazăre, aaO, § 115).

*[51]* Im vorliegenden Fall stellt der Gerichtshof fest, dass die Handlung der Beschwerdeführerin in einer Kirche stattfand, und weist darauf hin, dass er bereits in ähnlichen Fällen anerkannt hat, dass ein solches Verhalten als Verstoß gegen die Regeln des anständigen Verhaltens in einer Kultstätte angesehen werden kann, und zu dem Schluss gekommen ist, dass die Verhängung bestimmter Sanktionen grundsätzlich durch das Erfordernis des Schutzes der Rechte anderer gerechtfertigt sein kann (s.o., Mariya Alekhina u.a., Rn 214). Was jedoch die im vorliegenden Fall verhängte Strafe angeht, so ist der Gerichtshof erschüttert über die Schwere der Strafe, die die innerstaatlichen Gerichte gegen die Beschwerdeführerin verhängt haben, ohne zu erklären, warum eine Freiheitsstrafe erforderlich war, um unter den gegebenen Umständen den Schutz der öffentlichen Ordnung, der guten Sitten und der Rechte anderer zu gewährleisten.

*[52]* In diesem Zusammenhang stellt es fest, dass die gegen die Beschwerdeführerin verhängte Freiheitsstrafe von einem Monat, deren Vollzug zur Bewährung ausgesetzt wurde, eine Freiheitsstrafe ist, die im Falle einer erneuten Verurteilung zu ihrer tatsächlichen Inhaftierung führen würde und in ihr Strafregister eingetragen wurde. Zu der Schwere der verhängten strafrechtlichen Sanktion kommt noch die relativ hohe Höhe des von der Beschwerdeführerin zu leistenden Schadensersatzes hinzu (s.o., Rn 9).

*[53]* Der Gerichtshof bekräftigt, dass die Verhängung einer Freiheitsstrafe im Rahmen einer politischen oder öffentlichen Debatte nur unter außergewöhnlichen Umständen mit der durch Artikel 10 der Konvention garantierten Meinungsfreiheit vereinbar ist, insbesondere wenn andere Grundrechte schwerwiegend beeinträchtigt wurden, wie beispielsweise im Fall von Hassreden oder Aufstachelung zur Gewalt (siehe u.a. Otegi Mondragon gegen Spanien -2034/07-

§ 59, 15.3.2011, und Stern Taulats und Roura Capellera gegen Spanien -51168/15- § 34, 13.3.2018). Im vorliegenden Fall bestand der einzige Zweck der Handlung der Beschwerdeführerin – der keine beleidigende oder hasserfüllte Verhaltensweise vorgeworfen wurde –, so schockierend sie für andere angesichts ihrer Nacktheit an einem öffentlichen Ort, die nach innerstaatlichem Strafrecht strafbar war, auch gewesen sein mag, darin, durch eine bewusst provokative Darbietung zur öffentlichen Debatte über die Rechte der Frau, insbesondere über das Recht auf Abtreibung, beizutragen. Die Beschwerdeführerin war nicht vorbestraft. Sie war sozial und beruflich gut integriert und verfügte über ein Einkommen, so dass die Bezugnahme auf den „Charakter der Täterin" als Rechtfertigung für die Strafe weder auf konkrete oder ungünstige Umstände (s. Rn 12 o.) zurückgeführt werden konnte noch die Entscheidung, keine freiheitsentziehende Strafe zu verhängen, stützte.

*[54]* Im vorliegenden Fall stellt der Gerichtshof fest, dass die innerstaatlichen Gerichte eine Freiheitsstrafe verhängt haben, die selbst bei einer Aussetzung nicht als „mildeste mögliche" Sanktion angesehen werden kann, was im Widerspruch zu seiner Rechtsprechung steht, wonach die Meinungsfreiheit des Verurteilten auf dem Spiel steht (siehe Morice, aaO, § 176, und Reichman, aaO, § 73), da dies ein Bereich ist, in dem, wie oben dargelegt (s. Rn 46), die Strafverfolgung durch die nationalen Behörden nur zurückhaltend eingesetzt werden darf.

*[55]* In Anbetracht der vorstehenden Erwägungen und um zu prüfen, ob die Art und Schwere der gegen die Beschwerdeführerin verhängten Strafe unter den Umständen des Falles dennoch gerechtfertigt waren, muss der Gerichtshof nun, wie er oben (Rn 44–45) ausgeführt hat, prüfen, ob die von den innerstaatlichen Gerichten angeführten Gründe relevant und ausreichend waren.

*[56]* In diesem Zusammenhang bekräftigt der Gerichtshof, dass er, wenn die innerstaatlichen Gerichte den Sachverhalt sorgfältig geprüft, die einschlägigen Menschenrechtsnormen im Einklang mit der Konvention und seiner Rechtsprechung angewandt und die individuellen Interessen gegen das öffentliche Interesse in einem bestimmten Fall angemessen abgewogen haben, nur aus schwerwiegenden Gründen seine eigene Auffassung an die Stelle derjenigen der innerstaatlichen Gerichte setzen kann (s. die jüngste Rechtsprechung zu Artikel 8: I.M. gegen die Schweiz -23887/16- § 72, 9.4.2019; M.A. gegen Dänemark [GC] -6697/18- § 149, 9.7.2021; und aus der Sicht von Artikel 10 Sellami gegen Frankreich -61470/15- § 46, 17.12.2020).

*[57]* Der Gerichtshof weist darauf hin, dass eine solche Abwägung der auf dem Spiel stehenden Interessen unabhängig von der Prüfung ist, die er – in anderen Situationen – hinsichtlich der von den nationalen Gerichten angeführ-

ten Gründe vornehmen muss, wenn die Umstände des Falles eine Abwägung zwischen zwei durch die Konvention gleichermaßen geschützten Freiheiten erfordern (zu den Artikeln 10 und 8 der Konvention siehe MGN Limited gegen Vereinigtes Königreich -39401/04- § 142, 18.1.2011; Couderc und Hachette Filipacchi Associés gegen Frankreich [GC] -40454/07- § 79, ECHR 2015 (Auszüge); Ergündoğan gegen Türkei, oben zitiert, § 30; oder in Bezug auf die durch Artikel 10 und 9 der Konvention geschützten Freiheiten Otto-Preminger-Institut gegen Österreich, oben zitiert, § 55, und Aydın Tatlav gegen Türkei -50692/99- § 26, 2.5.2006).

*[58]* Im vorliegenden Fall haben sich die innerstaatlichen Gerichte, wie aus den Begründungen ihrer Entscheidungen hervorgeht, zur Beurteilung der Notwendigkeit des Eingriffs in die Meinungsfreiheit der Beschwerdeführerin und zur Feststellung, ob ihr Verhalten eine Strafe rechtfertigte, auf bestimmte Grundsätze bezogen, die der Gerichtshof in seiner Rechtsprechung zum Artikel 10 der Konvention aufgestellt hat. Sie stützten sich somit in erster Instanz und in der Berufungsinstanz auf die Verhältnismäßigkeit des Eingriffs im Hinblick auf „das dringende gesellschaftliche Bedürfnis, andere vor dem Anblick einer halbnackten Handlung an einem Ort der Verehrung zu schützen, die manche als schockierend empfinden könnten“ (s.o., Rn 8 und 11). Das Berufungsgericht stellte außerdem fest, dass „das, was die Beschwerdeführerin als Ausdruck ihrer Meinungsfreiheit angesehen hatte, eine schwerwiegende Beeinträchtigung der Gedanken- und Gewissensfreiheit anderer und der Religionsfreiheit im Allgemeinen darstellte“ (s.o., Rn 11). Der Kassationsgerichtshof bestätigte diese Analyse anschließend und begründete die Zurückweisung der Beschwerde der Beschwerdeführerin mit der Notwendigkeit, zwei durch die Konvention geschützte Freiheiten miteinander in Einklang zu bringen, nämlich die Meinungsfreiheit und die durch Artikel 9 geschützte Gewissens- und Religionsfreiheit, wobei letztere im vorliegenden Fall als das Recht beschrieben wird, „in der Ausübung seiner Religion nicht gestört zu werden” (s.o., Rn 13).

*[59]* Der Gerichtshof stellt zunächst fest, dass diese Argumentation zeigt, dass sowohl das Berufungsgericht als auch der Kassationsgerichtshof nicht nur die konkurrierenden Interessen, sondern auch zwei durch die Konvention geschützte Freiheiten, nämlich die Meinungsfreiheit und die Gewissens- und Religionsfreiheit, gegeneinander abgewogen haben.

*[60]* Der Gerichtshof stellt fest, dass, wie die Beschwerdeführerin in ihren Erklärungen (s.o., Rn 24) dargelegt hat, die gegen sie verhängte strafrechtliche Sanktion zur Ahndung der Straftat der sexuellen Entblößung, weil sie an einem öffentlichen Ort ihre Brüste entblößt hatte, nicht darauf abzielte, einen Angriff auf die Gewissens- und Religionsfreiheit zu ahnden. Zwar war das Verhalten der

Beschwerdeführerin durch die Wahl des Ortes ihrer Darbietung (eine Kirche) und die dafür verwendeten religiösen Symbole (ihre Position vor dem Altar, ihre Arme in Form eines Kreuzes, ihre Nachahmung des Gebets, der Schleier, der ihr Haar bedeckte) geeignet, nicht nur die moralischen Überzeugungen der Geistlichen und der Anwesenden, sondern auch deren religiöse Überzeugungen zu verletzen. Dementsprechend mussten zwar die Umstände hinsichtlich des Ortes und der von der Beschwerdeführerin verwendeten Symbole als Kontextelemente für die Abwägung der auf dem Spiel stehenden Interessen berücksichtigt werden, doch waren die innerstaatlichen Gerichte angesichts der Anklage nicht verpflichtet, ihr Recht auf freie Meinungsäußerung gegen das Recht auf Gewissens- und Religionsfreiheit nach Artikel 9 der Konvention abzuwägen.

*[61]* Darüber hinaus stellt der Gerichtshof fest, dass die innerstaatlichen Gerichte zwar beschlossen haben, die Frage unter dem Gesichtspunkt der Religionsfreiheit zu prüfen, jedoch nicht untersucht haben, ob die Handlung der Beschwerdeführerin „unverhältnismäßig beleidigend" für religiöse Überzeugungen war (siehe Otto-Preminger-Institut, aaO, § 49), ob sie beleidigend war oder ob sie zu Respektlosigkeit oder Hass gegenüber der katholischen Kirche aufrief (siehe mutatis mutandis Giniewski gegen Frankreich -64016/00- § 52, 31.1.2006, KirchE 48, 52, und Mariya Alekhina u.a., aaO §§ 217-26, sowie die zahlreichen dort angeführten Rechtsquellen).

*[62]* Ebenso stellt er fest, dass die innerstaatlichen Gerichte, obwohl sie festgestellt hatten, dass sie andere in der Ausübung ihrer Religion gestört hatte (s. Rn 11 und 13), nicht berücksichtigt haben, dass die Beschwerdeführerin ihren Protest nicht während eines Gottesdienstes inszeniert hatte (zum maßgeblichen Zeitpunkt fand keine Messe statt, und die Beschwerdeführerin befand sich nicht in direkter Sichtweite des singenden Chors); dass unstreitig war, dass ihre Handlung nur von kurzer Dauer war, ohne dass die auf ihrem Körper angebrachten Slogan laut ausgesprochen wurden, und dass sie die Kirche verlassen hatte, sobald sie dazu aufgefordert worden war.

*[63]* Der Gerichtshof hat nun zu prüfen, ob die innerstaatlichen Gerichte im Rahmen der ihnen nach Artikel 10 Absatz 2 obliegenden Überprüfung die konkurrierenden Interessen – einerseits das Recht der Beschwerdeführerin, ihre Vorstellungen von den Rechten, die Frauen zuerkannt werden sollten, einschließlich des Rechts auf körperliche Selbstbestimmung, öffentlich zu verbreiten, und andererseits das Recht anderer auf Achtung der guten Sitten und der öffentlichen Ordnung – gebührend abgewogen haben. Der Gerichtshof betont, dass eine solche Prüfung von den innerstaatlichen Gerichten nur im Wege einer Analyse aller streitigen Elemente, die für den Kontext der angefochtenen Maß-

nahme relevant sind, unter Berücksichtigung der Motive der Beschwerdeführerin wirksam vorgenommen werden konnte.

*[64]* In diesem Zusammenhang stellt der Gerichtshof fest, dass die innerstaatlichen Gerichte, insbesondere das Berufungsgericht, die Aussagen der Beschwerdeführerin während der strafrechtlichen Ermittlungen, in denen sie die politischen und feministischen Motive für ihren Protest darlegte, der Teil einer kollektiven internationalen Bewegung war, die die Haltung der katholischen Kirche zur Frage der Frauenrechte auf eine Weise anzweifelte, die aus der Sicht anderer bewusst provokativ und schockierend war, nicht außer Acht gelassen haben (s.o., Rn 10–11). Bei der Abwägung der auf dem Spiel stehenden Interessen beschränkten sie sich jedoch darauf, die Tatsache zu prüfen, dass sie ihre Brüste an einem Ort der Verehrung entblößt hatte, unabhängig von der Gesamtperformance, zu der diese Handlung gehört hatte, ohne die beabsichtigte Bedeutung des Verhaltens der Beschwerdeführerin zu berücksichtigen. Insbesondere weigerten sich die innerstaatlichen Gerichte, die Bedeutung der Slogans auf dem Oberkörper und dem Rücken der Beschwerdeführerin zu berücksichtigen, die eine feministische Botschaft vermittelten und sich auf das Manifest von 1971 bezogen, das als „Manifest der 343 Schlampen" bekannt ist. Sie schilderten die Inszenierung einer „Abtreibung Jesu", ohne sie in den Kontext der von der Beschwerdeführerin vertretenen Ideen zu stellen. Sie berücksichtigten auch nicht die Erklärungen der Beschwerdeführerin zur Verwendung von Oben-ohne-Protesten als „politisches Banner" durch die Aktivistinnen von Femen, deren Mitglied sie war, oder zum Ort ihrer Aktion, einer der Öffentlichkeit bekannten Kultstätte, die mit dem Ziel ausgewählt worden war, die Berichterstattung über den Protest in den Medien zu fördern.

*[65]* Der Gerichtshof stellt fest, dass er aus den von den innerstaatlichen Gerichten angeführten Gründen nicht zu dem Schluss gelangen kann, dass sie im vorliegenden Fall die konkurrierenden Interessen angemessen und im Einklang mit den in seiner Rechtsprechung aufgestellten Kriterien abgewogen haben.

*[66]* In Anbetracht der vorstehenden Erwägungen insgesamt reichen die von den innerstaatlichen Gerichten angeführten Gründe nicht aus, um die gegen die Beschwerdeführerin verhängte Strafe unter Berücksichtigung ihrer Art, ihrer Schwere und ihrer Auswirkungen als im Verhältnis zu den verfolgten legitimen Zielen verhältnismäßig anzusehen.

*[67]* Dementsprechend stellt der Gerichtshof fest, dass der Eingriff in die Meinungsfreiheit der Beschwerdeführerin durch die gegen sie verhängte Bewährungsstrafe nicht „in einer demokratischen Gesellschaft notwendig" war.

*[68]* Somit liegt eine Verletzung von Artikel 10 der Konvention vor.

## II. Mögliche Verletzung von Art. 7 der Konvention

*[69]* Die Beschwerdeführerin rügte, dass der Straftatbestand der sexuellen Entblößung vage formuliert und weit ausgelegt worden sei. Sie machte eine Verletzung von Artikel 7 geltend, der wie folgt lautet:

> „1. Niemand darf wegen einer Handlung oder Unterlassung, die zum Zeitpunkt ihrer Begehung nach innerstaatlichem oder internationalem Recht nicht strafbar war, einer strafbaren Handlung für schuldig befunden werden. Eine schwerere Strafe als die zum Zeitpunkt der Begehung der Straftat anwendbare Strafe darf nicht verhängt werden.
> 2. Dieser Artikel beeinträchtigt nicht die Verfolgung und Bestrafung einer Person wegen einer Handlung oder Unterlassung, die zum Zeitpunkt ihrer Begehung nach dem allgemeinen Recht der zivilisierten Nationen strafbar war."

*[70]* Die Regierung widersprach diesem Argument aus den gleichen Gründen, die sie in Bezug auf Artikel 10 vorgebracht hatte (s.o., Rn 25).

*[71]* Der Gerichtshof stellt fest, dass diese Rüge nicht offensichtlich unbegründet im Sinne von Artikel 35 Absatz 3 Buchstabe a der Konvention ist und auch aus keinem anderen Grund unzulässig ist. Sie ist daher für zulässig zu erklären.

*[72]* Da der Gerichtshof eine Verletzung von Artikel 10 der Konvention in Bezug auf die Beschwerdeführerin festgestellt hat, hält es eine gesonderte Entscheidung über die Beschwerde gemäß Artikel 7 im vorliegenden Fall für nicht erforderlich (siehe in diesem Sinne Centre for Legal Resources im Namen von Valentin Câmpeanu gegen Rumänien [GC] -47848/08- § 156, ECHR 2014, und M.D. und A.D. gegen Frankreich -57035/18- § 106, 22.7.2021).

## III. ANWENDUNG VON ARTIKEL 41 DER KONVENTION

*[73]* Artikel 41 der Konvention lautet:

> „Stellt der Gerichtshof eine Verletzung der Konvention oder der Protokolle fest und sieht das innerstaatliche Recht der betreffenden Vertragspartei nur eine teilweise Wiedergutmachung vor, so gewährt der Gerichtshof, wenn nötig, der benachteiligten Partei eine angemessene Entschädigung."

### *A. Schaden*

*[74]* Die Beschwerdeführerin forderte 10.000 € für den immateriellen Schaden, den sie aufgrund der gegen sie wegen einer Sexualstraftat verhängten Freiheitsstrafe erlitten hatte, die sie während des gesamten Verfahrens, d.h. seit 2014, stigmatisiert hatte.

*[75]* Die Regierung bestritt diesen Anspruch mit der Begründung, dass die Feststellung einer Verletzung eine ausreichende Wiedergutmachung darstelle,

da die Beschwerdeführerin dann die Möglichkeit habe, gemäß Artikel 622-1 der Strafprozessordnung eine Überprüfung ihrer Verurteilung zu beantragen.

*[76]* Unter Berücksichtigung der Umstände des Falles und der Art der festgestellten Verletzung hält es der Gerichtshof für angemessen, der Beschwerdeführerin aus Billigkeitsgründen einen Betrag von 2.000 € für immateriellen Schaden zuzusprechen, zuzüglich etwaiger Steuern.

### *B. Kosten und Auslagen*

*[77]* Die Beschwerdeführerin machte vor dem Gerichtshof Kosten und Auslagen in Höhe von 9.500 € geltend, darunter 500 € für die Reise- und Hotelkosten ihres Rechtsanwalts für die Reise nach Straßburg.

*[78]* Die Regierung argumentierte, dass das zur Stützung dieser Behauptung vorgelegte Dokument nicht schlüssig sei und dass ein Gesamtbetrag von 4.000 € ansonsten ausreichen würde, um alle Verfahrensschritte vor dem Gerichtshof zu decken.

*[79]* Nach der Rechtsprechung des Gerichtshofs hat ein Antragsteller Anspruch auf Erstattung der Kosten und Auslagen nur insoweit, als diese tatsächlich und notwendig entstanden sind und in ihrer Höhe angemessen sind. Im vorliegenden Fall sieht der Gerichtshof unter Berücksichtigung der ihm vorliegenden Unterlagen und der oben genannten Kriterien keinen Grund, die vom Anwalt der Beschwerdeführerin vorgelegte Rechnung in Frage zu stellen, mit Ausnahme der Kosten für eine öffentliche Verhandlung, die nie stattgefunden hat, und hält es für angemessen, für das Verfahren vor dem Gerichtshof einen Betrag von 7.800 € zuzüglich der gegebenenfalls von der Beschwerdeführerin zu tragenden Steuern zuzusprechen.

### *C. Verzugszinsen*

*[80]* Der Gerichtshof hält es für angemessen, den Verzugszinssatz auf den Marginalzinssatz der Europäischen Zentralbank zuzüglich drei Prozentpunkte festzusetzen.

*AUS DIESEN GRÜNDEN BESCHLIESST DER GERICHTSHOF*

1. *Die Beschwerde ist zulässig;*
2. *Es liegt eine Verletzung von Artikel 10 der Konvention vor;*
3. *Die Beschwerde ist hinsichtlich Artikel 7 der Konvention unbegründet;*
4. *Er stellt fest:*
   *(a) dass der beklagte Staat der Beschwerdeführerin innerhalb von drei Monaten nach Erlangung der Rechtskraft des Urteils gemäß Artikel 44 Absatz 2 der Konvention folgende Beträge zu zahlen hat:*
      *(i) 2.000 € (zweitausend Euro) zuzüglich etwaiger Steuern für immateriellen Schaden;*

*(ii) 7.800 € (siebentausendachthundert Euro) zuzüglich etwaiger Steuern, die der Beschwerdeführerin auferlegt werden können, für Kosten und Auslagen;*

*(b) dass der Beschwerdeführerin nach Ablauf der vorgenannten drei Monate bis zur Begleichung der Beträge einfache Zinsen in Höhe des während der Verzugszeit geltenden Marginalzinssatzes der Europäischen Zentralbank zuzüglich drei Prozentpunkte zu zahlen sind;*

*5. Im Übrigen wird die Klage des Klägers auf angemessene Entschädigung abgewiesen.*

Gemäß Artikel 45 § 2 der Konvention und Regel 74 § 2 der Verfahrensordnung ist die gesonderte Meinung der Richterin Kateřina Šimáčková diesem Urteil beigefügt.

***ABWEICHENDE MEINUNG VON RICHTERIN ŠIMÁČKOVÁ (Übersetzung)***

*[1]* Ich stimme der Feststellung der Kammer, dass im vorliegenden Fall eine Verletzung des Rechts der Beschwerdeführerin auf freie Meinungsäußerung vorliegt, voll und ganz zu.

*[2]* Die Feststellung einer Verletzung beruht auf der Unverhältnismäßigkeit der gegen die Beschwerdeführerin wegen ihrer Darbietung in der Kirche verhängten Sanktion (insbesondere der Bewährungsstrafe). Bei allem Respekt gegenüber meinen Kollegen habe ich Vorbehalte gegen die Feststellung, dass diese Sanktion gesetzlich vorgeschrieben war. Ich bin nicht davon überzeugt, dass der Eingriff in die Meinungsfreiheit der Beschwerdeführerin gesetzlich vorgeschrieben war oder einem rechtmäßigen und legitimen Ziel diente.

*[3]* Der Zweck der Strafbarkeit der sexuellen Zurschaustellung nach Artikel 222-32 des Strafgesetzbuches – ausgehend von dem Kapitel, in dem diese Bestimmung enthalten ist, d.h. unter Berücksichtigung der Struktur dieses Gesetzbuches – besteht im Schutz vor sexuellen Übergriffen. Die Strafbarkeit der sexuellen Zurschaustellung dient somit dem Schutz der psychischen und physischen Unversehrtheit und der Würde der Opfer von Übergriffen, nicht der Gewissens- und Religionsfreiheit.

*[4]* Der wahre Grund für die Bestrafung der Beschwerdeführerin war der Schutz der Gläubigen und ihrer Gewissens- und Religionsfreiheit (siehe den Inhalt der in Rn 9–12 des Urteils angeführten innerstaatlichen Entscheidungen und die Zusammenfassung in Rn 59). Und doch Artikel 222-32 des Strafgesetzbuches verfolgt kein solches Ziel. Auch gibt es im französischen Recht kein Verbot der Blasphemie.

*[5]* Ich bin daher der Ansicht, dass die Sanktion, die gegen die Beschwerdeführerin aufgrund der von den nationalen Behörden angeführten Bestimmung des Strafgesetzbuches wegen ihres Verhaltens verhängt wurde, rechtswidrig war. Diese strafrechtliche Sanktion beruhte nicht auf den richtigen Rechtsvorschriften.

*[6]* Der wahre Zweck der Sanktion wegen sexueller Nötigung gegen die Beschwerdeführerin bestand darin, sie dafür zu bestrafen, dass sie in einer Kirche ihre Brüste entblößt und damit die Gemeinde beleidigt hatte, also aus einem anderen Grund als dem gesetzlich bestimmten. Die Anklage wegen sexueller Nötigung, die die Staatsanwaltschaft zur Bestrafung der Beschwerdeführerin erhoben hat, ist schlichtweg unzulässig: Die Personen in der Kirche mögen sich beleidigt gefühlt haben, aber niemand war einer sexuellen Bedrohung ausgesetzt. In einem ähnlichen Fall, der in dem Urteil angeführt wird (Mariya Alekhina u.a.), wurden Frauen, die in Russland sogar während einer Messe ihre Brüste entblößt hatten, wegen Rowdytums, d.h. wegen einer Störung der öffentlichen Ordnung, und nicht wegen sexueller Nötigung verurteilt. In Strafsachen sollte man die Dinge beim Namen nennen und das eigentliche Ziel nicht hinter einem anderen verstecken.

*[7]* Wie ich oben dargelegt habe, wurde die Klägerin im Wesentlichen nicht dafür bestraft, dass sie ihre Brüste entblößt hatte, sondern dafür, dass sie dies in einer Kirche getan hatte. Ich verstehe, dass das Ziel einer Rechtsnorm manchmal darin bestehen kann, die religiöse Versöhnung innerhalb eines Landes zu befördern (siehe Leyla Sahin gegen Türkei -44774/98- §§ 106-07, 10.11.2005) und ein sicheres Umfeld für Anhänger verschiedener Religionen zu schaffen, insbesondere wenn mehrere Religionen aufeinanderprallen oder wenn der Glaube verspottet oder beleidigt wird. Eine solche Politik kann nur dann wirksam sein, wenn sie alle relevanten Religionsgemeinschaften im Land mit derselben Sensibilität behandelt.

*[8]* Der Kern der Rechtsstaatlichkeit besteht jedoch darin, dass dieses Ziel – der Schutz des Anstandsgefühls der Gläubigen (was meiner Ansicht nach der wahre Grund für die Bestrafung der Beschwerdeführerin im vorliegenden Fall war) – auf dem Gesetz beruhen muss und nicht an die Erfordernisse des Augenblicks angepasst werden darf. Zusammenfassend bin ich daher der Auffassung, dass im vorliegenden Fall der Eingriff in die Meinungsfreiheit rechtswidrig war, weil die Klägerin für etwas bestraft wurde, das keine Straftat darstellte, und weil die nationalen Behörden sie mit Mitteln sanktionierten, die für einen ganz anderen Zweck bestimmt waren.

*[9]* Was das mit der Handlung der Klägerin verfolgte Ziel angeht, ist hinzuzufügen, dass die französische Kultur zahlreiche bekannte Beispiele für die

Darstellung nackter weiblicher Brüste als Ausdruck von Freiheit kennt – von Manets Déjeuner sur l'herbe bis zur entblößten Brust der Marianne. Darüber hinaus ist die französische Zivilisation nicht puritanisch. Aus diesem Grund kann auch nicht behauptet werden, dass ein rein politisches Ausdrucksmittel, das in keiner Weise sexualisiert war, einen Eingriff in das Recht auf Schutz vor sexuellen Übergriffen darstellte (oder gar gegen die guten Sitten im Allgemeinen verstieß). Dieser Fall veranschaulicht, ebenso wie der Fall S.A.S. gegen Frankreich ([GC] - 43835/11- 1.7.2014), veranschaulicht genau die Frage, die die Beschwerdeführerin mit seiner Darbietung unter anderem hervorheben wollte. Die Gesellschaft akzeptiert oder verlangt sogar, dass der Gesetzgeber Frauen vorschreibt, was sie zeigen dürfen und was nicht, und bedient sich zu diesem Zweck sogar strafrechtlicher Instrumente. Frauen dürfen weder zu viel noch zu wenig tragen. Jeder ist frei, aber Frauen müssen darauf achten, was sie zeigen und was sie verbergen.

## 21

**Maßgeblich für die Eigentums- und Besitzverhältnisse an der Bundeslade ist das autonome Kirchenrecht, das sich die Eritreische Orthodoxe B Kirche gegeben hat. Danach ist die Heilige Bundeslade Eigentum der Kirche. Damit ist die Eritreisch-Orthodoxe Kirche, nicht die Ortsgemeinde und auch nicht deren privatrechtlicher Trägerverein gemeint.**

Art. 140 GG, Art. 137 WRV, §§ 858, 861, 985 BGB, §§ 935, 940 ZPO
Hess LAG, Urteil vom 17. Oktober 2022 -16 SaGa 601/22-[1]

Die Parteien streiten im Rahmen eines einstweiligen Verfügungsverfahrens über die Herausgabe einer Bundeslade.

Der Verfügungskläger ist ein eingetragener Verein. Er wurde ausweislich seiner Satzung am 30.7.2017 gegründet und ist in das Vereinsregister eingetragen. Der Verein ist Rechtsträger einer in A bestehenden Gemeinde der eritreisch-orthodoxen B Kirche. Der Verfügungsbeklagte war in Teilzeit als Pfarrer beim Verfügungskläger beschäftigt.

Nach den Glaubensregeln der Religionsgemeinschaft darf ein Gottesdienst nur stattfinden, wenn eine Bundeslade, d.h. ein Behältnis, in dem sich eine

1 Amtl. Leitsatz. BeckRS 2022, 54911; juris.
Das Urteil ist rechtskräftig.

https://doi.org/10.1515/9783111651248-021

Abschrift der Zehn Gebote befindet, im Raum ist. Die Bundeslade darf von den Gläubigen nicht berührt werden.

Der „Kanon Recht der Orthodox B Kirche“ enthält unter anderem folgende Regelungen:

> § 46 Abteilung für Eigentum und historische Relikte und Denkmäler
> a) Die heilig Bundeslade ist das rechtliche Eigentum der Kirche (1. und höchste Eigentum). Der heilige Synod erteilt jeder Diözese Weisungen, dass die sakrale Gegenstände, Kleider, Bücher und diversen Reliquien der Kirche, angefangen bei der Bundeslade, ordnungsgemäß aufzubewahren sind.
> b) Er ordnet an, dass bewegliches und unbewegliches Eigentum der Kirche angemessen geschützt werden.
> § 58 Auftrag und Funktion des allgemeinen geistigen Rates des Bischofssitzes
> Nr. 4: Die Heilige Synode genehmigt neue Kirchen innerhalb der Diözese. Er tut, was er kann, um den neu gegründeten oder eröffneten Gemeinden zu helfen, in Bezug auf Ressourcen (Heilige Lade; Heilige göttliche Schriften bzw. Bibeln; das Gewand des Priesters; sowie sämtliche Heilige Gegenstände usw.) und Dienste und auf andere Weise autark zu sein.
> § 114 Bau oder Eröffnung einer Kirche
> (...)
> 3. Eine Tafel (Gé ez tabot), die in irgendeiner Kirche gegeben wird, trägt den Namen Gottes (Alpha und Omega), gefolgt vom Namen des Engels, Märtyrers oder Gerechten, nach dem sie benannt ist. Es ist jedoch verboten, den Namen einer Person zu schreiben. Auf seinem Kopf am Fuß der Tafel steht jedoch die christliche Gemeinschaft jemand das Land (Dorf) geschrieben.

Die Bundeslade wurde dem Verfügungsbeklagten im Jahr 2016 von dem inzwischen verstorbenen Bezirksbischof in C übergeben.

Zwischen den Parteien ist streitig, ob hierdurch der Verfügungsbeklagte oder aber der Verfügungskläger, vertreten durch den Verfügungsbeklagten, Eigentum an der Bundeslade erworben hat.

Nachdem sich die Parteien im Dezember 2021 zerstritten, stellte der Verfügungsbeklagte die Bundeslade dem Verfügungskläger nicht mehr zur Abhaltung von Gottesdiensten zur Verfügung.

Der Verfügungskläger hat die Auffassung vertreten, der Verfügungsbeklagte habe die Bundeslade durch verbotene Eigenmacht erlangt und sei deshalb nach § 861 BGB zur Herausgabe verpflichtet. Er hat behauptet, dem Verfügungsbeklagten sei die Bundeslade 2016 von dem inzwischen verstorbenen Bischof für Europa in C nur als Vertreter des Verfügungsklägers übergeben worden.

Das Arbeitsgericht hat dem Antrag auf Erlass einer einstweiligen Verfügung ohne mündliche Verhandlung zunächst stattgegeben und dem Verfügungsbeklagten aufgegeben, die Bundeslade an den Verfügungskläger herauszugeben.

Auf die sofortige Beschwerde des Verfügungsbeklagten hat das Arbeitsgericht die von ihm erlassene einstweilige Verfügung aufgehoben und den Antrag auf Erlass einer einstweiligen Verfügung zurückgewiesen.

Gegen dieses Urteil hat der Verfügungskläger Berufung eingelegt.

Die Berufung hatte keinen Erfolg.

**Aus den Gründen:**

*[22]* I. Die Berufung ist statthaft, § 8 Abs. 2 ArbGG, § 511 Abs. 1 ZPO, § 64 Abs. 2b ArbGG. Sie ist auch form- und fristgerecht eingelegt und begründet worden, § 66 Abs. 1 ArbGG, §§ 519, 520 ZPO und damit insgesamt zulässig.

*[23]* II. Die Berufung ist nicht begründet. Das Arbeitsgericht hat den Antrag auf Erlass einer einstweiligen Verfügung zu Recht zurückgewiesen. Die Berufungskammer schließt sich der zutreffenden Begründung des Arbeitsgerichts an und nimmt darauf Bezug. Das Vorbringen des Verfügungsklägers in der Berufungsinstanz führt zu keiner abweichenden Beurteilung.

*[24]* 1. Der Erlass einer einstweiligen Verfügung nach §§ 935, 940 ZPO erfordert zunächst das Vorliegen eines Verfügungsgrundes (Eilbedürftigkeit). Dieser liegt vor, soweit die Herausgabe von Gegenständen im Rahmen des Besitzschutzes (§§ 858, 861 BGB) begehrt wird. Verbotene Eigenmacht genügt als Verfügungsgrund; eine besondere Dringlichkeit ist nicht erforderlich. Demgegenüber kann die Frage der Eigentümerstellung für einen Anspruch auf Herausgabe nach § 985 BGB regelmäßig im Hauptsacheverfahren geklärt werden.

*[25]* 2. Wie das Arbeitsgericht zutreffend erkannt hat, liegt kein Verfügungsanspruch aus §§ 861, 858 BGB vor. Erforderlich hierfür ist ein Besitzverlust des Anspruchsberechtigten und fehlerhafter Besitz des Anspruchsgegners. Es ist nicht ersichtlich, dass der Verfügungskläger jemals Besitzer der Bundeslade war. Der Verfügungskläger trägt auch nicht im Einzelnen vor, dass ihm sein Besitz durch verbotene Eigenmacht vom Verfügungsbeklagten entzogen wurde. Wie das Arbeitsgericht zutreffend erkannt hat, hat der Verfügungskläger seine eigene vorherige Besitzerstellung nicht im Einzelnen vorgetragen.

*[26]* Soweit der Verfügungskläger im Berufungsverfahren ausführt, das Arbeitsgericht habe übersehen, dass der Verfügungskläger bis zur Wegnahme durch den Verfügungsbeklagten unmittelbarer Besitzer der Bundeslade gewesen sei, trifft dies nicht zu. Vielmehr wurde die Bundeslade dem Verfügungsbeklagten unstreitig vom Bischof der Kirche in C ausgehändigt. Sodann verwendete der Verfügungsbeklagte die Bundeslade nicht nur zu gottesdienstlichen Zwecken in der Gemeinde des Verfügungsklägers, sondern auch in einer ande-

ren Gemeinde. Einen unmittelbaren Zugriff auf die Bundeslade (tatsächliche Sachherrschaft) hatten die Vorstandsmitglieder des Verfügungsklägers zu keinem Zeitpunkt. Dies ergibt sich bereits daraus, dass Gläubige, die nicht Pfarrer sind, die Bundeslade nicht berühren dürfen. Alleinigen Zugriff auf die Bundeslade und damit unmittelbaren Besitz hatte vielmehr der Verfügungsbeklagte als Pfarrer der Gemeinde. Daher ist es unerheblich, dass sich die Bundeslade ausweislich des Inventurberichts vom 5.9.2021 in der Sakristei der Kirche (in der die vom Verfügungskläger repräsentierte Gemeinde zu Gast war) befand. Der Verfügungsbeklagte konnte ohne Zustimmung der Vorstandsmitglieder des Verfügungsklägers jederzeit (in Absprache mit dem Pfarrer der Ortsgemeinde, in deren Sakristei die Bundeslade in einem Schrank verschlossen war auf die Bundeslade zu gottesdienstlichen Zwecken (auch zum Dienst in anderen Gemeinden) zugreifen.

*[27]* Ob der Verfügungsbeklagte mittelbaren Besitz an der Bundeslade erlangte, kann dahinstehen, denn dem mittelbaren Besitzer stehen Besitzschutzansprüche nur gegenüber Dritten, nicht aber gegenüber dem unmittelbaren Besitzer zu, § 869 Satz 2 BGB.

*[28]* Im Übrigen war der Verfügungskläger nicht mittelbarer Besitzer der Bundeslade. Dies ergibt sich insbesondere nicht aus der Vollmacht vom 11.8.2015, ausweislich der der Verfügungsbeklagte bevollmächtigt wurde, eine Bundeslade im Namen der Gemeinde einzuholen und in die Kirche einzubringen. Dies gilt unabhängig von den seitens des Verfügungsbeklagten hinsichtlich der Echtheit dieses Dokuments erhobenen Einwände. Zweifel bestehen darüber hinaus auch deshalb, weil dieses Dokument vom Verfügungsbeklagten selbst (was dieser bestreitet), also dem Bevollmächtigten und nicht etwa dem Vollmachtgeber unterschrieben sei. Hinzu kommt, dass die Erklärung vom 11.8.2015 auf einem Briefbogen des „G." abgegeben wurde. Dieser Verein ist, wie sich aus der Eintragung im Vereinsregister ergibt, nicht identisch oder Rechtsvorgänger des Verfügungsklägers, welcher ebenfalls im Vereinsregister eingetragen ist. Entscheidend ist, dass die Zur-Verfügung-Stellung der Bundeslade durch den Bischof für Europa nicht auf rechtsgeschäftlicher Grundlage erfolgte, sondern nach Maßgabe der kirchenrechtlichen Bestimmungen (insbesondere § 46 Buchstabe a Kanon), die auch für den Bischof bindend sind. Deshalb kommt es auf die Vollmachtserklärung vom 11.8.2015 und den Inhalt sonstiger von den Parteien zur Akte gereichten Schreiben, deren Echtheit und Aussagekraft zwischen ihnen (teilweise) streitig ist, nicht an. Entsprechendes gilt für die Einholung von (nicht näher begründeten) Rechtsmeinungen verschiedener Stellen seitens der Parteien.

*[29]* Maßgeblich für die Eigentums- und Besitzverhältnisse an der Bundeslade ist das autonome Kirchenrecht, das sich die Eritreische Orthodoxe B Kirche gegeben hat (Art. 140 GG i.V.m. Art. 137 WRV).

*[30]* Nach § 28 des Kanons ist das oberste geistliche Organ die Heilige Synode. Dieser sind die Priester (Pfarrer) unterstellt. Gemäß § 46 a) des Kanons ist die Heilige Bundeslade das rechtliche Eigentum der Kirche. Die Heilige Synode erteilt ihrer Diözese Weisungen, dass die Sakralgegenstände (...), insbesondere die Bundeslade, ordnungsgemäß aufzubewahren ist. Für die Umsetzung dessen ist auf der Ebene der Ortsgemeinde der Pfarrer verantwortlich. Der Vorstand eines privatrechtlichen Trägervereins einer in Deutschland ansässigen Gemeinde ist nach dem Kanon der Eritreisch Orthodoxen B Kirche nicht die Leitung der Gemeinde. Dies folgt aus § 58 Nr. 4 Kanon, wonach die Heilige Synode neue Kirchen innerhalb der Diözese genehmigt. Daraus ergibt sich, dass die Gemeinden in der Organisationsstruktur der Heiligen Synode unterstehen. Der privatrechtliche Trägerverein hat nur die Funktion, der Gemeinde die Teilnahme am Rechtsverkehr in Deutschland zu ermöglichen. Er kann weder Eigentum noch Besitz an sakralen Gegenständen erwerben. Dies ergibt sich aus § 46 a) Kanon, wonach die Heilige Bundeslade das rechtliche Eigentum der Kirche ist. Mit „Kirche" ist in diesem Zusammenhang die Eritreisch-Orthodoxe Kirche, nicht die Ortsgemeinde und auch nicht deren privatrechtlicher Trägerverein, gemeint. Die Kirche wird in Europa repräsentiert durch den Bischof in C sowie die Diözese in Deutschland. Etwas anderes ergibt sich auch nicht aus § 114 Nr. 3 Satz 3 Kanon, wonach auf die Tafel die christliche Gemeinde geschrieben werden kann. Daraus folgt nur, dass die betreffende Bundeslade (auch) der genannten Gemeinde gegeben werden kann. Das Eigentum an der Bundeslade bleibt in diesem Fall nach § 46 a) Kanon bei der Kirche. Eine derartige Eintragung behauptet der Verfügungskläger selbst nicht, sodass auch nach Kirchenrecht kein Besitz der Gemeinde (und auch nicht des Verfügungsklägers als deren privatrechtlichem Trägerverein) an der streitgegenständlichen Bundeslade begründet wurde.

*[31]* Daraus folgt, dass mit der 2016 erfolgten Übergabe der Bundeslade vom Bischof von Europa an den Verfügungsbeklagten als Pfarrer diesem nicht das Eigentum an derselben, sondern lediglich der unmittelbare Besitz zu deren Verwendung zu gottesdienstlichen Zwecken übertragen wurde.

*[32]* Der Verfügungskläger war zu keinem Zeitpunkt Eigentümer oder Besitzer der Bundeslade.

*[33]* Der Verfügungsbeklagte war auch hinsichtlich der Bundeslade nicht lediglich Besitzdiener, § 855 BGB. Erforderlich hierfür wäre, dass der Verfügungsbeklagte den sich auf die Sache (Bundeslade) beziehenden Weisungen

des anderen (des Verfügungsklägers) Folge zu leisten hat. Dies ist hier aufgrund seiner Stellung als Pfarrer gegenüber der Gemeinde zu verneinen. Zwar steht der Pfarrer in einem Arbeitsverhältnis zur Gemeinde. Kirchenrechtlich untersteht der Pfarrer – wie ausgeführt – der Heiligen Synode, vertreten durch den Bischof. Damit wäre eine Stellung des privatrechtlichen Trägervereins einer Gemeinde als Besitzherr der Bundeslade unvereinbar.

*[34]* Soweit sich der Verfügungskläger darauf beruft, der Verfügungsbeklagte sei von der Diözese Deutschland von seinem Dienst als Pfarrer suspendiert worden, was der Verfügungsbeklagte aus Rechtsgründen in Abrede stellt, führt dies nicht dazu, dass der Verfügungsbeklagte die Bundeslade an den Verfügungskläger herausgeben müsste. Ein derartiger Herausgabeanspruch stünde vielmehr der Eritreisch-Orthodoxen Kirche zu. Auch dies folgt aus § 46 a) des Kanons.

*[35]* Soweit der Verfügungsbeklagte schließlich die Fehlerhaftigkeit der vom Verfügungskläger vorgelegten Übersetzungen rügt, ergibt sich selbst unter deren Zugrundelegung keine für den Verfügungskläger günstige Entscheidung.

## 22

**1. Ein Personalausweis enthält nach § 5 Abs. 2 Nr. 5 PAuswG als sichtbar aufgebrachte Angabe über den Ausweisinhaber unter anderem ein Lichtbild. Dieses Lichtbild muss die Person gemäß § 7 Abs. 3 Satz 1 PAuswV ohne Kopfbedeckung zeigen.**

**2. Nach § 7 Abs. 3 Satz 4 PAuswV kann die Personalausweisbehörde von dem Verbot der Kopfbedeckung aus religiösen Gründen Ausnahmen zulassen. Dies setzt voraus, dass die antragstellende Person darlegt, dass sie das Tragen einer Kopfbedeckung als für sich verbindlich von den Regeln ihrer Religion vorgegeben betrachtet und sie im Falle der Erstellung bzw. Verwendung eines Lichtbilds, das sie ohne Kopfbedeckung zeigt, in einen glaubensbedingten Gewissenskonflikt geriete. Die pauschale Angabe, muslimischen Glaubens zu sein, genügt hierfür nicht. Die Vorlage einer Bestätigung der jeweiligen Religionsgemeinschaft über die Zugehörigkeit der antragstellenden Person ist zur Darlegung religiöser Gründe im Sinne von § 7 Abs. 3 Satz 4 PAuswV weder notwendig noch hinreichend.**

**3. Ein Anspruch auf Ausstellung eines Personalausweises mit einem Lichtbild, das die Person mit einer Kopfbedeckung zeigt, kann nicht originär aus der Gewährleistung der Glaubensfreiheit in Art. 4 Abs. 1 und 2 GG hergeleitet werden.**

https://doi.org/10.1515/9783111651248-022

**Artt. 3 Abs. 1, 4 Abs. 1 und 2 GG, Nr. 6.2.1.1.4 PassVwV,
§§ 1 Abs. 1 bis 4, 5 Abs. 1 und 2 Nr. 5, 7 Abs 3, 9 Abs. 1 Satz 1, 34 PAuswG
VG Münster, Beschluss vom 10. November 2022 -1 L 819/22-[1]**

Die Antragstellerin, eine gläubige Muslima, wollte bei der Antragsgegnerin (hier: Personalausweisbehörde) erreichen, dass ihr ausnahmsweise ein Personalausweis mit einem Lichtbild ausgestellt wird, das sie mit einer Kopfbedeckung zeigt. Zur Begründung führte sie an, dass sie muslimischen Glaubens sei. Nähere Angaben zu ihrer Religionsausübung oder zu ihren Glaubensüberzeugungen machte sie nicht. Jedoch ist zwischen den Beteiligten umstritten, ob die Vorlage einer Bestätigung der Religionsgemeinschaft der Antragstellerin über deren Zugehörigkeit erforderlich ist, um religiöse Gründe im Sinne von § 7 Abs. 3 Satz 4 PAuswV darzulegen.

Nachdem die Antragsgegnerin das Begehren der Antragstellerin abgelehnt hatte, kündigte diese an, einen Antrag auf einstweiligen Rechtsschutz zu stellen, um die Antragsgegnerin im Wege einer einstweiligen Anordnung zu verpflichten, ihr einen Personalausweis mit einem Lichtbild von ihr mit Kopfbedeckung auszustellen. Dazu hatte sie einen Antrag auf Bewilligung von Prozesskostenhilfe gestellt.

Das Gericht hat den Antrag abgelehnt.

**Aus den Gründen:**

*[1]* Der Antrag auf Bewilligung von Prozesskostenhilfe für das beabsichtigte Verfahren des vorläufigen Rechtsschutzes ist abzulehnen. Die Voraussetzungen für die Bewilligung von Prozesskostenhilfe liegen nicht vor, weil jedenfalls die beabsichtigte Rechtsverfolgung nicht die gemäß § 166 Abs. 1 Satz 1 VwGO i.V.m. § 114 Absatz 1 Satz 1 ZPO erforderliche hinreichende Aussicht auf Erfolg bietet.

*[2]* Die Prüfung der Erfolgsaussicht dient nicht dazu, die Rechtsverfolgung oder Rechtsverteidigung selbst in das Nebenverfahren der Prozesskostenhilfe vorzuverlagern und dieses an die Stelle des Hauptsacheverfahrens treten zu lassen. Das Prozesskostenhilfeverfahren will den Rechtsschutz, den der Rechtsstaatsgrundsatz erfordert, nicht selbst bieten, sondern zugänglich machen. Dem genügt das Gesetz, indem es die Gewährung von Prozesskostenhilfe bereits

1 Amtl. Leitsätze. BeckRS 2022, 31724; juris.
Der Beschluss ist rechtskräftig. Das OVG NW hat die gegen den Beschluss eingelegte Beschwerde mit Beschluss vom 22.2.2023 (-19 E 843/22-) zurückgewiesen.

dann vorsieht, wenn nur hinreichende Erfolgsaussichten für den beabsichtigten Rechtsstreit bestehen, ohne dass der Prozesserfolg schon gewiss sein muss. Dies bedeutet zugleich, dass Prozesskostenhilfe verweigert werden darf, wenn ein Erfolg in der Hauptsache zwar nicht schlechthin ausgeschlossen, die Erfolgschance aber nur eine entfernte ist (vgl. BVerfG, Beschluss vom 3.3.2014 -1 BvR 1671/13- NJW 2014, 1291).

*[4]* Hieran gemessen bietet die beabsichtigte Rechtsverfolgung keine hinreichende Aussicht auf Erfolg, weil die Erfolgschance der Antragstellerin im beabsichtigten Verfahren des vorläufigen Rechtsschutzes nur eine entfernte ist.

*[5]* Der angekündigte Antrag der Antragstellerin, die Antragsgegnerin im Wege einer einstweiligen Anordnung zu verpflichten, ihr einen Personalausweis mit einem Lichtbild von ihr mit Kopfbedeckung auszustellen, ist aller Voraussicht nach als Antrag nach § 123 Abs. 1 Satz 2 VwGO zulässig, aber unbegründet.

*[8]* Nach § 123 Abs. 1 Satz 2 VwGO sind einstweilige Anordnungen zur Regelung eines vorläufigen Zustandes in Bezug auf ein streitiges Rechtsverhältnis zulässig, wenn diese Regelung, vor allem bei dauernden Rechtsverhältnissen, um wesentliche Nachteile abzuwenden oder drohende Gewalt zu verhindern oder aus anderen Gründen nötig erscheint. Anordnungsanspruch und Anordnungsgrund sind glaubhaft zu machen (§ 123 Abs. 3 VwGO i.V.m. §§ 920 Abs. 2, 294 Abs. 1 ZPO). Das grundsätzliche Verbot einer Vorwegnahme der Hauptsache steht einer einstweiligen Anordnung nicht entgegen, wenn dies zur Gewährung effektiven Rechtsschutzes gemäß Art. 19 Abs. 4 des Grundgesetzes (GG) geboten ist und ein hoher Grad an Wahrscheinlichkeit dafürspricht, dass der mit der Hauptsache verfolgte Anspruch begründet ist (vgl. BVerwG, Urteil vom 18.4.2013 -10 C 9.12- BVerwGE 146, 189; BVerfG, Beschluss vom 15.8.2002 -1 BvR 1790/00- NJW 2002, 3691).

*[10]* Diese Voraussetzungen liegen aller Voraussicht nach nicht vor. Die Antragstellerin hat voraussichtlich bereits keinen Anordnungsanspruch glaubhaft gemacht. Es besteht nach der im beabsichtigten vorläufigen Rechtsschutzverfahren allein vorzunehmenden summarischen Prüfung keine überwiegende Wahrscheinlichkeit dafür, dass der Antragstellerin der geltend gemachte Anspruch auf Ausstellung eines Personalausweises mit einem Lichtbild zusteht, das sie mit einer Kopfbedeckung zeigt. Eine dahingehende Verpflichtung der Antragsgegnerin ergibt sich weder aus einfachem Recht – 1. – noch aus der Gewährleistung der Glaubensfreiheit in Art. 4 Abs. 1 und 2 GG – 2. – noch aus Art. 3 Abs. 1 GG i.V.m. der Verwaltungspraxis der Antragsgegnerin – 3. –.

*[11]* 1. Der geltend gemachte Anspruch ergibt sich zunächst nicht aus einfachem Recht.

*[12]* Die insoweit einzig in Betracht kommende Anspruchsgrundlage bilden § 9 Abs. 1 Satz 1 i.V.m. § 1 Personalausweisgesetz (PAuswG). Nach § 9 Abs. 1 Satz 1 PAuswG werden u.a. Personalausweise auf Antrag für Deutsche im Sinne des Artikels 116 Abs. 1 GG ausgestellt. § 1 Abs. 1 bis 3 PAuswG regeln im Einzelnen, unter welchen Voraussetzungen Deutsche der Ausweispflicht unterliegen, und vermitteln diesem Personenkreis damit zugleich einen Anspruch auf Ausstellung eines (Personal-)Ausweises, um der Ausweispflicht genügen zu können. Darüber hinaus verleiht § 1 Abs. 4 PAuswG weiteren, nicht der Ausweispflicht unterliegenden Personen ein Ausweisrecht. Dieser einfachrechtliche Anspruch hat aber nur einen Personalausweis in der gesetzlich vorgesehenen Form zum Gegenstand (vgl. BVerwG, Beschluss vom 24.10.1990 -1 B 98.90- Buchholz 402.02 PAuswG Nr. 3, zu § 1 Abs. 2 des Gesetzes über Personalausweise i.d.F. vom 21.4.1986).

*[14]* Nach § 5 Abs. 1 PAuswG sind Ausweise nach einheitlichen Mustern auszustellen. Gemäß § 5 Abs. 2 Nr. 5 PAuswG enthält der Personalausweis als sichtbar aufgebrachte Angabe über den Ausweisinhaber unter anderem ein Lichtbild. Die Einzelheiten zu den Anforderungen an das Lichtbild sind in § 7 der auf der Grundlage von § 34 PAuswG erlassenen Personalausweisverordnung (PAuswV) geregelt. Nach § 7 Abs. 3 Satz 1 PAuswV muss das Lichtbild die Person in einer Frontalaufnahme, ohne Kopfbedeckung und ohne Bedeckung der Augen zeigen. Gemäß § 7 Abs. 3 Satz 3 PAuswV kann die Personalausweisbehörde von diesen Vorgaben aus medizinischen Gründen, die nicht nur vorübergehender Art sind, Ausnahmen zulassen. Vom Verbot der Kopfbedeckung kann sie auch aus religiösen Gründen Ausnahmen zulassen (§ 7 Abs. 3 Satz 4 PAuswV).

*[15]* Hiernach kann die Antragstellerin aller Voraussicht nach (allein) auf der Grundlage ihrer bisherigen Angaben nicht die Ausstellung eines Personalausweises mit einem Lichtbild verlangen, das sie mit einer Kopfbedeckung zeigt. Auf medizinische Gründe für eine Abweichung von den Vorgaben des § 7 Abs. 3 Satz 1 PAuswV beruft sie sich nicht. Mit ihrem bisherigen Vorbringen hat die Antragstellerin auch nicht dargelegt, dass bezogen auf ihre Person religiöse Gründe i.S.v. § 7 Abs. 3 Satz 4 PAuswV eine Ausnahme vom Verbot der Kopfbedeckung gebieten.

*[16]* Die Ausnahmeregelung des § 7 Abs. 3 Satz 4 PAuswV dient der Gewährleistung des Schutzes der in Art. 4 Abs. 1 und 2 GG verbürgten Glaubens- und Bekenntnisfreiheit des Ausweisinhabers bzw. -bewerbers (vgl. nur VG Potsdam, Urteil vom 13.11.2015 -VG 8 K 4253/13- KirchE 66, 242).

*[18]* In Bezug auf die insoweit maßgebliche Frage, ob eine Verhaltensweise dem Schutzbereich der Glaubens- und Bekenntnisfreiheit unterfällt, kommt es zunächst auf das Selbstverständnis des Grundrechtsträgers an, das in einem

zweiten Schritt einer von den staatlichen Organen, letztlich den Gerichten, vorzunehmenden Ernsthaftigkeits- bzw. Plausibiliätsprüfung zu unterziehen ist (vgl. nur Kokott, in: Sachs, GG, 9. Aufl. 2021, Art. 4 Rn 19 f.; Di Fabio, in: Dürig/Herzog/Scholz, GG, Art. 4 Rn 80 [92. Ergänzungslieferung, Stand: August 2020]; jeweils mwN; siehe anschaulich in Bezug auf das Tragen eines Kopftuchs BVerfG, Urteil vom 24.9.2003 -2 BvR 1436/02- BVerfGE 108, 282, KirchE 44, 166).

*[20]* Hiervon ausgehend ist es in der höchstrichterlichen Rechtsprechung geklärt, dass diejenige, die – wie hier die Antragstellerin – unter Berufung auf ihr Grundrecht aus Art. 4 Abs. 1 und 2 GG die Befreiung von einer vom Staat durch Gesetz allen auferlegten Pflicht begehrt, die Darlegungslast dafür trifft, dass sie durch verbindliche Ge- oder Verbote ihres Glaubens gehindert ist, der gesetzlichen Pflicht zu genügen, und dass sie in einen Gewissenskonflikt gestürzt würde, wenn sie entgegen den Ge- oder Verboten ihres Glaubens die gesetzliche Pflicht erfüllen müsste (vgl. anlässlich der Befreiung einer Schülerin islamischen Glaubens vom koedukativen Sportunterricht BVerwG, Urteil vom 25.8.1993 -6 C 8.91- BVerwGE 94, 82, KirchE 31, 328; siehe auch BVerwG, Urteil vom 11.9.2013 -6 C 12.12- NVwZ 2014, 237, KirchE 62, 101).

*[22]* Diesen auch in Bezug auf die hier begehrte Ausnahme vom Erfordernis eines Lichtbilds, das die Person ohne Kopfbedeckung zeigt, geltenden (vgl. VG Köln, Beschluss vom 6.5.2013 -13 L 414/13-; implizit auch VG Wiesbaden, Urteil vom 10.7.1984 -VI/1 E 596/82- NVwZ 1985, 137, KirchE 22, 134; OVG Berlin, Urteil vom 20.3.1991 -1 B 21.89-; VG Potsdam, Urteil vom 13.11.2015 -VG 8 K 4253/13- KirchE 66, 242; Hamburgisches OVG, Beschluss vom 15.5.2018 -5 So 72/17- NJW 2018, 2282; siehe auch die von dem Rechtsbeistand der Antragstellerin zitierte Entscheidung des VG Kassel, Beschluss vom 4.2.2004 -3 G 1916/03- („Teil der religiösen Überzeugung der Antragstellerin ist [...]"),

*[24]* Darlegungsanforderungen wird das bisherige Vorbringen der Antragstellerin nicht gerecht. Sie beruft sich bislang ausschließlich pauschal darauf, dass sie muslimischen Glaubens sei. Damit legt sie weder konkret und substantiiert dar, dass sie das Tragen eines Kopftuchs als für sich verbindlich von den Regeln ihrer Religion vorgegeben betrachtet bzw. das Befolgen dieser Bekleidungsregel für sie Ausdruck ihres religiösen Bekenntnisses ist, noch, dass sie im Falle der Erstellung bzw. Verwendung eines Lichtbilds, das sie ohne Kopfbedeckung zeigt, in einen glaubensbedingten Gewissenskonflikt geriete.

*[25]* Die pauschale Angabe, muslimischen Glaubens zu sein, genügte auch dann nicht den Darlegungsanforderungen, wenn man hierin die (konkludente) Behauptung erblicken wollte, das eigene Selbstverständnis decke sich mit jenem der Religionsgemeinschaft. Dies widerspräche der – im Übrigen grundrechtsschutzerweiternden – subjektiven Herangehensweise und ergibt sich

darüber hinaus daraus, dass ein solches, allgemeingültiges und eindeutiges Selbstverständnis einer Religionsgemeinschaft bezogen auf einzelne Verhaltensweisen schlicht nicht – und erst recht nicht durch staatliche Organe – feststellbar ist (vgl. zur Berücksichtigung des Selbstverständnisses der Religionsgemeinschaft im Rahmen der [erst] in einem zweiten Schritt erfolgenden Ernsthaftigkeits- bzw. Plausibiliätsprüfung des Selbstverständnisses des Grundrechtsträgers BVerfG, Urteil vom 24.9.2003 -2 BvR 1436/02- BVerfGE 108, 282, KirchE 44, 166).

*[27]* Zudem wäre auf diese Weise nicht sichergestellt, dass nicht schon die bloße – nicht ernsthafte, möglicherweise aus anderen Gründen vorgeschobene – Berufung auf behauptete Glaubensinhalte und Glaubensgebote, sondern erst die konkrete, substantiierte und objektiv nachvollziehbare Darlegung eines Gewissenskonfliktes als Konsequenz aus dem Zwang, der eigenen Glaubensüberzeugung zuwiderzuhandeln, geeignet ist, einen möglichen Anspruch auf Befreiung von einer konkret entgegenstehenden, grundsätzlich für alle geltenden Pflicht unter der Voraussetzung zu begründen, dass der Zwang zur Befolgung dieser Pflicht die Glaubensfreiheit verletzen würde (vgl. BVerwG, vom 25.8.1993 -6 C 8.91- BVerwGE 94, 82, KirchE 31, 323).

*[29]* Von den Darlegungsanforderungen entbinden die Antragstellerin in diesem Zusammenhang auch nicht die von ihr herangezogenen Passverwaltungsvorschriften (PassVwV). Dies folgt bereits daraus, dass diese für sich betrachtet als lediglich verwaltungsinterne Regelungen in Bezug auf die hier in Rede stehende Auslegung und Anwendung von § 7 Abs. 3 Satz 4 PAuswV keine Rechte für die Antragstellerin begründen (siehe zum davon zu unterscheidenden Fall der sog. Selbstbindung der Verwaltung sogleich unter 3.). Ohnehin missversteht die Antragstellerin die Erleichterungen, die Nr. 6.2.1.1.4 PassVwV vermittelt über eine daran ausgerichtete tatsächliche Verwaltungspraxis der antragstellenden Person bieten können: Sie berühren weder das Erfordernis der Darlegung der individuell als für sich verbindlich empfundenen Glaubensregeln und des daraus im konkreten Fall erwachsenden glaubensbedingten Gewissenskonflikts noch jenes der damit zusammenhängenden Zugehörigkeit zu einer Religionsgemeinschaft, sondern lassen – insofern: lediglich – u.a. bezogen auf das Tragen von Kopfbedeckungen von Frauen, die dem islamischen Glauben angehören, die (zusätzliche) Darlegung des Selbstverständnisses der jeweiligen Religionsgemeinschaft entbehrlich werden.

*[30]* Zur Klarstellung weist das Gericht darauf hin, dass die Vorlage einer Bestätigung der jeweiligen Religionsgemeinschaft über die Zugehörigkeit der antragstellenden Person, über deren Erforderlichkeit die Beteiligten (wohl) streiten, zur Darlegung religiöser Gründe i.S.v. § 7 Abs. 3 Satz 4 PAuswV weder

notwendig noch hinreichend ist. Sie betrifft einerseits mit der Darlegung der Zugehörigkeit zu einer Religionsgemeinschaft lediglich einen von mehreren insoweit relevanten Aspekten. Andererseits ist es nicht ausgeschlossen – im Übrigen auch nicht nach Nr. 6.2.1.1.4 PassVwV („Dies kann z.B. durch die Bestätigung der jeweiligen Religionsgemeinschaft über die Zugehörigkeit der antragstellenden Person erfolgen."; Hervorhebung durch das Gericht), an denen sich die tatsächliche Verwaltungspraxis regelmäßig orientiert –, die Zugehörigkeit zu einer Religionsgemeinschaft in einer anderen geeigneten Art und Weise konkret und substantiiert darzulegen, die über das bloße Aufstellen der verbalen Behauptung hinausgeht, muslimischen Glaubens zu sein.

*[31]* 2. Die Antragstellerin kann einen Anspruch auf Ausstellung eines Personalausweises mit einem Lichtbild, das sie mit Kopfbedeckung zeigt, auch nicht originär aus der Gewährleistung der Glaubensfreiheit in Art. 4 Abs. 1 und 2 GG herleiten. Das Grundrecht vermittelt grundsätzlich (vgl. nur Germann, in: Epping/Hillgruber, BeckOK Grundgesetz, 52. Edition (Stand: 15.8.2022), Art. 4 Rn 60 ff. mwN) wie – erst recht in Anbetracht von § 7 Abs. 3 Satz 4 PAuswV – auch in der hier vorliegenden Konstellation keine originären Leistungsansprüche gegen den Staat (vgl. BVerwG, Beschluss vom 24.10.1990 -1 B 98.90- Buchholz 402.02 PAuswG Nr. 3). Die Entscheidung des VG Wiesbaden, Urteil vom 10.7.1984 -VI/1 E 596/82- NVwZ 1985, 137, KirchE 22, 134, leitet einen entsprechenden Anspruch zwar aus Art. 4 Abs. 1 und 2 GG her, allerdings fehlte es zum damaligen Entscheidungszeitpunkt an einer § 7 Abs. 3 Satz 4 PAuswV vergleichbaren Regelung; in der Sache handelte es sich ohnehin um ein derivatives, an entsprechende Vorschriften zugunsten u.a. anderer Religionsgemeinschaften anknüpfendes Recht.

*[35]* Im Übrigen hat die Antragstellerin nach dem Vorstehenden bislang nicht dargelegt, dass das Tragen eines Kopftuchs durch sie unter den Schutz von Art. 4 Abs. 1 und 2 GG fällt.

*[36]* 3. Schließlich kann die Antragstellerin einen Anspruch nicht aus Art. 3 Abs. 1 GG i.V.m. der Verwaltungspraxis der Antragsgegnerin herleiten.

*[37]* Nach der sog. Selbstbindung der Verwaltung bindet sich die Verwaltung durch ihre ständige rechtmäßige tatsächliche Praxis in dem Sinne selbst, dass sie von dieser in einem gleichliegenden Fall nicht ohne sachlichen Grund abweichen darf.

*[38]* Hiernach besteht kein Anspruch der Antragstellerin auf Ausstellung eines Personalausweises mit einem Lichtbild, das sie mit Kopfbedeckung zeigt, weil sich jedenfalls keine Praxis der Antragsgegnerin feststellen lässt, Personen unter den bei der Antragstellerin gegebenen Umständen einen Personalausweis wie vorbeschrieben auszustellen. Nach den insoweit übereinstimmenden Anga-

ben der Antragstellerin in ihrer „Eidesstattlichen Versicherung“ vom 15.9.2022 sowie der Antragsgegnerin in der Antragserwiderung und dem dieser beigefügten Gedächtnisprotokoll der Sachbearbeiterin richtet die Antragsgegnerin ihre ständige (tatsächliche) Verwaltungspraxis in Bezug auf Lichtbilder (auch) für Personalausweise an den PassVwV aus. Dementsprechend lässt sie Ausnahmen vom Verbot der Kopfbedeckung aus religiösen Gründen bei Frauen, die dem islamischen Glauben angehören, nur zu, wenn diese die Zugehörigkeit zu dieser Religionsgemeinschaft (etwa) durch die Bestätigung der Religionsgemeinschaft darlegen. An dieser Darlegung durch die Antragstellerin fehlt es hier bislang.

## 23

**1. § 9 Abs. 1 Alt. 1 AGG ist einer unionsrechtskonformen Auslegung im Einklang mit Art. 4 Abs. 2 der Richtlinie 2000/78/EG nicht zugänglich und muss daher unangewendet bleiben.**
**2. § 9 Abs. 1 Alt. 2 AGG ist unionsrechtskonform dahin auszulegen, dass eine unterschiedliche Behandlung wegen der Religion bei der Beschäftigung durch Religionsgemeinschaften auch zulässig ist, wenn eine bestimmte Religion unter Beachtung des Selbstverständnisses der jeweiligen Religionsgemeinschaft nach der Art der Tätigkeit oder den Umständen ihrer Ausübung eine wesentliche, rechtmäßige und gerechtfertigte berufliche Anforderung darstellt. Auch wenn es den staatlichen Gerichten im Regelfall nicht zusteht, über das der angeführten beruflichen Anforderung zugrundeliegende Ethos als solches zu befinden, obliegt es ihnen jedoch festzustellen, ob diese drei Kriterien in Anbetracht des betreffenden Ethos im Einzelfall erfüllt sind.**
**3. Macht der kirchliche Arbeitgeber geltend, die Kirchenmitgliedschaft sei erforderlich, weil der Stelleninhaber die Position des Arbeitgebers gegenüber Dritten vertreten müsse, hat er vorzutragen, dass und weshalb es dabei erforderlich wird, dessen Ethos nach außen zu bekunden.**
**4. Die Haftung nach § 15 Abs. 2 AGG ist verschuldensunabhängig. Entscheidet sich ein EU-Mitgliedstaat – wie hier Deutschland – für eine Sanktion, die sich in den Rahmen einer Regelung über die zivilrechtliche Haftung des Arbeitgebers einfügt, so reicht der Verstoß gegen das Diskriminierungsverbot für sich genommen aus, um die volle Haftung seines Urhebers auszulösen. Daher kommt es weder auf Verschulden als Voraussetzung an, noch ist ein fehlendes Verschulden oder ein geringer Grad des Verschuldens des Arbeitgebers bei der Bemessung der Entschädigung zulasten der benachteiligten Person bzw. zugunsten des benachteiligenden Arbeitgebers berücksichtigungsfähig.**

https://doi.org/10.1515/9783111651248-023

**Art. 4 EGRL 78/2000, §§ 3 Abs. 1, 9 Abs. 1, 11, 15 Abs. 2 AGG**
**LAG Niedersachsen, Urteil vom 10. November 2022 -10 Sa 957/21-[1]**

Die Parteien streiten um eine Entschädigung nach dem Allgemeinen Gleichbehandlungsgesetz. Hinsichtlich des erstinstanzlichen Vorbringens der Parteien nebst Anträgen sowie der Würdigung, die jenes Vorbringen dort erfahren hat, wird auf Tatbestand und Entscheidungsgründe des Urteils des Arbeitsgerichts C-Stadt vom 9.9.2021 -13 Ca 26/21 Ö- Bezug genommen.

Das Arbeitsgericht hat der Klage in Höhe von 8.897,07 € nebst Zinsen stattgegeben und sie im Übrigen abgewiesen. Zur Begründung hat es ausgeführt: Der Kläger habe den Entschädigungsanspruch frist- und formgerecht geltend gemacht und eingeklagt. Er habe ausreichende Indizien dafür dargelegt, wegen des Merkmals der Religion benachteiligt worden zu sein. In einem Telefongespräch seien die Religionszugehörigkeit und deren Wichtigkeit für die ausgeschriebene Stelle ausführlich erörtert worden. Die Beklagte trage selbst vor, dass aus ihrer Sicht die Kirchenzugehörigkeit ein wesentliches Einstellungskriterium sei, so dass anzunehmen sei, dass der Kläger die ausgeschriebene Stelle zumindest auch wegen dieser Anforderung nicht erhalten habe. Die Benachteiligung sei nicht gerechtfertigt, denn die Beklagte habe nicht darlegen können, dass die Voraussetzungen des § 9 Abs. 1 Alt. 2 AGG vorlägen. Dabei könne dahingestellt bleiben, ob die Merkmale „wesentlich" und „rechtmäßig" erfüllt seien, denn zumindest handele es sich nicht um eine gerechtfertigte Anforderung. Dem Vortrag der Beklagten sei nicht ausreichend zu entnehmen, dass eine Beeinträchtigung ihres Ethos oder ihres Rechts auf Autonomie wahrscheinlich und erheblich sei. Soweit sie meine, dass der Arbeitsplatz das Verständnis der liturgischen Spezifika im Hinblick auf den Arbeits- und Gesundheitsschutz voraussetze und der Stelleninhaber daher Mitglied einer evangelischen Kirche sein müsse, setze sich dieser Vortrag mit dem Merkmal der „Rechtmäßigkeit" der Anforderung auseinander, nicht aber mit demjenigen der „gerechtfertigten Anforderung". Gleiches gelte für den Vortrag, die Kirchenzugehörigkeit werde aufgrund der verantwortungsvollen Leitungsposition und der damit zusammenhängenden Tätigkeit gefordert. Soweit die Beklagte die Auffassung vertrete, die Besetzung der Stelle mit einem Nichtchristen hätte zur Folge, dass die Interessen der Beklagten auf Bundesebene nicht hinreichend berücksichtigt werden könnten, was ihr Ethos gefährde, stelle sich dies lediglich als eine mit Tatsachen nicht unterlegte Meinung dar. Die darlegungsbelastete Beklagte trage

1 Amtl. Leitsätze. juris.
Das Urteil ist rechtskräftig.

nicht vor, weshalb die Gefahr einer Beeinträchtigung des Ethos oder des Rechts auf Autonomie wahrscheinlich und erheblich sei.

Angemessen sei hier eine Entschädigung in Höhe von 1½ Monatsgehältern. Die Diskriminierung sei weder besonders schwer noch besonders leicht gewesen. Dass die Beklagte eine E-Mail an den Prozessbevollmächtigten des Klägers mit dem Text: „Darauf hat er es von Anfang an angelegt" gesandt habe, bleibe außer Betracht, weil der Prozessbevollmächtigte offensichtlich versehentlich angeschrieben worden sei und es sich ferner um eine erlaubte Meinungsäußerung gehandelt habe. Mit 1½ Bruttomonatsgehältern werde der Kläger angemessen entschädigt; der Betrag sei erforderlich, aber auch ausreichend, um die notwendige abschreckende Wirkung zu erzielen.

Gegen das Urteil des Arbeitsgerichts haben Kläger und Beklagte Berufung eingelegt.

Der Kläger beantragt sinngemäß, das Urteil des Arbeitsgerichts teilweise abzuändern und die Beklagte zu verurteilen, dem Kläger über den erstinstanzlich zuerkannten Betrag hinaus eine weitere Entschädigung zu zahlen, deren Höhe in das Ermessen des Gerichts gestellt wird, jedoch insgesamt 17.794,14 € nicht unterschreiten sollte, nebst Zinsen in Höhe von fünf Prozentpunkten über dem Basiszinssatz seit dem 4.12.2020.

Der Kläger begründet seine Berufung wie folgt: Vorliegend sei eine Entschädigung von mindestens drei Bruttomonatsentgelten angemessen. Es sei zu berücksichtigen, dass die Benachteiligung des Klägers sowohl vorsätzlich als auch unmittelbar erfolgte und keinerlei Rechtfertigung erkennen lasse. Der Kläger hätte die Stelle erhalten, sofern er der evangelischen Kirche angehört hätte. Auch die Äußerung der Beklagten in der E-Mail: „Darauf hat er es von Anfang an angelegt", zeige deren Uneinsichtigkeit, so dass ein höherer Entschädigungsbetrag erforderlich sei, um die notwendige abschreckende Wirkung zu erzielen. Offensichtlich gehe das Arbeitsgericht unzutreffend davon aus, dass die in § 15 Abs. 2 Satz 2 AGG genannten drei Monatsgehälter schlichtweg zu halbieren wären. Richtigerweise dürfte aber selbst die beantragte Entschädigung in Höhe von jedenfalls drei Monatsgehältern nach oben anzupassen sein.

Die Beklagte beantragt zusammengefasst, die Berufung des Klägers zurückzuweisen sowie das Urteil des Arbeitsgerichts teilweise abzuändern und die Klage insgesamt abzuweisen.

Sie betont, der Kläger sei nicht wegen Religion benachteiligt worden; das Thema der Religionszugehörigkeit sei erst angesprochen worden, als festgestanden habe, dass die Bewerbung des Klägers nicht weitergeführt würde. Die fehlende Kirchenmitgliedschaft sei für den Misserfolg der Bewerbung daher nicht ursächlich gewesen. Ursache für das Scheitern sei die terminliche Verhinderung des Klägers gewesen.

Zur Sache trägt sie vor: Sie sei eine auf dem Evangelium gegründete Organisation mit Millionen Mitgliedern, Hunderttausenden Beschäftigten und zentralem Kirchenamt in C-Stadt. Die ausgeschriebene Stelle „Koordination Arbeitsmedizin" sei leitend in der Evangelischen Fachstelle für Arbeits- und Gesundheitsschutz (EFAS), mit bundesweiter Verantwortung für über 240.000 Beschäftigte, 1,1 Mio. Ehrenamtliche und 21.000 Pfarrer. Insgesamt zählten zu ihr 21 Millionen Menschen. Ihr Kirchenamt in C-Stadt stelle mit rund 200 Beschäftigten ihre zentrale bundesweite Verwaltung dar. Es sei die Dienststelle ihrer drei Leitungsorgane – des Rates, der Kirchenkonferenz und der Synode – und nehme deren Geschäfte wahr. Der Stelleninhaber habe weitreichende Aufgaben: Koordination, Vertragsgestaltung, Konzeptentwicklung, Gremienarbeit, externe Vertretung gegenüber Staat und Verbänden, Publikationen und Organisation von Großveranstaltungen – alles eigenverantwortlich und öffentlich sichtbar.

Die Beklagte betont, diese Funktion verlange zwingend evangelische Kirchenmitgliedschaft: als formaler Ausdruck der Bindung an den kirchlichen Auftrag, zur Sicherung des evangelischen Profils, für die Einbindung in kirchliche Gremien und die glaubwürdige Vertretung nach außen. Ohne Kirchenmitgliedschaft drohe Verlust des spezifisch Kirchlichen und Gefährdung des Ethos der Dienstgemeinschaft. Nach § 9 AGG sei eine unterschiedliche Behandlung wegen Religion gerechtfertigt. Jedenfalls sei die vom Arbeitsgericht zugesprochene Entschädigung überhöht.

Beide Berufungen blieben erfolglos.

**Aus den Gründen:**

*[20]* A. Die gemäß §§ 8 Abs. 2, 64 Abs. 1, 2 ArbGG statthaften Berufungen des Klägers und der Beklagten sind jeweils fristgemäß und formgerecht eingelegt und begründet worden (§ 66 Abs. 1, 2 ArbGG, §§ 519, 520 Abs. 1, 2 ZPO) und damit insgesamt zulässig.

*[21]* B. Beide Berufungen sind unbegründet. Zu Recht hat das Arbeitsgericht erkannt, dass die Beklagte im Bewerbungsverfahren gegen das Benachteiligungsverbot verstieß, und gleichfalls zutreffend hat es die Höhe der Entschädigung auf 1½ Monatsgehälter festgesetzt.

*[22]* I. Die Berufung der Beklagten ist nicht begründet. Das Arbeitsgericht hat zutreffend erkannt, dass die Beklagte den Kläger bei dessen Bewerbung

ungerechtfertigt benachteiligte. Es hat auch die Entschädigung nach § 15 Abs. 2 AGG nicht zu hoch festgesetzt.

*[23]* 1. Eine Benachteiligung scheidet vorliegend nicht schon deswegen aus, weil die Leiterin des Personalreferats der Beklagten in ihrem Telefongespräch mit dem Kläger auf dessen Kirchenmitgliedschaft erst zu sprechen kam, als eine Verständigung auf einen Vorstellungstermin gescheitert war.

*[24]* a) Ein Entschädigungsanspruch nach § 15 Abs. 2 AGG setzt einen Kausalzusammenhang zwischen der benachteiligenden Maßnahme und dem Merkmal nach § 1 AGG voraus; die weniger günstige Behandlung muss gerade wegen eines in § 1 AGG genannten Grundes erfolgt sein, vgl. § 3 Abs. 1 AGG (BAG 22.1.2009 -8 AZR 906/07- Rn 37, BAGE 129, 181; ErfK/Schlachter 22. Aufl. 2022 § 3 AGG Rn 2). Dies ist dann der Fall, wenn die Benachteiligung an eines oder mehrere der in § 1 AGG genannten Gründe anknüpft oder durch sie motiviert ist, wobei es genügt, wenn das verpönte Merkmal Bestandteil eines Motivbündels ist (BAG 28.4.2011 -8 AZR 515/10- Rn 32; BT-Drs. 16/1780, S. 32; MüKoBGB/Thüsing 9. Aufl. 2021 § 3 AGG Rn 10). Eine Benachteiligungsabsicht ist indes nicht erforderlich (BAG 11.8.2016 -8 AZR 375/15- Rn 23; 22.8.2013 -8 AZR 563/12- Rn 37; ErfK/Schlachter 22. Aufl. 2022 § 3 AGG Rn 2).

*[25]* Für den Nachweis einer gesetzeswidrigen Diskriminierung sieht § 22 AGG eine Erleichterung der Darlegungslast, eine Absenkung des Beweismaßes und eine Umkehr der Beweislast vor (BAG 29.6.2017 -8 AZR 402/15- Rn 46, BAGE 159, 334; ErfK/Schlachter 22. Aufl. 2022 § 22 AGG Rn 1). Der Arbeitnehmer genügt hiernach seiner Darlegungslast, wenn er Indizien vorträgt, die eine Benachteiligung wegen eines verbotenen Merkmals vermuten lassen (BAG 11.8.2016 -8 AZR 375/15- Rn 23; 21.6.2012 -8 AZR 364/11- Rn 33, BAGE 142, 158; ErfK/Schlachter 22. Aufl. 2022 § 22 AGG Rn 1, 3). Ausgehend vom Wortlaut des § 22 AGG, der auf „Indizien" Bezug nimmt, genügt auch der Vortrag von Hilfstatsachen, die zwar nicht zwingend den Schluss auf Kausalität in der Entscheidungsfindung zulassen, die aber die Annahme rechtfertigen, dass Kausalität tatsächlich gegeben ist (BAG 21.6.2012 -8 AZR 364/11- Rn 33, BAGE 142, 158; 27.1.2011 -8 AZR 580/09- Rn 29). Insoweit ist eine Gesamtbetrachtung vorzunehmen, ob die angeführten Hilfstatsachen im Zusammenhang geeignet sind, die Vermutungswirkung nach § 22 AGG zu begründen (EuGH 25.4.2013 -C-81/12- Rn 50, 58; BAG 26.6.2014 -8 AZR 547/13- Rn 31; MHdB-ArbR/Oetker 5. Aufl. 2021 § 17 Rn 122). Aus den vorgetragenen (Hilfs-)Tatsachen muss sich aus objektiver Sicht mit überwiegender Wahrscheinlichkeit darauf schließen lassen, dass die Benachteiligung gerade wegen des verbotenen Merkmals erfolgt ist (BAG 18.5.2017 -8 AZR 74/16- Rn 46, BAGE 159, 159). Wenn der Arbeitnehmer Indizien vorträgt, die eine Benachteiligung wegen eines verbotenen Merkmals vermuten

lassen, trifft die andere Partei auf einer zweiten, nachgelagerten Stufe die Beweislast dafür, dass im Einzelfall kein Verstoß gegen die Bestimmungen zum Schutz vor Benachteiligung vorliegt (BAG 19.8.2010 -8 AZR 530/09- Rn 55; MüKoBGB/Thüsing 9. Aufl. 2021 § 22 AGG Rn 24).

*[26]* b) Vorliegend ergibt sich aus objektiver Sicht, dass die Benachteiligung mit überwiegender Wahrscheinlichkeit wegen der aus Sicht der Beklagten fehlenden Kirchenzugehörigkeit des Klägers erfolgte. Schreibt der Arbeitgeber eine Stelle entgegen § 11 AGG unter Verstoß gegen § 7 Abs. 1 AGG aus, kann dies die Vermutung i.S.v. § 22 AGG begründen, dass der erfolglose Bewerber im Auswahl-/Stellenbesetzungsverfahren wegen eines in § 1 AGG genannten Grundes benachteiligt wurde (BAG 25.10.2018 -8 AZR 501/14- Rn 53, BAGE 164, 117). So liegt es hier. Aus der Stellenausschreibung (Bl. 7 d.A.) geht hervor, dass die Beklagte die Mitgliedschaft in einer evangelischen Landeskirche zur Einstellungsvoraussetzung erhoben hatte; hieran hält sie auch im vorliegenden Verfahren fest. Außer Streit ist ferner, dass die Leiterin des Personalreferats der Beklagten den Kläger auf dieses Merkmal ansprach. Dass dies nach dem Vorbringen der Beklagten erst erfolgte, nachdem ein Termin für ein Vorstellungsgespräch nicht gefunden werden konnte, ist ohne Belang. Dass die Personalverantwortliche der Beklagten die Kirchenzugehörigkeit überhaupt thematisierte, zeigt, dass es sich für die Beklagte um ein entscheidendes Einstellungskriterium handelte.

*[27]* c) Die Beklagte hat keine Tatsachen vorgetragen, aus denen sich ergibt, dass kein Verstoß gegen die Bestimmungen zum Schutz vor Benachteiligung vorliegt. Auch wenn der Kläger geäußert haben sollte, damit habe sich seine Bewerbung erledigt, stünde dies dem Anspruch nicht entgegen. Eine solche Äußerung wäre als Zusammenfassung der im Rahmen des Telefonats zutage getretenen Tatsachen zu interpretieren, nämlich, dass die Beklagte eine Kirchenzugehörigkeit verlangte und dass der Kläger diese nicht besaß. Ein Verzicht auf einen Entschädigungsanspruch ließe sich einer solchen Aussage nicht entnehmen. Auch bietet die Beklagte keine Erklärung dafür an, aus welchen Gründen, die nicht mit dem Bewerbungsverfahren in Zusammenhang standen, die Leiterin ihres Personalreferats mit dem ihr persönlich nicht bekannten Kläger über dessen Kirchenzugehörigkeit sprach.

*[28]* 2. Die Benachteiligung des Klägers wegen der Religion ist vorliegend nicht gerechtfertigt.

*[29]* a) Eine Rechtfertigung einer Benachteiligung wegen der Religion nach § 9 Abs. 1 Alt. 1 AGG scheidet aus. § 9 Abs. 1 Alt. 1 AGG ist dahin auszulegen, dass es in dem Fall, dass eine Religionsgemeinschaft, kirchliche Einrichtung oder Vereinigung ihr Selbstbestimmungsrecht ausgeübt und die Zugehörigkeit

zu einer Kirche als berufliche Anforderung bestimmt hat, für die Rechtfertigung einer Benachteiligung wegen der Religion weder auf die Art der Tätigkeit noch die Umstände ihrer Ausübung ankommt. In dieser Auslegung ist die Bestimmung mit den unionsrechtlichen Vorgaben des Art. 4 Abs. 2 der Richtlinie 2000/78/EG nicht vereinbar. Da § 9 Abs. 1 Alt. 1 AGG einer unionsrechtskonformen Auslegung im Einklang mit Art. 4 Abs. 2 der Richtlinie 2000/78/EG nicht zugänglich ist, muss die Bestimmung unangewendet bleiben (dazu ausführlich BAG 25.10.2018 -8 AZR 501/14- Rn 24 ff., BAGE 164, 117).

*[30]* b) Eine Rechtfertigung ergibt sich vorliegend auch nicht aus § 9 Abs. 1 Alt. 2 AGG. Zwar handelt es sich bei der Beklagten um eine Religionsgemeinschaft im Sinne des § 9 Abs. 1 AGG und im Sinne des Art. 4 Abs. 2 der Richtlinie 2000/78/EG. Die Rechtfertigung der unterschiedlichen Behandlung wegen der Religion scheitert jedoch daran, dass die weiteren Voraussetzungen nach § 9 Abs. 1 Alt. 2 AGG vorliegend nicht erfüllt sind.

*[31]* aa) Nach § 9 Abs. 1 Alt. 2 AGG ist eine unterschiedliche Behandlung wegen der Religion bei der Beschäftigung durch Religionsgemeinschaften auch zulässig, wenn eine bestimmte Religion unter Beachtung des Selbstverständnisses der jeweiligen Religionsgemeinschaft nach der Art der Tätigkeit eine gerechtfertigte berufliche Anforderung darstellt. Die Norm ist unionsrechtskonform dahin auszulegen, dass eine unterschiedliche Behandlung wegen der Religion bei der Beschäftigung durch Religionsgemeinschaften auch zulässig ist, wenn eine bestimmte Religion unter Beachtung des Selbstverständnisses der jeweiligen Religionsgemeinschaft nach der Art der Tätigkeit oder den Umständen ihrer Ausübung eine wesentliche, rechtmäßige und gerechtfertigte berufliche Anforderung darstellt (BAG 25.10.2018 -8 AZR 501/14-Rn. 61-71, BAGE 164, 117, KirchE 72, 208).

*[32]* Aus Art. 4 Abs. 2 der Richtlinie 2000/78/EG geht hervor, dass es von der Art der fraglichen Tätigkeit oder den Umständen ihrer Ausübung abhängt, ob die Religion eine solche berufliche Anforderung darstellen kann. Damit hängt die Rechtmäßigkeit einer Ungleichbehandlung wegen der Religion vom objektiv überprüfbaren Vorliegen eines direkten Zusammenhangs zwischen der vom Arbeitgeber aufgestellten beruflichen Anforderung und der fraglichen Tätigkeit ab, wobei sich ein solcher Zusammenhang entweder aus der Art dieser Tätigkeit ergeben kann, etwa wenn sie mit der Mitwirkung an der Bestimmung des Ethos der betreffenden Kirche oder Organisation oder einem Beitrag zu deren Verkündigungsauftrag verbunden ist, oder aus den Umständen ihrer Ausübung, wie der Notwendigkeit, für eine glaubwürdige Vertretung der Kirche oder Organisation nach außen zu sorgen.

*[33]* Aus dem Urteil des Gerichtshofs der Europäischen Union vom 17.4.2018 (-C-414/16- [Egenberger] Rn 64, KirchE 71, 293) ergibt sich ferner, dass die berufliche Anforderung angesichts des Ethos der Kirche oder Organisation „wesentlich, rechtmäßig und gerechtfertigt" sein muss. Auch wenn es den staatlichen Gerichten im Regelfall nicht zusteht, über das der angeführten beruflichen Anforderung zugrundeliegende Ethos als solches zu befinden, obliegt es ihnen jedoch festzustellen, ob diese drei Kriterien in Anbetracht des betreffenden Ethos im Einzelfall erfüllt sind.

*[34]* (1) Die Verwendung des Adjektivs „wesentlich" bedeutet, dass nach dem Willen des Unionsgesetzgebers die Zugehörigkeit zu der Religion, auf der das Ethos der betreffenden Kirche beruht, aufgrund der Bedeutung der betreffenden beruflichen Tätigkeit für die Bekundung dieses Ethos oder die Ausübung des Rechts dieser Kirche auf Autonomie notwendig erscheinen muss (EuGH 17.4.2018 -C-414/16- [Egenberger] Rn 65).

*[35]* (2) Zweitens zeigt die Verwendung des Ausdrucks „rechtmäßig", dass der Unionsgesetzgeber sicherstellen wollte, dass die die Zugehörigkeit zu der Religion, auf der das Ethos der in Rede stehenden Kirche beruht, betreffende Anforderung nicht zur Verfolgung eines sachfremden Ziels ohne Bezug zu diesem Ethos oder zur Ausübung des Rechts dieser Kirche auf Autonomie dient (EuGH 17.4.2018 -C-414/16- [Egenberger] Rn 66).

*[36]* (3) Drittens impliziert der Ausdruck „gerechtfertigt" nicht nur, dass die Einhaltung der in Art. 4 Abs. 2 der Richtlinie 2000/78/EG genannten Kriterien durch ein innerstaatliches Gericht überprüfbar sein muss, sondern auch, dass es der Kirche, die diese Anforderung aufgestellt hat, obliegt, im Licht der tatsächlichen Umstände des Einzelfalls darzutun, dass die geltend gemachte Gefahr einer Beeinträchtigung ihres Ethos oder ihres Rechts auf Autonomie wahrscheinlich und erheblich ist, so dass sich eine solche Anforderung tatsächlich als notwendig erweist.

*[37]* (4) Letztlich muss die Anforderung, um die es in Art. 4 Abs. 2 der Richtlinie 2000/78/EG geht, mit dem Grundsatz der Verhältnismäßigkeit im Einklang stehen. Auch wenn Art. 4 Abs. 2 der Richtlinie 2000/78/EG im Gegensatz zu der in Art. 4 Abs. 1 der Richtlinie 2000/78/EG getroffenen Regelung nicht ausdrücklich vorsieht, dass die Anforderung „angemessen" sein muss, so bestimmt sie jedoch, dass jede Ungleichbehandlung unter anderem die allgemeinen Grundsätze des Gemeinschaftsrechts, zu denen der Grundsatz der Verhältnismäßigkeit gehört, beachten muss. Deshalb müssen die nationalen Gerichte prüfen, ob die fragliche Anforderung angemessen ist und nicht über das zur Erreichung des angestrebten Ziels Erforderliche hinausgeht (EuGH 17.4.2018 -C-414/16- [Egenberger] Rn 68).

*[38]* bb) Bei der vom Beklagten in ihrer Stellenausschreibung geforderten Mitgliedschaft der Bewerber in einer evangelischen Landeskirche handelt es sich – soweit mit ihr Konfessionslose aus dem Kreis der potentiell erfolgreichen Bewerber ausgeschlossen werden – nicht um eine nach der Art der fraglichen Tätigkeit oder den Umständen ihrer Ausübung wesentliche, rechtmäßige und gerechtfertigte berufliche Anforderung i.S.d. § 9 Abs. 1 AGG und des Art. 4 Abs. 2 der Richtlinie 2000/78/EG. Dies hat das Arbeitsgericht zutreffend erkannt. Insoweit folgt das Berufungsgericht der angefochtenen Entscheidung und verweist gemäß § 69 Abs. 2 ArbGG zur Vermeidung von Wiederholungen auf die dortigen Gründe zu I. 5. b). Die Berufungsangriffe rechtfertigen nicht die Abänderung der Entscheidung zugunsten der Beklagten.

*[39]* (1) Es ist schon zweifelhaft, ob die von der Beklagten geforderte berufliche Anforderung der Zugehörigkeit zu einer evangelischen Kirche im Hinblick auf Konfessionslose „wesentlich" im Sinne von § 9 Abs. 1 Alt. 2 AGG und Art. 4 Abs. 2 der Richtlinie 2000/78/EG ist.

*[40]* (a) Nach der Entscheidung des Gerichtshofs der Europäischen Union vom 17.4.2018 (-C-414/16- [Egenberger] Rn 65) wäre die berufliche Anforderung der Mitgliedschaft in einer evangelischen Kirche nur dann „wesentlich", wenn sie aufgrund der Bedeutung der betreffenden beruflichen Tätigkeit für die Bekundung des Ethos der Beklagten oder die Ausübung deren Rechts auf Autonomie notwendig erschiene (vgl. BAG 25.10.2018 -8 AZR 501/14- Rn 81, BAGE 164, 117, KirchE 72, 208).

*[41]* (b) Die ausgeschriebene Tätigkeit erscheint für die Ausübung des Rechts der Beklagten auf Autonomie, mithin für die Ausübung deren Selbstbestimmungsrechts, nicht notwendig. Auch in der Berufungsinstanz trägt die Beklagte keine konkreten Umstände dafür vor.

*[42]* (aa) Fachliche Gründe können hierfür nicht ausschlaggebend sein. Die Kirchenmitgliedschaft als solche vermittelt keine Kenntnisse theologischer Implikationen, die nach Auffassung der Beklagten vom Kläger im Rahmen seiner Tätigkeit als leitender Arbeitsmediziner beachtet werden müssten.

*[43]* (bb) Aus dem Selbstverständnis der Beklagten als christlicher Dienstgemeinschaft folgt nichts Abweichendes. Die Beklagte kann sich nicht mit Erfolg darauf berufen, der Stelleninhaber müsse auch das Leitbild der christlichen Dienstgemeinschaft glaubwürdig vertreten, was nur bei einer Zugehörigkeit zu einer evangelischen Kirche gewährleistet sei. Auch die Argumentation, aus dem Selbstverständnis als christliche Dienstgemeinschaft folge, dass es allein an ihr und nicht an den staatlichen Gerichten sei, darüber zu entscheiden, welche Voraussetzungen von den Beschäftigten erfüllt sein müssten, um als Teil dieser

christlichen Dienstgemeinschaft an dem Auftrag der Kirche in der Welt teilzunehmen, führt nicht zu einem anderen Ergebnis.

*[45]* (α) Zwar liegt nach dem Selbstverständnis der christlichen Kirchen der Gesamtheit des kirchlichen Dienstes das Leitbild der christlichen Dienstgemeinschaft zugrunde. Es beschreibt die kirchenspezifische Besonderheit dieses Dienstes, die sich auf ein Gemeinschaftsverhältnis zwischen kirchlichem Arbeitgeber und kirchlichem Arbeitnehmer bezieht und auf die religiöse Bindung des Auftrags kirchlicher Einrichtungen gerichtet ist. Grundgedanke der Dienstgemeinschaft ist die gemeinsam getragene Verantwortung aller im kirchlichen Dienst Tätigen – sei es als Arbeitgeber oder Arbeitnehmer, leitend oder untergeordnet, verkündigungsnah oder unterstützend – für den Auftrag der Kirche. Nach dem Selbstverständnis der Kirchen erfordert der Dienst am Herrn die Verkündigung des Evangeliums (Zeugnis), den Gottesdienst (Feier) und den aus dem Glauben erwachsenden Dienst am Mitmenschen (Nächstenliebe). Wer in Einrichtungen tätig wird, die der Erfüllung eines oder mehrerer dieser christlichen Grunddienste zu dienen bestimmt sind, trägt demnach dazu bei, dass diese Einrichtungen ihren Teil am Heilswerk Jesu Christi leisten und damit den Sendungsauftrag seiner Kirche erfüllen können (BVerfG 22.10.2014 -2 BvR 661/12- Rn 4 f. mwN, BVerfGE 137, 273, KirchE 64, 305; BAG 25.10.2018 -8 AZR 501/14- Rn 91, BAGE 164, 117, KirchE 72, 208). Auch gehört es nach der Rechtsprechung des Bundesverfassungsgerichts und des Bundesarbeitsgerichts zu den eigenen Angelegenheiten der Religionsgesellschaften und ihrer Einrichtungen, die diese aufgrund ihres verfassungsrechtlich durch Art. 140 GG i.V.m. Art. 137 Abs. 3 WRV garantierten Selbstbestimmungsrechts selbst regeln dürfen, dass diese der Gestaltung des kirchlichen Dienstes auch dann, wenn sie ihn auf der Grundlage von Arbeitsverträgen regeln, das Leitbild einer christlichen Dienstgemeinschaft ihrer Mitarbeiter zugrunde legen können. Dazu gehört auch die Befugnis der Kirche, den ihr angehörenden Arbeitnehmern die Beachtung jedenfalls der tragenden Grundsätze der kirchlichen Glaubens- und Sittenlehre aufzuerlegen und zu verlangen, dass sie nicht gegen die fundamentalen Verpflichtungen verstoßen, die sich aus der Zugehörigkeit zur Kirche ergeben und die jedem Kirchenmitglied obliegen (BVerfG 4.6.1985 -2 BvR 1703/83- BVerfGE 70, 138, KirchE 23, 105; BAG 25.10.2018 -8 AZR 501/14- Rn 91, BAGE 164, 117, KirchE 72, 208; 20.11.2012 -1 AZR 179/11- Rn 98, BAGE 143, 3, KirchE 60, 25654). Auch bleibt es grundsätzlich den verfassten Kirchen überlassen, verbindlich darüber zu bestimmen, was die „Glaubwürdigkeit der Kirche und ihrer Verkündigung erfordert“ (BVerfG 4.6.1985 -2 BvR 1703/83- aaO, KirchE 23, 105; BAG 25.10.2018 -8 AZR 501/14- Rn 92, BAGE 164, 117, KirchE 72, 208).

*[47]* (β) Allerdings ist die ausgeschriebene Tätigkeit für die Bekundung des Selbstverständnisses des Beklagten als christliche Dienstgemeinschaft nicht von einer solchen Bedeutung, dass die Zugehörigkeit zu einer evangelischen Kirche als notwendig erscheint. Die Beklagte stellt insoweit darauf ab, dass gegenüber Dritten, auch staatlichen Stellen, die Position der Beklagten zu vertreten sei. Aus ihrem Vorbringen ergibt sich jedoch nicht, dass und weshalb es dabei erforderlich wird, ihr Ethos nach außen zu bekunden. Soweit aus ihrem Vortrag ersichtlich, sind bei der Interaktion mit Dritten vor allem die arbeitsmedizinische Expertise unter Einsatz von Kenntnissen der besonderen Struktur der Beklagten einschließlich liturgischer Spezifika gefragt. Da, wie bereits ausgeführt, eine bestimmte Religions- oder Kirchenzugehörigkeit kein Fachwissen vermittelt, müssten dem Stelleninhaber darüber hinausgehende Aufgaben betreffend die Vermittlung des Ethos der Beklagten nach Außen zugewiesen sein. Hierfür sind Anhaltspunkte jedoch weder vorgetragen noch ersichtlich. Soweit sich die Beklagte auf vom Stelleninhaber auszuarbeitende Publikationen beruft, trägt sie selbst vor, dass diese fachlicher Natur sind und arbeitsmedizinische Themen betreffen. Gleiches gilt mangels gegenteiligen Vortrags der Beklagten für die von ihr angeführte Mitorganisation von Großveranstaltungen.

*[48]* Nichts anderes ergibt sich daraus, dass die Beklagte geltend macht, alle Binnengremien, mit denen der Stelleninhaber interagiere, seien ausschließlich mit Mitgliedern der Evangelischen Kirche besetzt, und es handele sich um eine Spitzenposition in ihrer „Kernorganisation". Dass es sich um eine Stelle handelt, die mit „leitender Arbeitsmediziner" umschrieben werden könnte, besagt nicht, dass der Stelleninhaber zugleich gegenüber seinen Kollegen, Mitarbeitern, Vertretern von Landeskirchen oder anderen Gremien das Ethos resp. das Selbstverständnis der Beklagten zu vertreten oder gar zu bestimmen hätte. Der Vortrag der Beklagten lässt nicht erkennen, warum und wem gegenüber sich der Kläger im Rahmen seiner Tätigkeit dazu positionieren müsste. Soweit geltend gemacht wird, es seien auch Fragen der Einbindung in die Führungs- und Leitungskonzepte zu beachten, die wiederum theologische Implikationen hätten, bleibt dies bei weitem zu unbestimmt, um hieraus auf die Notwendigkeit schließen zu können, gegenüber Mitarbeitern das Ethos der Beklagten zu vertreten.

*[50]* (γ) Soweit die Beklagte sich auf das aus dem Selbstbestimmungsrecht der Kirchen folgende Recht beruft, autonom darüber zu entscheiden, welche Voraussetzungen von den Beschäftigten erfüllt sein müssten, um als Teil der christlichen Dienstgemeinschaft an dem Auftrag der Kirche in der Welt teilzunehmen, und rügt, dem Arbeitsgericht als Teil des weltanschaulich neutralen Staates sei es verwehrt, insoweit seine Wertung an die Stelle derjenigen der

Beklagten zu setzen, führt auch dies zu keiner anderen Bewertung. Das Selbstbestimmungsrecht für sich allein betrachtet kann eine Benachteiligung nach § 9 Abs. 1 Alt. 2 AGG nicht rechtfertigen (BAG 25.10.2018 -8 AZR 501/14- Rn 94, BAGE 164, 117, KirchE 72, 208).

*[51]* (2) Die von der Beklagten aufgestellte berufliche Anforderung der Zugehörigkeit zu einer evangelischen Kirche ist, soweit mit ihr Konfessionslose aus dem Kreis der potentiell erfolgreichen Bewerber ausgeschlossen werden, jedenfalls nicht gerechtfertigt.

*[52]* (a) Gerechtfertigt wäre die berufliche Anforderung vorliegend nur dann gewesen, wenn die Beklagte im Licht der tatsächlichen Umstände des Einzelfalls dargetan hätte, dass die geltend gemachte Gefahr einer Beeinträchtigung ihres Ethos oder ihres Rechts auf Autonomie wahrscheinlich und erheblich war, so dass sich die Anforderung tatsächlich als notwendig erwiesen hätte (vgl. EuGH 17.4.2018 -C-414/16- [Egenberger] Rn 67; 11.9.2018 -C-68/17- [IR] Rn 51, 53; BAG 25.10.2018 -8 AZR 501/14- Rn 96, BAGE 164, 117, KirchE 72, 208). Daran fehlt es.

*[53]* (b) Das Recht der Beklagten auf Autonomie ist, wie bereits ausgeführt, schon nicht betroffen, denn es gehört nicht zu den Aufgaben des Stelleninhabers, für die Beklagte das Selbstbestimmungsrecht auszuüben.

*[54]* (c) Die Beklagte hat aber auch nicht dargetan, dass bei Einstellung eines konfessionslosen Bewerbers die wahrscheinliche und erhebliche Gefahr besteht, dass ihr Ethos bzw. ihr Selbstverständnis als christliche Dienstgemeinschaft beeinträchtigt würde. Wie ausgeführt, erscheint es insoweit schon nicht notwendig, dass der Stelleninhaber dieses Selbstverständnis nach außen bekundet. Abgesehen davon, dass die Beklagte schon nicht aufzeigt, in welchem Umfang Interaktionen mit staatlichen Stellen oder anderen Dritten überhaupt anfallen, ist auch nicht erkennbar, weshalb und inwieweit, etwa bei den von der Beklagten genannten Vertragsverhandlungen, der Stelleninhaber eigenständig das Ethos der Beklagten vertreten müsste.

*[55]* 3. Der Anspruch auf Entschädigung nach § 15 Abs. 2 AGG ist entgegen der Auffassung der Beklagten nicht niedriger zu bemessen als mit 8.897,07 €. Dieser Betrag entspricht dem Anderthalbfachen einer auf der ausgeschriebenen Stelle erzielbaren Bruttomonatsvergütung.

*[56]* a) Bei der unter Berücksichtigung aller Umstände des Einzelfalls vorzunehmenden Beurteilung der angemessenen Höhe der festzusetzenden Entschädigung nach § 15 Abs. 2 Satz 1 AGG ist zu beachten, dass die Entschädigung einen tatsächlichen und wirksamen rechtlichen Schutz gewährleisten muss. Die Härte der Sanktionen muss der Schwere des Verstoßes entsprechen, indem sie insbesondere eine wirklich abschreckende Wirkung gegenüber dem Arbeitgeber

gewährleistet, zugleich aber den allgemeinen Grundsatz der Verhältnismäßigkeit wahrt (EuGH 25.4.2013 -C-81/12- [Asociaţia ACCEPT] Rn 63 mwN; BAG 26.1.2017 -8 AZR 848/13- Rn 161). Sie muss auf jeden Fall in einem angemessenen Verhältnis zum erlittenen Schaden stehen (BAG 28.10.2021 -8 AZR 371/20- Rn 17). Eine rein symbolische Entschädigung wird den Erfordernissen einer wirksamen Umsetzung der Richtlinie nicht gerecht (EuGH 22.4.1997 -C-180/95- [Draehmpaehl] Rn 25).

*[57]* b) Danach hält auch das Berufungsgericht unter Berücksichtigung aller Umstände des Einzelfalls eine Entschädigung in Höhe von 1½ auf der ausgeschriebenen Stelle erzielbaren Bruttomonatsvergütungen, mithin eine Entschädigung von 8.897,07 €, für erforderlich, um die notwendige abschreckende Wirkung zu erzielen. Die Beklagte kann nicht mit Erfolg geltend machen, die Entschädigung müsse niedriger ausfallen, weil aus ihrer Sicht die zu der vorliegenden Problematik bisher ergangene Rechtsprechung des Gerichtshofs der Europäischen Union und des Bundesarbeitsgerichts „wenig konkretisierte Kriterien" biete. Damit will sie offenbar geltend machen, zu ihren Gunsten sei ein geringer Grad des Verschuldens zu berücksichtigen. Die Haftung nach § 15 Abs. 2 AGG ist jedoch verschuldensunabhängig. Entscheidet sich ein EU-Mitgliedstaat – wie hier Deutschland – für eine Sanktion, die sich in den Rahmen einer Regelung über die zivilrechtliche Haftung des Arbeitgebers einfügt, so muss der Verstoß gegen das Diskriminierungsverbot für sich genommen ausreichen, um die volle Haftung seines Urhebers auszulösen (EuGH 22.4.1997 -C-180/95- [Draehmpaehl] Rn 18). Im nationalen Recht vorgesehene Rechtfertigungsgründe können nicht berücksichtigt werden (EuGH 22.4.1997 -C-180/95- [Draehmpaehl] aaO; 8.11.1990 -C-177/88- [Dekker] Rn 25). Nach dieser Rechtsprechung kommt es weder auf Verschulden als Voraussetzung an, noch ist ein fehlendes Verschulden oder ein geringer Grad des Verschuldens des Arbeitgebers bei der Bemessung der Entschädigung zulasten der benachteiligten Person bzw. zugunsten des benachteiligenden Arbeitgebers berücksichtigungsfähig (BAG 28.10.2021 -8 AZR 371/20- Rn 28).

*[58]* II. Die Berufung des Klägers ist gleichfalls nicht begründet. Das Arbeitsgericht hat die Entschädigung nach § 15 Abs. 2 AGG nicht zu niedrig bemessen.

*[59]* 1. Ohne Erfolg beruft sich der Kläger darauf, dass es sich um eine unmittelbare Benachteiligung gehandelt habe, unmittelbar erfolgte und keinerlei Rechtfertigung erkennen lasse. Unmittelbare und mittelbare Benachteiligungen wegen eines in § 1 AGG genannten Grundes sind lediglich in unterschiedlichen Bestimmungen geregelte unterschiedliche Formen von Benachteiligung. Mit dieser Differenzierung ist keine Wertung im Sinne von „schwerwiegend" oder

„weniger schwerwiegend“ verbunden. Dies entspricht den einschlägigen unionsrechtlichen Richtlinien, die mit dem AGG umgesetzt wurden. Die Richtlinien gehen – ebenso wie das AGG – von der Gleichgewichtigkeit der unmittelbaren und der mittelbaren Diskriminierung aus. So bestimmen die Art. 2 Abs. 1 sowohl der Richtlinie 2000/78/EG, als auch der Richtlinie 2000/43/EG, dass „Gleichbehandlungsgrundsatz“ im Sinne dieser Richtlinien bedeutet, dass es keine unmittelbare oder mittelbare Diskriminierung wegen der in diesen Richtlinien genannten Gründe geben darf (BAG 28.10.2021 -8 AZR 371/20- Rn 24).

*[60]* 2. Das Argument, die Beklagte habe vorsätzlich gehandelt, führt gleichfalls nicht zu einer höheren als der zuerkannten Entschädigung. Zwar kann Veranlassung bestehen, die Entschädigung höher festzusetzen, wenn Umstände erkennbar sind, die einen höheren Verschuldensgrad belegen (BAG 28.10.2021 -8 AZR 371/20- Rn 29; 28.5.2020 -8 AZR 170/19- Rn 39, BAGE 170, 340). Vorliegend besteht eine solche Veranlassung jedoch nicht. Wie sich auch aus ihrem Vorbringen im vorliegenden Rechtsstreit ergibt, ging die Beklagte davon aus, eine Beschränkung des Bewerberfeldes auch Kirchenangehörige sei rechtmäßig. Ein höheres, die Erhöhung des Entschädigungsbetrages rechtfertigendes Verschulden liegt darin nicht.

*[61]* 3. Die Äußerung der Beklagten in ihrer (versehentlich) an den Klägervertreter übersandten E-Mail mit dem Text „Darauf hat er es von Anfang an angelegt" führt gleichfalls nicht zu einem höheren Entschädigungsbetrag. Auch das Berufungsgericht vermag nicht zu erkennen, weshalb sich hieraus eine besondere Uneinsichtigkeit der Beklagten ableiten ließe. Zum einen handelt es sich um eine erlaubte Meinungsäußerung; zum anderen ist ein gewisser Unmut seitens der Beklagten dadurch erklärlich, dass es sich ungewöhnlich schwierig gestaltet hatte, einen dem Kläger genehmen Gesprächstermin zu finden: So reagierte jener zunächst nicht auf eine Einladung, erklärte dann zunächst, er tue sich mit der Uhrzeit schwer, und erklärte schließlich, der genannte Tag passe ihm überhaupt nicht.

*[62]* 4. Angesichts der erfolgten Bemessung der Entschädigung auf 1½ auf der Stelle erzielbare Bruttomonatsentgelte kommt es auf die Frage, ob die Entschädigung nach § 15 Abs. 2 Satz 2 AGG drei Monatsgehälter nicht übersteigen durfte, weil der Kläger auch bei benachteiligungsfreier Auswahl nicht eingestellt worden wäre, nicht an.

## 24

**1. Ein Vereinsverbot kann damit begründet werden, dass der zu verbietende Verein eine andere gegen den Gedanken der Völkerverständigung gerichtete Vereinigung in der Form unterstützt, dass er für diese eine Plattformfunktion wahrnimmt, um ihr damit in einem erheblichen Ausmaß Akzeptanzvorteile für ihre völkerverständigungswidrige Tätigkeit zu verschaffen.**
**2. Zur Erfüllung des subjektiven Verbotstatbestandes eines Vereinsverbots wegen Völkerverständigungswidrigkeit genügt es, wenn dem Verein die Umstände bekannt sind, die zu der Annahme führen, dass er objektiv gegen den Gedanken der Völkerverständigung verstößt, und er dennoch entsprechend handelt.**
**3. Dies bedeutet im Falle der Unterstützung dritter Organisationen, das Wissen darum, dass diese völkerverständigungswidrig tätig sind.**

Art. 9 Abs. 2 GG, § 3 Abs. 1 VereinsG
OVG Bremen, Urteil vom 15. November 2022 -1 D 87/22-[1]

Der Kläger wendet sich gegen ein durch den Senator für Inneres der Freien Hansestadt Bremen ausgesprochenes Vereinsverbot.

Der Kläger ist seit 2009 im Vereinsregister eingetragen. In seinen Vereinsräumen in Bremen fanden in der Vergangenheit regelmäßig muslimische Gottesdienste sowie andere religiöse und sonstige Feierlichkeiten und Veranstaltungen statt. Die Besucher und die Mitglieder des Klägers sind weit überwiegend Personen mit libanesischem Migrationshintergrund schiitischen Glaubens.

Im Zusammenhang mit einem durch das Bundesministerium des Innern, für Bau und Heimat im April 2020 ausgesprochenen Betätigungsverbot für die Hizb Allah (auch Hezbollah, Hizbollah oder Hisbollah) kam es unter anderem in den Vereinsräumlichkeiten des Klägers zu Durchsuchungen. Es bestand der Verdacht, dass er eine Teilorganisation der Hizb Allah sei. Das durch das Bundesministerium geführte Ermittlungsverfahren wurde eingestellt, da dieser Verdacht nicht erhärtet werden konnte.

Der Kläger wurde in der Vergangenheit durch das Bremische Landesamt für Verfassungsschutz beobachtet und jedenfalls seit 2017 auch wiederholt in dessen Berichten erwähnt. So wurde zuletzt im Bericht für 2021 ausgeführt, dass

---

1 Amtl. Leitsätze. BeckRS 2022, 37739; juris.
Das Urteil ist rechtskräftig. Das BVerwG hat die Nichtzulassungsbeschwerde des Klägers mit Beschluss vom 16.10.2023 (-6 B 6/23-) zurückgewiesen.

https://doi.org/10.1515/9783111651248-024

dort „[d]ie ca. 50 Anhänger:innen der ‚Hizb Allah' in Bremen" organisiert seien. Als arabisch-schiitischer Kulturverein fungiere er als Anlaufstelle für schiitische Muslime in Bremen, insbesondere aus dem Libanon. Der Verein sei in die finanzielle Unterstützung zugunsten der Hizb Allah verwickelt. Zusätzlich sei bekannt, dass innerhalb der Vereinsräumlichkeiten regelmäßig Personen aufträten, die Bezüge zur Hizb Allah aufwiesen bzw. Bestrebungen angehörten, die sich gegen den Gedanken der Völkerverständigung richteten (Senator für Inneres, Verfassungsschutzbericht 2021, S. 99).

Mit angegriffener Verfügung vom 1.3.2022, zugestellt am 8.3.2022, stellte die Beklagte unter Verweis auf Art. 9 Abs. 2 GG i.V.m. § 3 Vereinsgesetz fest, dass sich der Kläger gegen den Gedanken der Völkerverständigung richte. Er sei verboten und werde aufgelöst. Die „Al Mustafa Pfadfinder Bremen" seien ein unselbstständiger Bestandteil des Klägers. Es sei verboten, auf Facebook und YouTube vorhandene Informationskanäle des Klägers und seiner Pfadfindergruppe weiter zu betreiben und zu verwenden. Dies gelte auch für sonstige Internet- und Social-Media-Präsenzen. Die E-Mail-Adressen des Vereins seien abzuschalten. Ferner sei es für die Dauer der Vollziehbarkeit des Verbotes verboten, dessen Kennzeichen öffentlich zu verwenden. Das Vereinsvermögen wurde eingezogen. Zudem wurden bestimmte Forderungen und Sachen Dritter eingezogen und beschlagnahmt. Schließlich wurde die sofortige Vollziehung der Verfügung hinsichtlich der Ziffern 1 bis 5 angeordnet. Zur Begründung wurde im Wesentlichen ausgeführt, der Kläger rufe zum Hass gegen Angehörige anderer Religionen bzw. religiöser Überzeugungen auf, vertrete die Minderwertigkeit anderer Religionen bzw. Religionsgruppen, lehne zentrale Elemente der bestehenden völkerrechtlichen Ordnung ab und rufe zu deren Bekämpfung auf. Er propagiere und fördere Gewalt oder vergleichbar schwerwiegende völkerrechtswidrige Handlungen wie den Terrorismus in den internationalen Beziehungen oder zwischen Teilen der Bevölkerung. Der Verein unterstütze die Bestrebungen der verbotenen Terrororganisation Hizb Allah nachhaltig. Er diene als deren Stützpunkt und der 1. Vorsitzende pflege enge Kontakte zu deren führenden Kräften. Der Kläger stimme ideologisch mit dieser überein und unterstütze sie propagandistisch wie finanziell. Die „Al Mustafa Pfadfinder Bremen" entsprächen der Hizb Allah-Jugendorganisation „Imam al-Mahdi Scouts". Weiterhin habe der Verein 2017 und 2018 das Ashura-Logo und 2018 auch die entsprechende Losung der Hizb Allah eingesetzt. 2014 sei in den Vereinsräumlichkeiten eine Trauerfeier ausgerichtet worden, bei der in der arabischen Fassung der Einladung der Verstorbene als „Märtyrer" bezeichnet worden sei. Es habe sich um einen Kämpfer der Hizb Allah gehandelt. Ferner sei 2016 bei einem Anhänger des Klägers Propagandamaterial einer der Hizb Allah angegliederten

Spendenorganisation gefunden worden. Bei einer Durchsuchung der Vereinsräumlichkeiten im April 2020 seien mehr als 50 CDs und DVDs mit Bezügen zur Hizb Allah beschlagnahmt worden. Solche Bezüge fänden sich auch in beschlagnahmten Büchern. Darüber hinaus seien israelfeindliche Bücher und Schriften gefunden worden. Weiterhin habe der 2. Vereinsvorsitzende 2013 Überweisungen an einen im darauffolgenden Jahr verbotenen Verein zur Unterstützung von Familien von Hizb Allah-Kämpfern geleistet. Zudem habe eine 2021 verbotene Ersatzorganisation der Hizb Allah in den Räumlichkeiten des Klägers Spenden gesammelt. In den Vereinsräumlichkeiten sei 2018 und 2019 wiederholt ein sogenannter „Reisescheich" aufgetreten. Derer bediene sich die Hizb Allah, um die Durchsetzung ihrer Ziele zu überwachen und die Vereine zu unterstützen. Weitere Hizb Allah-Bezüge ergäben sich aus einem Foto auf der Facebook-Seite des Vereins und einem 2018 veröffentlichten Bericht über die Ashura-Feierlichkeiten in dem verbotenen Hizb Allah-Fernsehsender „Al Manar TV". Der 1. Vorsitzende des Klägers sympathisiere mit den verfassungswidrigen Zielen der Hizb Allah, habe sehr enge Verbindungen zu dieser Terrororganisation und unterstütze sie organisatorisch. Schließlich bestünden Verbindungen des Vereins und insbesondere des 1. Vereinsvorsitzenden zum Exekutiv- und Jihadrat der Hizb Allah, deren Abteilung für Außenbeziehungen sowie einer eng in die Hizb Allah eingebundenen Stiftung. Zusammenfassend belegten die Einbindung der Jugendorganisation mit ihrer Ausrichtung auf die Hizb Allah-Jugendorganisation ebenso wie das Propagandamaterial sowie die israelfeindlichen Schriftstücke und Medien die völkerrechtswidrige Ausrichtung des Vereins. Die Vereinsführung sei eng in die Strukturen der Hizb Allah eingebunden. Es stehe bei verständiger Würdigung aller Tatsachen fest, dass der Kläger eine islamistische Organisation sei, deren Mitglieder die Terrororganisation unterstützten und israelfeindlich eingestellt seien. Das Verbot sei verhältnismäßig. Insbesondere seien keine milderen Mittel ersichtlich. So habe sich nach den Durchsuchungsmaßnahmen 2020, soweit ersichtlich, keine nennenswerten Veränderungen in den Bestrebungen ergeben. Aufgrund des konspirativen Vorgehens bestehe keine Möglichkeit, den Handlungen anderweitig proaktiv zu begegnen. Die israelfeindliche Gesinnung werde seit vielen Jahren kultiviert und umfasse insbesondere die Vereinsführung. Das Vereinsverbot sei auch verhältnismäßig im engeren Sinne. Von einer Anhörung sei abzusehen gewesen, weil diese einen unerwünschten „Ankündigungseffekt" gehabt hätte.

Der Kläger hat am 6.4.2022 Klage gegen die Verfügung erhoben.

Das Gericht hat die Klage abgewiesen.

**Aus den Gründen:**

*[14]* Die zulässige Klage ist unbegründet.

*[15]* Die angegriffene Verbotsverfügung vom 1.3.2022 ist rechtmäßig und verletzt den Kläger nicht in seinen Rechten (§ 113 Abs. 1 VwGO). Die auf der Grundlage von § 3 Abs. 1 VereinsG i.V.m. Art. 9 Abs. 2 GG ergangene Verfügung ist formell (I.) und materiell (II.) rechtmäßig.

*[16]* I. Formelle Mängel sind nicht erkennbar. Insbesondere ist nicht zu beanstanden, dass der Kläger vor Erlass der Verfügung nicht angehört wurde.

*[17]* Nach § 28 Abs. 1 Satz 1 BremVwVfG ist vor Erlass eines Verwaltungsaktes, der in Rechte eines Beteiligten eingreift, grundsätzlich eine Anhörung durchzuführen. Davon kann abgesehen werden, wenn sie nach den Umständen des Einzelfalles nicht geboten ist, insbesondere, wenn eine sofortige Entscheidung wegen Gefahr im Verzug oder im öffentlichen Interesse notwendig erscheint (§ 28 Abs. 2 Nr. 1 VwVfG). Es genügt, dass die Behörde unter diesen Gesichtspunkten eine sofortige Entscheidung für notwendig halten durfte (vgl. BVerwG, Urteil vom 3.12.2004 -6 A 10.02-). *(wird ausgeführt)*

*[18]* Dies ist auch im vorliegenden Fall gegeben. Die Beklagte hat ausweislich der angegriffenen Verfügung von einer Anhörung abgesehen, um den mit einer Unterrichtung verbundenen „Ankündigungseffekt" zu vermeiden. Es sollte keine Gelegenheit gegeben werden, das Vereinsvermögen und verbotsrelevante Gegenstände dem behördlichen Zugriff zu entziehen und den Verbotserfolg zu vereiteln. Hiergegen ist nichts zu erinnern.

*[19]* II. Der Kläger erfüllte zu dem für die gerichtliche Beurteilung maßgeblichen Zeitpunkt des Erlasses der angefochtenen Verfügung die Voraussetzungen des Verbotsgrundes des § 3 Abs. 1 Satz 1 Alt. 3 VereinsG (vgl. BVerwG, Urteil vom 16.11.2015 -1 A 4.15-; Gerichtsbescheid vom 8.8.2005 -6 A 1.04- BeckRS 2005, 29687, Rn 17; Urteil vom 3.12.2004 -6 A 10.02-).

*[20]* Nach Art. 9 Abs. 2 Alt. 3 GG sind Vereinigungen verboten, deren Zwecke oder deren Tätigkeit sich gegen den Gedanken der Völkerverständigung richten. Ein Verein darf nach § 3 Abs. 1 Satz 1 VereinsG dann als verboten behandelt werden, wenn durch Verfügung das Vorliegen der Voraussetzungen eines Verbotsgrundes i.S.v. Art. 9 Abs. 2 GG festgestellt ist. Die Bestimmung gilt sowohl für aus deutschen Staatsangehörigen bestehende und diesen nach § 14 Abs. 1 Satz 2 VereinsG gleichgestellte Vereine als auch für Ausländervereine i.S.v. § 14 Abs. 1 Satz 1 VereinsG (BVerwG, Urteil vom 16.11.2015 -1 A 4.15-).

*[21]* Im Fall der Überprüfung einer vereinsrechtlichen Verbotsverfügung beruht die Überzeugungsbildung des Gerichts (§ 108 Abs. 1 VwGO), das gemäß § 86 Abs. 1 VwGO den Sachverhalt von Amts wegen unter Heranziehung der

Beteiligten erforscht, der Eigenart der Materie entsprechend regelmäßig in erheblichem Umfang auf der zusammenschauenden Verwertung von Hinweistatsachen (Indizien) (siehe BVerwG, Urteil vom 16.11.2015 -1 A 4.15-). So wird sich der Umstand, dass eine Vereinigung, die gegen den Gedanken der Völkerverständigung gerichtet ist, zumeist weniger aus ihrer Satzung und ihrem Programm ergeben, sondern eher aus ihrem Auftreten in der Öffentlichkeit, ihren Publikationen sowie den Äußerungen und der Grundeinstellung ihrer Funktionsträger. Solche Vereinigungen werden erfahrungsgemäß bemüht sein, ihr verbotswürdiges Vorgehen zu verheimlichen oder zu verschleiern. Der Verbotstatbestand wird sich deshalb in der Regel nur aus dem Gesamtbild ergeben, das sich aus einzelnen mündlichen oder schriftlichen Äußerungen, Verhaltensweisen oder Grundeinstellungen insbesondere der Funktionsträger der Vereinigung zusammenfügt (siehe BVerwG, Beschluss vom 21.9.2020 -6 VR 1.20- zum Nachweis einer verfassungsfeindlichen Zielrichtung). Die herangezogenen Indizien unterliegen den allgemeinen Beweisregeln. Ein Vereinsverbot darf im Falle der Nichterweislichkeit des Verbotsgrundes nicht ausgesprochen werden. Beweiserleichterungen stehen der Behörde weder im Zusammenhang mit Auslandssachverhalten noch mit Blick auf etwaige Geheimhaltungsbedürfnisse zu (vgl. BVerwG, Urteil vom 3.12.2004 -6 A 10.02-).

*[22]* 1. Beim Kläger handelt sich um einen Verein i.S.d. § 2 Abs. 1 VereinsG. Seine Tätigkeit richtet sich objektiv gegen den Gedanken der Völkerverständigung.

*[23]* a) Eine Vereinigung richtet sich objektiv gegen den Gedanken der Völkerverständigung, wenn ihre Tätigkeit oder ihr Zweck geeignet ist, diesen zu beeinträchtigen. Das Verbot, sich gegen den Gedanken der Völkerverständigung zu richten, beschränkt sich nicht auf eine vereinsrechtliche Konkretisierung des Verbots nach Art. 26 Abs. 1 GG. Denn der Gedanke der Völkerverständigung reicht weiter als das friedliche Zusammenleben der Völker. Ein Verein richtet sich vielmehr auch dann gegen den Gedanken der Völkerverständigung, wenn sein Zweck oder seine Tätigkeit der friedlichen Überwindung der Interessengegensätze von Völkern zuwiderläuft. Dies ist vor allem dann der Fall, wenn Gewalt in das Verhältnis von Völkern hineingetragen und insbesondere zur Tötung von Menschen aufgefordert wird. In einem solchen Fall ist es für die Erfüllung des objektiven Verbotstatbestandes nicht erforderlich, dass der Verein selbst Gewalt ausübt (BVerwG, Urteil vom 16.11.2015 -1 A 4.15-).

*[24]* Eine gegen den Gedanken der Völkerverständigung gerichtete Tätigkeit kann auch darin liegen, dass die zu verbietende Vereinigung eine Gruppierung unterstützt, die ihrerseits durch Ausübung von Gewalt das friedliche Miteinander der Völker beeinträchtigt bzw. das Existenzrecht eines Staates vor dem Hin-

tergrund eines Konflikts zwischen Völkern in der Weise verneint, dass er zu dessen gewaltsamer Beseitigung aufruft und hierdurch mittelbar zu der gegen den Gedanken der Völkerverständigung gerichteten Zwecksetzung oder Tätigkeit beiträgt. Die Unterstützung muss dabei nicht zwingend unmittelbar den militärischen oder terroristischen Teilen einer Gewalt ausübenden Organisation zugutekommen (BVerwG, ebd., Rn 19 f. mwN)

*[25]* Da auf der Rechtsfolgenseite – jedenfalls regelmäßig – keine Erwägungen zur Verhältnismäßigkeit des Verbots anzustellen sind, ist den Anforderungen des verfassungsrechtlichen Verhältnismäßigkeitsgrundsatzes bereits auf der Tatbestandsseite bei der Prüfung der Voraussetzungen eines Verbotsgrunds Rechnung zu tragen (siehe BVerwG, Urteil vom 7.1.2016 -1 A 3.15-; Urteil vom 14.5.2014 -6 A 3.13-). Insbesondere ist ein Verbot stets nur zu rechtfertigen, wenn die zum Verbot führende Ausrichtung entsprechend schwer wiegt und die Vereinigung prägt (vgl. BVerfG, Beschluss vom 13.7.2018 -1 BvR 1474/12 u.a.-; BVerwG, Urteil vom 16.11.2015 -1 A 4.15-). Im hiesigen Fall muss also der Zweck oder die Tätigkeit des Vereins geeignet sein, den Gedanken der Völkerverständigung schwerwiegend, ernst und nachhaltig zu beeinträchtigen (vgl. BVerwG, Urteil vom 16.11.2015 -1 A 4.15-). Dies gilt auch, soweit die entsprechende Tätigkeit in der Förderung anderer Organisationen liegt. Insbesondere muss die Förderung eine gewisse Kontinuität und Umfänglichkeit aufweisen, damit die objektive Eignung zu einer hinreichenden Beeinträchtigung des Gedankens der Völkerverständigung sichergestellt ist (vgl. BVerwG, Urteil vom 18.4.2012 -6 A 2.10-). Eine aggressiv-kämpferische Vorgehensweise des vom Verbot betroffenen Vereins ist darüber hinaus nicht erforderlich (vgl. BVerwG, Urteil vom 16.11.2015 -1 A 4.15-).

*[26]* b) Unter Zugrundelegung dieser Maßstäbe erfüllte der Kläger zum maßgeblichen Zeitpunkt des Erlasses der angegriffenen Verbotsverfügung die objektiven Voraussetzungen des Verbotstatbestandes. Die von der Beklagten beigebrachten Indizien belegen, dass sich seine Tätigkeit gegen den Gedanken der Völkerverständigung richtete. Der Kläger bot der Hizb Allah als völkerverständigungswidrige Organisation (siehe ausführlich BVerwG, Urteil vom 16.11.2015 -1 A 4.15- KirchE 66, 250) und ihrem Gedankengut eine Plattform in Deutschland und eine signifikante ideologische Unterstützung (aa). Überdies trug er auch selbst dazu bei, entsprechende dem Gedanken der Völkerverständigung widersprechende Überzeugungen zu verbreiten (bb). Durch diese die Tätigkeit des Klägers prägenden Aktivitäten war objektiv eine hinreichend gravierende Beeinträchtigung des Gedankens der Völkerverständigung zu befürchten, um ein Vereinsverbot zu rechtfertigen (cc).

*[27]* aa) Der Kläger schuf nach der Überzeugung des Gerichts nach dem Gesamtbild der von der Beklagten beigebrachten Unterlagen für die Hizb Allah eine Plattform in Bremen, durch welche deren Akzeptanz unter hier lebenden Personen mit vorwiegend libanesischem Migrationshintergrund maßgeblich aufgebaut, erhalten und gestärkt wurde.

*[28]* Die Verbundenheit des Klägers mit der Hizb Allah als Organisation und seine Rolle bei ihrer Unterstützung zeigt sich zunächst in einer Verwendung entsprechender Symbole und einer Bezugnahme auf diese bei Vereinsaktivitäten (1). Überdies lassen in den Vereinsräumlichkeiten aufgefundene Materialien (2), Erkenntnisse über die Vereinsführung (3) und Personen, die in der Vergangenheit mit dem Kläger in Verbindung standen und bei ihm Veranstaltungen durchführten (4) sowie sonstige Erkenntnisse (5) den Rückschluss zu, dass die Tätigkeit des Klägers darauf gerichtet war, der Hizb Allah jedenfalls ideologische Unterstützung zu gewähren und ihr den Zugang zu in Deutschland lebenden Personen mit libanesischem Migrationshintergrund schiitischen Glaubens zu erhalten. Dabei sind auch die von der Beklagten im Zuge des gerichtlichen Verfahrens ergänzend vorgelegten Belege unproblematisch verwertbar, da sie sich sämtlich auf eine Zeit vor Erlass der Verbotsverfügung beziehen.

*[29]* (1) Der Kläger hat in der Vergangenheit im Rahmen seiner Tätigkeit wiederholt Symbole und Identifikationsmerkmale verwendet, die auf die Hizb Allah oder deren Unterorganisationen hinweisen, und zum Teil offen seiner Verbundenheit mit ihr Ausdruck verliehen.

*[30]* Die vom Kläger betriebene Pfadfinderorganisation der „Al Mustafa Pfadfinder" ist in ihrem Erscheinungsbild an die „Imam al-Mahdi Scouts", einer Jugendorganisation der Hizb Allah, angelehnt. Dies zeigt sich nicht nur in der Verwendung sich weitgehend ähnelnder Uniformen. Auch das gewählte Symbol der Gruppe ist nach Auffassung des Senats erkennbar an das der „Imam al-Mahdi Scouts" angelehnt. Es zeigt zentral eine heraldische Lilie mit breiten Blättern. Dabei handelt es sich zwar bei der Lilie an sich um ein allgemeines Symbol der Pfadfinderbewegung. Allerdings existieren unzählige Abwandlungen derselben. Im Falle der Pfadfindergruppe des Klägers sind die Blätter der verwendeten Lilie in den Farben Gelb, Rot und Grün eingefärbt, womit sie dieselbe Färbung aufweist, wie die von den „Imam al-Mahdi Scouts" als Symbol verwendete. Nach Überzeugung des Gerichts drängt sich dem Betrachter die Ähnlichkeit der verwendeten Lilien auf. Die Bezüge der „Al Mustafa Pfadfinder" zu der entsprechenden Hizb Allah-Organisation werden weiter durch in den Räumlichkeiten des Klägers aufgefundene Pfadfinderkleidung samt den entsprechenden Aufnähern der „Imam al-Mahdi Scouts" aus dem Libanon belegt. Auch unter Berücksichtigung der allgemeinen Ähnlichkeiten, die Pfadfinder

äußerlich allgemein aufweisen mögen, ist das Gericht unter Würdigung dieser Umstände davon überzeugt, dass sich der Kläger bewusst an der Hizb Allah-Jugendorganisation orientierte.

*[31]* Weiterhin hat der Kläger in der Vergangenheit direkt auf Symbole zurückgegriffen, die von der Hizb Allah genutzt wurden. So wurde für die Ashura-Feste 2017 und 2018 das entsprechende Logo der Hizb Allah verwendet. Zudem wurde zum Ashura- Fest im Jahr 2018 die gleiche Losung verwendet, die die Hizb Allah für ihre Feierlichkeiten gewählt hatte. Dass es sich hierbei um Zufälle gehandelt haben soll, hält der Senat für eine Schutzbehauptung.

*[32]* Dass der Kläger in der Vergangenheit mehr oder minder offen Bezüge zur Hizb Allah herstellte und als deren Stellvertreter in Bremen auftrat, belegt auch ein bei seinem 1. Vorsitzenden aufgefundenes Redemanuskript für eine Vereinsveranstaltung anlässlich des libanesischen Nationalfeiertages 2015. Demnach wurde auf der Veranstaltung nicht nur vier namentlich genannter Personen gedacht, die mit der Hizb Allah selbst oder mit dieser kooperierenden Organisation in Verbindung standen und von der Organisation laut unwidersprochener Darstellung der Beklagten als „Märtyrer" verehrt werden. Überdies wurde im Redemanuskript Hassan Nasrallah, der Generalsekretär der Hizb Allah, als „Führer des Widerstands" tituliert und explizit gegrüßt. Schließlich war vorgesehen, nicht nur die libanesische Nationalhymne, sondern auch die „Widerstandshymne der Hizb Allah" anzustimmen.

*[33]* (2) In den Vereinsräumlichkeiten wurden bei der Durchsuchung im April 2020 umfangreiche Materialien mit Bezug zur Hizb Allah aufgefunden. Dabei handelt sich zunächst um über 50 CDs und DVDs, auf deren Hüllen und Covern jeweils Abbildungen des Generalsekretärs Hassan Nasrallah zu sehen sind. Zwei DVDs trugen das Logo des Hizb Allah-Fernsehsenders „Al Manar TV", der 2008 in Deutschland bestandskräftig verboten wurde (siehe Bekanntmachung der Verbotsverfügung in Bundesanzeiger Nr. 171 vom 11.11.2008, S. 4060 und der Bestandskraft in Bundesanzeiger Nr. 13 vom 27.1.2009, S. 340). Zudem wurden CDs aufgefunden, die auf dem Datenträger selbst mit Abbildungen von Nasrallah und Symbolen der Hizb Allah versehen waren. Auf den CDs wurden dabei unter anderem sogenannte „Jihad-Naschids" (kämpferische Lieder) und Propaganda-Lieder der Hizb Allah festgestellt. In diesen wurden explizit deren Generalsekretär Nasrallah und die Hizb Allah besungen. Zum Teil waren auch Ausschnitte aus Reden des Generalsekretärs eingearbeitet worden.

*[34]* Weiterhin wurden im Verein verschiedene Schriften mit Bezügen zur Hizb Allah sichergestellt. Dabei handelt es sich zunächst um ein Buch mit dem Titel „Ansprache des Sieges", das von der zentralen Medieneinheit der Hizb Allah herausgegeben wurde und dessen Autor der ehemalige „Oberste Führer"

der Islamischen Republik Ayatollah Khomeini ist. Ein weiteres Buch mit dem Titel „Die Wundertaten des aufrichtigen Versprechens – das Vertrauen der göttlichen Hilfe für den islamischen Widerstand im Libanon" trägt auf seinem Einband ein Foto des Hasan Nasrallah. Ferner wurde eine von ihm gehaltene „Ashura-Rede" aufgefunden. Daneben fand sich in den Vereinsräumlichkeiten ein Buch mit dem Titel „Märtyrertod eines Führers, Geburt einer Nation", das laut unbestrittener Darstellung der Beklagten eine propagandistische Darstellung über den Gründer der Hizb Allah Abbas Al-Musawi enthält. Schließlich wurde mit dem Titel „Die jüdische Migration – Realität und Gefahren" ein Werk beschlagnahmt, das nach den Erkenntnissen der Beklagten von der „Unterstützungsorganisation des Islamischen Widerstands" herausgegeben wurde, die Spendengelder für die Hizb Allah sammelt und auf deren offizielle Webseite das Symbol der Hizb Allah verwendet wird (siehe https://www.moqawama.org, zuletzt abgerufen am 15.11.2022).

*[35]* Der Kläger hat es im Laufe des Verfahrens nicht vermocht, dass Vorhandensein dieser Materialien in seinen Räumen in einer Weise zu erklären, die geeignet wäre, die Indizwirkung dieser Funde entfallen zu lassen. Hinsichtlich der aufgefundenen CDs und DVDs hat er sich lediglich zu einem Teil der aufgefundenen CDs erklärt, der im Zusammenhang mit einer im Jahr 2014 in seinen Räumlichkeiten abgehaltenen Trauerfeier für ein verstorbenes Vereinsmitglied steht (zu dieser unter (d)). Was es mit den anderen im Verlauf des gerichtlichen Verfahrens näher bezeichneten und beschriebenen Datenträgern auf sich hatte, hat er nicht erläutert. Zudem ist seine Erklärung, die CDs von der Trauerfeier seien nur in den Räumlichkeiten „liegen geblieben", vor dem Hintergrund der weiteren aufgefundenen Datenträger in größerer Anzahl aus offensichtlich anderen Kontexten, für die der Kläger keine Erklärung anbietet, kaum plausibel. Ohnehin ist diese Einlassung höchstens geeignet aufzuzeigen, wie selbstverständlich die Verwendung des Bildes von Hassan Nasrallah und der Flagge der Hizb Allah im Verein war. Ähnliches gilt für die aufgefundenen Schriften. Der Vortrag des Klägers, seine Mitglieder oder sonstige Personen hätten diese ohne sein Wissen im Rahmen eines Bücheraustausches in die Vereinsräumlichkeiten verbracht, könnte vielleicht noch plausibel erscheinen, wenn es sich um einen isolierten Fund gehandelt hätte. Dies ist jedoch in Anbetracht der erheblichen Anzahl aufgefundener Datenträger und weiterer aufgefundener Schriften offensichtlich nicht der Fall.

*[36]* (3) Mit dem 1. Vorsitzenden des Klägers identifizieren sich führende Persönlichkeiten des Klägers mit der Hizb Allah und deren Führung. Wie weit die Übereinstimmung des 1. Vorsitzenden reicht, der den Kläger seit 2012 leitet, zeigt das Ergebnis einer im Jahr 2020 durchgeführten Durchsuchung in seiner

Wohnung, bei der zahlreiche Gegenstände mit einem eindeutigen Hizb Allah-Bezug sichergestellt wurden. So befanden sich in der Wohnung mehrere Bilder und Collagen, die unter anderem Hassan Nasrallah und das religiöse Oberhaupt des Iran Ali Chamenei zeigten. Herauszuheben ist dabei zum einen eine Collage, bei der Porträts des Hassan Nasrallah und des 1. Vorsitzenden zusammengefügt wurden, und zum anderen der Umstand, dass Fotos der besagten Führungspersönlichkeiten in einer Schrankwand neben Familienfotos aufgefunden wurden. Zwar trägt der Kläger vor, der 1. Vorsitzende habe diese Gegenstände geschenkt bzw. vor dem Verbot der Hizb Allah erhalten und angebracht. Doch selbst wenn dies unterstellt wird, stünde dies der Annahme einer weitgehenden Identifikation nicht entgegen. Aufbewahrung und Platzierung der Fotos zeigen deutlich, wie sehr sich der 1. Vorsitzende mit der Hizb Allah verbunden sieht.

*[37]* Welche Tiefe und Kontinuität die Identifikation aufweist, lässt sich auch aus dem bereits erwähnten Redemanuskript für eine Veranstaltung in 2015 ablesen. Zudem hat die Beklagte im gerichtlichen Verfahren Fotos vorgelegt, die den 1. Vorsitzenden 2016 in Syrien in einer militärischen Uniform zeigen, welche Abzeichen einer der Hizb Allah zuzuordnenden Einheit aufweist. Dabei posiert er auf verschiedenen Fotos mit einem Sturmgewehr, auf einem anderen mit einem auf einem Fahrzeug montierten schweren Maschinengewehr und auf einem dritten Foto auf einem Panzer. Ob der Kläger, wie die Beklagte meint, selbst einer Kampfeinheit angehörte, bedarf hier keiner weiteren Aufklärung. Seine Erklärung, es habe sich nur um eine Pilgerreise gehandelt, wobei er die Uniform auf dem Flohmarkt erworben und lediglich zur Überschreitung der Grenze benötigt habe, ist unglaubhaft. Es ist fernliegend, dass sich eine Person ohne Verbindungen zur Hizb Allah während des unter Beteiligung der Hizb Allah stattfindenden Bürgerkrieges in einer ihrer Uniformen in Syrien bewegt haben will, wie es der Kläger suggeriert. Vielmehr unterstreichen gerade die Bilder, bei denen sich der 1. Vorsitzende in der besagten Uniform mit Waffen ablichten ließ, dass er auch mit dem bewaffneten Kampf der Hizb Allah sympathisiert.

*[38]* Weiterhin hat die Beklagte verschiedene Belege von Kontakten des 1. Vorsitzenden zu Hizb Allah Funktionären zusammengetragen, die als Indiz für die Beziehungen des Vereins zu der Organisation und deren Unterstützung herangezogen werden können. Demnach war die Rufnummer eines vormaligen hochrangigen Mitglieds der Abteilung für Außenbeziehungen und aktuellen Büroleiters des stellvertretenden Vorsitzenden des Exekutivrates der Hizb Allah in seinen Kontakten gespeichert. Zwischen beiden Personen habe sowohl Kontakt über Telefonate als auch mittels einer Chatgruppe beim Dienst „WhatsApp“ bestanden, in der antisemitische und amerika- und europafeindliche Inhalte

ausgetauscht worden seien. Überdies habe er 2018 und 2019 mit dem Leiter der Abteilung für Außenbeziehungen der Hizb Allah in Kontakt gestanden. Die zentrale Büronummer der Abteilung habe sich in den Kontaktlisten des 1. Vereinsvorsitzenden befunden. Zudem soll er die Abteilung um Auskunft zu religionsrechtlichen Fragen gebeten und sie über Aktivitäten der „Mahdi Scouts" in Bremen informiert haben. Auch sei in den Telefonkontakten ein Führungsfunktionär und für die Spendensammlungen im Ausland Verantwortlicher der „Shahid-Stiftung" aufgeführt, welche der Hisbollah als integraler Teil zuzurechnen ist (siehe dazu BVerwG, Urteil vom 16.11.2015 -1 A 4.15-). Der Kläger ist keiner dieser Erkenntnisse inhaltlich entgegengetreten, sondern hat lediglich vorgetragen, dass es zu den Aufgaben des 1. Vorsitzenden gehört habe, Kontakte zu Imamen und sonstigen außenstehenden Personen zu unterhalten. Zudem erhalte er viele Nachrichten, die er nicht alle lese und deren Inhalt ihm deshalb nicht zugerechnet werden könnten. Die Ausführungen des Klägers bleiben insoweit ausweichend und pauschal. Sie setzen sich nicht substantiiert mit zahlreichen konkreten Hinweisen auf seine Unterstützungstätigkeit für die Hizb Allah auseinander.

*[39]* Über den 2. Vorsitzenden des Klägers liegen zwar keine vergleichbar verdichteten Indizien vor wie für den 1. Vorsitzenden. Allerdings gibt es auch bei ihm gewisse Anhaltspunkte für eine dem Gedenken der Völkerverständigung entgegenstehende Einstellung oder zumindest dafür, dass er solchen Bestrebungen unkritisch gegenübersteht. So spendete er im Jahre 2013 Geld an das im April 2014 verbotene „Waisenkinderprojekt Libanon" (Verbot bestätigt durch BVerwG, Urteil vom 16.11.2015 -1 A 4.15-). Zudem hat er über seinen Facebook-Account den Prediger A „geliked", der wiederum Beiträge des iranischen Führers Ali Chamenei und dessen Vorgängers Ayatollah Khomeini „postet".

*[40]* (4) Nach den von der Beklagten vorgelegten Informationen können mehrere Personen, die in der Vergangenheit mit dem Kläger in Verbindung standen und bei ihm Veranstaltungen durchführten, entweder direkt der Hizb Allah zugeordnet werden oder sie weisen jedenfalls eindeutige Bezüge zu dieser auf.

*[41]* Zunächst hat die Beklagte bereits in der Verbotsverfügung mit B und C zwei Personen benannt, die nach ihrer Darstellung von der Abteilung für Außenbeziehungen der Hizb Allah eingesetzt werden, um als Bindeglied zwischen dieser und mit ihr sympathisierenden Vereinen zu wirken. Sie traten wiederholt im Verein auf (B 2018 und 2019, C 2018). Dabei vertritt B offen eine antisemitische Haltung und eine Glorifizierung von „Märtyrern" der Hizb Allah, indem er selbst bei Facebook entsprechende Inhalte einstellte oder als positiv bewertete. Dass dem Verein seine Einstellung verborgen geblieben sein soll, ist auch des-

halb fernliegend, weil sich dessen 1. Vorsitzende in der „Freundesliste“ bei Facebook befand. Überdies nahm B 2019 an der Mitgliederversammlung des Klägers teil, wobei er an prominenter Stelle unmittelbar neben dem 1. Vorsitzenden saß.

*[42]* Weiter hat die Beklagte im gerichtlichen Verfahren auf D Bezug genommen, der in der Vergangenheit wiederholt als Prediger beim Kläger auftrat, insbesondere im Jahr 2022 noch sechsmal. Sie konnte dabei Fotos von einem Facebook-Profil vorlegen, die D bei dem Erhalt einer Urkunde oder eines Zeugnisses offenbar im Libanon zeigen. Dabei ist im Hintergrund der Bühne die Fahne der Hizb Allah zu sehen. Ebenso findet sich dort der Name einer Einrichtung der Hizb Allah, die mit der schulischen Bildung befasst ist. Daneben trat auf einer Veranstaltung des Vereins anlässlich eines „Tags der Befreiung des Libanon“ im Mai 2019 ein E auf, der nach den Erkenntnissen der Beklagten erst rund ein halbes Jahr zuvor auf Facebook einen Beitrag „gepostet" hatte, in dem ein auf der Terrorliste der Europäischen Union geführter und 2008 durch den israelischen Geheimdienst getöteter Hizb Allah-Funktionär als „Märtyrer“ bezeichnet wurde.

*[43]* Die Beklagte hat schließlich mit F (oder J) und G zwei Personen benannt, die beim Kläger Veranstaltungen durchführten und ihrerseits in Deutschland operierenden Organisationen angehören, die eng mit der Hizb Allah bzw. dem entsprechenden Gedankengut verbunden sind. So trat auf einer Veranstaltung des Vereins 2019 mit dem genannten F der stellvertretende Leiter des islamischen Zentrums Hamburg auf, was nach Ansicht des Landesamts für Verfassungsschutz Hamburg als Bestrebung zu werten ist, die sich gegen die freiheitliche demokratische Grundordnung sowie gegen den Gedanken der Völkerverständigung richten. Überdies trat F nach dessen Erkenntnissen 2019 bei einer Veranstaltung des Vereins „Menschen für Menschen e.V.“ auf. Dieser wurde 2021 (wie der "Gib Frieden e.V.", zu diesem auch unten) als Ersatzorganisation für den 2014 verbotenen Verein „Waisenkinderprojekt Libanon e.V.“ seinerseits verboten (vgl. https://www.hamburg.de/verfassungsschutz/15259054/izh-aussenposten-des-teheraner-regimes/, zuletzt abgerufen am 15.11.2022, mit dem Hinweis, dass eine Beobachtung bereits seit 1993 erfolgt; vgl. auch die Erwähnung im Verfassungsschutzbericht des Landesamtes für Verfassungsschutz Hamburg 2021, S. 47 ff.; zum Verbot des „Waisenkinderprojekt Libanon e.V.“ BVerwG, Urteil vom 16.11.2015 -1 A 4.15-). G wiederum unterrichtete nach den Erkenntnissen der Beklagten in der Vergangenheit die „Al Mustafa Pfadfinder“. Dabei handelt es sich um den Imam des ebenfalls im März 2022 verbotenen „Imam Mahdi Zentrums“. Nach der dortigen Verbotsverfügung, welche die Beklagte in das hiesige Verfahren eingebracht hat, geht das Ministerium des

Inneren des Landes Nordrhein-Westfalen davon aus, dass dieses Zentrum sich gegen die verfassungsmäßige Ordnung und den Gedanken der Völkerverständigung richte, da es der Hizb Allah nahestehe, diese fördere und unterstütze.

*[44]* Der Kläger hat diese von der Beklagten angeführten Verbindungen in keinem Fall bestritten, sondern lediglich behauptet, von den weiteren Aktivitäten dieser Personen nicht gewusst zu haben. Angesichts der zum Teil offen ersichtlichen Ansichten der genannten Personen, der Häufung der entsprechenden Kontakte und auch der bereits durch die oben dargestellten Umstände belegten Nähe des Vereins zur Hizb Allah reichen diese Ausführungen nicht aus. Dass der Kläger lediglich gutgläubig „Personal" für die entsprechenden Veranstaltungen gesucht haben soll, um dann in einer solchen Vielzahl von Fällen „zufällig" an die entsprechenden Personen zu geraten, ist nicht hinreichend plausibel, um die Indizwirkung der dargestellten Verflechtungen zu widerlegen.

*[45]* (5) Neben den bereits aufgeführten Punkten hat die Beklagte weitere tragfähige Indizien vorgelegt, die zeigen, dass der Kläger der Hizb Allah, ihr nahestehenden Personen und sie fördernden Organisationen ein Forum bot. In den Räumen des Klägers fanden Veranstaltungen statt, die erkennbar mit der Hizb Allah verknüpft waren und auf denen deren Symbole gezeigt und verwendet wurden. So wurden bei der bereits angesprochenen Trauerfeier 2014 in den Vereinsräumen offenbar CDs verteilt, auf denen neben dem Verstorbenen Hassan Nasrallah abgebildet war und die überdies die Hizb Allah-Flagge erkennen ließen. Dass dem Verein dies verborgen geblieben wäre, hält der Senat auch angesichts der von der Beklagten vorgelegten Bilder, auf denen der 1. Vorsitzende selbst ein T-Shirt mit einer Abbildung des Verstorbenen trägt, für nicht nachvollziehbar. Des Weiteren hat die Beklagte ein Bild vorgelegt, das auf der Facebook-Seite des Vereins eingestellt wurde und eine Person mit einer Abbildung Hassan Nasrallahs auf dem T-Shirt auf einer Vereinsveranstaltung zeigt. Auch dies ist jedenfalls ein Indiz dafür, wie selbstverständlich derartige Symbole im Kontext der Tätigkeit des Vereins waren.

*[46]* Zudem unterhielt der Verein „Gib Frieden e.V." auf dem Ashura-Fest des Klägers 2018 Tische zur Spendensammlung. Der Verein wurde vom Bundesminister des Innern mit Verfügung vom 15.4.2021 als Ersatzorganisation des 2014 verbotenen Vereines „Waisenkinderprojekt Libanon e.V." verboten (BAnz AT 19.5.2021 B1). Mit H und I verkehrten beim Kläger regelmäßig führende Personen des Vereins „Gib Frieden e.V.". H war dessen zweiter Kassenprüfer sowie Moderator und Administrator von dessen Facebook-Seite. Er hat die Räumlichkeiten des Klägers nach den Erkenntnissen der Beklagten zwischen Mitte 2017 und dem August 2020 insgesamt 17-mal besucht. Bei ihm wurden zudem bei

einer Durchsuchung im Jahre 2016 fünf CDs mit dem Logo der Hizb Allah und dem Porträt Hassan Nasrallahs sowie unter anderen zwei Werbekarten mit einem Aufruf zu Spenden für die Versorgung von „Gotteskriegern" gefunden. I hat nach den Erkenntnissen der Beklagten den Verein zwischen Sommer 2018 und Sommer 2020 siebenmal besucht. Zudem fand er sich bereits 2013 auf einer von ihr vorgelegten „Teilnehmerliste" einer Vereinsveranstaltung. Er war als Vorstandsmitglied des Vereins „Gib Frieden e.V." aktiv und nach den Erkenntnissen des Bundesinnenministeriums aus der von der Beklagten im hiesigen Verfahren vorgelegten und in Bezug genommenen Verbotsverfügung maßgeblich in die konkrete Spendenakquise im Raum Bremen und Umgebung eingebunden. Schließlich kann als Indiz dafür, welche Bedeutung der Verein auch aus Sicht der Hizb Allah selbst hatte, ein Bericht über ein Ashura-Fest des Klägers im Hizb Allah-TV Sender „Al Manar TV" im Jahre 2018 herangezogen werden.

*[47]* bb) Zu den bisher aufgeführten Umständen, die aus Sicht des Senats bereits aufzeigen, dass der Kläger in verbotswürdiger Weise unterstützend für Hizb Allah als ihrerseits gegen den Gedanken der Völkerverständigung gerichtete Organisation tätig war, tritt hinzu, dass er auch selbst zur Verbreitung der Überzeugungen der Hizb Allah und dem nahestehender, insbesondere israelfeindlicher Ideologien beitrug. Dies wird durch die bei der Durchsuchung im Jahre 2020 aufgefundenen Materialien belegt. Dabei wurden neben den bereits aufgeführten CDs, DVDs und Schriften noch verschiedene weitere Schriften mit entsprechenden Inhalten entdeckt. Dabei handelt es sich um Schriften, die einen islamischen Staat auf Basis der Scharia propagieren, im Inhalt wörtlich den „Welt-Zionismus" angreifen oder wie das Werk „Die Eigenschaften der Juden" bereits im Titel eine antisemitische Ausrichtung erkennen lassen, was durch die dort verwendeten Quellen wie die „Protokolle der Weisen von Zion" bestätigt wird. Weitere aufgefundene Titel waren „Down with America: Death to America in 13 Languages", „Der Imam in Konfrontation mit dem Zionismus" von Ayatollah Khomenei, „Quellen der Kraft im Islamischen Staat" oder „Der Imam, der Führer, und der verpflichtende Angriffskrieg".

*[48]* cc) In Rahmen einer Gesamtschau der durch die Beklagte vorgelegten Indizien ist der Senat davon überzeugt, dass der Kläger mit seiner Tätigkeit die Hizb Allah als Organisation und die Verbreitung ihrer gegen Gedanken der Völkerverständigung gerichteten Ideologie in einem Ausmaß gefördert hat, das ein Vereinsverbot rechtfertigt.

*[49]* (1) Das Gericht übersieht nicht, dass es etwa an einem Nachweis hoher Spendensummen oder auch der unmittelbaren Rekrutierung von Personen, die sich für die Hizb Allah militärisch engagieren, fehlt. Es ist aber der Ansicht, dass

nicht nur eine signifikante ideologische Unterstützung vorliegt, die der Hizb Allah in einem erheblichen Ausmaß Akzeptanzvorteile für ihre völkerverständigungswidrige Betätigung brachte (vgl. auch BVerwG, Urteil vom 18.4.2012 -6 A 2.10-). Überdies ist auch der Kläger selbst durch das Verfügbarmachen entsprechender Materialien für seine Mitglieder gegen den Gedanken der Völkerverständigung tätig geworden.

*[50]* Die Tätigkeit des Klägers und sein Auftreten haben eine Umgebung geschaffen, in der die Verwendung von Symbolen und die Verbreitung des Gedankenguts der Hizb Allah als „normal" erscheinen mussten. Er weist Verbindungen zur Hizb Allah auf, die nicht mit der Verbundenheit seiner Mitglieder mit dem (Süd-)Libanon zu erklären sind, und weit über eine bloße Nähe auf dieser Grundlage hinausgehen. Aus den vorliegenden Indizien kann zur Überzeugung des Senats abgeleitet werden, dass er in die Netzwerke der Hizb Allah eingebunden war und für diese in Deutschland Plattform und tragender Bestandteil gewesen ist. Überdies hat er Personen, die entweder direkt der Hizb Allah zugeordnet werden können oder entsprechenden Ideologien nahestehen, ein Forum geboten. Er ließ sie wiederholt und kontinuierlich bei seinen Veranstaltungen auftreten und auf seine Mitglieder einwirken. Auch wenn die Beklagte keine Belege dafür beibringen konnte, welche Inhalte diese Personen dabei konkret verbreiteten, ist der Senat davon überzeugt, dass allein die Schaffung dieses Forums und die damit gegebene Möglichkeit, als Multiplikatoren Kontakte aufrechtzuerhalten und zu knüpfen, für die Tätigkeit der Hizb Allah und die Sicherung ihres Rückhalts in der libanesischen Auslandsgemeinschaft von großer Wichtigkeit war.

*[51]* Die Förderung der Hizb Allah und die Verbreitung ihres Gedankenguts ist für die Tätigkeiten des Klägers auch prägend gewesen. Die Verflechtungen des Vereins, seines 1. Vorsitzenden und seiner Sympathisanten sowie die bei ihm und in seinem Umfeld aufgefundenen Propagandamaterialien zeigen, dass es sich nicht nur um vereinzelt auftretende Vorfälle und Umstände handelt. Die Anzahl der aufgefundenen Materialien und ihre Art lassen den Rückschluss zu, dass im Rahmen der Tätigkeit des Klägers Ideen verbreitet wurden, die dem Gedanken der Völkerverständigung zuwiderliefen.

*[52]* (2) Dass sich aus dem vorgelegten Material in der Zeit seit der Durchsuchung im April 2020 nicht in dem selben Maße Anhaltspunkte für eine signifikante Unterstützung der Hizb Allah ergeben haben, wie dies zuvor der Fall war, und insbesondere keine weiteren Erkenntnisse aus der im Zuge des Verbots durchgeführten Durchsuchungen Anfang 2022 vorgelegt wurden, steht der Annahme der Verbotswürdigkeit des Vereins im Zeitpunkt des Verfügungserlasses nicht entgegen. Es ist in keiner Weise zu erkennen, dass der Kläger mit seiner

früheren Tätigkeit und der damit verbundenen Ideologie gebrochen hätte. Allein die in der mündlichen Verhandlung erstmalig vorgetragene Behauptung des Klägers, er habe nach der Durchsuchung den Betrieb der Pfadfindergruppe eingestellt, vermag hier nicht zu genügen. So ist etwa auch in der jüngeren Zeit mit D noch eine Person im Verein als Prediger aufgetreten, die eindeutige Verbindungen zur Hizb Allah aufweist (siehe oben). Überdies hat sich an der Führung des Vereins und ihrer inhaltlichen Übereinstimmung mit den Zielen der Hizb Allah nichts verändert; für eine Abkehr von der Hizb Allah sind keinerlei Anhaltspunkte ersichtlich. Eine nach außen erkennbare Absetzung ist weder vorgetragen noch erkennbar, obwohl dem Kläger mit der Durchsuchung im Jahr 2020 und dem vom Bundesinnenministerium geführten Verbotsverfahren deutlich geworden sein musste, welch problematische Nähe er aus der Sicht der Sicherheitsbehörden zu Hizb Allah aufwies.

*[53]* 2. Der Kläger erfüllt auch die subjektiven Voraussetzungen des Verbotstatbestandes des § 3 Abs. 1 Satz 1 Alt. 3 VereinsG i.V.m. Art. 9 Abs. 2 Alt. 3 GG. Ihm waren die Umstände bekannt, die die Unterstützung der Hizb Allah begründen (a). Selbst wenn man eine Identifizierung mit den Zielen der geförderten Organisation forderte, liegt diese im Fall des Klägers vor (b).

*[54]* a) Unter Berücksichtigung der obigen Ausführungen steht zur Überzeugung des Senats fest, dass dem Kläger die Umstände seiner Tätigkeit, auch in Person seiner leitenden Mitglieder, bekannt waren. Dass er damit der Hizb Allah eine entscheidende Möglichkeit bot, auf die libanesische Gemeinschaft in Bremen zu wirken sowie ihre Akzeptanz bei dieser insgesamt zu erhalten und zu fördern, konnte ihm nicht verborgen bleiben. Der Kläger wusste zudem, welche Ideologie die Hizb Allah verfolgt und worin ihre Ziele bestehen. Dass sie bis 2020 in Deutschland keinem Betätigungsverbot unterlag, steht dem nicht entgegen. Es ist angesichts der umfangreichen Kontakte des ersten Vorsitzenden mit der Organisation, der in den Vereinsräumen aufgefundenen Materialien und Literatur und nicht zuletzt dem Hintergrund der Mitglieder und ihrer vom Kläger selbst geltend gemachten Bezüge zum Libanon ausgeschlossen, dass ihm die Haltung und die Aktivitäten der Hizb Allah verborgen geblieben sein könnten. Überdies wurde der Kläger jedenfalls seit 2017 selbst vom Landesamt für Verfassungsschutz beobachtet und auch in dessen Berichten erwähnt, womit spätestens eine „Sensibilisierung“ zu erwarten gewesen wäre. Auch hinsichtlich der eigenständigen Verbreitung dem Gedanken der Völkerverständigung widersprechenden Gedankenguts ist davon auszugehen, dass dem Kläger jedenfalls bekannt war, welche Materialien in seinen Räumen den Mitgliedern zur Verfügung gestellt wurden. Dass es sich um ein „Überwachungsproblem“ gehandelt habe, hält der Senat unter Würdigung aller Umstände und Erkenntnisse für

ebenso wenig glaubhaft wie die Aussage in der mündlichen Verhandlung, dem Verein sei seine Überwachung durch das Landesamt für Verfassungsschutz entgangen.

*[55]* Dieses Wissen um den Umstand, dass sich die Tätigkeit des Vereins bzw. einer von ihm unterstützten Organisation objektiv gegen den Gedanken der Völkerverständigung richtet, reicht aus, um den subjektiven Verbotstatbestand zu erfüllen. Es genügt mithin ein bedingter Unterstützungsvorsatz (vgl. Roth, in: Schenke/Graulich/Ruthig, Sicherheitsrecht des Bundes, 2. Auflage 2019, § 3 VereinsG Rn 108 f.). Einer darüber hinausgehenden Identifikation mit der unterstützten Organisation einschließlich der von ihr ausgehenden völkerverständigungswidrigen und gewalttätigen Aktivitäten bedarf es nicht. Eine solche – in der früheren Rechtsprechung des Bundesverwaltungsgerichts allerdings aufgestellte – Anforderung lässt sich mit den Grundsätzen des Gefahrenabwehrrechts nicht vereinbaren. Es widerspräche der Effektivität der Gefahrenabwehr, dass ein Verein, der bewusst und objektiv erkennbar eine völkerverständigungswidrige Organisation unterstützt, dem aber die (innere) Identifizierung gerade mit deren zur Völkerverständigungswidrigkeit führenden Handlungen und Zielen nicht nachgewiesen werden kann, sich weiter in diese Richtung betätigen könnte. Das Schutzgut des Gedankens der Völkerverständigung bliebe trotz einer festgestellten Beeinträchtigung schutzlos. Auch der Verhältnismäßigkeitsgrundsatz, zu dessen Wahrung die subjektiven Voraussetzungen des Verbotstatbestandes entwickelt wurden, verlangt dies nicht. Das Interesse an der Grundrechtsausübung des Vereins und seiner Mitglieder muss in diesem Fall hinter dem Interesse des Schutzes des Gedankens der Völkerverständigung zurücktreten (in diese Richtung BVerwG, Urteil vom 16.11.2015 -1 A 4.15- dort im Ergebnis aber offengelassen; siehe zum Ganzen auch Roth, aaO, Rn 113 f.).

*[56]* b) Sollte man über das Wissen und die Billigung einer Förderung und Unterstützung völkerverständigungswidriger Aktivitäten hinaus verlangen, dass sich der Verein mit der unterstützten Organisation einschließlich der von ihr ausgehenden völkerverständigungswidrigen und gewalttätigen Aktivitäten identifiziert, sind diese Voraussetzungen vorliegend ebenfalls gegeben. Der Kläger hat sich ersichtlich mit der Hizb Allah identifiziert. Die Bezüge der von ihm betriebenen Pfadfinderorganisation zu ihrer Entsprechung bei der Hizb Allah, die Übernahme von Logos und Losungen, die in den Vereinsräumen aufgefunden Materialien, die Erkenntnisse über den 1. Vorsitzenden, die Verwendung von Symbolen und Bildern mit Bezug zur Hizb Allah bei Veranstaltungen sowie die entsprechenden Bezüge regelmäßiger Besucher belegen dies hinreichend. Insbesondere das Rekurrieren auf Symbole der Hizb Allah sowie

von dieser als „Märtyrer“ verehrter Personen stellt einen gewichtigen Hinweis auf eine Identifizierung mit deren Zielen und gewaltsamen Aktivitäten dar (vgl. BVerwG, Urteil vom 16.11.2015 -1 A 4.15-).

*[57]* 3. Der Verbotsgrund des Sich-Richtens gegen den Gedanken der Völkerverständigung erfährt vorliegend auch nicht deshalb eine Einschränkung, weil dem Kläger möglicherweise der verfassungsrechtliche Schutz von Religionsgesellschaften und Weltanschauungsgemeinschaften zur Seite steht. Dabei kann offenbleiben, ob er die Voraussetzungen einer Religionsgemeinschaft erfüllt und ob an deren Verbot überhaupt über die allgemeinen Maßstäbe hinausgehende Anforderungen zu stellen sind (dagegen mit beachtlichen Argumenten Roth, GSZ 2019, 89 [94]).

*[58]* Auch wenn bei der Bewertung der Tätigkeiten des Klägers der Schutz der religiösen Vereinigungsfreiheit berücksichtigt wird, ist der Verbotstatbestand des Art. 9 Abs. 2 GG vorliegend erfüllt. Die Beeinträchtigung des Gedankens der Völkerverständigung erweist sich als so gewichtig, dass der Kläger auch mit Blick auf die damit gegebenenfalls verbundene Beeinträchtigung seiner religiösen Vereinigungsfreiheit verboten werden kann (vgl. auch BVerwG, Urteil vom 16.11.2015 -1 A 4.15-). Dies ergibt sich insbesondere aus der Kontinuität des völkerrechtswidrigen Wirkens des Klägers sowie seiner beträchtlichen Strahlkraft in der Gruppe von Personen mit libanesischem Migrationshintergrund. Das völkerverständigungswidrige Wirken des Klägers ist für ihn als Verein insgesamt prägend. Der sich daraus ergebenden permanenten Gefährdung des geschützten Rechtsguts kann aus Sicht des Senats nur durch ein Vereinsverbot entgegengewirkt werden, das damit unerlässlich ist (vgl. BVerwG, Urteil vom 14.5.2014 -6 A 3.13-).

*[59]* 4. Die in der angegriffenen Verfügung neben dem Vereinsverbot enthaltenen weiteren Entscheidungen (Auflösung, Verbot der Bildung von Ersatzorganisationen, Kennzeichenverbot, Beschlagnahme und Einziehung des Vereinsvermögens) finden ihre Rechtsgrundlagen in § 3 Abs. 1 Satz 1 Halbs. 2 und Satz 2 Nr. 1, § 8 Abs. 1, § 9 Abs. 1 Satz 1 und § 11 VereinsG. Die tatbestandlichen Voraussetzungen dieser Vorschriften knüpfen an das ausgesprochene Vereinsverbot an. Das Verbot des Betriebs der in dem Tenor der Verfügung genannten Internetseiten etc. ergibt sich aus der Natur des Vereinsverbots und der Auflösungsanordnung, ohne dass es einer eigenen Rechtsgrundlage bedarf (BVerwG, Beschluss vom 9.6.2022 -6 VR 2.21-, vgl. auch Urteil vom 26.1.2022 -6 A 7.19- mwN und Urteil vom 7.1.2016 -1 A 3.15-; siehe ebenso OVG Berlin-Brandenburg, Urteil vom 27.11.2013 -OVG 1 A 4.12-; SächsOVG, Urteil vom 8.9.2016 -3 C 8/14-).

## 25

**1. Die Erbringung gewerblicher Steinmetzdienstleistungen auf einem kirchlichen Friedhof ist kein der staatlichen Gerichtsbarkeit entzogenes reines Internum der beklagten Kirchengemeinde, weshalb der Rechtsweg zur staatlichen Gerichtsbarkeit eröffnet ist.**
**2. Wer auf einem Friedhof gewerblich tätig werden will, bedarf einer vorherigen Zulassung durch den (kirchlichen) Friedhofsträger.**
**3. Die Begriffe fachlich, betrieblich und persönlich zuverlässig sind unbestimmte Rechtsbegriffe, die voll gerichtlich nachprüfbar sind, ohne dass der Beklagten ein Beurteilungsspielraum zusteht.**
**4. Grabmale sind ihrer Größe entsprechend nach den allgemein anerkannten Regeln des Handwerks zu fundamentieren und so zu befestigen, dass sie dauerhaft standsicher sind.**

§ 40 Abs. 3 Kirchengesetz über die evangelischen Friedhöfe (Friedhofsgesetz ev.), § 8 Abs. 6 Satz 2 Muster-Satzung des Deutschen Städte- und Gemeindebundes, Ziffer 3.1.5 Richtlinie für die Erstellung und Prüfung von Grabmalanlagen des Bundesinnungsverbandes des Deutschen Steinmetz-, Stein- und Holzbildhauerhandwerks (BIV-Richtlinie), § 154 Abs. 1 VwGO
VG Berlin, Urteil vom 22. November 2022 -21 K 21/22-[1]

Die Beteiligten streiten über die Erlaubnis, auf dem Friedhof der Beklagten gewerbliche (Steinmetz-) Dienstleistungen zu erbringen.

Die Beklagte betreibt kirchliche Friedhöfe in Berlin. Bis Anfang 2020 war der Kläger als Steinmetz auf diesen Friedhöfen tätig. Nachdem die Beklagte bei Standfestigkeitskontrollen durch den Obermeister der Berliner Steinmetz- und Bildhauerinnung zu dem Ergebnis gekommen war, dass insgesamt fünf vom Kläger errichtete über 100 kg schwere Grabsteine erhebliche Mängel hatten, untersagte sie dem Kläger im Februar 2020 jede weitere gewerbliche Tätigkeit auf ihren Friedhöfen. Nachdem im April 2021 die Beseitigung der Mängel festgestellt worden war, teilte das kirchliche Konsistorium dem Kläger Ende Mai 2021 mit, im Hinblick auf die Mängelbeseitigung sei das Tätigkeitsverbot ab Ende März 2021 nicht mehr wirksam, die inzwischen vom Kläger eingereichten Anträge auf Einzelzulassungen bzw. Errichtung von einzelnen Grabmälern würden an die hierfür zuständige Kirchhofverwaltung weitergeleitet werden. Diese legte die vom Kläger in der Folge übersandten Unterlagen als Antrag auf erneute

1 Leitsatz 1: Redaktion KirchE; Leitsätze 2–4: Amtl. Leitsätze. BeckRS 2022, 35693; juris. Das Urteil ist rechtskräftig.

https://doi.org/10.1515/9783111651248-025

Zulassung für gewerbliche Tätigkeiten aus und lehnte diesen mit Bescheid vom 19.7.2021 mit der Begründung ab, der Kläger weise nicht die erforderliche fachliche Zuverlässigkeit auf, wie sich anlässlich der Standfestigkeitsüberprüfungen ergeben habe. Den hiergegen erhobenen Widerspruch wies das Konsistorium der Evangelischen Kirche (...) mit Widerspruchsbescheid vom 3.12.2021 zurück.

Hiergegen richtet sich die am 3.1.2022 erhobene Klage. Die Beteiligten streiten im Wesentlichen darüber, ob der Kläger Grabsteine mangelhaft errichtet hat und er deswegen nicht (mehr) als fachlich zuverlässig anzusehen ist.

Das Gericht hat die Klage abgewiesen.

**Aus den Gründen:**

*[13]* Die Klage hat keinen Erfolg.

*[14]* Sie ist zwar zulässig, insbesondere ist der Verwaltungsrechtsweg gegeben. Wie die Kammer bereits mit Urteil vom 7.10.2015 -VG 21 K 146.15- (KirchE 66, 111) ausgeführt hat, schließt die verfassungsrechtliche Gewährleistung des Selbstbestimmungsrechts der Religionsgesellschaften nach der höchstrichterlichen Rechtsprechung zu Art. 140 GG i.V.m. Art. 137 Abs. 3 der Weimarer Reichsverfassung den in dem Justizgrundrecht des Art. 19 Abs. 4 GG, in der rechtsstaatlichen Justizgewährleistungspflicht (Art. 20 Abs. 3 GG i.V.m. Art. 92 GG) und in der Rechtswegregelung der Verwaltungsgerichtsordnung (§ 40 VwGO) verankerten Rechtsschutz staatlicher Gerichte nicht aus. Das Selbstbestimmungsrecht der Religionsgesellschaften vermag den Rechtsschutz durch staatliche Gerichte nur für Streitigkeiten im religionsinternen Autonomiebereich und auch dort nur insoweit einzuschränken, als die innerkirchlichen Angelegenheiten den staatlichen Rechtskreis nicht berühren (vgl. BVerwG, Urteil vom 27.2.2014 -2 C 19.12- KirchE 63, 161, und Beschluss vom 31.5.1990 -7 CB 31.89- KirchE 28, 127). Die Erbringung gewerblicher Steinmetzdienstleistungen auf dem Friedhof ist kein der staatlichen Gerichtsbarkeit entzogenes reines Internum der beklagten Kirchengemeinde. Das Bundesverwaltungsgericht hat im Übrigen, wenn auch in einem Nebensatz, mit Urteil vom 26.6.1997 -7 C 11.96- (KirchE 35, 248) ausdrücklich ausgeführt, soweit die öffentlich-rechtliche Religionsgemeinschaft, wie beispielsweise bei der Erhebung von Steuern nach Art. 137 Abs. 6 WRV oder im Bereich des Friedhofswesens, vom Staat übertragene Hoheitsgewalt ausübe, sei sie ebenso wie der Staat selbst an Gesetz und Recht (Art. 20 Abs. 3 GG), insbesondere an die Grundrechte der betroffenen Bürger gebunden.

*[15]* Die Klage ist jedoch unbegründet, weil der Kläger weder Anspruch auf die begehrte Zulassung noch auf eine Neubescheidung seines Zulassungsbegehrens hat (vgl. § 113 Abs. 5 VwGO).

*[16]* Als Anspruchsgrundlage für das Begehren des Klägers kommt nur § 15 Abs. 2 und 3 des Kirchengesetzes über die evangelischen Friedhöfe – Friedhofsgesetz ev. – vom 29.10.2016 (KABl. S. 183; KABl. 2017 S. 234) in Betracht. Danach bedarf, wer auf dem Friedhof gewerblich tätig werden will, einer vorherigen Zulassung durch den Friedhofsträger (Abs. 2 Satz 1). Die Zulassung bedarf eines Antrages und erfolgt durch schriftlichen Zulassungsbescheid, durch den der Umfang der zulässigen Arbeiten festgelegt wird (Abs. 2 Satz 2). Die Zulassung steht im Ermessen des Friedhofsträgers (Abs. 3 Satz 1). Sie ist vorbehaltlich der Regelung in Abs. 7 zu erteilen, wenn die gewerblich Tätigen für die vom Zulassungsantrag umfassten Tätigkeiten 1. in fachlicher, betrieblicher und persönlicher Hinsicht zuverlässig sind, 2. in die Handwerksrolle eingetragen sind oder eine vergleichbare Qualifikation aufweisen und 3. über einen ausreichenden Haftpflichtversicherungsschutz verfügen (Abs. 3 Satz 2).

*[17]* An der für eine Zulassung nach § 15 Abs. 3 Satz 2 Nr. 1 Friedhofsgesetz ev. erforderlichen Zuverlässigkeit fehlt es hier (I.). Sollte Satz 1 der Vorschrift so auszulegen sein, dass eine Zulassung trotz fehlender Zuverlässigkeit noch im Ermessen des Friedhofsträgers steht, hätte die Beklagte dieses fehlerfrei ausgeübt (II.).

*[18]* I. Der Kläger ist zur Überzeugung der Kammer nach dem Ergebnis der mündlichen Verhandlung nicht zuverlässig i.S.v. § 15 Abs. 3 Satz 2 Nr. 1 Friedhofsgesetz ev.

*[19]* Die Begriffe „fachlich, betrieblich und persönlich zuverlässig" sind unbestimmte Rechtsbegriffe, die voll gerichtlich nachprüfbar sind, ohne dass der Beklagten ein Beurteilungsspielraum zusteht (vgl. generell zu Gewerbeuntersagungen wegen Unzuverlässigkeit BVerwG, Urteil vom 15.7.2004 -3 C 33.03-). Da der (Kirchen-) Gesetzgeber nicht näher definiert hat, was unter den Begriffen zu verstehen ist, und sich auch aus der Entstehungsgeschichte, insbesondere der Gesetzesbegründung keine Ausführungen hierzu entnehmen lassen, drängt sich die Bezugnahme auf den allgemeinen gewerberechtlichen Unzuverlässigkeitsbegriff auf. Danach ist ein Gewerbetreibender unzuverlässig, der nach dem Gesamtbild seines Verhaltens nicht die Gewähr dafür bietet, dass er sein Gewerbe künftig ordnungsgemäß betreiben wird. Dabei darf die Annahme der Unzuverlässigkeit nur auf Tatsachen mit einem Bezug zu dem konkret ausgeübten bzw. beabsichtigten Gewerbe gestützt werden (vgl. BVerwG, Beschluss vom 5.12.2008 -6 B 76.08-). Die gewerberechtliche Unzuverlässigkeit setzt kein subjektiv vorwerfbares Verhalten voraus, sondern knüpft nur an objektive Tatsachen an, die hinsichtlich der zukünftigen Tätigkeit des Gewerbetreibenden eine

ungünstige Prognose rechtfertigen; auf ein Verschulden des Gewerbetreibenden oder seine innere Einstellung kommt es nicht an (vgl. BVerwG, Beschluss vom 16.2.1998 -1 B 26.98-). Ein Gewerbetreibender ist danach unzuverlässig, wenn (in der Vergangenheit eingetretene) Tatsachen die Annahme rechtfertigen, er werde in Zukunft die für ihn geltenden tätigkeitsspezifischen Vorschriften und Pflichten nicht (mehr) zuverlässig erfüllen. Hierzu gehört – in Anlehnung an die „tätigkeitsspezifische" Regelung in § 8 Abs. 6 Satz 2 der Muster-Satzung des Deutschen Städte- und Gemeindebundes –, dass der Gewerbetreibende unter Beachtung der örtlichen Gegebenheiten des Friedhofs die angemessene Gründungsart wählt und die erforderlichen Fundamentabmessungen berechnet, für die Befestigung der Grabmale das richtige Befestigungsmittel auswählt, dimensioniert und montiert sowie die Standsicherheit von Grabmalen beurteilt.

*[20]* Danach ist der Kläger fachlich unzuverlässig. Er hat (in der Vergangenheit) mehrfach in gravierender Weise gegen die Vorschriften zur Standfestigkeit von Grabsteinen verstoßen (1.), und dies rechtfertigt im maßgeblichen Zeitpunkt der mündlichen Verhandlung den Schluss, dass er in Zukunft die für ihn geltenden friedhofsrechtlichen Vorschriften und Pflichten zur Standfestigkeit von Grabsteinen nicht zuverlässig erfüllen wird (2.).

*[21]* 1. Der Kläger hat mehrfach erheblich gegen die hier maßgeblichen Vorschriften zur Standfestigkeit von Grabsteinen verstoßen.

*[22]* a. Nach Absatz 3 Satz 1 des einschlägigen § 40 („Errichtung und Standsicherheit") des evangelischen Friedhofsgesetzes sind die Grabmale ihrer Größe entsprechend nach den allgemein anerkannten Regeln des Handwerks zu fundamentieren und so zu befestigen, dass sie dauerhaft standsicher sind und auch beim Öffnen benachbarter Gräber nicht umstürzen oder sich senken können. Als allgemein anerkannte Regel des Handwerks gilt nach der Legaldefinition des Satzes 2 der Vorschrift die Richtlinie für die Erstellung und Prüfung von Grabmalanlagen des Bundesinnungsverbandes des Deutschen Steinmetz-, Stein- und Holzbildhauerhandwerks in der jeweils geltenden Fassung. Damit nimmt der (Kirchen-) Gesetzgeber Bezug auf Regeln, die nicht selbst Rechtsnormen darstellen und von einem Verband aufgestellt werden, der keine Rechtsetzungsbefugnisse hat. Der Bundesinnungsverband des Deutschen Steinmetz-, Stein- und Holzbildhauerhandwerks ist vielmehr ein privatrechtlich organisierter Unternehmerverband, der auf Bundesebene die Interessen des Steinmetzhandwerks und der Natursteinbranche vertritt (vgl. § 1 der Satzung des Verbandes). Rechtliche Relevanz erlangen die von ihm erarbeiteten Regelungen im Bereich des technischen Sicherheitsrechts damit nicht, weil sie eigenständige Geltungskraft besitzen, sondern nur, soweit sie die Tatbestandsmerkmale von Regeln des Handwerks erfüllen, die der Gesetzgeber als solche in seinen Rege-

lungswillen aufnimmt. Werden sie, wie dies bei der Erstellung und Prüfung von Grabmalanlagen geschehen ist, vom Gesetzgeber rezipiert, so nehmen sie an der normativen Wirkung in der Weise teil, dass die materielle Rechtsvorschrift durch sie näher konkretisiert wird (vgl. zum Vorstehenden BVerwG, Beschluss vom 30.9.1996 -4 B 175.96- zu einer DIN-Norm als anerkannte Regel der Technik). Dabei genügt auch eine dynamische Verweisung, wie hier, den Anforderungen des rechtsstaatlichen Publizitätsgebotes. Eine hinlängliche Publizität von allgemeinverbindlichen, mit Außenwirkung ausgestatteten Rechtsregeln ist ein für alle Normsetzungsakte geltendes rechtsstaatliches (Wirksamkeits-) Erfordernis. Dieses Publizitätserfordernis gilt ebenso für im Verweisungswege inkorporierte Regelungen; auch sie müssen für den Betroffenen verlässlich und ohne unzumutbare Erschwernis zugänglich sein (vgl. BVerwG, Urteil vom 27.6.2013 -3 C 21.12-). So liegt es hier. Es ist weder geltend gemacht noch sonst ersichtlich, dass die jeweils geltende Richtlinie des Bundesinnungsverbandes des Deutschen Steinmetz- und Steinbildhauerhandwerks nicht oder nur unzumutbar erschwert zugänglich (gewesen) wäre. Die Richtlinie des Bundesinnungsverbandes des Deutschen Steinmetz- und Steinbildhauerhandwerks „Erstellung und Prüfung von Grabmalanlagen“ (BIV-Richtlinie) schreibt in Ziffer 3.1.5 zwingend eine Verankerung des Grabmals durch den Sockel im Fundament bei nicht ausreichender Kippsicherheit und/oder Lagesicherheit sowie generell bei Grabmälern mit einer Höhe von mindestens 100 cm und Breite von nicht mehr als 20 cm vor. Bei einer Verankerung mit eingemörteltem Betonstabstahl geben die in Ziffer 3.1.5.1 der Richtlinie abgedruckten Tabellen den jeweiligen Dübel-Durchmesser je nach Grabsteindicke und Einbindelänge vor. Bei anderen Verankerungsarten (z.B. Gewindehülse mit verschraubtem Gewindestab oder Dübel mit verbundloser Führung) schreibt Ziffer 3.1.5.2 der Richtlinie vor, dass eine nachgewiesene Eignung für diese Anwendung (z.B. Prüfzeugnis durch den Hersteller, allgemeine bauaufsichtliche Zulassung) und die statische Gleichwertigkeit (u.a. die Verbundspannung und Lastweiterleitung) sicherzustellen ist. Zwar sind die Grabsteine zu einem Zeitpunkt errichtet worden, zu dem die derzeitige Fassung der BIV-Richtlinie – 7. Auflage vom Juni 2020 – noch gar nicht galt, die obigen Regelungen sind jedoch auch in den beiden Vorauflagen – 6. Auflage vom Mai 2017 und 5. Auflage vom April 2007 – enthalten gewesen (vgl. zur Erforderlichkeit einer Verankerung auch OVG Schleswig, Beschluss vom 26.3.2015 -2 LA 54/14-).

*[23]* b. Die Kammer ist nach dem Ergebnis der Beweisaufnahme überzeugt davon, dass der Kläger diese Vorgaben bei Errichtung der streitgegenständlichen Grabsteine missachtet hat.

*[24]* Nach den Feststellungen des Obermeisters (also des Vorstandsvorsitzenden) der Berliner Steinmetz- und Bildhauerinnung mit seiner für das hiesige Verfahren gefertigten schriftlichen Stellungnahme vom 29.4.2022 nebst Excel-Tabelle mit technischen Angaben hat das etwa 100 cm hohe und etwa 150 Kilo schwere Grabmal A. bei seiner Besichtigung am 31.1.2020 völlig lose auf seinem Sockel gestanden. Er habe mit dem Kirchhofverwalter zusammen das Grabmal vorsichtig nach hinten angekippt, um nach der Art und Weise der Verankerung zu schauen. Zu ihrer Überraschung sei lediglich ein kleines Messingschräubchen zu sehen gewesen. Sie hätten zunächst versucht, das Grabmal wiederaufzurichten, dabei habe sich aber das Messingschräubchen verbogen. Es sei nicht möglich gewesen, das Grabmal aufzustellen, damit es durch sein Eigengewicht aufrecht stehen kann. Ohne Verankerung habe Lebensgefahr bestanden. In über 40 Berufsjahren habe er so etwas noch nicht gesehen. Bei anforderungsgerechter handwerklicher Herstellung gemäß den Richtlinien des Bundesinnungsverbandes des Steinmetz- und Steinbildhauerhandwerks (BIV-Richtlinie) werde Zement (sogenannter Portland-Zement) auf die Fuge aufgetragen sowie ein Stahlanker aus Edelstahl verwendet, um die dauerhafte und stabile Fundamentierung des Grabmals mit dem zu verwendenden Sockel herzustellen. Ein solcher Edelstahlanker könne sich nicht verbiegen, dafür sei es manchmal schwierig, ihn in das dafür vorgesehene Loch einzuführen. Der Kläger habe einen solchen Stahlanker definitiv nicht verwendet, sondern nur eine kleine Schraube, die nicht in der Lage gewesen sei, die Last abzufangen. Der Kirchhofverwalter habe einen Holzstumpf geholt, und sie hätten das Grabmal ohne Beschädigung nach hinten abgelegt. Es seien an der Fuge Kleberreste zu erkennen gewesen, die wie Silikon ausgesehen hätten. Einige Zeit später (am 17.7.2020 telefonisch) habe er mit dem Kläger über den Kleber gesprochen. Nach der BIV-Richtlinie dürften zwar Kleber verwendet werden, diese müssten jedoch eine bauaufsichtliche Zulassung haben. Der Kläger habe in diesem Zusammenhang bemerkt, er verwende diesen „Ottoseal-Kleber" seit Jahren und es habe damit noch nie Probleme gegeben. Er habe ihm [dem Zeugen] aber nicht erklären können, warum dann die Klebung zwischen Oberteil und Sockel des Grabmals A. so eklatant versagt habe. Ein weiterer Mangel aller streitgegenständlichen Grabsteine sei, dass der Kläger entgegen der Vorgaben der BIV-Richtlinie und im Übrigen auch entgegen der konkurrierenden technischen Anleitung zur Standsicherheit von Grabmalanlagen TA Grabmal sein sogenanntes „Befestigungssystem M..." verwende. So habe er ihm [dem Zeugen] gegenüber seine Konstruktion bezeichnet. Mit dieser Befestigungsart sei eine korrekte Verankerung nicht möglich, weil dabei die entsprechenden Bauteile wie der Sockel des Grabmals sowie die Grabeinfassung nur auf dem Erdboden aufgelegt werden in

der Hoffnung, die Bauteile stützten sich gegenseitig ab. Horizontale Belastungen würden dabei nicht sicher aufgefangen. Dies gelte insbesondere auf Berliner Böden, die oftmals sandig seien und daher regelmäßig eine Tiefgründung von 1,80 m erforderten. Eine Tiefe von mindestens 1,80 m sei jedenfalls auf dem L.-Kirchhof erforderlich, da er auf einer Endmoräne aus der Eiszeit liege. Der Kläger verwende jedoch seit Jahren keine Tiefgründung und meine, sein „System" reiche auch aus. Neben der Problematik des Berliner Sandbodens sei außerdem relevant, dass es bei Erdbestattungen zu sogenannten Sargeinbrüchen kommen kann. Dies seien Setzungen, die natürlicherweise vorkommen, wenn die Verwesung auch den Sarg umfasst. Dasselbe gelte auch bei muslimischen Bestattungen, die mit einem Tuch durchgeführt werden, da auch hier Hohlräume entstehen würden. Bei der Beisetzung würden über den Verstorbenen Holzbohlen schräg in der Gruft abgelegt, damit man den Körper nicht direkt mit Sand „bewirft". Nach der Zuschüttung der Gruft verbleibe ein Hohlraum, der im Lauf der Zeit einstürzt. Solche Senkungen bzw. Einbrüche würden dann zu Schiefstellungen der Grabmale zur Gruft hin führen. Dies könne nur mit einer Tiefgründung ausgeschlossen werden, nicht jedoch mit dem „System M.". Der Kläger habe bei allen streitgegenständlichen Grabsteinen ohne Verankerung gearbeitet und entweder statt eines Sockels nur Einfassungsreste verbaut oder nur eine Trägerplatte verwendet oder den Sockel nur auf der Einfassung versetzt, indem er das Gewicht nur nach vorn mit Beton oberirdisch abgefangen habe oder Silikonkleber mit einem kleinen Schräubchen verwendet habe. Er habe als Innungsobermeister der Steinmetzinnung umfangreiche Gespräche mit dem Kläger geführt und ihm die Problematik erläutert. Er habe sich stets uneinsichtig gezeigt und erklärt, die gesetzlich vorgeschriebene Gewährleistungszeit von fünf Jahren würden seine Steine schon erleben, im Übrigen sei er dann auch in Rente. In der mündlichen Verhandlung hat der Obermeister bei seiner Vernehmung als Zeuge diese Angaben bestätigt und erläutert.

*[25]* c. Die Kammer hat nach dem Ergebnis der mündlichen Verhandlung keinen Anlass, an den Angaben des Obermeisters der Berliner Steinmetz- und Bildhauerinnung zu zweifeln. Der Zeuge hat sich bei seiner Vernehmung in jede Hinsicht überzeugend präsentiert und ließ weder Widersprüche noch Belastungstendenzen erkennen; im Gegenteil, er hat sowohl bei seinen schriftlichen Stellungnahmen als auch in der mündlichen Verhandlung glaubhaft bekundet, dass er sich eine (größere) Beteiligung muslimischer Steinmetze in der Berliner Steinmetzinnung und auf Berliner Friedhöfen wünsche. Seine Angaben stimmen mit denen überein, die er bereits mit seiner 7-seitigen schriftlichen Stellungnahme für die Handwerkskammer Berlin vom 4.11.2020 – also lange vor dem Erlass des hier angefochtenen Bescheides – gemacht hat. Sie werden zu-

dem bestätigt von den in den Akten befindlichen Fotos sowie von den Angaben des Kirchhofverwalters der beklagten Kirchengemeinde mit der für das hiesige Verfahren gefertigten schriftlichen Stellungnahme vom 30.4.2022 und bei dessen Vernehmung als Zeugen in der mündlichen Verhandlung.

*[26]* Der Einwand des Klägers, an dem er sogar noch mit seinem Schlusswort in der mündlichen Verhandlung festgehalten hat, die Vorwürfe seien unzutreffend, er sei Steinmetzmeister und habe korrekt gearbeitet, ist unglaubhaft und verfahrensangepasst. Der Kläger hat nicht ansatzweise substantiiert dazu vorgetragen, welche konkreten tatsächlichen Feststellungen des Obermeisters der Berliner Steinmetz- und Bildhauerinnung unzutreffend sein sollen und aus welchen Umständen sich dies ergeben soll. Hinzu kommt, dass der Kläger mit der anwaltlichen Mandatsanzeige vom 4.6.2021 die ihm vorgeworfenen Mängel nicht bestritten, vielmehr erklärt hatte, die von der Kirchhofverwaltung als mangelhaft monierten Grabstellen seien durch ihn instandgesetzt worden. An anderer Stelle des anwaltlichen Schreibens heißt es zwar, das bemängelte Fehlen der Standfestigkeit stelle keine Mangelhaftigkeit des Gewerkes an sich dar, weil sich die Standfestigkeit im Laufe der Standzeit verändern könne. Dieser Einwand ist jedoch verfahrensangepasst, weil alle Grabsteine, wie der Kläger im ersten Termin zur mündlichen Verhandlung erklärt hat, zwischen Mai und Oktober 2019 und damit nur kurz zuvor errichtet worden waren. Insbesondere der Grabstein A war erst im Oktober 2019 errichtet worden und damit nur rund drei Monate vor der vom Kirchhofverwalter und dem Obermeister der Berliner Steinmetz- und Bildhauerinnung festgestellten losen Aufstellung. Auch mit anwaltlichen Widerspruchschreiben vom 18.8.2021 gegen die Antragsablehnung vom 19.7.2021 hat der Kläger erneut nur pauschal geltend gemacht, er verfüge über die erforderliche fachliche Zuverlässigkeit, weil er die festgestellten Mängel zwischenzeitlich nachgebessert habe, darüber hinaus sei eine Lockerung der Steine im Laufe der Standzeit nicht ungewöhnlich, erlaube also nicht ohne Weiteres den Rückschluss auf technische Fehler bei der Errichtung der Grabsteine. Damit hatte er nicht ansatzweise in Abrede gestellt, dass alle Grabsteine nicht verankert waren, sondern mit dem Sockel entweder nur verklebt, nur mit einem bloßen Messingschräubchen verschraubt oder nur auf quergelegten Einfassungsstreifen aufgestellt waren. Erst mit der Klagebegründung vom 17. Februar 2022, also nach mehr als einem halben Jahr nach der Antragsablehnung, hat der Kläger erstmals geltend gemacht, er sei der seinerzeitigen Aufforderung zu einer Mängelbeseitigung zwar nachgekommen, die Beanstandungen seien jedoch unberechtigt und unbegründet gewesen, weil ein Mangel bei der Standfestigkeit der Grabsteine tatsächlich gar nicht vorgelegen habe. Das geht an den tatsächlichen Verhältnissen und den oben wieder gegebenen tatsächlichen

Feststellungen des Obermeisters der Berliner Steinmetz- und Bildhauerinnung vorbei. Der Einwand, die Berliner Steinmetz- und Bildhauerinnung habe ihm Ende April 2021 offiziell bestätigt, dass die bemängelten Grabstellen den Vorgaben der BIV-Richtlinie entsprechen würden und instandgesetzt worden seien, kann nur als „Vernebelungstaktik" gewertet werden, weil es um die – mangelhafte – Errichtung aller streitgegenständlichen Grabsteine vor der späteren Mängelbeseitigung geht. Gleiches gilt für den späteren sinngemäß identischen Einwand mit Schriftsätzen vom 17.5. sowie 13., 15. und 29.6.2022. Dabei hält die Kammer die Behauptung des Klägers im ersten Termin zur mündlichen Verhandlung (und sinngemäß wohl auch mit den vorgenannten Schriftsätzen), er habe alle seine Grabsteine verdübelt, für einen eklatanten Verstoß gegen die prozessuale Wahrheitspflicht nach § 173 Satz 1 VwGO i.V.m. § 138 Abs. 1 ZPO. Die Kammer ist nach dem Ergebnis der mündlichen Verhandlung überzeugt davon, dass der Kläger sämtliche streitgegenständliche Grabsteine nicht verdübelt, also nicht mit Stahlstiften verankert hat und darüber hinaus auch nicht die erforderliche (vollständige) Zementierung vorgenommen hat. Hierzu passt die auf Vorhalt im ersten Termin – aus welchen Gründen er derartig aufwendige Nacharbeiten vorgenommen haben sollte, wenn diese nicht notwendig gewesen wären – erfolgte Einlassung des Klägers, er habe keine andere Wahl gehabt, weil der Grabstein ja schon umgelegt gewesen sei, es sei Psychologie gewesen, es hätten ihm zwei Personen gegenübergestanden, er sei allein gewesen. Dies ist unglaubhaft und verfahrensangepasst. Wenn der Kläger von Anfang an die Grabsteine (mit entsprechenden Stahlstiften verankert sowie zementiert und daher) ordnungsgemäß errichtet hätte, wäre nicht ansatzweise verständlich, warum er fünf Grabmäler komplett neu (mit Stahlstiften und mit einer Gründungstiefe von 180 cm statt zuvor 80 cm) errichtet haben sollte.

*[27]* 2. Die Mängel bei der Errichtung der streitgegenständlichen Grabsteine rechtfertigen (auch noch) im maßgeblichen Zeitpunkt der mündlichen Verhandlung den Schluss, dass der Kläger in Zukunft die für ihn geltenden friedhofsrechtlichen Vorschriften und Pflichten zur Standfestigkeit von Grabsteinen nicht zuverlässig erfüllen wird. Zum einen handelt es sich um Verstöße gegen grundlegende Vorgaben der BIV- Richtlinie zur Standsicherheit von Grabmalen – die lebensgefährlich sein können –, insbesondere was eine bloße Verklebung von Grabsteinen angeht, so dass der Schluss auf eine Arbeitseinstellung des Klägers gerechtfertigt ist, die auch zukünftige Schlechtleistungen befürchten lässt. Zum anderen lässt die jeweilige Reaktion des Klägers auf die ihm vorgehaltenen Mängel auch zukünftige Schlechtleistungen befürchten. Nach den Angaben des Obermeisters der Berliner Steinmetz- und Bildhauerinnung hat der Kläger auf den Vorhalt einer vorschriftswidrigen Errichtung des Grabsteins A

erklärt, er habe den Stein mit „Ottoseal“ verklebt, das bombenfest halte und deshalb keinen Dübel brauche. Auf den später erfolgten weiteren Vorhalt einer vorschriftswidrigen Errichtung auch der übrigen hier im Streit stehenden Grabsteine hat der Kläger als Mängelbehebung zunächst versucht, über der Erdgleiche die Hohlräume mit Zement/Beton zuzuschmieren und erst auf weitere Hinweise des Innungsobermeisters die Mängel durch eine Fundamentierung entsprechend den Vorgaben der BIV-Richtlinien behoben. Danach hat der Kläger eine Beseitigung der Mängel zunächst nur unvollständig, dann widerwillig und nur nach gehörigem Druck durch die Friedhofsverwaltung vorgenommen und sich während der Phase der Mängelbeseitigung gegenüber der Friedhofsverwaltung, aber auch gegenüber dem Innungsobermeister stets uneinsichtig gezeigt. Hinzu kommt das während des gesamten Klageverfahrens bis hin zum Schlusswort des Klägers erfolgte Bestreiten der Mängel und wahrheitswidrige Behaupten einer andersartigen Grabmalerrichtung, wie oben bereits ausgeführt.

*[28]* Der Einwand des Klägers, das Verfahren sei fehlerhaft gewesen, weil die Berliner Steinmetz- und Bildhauerinnung nicht (gemeint ist wohl: nicht förmlich) bei der Mängelfeststellung involviert gewesen sei, liegt schon deswegen neben der Sache, weil eine solche förmliche Beteiligung nicht vorgeschrieben ist. Im Übrigen würde aus einem Verfahrensfehler auch noch kein Anspruch auf die vom Kläger begehrte Zulassung folgen.

*[29]* II. Sollte § 15 Abs. 3 Friedhofsgesetz so auszulegen sein, dass eine Zulassung trotz fehlender Zuverlässigkeit noch im Ermessen des Friedhofsträgers steht, hätte die Beklagte dieses fehlerfrei ausgeübt. Die nach § 114 Satz 1 und 2 VwGO zu prüfenden Erwägungen sind rechtlich nicht zu beanstanden. Bei Steinmetzen, die gegen grundlegende Vorgaben der BIV-Richtlinie zur Standsicherheit von Grabmalen verstoßen – mit Gefahren für Leib und Leben der Friedhofsbesucher und -mitarbeiter – und bei denen dies auch weiterhin zu befürchten ist, ist für eine Zulassung kein Raum.

## 26

**Die Tätigkeit einer Traurednerin und Zeremonienleiterin bei Hochzeiten stellt keine künstlerische oder publizistische Tätigkeit im Sinne des KSVG dar. (Rn 24)**

§§ 1, 2 Satz 1 und 2 KSVG
LSG Baden-Württemberg, Urteil vom 23. November 2022 -L 5 KR 1505/22-[1]

Die Beteiligten streiten über die Sozialversicherungspflicht der Klägerin in der Künstlersozialversicherung.

Die 1986 geborene Klägerin ist nach ihren eigenen Angaben seit Februar 2016 im Wesentlichen als Traurednerin und Zeremonienleiterin bei der Durchführung von freien Trauungen selbstständig tätig.

Am 14.12.2017 meldete die Klägerin bei der Beklagten im Bereich „Wort" die Tätigkeiten Rednerin bei Feiern, Hochzeiten, Festen und Beerdigungen und im Bereich „darstellende Kunst" die Tätigkeiten als Schauspielerin, Tänzerin, Sprecherin, Moderatorin und Choreografin an. Sie legte eine Bestätigung der Versicherung bei der Versorgungsanstalt der Deutschen Bühnen vor. Im Fragebogen zur Prüfung der Versicherungspflicht nach dem Künstlersozialversicherungsgesetz (KSVG) vom 22.11.2017 gab sie insoweit an, als Rednerin bei Feiern, Hochzeiten, Festen sowie Beerdigungen tätig zu sein. Als solche sei sie in unterschiedlichen Bereichen tätig, dies zum Beispiel für den Bereich der Moderation (klassische Bühnenmoderation bei Veranstaltungen wie Abendgalas, auf Messen, Ehrungen oder im Rahmen der Kindermoderation), als Sprecherin (Aufnahmen im Studio für Werbefilme oder Imagefilme – Unternehmensfilme, Tätigkeiten vor der Kamera für Werbefilme) sowie als Rednerin (Traurednerin und Zeremonienleiterin bei Hochzeiten, Rednerin bei freien Taufen/Kinderwillkommensfesten, Beerdigungen sowie als Hochzeitsmoderatorin). Darüber hinaus sei sie als Texterin (Redenschreiben, z.B. Festreden) sowie im Medientraining, Personal-Coaching, Referentin/Übungsleiterin sowie als Tänzerin, Schauspielerin und Statistin tätig. Mit Schreiben vom 1.3.2018 hat die Klägerin ihr Arbeitseinkommen aufgeteilt. Danach ist sie zu 45% als Rednerin bei familiären Anlässen tätig, als Moderatorin zu 15% und als Referentin zu 10%. Ergänzend hat sie Rechnungen und beispielhafte Verträge vorgelegt.

---

1 Amtl. Leitsatz. juris.
Das Urteil ist rechtskräftig. Die gegen das Urteil eingelegte Revision wurde vom BSG mit Urteil vom 27.6.2024 (-3 KS 2/22 R-) zurückgewiesen. Vgl. auch die Besprechung von Koppenfels-Spies, in NZS 2023, 677.

https://doi.org/10.1515/9783111651248-026

Mit Bescheid vom 17.4.2018 stellte die Beklagte fest, dass die Klägerin nicht der Versicherungspflicht nach dem KSVG unterliege. Die Tätigkeit der Klägerin könne nicht als künstlerisch/publizistisch angesehen werden.

Den hiergegen erhobenen Widerspruch der Klägerin wies die Beklagte mit Bescheid vom 19.3.2019 als unbegründet zurück. Am 18.4.2019 hat die Klägerin hiergegen beim Sozialgericht Stuttgart (SG) Klage erhoben.

Mit Urteil vom 4.5.2022 hat das SG die Klage abgewiesen und zur Begründung ausgeführt, der angefochtene Bescheid der Beklagten vom 17.4.2018 in der Gestalt des Widerspruchsbescheides vom 19.3.2018 sei rechtmäßig und verletze die Klägerin nicht in ihren Rechten. Zur Begründung hat das Gericht im Wesentlichen ausgeführt, dass die Klägerin als Hochzeitsrednerin weder eine künstlerische Tätigkeit i.S.d. § 2 Satz 1 KSVG noch eine publizistische Tätigkeit i.S.d. § 2 Satz 2 KSVG ausübe. Entscheidend sei nicht die Vortragsform, sondern der inhaltliche Wortbeitrag; eigenschöpferische Formgestaltung präge die Tätigkeit nicht. Der für Publizisten erforderliche Öffentlichkeitsbezug fehle, da die individuell zugeschnittenen Reden nicht an die Allgemeinheit gerichtet seien.

Gegen das Urteil hat die Klägerin am 20.5.2022 Berufung beim LSG Baden-Württemberg eingelegt.

Die Berufung blieb erfolglos.

**Aus den Gründen:**

*[18]* 1. Die form- und fristgerecht (§ 151 Abs. 1 Sozialgerichtsgesetz (SGG)) eingelegte Berufung der Klägerin – über die der Senat mit Einverständnis der Beteiligten ohne mündliche Verhandlung entscheidet (§ 124 Abs. 2, § 153 Abs. 1 SGG) – ist zulässig und bedurfte nicht der Zulassung, da die Klage keine Geld-, Dienst- oder Sachleistung oder einen hierauf gerichteten Verwaltungsakt betrifft (§§ 143, 144 Abs. 1 SGG).

*[19]* 2. Die Berufung führt jedoch für die Klägerin inhaltlich nicht zum Erfolg. Das SG hat die Klage zu Recht abgewiesen.

*[20]* a) Die Klage ist als kombinierte Anfechtungs- und Feststellungsklage zulässig. Da die Beklagte selbst keine Mitglieder führt, beschränkt sich ihre Aufgabe insoweit auf die Feststellung der Versicherungspflicht (BSG, Urteil vom 4.6.2019 -B 3 KS 2/18 R-).

*[21]* b) Die Klage ist jedoch unbegründet. Der Bescheid der Beklagten vom 17.4.2018 in der Gestalt des Widerspruchsbescheides vom 19.3.2019 ist rechtmäßig und verletzt die Klägerin nicht in ihren Rechten. Die Klägerin ist seit 27.2.2018 nicht nach dem KSVG versicherungspflichtig.

*[22]* (1) Gemäß § 1 Nr. 1 KSVG (i.d.F. durch Art. 48 Nr. 1 Gesetz zur Organisationsreform in der gesetzlichen Rentenversicherung vom 9.12.2004, BGBl I, S. 3242, mit Wirkung zum 1.1.2005) werden selbstständige Künstler und Publizisten in der allgemeinen Rentenversicherung, in der gesetzlichen Krankenversicherung und in der sozialen Pflegeversicherung versichert, wenn sie eine künstlerische oder publizistische Tätigkeit erwerbsmäßig und nicht nur vorübergehend ausüben (Nr. 1) und im Zusammenhang mit der künstlerischen oder publizistischen Tätigkeit nicht mehr als einen Arbeitnehmer beschäftigen, es sei denn, die Beschäftigung erfolgt zur Berufsausbildung oder ist geringfügig i.S.d. Vierten Buches Sozialgesetzbuch (Nr. 2). Nach § 2 Satz 1 KSVG ist Künstler im Sinne dieses Gesetzes, wer Musik, darstellende oder bildende Kunst schafft, ausübt oder lehrt. Publizist ist, wer als Schriftsteller, Journalist oder in ähnlicher Weise publizistisch tätig ist oder Publizistik lehrt (§ 2 Satz 2 KSVG in der seit dem 1.1.2012 gültigen Fassung).

*[23]* (2) Zur Prüfung steht die Tätigkeit der Klägerin als Traurednerin und Zeremonienleiterin bei Hochzeiten. Nach den im Verwaltungsverfahren vorgelegten Rechnungen und dem eigenen Vortrag der Klägerin ist sie ganz überwiegend als Traurednerin bei freien Trauungen tätig und erzielt hieraus den ganz überwiegenden Anteil ihrer Erwerbseinnahmen. Die Tätigkeit bildet damit den Schwerpunkt ihres Schaffens und ist damit Grundlage für die Prüfung als künstlerische bzw. publizistische Tätigkeit.

*[24]* (3) Die Tätigkeit der Klägerin als Traurednerin und Zeremonienleiterin bei Hochzeiten stellt indes keine künstlerische oder publizistische Tätigkeit im Sinne des KSVG dar. Dies hat das SG mit zutreffender Begründung in seinem Urteil ausgeführt. Der Senat sieht von einer weiteren eingehenden Darstellung der Entscheidungsgründe ab, weil er die Berufung aus den Gründen der angefochtenen Entscheidung als unbegründet zurückweist (§ 153 Abs. 2 SGG). Aus der Berufungsbegründung ergeben sich keine neuen Gesichtspunkte.

*[25]* Entgegen der Auffassung der Klägerin handelt sich insbesondere nicht um eine künstlerische Tätigkeit i.S.d. KSVG. Die berufliche Betätigung der Klägerin entspricht keinem der künstlerischen Katalogberufe; dies räumt auch die Klägerin ein. Bei einem aus mehreren Arbeitsgebieten zusammengesetzten gemischten Berufsbild kann aber nur dann von einer künstlerischen Tätigkeit ausgegangen werden, wenn die künstlerischen Elemente das Gesamtbild der Beschäftigung prägen, die Kunst also den Schwerpunkt der Berufsausübung bildet. Dies ist hier nicht der Fall. Das Selbstgestalten der Rede und ein – wie die Klägerin vorträgt – „nicht unerheblicher“ Anteil künstlerischer Gestaltung allein reichen nicht aus. Maßgeblich ist der Schwerpunkt der Tätigkeit. Dieser liegt bei Hochzeits-/Trauredenden – wie auch bei Trauerreden (BSG, Urteil vom

23.3.2006 -B 3 KR 9/05 R-) – nicht in der eigenschöpferischen Gestaltung der Form des Vortrags. Im Vordergrund steht vielmehr der Inhalt der Rede, der Wortbeitrag. Daran ändert auch der Umstand nichts, dass die Klägerin durch ihre Vortragsart eine bestimmte Stimmung erzeugen kann und mit den Eheleuten individuelle Traurituale erarbeitet und umsetzt. Die Abkehr vom herkömmlichen religiösen Ritual macht eine Traurede – wie auch die Trauerrede – nicht zu einem künstlerischen Ereignis.

*[26]* Es handelt sich auch nicht um eine publizistische Tätigkeit. Nach § 2 Satz 2 KSVG (idF des 4. Gesetzes zur Änderung des SGB IV und anderer Gesetze vom 22.12.2011, BGBl I 3057) ist Publizist, wer als Schriftsteller, Journalist oder in ähnlicher Weise publizistisch tätig ist oder Publizistik lehrt. Der Begriff des Publizisten ist nach ständiger Rechtsprechung des BSG weit auszulegen und erfasst jeden im Kommunikationsprozess an einer öffentlichen Aussage schöpferisch Mitwirkenden (BSG, Urteil vom 7.5.2020 -B 3 KS 3/18 R-; BSG, Urteil vom 4.6.2019 -B 3 KS 2/18 R-; BSG, Urteil vom 18.9.2008 -B 3 KS 1/08 R-; BSG, Urteil vom 7.12.2006 -B 3 KR 2/06 R-). Die Anerkennung als Publizist setzt dabei nicht voraus, dass die Person in einem publizistischen Beruf vorgebildet ist oder besondere Wertschätzung in Publizistikkreisen genießt; auch das Niveau der Tätigkeit ist nicht entscheidend (BSG, Urteil vom 4.6.2019 -B 3 KS 2/18 R-). Eine publizistische Tätigkeit setzt jedoch einen Öffentlichkeitsbezug voraus. Das Wort „Publizist“ geht zurück auf das lateinische Verb „publicare“, was mit „veröffentlichen“ zu übersetzen ist. Nach der Rechtsprechung des BSG ist zwar ein Öffentlichkeitsbezug schon dann hergestellt, wenn ein Wortbeitrag nur eine individualisierbare Personengruppe erreicht, der Kreis der Teilnehmer aber prinzipiell offen bleibt und nicht von vornherein auf bestimmte Personen beschränkt wird (BSG, Urteil vom 23.3.2006 -B 3 KR 9/05 R-). Eine bestimmte Zahl potentieller Interessenten oder Adressaten ist nicht erforderlich; es reicht grundsätzlich aus, wenn das Werk oder die Tätigkeit für eine Mehrzahl von Personen bestimmt ist (BSG, Urteil vom 4.6.2019 -B 3 KS 2/18 R-). Allerdings darf der Kreis dieser Personen nicht von vornherein abgegrenzt oder bestimmbar sein, wie beispielsweise die Teilnehmer eines konkreten Seminars (BSG, Urteil vom 4.6.2019 -B 3 KS 2/18 R-). Auch nach der Gesetzesänderung zum 1.1.2012 wird der Öffentlichkeitsbezug nicht durch ein bestimmtes Mindestpublikum konkretisiert. Ist ein eng begrenzter Adressatenkreis aber durch persönliche (beispielsweise freundschaftliche oder familiäre) Verhältnisse untereinander verbunden und insbesondere das (mündlich oder schriftlich) verbreitete Werk so individualisiert, dass kein öffentliches Interesse erkennbar ist, fehlt es an der erforderlichen Ähnlichkeit zur schriftstellerischen oder journalistischen Tätigkeit (ausdrücklich den Trauerrednerfall in Bezug nehmend BSG, Urteil vom

4.6.2019 -B 3 KS 2/18 R-). Seit der Gesetzesänderung reicht es daher nicht mehr aus, dass der Zugang offen und unbegrenzt ist, sondern das Werk an sich muss sich schon seinem Zweck nach an die Öffentlichkeit wenden (BSG, Urteil vom 4.6.2019 -B 3 KS 2/18 R-). Dies ist im Fall der Tätigkeit der Klägerin als Traurednerin/Hochzeitszeremonienleiterin nicht der Fall. Die Reden und Zeremonien richten sich an einen bestimmten, abgrenzbaren, durch persönliche Verhältnisse verbundenen Personenkreis. Zudem ist die Tätigkeit – wie sich aus dem eigenen Vortrag der Klägerin ergibt – durch die Individualität der Ehepaare geprägt; deren Vorlieben, Talente und Erlebnisse werden miteinbezogen. Die Tätigkeit der Klägerin ist damit derart individualisiert, dass kein öffentliches Interesse erkennbar ist. Zufällige „Zaungäste“ sowie die Möglichkeit einer Veröffentlichung auf verschiedenen Foren im Internet ändern daran nichts.

## 27

**1. Bei Ladenöffnungen im Zusammenhang mit örtlichen Veranstaltungen nach § 6 Abs. 1 Satz 2 Nr. 1 LÖG NRW muss gewährleistet sein, dass die Veranstaltung – und nicht die Ladenöffnung – das öffentliche Bild des betreffenden Sonntags prägt.**
**2. Das kann für den Fall angenommen werden, dass die Ladenöffnung innerhalb der zeitlichen Grenzen der Veranstaltung – also während eines gleichen oder innerhalb dieser Grenzen gelegenen kürzeren Zeitraums – stattfindet und sich räumlich auf das unmittelbare Umfeld der Veranstaltung beschränkt.**
**3. Es bedarf einer schlüssigen und nachvollziehbaren Prognose dahingehend, dass die Zahl der allein von der Veranstaltung, hier dem Gladbecker Nikolausmarkt, selbst angezogenen Besucher größer sein wird als die Zahl derjenigen, die allein – ohne die Veranstaltung – wegen der freigegebenen Ladenöffnung kämen.**
**4. § 6 Abs. 1 Satz 3 LÖG NRW entbindet nicht von einer auf die jeweiligen Besucherzahlen bezogenen Prognose, wenn die Ladenöffnung nicht auf Flächen beschränkt ist, die im unmittelbaren Umfeld der Veranstaltung liegen.**

§ 6 Abs. 1 Satz 2 Nr. 1 LÖG NW
OVG NW, Beschluss vom 1. Dezember 2022 -4 B 1236/22.NE-[1]

---

1 Amtl. Leitsätze. BeckRS 2022, 34438; juris.
Der Beschluss ist rechtskräftig.

https://doi.org/10.1515/9783111651248-027

Die Parteien streiten über die Zulässigkeit des verkaufsoffenen Sonntags anlässlich des Nikolausmarktes in Gladbeck am 4.12.2022. Die Antragsgegnerin hatte die Öffnung der Verkaufsstellen über das unmittelbare Umfeld des Marktes (rot markierte Zone) hinaus auch im weiteren Umkreis des Marktes (grün markierte Zone) durch Allgemeinverfügung genehmigt. Die Antragstellerin hat beantragt, das Offenhalten von Verkaufsstellen im Wege einer einstweiligen Anordnung generell außer Vollzug zu setzen.

Der Antrag hatte teilweise Erfolg.

**Aus den Gründen:**

*[1]* Der Antrag, § 1 der Verordnung der Antragsgegnerin über das Offenhalten von Verkaufsstellen in der Fassung vom 16.11.2022 im Wege einer einstweiligen Anordnung außer Vollzug zu setzen, ist teilweise begründet.

*[4]* Der Erlass einer einstweiligen Anordnung gemäß § 47 Abs. 6 VwGO ist hier dringend geboten, soweit die umstrittene Ladenöffnungsfreigabe in der Innenstadt von Gladbeck anlässlich des Nikolausmarkts am 4.12.2022 auf dem Willy-Brandt-Platz und einem wesentlichen Teil der Hochstraße über das in Anlage 2 zur angegriffenen Verordnung rot markierte unmittelbare räumliche Umfeld des Nikolausmarkts hinaus auch auf den grün markierten zusätzlichen Öffnungsflächen gilt. Die zugrunde liegende Rechtsverordnung erweist sich bereits im Verfahren auf Erlass einer einstweiligen Anordnung als offensichtlich rechtswidrig und nichtig, weil sie dem in § 6 Abs. 4 i.V.m. Abs. 1 LÖG NRW konkretisierten verfassungsrechtlichen Schutzauftrag aus Art. 140 GG i.V.m. Art. 139 WRV, der ein Mindestniveau des Sonn- und Feiertagsschutzes gewährleistet und für die Arbeit an Sonn- und Feiertagen ein Regel-Ausnahme-Verhältnis statuiert, nicht gerecht wird. Soweit die umstrittene Ladenöffnungsfreigabe für das unmittelbare räumliche Umfeld des Nikolausmarkts gilt, liegen die Voraussetzungen für den Erlass einer einstweiligen Anordnung gleichwohl nicht vor. Insoweit fällt eine Folgenabwägung zu Lasten der Antragstellerin aus, weil eine auf diesen vom Verordnungsgeber selbst gesondert gekennzeichneten Bereich beschränkte Freigabe der sonntäglichen Ladenöffnung mit der in der Ratsvorlage gegebenen Begründung rechtmäßig hätte erlassen werden können, so dass es nicht zuletzt mit Rücksicht auf die Belange der Antragstellerin sachgerecht erscheint, diesbezüglich wegen der Kurzfristigkeit der Entscheidung mit Blick auf etwa bereits getroffene Dispositionen der Einzelhändler vom Erlass einer einstweiligen Anordnung abzusehen.

*[5]* 1. Art. 140 GG i.V.m. Art. 139 WRV entziehen Sonn- und Feiertage grundsätzlich der werktäglichen Geschäftigkeit (vgl. BVerwG, Urteil vom 22.6.2020 -8 CN 1.19- juris, Rn 35, mwN)

*[7]* Die Institution des Sonn- und Feiertags ist unmittelbar durch die Verfassung garantiert, die Art und das Ausmaß des Schutzes bedürfen aber einer gesetzlichen Ausgestaltung. Verfassungsrechtlich geschützt ist der allgemein wahrnehmbare Charakter eines jeden Sonn- und Feiertags als grundsätzlich für alle verbindlicher Tag der Arbeitsruhe. Eine Freigaberegelung muss nach ständiger gefestigter höchstrichterlicher Rechtsprechung zur Wahrung des verfassungsrechtlich geforderten Mindestniveaus des Sonntagsschutzes die Sonn- und Feiertage als Tage der Arbeitsruhe zur Regel erheben. Ausnahmen darf er nur aus zureichendem Sachgrund zur Wahrung gleich- oder höherwertiger Rechtsgüter zulassen; das bloß wirtschaftliche Umsatzinteresse der Verkaufsstelleninhaber und das alltägliche Erwerbsinteresse potentieller Kunden genügen dazu nicht. Außerdem muss sichergestellt sein, dass die Ausnahmen als solche für die Öffentlichkeit erkennbar bleiben. Danach genügt es nicht, die Zahl der jährlich zulässigen Sonn- und Feiertagsöffnungen gesetzlich zu beschränken. Darüber hinaus muss der Normgeber nach Art. 140 GG i.V.m. Art. 139 WRV sicherstellen, dass entsprechende Ermächtigungen nur Sonntagsöffnungen ermöglichen, die durch einen zureichenden Sachgrund von ausreichendem Gewicht bezogen auf den zeitlichen, räumlichen und gegenständlichen Umfang der jeweiligen Sonntagsöffnung gerechtfertigt und für das Publikum am betreffenden Tag als Ausnahme von der sonntäglichen Arbeitsruhe zu erkennen sind (vgl. BVerwG, Urteile vom 22.6.2020 -8 CN 3.19- BVerwGE 168, 356, KirchE 75, 327, und -8 CN 1.19- BVerwGE 168, 338; BVerfG, Urteil vom 1.12.2009 -1 BvR 2857/07 u.a.- BVerfGE 125, 39, KirchE 54, 402).

*[9]* Bei gebietsweiten und gegenständlich unbeschränkten Sonntagsöffnungen bedarf es besonders gewichtiger Gründe; Sachgründe von geringerem Gewicht können regelmäßig nur räumlich oder gegenständlich eng begrenzte Ladenöffnungen mit geringer prägender Wirkung für den öffentlichen Charakter des Tages rechtfertigen (vgl. BVerwG, Urteile vom 22.6.2020 -8 CN 1.19-, BVerwGE 168, 338 und vom 11.11.2015 -8 CN 2.14- BVerwGE 153, 183; BVerfG, Urteil vom 1.12.2009 -1 BvR 2857/07 u.a.- BVerfGE 125, 39, KirchE 54, 402).

*[11]* Umgekehrt kommt dem Sonntagsschutz und den durch ihn verstärkten Grundrechten aller von einer Sonntagsöffnung Betroffenen (Art. 4 Abs. 1 und 2, Art. 6 Abs. 1 und Art. 8 und 9 GG) im Verhältnis zu Erwerbsinteressen des Handels und der Kunden nach Art. 12 Abs. 1 und Art. 2 Abs. 1 GG umso größeres Gewicht zu, je weitergehend die werktägliche Ladenöffnung freigegeben ist, wie

dies in Nordrhein-Westfalen der Fall ist (vgl. OVG NRW, Beschluss vom 28.8.2020 -4 B 1261/20.NE-).

*[13]* a) Die angegriffene Verordnungsbestimmung betreffend die streitgegenständliche Ladenöffnungsfreigabe am 4.12.2022 ist ausweislich der vom Rat der Antragsgegnerin am 10.11.2022 beschlossenen Vorlage Nr. 22/0427 gestützt auf § 6 Abs. 4, Abs. 1 LÖG NRW. Hiernach ist die zuständige örtliche Ordnungsbehörde ermächtigt, die Tage nach § 6 Abs. 1 LÖG NRW durch Verordnung freizugeben. Nach § 6 Abs. 1 Satz 1 LÖG NRW dürfen Verkaufsstellen an jährlich höchstens acht, nicht unmittelbar aufeinanderfolgenden Sonn- oder Feiertagen im öffentlichen Interesse ab 13 Uhr bis zur Dauer von fünf Stunden geöffnet sein. § 6 Abs. 1 Satz 2 LÖG NRW regelt vom Gesetzgeber identifizierte, nicht abschließende Ziele, die im öffentlichen Interesse liegen und somit einzeln oder in Kombination mit anderen gewichtige Sachgründe für eine ausnahmsweise Verkaufsstellenöffnung an Sonn- und Feiertagen darstellen. Gemäß Satz 2 Nr. 1 der Vorschrift liegt ein öffentliches Interesse unter anderem insbesondere vor, wenn die Öffnung im Zusammenhang mit örtlichen Festen, Märkten, Messen oder ähnlichen Veranstaltungen erfolgt. Nach § 6 Abs. 1 Satz 3 LÖG NRW wird das Vorliegen eines solchen Zusammenhangs vermutet, wenn die Ladenöffnung in räumlicher Nähe zur örtlichen Veranstaltung sowie am selben Tag erfolgt. Daneben enthält § 6 Abs. 1 Satz 2 LÖG NRW weitere Fallgestaltungen, in denen ein öffentliches Interesse vorliegt.

*[14]* b) Bei Ladenöffnungen im Zusammenhang mit örtlichen Veranstaltungen nach § 6 Abs. 1 Satz 2 Nr. 1 LÖG NRW muss nach höchstrichterlicher Rechtsprechung gewährleistet sein, dass die Veranstaltung – und nicht die Ladenöffnung – das öffentliche Bild des betreffenden Sonntags prägt. Um das verfassungsrechtlich geforderte Regel-Ausnahme-Verhältnis zu wahren, muss die im Zusammenhang mit der Ladenöffnung stehende Veranstaltung selbst einen beträchtlichen Besucherstrom auslösen. Ferner müssen Sonntagsöffnungen wegen einer Veranstaltung in der Regel auf deren räumliches Umfeld beschränkt werden, nämlich auf den Bereich, der von der Ausstrahlungswirkung der jeweiligen Veranstaltung erfasst wird und in dem die Veranstaltung das öffentliche Bild des betreffenden Sonntags prägt. Die prägende Wirkung muss dabei von der Veranstaltung selbst ausgehen. Die damit verbundene Ladenöffnung entfaltet nur dann eine lediglich geringe prägende Wirkung, wenn sie nach den gesamten Umständen als bloßer Annex zur anlassgebenden Veranstaltung erscheint. Das kann für den Fall angenommen werden, dass die Ladenöffnung innerhalb der zeitlichen Grenzen der Veranstaltung – also während eines gleichen oder innerhalb dieser Grenzen gelegenen kürzeren Zeitraums – stattfindet und sich räumlich auf das unmittelbare Umfeld der Veranstaltung

beschränkt. Von einem Annexcharakter kann nur die Rede sein, wenn die für die Prägekraft entscheidende öffentliche Wirkung der Veranstaltung größer ist als die der Ladenöffnung. Je größer die Ausstrahlungswirkung des Marktes wegen seines Umfangs oder seiner besonderen Attraktivität ist, desto weiter reicht der räumliche Bereich, in dem die Verkaufsstellenöffnung noch in Verbindung zum Marktgeschehen gebracht wird. Die öffentliche Wirkung hängt wiederum maßgeblich von der jeweiligen Anziehungskraft ab. Die jeweils angezogenen Besucherströme bestimmen den Umfang und die öffentliche Wahrnehmbarkeit der Veranstaltung einerseits und der durch die Ladenöffnung ausgelösten werktäglichen Geschäftigkeit andererseits. Daher lässt sich der Annexcharakter einer Ladenöffnung kaum anders als durch einen prognostischen Besucherzahlenvergleich beurteilen. Erforderlich ist dabei, dass die dem zuständigen Organ bei der Entscheidung über die Sonntagsöffnung vorliegenden Informationen und die ihm sonst bekannten Umstände die schlüssige und nachvollziehbare Prognose erlauben, die Zahl der von der Veranstaltung selbst angezogenen Besucher werde größer sein als die Zahl derjenigen, die allein wegen einer Ladenöffnung am selben Tag – ohne die Veranstaltung – kämen. § 6 Abs. 1 Satz 3 LÖG NRW entbindet von einer auf die jeweiligen Besucherzahlen bezogenen Prognose im Einklang mit Verfassungsrecht nur dann, wenn die Sonntagsöffnung nur innerhalb eines Zeitraums stattfindet, zu dem auch die Veranstaltung durchgeführt wird, und diesen nicht überschreitet, und wenn die Ladenöffnung auf Flächen beschränkt ist, die im unmittelbaren Umfeld der Veranstaltung liegen, also der Veranstaltungsfläche benachbart sind, sowie wenn gewährleistet ist, dass atypische Sachverhaltsgestaltungen nicht in die Nachweiserleichterung einbezogen werden (vgl. OVG NRW, Beschluss vom 22.9.2022 -4 B 1057/22.NE- unter Hinweis auf BVerwG, Urteile vom 11.11.2015 -8 CN 2.14- BVerwGE 153, 183 und vom 22.6.2020 -8 CN 3.19- BVerwGE 168, 356, KirchE 75, 327, letzteres bezogen auf die Auslegung des aktuellen Landesrechts durch OVG NRW, Urteil vom 17.7.2019 -4 D 36/19.NE-, auf das sich die Antragsgegnerin in der Ratsvorlage gestützt hat).

*[16]* 2. Nach diesen Maßstäben trägt die Regelung in der Ordnungsbehördlichen Verordnung der Antragsgegnerin wegen ihrer nicht sachlich gerechtfertigten Reichweite dem verfassungsrechtlich geforderten Regel-Ausnahme-Verhältnis für die Arbeit an Sonn- und Feiertagen nicht ausreichend Rechnung.

*[17]* a) Die in Rede stehende Sonntagsöffnung am 4.12.2022 ist schon deshalb unwirksam, weil es an einer schlüssigen und nachvollziehbaren Prognose fehlt, die Zahl der allein vom Gladbecker Nikolausmarkt selbst angezogenen Besucher werde größer sein als die Zahl derjenigen, die allein – ohne die Veranstaltung – wegen der freigegebenen Ladenöffnung kämen. Zwar kann ein

Weihnachts- oder Adventsmarkt durchaus ein rechtfertigender Anlass für eine ausnahmsweise zulässige Ladenöffnung sein, zumal Weihnachtsmärkte regelmäßig auch ohne begleitende Ladenöffnung stattfinden und viele Besucher anziehen (vgl. OVG NRW, Beschluss vom 1.12.2017 -4 B 1505/17-).

*[19]* Hieraus ergibt sich – auch angesichts der von der Antragsgegnerin nachträglich vorgelegten Unterlagen aus früheren Jahren – aber nicht die offensichtliche Ergebnisrichtigkeit der Verordnung. Allein mit den Annahmen, der Nikolausmarkt sei seit 1997 Teil des Gladbecker Weihnachtsprogramms, der Nikolaustag habe durch das sogenannte „Nikolausurteil" des Verfassungsgerichtshofs NRW eine herausragende Bedeutung für die Gladbecker Stadtgeschichte, weil es ohne dieses Urteil die Stadt Gladbeck in ihrer jetzigen Form nicht gäbe, in diesem Jahr solle wieder zum gewohnten Umfang aus den Vor-Corona-Jahren zurückgekehrt werden, Hauptbestandteil der Veranstaltung sei der Markt auf dem Willy-Brandt-Platz, auf dem von Vereinen, Schulen, Kindergärten, Kunsthandwerkern und Geschäftsleuten neben einem kommerziellen Warenangebot auch Selbstgemachtes, Selbstgebackenes, Dekorationen und Kunstartikel angeboten würden, von der Hochstraße bis zum Willy-Brandt-Platz fänden verschiedenste Aktionen und gastronomische Angebote statt, wobei Kinderaktionen im Vordergrund stünden und ein musikalisches Rahmenprogramm vorgesehen sei, und nach den Erfahrungen beim diesjährigen Appeltatenfest sei unter anderem auch aufgrund des Verzichts der letzten Jahre mit beträchtlichen Besucherströmen zu rechnen, ist der Verordnungsgeber nicht einmal davon ausgegangen, die Zahl der von der Veranstaltung selbst angezogenen Besucher überwiege die Zahl derer, die für sich genommen von der Verkaufsstellenöffnung angezogen würden. Es fehlt selbst eine grobe vergleichende Abschätzung der Zahl der vom Einzelhandel einerseits und vom Nikolausmarkt andererseits jeweils angezogenen Besucher auf der Grundlage der für die Gemeinde verfügbaren Daten. Die Sitzungsunterlagen sind insoweit unergiebig und stützen sich ausschließlich auf die Vermutungsregel in § 6 Abs. 1 Satz 3 LÖG NRW. Auch die sonstigen Umstände der Beschlussfassung am 10.11.2022 und die im gerichtlichen Verfahren nachgereichten und bei Beschlussfassung möglicherweise bekannten Unterlagen aus früheren Jahren erlauben keine schlüssige und nachvollziehbare Prognose, die Zahl der von der Veranstaltung selbst angezogenen Besucher werde größer sein als die Zahl derjenigen, die allein wegen einer Ladenöffnung am selben Tag – ohne die Veranstaltung – kämen. Dies geht zulasten des Normgebers (vgl. BVerwG, Urteile vom 22.6.2020 -8 CN 3.19- BVerwGE 168, 356, KirchE 75, 327, und vom 12.12.2018 -8 CN 1.17- BVerwGE 164, 64).

*[21]* Aus den vorgelegten Aktenvermerken aus den Jahren 2017 und 2019 ergibt sich lediglich, dass 2015 und 2018 jeweils etwa 6.000 Menschen den damals dreitägigen Nikolausmarkt mit rund 30 anbietenden Händlern und einem ergänzenden nichtkommerziellen Angebot besucht haben. Nach den letzten Angaben der Antragsgegnerin handelt es sich um die Gesamtbesucherzahl an allen drei Tagen, wovon zwei Stunden auf den Freitag entfallen und Samstag- und Sonntagnachmittag jeweils die stärksten Zahlen aufweisen. Die auf den Sonntag entfallende Besucherzahl sowie ein abschätzender Vergleich mit der Zahl der Menschen, die allein durch eine sonntägliche Ladenöffnung im freigegebenen Bereich angezogen würden, fehlen gänzlich. Sie sind gerade auch angesichts der von der Antragstellerin vorgelegten und bei Beschlussfassung des Rates bekannten Ergebnisse der von der Industrie- und Handelskammer Nord Westfalen veranlassten Passantenfrequenzzählung in den Mittelzentren der Emscher-Lippe-Region nicht entbehrlich. Diese ergab für einen als repräsentativ angesehenen Samstag über 2.000 Passanten pro Stunde auf der Hochstraße in Gladbeck und damit den höchsten Wert aller untersuchten Standorte im Kreis Recklinghausen. Wenn die Antragsgegnerin über belastbare Erkenntnisse verfügt, dieser hohe Wert folge gerade daraus, dass in der Innenstadt von Gladbeck wegen seiner außerordentlich hohen Bevölkerungsdichte besonders viele Menschen lebten, weshalb nicht nur Einzelhandelskunden gezählt worden seien, befreit sie dies nicht davon, unter Berücksichtigung verfügbarer Daten einschließlich der Ergebnisse der Passantenfrequenzzählung eine nachvollziehbare Abschätzung des Umfangs der an einem verkaufsoffenen Sonntag am 2. Advent – ohne die Veranstaltung – zu erwartenden Einzelhandelskundschaft vorzunehmen und diese in Beziehung zur Zahl der erwarteten Veranstaltungsbesucher zu setzen.

*[22]* b) Auch § 6 Abs. 1 Satz 3 LÖG NRW entbindet hier nicht von einer auf die jeweiligen Besucherzahlen bezogenen Prognose, weil die Ladenöffnung nicht auf Flächen beschränkt ist, die im unmittelbaren Umfeld der Veranstaltung liegen. Das Bundesverwaltungsgericht hat ausdrücklich klargestellt, die Anwendung der Vermutungsregel stehe mit verfassungsrechtlichen Vorgaben in räumlicher Hinsicht bei Fehlen einer vergleichenden Besucherzahlprognose nur in Einklang, wenn die Ladenöffnung auf Flächen beschränkt ist, die derart im unmittelbaren Umfeld der Veranstaltung liegen, dass die geöffneten Verkaufsstellen der Veranstaltungsfläche benachbart sind (vgl. BVerwG, Urteil vom 22.6.2020 -8 CN 3.19- BVerwGE 168, 356, KirchE 75, 327).

*[24]* Auf diese Rechtsprechung hat die Antragstellerin im Rahmen der Anhörung nach Ablauf der hierfür bis zum 27.10.2022 gesetzten Frist mit Schreiben vom 31.10.2022, das am 2.11.2022 in das Ratsinformationssystem eingepflegt

worden ist, hingewiesen, ohne dass dies noch in der Beschlussvorlage berücksichtigt worden wäre. Der in Anlage 2 zur Verordnung insgesamt für die Öffnung von Verkaufsstellen freigegebene Bereich geht deutlich über den der Veranstaltungsfläche benachbarten Bereich hinaus. Angesichts des Fehlens einer vergleichenden Besucherzahlenprognose und der ausschließlich vom Verordnungsgeber herangezogenen Vermutungsregelung war es nicht nachvollziehbar zu begründen, den Freigabebereich auf weitere Innenstadtstraßen jenseits des Veranstaltungsbereichs zu erweitern, die der fußläufigen Zuführung von Besuchern zum Veranstaltungsbereich dienen. Dies gilt vor allem deshalb, weil durch die Einbeziehung dieser Straßen ein Großteil der laut Einzelhandelskonzept insgesamt gut 170 Einzelhandelsbetriebe in der Gladbecker Innenstadt mit einer Gesamtverkaufsfläche von über 34.000 $m^2$ von der Freigaberegelung profitieren würden, während sich der Nikolausmarkt mit seinen etwa 30 Händlern und weiteren nicht kommerziellen Anbietern auf den Willy-Brandt-Platz und einen Teil der Hochstraße beschränkt, einen Veranstaltungsbereich, dem nur ein kleiner Teil dieser Einzelhandelsbetriebe unmittelbar benachbart ist. Wegen der begrenzten Reichweite der Vermutungsregelung kann nach höchstrichterlicher Klarstellung verfassungsrechtlich tragfähig nicht ohne vergleichende Besucherzahlenprognose für einen über den Veranstaltungsbereich hinausgehenden Bereich mit eigener Sogwirkung auf Einzelhandelskunden angenommen werden, er sei wegen eines außergewöhnlich großen veranstaltungsbedingten Besucherstroms noch von der Ausstrahlungswirkung geprägt, die von der Veranstaltung selbst ausgeht.

*[25]* 3. Fehlt es damit ersichtlich an den gesetzlichen und verfassungsrechtlichen Voraussetzungen für die insgesamt beschlossene sonntägliche Ladenöffnung, ist der Erlass einer einstweiligen Anordnung aus Gründen effektiven Rechtsschutzes zur Wahrung der Rechte der Antragstellerin dringend geboten, soweit die Ladenöffnungsfreigabe über das räumliche Umfeld des Nikolausmarkts hinausgeht.

*[26]* Hinsichtlich des unmittelbaren Umfeldes des in Anlage 2 der streitgegenständlichen Verordnung rot markierten Veranstaltungsbereichs sieht der Senat hingegen aufgrund einer allgemeinen Folgenabwägung vom Erlass einer einstweiligen Anordnung ab. Ausschlaggebend dafür ist vor allem, dass eine Freigabe der sonntäglichen Ladenöffnung am 4.12.2022 anlässlich des Gladbecker Nikolausmarkts, die auf diesen in der Norm selbst klar erkennbaren und farblich gesondert gekennzeichneten Bereich beschränkt wäre, rechtmäßig ohne vergleichende Besucherzahlprognose mit der vom Verordnungsgeber gegebenen Begründung hätte erlassen werden können. Nach Aktenlage hat der Senat keine Zweifel, dass der nach Angaben der Antragsgegnerin eher kleine

und besinnliche Nikolausmarkt nach Charakter, Größe und Zuschnitt unter Berücksichtigung der Erfahrungen der vergangenen Jahre die Eindrücke in dem eng gefassten Veranstaltungsbereich maßgeblich prägt. Eine Freigabe der dem in der Verordnung rot markierten Veranstaltungsbereich unmittelbar benachbarten Geschäfte hätte deshalb auch ohne vergleichende Besucherprognose zulässigerweise auf die Vermutungsregel in § 6 Abs. 1 Satz 3 LÖG NRW gestützt werden können, die zur Rechtfertigung der Verordnung angeführt worden ist.

*[27]* Bei dem in der Beschlussvorlage beschriebenen Nikolausmarkt handelt sich um eine Veranstaltung mit besonderer Bedeutung für Gladbeck, die wegen ihrer Attraktivität eine Ladenöffnung grundsätzlich rechtfertigen kann. Bei einer Öffnung der dem Veranstaltungsbereich unmittelbar benachbarten Geschäfte (rot markierter Bereich) auf der Grundlage der Vermutungsregelung ist zugleich gewährleistet, dass atypische Sachverhaltsgestaltungen nicht in die Nachweiserleichterung einbezogen werden. Auch wenn der Nikolausmarkt an der Haupteinkaufsstraße von Gladbeck liegt, ergeben sich aus dem Umfang der Verkaufsfläche der unmittelbar angrenzenden Geschäfte oder ihrer Zahl keine Indizien für einen atypischen Sachverhalt, der die Nachweiserleichterung ausschlösse. Ausweislich der von der Antragstellerin vorgelegten Fortschreibung des Einzelhandelskonzepts für die Stadt Gladbeck von 2013 übernimmt die Stadt als Mittelzentrum die Versorgungsaufgabe für die eigene Bevölkerung. Sowohl hinsichtlich der Verkaufsfläche als auch hinsichtlich der Zahl und Attraktivität der Einzelhandelsbetriebe in der Innenstadt von Gladbeck bestehen keine Anzeichen für eine besondere Sogwirkung auf umliegende Städte und Gemeinden. Im Gegenteil fließt regelmäßig ein größerer Teil der Kaufkraft ab, das Kaufkraftniveau umliegender Städte und Gemeinden liegt – trotz der vergleichsweise hohen Passantenfrequenz in der Haupteinkaufsstraße von Gladbeck – zum Teil über dem von Gladbeck. Selbst diejenigen Warengruppen, die Kaufkraft aus anderen Gemeinden anziehen, sind nicht auf die Innenstadt konzentriert. Es fehlt an jeglichen Anhaltspunkten dafür, der an die Veranstaltungsflächen des Nikolausmarkts angrenzende und für eine Mittelstadt mit Versorgungsfunktion für die eigene Bevölkerung angemessen dimensionierte Einzelhandel könne eine so außergewöhnliche Sogwirkung auf Kaufkundschaft ausüben, dass selbst für eine auf diesen eng begrenzten Straßeneinzugsbereich begrenzte Freigaberegelung mit Blick auf den dort angesiedelten Einzelhandel eine vergleichende Besucherzahlenprognose verfassungsrechtlich zwingend erforderlich sein könnte.

*[28]* Angesichts dessen gewinnt auch der Gesichtspunkt Gewicht, dass sich die Antragsgegnerin bei ihrer Entscheidung an der – durch höchstrichterliche Rechtsprechung überholten, aber seitdem nicht aktualisierten – Anwendungs-

hilfe des Landes NRW für die Kommunen orientiert hat, und die betroffenen Einzelhändler dementsprechend auf eine Zulässigkeit der kurz bevorstehenden Ladenöffnung eingestellt und entsprechende Dispositionen getroffen haben dürften. Diese Interessen überwiegen insoweit jene der Antragstellerin am Erlass einer einstweiligen Anordnung. Konkrete Nachteile, die der Antragstellerin durch eine auf die Veranstaltungsflächen begrenzte Ladenöffnung speziell in Bezug auf den 4.12.2022 entstehen könnten, hat sie nicht bezeichnet.

## 28

**1. Der Typusbegriff der ehrenamtlichen Tätigkeit ist – entsprechend dem allgemeinen Sprachgebrauch – weit zu verstehen.**
**2. Zum Gepräge jeder ehrenamtlichen Tätigkeit gehört, dass sie unentgeltlich ausgeübt wird und immateriellen Werten, ideellen Zwecken oder dem Gemeinwohl dient.**
**3. Der Versicherungsschutz nach § 2 Abs. 1 Nr. 10 Buchst. b SGB VII ist nicht auf Tätigkeiten im Kernbereich der Religionsausübung (Liturgie, Diakonie, Verkündigung, Gemeinschaft durch Teilhabe) begrenzt. Stattdessen bestimmt jede Religionsgemeinschaft selbst, wie weit ihr Aufgabenbereich reicht, welche Angebote sie annimmt und welche Tätigkeiten sie sich zu eigen macht. Ein solcher „Annahmeakt" als Zuordnungsgrund kann in der Erteilung des Einvernehmens durch den Gemeindepfarrer liegen. Dagegen reicht die bloße Überlassung von Räumlichkeiten oder anderer sächlicher Mittel allein nicht aus, um den Versicherungsschutz nach § 2 Abs. 1 Nr. 10 Buchst. b SGB VII zu begründen.**
**4. Wer für eine privatrechtlichen Organisation (Amateurchor) ehrenamtlich (hier: als Sängerin) tätig ist, steht unter dem Schutz der gesetzlichen Unfallversicherung, wenn sich eine öffentlich-rechtliche Religionsgemeinschaft (hier: evangelische Kirchengemeinde) das Unternehmen durch Erteilung einer entsprechenden Einwilligung zu eigen macht und damit einvernehmlich in ihren Aufgabenbereich einbezieht.**

Art. 140 GG, Art. 137 Abs. 3 WRV,
§§ 2 Abs. 1 Nr. 10 Buchst. b, 8 Abs. 2 Nr. 1 SGB VII
BSG, Urteil vom 8. Dezember 2022 -B 2 U 19/20 R-[1]

1 Amtl. Leitsätze. BSGE 135, 168; juris; ASR 2023, 137.
Das Urteil ist rechtskräftig.

https://doi.org/10.1515/9783111651248-028

Die Beteiligten streiten darüber, ob die Klägerin als Chormitglied auf dem Weg zu einem Adventskonzert einen Arbeitsunfall erlitten hat.

Die Klägerin war Mitglied eines Frauenchores, der am 3.12.2016 in den Räumlichkeiten einer evangelischen Kirchengemeinde ein öffentliches Adventssingen darbieten wollte. Die Absprache für den Auftritt erfolgte zwischen der Vorsitzenden des Amateurchores und dem Pfarrer der Kirchengemeinde, die mit der Raumnutzung einverstanden war und die Veranstaltung im „E" unter der Rubrik „Kirchliche Nachrichten" als „Weihnachtskonzert" ankündigte. Zuwendungen oder Aufwandsentschädigungen für die Chormitglieder waren nicht vorgesehen. Auf dem Weg zu diesem Auftritt verunglückte die Klägerin mit ihrem Pkw. Während sich zwei weitere Chormitglieder als Insassen leicht verletzten, zog sich die Klägerin u.a. eine hypoxische Hirnschädigung zu und leidet seitdem unter einer Lähmung aller Extremitäten.

Die Beigeladene verneinte Versicherungsschutz; das Widerspruchsverfahren ruht. Auch die Beklagte lehnte es mangels Versicherungsschutzes ab, den Unfall als Arbeitsunfall anzuerkennen. Das SG hat die Bescheide der Beklagten aufgehoben und festgestellt, dass der Unfall vom 3.12.2016 ein Arbeitsunfall ist. Dieses Urteil hat das LSG aufgehoben und die Klage abgewiesen: Es gebe keinen Anhaltspunkt, dass die Klägerin ehrenamtlich für eine öffentlich- oder privatrechtliche Organisation bzw. im Auftrag oder mit ausdrücklicher Einwilligung für eine öffentlich-rechtliche Religionsgemeinschaft tätig gewesen sei. Dem Versicherungsschutz nach der Satzung der Beklagten stehe die im Wesentlichen eigenwirtschaftlich geprägte Handlungstendenz der Klägerin entgegen. Sie habe das Chorsingen aus „Freude am Gesang und der Gemeinschaft" ausgeübt.

Mit ihrer Revision rügt die Klägerin eine Verletzung des § 3 Abs. 1 Nr. 4 SGB VII i.V.m. § 34 Abs. 2 der Satzung der Beklagten. Der Versicherungsschutz kraft Satzung umfasse auch private Tätigkeiten im Gemeinwohlinteresse. Ihr Handeln sei auf die Kerntätigkeit des Chores, dem Singen in der Öffentlichkeit, ausgerichtet gewesen. Für die Annahme der Ehrenamtlichkeit genüge Unentgeltlichkeit; der Bezug zu einem „Amt" der öffentlichen Hand sei nicht erforderlich.

Die Klägerin beantragt, das Urteil des Landessozialgerichts Sachsen-Anhalt vom 24.9.2020 aufzuheben und die Berufung der Beklagten gegen das Urteil des Sozialgerichts Halle vom 7.11.2019 zurückzuweisen, hilfsweise, den Bescheid der Beigeladenen vom 25. 1.2018 aufzuheben und festzustellen, dass das Ereignis vom 3.12.2016 ein Arbeitsunfall ist.

Die Revision hatte insoweit Erfolg, als dass das Gericht festgestellt hat, dass das Ereignis vom 3.12.2016 ein Arbeitsunfall ist.

**Aus den Gründen:**

*[9]* Die Revision ist zulässig (dazu A.), im Rahmen des Hauptantrags unbegründet (§ 170 Abs. 1 Satz 1 SGG; dazu B.) und im Sinne des Hilfsantrags begründet (§ 170 Abs. 2 Satz 1 SGG; dazu C.).

*[10]* A. Das LSG hat die Revision unbeschränkt zugelassen und sie nicht auf das Streitverhältnis zwischen der Klägerin und der Beklagten begrenzt. Soweit es am Ende der Entscheidungsgründe zur Zulassung der Revision wegen grundsätzlicher Bedeutung der Sache auf die Satzung der Beklagten und auf nahezu identische Regelungen anderer Unfallkassen hinweist, nennt es lediglich eine Begründung für die Revisionszulassung, ohne sie dadurch auf tatsächlich oder rechtlich selbständige und abtrennbare Teile des Gesamtstreitstoffs zu beschränken (vgl. dazu Karmanski in Roos/Wahrendorf/Müller, BeckOGK SGG, 2 Aufl. 2021, § 160 Rn 22 f. mwN).

*[11]* Mit Blick auf den Hilfsantrag liegt keine erweiternde Klageänderung (§ 99 SGG) vor, die nach § 168 Satz 1 SGG im Revisionsverfahren unzulässig wäre. Denn die Klägerin hat bereits im Berufungsverfahren hilfsweise begehrt, die Ablehnungsentscheidung im Bescheid der Beigeladenen vom 25.1.2018 aufzuheben und zu deren Lasten festzustellen, dass das Ereignis vom 3.12.2016 ein Arbeitsunfall ist. Zwar hat sie mit ihrem ausdrücklich gestellten Antrag, die Berufung zurückzuweisen, vorrangig die gerichtliche Feststellung eines Arbeitsunfalls gegenüber der Beklagten im erstinstanzlichen Urteil aufrechterhalten wollen. Zugleich hat sie aber hilfsweise auch die gerichtliche Feststellung zu Lasten der notwendig Beigeladenen (§ 75 Abs. 2 Alt 2 SGG) begehrt, wie § 75 Abs. 5 SGG unterstellt, wenn einer Verurteilung des Beigeladenen nicht ausdrücklich widersprochen wird (dazu Senatsurteil vom 30.1.1985 -2 RU 69/83- SozR 1500 § 168 Nr. 3; BSG Urteile vom 2.11.2000 -B 11 AL 25/00 R-, vom 30.6.1964 -3 RK 7/61- SozR Nr. 26 zu § 75 SGG und vom 15.1.1959 -4 RJ 111/57- BSGE 9, 67 [70], SozR Nr. 8 zu § 1 FremdRG). Ausweislich der Entscheidungsgründe des angefochtenen Berufungsurteils hat das LSG über dieses Begehren (mit-)entschieden. Folglich sind mit der Revisionseinlegung sowohl Haupt- als auch Hilfsantrag in die Revisionsinstanz gelangt.

*[12]* B. Die Revision ist, soweit sie gegen die Beklagte gerichtet ist, unbegründet und zurückzuweisen (§ 170 Abs. 1 Satz 1 SGG). Zu Recht hat das LSG das zusprechende Urteil des SG aufgehoben und die kombinierte Anfechtungs- und Feststellungsklage (§ 54 Abs. 1 Satz 1 Var. 1, § 55 Abs. 1 Nr. 1, § 56 SGG) gegen die Beklagte abgewiesen, weil ihre Ablehnungsentscheidung in dem Bescheid vom 1.3.2018 in der Gestalt des Widerspruchsbescheids vom 20.6.2018 (§ 95 SGG)

rechtmäßig ist. Die Klägerin hat keinen Anspruch gegen die Beklagte auf Feststellung, dass der Unfall vom 3.12.2016 ein Arbeitsunfall ist.

*[13]* Arbeitsunfälle sind nach § 8 Abs. 1 Satz 1 SGB VII Unfälle von Versicherten infolge einer den Versicherungsschutz nach §§ 2, 3 oder 6 SGB VII begründenden Tätigkeit (versicherte Tätigkeit). Versicherte Tätigkeit ist auch das Zurücklegen des mit der versicherten Tätigkeit zusammenhängenden unmittelbaren Weges nach und von dem Ort der Tätigkeit (§ 8 Abs. 2 Nr. 1 SGB VII). Unfälle sind zeitlich begrenzte, von außen auf den Körper einwirkende Ereignisse, die zu einem Gesundheitsschaden oder zum Tod führen (§ 8 Abs. 1 Satz 2 SGB VII). Ein Arbeitsunfall setzt mithin voraus, dass die Verrichtung zur Zeit des Unfalls der versicherten Tätigkeit zuzurechnen ist (innerer oder sachlicher Zusammenhang), sie zu dem zeitlich begrenzten, von außen auf den Körper einwirkenden Ereignis geführt (Unfallkausalität) und dadurch einen Gesundheitserstschaden oder den Tod des Versicherten objektiv und rechtlich wesentlich verursacht hat (Unfallkausalität und haftungsbegründende Kausalität; stRspr., BSG z.B. Urteile vom 28.6.2022 -B 2 U 16/20 R- zur Veröffentlichung in BSGE und SozR 4 vorgesehen sowie -B 2 U 8/20 R- SozR 4-2700 § 2 Nr. 58, vom 31.3.2022 -B 2 U 5/20 R -SozR 4-2700 § 8 Nr. 79, vom 30.1.2020 -B 2 U 20/18 R- SozR 4-2700 § 8 Nr. 74 Rn 9 und -B 2 U 2/18 R- BSGE 130, 1, SozR 4-2700 § 8 Nr. 70, Rn 20, jeweils mwN). Die Klägerin ist nicht infolge einer Tätigkeit verunglückt, die Versicherungsschutz nach § 3 Abs. 1 Nr. 4 SGB VII i.V.m. § 34 Abs. 2 Satz 1 der Satzung der Beklagten (vom 9.12.1997, zuletzt idF der 14. Änderung vom 14.12.2021) begründet. Denn nach diesen Vorschriften besteht Unfallversicherungsschutz für ehrenamtlich Tätige und bürgerschaftlich Engagierte nur, soweit diese nicht schon nach § 2 SGB VII gesetzlich oder freiwillig versichert sind. Die Klägerin ist indes vorrangig nach § 2 Abs. 1 Nr. 10 Buchst b SGB VII gesetzlich versichert, weil sie im Unfallzeitpunkt den unmittelbaren Weg nach dem Ort der Tätigkeit mit der objektivierten Handlungstendenz zurücklegte (§ 8 Abs. 2 Nr. 1 SGB VII), für ihren privatrechtlich organisierten Chor im Einvernehmen mit einer öffentlich-rechtlichen Religionsgemeinschaft ehrenamtlich tätig zu werden (dazu sogleich unter C.). Sind Versicherte nach § 2 Abs. 1 Nr. 10 Buchst. b SGB VII für eine privatrechtliche Organisation ehrenamtlich tätig, der das Ergebnis des Unternehmens (Adventssingen) unmittelbar zum Vor- oder Nachteil gereicht (§ 136 Abs. 3 Nr. 1 SGB VII), so ist nicht sie, sondern die öffentlich-rechtliche Religionsgemeinschaft Unternehmerin, in deren Auftrag oder mit deren Zustimmung die Tätigkeit erbracht wird (§ 136 Abs. 3 Nr. 5 SGB VII). Für öffentlich-rechtliche Religionsgemeinschaften ist indes nicht die Beklagte, sondern die Beigeladene sachlich zuständig (vgl. § 3 Abs. 1 Abschn. I Nr. 5 der Satzung der Beigeladenen, zuletzt idF des 13. Nachtrags vom 21.7.2021; vgl. ferner

BT-Drs. 15/3439, S. 5). Da der Hauptantrag, der gegen die Beklagte gerichtet ist, somit erfolglos bleibt, ist die aufschiebende Bedingung für den Hilfsantrag eingetreten (vgl. BSG Urteil vom 3.7.1985 -3 RK 13/84-), der sich gegen die Beigeladene wendet.

*[14]* C. Die Revision ist begründet, soweit sie sich hilfsweise gegen die Beigeladene richtet, sodass der Senat insofern in der Sache selbst zu entscheiden hat (§ 170 Abs. 2 Satz 1 SGG). Die kombinierte Anfechtungs- und Feststellungsklage (§ 54 Abs. 1 Satz 1 Var. 1, § 55 Abs. 1 Nr. 1, § 56 SGG) ist zulässig (dazu I.) und begründet (dazu II.). Die Ablehnungsentscheidung in dem Bescheid der Beigeladenen vom 25.1.2018 ist rechtswidrig und verletzt die Klägerin in ihren Rechten (§ 54 Abs. 2 Satz 1 SGG). Denn sie hat gegenüber der Beigeladenen Anspruch auf die gerichtliche Feststellung, dass ihr Verkehrsunfall vom 3.12.2016 ein Arbeitsunfall ist. Sie ist bei dem Zurücklegen des mit der versicherten Tätigkeit als ehrenamtliche Chorsängerin zusammenhängenden unmittelbaren Weges nach dem Ort der Tätigkeit verunglückt.

*[15]* I. Die kombinierte Anfechtungs- und Feststellungsklage gegen die Beigeladene ist zulässig. *(wird ausgeführt)*

*[16]* II. Die kombinierte Anfechtungs- und Feststellungsklage gegen die Beigeladene ist auch begründet. Die Ablehnungsentscheidung in dem Bescheid der Beigeladenen vom 25.1.2018 ist aufzuheben und gerichtlich festzustellen, dass der Unfall (§ 8 Abs. 1 Satz 2 SGB VII) der Klägerin vom 3.12.2016 ein Arbeitsunfall in Form des Wegeunfalls (§ 8 Abs. 1 Satz 1 i.V.m. Abs. 2 Nr. 1 SGB VII) ist. Das LSG hat bindend (§ 163 SGG) festgestellt, dass sie im Unfallzeitpunkt den unmittelbaren Weg zu den Räumlichkeiten der evangelischen Kirchengemeinde objektiv zurücklegte, ihre Handlungstendenz darauf auch subjektiv ausgerichtet hatte und diesen Zielort aufsuchen wollte, um dort als Chorsängerin für den privatrechtlich organisierten Frauenchor im Rahmen des Adventssingens mit Einwilligung der evangelischen Kirche als einer öffentlich-rechtlichen Religionsgemeinschaft ehrenamtlich aufzutreten.

*[17]* Hätte die Klägerin den Zielort erreicht, dann hätte die beabsichtigte Ehrenamtstätigkeit unter Versicherungsschutz nach § 2 Abs. 1 Nr. 10 Buchst. b SGB VII in der seit dem 1.1.2005 geltenden Fassung des Gesetzes zur Verbesserung des unfallversicherungsrechtlichen Schutzes bürgerschaftlich Engagierter und weiterer Personen (UVSchVerbG) vom 9.12.2004 (BGBl. I 3299) gestanden. Nach dieser Vorschrift sind kraft Gesetzes Personen versichert, die für öffentlich-rechtliche Religionsgemeinschaften und deren Einrichtungen oder für privatrechtliche Organisationen im Auftrag oder mit ausdrücklicher Einwilligung, in besonderen Fällen mit schriftlicher Genehmigung von öffentlich-rechtlichen Religionsgemeinschaften ehrenamtlich tätig sind oder an Ausbildungsveran-

staltungen für diese Tätigkeit teilnehmen. Soweit dies hier von Belang ist, setzt der Versicherungstatbestand einerseits voraus, dass die verletzte Person mit ihrer ehrenamtlichen Verrichtung dem Unternehmen (§ 121 Abs. 1 Satz 1 SGB VII) der privatrechtlichen Organisation dient, und erfordert andererseits, dass die privatrechtliche Organisation ihr Unternehmen mit ausdrücklicher Einwilligung einer öffentlich-rechtlichen Religionsgemeinschaft (der Unternehmerin, § 136 Abs. 3 Nr. 5 SGB VII) durchführt. Diese Voraussetzungen sind erfüllt. Nach den bindenden Feststellungen des LSG (§ 163 SGG) war der Frauenchor eine „privatrechtliche Organisation" (dazu 1.). Die objektivierte Handlungstendenz der Klägerin (dazu 2.) war darauf gerichtet, das Adventskonzert (Unternehmen) des Amateurchores mit ihrer Stimme (dem Singen als „Verrichtung") ehrenamtlich zu fördern (dazu 3.). Das Adventskonzert fand im Einvernehmen mit dem Gemeindepfarrer als Vertreter der evangelischen Kirchengemeinde statt, die ihrerseits Teil einer öffentlich-rechtlichen Religionsgemeinschaft ist (dazu 4.).

*[18]* 1. Der Frauenchor L war – unabhängig von seiner organschaftlichen Verfassung und juristischen Ausgestaltung (vgl. dazu Butzer in Festschrift für Scharf, 2008, 119 [131]; Wietfeld in BeckOK SozR, SGB VII, § 2 Rn 130, Stand 1.9.2022) – eine Organisation Privater nach privatem Recht.

*[19]* 2. Die Klägerin wollte fremdnützig „für" diese privatrechtliche Organisation als Chorsängerin tätig werden und ihren Beitrag zum Erfolg des Adventskonzerts leisten. Maßgebend für die Beurteilung, ob eine konkrete Verrichtung einem bestimmten Unternehmen dient, ist die objektivierte Handlungstendenz des Versicherten (vgl. BSG Urteile vom 30.1.2020 -B 2 U 2/18 R- BSGE 130, 1, SozR 4-2700 § 8 Nr. 70, Rn 27 und -B 2 U 20/18 R- SozR 4-2700 § 8 Nr. 74 Rn 16; jeweils mwN), was bedeutet, dass das objektiv beobachtbare Handeln subjektiv – zumindest auch – auf die Erfüllung des Tatbestands der jeweils versicherten Tätigkeit gerichtet sein muss. Die subjektive Handlungstendenz als von den Tatsachengerichten festzustellende innere Tatsache muss sich mithin im äußeren Verhalten des Handelnden (Verrichtung) widerspiegeln, so wie es objektiv beobachtbar ist (vgl. BSG Urteile vom 30.1.2020 -B 2 U 2/18 R- BSGE 130, 1, SozR 4-2700 § 8 Nr. 70, Rn 27 und -B 2 U 20/18 R- SozR 4-2700 § 8 Nr. 74 Rn 16, vom 31.8.2017 -B 2 U 2/16 R- SozR 4-2700 § 8 Nr. 61 Rn 19 sowie vom 17.12.2015 -B 2 U 8/14 R- SozR 4-2700 § 8 Nr. 55 Rn 14; jeweils mwN). Nach den bindenden Feststellungen des LSG (§ 163 SGG) wollte „die Klägerin ... allein für den Chor tätig" werden, dessen Mitglied sie war, d.h. sie wollte mit ihrer Singstimme zum Gelingen des Adventskonzerts beitragen, das der Frauenchor in den Räumlichkeiten der evangelischen Kirchengemeinde darbieten sollte. Dass sie mit dieser subjektiven Handlungstendenz unterwegs gewesen ist, lässt sich auch daraus schließen und damit objektivieren, dass sie in ihrem Pkw, mit dem sie verun-

glückte, zwei weitere Chormitglieder zum Adventskonzert beförderte. Insofern hatte die Klägerin eine doppelte unternehmensdienliche Handlungstendenz: Sie wollte den Kirchengemeindesaal selbst erreichen und zwei weitere Chormitglieder dorthin transportieren.

*[20]* 3. Das Engagement der Klägerin für den L Frauenchor ist nach ihrem Gesamtbild dem Typus der ehrenamtlichen Tätigkeit zuzuordnen (vgl. Schlegel in Schulin, Handbuch des Sozialversicherungsrechts, Band 2, Unfallversicherungsrecht, 1996, § 17 Rn 106). Zum Gepräge (Typuskern) jeder ehrenamtlichen Tätigkeit gehört, dass sie unentgeltlich ausgeübt wird und immateriellen Werten, ideellen Zwecken oder dem Gemeinwohl dient (vgl. BSG Urteile vom 27.4.2021 -B 12 KR 25/19 R- BSGE 132, 97, SozR 4-2400 § 7 Nr. 55, Rn 27 ff. und -B 12 R 8/20 R- SozR 4-2400 § 7 Nr. 56 Rn 29 ff., vom 23.2.2021 -B 12 R 15/19 R- BSGE 131, 266, SozR 4-2400 § 7 Nr. 54, Rn 30 ff., vom 16.8.2017 -B 12 KR 14/16 R- BSGE 124, 37, SozR 4-2400 § 7 Nr. 31, Rn 29 ff. sowie vom 28.6.2000 -B 6 KA 64/98 R- BSGE 86, 203 [211], SozR 3-2500 § 80 Nr. 4 S. 37). Neben diesen unverzichtbaren Merkmalen existieren weitere, im Einzelfall verzichtbare Merkmale, die für sich genommen nur die Bedeutung von Anzeichen oder Indizien haben. In diesem Sinne spricht für das Vorliegen einer ehrenamtlichen Tätigkeit indiziell, wenn sie – jenseits pflichtiger Ehrenämter – freiwillig aufgenommen und im Rahmen einer gemeinwohlorientierten Organisation erfolgt, die ohne Gewinnerzielungsabsicht Aufgaben erfüllt, die im öffentlichen Interesse liegen oder gemeinnützige, mildtätige, kirchliche oder soziale Zwecke fördern (vgl. dazu auch § 1 Abs. 1 der Verordnung über die ehrenamtliche Betätigung von Arbeitslosen vom 24.5.2002, BGBl. I 1783, idF des Gesetzes zur Verbesserung der Eingliederungschancen am Arbeitsmarkt vom 20.12.2011, BGBl. I 2854; s. auch Molkentin, BG 2006, 17 [26]). Maßgeblich ist das durch eine wertende Betrachtung gewonnene Gesamtbild (vgl. BVerfG Beschlüsse vom 13.4.2017 -2 BvL 6/13- BVerfGE 145, 171 Rn 65 und [Kammer] vom 20.5.1996 -1 BvR 21/96- SozR 3-2400 § 7 Nr. 11; BSG Urteile vom 6.9.2018 -B 2 U 18/17 R- SozR 4-2700 § 2 Nr. 47 Rn 16, vom 28.6.2022 -B 12 R 3/20 R- SozR 4 [vorgesehen], vom 19.10.2021 -B 12 KR 29/19 R- BSGE 133, 49, SozR 4-2400 § 7 Nr. 62, Rn 12, vom 7.6.2019 -B 12 R 6/18 R- BSGE 128, 205, SozR 4-2400 § 7 Nr. 44 Rn 13 ff.. mwN und vom 9.5.2012 -B 5 R 68/11 R- SozR 4-2600 § 43 Nr. 18 Rn 29).

*[21]* Der Typusbegriff der ehrenamtlichen Tätigkeit ist – entsprechend dem allgemeinen Sprachgebrauch – weit zu verstehen, wie die Auslegung anhand der anerkannten Methoden der Gesetzesinterpretation nach dem Wortlaut der Norm (dazu insbesondere a), dem systematischen Zusammenhang (dazu insbesondere b), der Entstehungsgeschichte (dazu insbesondere c) sowie ihrem Sinn und Zweck (dazu insbesondere d) ergibt. Mit ihnen ist der in der Norm zum

Ausdruck kommende objektivierte Wille des Gesetzgebers zu ermitteln, wie er sich aus dem Wortlaut der Vorschrift und dem Sinnzusammenhang ergibt, in den sie hineingestellt ist (stRspr, BVerfG Urteile vom 19.3.2013 -2 BvR 2628/10 u.a.- BVerfGE 133, 168 Rn 66 und vom 20.3.2002 -2 BvR 794/95- BVerfGE 105, 135 [157] sowie Beschlüsse vom 26.8.2014 -2 BvR 2400/13- NJW 2014, 3505 Rn 15 und vom 17.5.1960 -2 BvL 11/59 u.a.- BVerfGE 11, 126 [130 f.]; BSG Urteile vom 7.5.2019 -B 2 U 27/17 R- BSGE 128, 92, SozR 4-2700 § 67 Nr. 1, Rn 11, vom 23.5.2017 -B 1 KR 24/16 R- SozR 4-2500 § 301 Nr. 8 Rn 14 und vom 15.12.2016 -B 5 RE 2/16 R- SozR 4-2600 § 3 Nr. 7 Rn 29).

*[22]* a) Die Bezeichnung „ehrenamtliche Tätigkeit" impliziert bereits, dass sie „der Ehre wegen" und damit ohne Gegenleistung verrichtet wird (Butzer in Festschrift für Scharf, 2008, 119 [131]; s auch BSG Urteil vom 28.6.2000 -B 6 KA 64/98 R- BSGE 86, 203 [211], SozR 3-2500 § 80 Nr. 4 S. 37). Sie ist daher zwingend unentgeltlich zu erbringen (BSG Urteile vom 7.9.2004 -B 2 U 45/03 R- SozR 4-2700 § 2 Nr. 2 Rn 8, vom 10.10.2002 -B 2 U 14/02 R-, vom 27.6.1991 -2 RU 26/90- SozR 3-2200 § 539 Nr. 11 S. 43, vom 27.4.1972 -2 RU 14/69- BSGE 34, 163, 165, SozR Nr. 28 zu § 539 RVO und vom 19.8.1975 -8 RU 234/74- BSGE 40, 139 [141], SozR 2200 § 539 Nr. 10). Das folgt bereits aus § 2 Abs. 1 Nr. 9 und 12 SGB VII, wonach Personen kraft Gesetzes versichert sind, die „unentgeltlich, insbesondere ehrenamtlich ... tätig sind". Unentgeltlich arbeitet, wer keine Vergütung erhält (BSG Urteil vom 7.9.2004 -B 2 U 45/03 R- SozR 4-2700 § 2 Nr. 2 Rn 8; zur Zulässigkeit von Aufwandsentschädigungen und Auslagenersatz vgl. BSG Urteile vom 18.12.1974 -2/8 RU 34/73- BSGE 39, 24 [29], SozR 2200 § 539 Nr. 4 S. 8, vom 26.10.1983 -9b RU 16/82- SozR 2200 § 539 Nr. 95 S. 257 und vom 19.8.1975 -8 RU 234/74- BSGE 40, 139 [141], SozR 2200 § 539 Nr. 10 S. 17 f.). Daneben lässt sich dem Gesetzeswortlaut auch entnehmen, dass die ehrenamtliche Tätigkeit nur ein Sonderfall der unentgeltlichen ist, mithin nicht jede unentgeltliche Tätigkeit eine ehrenamtliche ist (BSG Urteile vom 27.6.1991 -2 RU 26/90- SozR 3-2200 § 539 Nr. 11 S. 43 und vom 27.4.1972 -2 RU 14/69- BSGE 34, 163 [165], SozR Nr. 28 zu § 539 RVO). Sie setzt daher – dem Ehrbegriff entsprechend – zusätzlich die (tendenziell selbstlos-altruistische) Förderung des gemeinen Wohls, immaterieller Werte oder die Verfolgung ideeller Ziele voraus (BSG Urteile vom 27.4.2021 -B 12 KR 25/19 R- BSGE 132, 97, SozR 4-2400 § 7 Nr. 55, Rn 27 ff. und -B 12 R 8/20 R- SozR 4-2400 § 7 Nr. 56 Rn 29 ff., vom 23.2.2021 -B 12 R 15/19 R- BSGE 131, 266, SozR 4-2400 § 7 Nr. 54, Rn 30 ff., vom 16.8.2017 -B 12 KR 14/16 R- BSGE 124, 37, SozR 4-2400 § 7 Nr. 31, Rn 29 ff. sowie vom 28.6.2000 -B 6 KA 64/98 R- BSGE 86, 203 [211], SozR 3-2500 § 80 Nr. 4 S. 37), ohne dabei selbstbezogene oder eigennützige Motive auszuschließen. Im Gegensatz zum „Ehrenamt", das stärker formalisierte, in Regeln eingebundene und dauerhafte

Formen des Engagements bezeichnet (dazu Bericht der Enquete-Kommission „Zukunft des Bürgerschaftlichen Engagements“, BT-Drs. 14/8900 S. 32), ist der Begriff der „ehrenamtlichen Tätigkeit“ weiter gefasst, weil es genügt, sie gelegentlich, vorübergehend oder sogar nur einmal auszuüben (BSG Urteile vom 27.6.1991 -2 RU 26/90- SozR 3-2200 § 539 Nr. 11 S. 43 und vom 26.10.1983 -9b RU 16/82- SozR 2200 § 539 Nr. 95, juris Rn 13 ff.). Dass sie auch aus persönlichen Motiven (Freude, Leidenschaft, Hobby, Gewinn von Erfahrungen, Entwicklung neuer Fähigkeiten, Darstellung des eigenen Engagements) wahrgenommen wird, ist Grundlage jeder ehrenamtlichen Tätigkeit und steht dem Versicherungsschutz nicht entgegen (vgl. auch Schlegel in Küttner, Personalbuch 2022, Arbeitnehmer [Begriff] Rn 68).

*[23]* Die Klägerin übte ihre Tätigkeit als Chorsängerin nach den bindenden Feststellungen der Vorinstanz freiwillig und unentgeltlich aus. Sie förderte mit ihrer Singstimme den Chorgesang, der seit 2014 im bundesweiten Verzeichnis „Immaterielles Kulturerbe“ der Deutschen UNESCO Kommission e.V. (3. Aufl. 2019, S. 28, abrufbar unter https://www.unesco.de/publikationen?page=13#row-417) unter der Rubrik „Chormusik in Amateurchören“ aufgeführt ist. Ihr Auftritt sollte dieses immaterielle Kulturerbe fördern und dem Gemeinwohl dienen. Dementsprechend hatte der Frauenchor als Vereinszweck die „Pflege des Liedgutes und des Chorgesanges“ in seine Satzung aufgenommen, wie dies die amtliche Mustersatzung gemäß Anl. 1 zu § 60 AO für steuerbegünstigte Körperschaften empfiehlt, die ausschließlich und unmittelbar gemeinnützige Zwecke verfolgen. Diesem Zweck entsprach der geplante Auftritt bei der evangelischen Kirchengemeinde nach den Feststellungen des LSG, sodass die Klägerin als Mitwirkende objektiv dem Gemeinwohl dienen wollte. Ihre Tätigkeit war damit in den Frauenchor als einem Verein eingebunden, der nach den Feststellungen der Vorinstanz ohne Gewinnererzielungsabsicht Aufgaben ausführte, die gemeinnützig im Sinne der Förderung von Kunst und Kultur (§ 52 Abs. 2 Satz 1 Nr. 5 AO) waren.

*[24]* Soweit der zusammengesetzte Begriff der ehren-„amtlichen“ Tätigkeit die Ausübung eines konkret-funktionalen „Amtes“ im Sinne der Übertragung eines bestimmten Aufgabenbereichs oder Pflichtenkreises an einen „Amtswalter“ nahelegt (so früher BSG Urteile vom 18.12.1974 -2/8 RU 34/73- BSGE 39, 24 [27 f.], SozR 2200 § 539 Nr. 4 und vom 27.4.1972 -2 RU 14/69- BSGE 34, 163, SozR Nr. 28 zu § 539 RVO), sind die Anforderungen an den aufgabenmäßig-organisatorischen Rahmen und an den Status als „Ehrenamtsträger“ zumindest seit dem Inkrafttreten des UVSchVerbG vom 9.12.2004 (BGBl. I 3299) zum 1.1.2005 stark reduziert (vgl. auch Butzer in Festschrift für Scharf, 2008, 119 [134]). Denn im Rahmen gemeinnütziger, privatrechtlicher Organisationen

räumt § 6 Abs. 1 Nr. 3 SGB VII idF des UVSchVerbG gewählten Ehrenamtsträgern, „die durch ihre Wahl ein durch Satzung vorgesehenes offizielles Amt bekleiden und daher in besonderer Weise Verantwortung übernehmen" (BT-Drs. 15/3439, 6), seit dem 1.1.2005 die Möglichkeit der freiwilligen Versicherung ein. Damit ist zugleich klargestellt, dass die ehrenamtliche Tätigkeit nicht mit der Bekleidung von „Ämtern" im herkömmlichen Sinne einhergehen muss, die in privatrechtlichen Organisationen – abgesehen von den Organen (Vorstand, Geschäftsführung usw.) – ohnehin nicht zu vergeben sind. Hinreichend ist vielmehr das Besorgen eines Kreises von Geschäften, das arbeitsteilige Mitwirken in einer gemeinwohlorientierten Einrichtung, die Betreuung eines klar beschränkten, vorher festgelegten Aufgabenbereichs oder die Übernahme bestimmter Pflichten, die der ehrenamtlich Tätige verantwortlich wahrzunehmen hat (BSG Urteile vom 18.12.1974 -2/8 RU 34/73- BSGE 39, 24, SozR 2200 § 539 Nr. 4 und vom 27.4.1972 -2 RU 14/69- BSGE 34, 163, SozR Nr. 28 zu § 539 RVO, vom 19.8.1975 -8 RU 234/74- BSGE 40, 139, SozR 2200 § 539 Nr. 10). Insofern genügte es, dass sich die Klägerin mitgliedschaftlich verpflichtet hatte, an den Veranstaltungen, Auftritten und Darbietungen des Amateurchores in der Stimmgruppe mitzuwirken, die ihr die Chorleiterin jeweils zugewiesen hatte, und am Unfalltag zugleich die Aufgabe übernommen hatte, mit ihrem Pkw zwei weitere Chormitglieder zum Adventskonzert zu befördern. Da sie insofern Verantwortung und Pflichten übernommen und sich mit ihrer Vereinsmitgliedschaft formell an den Chor gebunden hatte, liegt kein informelles, selbstbestimmtes und bindungsloses Handeln aus freien Stücken für ein bestimmtes Thema oder Anliegen vor, das nicht mehr als ehren-„amtliche" Tätigkeit bezeichnet werden könnte, sondern als bloßes „freiwilliges Engagement" oder reine „Freiwilligenarbeit" unversichert wäre. Deshalb trifft der Einwand nicht zu, bei weiter Auslegung sei praktisch jedes fremdnützige, unentgeltliche Engagement in gesellschaftlich relevanten Bereichen als ehrenamtliche Tätigkeit unfallversichert.

*[25]* b) Auch bei systematisch-typologischer Betrachtung ist der geplante Auftritt der Klägerin als Chorsängerin im Rahmen des Adventskonzerts nach seinem Gesamtbild der ehrenamtlichen Tätigkeit zuzuordnen. Die Typusmerkmale der alternativ in Betracht zu ziehenden Beschäftigung (§ 2 Abs. 1 Nr. 1 SGB VI i.V.m. § 1 Abs. 1 Satz 1, § 7 SGB IV), Wie-Beschäftigung (§ 2 Abs. 2 Satz 1 SGB VII), eines Freiwilligendienstes (§ 2 Abs. 1a, Abs. 3 Satz 1 Nr. 2 Buchst b und c SGB VII) oder des bürgerschaftlichen Engagements (§ 3 Abs. 1 Nr. 4 SGB VII) liegen nicht vor, wie das LSG zu Recht angenommen hat. Denn ehrenamtliche Tätigkeiten werden – anders als Beschäftigungen und Wie-Beschäftigungen – typischerweise in Zusammenhängen verrichtet, die dem allgemeinen Erwerbsleben nicht zur Verfügung stehen. So liegt der Fall hier. Denn das Singen als

Sängerin in einem gemeinnützigen Amateurchor ist dem allgemeinen Arbeits- bzw. Erwerbsleben von vornherein nicht zugänglich. Darüber hinaus existiert kein Anhaltspunkt dafür, dass die Klägerin im Rahmen eines Freiwilligendienstes, z.B. im Bereich „Kultur und Bildung", für eine dafür anerkannte Einsatz- bzw. Dienststelle aktiv geworden sein könnte, zumal Freiwillige nach dem Gesetz über den Bundesfreiwilligendienst (Bundesfreiwilligendienstgesetz – BFDG vom 28.4.2011, BGBl. I 687) und dem Gesetz zur Förderung von Jugendfreiwilligendiensten (Jugendfreiwilligendienstegesetz – JFDG vom 16.5.2008, BGBl. I 842) dem Typus der Beschäftigung zuzuordnen sind (vgl. BSG Urteil vom 6.10.2020 -B 2 U 13/19 R- SozR 4-2700 § 8 Nr. 76 Rn 11 ff.). Für die Annahme eines bürgerschaftlichen Engagements fehlt bereits jeder politisch-partizipative Bezug zur Regelung von Angelegenheiten des Gemeinwesens. Denn bürgerschaftlich Engagierte wirken im Gegensatz zu ehrenamtlich Tätigen typischerweise nicht im Rahmen fester Strukturen (Vereinen, Institutionen oder sonstigen Organisationen) uneigennützig mit, sondern werden eher ungebunden, informell, spontan, in zeitlich begrenzten Projekten, Netzwerken oder Initiativen mit dem Ziel politischer Teilhabe und im Regelfall aus selbstbezogenen bzw. eigennützigen Motiven aktiv (vgl. dazu Bericht der Enquete-Kommission „Zukunft des Bürgerschaftlichen Engagements", BT-Drs. 14/8900, S. 32 ff., 38; Angermaier in juris-PK SGB VII, 3. Aufl. 2022, § 3 Rn 83, Stand 15.1.2022; Bereiter-Hahn/ Mehrtens, Gesetzliche Unfallversicherung, Stand März 2022, § 2 Anm. 10 b; Igl, SGb 2002, 705 [706]).

*[26]* c) Die Entstehungsgeschichte der Norm stützt die extensive Auslegung des Begriffs der ehrenamtlichen Tätigkeit, ohne einer „uferlosen Ausdehnung des Versicherungsschutzes" Vorschub zu leisten. Denn § 2 Abs. 1 Nr. 10 Buchst. b SGB VII erfordert zusätzlich ein Tätigwerden „für öffentlich-rechtliche Religionsgemeinschaften und deren Einrichtungen oder für privatrechtliche Organisationen im Auftrag oder mit ausdrücklicher Einwilligung, in besonderen Fällen mit schriftlicher Genehmigung von öffentlich-rechtlichen Religionsgemeinschaften". Damit ist der Versicherungsschutz ehrenamtlich Engagierter von vornherein auf die Unternehmen bestimmter Organisationen und auf bestimme Aufgabenfelder bestimmter Unternehmen (öffentlich-rechtlicher Religionsgemeinschaften) begrenzt.

*[27]* Der Versicherungsschutz ehrenamtlich Tätiger geht auf das Gesetz zur Neuregelung des Rechts der gesetzlichen Unfallversicherung (Unfallversicherungs-Neuregelungsgesetz – UVNG) vom 30.4.1963 (BGBl. I 241) zurück, das mit § 538 Abs. 1 Nr. 13 RVO den Unfallversicherungsschutz von Personen erweiterte, die sich im Interesse der Allgemeinheit ehrenamtlich engagierten (BT-Drs. IV/120, S. 52). Die Gerechtigkeit verlange – so die Gesetzesbegründung (vgl. BT-

Drs. IV/120, S. 49 f und S. 52) –, dass dieser Personenkreis in den Genuss des Versicherungsschutzes gelange und die Allgemeinheit hierfür eintrete. Diese Pflichtversicherung erstreckte das Gesetz zur Einordnung des Rechts der gesetzlichen Unfallversicherung in das SGB (Unfallversicherungs-Einordnungsgesetz – UVEG vom 7.8.1996, BGBl. I 1254) auf ehrenamtliche Tätigkeiten für privatrechtliche Zusammenschlüsse öffentlich-rechtlicher Einrichtungen und ehrenamtliche Tätigkeiten zugunsten öffentlich-rechtlicher Religionsgemeinschaften (vgl. BT-Drs. 13/2204, S. 75). Um das im Rahmen öffentlicher Aufgaben zunehmend an Bedeutung gewinnende ehrenamtliche Engagement zu honorieren und die damit verbundenen Gefährdungsrisiken auszugleichen (vgl. BT-Drs. 15/3439, S. 1), weitete das UVSchVerbG vom 9.12.2004 (BGBl. I 3299) den Versicherungsschutz für ehrenamtliche Tätigkeiten in diesem Bereich aus. Die Neufassung des § 2 Abs. 1 Nr. 10 Buchst. b SGB VII trug dabei insbesondere der Entwicklung Rechnung, dass auch im kirchlichen Bereich religionsgemeinschaftliche Aufgaben verstärkt durch Ehrenamtliche oder privatrechtliche Organisationen unentgeltlich erfüllt werden, die unmittelbar im Auftrag oder mit Zustimmung einer öffentlich-rechtlichen Religionsgemeinschaft tätig werden (BT-Drs. 15/3439, S. 5). Dabei sollten die vielfältigen und sehr unterschiedlich ausgestalteten Formen ehrenamtlichen Engagements breit erfasst (BT-Drs. 15/4051, S. 12 und 15/3439, S. 5; vgl. auch Bericht der Enquete-Kommission „Zukunft des Bürgerschaftlichen Engagements", BT-Drs. 14/8900, S. 69) und sogar eine nachträgliche Zustimmung der Gebietskörperschaft bzw. Religionsgemeinschaft ermöglicht werden (vgl. BT-Drs. 15/4051, S. 12).

*[28]* d) Dieses weite Verständnis des Ehrenamtsbegriffs entspricht Sinn und Zweck des § 2 Abs. 1 Nr. 10 Buchst. b SGB VII in seiner hier einschlägigen Variante. Danach sollen auch solche Personen kraft Gesetzes unfallversichert sein, die nicht unmittelbar – sondern über eine privatrechtliche Organisation – indirekt-mittelbar für öffentlich-rechtliche Religionsgemeinschaften tätig werden. Eine individuelle, personenbezogene Zuordnung der Aufgabe an eine (versicherte) Einzelperson ist damit entbehrlich; stattdessen genügt es für den Versicherungsschutz des Einzelnen, dass die Aufgabe einer privatrechtlichen Organisation zugewiesen ist, ohne dass die öffentlich-rechtliche Religionsgemeinschaft Einfluss darauf nimmt, wer die Gemeinschaftsaufgabe letztlich erfüllt. Es reicht somit aus, dass die privatrechtliche Organisation quasi „vermittelnd" zwischen die öffentlich-rechtliche Religionsgemeinschaft und den ehrenamtlich Tätigten tritt (Butzer in Festschrift für Scharf, 2008, 119 [130]). Die Vorschrift schließt damit eine Versicherungslücke, die die Rechtsprechung des BSG aufgezeigt hatte: Während der früher auch für die gesetzliche Unfallversicherung zuständige 8. Senat des BSG (Urteil vom 19.8.1975 -8 RU 234/74- BSGE 40, 139,

SozR 2200 § 539 Nr. 10; vgl. auch BSG Urteil vom 18.10.1994 -2 RU 15/94- SozR 3-2200 § 539 Nr. 31) für Kirchenchormitglieder Versicherungsschutz nach dem früheren § 539 Abs. 1 Nr. 13 RVO bejahte, verneinte ihn der erkennende 2. Senat des BSG (Urteil vom 27.4.1972 -2 RU 14/69- BSGE 34, 163, SozR Nr. 28 zu § 539 RVO) in einem nahezu identischen Fall. Beide Chorsänger waren unentgeltlich im Interesse öffentlich-rechtlicher Religionsgemeinschaften tätig, ihnen war der Chorgesang aber nicht individuell, sondern dem Chor als solchem zugewiesen, der die Aufgabe – ungeachtet seines ggf. auch wechselnden Mitgliederbestands – wahrnahm. Das einzelne Chormitglied nahm an dieser Aufgabenerfüllung nur mittelbar teil, sodass sein Beitrag nach der Senatsrechtsprechung nur als unversicherte Wahrnehmung mitgliedschaftlicher Rechte und Pflichten anzusehen war (vgl. auch BSG Urteil vom 7.12.1976 -8 RU 18/76- SozR 2200 § 539 Nr. 29, KirchE 15, 439; näher Schlegel in Schulin, Handbuch des Sozialversicherungsrechts, Band 2, Unfallversicherungsrecht, 1996, § 17 Rn 115). Die Schließung dieser Versicherungslücke erfolgte, weil die öffentlich-rechtlichen Religionsgemeinschaften ihre Aufgaben und Angebote aufgrund des Rückgangs ihres weltlichen und insbesondere geistlichen Personals (Theologen, Ordensleute, Diakonissen) spätestens seit der Jahrtausendwende ohne freiwillig Engagierte nicht mehr aufrechterhalten konnten. Die damit verbundenen Gefährdungsrisiken ehrenamtlich Tätiger erforderten nach Ansicht des Gesetzentwurfs „solidarischen Schutz, ... indem der Schutz der gesetzlichen Unfallversicherung im Sinne einer übergeordneten Kollektivverantwortung auf weitere Personengruppen ausgedehnt“ werde, zu denen bürgerschaftlich Engagierte zählten, „die in privatrechtlichen Organisationen im Auftrag oder mit Zustimmung von öffentlich-rechtlichen Institutionen tätig werden“ (BT-Drs. 15/3439, S. 1). Demgemäß sollte die Neufassung des § 2 Abs. 1 Nr. 10 Buchst. b SGB VII dem Umstand Rechnung tragen, „dass auch im kirchlichen Bereich vielfach eine Ausweitung religionsgemeinschaftlicher Aufgaben stattfindet, bei der eine privatrechtliche Organisation unmittelbar im Auftrag oder mit Zustimmung einer öffentlich-rechtlichen Religionsgemeinschaft tätig wird“ (BT-Drs. 15/3439, S. 5). Auch dies rechtfertigt die weite Auslegung des Ehrenamtsbegriffs im dargestellten Sinne.

*[29]* 4. Das Adventskonzert des Frauenchores fand nach den bindenden Feststellungen des LSG „anlässlich einer kirchlichen Veranstaltung“ im Einvernehmen mit dem Gemeindepfarrer als Vertreter der evangelischen Kirchengemeinde statt, die unzweifelhaft Teil einer öffentlich-rechtlichen Religionsgemeinschaft war. Bei Erteilung des Einvernehmens handelte der Gemeindepfarrer zumindest aufgrund einer Anscheinsvollmacht (vgl. dazu OLG Hamm Urteil vom 7.10.1993 -2 U 82/93- KirchE 31, 424, wenn ihm die Führung der laufenden Geschäfte der Kirchengemeinde nicht ohnehin übertragen war (Art. 23

Abs. 2 Satz 3 der Verfassung der Evangelischen Kirche in Mitteldeutschland vom 5.7.2008, ABl. S. 183). Berücksichtigt man, dass Adventskonzerte in der Weihnachtszeit einen klaren christlich-religiösen Bezug haben, der Pfarrer sein Einvernehmen erteilt hatte, der Auftritt langjähriger Übung entsprach, die Kirchengemeinde die Veranstaltung im „E" unter der Rubrik „Kirchliche Nachrichten" ankündigte und ihre Räumlichkeiten zur Verfügung stellte, so liegt die nach § 2 Abs. 1 Nr. 10 Buchst. b SGB VII erforderliche ausdrückliche Einwilligung einer öffentlich-rechtlichen Religionsgemeinschaft vor. Insbesondere bestehen keine belastbaren Anhaltspunkte für die Annahme, dass die evangelische Kirchengemeinde das Angebot des Chores, ein Adventssingen ehrenamtlich darzubieten, als aufgedrängte Bereicherung verstanden und sich deshalb von der Veranstaltung distanziert haben könnte.

*[30]* Der Versicherungsschutz nach § 2 Abs. 1 Nr. 10 Buchst. b SGB VII ist nicht auf Tätigkeiten im Kernbereich der Religionsausübung (Liturgie, Diakonie, Verkündigung, Gemeinschaft durch Teilhabe) begrenzt (Bereiter-Hahn/Mehrtens, Gesetzliche Unfallversicherung, Stand März 2022, § 2 Anm. 21.15; Butzer in Festschrift für Scharf, 2008, 119 [133]; Freudenberg, B+P 2010, 628 [631 f.]; Leube, ZFSH/SGB 2006, 579; Molkentin, BG 2006, 17, 25; Riebel in Hauck/Noftz, SGB VII, Stand 3. EL 2021, K § 2 Rn 145a; Schwerdtfeger in Lauterbach, SGB VII, § 2 Rn 368, Stand Oktober 2016), wie dies die Rechtsprechung zu § 539 Abs. 1 Nr. 13 RVO noch gefordert hatte (vgl. dazu BSG Urteile vom 8.12.1998 -B 2 U 37/97 R- SozR 3-2200 § 539 Nr. 45, KirchE 36, 536 und vom 18.12.1974 -2/8 RU 34/73- BSGE 39, 24, SozR 2200 § 539 Nr. 4, KirchE 14, 207). Stattdessen bestimmt jede Religionsgemeinschaft selbst, wie weit ihr Aufgabenbereich reicht, welche Angebote sie annimmt und welche Tätigkeiten sie sich zu eigen macht (vgl. zum religionsgemeinschaftlichen Selbstbestimmungsrecht nur Art 140 GG i.V.m. Art. 137 Abs. 3 WRV). Ein solcher „Annahmeakt" als Zuordnungsgrund lag hier in der Erteilung des Einvernehmens durch den Gemeindepfarrer. Dagegen hätte die bloße Überlassung von Räumlichkeiten oder anderer sächlicher Mittel allein nicht ausgereicht, um den Versicherungsschutz nach § 2 Abs. 1 Nr. 10 Buchst. b SGB VII zu begründen.

*[31]* Für den Versicherungsschutz jeder einzelnen Chorsängerin genügte es, dass der Chor als privatrechtliche Organisation mit der Darbietung betraut worden ist, die Kirchengemeinde sich das Adventskonzert – durch Ankündigung im „E" unter der Rubrik „Kirchliche Nachrichten" – zu eigen gemacht und einvernehmlich in ihren Aufgabenbereich einbezogen hat. Ob die Klägerin diese Tatumstände kannte, ist unerheblich. Vielmehr reicht es für den individuellen Versicherungsschutz aus, dass die öffentlich-rechtliche Religionsgemeinschaft ihre Einwilligung gegenüber der privatrechtlichen Organisation erteilt hatte

(vgl. BT-Drs. 15/3439 S. 5; Butzer in Festschrift für Scharf, 2008, 119 [144 f.]; Lilienfeld in BeckOGK, SGB VII, Stand 1.7.2017, § 2 Rn 47 f.).

*[32]* Da das Adventssingen des privatrechtlich organisierten Frauenchores freiwillig, unentgeltlich und im Interesse des Gemeinwohls im Rahmen einer kirchlichen Veranstaltung realisiert werden sollte, stand der Weg dorthin im inneren Zusammenhang mit dem versicherten Ehrenamt, selbst wenn die Klägerin das Singen in dem Chor vornehmlich aus Freude am Gesang und der Gemeinschaft ausüben wollte. Denn Freude gehört zum Wesen des Ehrenamtes.

## 29

**1. Weder die gemeinsame Einbindung der Betreiber GmbH einer stationären Pflege- und Betreuungseinrichtung und des als Erben eingesetzten Wohlfahrtsverbands in die hierarchischen Strukturen eines Bistums der katholischen Kirche noch die Mitgliedschaft der Betreiber GmbH in dem als eingetragener Verein verfassten Verband führen zu entsprechender Anwendung des § 6 Abs. 1 HGBP (entspricht § 14 Abs. 1 HeimG).**
**2. Ein als zivilrechtlich eingetragener Verein verfasster Wohlfahrtsverein oder -verband unterliegt im Hinblick auf die Annahme oder Ausschlagung einer Erbschaft nicht den Genehmigungsvorschriften des katholischen Kirchenrechts.**

§§ 134, 2078 Abs. 2 BGB, § 6 Abs. 1 Satz 1 BetrPflG HE, § 14 Abs. 1 HeimG
OLG Frankfurt, Beschluss vom 8. Dezember 2022 -20 W 301/18-[1]

I. Die Erblasserin war seit 1986 verwitwet. Der Beteiligte zu 2) ging als einziges Kind aus dieser Ehe hervor. Weitere Kinder hatte die Erblasserin nicht.

Der Ehemann der Erblasserin hatte diese in einem eigenhändigen einseitigen Testament vom 27.2.1984 als Alleinerbin eingesetzt. Er hatte in jenem Testament auch Ausführungen dahingehend gemacht, dass der Beteiligte zu 2), sollte dieser auf seinen Pflichtteil bestehen, auf diesen beschränkt bleiben sollte. Wegen dessen Einzelheiten wird auf das Testament des Ehemanns der Erblasserin verwiesen. Der Beteiligte zu 2) hat nach dem Tod seines Vaters den Pflichtteil nach diesem nicht verlangt.

1 Amtl. Leitsätze. juris; FGPrax 2023, 79; MDR 2023, 576.
Einsender der Entscheidung: Prof. Dr. Felix Hammer, Rottenburg a.N.
Das Urteil ist rechtskräftig.

https://doi.org/10.1515/9783111651248-029

Die Erblasserin errichtete unter dem 6.5.2015 ein von dem Nachlassgericht am 21.3.2017 eröffnetes eigenhändiges Testament. Einleitend hob sie etwaige vorherige letztwillige Verfügungen auf. Sie setzte den Beteiligten zu 3), einen als eingetragener Verein verfassten Bezirkswohlfahrtsverband, zu ihrem Alleinerben ein. Sie machte diesem die Errichtung einer unselbständigen Stiftung zur Auflage. Sie nahm insoweit Bezug auf eine – von ihr ebenfalls eigenhändig niedergeschriebene – Stiftungssatzung vom 2.2.2015. Sie setzte zugunsten des Beteiligten zu 2) ein Vermächtnis in Höhe seines Pflichtteils aus. Sie führte aus, dass dies auch der Wunsch ihres verstorbenen Mannes gewesen sei. Sie untersagte den Verkauf eines Wohnhauses an den Beteiligten zu 2) oder dessen Erben. Sie verwies darauf, dass sie dem Beteiligten zu 1) im Hinblick auf den Verkauf des Hauses (ansonsten) freie Hand gelassen habe, und auf ein besonderes Schriftstück, das dieser habe. Sie machte Ausführungen im Einzelnen dazu, dass ihre Schwiegertochter, die Ehefrau des Beteiligten zu 2), in keiner Weise mit ihrem Nachlass befasst werden dürfe. Sie setzte zwei weitere Vermächtnisse in Höhe von jeweils 1.000,00 € aus. Sie ernannte den Beteiligten zu 1) zum Testamentsvollstrecker. Sie verfügte weiter, dass Kosten und Gebühren der Testamentsvollstreckung der Beteiligte zu 3) tragen solle, der diese nicht der Erbmasse bzw. den der Stiftung zugedachten Geldmitteln entnehmen dürfe. Sie nahm insoweit Bezug auf ein Schreiben des Beteiligten zu 3) vom 22.6.2001, in welchem dieser der Erblasserin zusicherte, dass er im Falle seiner Erbeinsetzung für die Abwicklung des Nachlasses Sorge tragen werde, ohne dass Kosten für diese Abwicklung zu Lasten des Nachlasses gingen.

Die Erblasserin zog nach einem Krankenhausaufenthalt im September 2016 in das C in Stadt1 um, dessen Betreiber die C GmbH ist. Die C GmbH ist ausweislich ihres Gesellschaftsvertrags korporatives Mitglied des Beteiligten zu 3) und hat sich im Hinblick auf Beschlüsse über die Bestellung von Geschäftsführern und über Satzungsänderungen der Zustimmung des Bischofs von Stadt2 unterstellt, dessen Aufsicht ausweislich seiner Satzung auch der Beteiligte zu 3) untersteht. Der Beteiligte zu 3) ist nicht Gesellschafter der C GmbH. Mitglieder des Vorstands des Beteiligten zu 3) sind weder in der Leitung noch als Mitarbeiter der C GmbH tätig.

Das Nachlassgericht erteilte dem Beteiligten zu 1) auf dessen Antrag vom 4.5.2017 unter dem 6.6.2017 ein Testamentsvollstreckerzeugnis. Unter Bezugnahme auf dieses hat der Beteiligte zu 1) bei dem Nachlassgericht mit notarieller Urkunde vom 10.4.2018 die Erteilung eines Alleinerbscheins zugunsten der Beteiligten zu 3) beantragt.

Nachdem der Beteiligte zu 2) dem Nachlassgericht mit Schriftsatz seines Verfahrensbevollmächtigten vom 23.2.2018 zunächst mitgeteilt hatte, dass er seinen Pflichtteilsanspruch gegen den Beteiligten zu 3) unter dem 20.2.2018 geltend gemacht habe, ist er mit weiterem Anwaltsschriftsatz vom 14.5.2018 dem Erbscheinsantrag entgegengetreten und hat seinerseits die Erteilung eines Erbscheins beantragt, der ihn als Alleinerben der Erblasserin ausweisen soll. Er hat zudem die Entlassung des Beteiligten zu 1) als Testamentsvollstrecker und die Einziehung des diesem erteilten Testamentsvollstreckerzeugnisses beantragt. Er hat weiterhin erklärt, das Testament der Erblasserin aus allen rechtlichen Gründen anzufechten.

Das Nachlassgericht hat mit vorliegend angefochtenem Beschluss vom 12.9.2018 die zur Erteilung des von dem Beteiligten zu 1) beantragten Erbscheins erforderlichen Tatsachen für festgestellt erachtet und die Absicht zu dessen Erteilung erklärt. Es hat – in den Gründen – die sofortige Wirksamkeit des Beschlusses gemäß § 354 Abs. 1, § 352e FamFG ausgesetzt und zudem den gegenläufigen Erbscheinsantrag des Beteiligten zu 2) zurückgewiesen.

Gegen den Beschluss hat der Beteiligte zu 2) beim Nachlassgericht Beschwerde eingelegt.

Die Beschwerde hatte keinen Erfolg.

**Aus den Gründen:**

*[45]* B. Das Nachlassgericht hat zu Recht und mit ganz überwiegend zutreffenden Erwägungen die zur Erteilung des von dem Beteiligten zu 1) beantragten Alleinerbscheins erforderlichen Tatsachen für festgestellt erachtet und den Antrag des Beteiligten zu 2) vom 14.5.2018 auf Erteilung eines Erbscheins, der diesen als Alleinerben der Erblasserin ausweisen sollte, zurückgewiesen.

*[46]* 1. Die in dem angefochtenen Beschluss getroffene Feststellung bezieht sich, ohne dies allerdings ausdrücklich auszusprechen, offensichtlich auf einen Erbschein, der den Beteiligten zu 3) als Alleinerben der Erblasserin ausweisen und einen Vermerk enthalten soll, wonach Testamentsvollstreckung angeordnet ist.

*[47]* Denn der dabei in Bezug genommene Antrag des Beteiligten zu 1) vom 10.4.2018 ist eindeutig dahingehend auszulegen, dass ein Alleinerbschein mit Testamentsvollstreckervermerk beantragt ist, obwohl der Inhalt des begehrten Erbscheins auch in dem Antrag nicht ausdrücklich wiedergegeben ist. Der Beteiligte zu 3) hat den Antrag nämlich als – insoweit antragsbefugter (vgl. Zimmermann in Keidel, FamFG, 20. Aufl., § 352 FamFG, Rn 24) – Testamentsvollstrecker unter Bezugnahme auf die Anordnung von Testamentsvollstreckung in dem

Testament der Erblasserin vom 6.5.2015 sowie das ihm erteilte Testamentsvollstreckerzeugnis vom 8.6.2017 gestellt.

*[48]* 2. Der Beteiligte zu 3) ist in dem in Ansehung der §§ 2247, 2231 Nr. 2 BGB formwirksam eigenhändig errichteten Testament der Erblasserin vom 6.5.2015 wirksam zu deren Alleinerben eingesetzt worden (§ 1937 BGB) und hat die Erbschaft auch angenommen.

*[49]* a) Die letztwillige Verfügung der Erblasserin zugunsten des Beteiligten zu 3) ist nicht wegen eines Verstoßes gegen § 6 HGBP nach § 134 BGB nichtig.

*[50]* aa) (a) Dahinstehen kann, ob bei der Prüfung eines Verstoßes gegen Verbotsnormen der Heim- bzw. Pflegegesetze auf die Rechtslage zum Zeitpunkt der Errichtung der letztwilligen Verfügung (so OLG Stuttgart, Beschluss vom 24.6.2010 -8 W 241/10-) oder des Erbfalls (so Litzenburger, FD-ErbR, 2010, 307114; Müller-Engels in Burandt/Rojahn, ErbR, 4. Aufl., § 14 HeimG, Rn 10) abzustellen ist. Für Letzteres spricht, dass es sich nicht um Testierverbote, sondern Annahmeverbote handelt (vgl. Müller-Engels in Burandt/Rojahn, aaO). Der Senat zieht ausgehend davon die Vorschriften des HGBP in der beim Erbfall geltenden Fassung vom 19.12.2016 heran, wobei sich bei Anwendung der Rechtslage zum Zeitpunkt der Testamentserrichtung im Ergebnis keine andere Beurteilung ergeben würde, weil das seinerzeit geltende HGBP mit seinem § 7 eine zu § 6 HGBP der aktuellen Fassung inhaltsgleiche Vorschrift enthält.

*[51]* (b) Das HGBP trat für das Land Hessen an die Stelle des HeimG des Bundes, nachdem im Rahmen der Föderalismusreform die Gesetzgebungskompetenz für das Heimwesen in die ausschließliche Zuständigkeit der Länder übergegangen war. Der hessische Landesgesetzgeber verfolgte ursprünglich mit § 7 HGBP und verfolgt nunmehr mit § 6 HGBP unverändert die gleichen Zwecke wie der Bundesgesetzgeber mit der Vorschrift des § 14 HeimG (vgl. Hessischer Landtag Drs. 18/3763, S. 22 f. unter Bezugnahme auf BT-Drs. 7/1180, S. 12 und BT-Drs. 11/5120, S. 17 f.), welche wiederum im Wesentlichen den folgenden drei legitimen Gemeinwohlzielen dient(e) (vgl. zu den Einzelheiten auch: BVerfG, Kammerbeschluss vom 3.7.1998 -1 BvR 434/98-):

> *[52]* Der Heimfriede soll geschützt werden, indem verhindert wird, dass durch die Gewährung von finanziellen Zusatzleistungen oder -versprechen eine unterschiedliche (privilegierende oder benachteiligende) Behandlung der Bewohner einer Einrichtung eintritt.
> *[53]* Es soll verhindert werden, dass die Hilf- oder Arglosigkeit alter und pflegebedürftiger Menschen in finanzieller Hinsicht ausgenützt wird; diese sollen vor der nochmaligen oder überhöhten Abgeltung von Pflegeleistungen bewahrt werden.

*[54]* Schließlich soll die Testierfreiheit der betroffenen alten Menschen als bestimmendes Element der Erbrechtsgarantie aus Art. 14 Abs. 1 GG geschützt werden, indem verhindert wird, dass das Recht auf freie Verfügung von Todes wegen durch offenen oder versteckten Druck faktisch gefährdet wird.

*[55]* Ausgehend davon können die zu § 14 HeimG entwickelten Grundsätze auch im Anwendungsbereich des § 6 HGBP herangezogen werden (vgl. OLG Frankfurt, 21. Zivilsenat, Beschluss vom 12.5.2015 -21 W 67/14-).

*[56]* bb) Die Erbeinsetzung des Beteiligten zu 3) erfüllt keinen der Verbotstatbestände des § 6 HGBP unmittelbar.

*[57]* (a) Nach § 6 Abs. 1 S. 1 HGBP ist es der Betreiberin oder dem Betreiber einer Einrichtung nach § 2 Abs. 1 Satz 1 Nr. 1 HGBP untersagt, sich von oder zugunsten von Bewerberinnen und Bewerbern um einen Betreuungs- oder Pflegeplatz oder für die Erbringung von Betreuungs- und Pflegeleistungen Geld- oder geldwerte Leistungen über das in dem Mustervertrag nach § 11 Abs. 1 Satz 2 Nr. 8 HGBP vorgesehene Entgelt hinaus versprechen oder gewähren zu lassen.

*[58]* (aa) Das Verbot steht unter einem Befreiungsvorbehalt: Die Behörde kann nach § 6 Abs. 4 HGBP in Einzelfällen Ausnahmen von den Verboten zulassen, soweit der Schutz der Bewohnerinnen und Bewohner die Aufrechterhaltung der Verbote nicht erfordert und die Leistungen noch nicht versprochen oder gewährt worden sind. Eine solche Genehmigung ist vorliegend nicht beantragt worden.

*[59]* (bb) Verbotsadressat ist die Betreiberin oder der Betreiber einer Einrichtung im Sinne des § 2 Abs. 1 Nr. 1 HGBP. Unter das Versprechen- bzw. Gewährenlassen von Geld oder geldwerten Leistungen fällt nach einhelliger Auffassung auch die Erbeinsetzung des Verbotsadressaten in einem Testament, sofern die letztwillige Verfügung dem Begünstigten bekanntgegeben worden ist (vgl. z.B. OLG Stuttgart, Beschluss vom 21.3.2013 -8 W 253/11- Tz. 18; OLG Frankfurt 21. Zivilsenat, Beschluss vom 12.5.2015 -21 W 67/14-; Senat, Beschluss vom 29.1.2001 -20 W 71/99-). Von dem Verbot umfasst ist auch eine letztwillige Verfügung zugunsten des Trägers bzw. Betreibers eines Heims, die zum Zeitpunkt des Einzugs des Testierenden in die Einrichtung bereits errichtet war (vgl. KG Berlin, Beschluss vom 14.5.1998 -1 W 3540/97-), weil die Testierfreiheit des Bewohners auch dann betroffen ist, wenn Druck zur Aufrechterhaltung einer bereits getroffenen Verfügung ausgeübt werden kann.

*[60]* (b) Zwar ist der Beteiligte zu 3) Gesellschafter einer Gesellschaft, die Alten- und Pflegeheime als Einrichtungen im Sinne des § 2 Abs.1 Nr. 1 lit. d HGBP betreibt. Dazu gehört aber nicht das C in Stadt1 als eine solche Einrichtung, in der die Erblasserin wohnte, gepflegt und betreut wurde. Betreiberin des Cs ist

mit der C GmbH vielmehr eine von dem Beteiligten zu 3) verschiedene juristische Person.

*[61]* (aa) Soweit der Beteiligte zu 2) vorgetragen hat, die Erblasserin habe nach einem Krankenhausaufenthalt in der Folge eines Sturzes im Wohlfahrtsverband Palliativzentrum D, einer Einrichtung des Beteiligten zu 3), untergebracht werden wollen und sollen – wozu es dann aber nicht gekommen ist –, kann dem nicht entnommen werden, dass sie sich im Sinne des § 6 Abs. 1 S. 1 HGBP dort um einen Betreuungs- oder Pflegeplatz beworben hätte.

*[62]* Denn im Hinblick auf die mit § 6 HGBP verfolgten eingangs dargestellten Gemeinwohlzwecke, welche die damit verbundene Einschränkung der Testierfreiheit rechtfertigen, bedarf es jedenfalls einer Konkretisierung des Bewerbens um einen Heimplatz durch darauf gerichtete konkrete Handlungen (so auch: Müller-Engels in Burandt/Rojahn, aaO, § 14 HeimG, Rn 15).

*[63]* Kommt es nicht zu einer Aufnahme eines Bewerbers in die Einrichtung, ist ohnehin fraglich, ob die Schutzzwecke des § 6 Abs. 1 Satz 1 HGB überhaupt berührt sein können. Eine Störung des Heimfriedens kommt jedenfalls vor Aufnahme des Bewerbers nicht in Betracht. Auch eine mehrfache oder überhöhte Vergütung von Pflegeleistungen durch die Zuwendung kann erst dann eintreten, wenn Leistungen tatsächlich erbracht werden. Es kann damit allein der Schutzzweck der Verhinderung einer Gefährdung der Testierfreiheit durch auf den Bewerber ausgeübten offenen oder versteckten Druck betroffen sein, wobei allerdings ein solcher Druck wieder entfällt, wenn es endgültig nicht zur Aufnahme kommt.

*[64]* Unabhängig davon muss jedenfalls im Rahmen der Bewerbung die Aufnahme so konkret in Aussicht genommen worden sein, dass zugunsten des Betreibers der Einrichtung überhaupt entsprechender Druck auf den Bewerber ausgeübt werden konnte, der diesen dazu hätte bewegen können, zugunsten des Betreibers zu testieren oder eine bestehende Verfügung zu dessen Gunsten aufrecht zu erhalten.

*[65]* Dafür kann hier aber ein nicht näher konkretisierter Wunsch der Erblasserin selbst oder eines Dritten auf Betreuung in einer bestimmten Einrichtung nicht genügen. Schon gar nicht genügt der lange vor Eintritt der Pflegbedürftigkeit auch gegenüber dem Beteiligten zu 3) geäußerte grundsätzliche Wunsch der Erblasserin, bei Eintritt von Pflegebedürftigkeit in einer „katholischen“ Einrichtung – möglicherweise auch in dessen Trägerschaft – betreut und gepflegt zu werden.

*[66]* (bb) Soweit die von der Beteiligten nach dem Willen der Erblasserin zu errichtende Treuhandstiftung alte Menschen fördern soll, die krank, pflegebedürftig, vermögenslos und in Heimen in Stadt1 in katholischer Trägerschaft

untergebracht sind, also auch Bewohner von Einrichtungen, die der Beteiligte zu 3) bzw. die Gesellschaft, deren Gesellschafter er ist, betreibt, handelt es sich um keine Geldleistungen bzw. geldwerte Leistungen an den Beteiligten zu 3) für die Erbringung von Betreuungs- und Pflegeleistungen im Sinne von § 6 Abs. 1 HGBP. Denn die aus Stiftungsmitteln zu finanzierenden Leistungen sollen von Dritten erbracht werden, ausdrücklich z.B. in Form von Besuchsdiensten, kleinere Anschaffungen für die Bewohner oder Friseurbesuchen. Die Vergütung dieser Leistung aus Mitteln des Nachlasses erfolgt demnach ebenfalls an Dritte, und die von der Erblasserin beschriebenen Zuwendungen stellen auch keine Betreuungs- und Pflegeleistungen dar. Zudem sollen die nach dem Willen der Erblasserin zu erbringenden Leistungen nicht bestimmten Bewohnern zugutekommen, so dass eine – insoweit allein in Betracht zu ziehende – Störung des Heimfriedens durch die Tätigkeit der Stiftung nicht eintreten kann.

*[67]* Wenn der Beteiligte zu 2) darauf hinweist, dass es nach dem Stiftungszweck zu einer Privilegierung von Bewohnern katholischer Einrichtungen gegenüber solchen in weltlicher Trägerschaft komme, dient § 6 HGBP nicht dem Schutz von Einrichtungen bzw. ihren Bewohnern vor einer abweichenden Behandlung im Vergleich zu anderen Einrichtungen.

*[68]* cc) Auch liegen die Voraussetzungen einer analogen Anwendung von § 6 HGBP nicht vor.

*[69]* (a) Es ist im Grundsatz anerkannt, dass Zuwendungen an andere Personen als einen der Verbotsadressaten von Normen wie § 14 HeimG oder vorliegend § 6 HGBP als Umgehungsgeschäfte in analoger Anwendung der jeweiligen Verbotsnorm ebenfalls nach § 134 BGB nichtig sein können.

*[70]* Unter welchen Voraussetzungen im Einzelnen ein Umgehungsgeschäft durch eine mittelbare Zuwendung vorliegt, wird dabei allerdings nicht einheitlich gesehen.

*[71]* (aa) Nach der Rechtsprechung der Gerichte der ordentlichen Gerichtsbarkeit, insbesondere des Bayerischen Obersten Landesgerichts, und der wohl ganz überwiegenden Auffassung in der erbrechtlichen Literatur ist ein Umgehungsgeschäft anzunehmen, wenn anstelle des Verbotsadressaten eine diesem nahestehende natürliche oder mit diesem verbundene juristische Person begünstigt wurde und sich die Zuwendung an diese, wenn auch indirekt oder mittelbar, als solche an den Verbotsadressaten darstellt (OLG Düsseldorf, Beschluss vom 18.7.1997 -3 Wx 250/97- für die Zuwendung an die Kinder des Heimleiters; BayObLG, Beschlüsse vom 9.2.2000 -1Z BR 149/99- für die Zuwendung an den geschäftsführenden Alleingesellschafter der das Heim betreibenden GmbH; vom 13.9.2000 -1Z BR 68/00- für die Zuwendung an den Ehemann und Vater der Gesellschafter bzw. Gesellschaftergeschäftsführerin der Betreiberge-

sellschaft; vom 22.2.2000 -1Z BR 147/99-; Müller-Engels in Burandt/Rojahn, aaO ErbR, § 14 HeimG, Rn 27; Neu/Lang, ErbR 2006, 100 [102]).

*[72]* Die Umgehung einer Verbotsnorm setzt nämlich voraus, dass der von dieser verbotene Erfolg herbeigeführt wird, obwohl der Tatbestand des Verbotsgesetzes selbst nicht erfüllt wird (vgl. BayObLG, Beschluss vom 4.6.2003 -1Z BR 17/03-).

*[73]* Auszugehen ist dabei von den eingangs dargestellten Schutzzwecken des § 6 HGBP. Betreibt eine juristische Person die Einrichtung, in welcher der Testierende betreut wird, besteht die Gefahr einer nochmaligen Abgeltung von Betreuungs- und Pflegeleistungen durch die Zuwendung an eine andere juristische Person nur dann, wenn die Zuwendung dem Verbotsadressaten über die Beteiligungsverhältnisse auch nur indirekt oder mittelbar zugutekommt, oder dem Empfänger Vorgaben, insbesondere in Form einer Auflage, zur jedenfalls teilweisen Verwendung der Zuwendung zugunsten des Verbotsadressaten gemacht worden sind (vgl. BayObLG, aaO, Tz. 27; OLG Celle, Urteil vom 5.1.2012 -6 U 90/11-). Eine Störung des Heimfriedens wie auch eine objektive Beeinträchtigung der Testierfreiheit des verfügenden Heimbewohners sind nur dann zu besorgen, wenn der Zuwendungsempfänger nach den Beteiligungsverhältnissen rechtlich und tatsächlich im Stande ist, Einfluss auf die konkrete Betreuung und Pflege in der entsprechenden Einrichtung zu nehmen (vgl. OLG Celle, aaO).

*[74]* (bb) Nach einem Urteil des Verwaltungsgerichts Würzburg (vom 3.6.2008 -W 1 K 08.638-) soll es hingegen schon genügen, dass beide juristische Personen – Zuwendungsempfänger und Heimbetreiber – derart miteinander verbunden sind, dass diese Verbindung für jeden Außenstehenden erkennbar ist und der Testierende deshalb davon ausgehen kann, die Zuwendung komme auch dem Heimbetreiber zugute. Dafür hat es das Verwaltungsgericht Würzburg als genügend angesehen, dass beide juristischen Personen im Internet unter einer gemeinsam verwendeten Bezeichnung (dort „Lebenshilfe“) auftreten, unabhängig davon, wie sich die Beteiligungsverhältnisse tatsächlich darstellen.

*[75]* (cc) Der letztgenannten verwaltungsgerichtlichen Auffassung, welche die entsprechende Anwendung der Verbotsnormen der Heim- und Pflegegesetze sehr weit ausdehnt, kann jedenfalls im Erbscheinserteilungsverfahren nicht gefolgt werden. Der mit der Rechtsfolge des § 134 BGB verbundene Eingriff in die Testierfreiheit ist nicht zu rechtfertigen, wenn der Zuwendende zwar nach dem äußeren Bild – subjektiv – von einer Verbindung zwischen Zuwendungsempfänger und Verbotsadressaten ausgehen kann, nach den tatsächlichen Verhältnissen aber weder eine wirtschaftliche Begünstigung des Verbotsadressaten eintritt noch eine rechtliche und tatsächliche Einflussnahme des Zuwendungsempfängers auf den Verbotsadressaten erfolgen kann.

*[76]* Anders als im behördlichen Genehmigungsverfahren und dem gegen die behördliche Entscheidung stattfindenden verwaltungsgerichtlichen Verfahren sind im Erbscheinserteilungsverfahren die insoweit maßgeblichen tatsächlichen Verhältnisse zum Zeitpunkt des Erbfalls und davor vollständig aufklärbar. Die von dem Verwaltungsgericht Würzburg angeführten Schwierigkeiten (aaO), wonach bei Klärung der Genehmigungsbedürftigkeit – aus ex-ante-Sicht – der Zeitpunkt des Erbfalls nicht voraussehbar sei und damit auch nicht darauf abgestellt werden könne, ob z.B. dieselbe natürliche Person in der einen wie in der anderen juristischen Person (zu diesem Zeitpunkt) zur Entscheidung befugt sei, stellt sich im Erbscheinserteilungsverfahren, in dem die Beurteilung ex post erfolgen kann, nicht.

*[77]* (b) Demnach wäre es für eine analoge Anwendung von § 6 Abs. 1 HGBP vorliegend erforderlich, dass sich die Erbeinsetzung des Beteiligten zu 3), wenn auch nur indirekt oder mittelbar, als Zuwendung an die C GmbH als Verbotsadressaten darstellt. Dies ist aber – wie auch das Nachlassgericht zutreffend erkannt hat – nicht der Fall, wie auch ein tatsächlicher oder rechtlicher Einfluss des Beteiligten zu 3) auf die C GmbH als Betreiber des Cs nicht besteht.

*[78]* Der Umstand, dass es sich bei der C GmbH als Verbotsadressatin ausweislich § 1 Nr. 3 ihrer Satzung um ein korporatives Mitglied des als eingetragener Verein verfassten Beteiligten zu 3) handelt, führt weder dazu, dass diese an dem Vermögen, das die Erblasserin letzterem zuwendete, partizipiert, noch dazu, dass diese auf die Pflege- und Betreuung der einzelnen Bewohner des Cs Einfluss nehmen konnte.

*[79]* (aa) Mit der Erbeinsetzung des Beteiligten zu 3) sind – auch nur mittelbare – Vermögensvorteile der C GmbH nicht verbunden. Denn die Mitgliedschaft in einem Verein stellt kein Vermögensrecht dar, so dass damit auch kein Anteil an dem Vereinsvermögen verbunden ist, in welches der Nachlass der Erblasserin fließt. Ein einzelnes Vereinsmitglied kann nämlich weder über einen Anteil am Vereinsvermögen noch über einzelne dazu gehörende Gegenstände verfügen oder eine Teilung des Vereinsvermögens verlangen (vgl. Stöber/Otto, Handbuch zum Vereinsrecht, 12. Aufl., Rn 1786). Zudem hat die Erblasserin durch die Auflage zur Verwendung ihres Vermögens eine Bestimmung getroffen, die gerade keine Zuwendung an die C GmbH vorsieht oder – entgegen der Auffassung der Beschwerde – auch nur bewirkt. Die Erblasserin hat vielmehr die Verwendung in einer Treuhandstiftung zur Auflage gemacht, nach deren Satzung – wie ausgeführt – eine unbestimmte Vielzahl von Bewohnern aller Alten- und Pflegeheime in Stadt1 in katholischer Trägerschaft begünstigt wird.

*[80]* (bb) Auch ein rechtlicher oder tatsächlicher Einfluss des begünstigten Beteiligten zu 3) auf die C GmbH als Verbotsadressat lässt sich nicht feststellen.

*[81]* (1) Im Verhältnis zwischen Verein und Mitglied besteht ein rechtlicher Einfluss nur von Seiten des Mitglieds auf die Angelegenheiten des Vereins, insbesondere durch Stimmabgabe in der Mitgliederversammlung nach § 32 Abs. 1 BGB. Umgekehrt kann aber der Verein rechtlich die Angelegenheiten seines – vorliegend korporativen – Mitglieds nicht beeinflussen.

*[82]* (2) Ein rechtlicher Einfluss der Beteiligten zu 3) auf die C GmbH ergibt sich auch nicht daraus, dass – worauf der Beteiligte zu 2) aber abstellen will – beide korporative Mitglieder im Wohlfahrtsverbands sind. Denn ein Mitglied eines Vereins hat keinen rechtlichen Einfluss auf ein anderes (korporatives) Mitglied desselben Vereins.

*[83]* (3) Aus dem Umstand, dass sich der Beteiligte zu 3) ausweislich § 2 Nr. 1 Satz 2 seiner der Satzung der kirchlichen Aufsicht des Bischofs von Stadt2 unterstellt hat und die C GmbH in § 11 a.E. ihrer Satzung für Beschlüsse über die Bestellung von Geschäftsführern und über Satzungsänderungen die bischöfliche Zustimmung vorsieht, lässt sich ebenfalls kein entsprechender Einfluss ableiten. Selbst wenn die Einbindung von Verbotsadressat und Zuwendungsempfänger in übergeordnete hierarchische Strukturen grundsätzlich dazu führen könnte, dass der Schutzzweck der Verbotsnorm berührt wird, ist solches jedenfalls vorliegend nicht der Fall. Denn der Einfluss des Bischofs von Stadt2 auf die C GmbH beschränkt sich auf Satzungsänderungen und Geschäftsführerbestellungen, denen er eine Zustimmung versagen kann. Ein sich aus dieser Befugnis ergebender Einfluss, der sich konkret auf die Betreuung und Pflege der einzelnen Bewohner der von der C GmbH betriebenen Einrichtungen auswirken könnte, ist damit ersichtlich nicht verbunden.

*[84]* (4) Eine parallele Tätigkeit des Beteiligten zu 1) als Mitglied des Wohlfahrtsverbandaufsichtsrats des Beteiligten zu 3) nach §§ 9 ff. der Vereinssatzung, als Bevollmächtigter der Erblasserin zu deren Lebzeiten und als Testamentsvollstrecker sowie als Rechtsanwalt in Vertretung der C GmbH, insbesondere in arbeitsrechtlichen Streitigkeiten, vermittelt gleichfalls keinen rechtlichen oder tatsächlichen Einfluss des Beteiligten zu 3) auf die C GmbH. Auch stellte die aufgrund rechtsgeschäftlicher Vollmachtserteilung wahrgenommene „Betreuung" der Erblasserin in Vermögensangelegenheiten durch den Beteiligten zu 1) keine entgeltliche Erbringung von Betreuungs- und Pflegeleistungen im Sinne von § 2 Abs. 1, § 6 Abs. 1 HGBP dar.

*[85]* Es bedarf auch keiner Klärung, ob auch die Ernennung eines Testamentsvollstreckers, jedenfalls wenn dieser eine Vergütung beanspruchen kann, eine Zuwendung im Sinne des § 6 Abs. 1 HGBP darstellen kann (vgl. dazu Mül-

ler-Engels in Burandt/Rojahn, aaO, § 14 HeimG, Rn 11). Auch wenn in der Ernennung des Beteiligten zu 1) zum Testamentsvollstrecker eine Zuwendung im Sinne von § 6 Abs. 1 HGBP läge, weil dieser eine Vergütung für seine Tätigkeit beanspruchen kann, stellt sich diese Zuwendung an ihn nicht auch als eine solche an die C GmbH dar, für die der Beteiligte zu 1) als Rechtanwalt tätig war. Denn dieser kommt eine dem Beteiligten zu 1) zufließende Testamentsvollstreckervergütung nicht zugute. Zudem hätte die Unwirksamkeit der Ernennung des Beteiligten zu 1) zum Testamentsvollstrecker die Unwirksamkeit der Erbeinsetzung des Beteiligten zu 3) nicht zur Folge (§ 2085 BGB).

*[86]* (5) Auch eine Zusammenarbeit der Beteiligten zu 3) und der C GmbH bei der Aus- und Fortbildung der in der Pflege tätigen Mitarbeiter, auf welche der Internetauftritt des Cs hinweist, sowie bei Wahrnehmung von Aufgaben der Jugendpflege lässt gleichfalls weder eine wirtschaftliche Begünstigung der C GmbH durch die Zuwendung an den Beteiligten zu 3) noch eine konkrete Einflussnahmemöglichkeit der Beteiligten zu 3) auf die Pflege- und Betreuung der Bewohner in dem C erkennen.

*[87]* (6) Auf öffentliche (Internet-)Auftritte des Beteiligten zu 3) und der C GmbH, die erkennen lassen, dass beide unter dem Dach der katholischen Kirche bzw. des Wohlfahrtsverbands tätig sind, kann es nach den eingangs dargestellten Grundsätzen für die vorliegend zu beurteilende Frage einer Umgehung von § 6 Abs. 1 HGBP nicht ankommen.

*[88]* (7) Unerheblich ist auch, ob – worauf der Beteiligte zu 2) abstellen will – die Erblasserin der C GmbH eine schenkweise Zuwendung eines Madonnenstandbilds gemacht hat und ob diese lebzeitige Zuwendung möglicherweise gegen die genannte Verbotsnorm verstieß. Denn es handelt sich um eine rechtlich selbständige Zuwendung unter Lebenden, die auch in ihren Auswirkungen im Hinblick auf die Schutzzwecke von § 6 Abs. 1 HGBP völlig unabhängig von jenen der von Todes wegen erfolgten Zuwendung an den Beteiligten zu 3) ist.

*[89]* (8) Ist eine auch nur mittelbare Zuwendung an die C GmbH als Verbotsadressat aber nicht erfolgt, kann es auch nicht darauf ankommen, auf wessen Kenntnis von der Erbeinsetzung abzustellen wäre, damit das Tatbestandsmerkmal des Versprechen- bzw. Gewährenlassens des § 6 Abs. 1 HGBP erfüllt wäre. Ob und seit wann die Beteiligten zu 1) und 3) und gegebenenfalls weitere Personen von der konkreten letztwilligen Verfügung der Erblasserin Kenntnis hatten, ist demnach nicht erheblich. Ebenso wenig kommt es auf den zeitlichen Zusammenhang zwischen Zuwendung, Erbringung von Betreuungs- und Pflegeleistungen und etwaiger Kenntniserlangung an.

*[90]* Nach alledem ist die Erbeinsetzung des Beteiligten zu 3) weder wegen eines unmittelbaren Verstoßes gegen § 6 Abs. 1 HGBP noch wegen einer Umge-

hung dieser Vorschrift nach § 134 BGB nichtig. Der Senat verkennt dabei nicht, dass die von der offensichtlich rechtlich beratenen Erblasserin gewählte Gestaltung ihrer letztwilligen Verfügung und der Satzung der unselbständigen Stiftung in Trägerschaft des Erben zugunsten von Bewohnern von Altenpflegeeinrichtungen einen Verstoß gegen die genannte Vorschrift zu vermeiden sucht und erfolgreich vermeidet. Weil aber – wie aufgezeigt – dadurch der Schutzzweck der Verbotsnorm nicht berührt wird, ist die Ausdehnung deren Anwendungsbereichs auf diesen Sachverhalt nicht gerechtfertigt. Vielmehr ist eine solche Gestaltung von der Testierfreiheit der Erblasserin gedeckt, für deren Einschränkung kein Anlass besteht.

*[91]* b) Der Annahme der Erbschaft an den Beteiligten zu 3) als testamentarischen Erben unterfällt – entgegen der Auffassung des Beteiligten zu 2) – auch keiner Genehmigungspflicht durch den Bischof von Stadt2 nach § 17 Abs. 1 lit. d i.V.m. § 33 des Gesetzes über die Vertretung und Verwaltung des Kirchenvermögens im Bistum Stadt2 (Kirchenvermögensverwaltungsgesetz mit Stand vom März 2017 – im Folgenden nur: KVVG). Es kann demnach offenbleiben, welche Auswirkungen eine ausstehende bischöfliche Genehmigungserklärung im Zusammenhang mit einem unter die genannte kirchenrechtliche Vorschrift fallenden Erbschaftsanfalls haben würde, Unwirksamkeit nach § 134 BGB oder – wie von dem Beteiligten zu 2) angenommen – nach § 125 BGB oder zumindest die Herauszögerung des Beginns der Ausschlagungsfrist des § 1954 Abs. 1 BGB bis zum Zeitpunkt der Erteilung der Genehmigung.

*[92]* cc) Der Beteiligte zu 3), bei dem es sich um einen Wohlfahrtsverband handelt, stellt aber keine unter die Verwaltung kirchlicher Organe gestellte Einrichtung im Sinne von § 33 Abs. 1 KVVG dar.

*[93]* Bei dem Wohlfahrtsverband wie den ebenfalls als privatrechtliche Vereine im Sinne der §§ 21 ff. BGB verfassten 27 Diözesanwohlfahrtsverbänden und den Orts-, Kreis- und Bezirkswohlfahrtsverbänden bzw. -vereinen handelt es sich nicht um kirchliche Rechtspersonen, sondern um rein nach (staatlichem) Privatrecht verfasste Einrichtungen. Für diese finden die aufsichtsrechtlichen Vorschriften des Kirchenrechts aber keine Anwendung. Die Aufsicht über diese innerhalb der hierarchischen Organisationsstruktur der katholischen Kirche und ihrer Einrichtungen wird vielmehr durch Gestaltungen allein im Rahmen des staatlichen Privatrechts sichergestellt. Im Einzelnen gilt das Folgende:

*[94]* (a) Die in der § 1 Abs. 1 der Satzung des Wohlfahrtsverbands (kurz: W) ausgesprochene Anerkennung durch die deutschen Bischöfe ist dahingehend zu interpretieren, dass diese den W als auf der Rechtgrundlage des Verbandsstatuts als Zusammenfassung und Vertretung der kirchlichen Liebestätigkeit in Deutschland ansehen (Hierold in Handbuch des katholischen Kirchenrechts, 2.

Aufl., § 98 I mwN). Der W ist als privater kirchlicher Verein (katholischer Verein im Sinne von Codex Iuris Canonici 300, 301) zu qualifizieren. Soweit sich die untergeordneten Wohlfahrtsverbände als die vom Bischof anerkannte organisatorische Zusammenfassung dem Wohlfahrtsverband dienender katholischer Eirichtungen, Anstalten, Körperschaften, Gemeinschaften, Vereine und Verbände und als deren Vertretung bezeichnen, liegt darin keine Errichtung als kirchlicher öffentlicher Verein (Hierold, aaO, § 98 II).

*[95]* (b) Der Beteiligte zu 3), der sich ausweislich § 2 Nr. 1 seiner Satzung als eine vom Bischof von Stadt2 anerkannte Zusammenfassung im vorgenannten Sinne versteht, stellt vor diesem Hintergrund keine kanonische Einrichtung gemäß § 33 Abs. 1 KVVG dar, die den kirchenrechtlichen Aufsichtsregeln unterliegt. Denn die Rechtsgrundlagen der Aufsichtsrechte, der sog. Ingerenzrechte, die sicherstellen sollen, dass kirchliche Einrichtungen und Institutionen den ihr übertragenen kirchlichen Auftrag im Einklang mit dem Selbstverständnis der Kirche wahrnehmen und verwirklichen, hängen von der rechtlichen Organisationsform der jeweiligen kirchlichen Einrichtungen ab. Die Aufsichtsvorschriften des Codex Iuris Canonici sowie die partikularrechtlichen Vorschriften auf Diözesanebene, zu denen das KVVG gehört, betreffen nur kirchliche Rechtspersonen, d.h. private und öffentliche juristische Personen kanonischen Rechts. Gegenüber rein privatrechtlich verfassten Einrichtungen der Kirche entfalten sie keine Wirkung (vgl. zum Ganzen: Köstler, Die religionsverfassungsrechtliche Zuordnung von sozialkaritativen Einrichtungen und Diensten zur katholischen Kirche, S. 45 ff.). Eine solch weitgehend in den Bereich des staatlichen Privatrechts hineinreichende Wirkung nimmt die katholische Kirche für ihre Rechtssetzungskompetenz auch nicht in Anspruch (vgl. Köstler, aaO, S. 46, Fn 235 mit Verweis auf die Erklärung der deutschen Bischöfe zum kirchlichen Dienst vom 22.9.1993).

*[96]* (c) Die Ingerenzrechte betreffend den Beteiligten zu 3) als rein privatrechtlich verfasste Einrichtung der katholischen Kirche richten sich nach dem Vorgesagten ausschließlich nach den in dessen Satzung privatrechtlich festgelegten Aufsichtsbefugnissen, die im Hinblick auf diesem etwa anfallende Erbschaften und deren Ausschlagung bzw. Annahme keine Regelungen enthalten. Insoweit zeigt auch die Aufnahme dieser Aufsichtsbefugnisse in dessen Satzung, dass der Beteiligte zu 3) keine Rechtsform gewählt hat, die zu einer Geltung der Ingerenzvorschriften des kanonischen Rechts führen würde. Insoweit haben staatliche Stellen die verfassungsrechtlich gewährte Autonomie der Kirchen nur insoweit zu berücksichtigen, als diese privatrechtlichen Satzungsbestimmungen mit Rücksicht auf deren innere Organisation zuzulassen, auszule-

gen und anzuwenden haben (vgl. BayObLG, Beschluss vom 23.8.1979 -Breg 2 Z 14/79- KirchE 17, 297).

*[97]* Soweit der Beteiligte zu 2) insoweit darauf abstellen will, dass nach § 15 Nr. 2 lit. a der Satzung des Beteiligten zu 3) u.a. der Erwerb von Eigentum an Grundstücken einer schriftlichen Zustimmung des Wohlfahrtsverbands der Diözese Stadt2 bedarf, gilt diese Regelung ausweislich des Einleitungssatzes des § 15 Nr. 2 der Satzung für den Abschluss von Rechtsgeschäften bzw. für insoweit getroffene Beschlüsse. Der Erwerb einer Erbschaft, auch wenn zu dem Nachlass Grundstücke gehören, vollzieht sich aber nicht durch Rechtsgeschäft, sondern gemäß § 1922 BGB kraft Gesetzes, so dass sich für diesen Fall aus der Satzung keine Genehmigungserfordernisse ableiten lassen.

*[98]* Demnach bestehen mangels Anwendbarkeit des kanonischen Rechts auf den Beteiligten zu 3) keine Genehmigungserfordernisse nach dem KVVG und auch keine solchen nach dessen Satzung im Zusammenhang mit dessen Erbeinsetzung durch die Erblasserin.

*[99]* c) Die Erbeinsetzung des Beteiligten zu 3) zum Alleinerben ist auch nicht wegen Anfechtung nach § 2078 BGB durch den Beteiligten zu 2) als von Anfang an nichtig im Sinne von § 142 Abs. 1 BGB anzusehen.

*[100]* aa) Der Senat teilt jedenfalls im Hinblick auf die auf eine Fehlvorstellung der Erblasserin betreffend den Willen ihres Ehemanns gestützte Anfechtung die Bedenken des Nachlassgerichts an der Wahrung der Anfechtungsfrist des § 2082 Abs. 1 BGB, so dass insoweit zur Vermeidung von Wiederholungen auf die Ausführungen in dem angefochtenen Beschluss verwiesen werden kann.

*[101]* bb) Jedenfalls lässt sich ein erheblicher Irrtum der Erblasserin nicht feststellen. Soweit der Beteiligte zu 2) die Anfechtung der Erbeinsetzung des Beteiligten zu 3) darauf stützen will, die Beteiligten zu 1) und 3) hätten die Erblasserin arglistig darüber getäuscht, dass das Nachlassvermögen nicht durch Kosten der angeordneten Testamentsvollstreckung geschmälert werde, kann ein erheblicher Motivirrtum im Sinne von § 2078 Abs. 2 BGB nicht festgestellt werden

*[102]* (a) Nach § 2078 Abs 2 BGB berechtigt zwar bereits die irrige Annahme oder Erwartung des Eintritts oder Nichteintritts eines Umstandes zur Anfechtung, falls ein Erblasser durch sie zu der Verfügung bestimmt worden ist. Diese weit gefasste Formulierung schließt anders als § 119 Abs 2 BGB jeden Motivirrtum ein, nicht nur den auf arglistiger Täuschung beruhenden, so dass im Bereich der Testamentsanfechtung ein dem § 123 Abs 1 Alt. 1 BGB entsprechender Anfechtungstatbestand nicht erforderlich war (vgl. Otte in Staudinger, BGB, Neubearb. 2019, § 2078 BGB, Rn 13).

*[103]* So kommt in diesem Zusammenhang als Motivirrtum auch eine Fehlvorstellung des Testierenden bei Errichtung seiner letztwilligen Verfügung über zukünftige – auch nach dem Erbfall liegende (vgl. Senat, Beschluss vom 22.1.1993 -20 W 408/91-) – Entwicklungen in Betracht. Die Erwartung kann, muss aber nicht in der letztwilligen Verfügung Ausdruck gefunden haben.

*[104]* Allerdings setzt der Tatbestand des § 2078 Abs. 2 BGB voraus, dass der Erblasser durch den Irrtum zu der Verfügung bestimmt wurde. Dem kann die Absicht des Gesetzgebers entnommen werden, der Anwendung der Vorschrift, welche die Anfechtbarkeit wegen Motivirrtums gegenüber den allgemeinen Regelungen erheblich erweitert, auch gewisse Schranken zu setzen. Ausgehend davon können nur besonders schwerwiegende Umstände, die gerade diesen Erblasser unter Berücksichtigung der ihm eigenen Vorstellungen mit Sicherheit dazu gebracht hätten, die angefochtene Verfügung nicht zu treffen, eine Anfechtung begründen (BGH, Urteil vom 27.5.1987 -IVa ZR 30/86-).

*[105]* (b) Vorliegend ist schon zweifelhaft, ob die Vorstellung der Erblasserin bei Errichtung ihres Testaments – wie aber die Beschwerde annimmt – in Bezug auf die Tragung der Kosten der Testamentsvollstreckung von der tatsächlichen späteren Entwicklung wesentlich abweicht. Zwar hat die Erblasserin in ihrem Testament im Zusammenhang mit der Ernennung des Beteiligten zu 1) zum Testamentsvollstrecker verfügt, dass der Beteiligte zu 3) die Kosten und Gebühren der Testamentsvollstreckung aus eigenen Mitteln zu tragen habe und nicht der Erbmasse bzw. den der Stiftung zugedachten Geldmitteln entnehmen dürfe. Solches hatte sich die Erblasserin auch in der der Testamentserrichtung vorausgehenden Korrespondenz zunächst mit dem Bistum Stadt2 und später mit der Beteiligten zu 3) ausdrücklich versichern lassen. Auf eine entsprechende schriftliche Zusage der Beteiligten zu 3) vom 22.6.2001 hat die Erblasserin in ihrem Testament ausdrücklich Bezug genommen.

*[106]* (aa) Dem ist – worauf auch das Nachlassgericht zutreffend abgestellt hat – allerdings eine Vorstellung der Erblasserin, dass der Beteiligte zu 1) für seine Tätigkeit keine angemessene Vergütung im Sinne des § 2221 BGB erhalten sollte, nicht zu entnehmen. Vielmehr ging die Erblasserin ausdrücklich davon aus, dass für die Testamentsvollstreckung Kosten anfallen würden. Dass von diesen Kosten eine Vergütung des Testamentsvollstreckers nicht umfasst sein sollte, findet keinen Anhalt. Nach ihrer Vorstellung sollte erkennbar – wovon auch der Beteiligte zu 2) ausgeht – nur vermieden werden, dass solche Kosten zu Lasten des Nachlasses gingen, der möglichst umfassend der Treuhandstiftung in Trägerschaft des Beteiligten zu 3) zufließen sollte. Davon ausgehend kann eine irrtumsbegründende Abweichung der tatsächlichen Entwicklung von den Vorstellungen der Erblasserin weder in dem Umstand liegen, dass der Be-

teiligte zu 1) überhaupt eine Vergütung beansprucht, noch, dass er diese teilweise von dem Vermächtnisanspruch des Beteiligten zu 2) in Abzug bringen will, unabhängig davon, ob er dazu berechtigt ist oder nicht.

*[107]* (bb) Ob die von dem Beteiligten zu 1) in Anspruch genommene Vergütung sowie dessen Auslagen im Übrigen bereits von dem Beteiligten zu 3) aus dem der Stiftung zugedachten Nachlass getragen worden sind oder diesem jedenfalls belastet werden sollen, bedarf keiner weiteren Aufklärung.

*[108]* Denn selbst, wenn es zu einer den Vorstellungen der Erblasserin zuwiderlaufenden Belastung des der Stiftung zugedachten hälftigen Nachlasses in Wert von mindestens rund 4,5 Mio. € sogar mit den Gesamtkosten der Testamentsvollstreckung käme, die der Beteiligte zu 1) mit 174.113,09 € (160.000,00 € beanspruchte Vergütung und 14.113,09 € Auslagen) beziffert, kann nicht mit Sicherheit davon ausgegangen werden, dass sie bei Kenntnis einer solchen tatsächlichen späteren Entwicklung anders testiert hätte.

*[109]* Die Ausführungen der Erblasserin in ihrem Testament im Zusammenhang mit der diesem beigefügten Stiftungssatzung lassen darauf schließen, dass es ihr zum einen ganz wesentlich darauf ankam, ihren Nachlass der in die Trägerschaft des Beteiligten zu 3) gestellten Treuhandstiftung zu dem von ihr vorgesehenen Zweck zukommen zu lassen, und zum anderen, den Beteiligten zu 2) als gesetzlichen Erben und mittelbar auch dessen Familie von einer Partizipation an ihrem Nachlass möglichst weitgehend auszuschließen.

*[110]* Darauf lassen die detaillierte Ausgestaltung der Satzung der Stiftung einerseits sowie die Ausführungen in dem Testament andererseits schließen, aus denen sich ergibt, dass der Beteiligte zu 2) und dessen Ehefrau keinerlei Zugriff und Zugang zu den Nachlassgegenständen erhalten sollten und u.a. von dem Erwerb des in den Nachlass fallenden Hausgrundstücks ausgeschlossen sein sollten. Der Wille der Erblasserin, nicht ihre gesetzlichen Erben, sondern eine Einrichtung im Bereich der katholischen Kirche zu begünstigen, findet auch in der vorgelegten Korrespondenz seit 1997 durchgehend Ausdruck.

*[111]* Dass eine den Vorstellungen der Erblasserin widersprechende Belastung des Nachlasses mit einem zwar absolut nicht unerheblichen Betrag, der aber nur im einstelligen Prozentbereich des gesamten Nachlasswerts liegt, auch im Hinblick auf gegenteilige Zusagen dazu geführt hätte, dass die Erblasserin von einer Erbeinsetzung des Beteiligten zu 3), der das ihm zugewandte Vermögen in einer Treuhandstiftung einbringen sollte und eingebracht hat, abgesehen hätte, liegt fern. Denn offensichtlich kam es ihr bei der Begünstigung des Beteiligten zu 3) auf die Erreichung der mit der Stiftung verfolgten Ziele an, welche auch durch eine – wie gesagt – im Verhältnis zum Gesamtkapital geringe Schmälerung des Nachlasses nicht wesentlich gefährdet würden.

*[112]* Dabei nahm sie den mit der Einsetzung eines Alleinerben verbundenen Ausschluss der gesetzlichen Erbfolge auch nicht als dessen notwendige Folge lediglich in Kauf, sondern wollte erkennbar gerade auch erreichen, dass ihr Sohn persönlich und mittelbar dessen Familie an ihrem Nachlass nur in dem geringstmöglichen Umfang partizipieren sollten. Denn sie setzte zu dessen Gunsten ein Vermächtnis in der Höhe des diesem ohnehin zustehenden (§ 2303 Abs. 1 BGB) Pflichtteilsanspruchs aus. Auch deshalb kann nicht davon ausgegangen werden, dass sie von der Erbeinsetzung des Beteiligten zu 3) mit der Folge des Eintritts gesetzlicher Erbfolge abgesehen hätte, wenn sie gewusst hätte, dass die Beteiligten zu 1) und 3) durch Abzug von Kosten für die Testamentsvollstreckung in genannter Höhe den Nachlass schmälern würden.

*[113]* (c) Ein erheblicher Motivirrtum kann auch nicht dahingehend festgestellt werden, dass die Erblasserin bei Errichtung ihres Testaments von der Fehlvorstellung bestimmt gewesen wäre, sie erfülle mit der den Beteiligten zu 2) von der Erbfolge ausschließenden Erbeinsetzung des Beteiligten zu 3) und dem zudem – ausdrücklich – auf eine Zuwendung in Höhe seines Pflichtteils verweisenden Vermächtnis den insoweit unbedingten Willen ihres Ehemanns. Der Beteiligte zu 2) verweist insoweit auf das Einzeltestament des Ehemanns vom 27.2.1984 und versteht dieses dahingehend, dass der Ehemann der Erblasserin – in Abweichung von deren späterer Verfügung – eine Beschränkung des Beteiligten zu 2) auf den Pflichtteil nur unter der nicht eingetretenen Bedingung gewollt habe, dass er den Pflichtteil nach seinem Vater verlangt hätte.

*[114]* (aa) Auch insoweit kann schon von einer Fehlvorstellung der Erblasserin nicht ausgegangen werden. Soweit diese in ihrem Testament im Anschluss an die Ausführungen, wonach der Beteiligte zu 2) ein Vermächtnis in Höhe seines Pflichtteils erhalte, ausführte, dass dies auch der Wille ihres verstorbenen Mannes gewesen sei, ist – worauf auch das Nachlassgericht zutreffend abgestellt hat – nicht erkennbar, dass sie damit auf dessen Einzeltestament Bezug genommen hätte.

*[115]* Die Regelung zum Pflichtteil in dem Einzeltestament des Ehemanns lässt zudem auch nicht eindeutig die Willensrichtung erkennen, die der Beteiligten zu 2) dieser beimessen will. Denn es bleibt dem Wortlaut nach unklar, welche Beschränkung dem Beteiligten zu 2) auferlegt werden sollte, wenn er den Pflichtteil nach seinem Vater verlangt. Dass der Ehemann in seinem Einzeltestament damit eine Anordnung für den Erbfall nach seiner Ehefrau treffen wollte, liegt jedenfalls nicht nahe. Denn eine Möglichkeit, diese in ihrer Testierfreiheit zu beschränken, bestand für den Ehemann bei einer Verfügung in einem Einzeltestament nicht.

*[116]* Auch gibt es keine Anhaltspunkte, welche Bedeutung die Erblasserin dieser unklaren Anordnung ihres Ehemanns etwa beigemessen hätte. So kann auch nicht ausgeschlossen werden, dass der Ehemann in den über zwei Jahren zwischen Errichtung seines Einzeltestaments und seinem Tod im Jahre 1986 der Erblasserin unabhängig von seinem eigenen Testament noch ausdrücklich mitteilte, er wünsche, dass der gemeinsame Sohn nach ihrem Tod in jedem Fall und ohne weitere Bedingung nur in Höhe seines Pflichtteils berücksichtigt werden solle. Es ist zudem denkbar, dass die Erblasserin, die nach dem Vortrag des Beteiligten zu 2) eine herrische und selbstsüchtige Frau war, in ihrem Testament die Ausführungen zum Willen ihres Ehemanns aufgenommen hat, um ihrer Verfügung Nachdruck zu verleihen, ohne dass aber der Ehemann einen solchen Willen überhaupt eindeutig geäußert hätte.

*[117]* (bb) Selbst wenn die Erblasserin bei der Errichtung ihres Testaments fast 30 Jahre nach dem Tod ihres Ehemanns insoweit eine fehlerhafte Vorstellung über dessen Willen gehabt haben sollte, kann jedenfalls auch nicht festgestellt werden, dass ein solcher Irrtum im eingangs dargestellten Sinne erheblich gewesen wäre. Denn es kann nicht mit Sicherheit davon ausgegangen werden, dass sie die angefochtene Verfügung zugunsten des Beteiligten zu 3) nicht getroffen hätte, wenn ihr bekannt gewesen wäre, dass ihr Ehemann den gemeinsamen Sohn nur unter der genannten nicht eingetretenen Bedingung auf den Pflichtteil nach der Erblasserin beschränkt sehen wollte.

*[118]* Der Wille ihres Ehemanns war nämlich, wie sich aus ihrem Testament ergibt, für die Erblasserin ein eher nachrangiges Motiv für die von ihr ausführlich begründeten Verfügungen. Denn ihr selbst kam es – wie bereits ausführlich dargelegt – selbst und gänzlich unabhängig von dem Willen ihres Ehemanns darauf an, den Beteiligten zu 3) zu ihrem Erben einsetzen und den Beteiligten zu 2) von der gesetzlichen Erbfolge ausschließen.

*[119]* Ein erheblicher Motivirrtum der Erblasserin im Sinne des § 2078 Abs. 2 BGB, kann demnach nicht festgestellt werden.

*[120]* d) Soweit sich der Beteiligte zu 2) von der Erblasserin getäuscht sieht, weil er in Erwartung, dass er deren Alleinerbe werde, von der Geltendmachung des Pflichtteils nach seinem Vater abgesehen habe, kommt es bei der Anfechtung eines Testaments nach § 2078 Abs. 1 BGB nur auf etwaige Irrtümer des Erblassers, nicht aber eines gesetzlichen Erben an.

*[121]* e) Der Beteiligte zu 3) hat die Erbschaft auch angenommen. Weil – wie ausgeführt – weder die Ausschlagung noch die Annahme einer Erbschaft durch den Beteiligten zu 3) einer kirchenaufsichtsrechtlichen Genehmigung bedürfen, ergeben sich insoweit keine Besonderheiten. Unabhängig davon, zu welchem genauen Zeitpunkt Kenntniserlangung vom Anfall der Erbschaft erfolgt ist, ist

die Ausschlagungsfrist des § 1944 Abs. 1 BGB in jedem Falle abgelaufen, so dass die Erbschaft jedenfalls nach § 1943 BGB als angenommen gilt.

*[122]* 3. Weitere Ermittlungen (§ 26 FamFG) waren nicht angezeigt. Soweit sich aus einem von dem Beteiligten zu 2) vorgelegten internen Schreiben des Dezernats Finanzen, Verwaltung und Bau des Bistums Stadt2 vom 15.2.2002 ergibt, dass die Erblasserin am 11.2.2002 dem damaligen Finanzdirektor ein Schreiben in einem verschlossenen Umschlag übergeben habe, der erst drei Jahre nach ihrem Tod habe geöffnet werden sollen, ist ein solches Schreiben nicht zu den nachlassgerichtlichen Akten gelangt. Ob es sich insoweit um ein Schriftstück handelt, das nach § 2259 Abs. 1 BGB hätte dem Nachlassgericht abgeliefert werden müssen, kann dahinstehen. Denn etwa zeitlich vor dem Testament der Erblasserin vom 6.5.2015 getroffene letztwillige Verfügungen können keine Wirkungen mehr entfalten, nachdem sie solche in ihrem Testament vom 6.5.2015 ausdrücklich aufgehoben hat. Da sich auch im Hinblick auf jenes Testaments keine Auslegungsfragen stellen, bei deren Klärung ein etwa früher geäußerter Wille der Erblasserin von Bedeutung sein könnte, bedurfte es keiner Ermittlungen nach dem Verbleib und Inhalt des genannten Schreibens.

*[123]* Da demnach der Beteiligte zu 3) testamentarischer Alleinerbe der Erblasserin geworden ist, weiterhin Testamentsvollstreckung angeordnet (§ 2197 Abs. 1 BGB), diese noch nicht beendet ist (vgl. dazu den weiteren Senatsbeschluss vom 8.12.2022 zu ...) und der Beteiligte zu 1) die nach § 352 Abs. 2 Nr. 1 bis 3, Abs. 1 Satz 1 Nr. 1, 2, 6–8, S. 2 FamFG vorgeschriebenen Angaben gemacht hat, die auch in der Form des § 352 Abs. 3 Satz 1, Satz 2 FamFG nachgewiesen sind, hat das Nachlassgericht zu Recht die zur Erteilung des von dem Beteiligten zu 1) beantragten Erbscheins erforderlichen Tatsachen für festgestellt erachtet (§ 352e Abs. 1 Satz 1 FamFG ) und den Erbscheinsantrag des Beteiligten zu 2) zurückgewiesen.

*[124]* Darauf, dass der Erbscheinsantrag des Beteiligte zu 2) auch die formellen Anforderungen an die Erbringung von Nachweisen nach § 352 Abs. 3 Satz 1, Satz 2 FamFG nicht erfüllt, kommt es dann nicht mehr an.

*[125]* Die gegen den Beschluss des Nachlassgerichtsgerichts gerichtete Beschwerde war demnach zurückzuweisen.

## 30

**1. Gegen eine Person, die einer Evangelischen Kirchengemeinde in Westfalen angehört und deren Ehegatte keiner steuererhebenden Religionsgemeinschaft angehört, darf ein besonderes Kirchgeld auch dann festgesetzt werden, wenn die kirchenangehörige Person eigene Einkünfte erzielt und mit ihrem Ehegatten gemeinsam zur Einkommensteuer veranlagt wird.**
**2. Die Erhebung eines besonderen Kirchgeldes bei eigenen Einkünften des kirchensteuerpflichtigen Ehegatten ist verfassungsrechtlich nicht zu beanstanden. Es ist bereits hinreichend in der BFH-Rechtsprechung geklärt, dass die Leistungsfähigkeit des kirchenangehörigen Ehegatten für die Bemessung des besonderen Kirchgelds, das von Kirchensteuerpflichtigen erhoben wird, deren Ehegatte keiner steuererhebenden Religionsgemeinschaft angehört, auch dann am Einkommen beider Ehegatten gemessen werden darf, wenn der kirchenangehörige Ehegatte über ein eigenes Einkommen verfügt. Es begegnet auch keinen Bedenken, dass die Erhebung des besonderen Kirchgeldes, das an die gemeinsamen Einkünfte beider Ehegatten anknüpft, mit Blick auf die Anrechnung der Kirchensteuer im Ergebnis wie eine „Mindestkirchensteuer" wirkt.**
**3. Der Gesetzgeber ist verfassungsrechtlich nicht dazu verpflichtet, der kirchenangehörigen Person und ihrem Ehegatten einerseits die Vorteile aus der Zusammenveranlagung der Einkommensteuer zu gewähren und andererseits hinsichtlich der Kirchensteuer die Vorteile zu gewähren, die sich für sie bei einer Einzelveranlagung ergeben würden (vgl. Rechtsprechung).**
**4. Die Erhebung eines besonderen Kirchgeldes im Falle eigener Einkünfte des kirchenangehörigen Ehegatten verstößt weder gegen die Entscheidung des BVerfG vom 14.12.1965 -1 BvR 606/60- noch gegen die Rechtsprechung des EGMR.**

Artt. 3 Abs. 1, 140 GG, Art. 137 Abs. 6 WRV; § 26b EStG 2009, EStG VZ 2019,
§ 4 Abs. 1 Nr. 5 KiStG NW, § 6 Abs. 1 Nr. 5, 6 Abs. 5 Satz 1 KiStO NW, MRK
FG Münster, Urteil vom 9. Dezember 2022 -4 K 527/21 Ki-[1]

Die Parteien streiten über die Rechtmäßigkeit der Festsetzung eines besonderen Kirchgelds gegenüber der Klägerin für das Jahr 2019.

1 Amtl. Leitsätze. BeckRS 2022, 53387; juris.
Das Urteil ist rechtskräftig.

https://doi.org/10.1515/9783111651248-030

Die Klägerin gehörte im Streitjahr ganzjährig der Evangelischen Kirchengemeinde S an. Ihr Ehemann gehörte im Streitjahr keiner steuererhebenden Religionsgemeinschaft an.

Die Klägerin erzielte im Streitjahr Einkünfte aus nichtselbständiger Arbeit in Höhe von (..) € und wurde mit Bescheid des Finanzamtes C-Stadt vom 13.8.2020 mit ihrem Ehemann gemeinsam zur Einkommensteuer veranlagt. Das gemeinsam zu versteuernde Einkommen der Ehegatten belief sich auf (...) €. Der Bescheid enthielt zugleich die Festsetzung der Kirchensteuer in Gestalt des besonderen Kirchgeldes nach § 6 Abs. 1 Nr. 5 der für die evangelischen Kirchengemeinden in Westfalen maßgeblichen Kirchensteuerordnung (KiStO) i.V.m. dem Kirchensteuerbeschluss vom 21.11.2018 für 2019 in Höhe von (...) €.

Gegen die Festsetzung der Kirchensteuer in der Form des besonderen Kirchgeldes legte die Klägerin am 17.8.2020 beim Finanzamt C-Stadt Einspruch ein. Dieses leitete den Einspruch an den Evangelischen Kirchenkreis C-Stadt weiter und dieser wiederum leitete ihn an die Gemeinsame Kirchensteuerstelle beim Landeskirchenamt weiter. Die Klägerin trug zur Begründung des Einspruchs vor, dass durch das Bundesverfassungsgericht (BVerfG) mit Bindungswirkung geklärt sei, dass das besondere Kirchgeld nur erhoben werden dürfe, wenn das Einkommen der kirchenangehörigen Person ansonsten kirchensteuerfrei bleibe (BVerfG-Urteil vom 14.12.1965 -1 BvR 606/60- KirchE 7, 352). Sie, die Klägerin, habe hingegen ein eigenes Einkommen erzielt und nur dieses dürfe die Bemessungsgrundlage für die Kirchensteuer bilden. Wenn anlässlich ihrer Kirchensteuerfestsetzung hingegen das gemeinsam zu versteuernde Einkommen beider Ehegatten für die Kirchensteuer der Klägerin als Bemessungsgrundlage herangezogen werde, dann verstoße dies gegen die vom BVerfG vorgegebenen Individualbesteuerungsgrundsätze. Die Maßgeblichkeit des gemeinsamen Einkommens der Ehegatten entsprechend der Kirchgeldtabelle führe zu einer unzulässigen Besteuerung der Ehe und nicht lediglich des Kirchenmitgliedes. Infolgedessen sei in ihrem Fall eine Kirchensteuer i.H.v. ... € anzusetzen. Die von der Gemeinsamen Kirchensteuerstelle beim Landeskirchenamt zitierte, vermeintlich anderslautende Rechtsprechung des BVerfG, des Bundesfinanzhofs (BFH) und des Bundesverwaltungsgerichts (BVerwG) werde von der Gemeinsamen Kirchensteuerstelle beim Landeskirchenamt entweder falsch wiedergegeben oder sei unzutreffend.

Mit Schreiben der Gemeinsamen Kirchensteuerstelle vom 26.1.2021 wurde der Einspruch als unbegründet zurückgewiesen. Die Einspruchsentscheidung führte die Kirchengemeinde S als Steuergläubigerin und die Gemeinsame Kirchensteuerstelle beim Landeskirchenamt als Bevollmächtigte. Zur Begründung wird ausgeführt, dass die Festsetzung der Kirchensteuer in Form des besonderen Kirchgeldes auf den Vorschriften des Kirchensteuergesetzes (KiStG) NRW und der KiStO beruhe. Aufgrund der Höhe der Einkünfte der Klägerin sei die nach der Einkommensteuer bemessene Kirchensteuer niedriger als das besondere Kirchgeld und daher sei das besondere Kirchgeld festzusetzen. Die maßgeblichen Vorschriften des KiStG NRW und der KiStO seien auch verfassungsgemäß. Es sei auch in der Konstellation eigener Einkünfte des kirchenangehörigen Ehegatten zulässig, dass für die Bemessung des Kirchgeldes der durch die Einkünfte des konfessionslosen Ehegatten zumindest teilweise vermittelte Lebensführungsaufwand des kirchensteuerpflichtigen Ehegatten herangezogen werde. Das BVerfG habe in seiner Entscheidung vom 14.12.1965 -1 BvR 606/60- hervorgehoben, dass zwar nicht das einkommensteuerrechtlich ermittelte Einkommen des nicht einer Kirche angehörenden Ehegatten, wohl aber der Lebensführungsaufwand des kirchenangehörigen Ehegatten den Gegenstand der Besteuerung bilden könne. Wenn angesichts der Schwierigkeiten der Bestimmung des Lebensführungsaufwandes als Indikator der wirtschaftlichen Leistungsfähigkeit des kirchenangehörigen Ehepartners dieser Aufwand nach dem gemeinsamen Einkommen der Ehegatten bemessen werde, sei hiergegen verfassungsrechtlich nichts einzuwenden. Dies gelte nicht nur für den Fall, dass der kirchenangehörige Ehegatte über kein eigenes Einkommen verfüge, sondern treffe im gleichen Maße auf die Situation eines nicht unerheblichen Eigenverdienstes des kirchenangehörigen Ehegatten zu. Dies entspreche der Rechtsprechung des BFH (Verweis auf die Beschlüsse vom 27.9.2017 -I B 40/17- und vom 13.2.2019 -I B 27/18- KirchE 73, 83).

Die Klägerin hat mit am 25.2.2021 beim Finanzgericht eingegangenem Schriftsatz Klage erhoben. Als Klagegegner werden in der Klageschrift sowohl die Kirchengemeinde S als auch die Gemeinsame Kirchensteuerstelle beim Landeskirchenamt genannt. In der Klagebegründung macht die Klägerin sodann geltend, dass richtiger Beklagter die gemeinsame Kirchensteuerstelle beim Landeskirchenamt sei. Die Kirchengemeinde könne nicht Beklagter sein. Dies entspreche weder der FGO noch der KiStO. Aus § 25 Abs. 2 KiStO ergebe sich vielmehr, dass mit Einspruchseinlegung die Gemeinsame Kirchensteuerstelle beim Landeskirchenamt zuständig werde. In der Sache wiederholt sie u.a. ihren Vortrag aus dem Einspruchsverfahren und verweist auf die Entscheidung des BVerfG vom 14.12.1965, wonach eine Erhebung des besonderen Kirchgeldes unter Berücksichtigung der Einkünfte des Ehemanns nur dann zulässig sei, wenn der kirchenangehörige Ehegatte mangels eigener Einkünfte oder wegen zu niedriger Einkünfte insgesamt kirchensteuerfrei bleiben würde.

Das Gericht hat die Klage abgewiesen.

**Aus den Gründen:**

*[12]* Die Klage ist zulässig, aber unbegründet.

*[13]* I. Die Klage ist zulässig. Sie ist insbesondere gegen den richtigen Beklagten erhoben worden.

*[14]* Richtiger Beklagter ist die Kirchengemeinde S. Gemäß § 14 Abs. 1, Abs. 2 KiStG NRW entscheidet über den Einspruch gegen die Heranziehung zur Kirchensteuer die in der einschlägigen Kirchensteuerordnung bestimmte Stelle. Dies ist nach § 25 Abs. 2 Satz 1 KiStO die Kirchengemeinde. Das gilt auch im Streitfall. Bei Anlegung eines objektivierten Empfängerhorizontes ergibt sich aus dem Schreiben der Gemeinsamen Kirchensteuerstelle beim Landekirchenamt vom 26.1.2021 zweifelsfrei, dass diese nur als Vertreter der Kirchengemeinde S auftritt. Die Gemeinsame Kirchensteuerstelle bezeichnet sich ausdrücklich als „Bevollmächtigte" und nennt als Steuergläubiger die Kirchengemeinde. Dementsprechend ist nur diese Kirchengemeinde gemäß § 14 Abs. 5 KiStG NRW, § 25 Abs. 5 Satz 1 KiStO im Klageverfahren zu beteiligen und nur ihr kommt die ausschließlich passive Prozessführungsbefugnis im Klageverfahren gegen den Kirchensteuerbescheid zu.

*[15]* In der Klageschrift hat die Klägerin noch sowohl gegen die Kirchengemeinde als auch die Gemeinsame Kirchensteuerstelle beim Landeskirchenamt Klage erhoben. In der mündlichen Verhandlung hat der anwaltliche Klägervertreter sodann klargestellt, dass die Klage gegen die Kirchengemeinde gerichtet wird.

*[16]* II. Die Klage ist unbegründet. Die angefochtene Kirchensteuerfestsetzung ist rechtmäßig und verletzt die Klägerin nicht in ihren Rechten (§ 100 Abs. 1 FGO).

*[17]* 1. Nach Maßgabe der Steuerordnung und des für die Beklagte maßgeblichen Kirchensteuerbeschlusses erfolgte die Festsetzung der Kirchensteuer mit dem Bescheid vom 15.3.2021 dem Grunde und der Höhe nach zutreffend.

*[18]* Gemäß § 1 KiStG NRW können die Katholische Kirche und die Evangelische Kirche im Land Nordrhein-Westfalen Kirchensteuern auf Grund eigener Steuerordnungen erheben. Von dieser Möglichkeit haben die kirchensteuererhebungsberechtigten Kirchengemeinden der Evangelischen Kirche in Westfalen Gebrauch gemacht. Das gilt auch für die beklagte Kirchengemeinde.

*[19]* Nach § 3 KiStO sind alle Gemeindemitglieder gegenüber der Kirchengemeinde, in der sie ihren Wohnsitz oder gewöhnlichen Aufenthalt haben, kirchensteuerpflichtig.

*[20]* Die Kirchensteuer wird in Höhe von 9% als Zuschlag zur Einkommensteuer, Lohnsteuer und Kapitalertragsteuer erhoben (§ 6 Abs. 1 Nr. 1 KiStO i.V.m.

dem Kirchensteuerbeschluss für 2019 vom 21.11.2018). Werden Ehegatten zusammenveranlagt und gehört nur ein Ehegatte einer steuererhebenden Kirche an, ist die Kirchensteuer nur nach Maßgabe der in der kirchenangehörigen Person gegebenen Steuerbemessungsgrundlage zu erheben (§ 8 Abs. 1 KiStO). Die Kirchensteuer ist in diesem Fall nach dem Teil der gemeinsamen Einkommensteuer zu berechnen, der auf die steuerpflichtige Person entfällt, wenn die gemeinsame Steuer im Verhältnis der Einkommensteuerbeträge, die sich bei Anwendung des § 32a Abs. 1 des Einkommensteuergesetzes (EStG) auf die Summe der Einkünfte einer jeden Person ergeben würden, auf die Personen verteilt wird (§ 8 Abs. 2 Satz 2 KiStO).

*[21]* Auf die Klägerin entfällt hiernach eine Einkommensteuer in Höhe von ... EUR. Die Kirchensteuer nach § 6 Abs. 1 Nr. 1 KiStO beträgt mithin ... EUR (9% von ... EUR).

*[22]* Zudem wird nach § 6 Abs. 1 Nr. 5 KiStO i.V.m. dem Kirchensteuerbeschluss für 2019 vom 21.11.2018 ein besonderes Kirchgeld nach Maßgabe einer Steuertabelle mit gestaffelter Bemessungsgrundlage erhoben. Bemessungsgrundlage für das besondere Kirchgeld nach Abs. 1 Nr. 5 ist das zu versteuernde Einkommen der Ehegatten oder Lebenspartner, das sich bei entsprechender Anwendung des § 51a Abs. 2 Satz 1, 2 EStG ergibt (§ 6 Abs. 2 Satz 2 KiStO). Auf dieses besondere Kirchgeld wird die Kirchensteuer, die als Zuschlag zur Einkommensteuer, Lohnsteuer und Kapitalertragsteuer erhoben wird, angerechnet (§ 6 Abs. 5 Satz 1 KiStO). Die Erhebung des besonderen Kirchgeldes mit Anrechnung der Kirchensteuer bedeutet im Ergebnis, dass das besondere Kirchgeld als „Mindestkirchensteuer" wirkt.

*[23]* Für das besondere Kirchgeld i.S.v. § 6 Abs. 1 Nr. 5 KiStO sieht der Kirchensteuerbeschluss für ein gemeinsames Einkommen der Ehegatten zwischen (...) € und (...) € einen Steuerbetrag i.H.v. (...) € vor. Mit einem gemeinsamen zu versteuernden Einkommen der Ehegatten i.H.v. (...) € verwirklicht die Klägerin diesen Tatbestand. Aufgrund der Anrechnungsvorschrift des § 6 Abs. 5 Satz 1 KiStO bleibt daher das besondere Kirchgeld i.H.v. (...) € maßgeblich. Dem entspricht die Kirchensteuerfestsetzung.

*[24]* 2. Die Erhebung eines besonderen Kirchgeldes im Falle eigener Einkünfte des kirchenangehörigen Ehegatten findet im KiStG NRW eine ausreichende gesetzliche Grundlage.

*[25]* a. Soweit die Klägerin formell-verfassungsrechtliche Einwände gegen § 4 Abs. 1 Nr. 5 KiStG NRW geltend macht, sind diese unbegründet. Selbst wenn der Landtag NRW über die verfassungsrechtliche Bedeutung der Entscheidung des BVerfG aus dem Jahr 1965 geirrt haben sollte – was freilich nicht erkennbar ist –, wäre dies für die formelle Verfassungsmäßigkeit des Gesetzes ohne Bedeu-

tung. Ein Irrtum über die verfassungsrechtlichen Grenzen der eigenen Regelungsbefugnis wäre allein eine Frage des materiellen Rechts.

*[26]* b. Die Regelungen des KiStG NRW genügen auch dem verfassungsrechtlichen Gesetzesvorbehalt. Aus Art. 140 des Grundgesetzes (GG) i.V.m. Art. 137 Abs. 6 der Weimarer Reichsverfassung (WRV) folgt die Verpflichtung des Staates, die Voraussetzungen für die Kirchensteuererhebung durch den Erlass von Landesgesetzen zu schaffen. Dabei kann sich der Landesgesetzgeber auf die allgemeine Ermächtigung zur Erhebung von Kirchensteuern beschränken und die Einzelregelung des formellen und materiellen Kirchensteuerrechts den steuerberechtigten Religionsgemeinschaften innerhalb der Schranke des für alle geltenden Gesetzes überlassen. Eine Verpflichtung des Landesgesetzgebers, alle Einzelheiten der Besteuerung selbst zu regeln, lässt sich aus dem Grundgesetz nicht ableiten. Das gilt auch für das landesgesetzlich zugelassene Kirchgeld, das den Kirchen eine Besteuerung nach eigenen Kriterien, die nicht oder nicht so stark an das staatliche Steuersystem anknüpfen, ermöglichen soll. Es ist daher nicht zu beanstanden, wenn das KiStG NRW insoweit auf eine nähere staatliche Normierung verzichtet und die staatliche Einflussmöglichkeit durch den entsprechenden Genehmigungsvorbehalt sichert (vgl. BVerfG, Beschluss vom 23.10.1986 -2 BvL 7/84 u.a.- BVerfGE 73, 388, KirchE 24, 267). Dementsprechend muss das KiStG NRW auch nicht die Frage regeln, wie das besondere Kirchgeld bei zusammenveranlagten Ehegatten zu bemessen ist, wenn nur ein Ehegatte Angehöriger einer steuererhebenden Kirchengemeinde ist.

*[27]* 3. Die Erhebung eines besonderen Kirchgeldes, das bei eigenen Einkünften des kirchensteuerpflichtigen Ehegatten unter Anknüpfung an die gemeinsamen Einkünfte beider Ehegatten wie eine Mindestkirchensteuer wirkt, ist auch im Übrigen verfassungsrechtlich nicht zu beanstanden.

*[28]* a. Es ist in der Rechtsprechung des BVerfG, des BFH und der FG hinreichend geklärt, dass es den Religionsgemeinschaften im Rahmen ihres Besteuerungsrechts (Art. 140 GG i.V.m. Art. 137 Abs. 6 WRV) nicht verwehrt ist, für die Erhebung der Kirchensteuer neben dem Einkommen andere, nach eigenen Kriterien gestaltete Besteuerungsmaßstäbe heranzuziehen und dass der ihnen dabei eröffnete Gestaltungsspielraum grundsätzlich weit ist (vgl. z.B. BVerfG, Beschluss vom 19.8.2002 -2 BvR 443/01- NVwZ 2002, 1496, KirchE 41, 62; BFH, Urteil vom 19.10.2005 -I R 76/04- BFHE 211, 90, BStBl. II 2006, 274, KirchE 47, 393). Dieser Gestaltungsspielraum erlaubt es den Religionsgemeinschaften, die Kirchensteuer entweder als Zuschlag zur Einkommensteuer oder als besonderes Kirchgeld von Kirchensteuerpflichtigen, deren Ehegatte keiner steuererhebenden Religionsgemeinschaft angehört, als eigenständige Steuer zu erheben. Dagegen, dass sich das besondere Kirchgeld am Lebensführungsaufwand des

kirchenangehörigen Ehegatten orientiert und dieser Aufwand nach dem gemeinsamen Einkommen der Ehegatten bemessen wird, ist verfassungsrechtlich nichts einzuwenden (BVerfG, Beschluss vom 19.8.2002 -2 BvR 443/01- NVwZ 2002, 1496, KirchE 41, 62; BFH, Urteil vom 19.10.2005 -I R 76/04- BFHE 211, 90, BStBl. II 2006, 274 [zum KiStG NRW], KirchE 47, 393).

*[29]* Das gemeinsame Einkommen dient nämlich deshalb als Anknüpfungspunkt, weil der tatsächliche Lebensführungsaufwand des kirchenangehörigen Ehegatten schwierig, wenn nicht sogar gar nicht zu ermitteln ist. Die Messung der Leistungsfähigkeit des kirchenangehörigen Ehegatten am gemeinsamen Einkommen stellt mithin eine Typisierung dar. Es wird die eigene Leistungsfähigkeit des kirchensteuerpflichtigen Ehegatten typisiert erfasst. Der historische Gesetzgeber sah den sachlichen Grund für diesen Anknüpfungspunkt im Unterhaltsrecht (BT-Drs. 2/3409, 37), was nicht zu bestanden war und bis heute trägt (siehe nach wie vor § 1360a BGB; so bereits FG Münster, Urteil vom 8.2.2019 -4 K 3907/16- KirchE 73, 73; OVG Schleswig, Beschluss vom 19.1.2022 -5 LA 2/21- KirchE 79, 36; FG Baden-Württemberg, Urteil vom 14.10.2021 -3 K 3268/18- EFG 2022, 173, KirchE 78, 266; FG Hamburg, Urteil vom 2.11.2021 -3 K 43/21- KirchE 78, 293). Dass auf diese Weise mittelbar auch das Einkommen des konfessionslosen Ehegatten in die Kirchensteuerbemessung mit einbezogen wird, ist der Anknüpfung an den Lebensführungsaufwand als eigenständigem Besteuerungsmaßstab immanent, macht aber aus dem gewählten Anknüpfungspunkt keine (unzulässige) Haushaltsbesteuerung (vgl. zuletzt BVerfG, Beschluss vom 28.10.2010 -2 BvR 591/06 u.a.- NJW 2011, 365, KirchE 56, 346). Denn das besondere Kirchgeld in Höhe von ... € entspricht (beispielsweise) „rückgerechnet" einer Kirchensteuer, die nach § 6 Abs. 1 Nr. 1 KiStO auf eine Einkommensteuerschuld der Klägerin in Höhe von (...) € zu entrichten wäre. Diese wiederum entsteht bei einem zu versteuernden Einkommen von ca. (...) €. Hieran wird deutlich, dass die Kirchensteuerbelastung durch das besondere Kirchgeld nicht ansatzweise der Kirchen(einkommen)steuerbelastung des gesamten Haushaltseinkommens entspricht.

*[30]* Dies alles gilt auch für die hier einschlägige Konstellation, dass die Leistungsfähigkeit des kirchenangehörigen Ehegatten für die Bemessung des besonderen Kirchgeldes auch dann am Einkommen beider Ehegatten gemessen wird, wenn der kirchenangehörige Ehegatte über ein eigenes Einkommen verfügt. Denn die Erhebung der Kircheneinkommensteuer am Maßstab der staatlichen Einkommensteuer führt sowohl bei fehlendem als auch bei geringem Einkommen des kirchenangehörigen Ehegatten aufgrund von Freibetragsregelungen u.a. im EStG zu dessen Kirchensteuerfreiheit. Daher kann der Lebensführungsaufwand – quantifiziert anhand der Ausgangsgröße des ge-

meinsamen Einkommens der Eheleute – sowohl bei fehlendem als auch bei geringem Einkommen des kirchenangehörigen Ehegatten in verfassungsrechtlich zulässiger Weise als Maßstab für die Kirchensteuer in Form des besonderen Kirchgeldes gewählt werden. Es geht stets um die Erfassung der wirtschaftlichen Leistungsfähigkeit losgelöst vom Einkommen des kirchenangehörigen Ehegatten (eingehend zuletzt FG Hamburg, Urteil vom 2.11.2021 -3 K 43/21- KirchE 78, 293). Das hat der BFH zwischenzeitlich mehrfach bestätigt (vgl. zuletzt nur BFH, Beschluss vom 13.2.2019 -I B 27/18- BFH/NV 2020, 927, KirchE 73, 83; Beschluss vom 5.10.2021 -I B 65/19- BFH/NV 2022, 351, KirchE 78, 225) und entspricht der Rechtsprechung des erkennenden Senats (zuletzt FG Münster, Urteil vom 8.2.2019 -4 K 3907/16- KirchE 73, 73).

*[31]* Es ist zudem auch gleichheitsrechtlich nicht problematisch, dass die Klägerin im Vergleich zu nicht-verheirateten Steuerpflichtigen mit gleichem Einkommen eine höhere Kirchensteuer zu entrichten hat. Denn es steht jedem Ehegatten frei, die Einzelveranlagung zu wählen. In diesem Fall wäre die Kirchensteuer allein nach dem selbst erwirtschafteten Einkommen ermittelt worden. Der Gesetzgeber ist verfassungsrechtlich nicht dazu verpflichtet, der Klägerin und ihrem Ehemann einerseits die Vorteile aus der Zusammenveranlagung der Einkommensteuer zu gewähren und andererseits hinsichtlich der Kirchensteuer die Vorteile zu gewähren, die sich für sie bei einer Einzelveranlagung ergeben würden (vgl. BFH, Urteil vom 19.10.2005 -I R 76/04- BFHE 211, 90, BStBl. II 2006, 274, KirchE 47, 393; FG Münster, Urteil vom 8.2.2019 -4 K 3907/16- KirchE 73, 73; FG Hamburg, Urteil vom 2.11.2021 -3 K 43/21- KirchE 78, 293).

*[32]* b. Entgegen der Ansicht der Klägerin verstößt diese verfassungsrechtliche Würdigung nicht gegen die Entscheidung des BVerfG vom 14.12.1965. Das BVerfG hat entschieden, dass eine Haushaltsbesteuerung verfassungsrechtlich unzulässig sei. Es hat sodann darauf hingewiesen, dass es unbillig erscheinen könne, „wenn ein einer steuerberechtigten Kirche angehörender Ehegatte, dessen wirtschaftliche Leistungsfähigkeit sich durch die Ehe erhöht hat, weil sein – der Kirche nicht angehörender – Ehegatte ein hohes Einkommen bezieht, mangels eigenen Einkommens im Sinne des EStG kirchensteuerfrei bliebe. Wenn diesen Bedenken Rechnung getragen werden soll, müssten, da die Kirche nur den ihr angehörenden Ehegatten besteuern darf, Besteuerungsmerkmale gewählt werden, die in dessen Person gegeben sind. Gegenstand der Besteuerung dürfte dann nicht das Einkommen (im Sinne des Einkommensteuerrechts) des anderen Ehegatten, sondern könnte etwa der „Lebensführungsaufwand“ des kirchenangehörigen Ehegatten sein“ (BVerfG, Urteil vom 14.12.1965 -1 BvR 606/60- BVerfGE 19, 268 [282], KirchE 7, 352). Nach Ansicht des erkennenden Senats kann diese Aussage aber nicht dahingehend verstanden werden,

dass sie allein für die Konstellation des einkommenslosen kirchenangehörigen Ehegatten gilt und im Übrigen die Berücksichtigung eines typisierten Lebensführungsaufwandes unzulässig ist. Der Gedanke des BVerfG, dass die Nichtbesteuerung eines einkommenslosen kirchenangehörigen Ehegatten, dessen wirtschaftliche Leistungsfähigkeit sich durch die Ehe erhöht hat, unbillig erscheinen könnte, muss auch für die hier in Rede stehende Konstellation gelten. Alles andere wäre inkonsequent. Denn der Lebensführungsaufwand des kirchenangehörigen Ehegatten erfährt auch dann eine Steigerung, wenn er eigene Einkünfte hat, der Ehepartner aber über ein deutlich höheres Einkommen verfügt (so bereits BFH, Beschluss vom 5.10.2021 -I B 65/19- BFH/NV 2022, 351, KirchE 78, 225).

*[33]* Dessen ungeachtet kommt der vorstehend wiedergegebenen Aussage des BVerfG jedenfalls keine Bindungswirkung nach § 31 BVerfGG zu, denn sie wäre lediglich als obiter dictum einzuordnen (BFH, Beschluss vom 5.10.2021 -I B 65/19- BFH/NV 2022, 351, KirchE 78, 225; FG Baden-Württemberg, Urteil vom 14.10.2021 -3 K 3268/18- EFG 2022, 173, KirchE 78, 266). Das BVerfG hatte nicht über die Zulässigkeit der Erhebung eines besonderen Kirchgeldes zu entscheiden. Entschieden wurde allein über eine Kirchensteuerordnung, wonach die Kirchensteuer bei zusammenveranlagten Eheleuten nach der Hälfte der zusammengerechneten Einkommensteuer beider Ehegatten erhoben wurde, wenn nur ein Ehegatte der Kirche angehörte (Halbteilungsgrundsatz). Der Verfassungsbeschwerde wurde mit der Begründung stattgegeben, dass die Kirche nur den ihr angehörenden Ehegatten besteuern dürfe, woraus folge, dass sie bei der Wahl des Besteuerungsmaßstabes nur an Merkmale anknüpfen dürfe, die in dessen Person gegeben seien. Die Anknüpfung der Kirchensteuer an das Familieneinkommen würde zu einer Haushaltsbesteuerung führen, obwohl das Steuerverhältnis ein individuelles sei. Mit diesen tragenden Gründen entfaltet die Entscheidung Bindungswirkung. Darum geht es beim besonderen Kirchgeld hingegen nicht (ebenso BFH, Beschluss vom 5.10.2021 -I B 65/19- BFH/NV 2022, 351, KirchE 78, 225; FG Baden-Württemberg, Urteil vom 14.10.2021 -3 K 3268/18- EFG 2022, 173, KirchE 78, 266).

*[34]* c. Schließlich verstößt die Erhebung eines besonderen Kirchgeldes im Falle eigener Einkünfte des kirchenangehörigen Ehegatten nicht gegen die Rechtsprechung des Europäischen Gerichtshofs für Menschenrechte (EGMR). Namentlich der Entscheidung des EGMR vom 6.04.2017 (EGMR, Urteil vom 6.4.2017 -10138/11 u.a.- „Klein u.a./Deutschland“, NJW 2018, 3295, KirchE 69, 173) kann nicht entnommen werden, dass das besondere Kirchgeld nur bei einem einkommenslosen kirchenangehörigen Ehegatten erhoben werden dürfte. Soweit das Verfahren beim EGMR besondere Kirchgeldkonstellationen be-

traf, hat der EGMR schon einen Eingriff in die Rechte der Beschwerdeführer nach Art. 9 EMRK verneint und dies damit begründet, dass es sich bei der Beitragserhebung um eine autonome kirchliche Aktivität handle, die nicht dem beschwerdegegnerischen Staat zugerechnet werden könne. Angesichts der Tatsache, dass die Rolle des Staates auf Kontrollbefugnisse beschränkt sei und die Beschwerdeführer weder ihre Pflicht zur Kirchgeldzahlung noch ihr Recht auf Kirchenaustritt in Frage gestellt hätten, sei der Gerichtshof der Auffassung, dass die deutschen Stellen hinreichende Schutzmechanismen zur Wahrung der Religionsfreiheit vorgesehen hätten. Soweit der EGMR in seiner Darstellung des Hintergrunds der Rechtssachen, der landesrechtlichen Vorschriften und der einschlägigen Rechtsprechung im Zusammenhang mit der Erhebung des besonderen Kirchgelds jeweils nur die Kirchenmitglieder erwähnt, die kein eigenes zu versteuerndes Einkommen haben, so mag dies verkürzt dargestellt sein. Eine Entscheidung, dass die Festsetzung eines besonderen Kirchgelds nur in den Fällen zulässig ist, in denen der – mit seinem nichtkirchenangehörigen Ehegatten zusammenveranlagte – kirchenangehörige Ehegatte über kein eigenes Einkommen verfügt, hat der EGMR damit aber nicht getroffen (so zu Recht FG Baden-Württemberg, Urteil vom 14.10.2021 -3 K 3268/18- EFG 2022, 173, KirchE 78, 266).

## 31

**1. Es entspricht der ständigen Rechtsprechung, dass der Staat und damit die weltlichen Gerichte in den innerkirchlichen Bereich nicht eingreifen dürfen, sodass der Rechtsweg in solchen Angelegenheiten unzulässig ist (Art. 15 StGG).**
**2. Gesetzlich anerkannte Kirchen und Religionsgesellschaften dürfen beim Ordnen der inneren Angelegenheiten nicht gegen Grundprinzipien der Rechtsordnung, wie etwa das allgemeine Willkürverbot verstoßen.**

Art. 15 StGG
OGH Wien, Beschluss vom 19. Dezember 2022 -9 ObA 124/22h-[1]

Der Kläger steht als Priester im Dienste einer der griechisch-orientalischen (orthodoxen) Kirchengemeinden in Österreich und ist in den Pfarrgemeinden W. und W. im Auftrag des Bischofs tätig.

1 Leitsätze der Redaktion BeckRS. BeckRS 2022, 40069.
Der Beschluss ist rechtskräftig.

https://doi.org/10.1515/9783111651248-031

Mit seiner an das Arbeits- und Sozialgericht gerichteten Klage begehrt der Kläger von der Beklagten aus dem Titel Schmerzengeld wegen Mobbing durch den Bischof einen Betrag von 7.500 €. Dem von der Beklagten erhobenen Einwand der Unzulässigkeit des Rechtswegs hielt der Kläger entgegen, dass er mit seinem Begehren einen Anspruch aus dem zwischen den Parteien bestehenden Dienstverhältnis geltend mache, der nicht vom verfassungsrechtlichen Gebot der Freiheit der Religionsausübung umfasst sei.

Mit dem angefochtenen Beschluss bestätigte das Rekursgericht die Zurückweisung der Klage wegen Unzulässigkeit des ordentlichen Rechtswegs durch das Erstgericht.

Dagegen richtet sich die Revision des Klägers.

Das Gericht hat die Revision zurückgewiesen.

**Aus den Gründen:**

*[5]* 1. Es entspricht der ständigen Rechtsprechung, dass der Staat und damit die weltlichen Gerichte in den innerkirchlichen Bereich nicht eingreifen dürfen, sodass der Rechtsweg in solchen Angelegenheiten unzulässig ist (Art. 15 StGG; RS0045553 [T3]). Der Gehalt des Begriffs der „inneren Angelegenheiten“ ist unter Bedachtnahme auf das Wesen der jeweiligen gesetzlich anerkannten Kirche oder Religionsgesellschaft nach deren Selbstverständnis zu bestimmen (VfGH -G 146/87-; -G 147/87- Neumayr in Neumayr/Reissner, ZellKomm3 § 132 ArbVG Rz 55; -9 ObA 129/11b- Pkt 2). Zu den „inneren Angelegenheiten“ im Sinne des Art. 15 StGG zählen jene, welche den inneren Kern der kirchlichen Betätigung betreffen und in denen ohne Autonomie die Religionsgesellschaften in der Verkündung der von ihnen gelehrten Heilswahrheiten und der praktischen Ausübung ihrer Glaubenssätze eingeschränkt wären. Der sich daraus ergebende Bereich der inneren Angelegenheiten kann naturgemäß nicht erschöpfend aufgezählt werden (RS0073107). Im Hinblick auf die Weite der Autonomiegarantie des Art. 15 StGG sind auch die Arbeitsverhältnisse derjenigen Personen, die mit inneren Angelegenheiten befasst sind, konsequenterweise Teil der inneren Angelegenheiten (Neumayr in Neumayr/Reissner, ZellKomm3 § 132 ArbVG Rz 58 mwN). Auch bei Dienstrechtsstreitigkeiten scheiden daher aus der Beurteilung durch das Gericht alle Vorfragen aus, welche etwa die Rechtsgültigkeit der Amtsenthebung, der Pensionierung, der Disziplinarstrafen, einer Versetzung oder die Änderung der kirchlichen Organisation und die damit verbundene Auflassung von Pfarren etc. betreffen. Nur der so verbleibende Teil der Entscheidung berührt die kirchliche Autonomie nicht (RS0045553).

*[6]* 2.1. Die Vorinstanzen haben diese Rechtslage ausführlich und zutreffend dargestellt und ihren Entscheidungen zugrunde gelegt. Ihre Anwendung auf den hier zu beurteilenden Fall stellt eine Frage des Einzelfalls dar, die – von Fällen unvertretbarer Fehlbeurteilung durch die zweite Instanz abgesehen – die Zulässigkeit des Revisionsrekurses nicht rechtfertigen kann (-8 ObA 77/12z-). Eine unvertretbare Fehlbeurteilung liegt hier nicht vor. Die Rechtsansicht des Rekursgerichts, dass sich der Kläger mit seinem Vorbringen zum Vorgehen des ihm vorgesetzten Bischofs der Beklagten, etwa, dass ihn dieser mehrfach übergangen und öffentlich schlecht gemacht, nicht zu einem Treffen aller Priester in Österreich eingeladen und die Versetzung des Klägers beabsichtigt und angeordnet habe, in Wahrheit gegen die inhaltliche Begründetheit dieser Äußerungen und Handlungen des Bischofs in unmittelbarem Zusammenhang mit seiner priesterlichen Tätigkeit wendet, die jedoch zu diesem innerkirchlichen Bereich gehörten, ist nicht zu beanstanden.

*[7]* 2.2. Es trifft zu, dass die gesetzlich anerkannten Kirchen und Religionsgesellschaften beim Ordnen der inneren Angelegenheiten nicht gegen Grundprinzipien der Rechtsordnung, wie etwa das allgemeine Willkürverbot verstoßen dürfen (-9 ObA 129/11b- Pkt 4; Neumayr in Neumayr/Reissner, ZellKomm3 § 132 ArbVG Rz 54 mwN). Dem Argument der Vorinstanzen, der Kläger habe gar nicht behauptet, dass das ihm zur Verfügung stehende (und von ihm nicht ausgeschöpfte) innerkirchliche Verfahrensrecht einen unter dem sozialen Standard der allgemeinen Staatsgesetze liegenden Standard hätte (vgl. -8 ObA 77/12z-), tritt der Kläger in seiner außerordentlichen Revision – für eine rechtliche Auseinandersetzung durch den Obersten Gerichtshof unzureichend – bloß mit der unsubstantiierten Behauptung entgegen, er verfüge innerkirchlich nicht über Rechtsmittel, die auch nur annähernd den staatlichen vergleichbar seien. Dadurch, dass der Rechtsweg vor den staatlichen Gerichten für das auf Mobbinghandlungen des Bischofs gegründete Schadenersatzbegehren nicht zulässig ist, werden die Grund- und Menschenrechte des Klägers nicht schon per se deshalb beeinträchtigt, weil – wie der Kläger meint – „damit der Staat akzeptiert habe, dass er weiter in diesem Mobbingzustand gehalten werde“. Vielmehr wendet sich der Kläger mit seinen Mobbingvorwürfen gegen den ihm vorgesetzten Bischof in Wahrheit gegen die Art dessen Amtsführung bei der Wahrnehmung von Leitungsaufgaben (Versetzung eines Priesters in eine andere Pfarre, dessen Einbindung in kirchliche Treffen etc.). Es kommt den staatlichen Gerichten aber nicht zu, die Amtsführung eines Bischofs zu überprüfen (vgl. -9 ObA 12/96-).

*[8]* 2.3. Neue Argumente, die für den Senat einen Anlass für ein Abgehen von der bisherigen Rechtsprechung des Obersten Gerichtshofs zur Unzulässigkeit des Rechtswegs für innerkirchliche Angelegenheiten bieten würden, zeigt die außerordentliche Revision des Klägers nicht auf.

## 32

**Für Klagen wegen einer das Persönlichkeitsrecht eines Dritten beeinträchtigenden Äußerung eines evangelischen Pfarrers ist nicht dieser selbst, sondern die Anstellungskörperschaft passivlegitimiert, wenn sich die Äußerung im Rahmen des kirchlichen Amtes hält. Dies kann auch dann der Fall sein, wenn sie nicht im Rahmen des kirchlichen Verkündigungsauftrags, sondern bei Ausübung der dem Pfarrer zugewiesenen Verwaltungsaufgabe erfolgt.**

§§ 823; 1004 BGB
OLG Dresden, Beschluss vom 22. Dezember 2022 -4 W 705/22-[1]

I. Der Verfügungskläger wendet sich nach Verweisung eines Teils des ursprünglich beim LG Berlin anhängig gemachten Verfügungsverfahrens gegen eine Äußerung in der E-Mail des Verfügungsbeklagten vom 25.8.2022 im Zusammenhang mit einer für den 21.9.2022 geplanten Veranstaltung des G (...) e.V. in der (...)-kirche in L., bei der der Verfügungskläger auftreten sollte. Unter Verweis auf zahlreiche Internetlinks hatte der Verfügungsbeklagte dort geäußert er habe „Kenntnis von der Information erlangt, dass der für den 21.9.2022 vorgesehene Diskutant [= der Verfügungskläger] (...) den Völkermord in Srebrenica" leugne. Eine ursprünglich erteilte Zusage, die (...)-kirche als Veranstaltungsort, in dessen Rahmen der Verfügungskläger auftreten sollte, zu nutzen, „sagen wir hiermit komplett ab". Das Landgericht hat den Erlass einer einstweiligen Verfügung abgelehnt. Durch den Verweis auf die in der Mail nachgewiesenen Quellen habe der Verfügungsbeklagte deutlich gemacht, dass er die Leugnung des Völkermords in Srebrenica letztlich nur als eigene Meinung mitgeteilt habe, was auch nicht „völlig fernliegend" sei, weil aus der Unterstützung eines über den Link erreichbaren Komitees deutlich werde, dass der Verfügungskläger auch die dort vertretene Meinung teile. Der sofortigen Beschwerde, mit der der Verfügungskläger dieser Auffassung entgegengetreten ist, hat das Landgericht nicht abgeholfen.

Auch die sofortige Beschwerde des Verfügungsklägers blieb erfolglos.

1 Amtl. Leitsatz. juris; GRUR-RS 2022, 40390; GRUR-Prax 2023, 139; NVwZ 2023, 1359. Der Beschluss ist rechtskräftig.

https://doi.org/10.1515/9783111651248-032

**Aus den Gründen:**

*[2]* II. Die sofortige Beschwerde ist zulässig, bleibt in der Sache aber ohne Erfolg. Der Verfügungsbeklagte ist, worauf die Beschwerdeerwiderung zu Recht hinweist, für den geltend gemachten Anspruch nicht passivlegitimiert. Auf die Frage, ob die streitgegenständliche Äußerung in Abwägung mit den schützenswerten Belangen des Verfügungsklägers hinzunehmen ist und ob es sich hierbei um eine Meinungsäußerung oder eine Tatsachenbehauptung handelt, kam es unter diesen Umständen nicht an.

*[3]* 1. Von der Zulässigkeit des Zivilrechtswegs ist auszugehen. Vorliegend wird von keiner Partei geltend gemacht, dass die streitgegenständliche Äußerung, die im Zusammenhang mit der Vergabe eines Kirchengebäudes auf der Grundlage der von der Antragsgegnerin vorgelegten „Vergaberichtlinien für Veranstaltungen in St. Petri" vom 10.5.2011 erfolgt ist, im Zusammenhang mit der Nutzung einer öffentlichen Einrichtung steht und damit eine öffentlich-rechtliche Streitigkeit i.S.d. § 40 Abs. 1 VwGO darstellt, für die die Verwaltungsgerichte zuständig wären, wovon etwa dann auszugehen ist, wenn ein im Staatseigentum stehendes Kirchengebäude der Gemeinde zur Nutzung überlassen wird (BVerwG, Urteil vom 15.11.1990 -7 C 9/89- BVerwGE 87, 115, KirchE 28, 294). Die Prüfung der Zulässigkeit des Rechtsweges ist überdies nach § 17a Abs. 5 GVG einer Überprüfung im Beschwerdeverfahren entzogen.

*[4]* 2. Für die Frage der Passivlegitimation des Beklagten ist die Einordnung als öffentlich-rechtliche oder privatrechtliche Streitigkeit aber ohnehin nicht ausschlaggebend. Maßgeblich ist vielmehr, ob die streitgegenständliche Äußerung im Rahmen seiner dienstlichen Pflichten hält oder nur bei deren Gelegenheit, gleichsam privat erfolgt. Nach allgemeiner Auffassung sind Ansprüche auf Richtigstellung, Widerruf oder künftige Unterlassung eines Amtsträgers grundsätzlich gegen die Behörde und nicht gegen den Amtsträger selbst geltend zu machen, jedenfalls dann, wenn dieser sie in amtlicher Eigenschaft abgegeben hat. Ein solches Handeln liegt jedenfalls dann vor, wenn ein Amtsträger von Möglichkeiten Gebrauch macht, die ihm nur kraft seines Amtes zustehen (BayVerfGH, Beschluss vom 19.1.1994 -Vf. 89-III-92 u. a.- VerfGH 47, 1/20, juris; vgl. bereits BVerwG DÖV 1974, 388 f.; VGH München Beschluss vom 24.5.2006 -4 CE 06.1217- BeckRS 2009, 37019, beck-online). Der Anspruch richtet sich nur dann ausnahmsweise gegen den Amtsträger, wenn dieser den dienstlichen Auftrag so deutlich verlassen hat, dass die Erklärung der Behörde oder Körperschaft schlechterdings nicht mehr zugerechnet werden kann, sondern als private Äußerung anzusehen ist. Für Äußerungen kirchlicher Würdenträger von Religionsgesellschaften, die gemäß Art. 140 GG i.V.m. Art. 137 Abs. 5 WRV als

Körperschaften des öffentlichen Rechts anerkannt sind und deren öffentliches Wirken dem öffentlichen Recht zuzuordnen ist, gilt nichts Anderes. Nach ständiger Rechtsprechung richtet sich das Unterlassungsbegehren wegen solcher Äußerungen grundsätzlich nicht gegen den Äußernden persönlich, sondern gegen die Kirche, wenn die Äußerung dem Kernbereich kirchlichen Wirkens und damit der Religionsgesellschaft zuzurechnen ist und sich der Würdenträger im Rahmen seines kirchlichen Amtes hält. Dies betrifft insbesondere Äußerungen, die Ausdruck und Verkündung der eigenen Glaubenslehre der Kirche sind und mit denen die Kirche ihren Sendungsauftrag erfüllt und ihr Wächteramt wahrnimmt (BayVGH vom 19.11.2009 -7 ZB 09.948- dort Rn 17, KirchE 54, 386; VGH München Beschluss vom 25.5.2010 -7 ZB 09.2655- BeckRS 2010, 52032 Rn 18, 19, beck-online). Darüberhinausgehend ist die Anstellungskörperschaft aber auch für Äußerungen passivlegitimiert, die der kirchliche Würdenträger im Rahmen seiner ihm gerade aufgrund seines kirchlichen Amtes zugewiesenen Aufgaben tätigt. Die Vergabe der „großen Kirche" in Leipzig, in deren Zusammenhang die streitgegenständliche Äußerung erfolgte, ist hiernach zwar nicht dem Kernbereich der kirchlichen Verkündigung zuzuordnen; vielmehr begibt sich die Gemeinde mit der Überlassung in die Privatrechtssphäre, indem sie mit dem jeweiligen Interessenten einen Nutzungsvertrag abschließt, aufgrund dessen das überlassene Kirchgebäude für den Zeitraum der Überlassung vom kirchlichen Verkündungsauftrag ausgenommen und für andere Zwecke freigegeben wird. Wie die Ziff. 1 und 2 der erwähnten Vergaberichtlinien zeigen, ist die Überlassung von Kirchenräumen an Dritte, für die gem. Ziff. 7, 11 der Verfügungsbeklagte gegenüber dem Kirchenvorstand die Verantwortung trägt, aber davon abhängig, dass die jeweilige Veranstaltung „Form, Inhalt und Intention des Evangeliums" und der „derzeit geübten kirchlichen Praxis" nicht widersprechen, was der Gemeindepfarrer im Einzelfall zu überprüfen hat und wofür er die Verantwortung trägt (Ziff. 7 S. 1 Vergaberichtlinien). Diese Überprüfung anhand von Vorgaben, die mit dem Bezug auf das Evangelium ausdrücklich an die Glaubensverkündung anknüpfen, dient ersichtlich dazu, auch bei der Vergabe der ...kirche für „weltliche" Veranstaltungen die Vereinbarkeit mit christlichen Glaubensmaßstäben sicherzustellen. Sie weist damit einen Bezug zur kirchlichen Verkündigung auf. Zugleich nimmt der Verfügungsbeklagte hiermit „Aufgaben in der Verwaltung ... und in Vermögens- und Geldangelegenheiten" wahr, die ihm in § 40 Pfarrdienstgesetz der EKD vom 15.2.2021 (ABl. EKD S. 34) ausdrücklich als amtliche Aufgaben zugewiesen sind.

*[5]* 3. Die von dem Verfügungskläger beanstandete Mail des Verfügungsbeklagten vom 25.8.2022 (Ast 1) erfolgte bei einer Gesamtbetrachtung aller Umstände des Einzelfalles auch in Ausübung dieses kirchlichen Amts. Dass er mit

dieser Äußerung seine ihm durch die Vergaberichtlinien zugewiesene Aufgabe so deutlich überschritten hätte, dass der Gemeinde diese Äußerung nicht mehr zugerechnet werden könnte, kann der Senat – anders noch als das LG Berlin in der vor Abgabe des Verfahrens erfolgten Verfügung vom 30.9.2022 – nicht erkennen. Die Aussage erfolgte nicht nur unter Nutzung des dienstlichen E-Mail Accounts xxx@xxxkirche-lxxx.de, sondern auch in Vertretung des Kirchenvorstandes, worauf das Personalpronomen „wir" deutlich hinweist. Die Aussage enthält auch, anders als der Verfügungskläger meint, keine auf seine Person bezogene und in unsachlicher Grundhaltung geäußerte Schmähkritik, sondern die Mitteilung, von der Information Kenntnis erlangt zu haben, dass der Verfügungskläger „den Völkermord in Srebrenica leugnet". Ob es sich – wie das Landgericht angenommen hat – hierbei um eine Meinungsäußerung handelt, bedarf hier keiner Entscheidung. Die Äußerung hält sich jedenfalls in dem dem Verfügungsbeklagten durch die Vergaberichtlinien gesteckten Aufgabenbereich und stellt keinen „Exzess" dar, den sich die Anstellungskörperschaft nicht zurechnen lassen müsste.

# Sachregister

Die Seitenzahlen verweisen jeweils auf die erste Seite der Entscheidung



https://doi.org/10.1515/9783111387611-033